图书在版编目(CIP)数据

中国石油石化工程建设年鉴.2006~2010/中国石油和石化工程研究会编.
—北京:中国石化出版社,2012.4
ISBN 978-7-5114-1559-2

Ⅰ.①中… Ⅱ.①中… Ⅲ.①石油化学工业—经济建设—中国—2006~2010—年鉴
Ⅳ.①F426.22-54

中国版本图书馆CIP数据核字(2012)第101154号

中国石化出版社出版发行
地址:北京市东城区安定门外大街58号
邮编:100011 电话:(010)84271850
读者服务部电话:(010)84289974
http://www.sinopec-press.com
E-mail:press@sinopec.com
北京科信印刷有限公司印刷
全国各地新华书店经销

*

889×1194毫米 16开本 24印张 64彩页 621千字
2012年6月第1版 2012年6月第1次印刷
定价:230.00元

中国石油石化工程建设年鉴

2006～2010

中国石油和石化工程研究会　编

中国石化出版社

《中国石油石化工程建设年鉴》

主要编写和供稿人员

第一篇： 曹晓晞　周　宇　张浩洁　罗　明　金晓剑　姜东升　杨槐荫

第二篇： 李维英　庞艳民　刘　爽　蒋万全　张　杰　单连政　高金玉　杨庆前　薛立林　祝宝利　毕井双　田大军　李全明　高泓斌　李小宁　周帅平　李昊鹏　许　青　蔡　挺　姜东升　王华新　高　芳　武振华　宋志雄　王永焕　贾文昌　李瑞成　魏文忠　宋占魁　丁　磊

第三篇： 陈允中　王承勇　王力戎　刘　跃　杨维先　李艳平　吴德彬　石　鸿

第四篇： 邵祖光

第五篇： 李生平　王承勇

第六篇： 孔　谦

第七篇： 吴萍萍　万　菁

Preface

前言

“十一五”的五年是中国石油和石化工业发展极不平凡的五年，也是改革发展取得重大成就的五年。五年间，中国石油和化学工业经受了国际金融危机及一系列重特大自然灾害的严峻挑战和考验，实现了新的跨越，取得了令世人瞩目的骄人业绩，为中国经济持续稳定发展作出了巨大贡献。

“十一五”期间，中国石油石化工业总体发展规模已跃居世界前列，在《财富》“世界500强”排行榜中，中国石油化工集团公司（简称中国石化）、中国石油天然气集团公司（简称中国石油）分别从2005年的第31、第46位提高到2010年的第7、第10位，中国海洋石油总公司（简称中国海油）从2007年的第469位提高到2010年的第252位。

“十一五”期间，中国新增石油地质储量56亿吨，石油年均新增可采储量保持在2亿吨左右，石油产量逐年小幅增长，从2005年的1.81亿吨增长到2010年的2.03亿吨，增长约12.2%。天然气地质储量新增3万亿立方米；天然气剩余探明技术可采储量和剩余探明经济可采储量呈逐年上升之势，2010年中国天然气产量为942亿立方米，比2005年增长97.29%。“十一五”期间，优质高效地完成了大庆油田、长庆油田、胜利油田、普光气田、塔河油田等油气田的产能建设任务，为稳产上产作出了突出贡献。海洋勘探开发以南海荔湾3-1等深水气田以及“海洋石油981”等重大装备建设为标志，实现了从浅水到深水的跨越。2010年海上油气总产量超过5000万吨，建成“海上大庆油田”。

“十一五”期间是中国石油管道建设的高峰期，四大油气通道相继开工建设，大型储库、深水码头等油气储运设施项目全面布局实施，海上进口LNG接收站加快建设。中亚天然气管道、中俄原油管道、中哈原油管道、川气东送、西气东输二线西段、陕京三线、仪征—长岭、兰郑长等油气战略管道相继建成投产，基本形成覆盖全国的油气骨干管网。

截至2010年底，中国炼油能力已达到5.9亿吨/年（含燃料油加工企业），比2005年的3.25亿吨/年增长81.5%，原油加工能力居世界第2位。目前，中国千万吨级炼厂达到

18座，其中大连石化和镇海炼化2个企业的炼油能力均超过2000万吨/年。国内1000万吨/年以上的炼油厂原油加工能力约占总加工能力的39%。

“十一五”期间，中国乙烯生产能力达到1495.5万吨/年，比2005年的788.5万吨/年增长89.5%，居世界第2位。“十一五”期间中国通过扩建和新建，已形成了扬子、镇海、独山子、赛科、天津等9个百万吨级乙烯基地。

“十一五”期间，中国积极寻求海外油气投资机会，海外油气投资、炼化业务、储运设施建设、工程技术服务等全面发展。2010年三大公司海外权益油产量达到5978万吨，比2005年的2207.8万吨增长170.77%；权益气产量147.3亿立方米，比2005年的38.3亿立方米增长284.6%。加上中化集团的海外权益油气242万吨油当量，中国海外权益油气产量达到7394万吨油当量。

“十一五”期间，中国三大石油公司切实履行国有大企业的经济责任、政治责任和社会责任，在全力保障国民经济发展和民众生活对油气能源需求的同时，千方百计克服困难，做好节能减排工作，提前实现国家“十一五”减排目标，取得了显著成效。

为了全面介绍“十一五”期间中国石油石化工程建设领域的发展历程，总结成功经验，系统展示新工艺、新装备、新技术、新成果，更好地为中国石油石化行业和相关企业的发展提供服务，中国石油和石化工程研究会在编辑出版《中国石油石化工程建设年鉴》（简称《年鉴》）（2001～2005卷）后，又组织编写了《中国石油石化工程建设年鉴》（2006～2010卷）。本卷《年鉴》经过近一年的精心组织，在中国石油天然气集团公司、中国石油化工集团公司、中国海洋石油总公司和中化集团等的大力支持下，在众多专家的艰苦努力下，终于正式与读者见面。

本卷《年鉴》集中反映了中国“十一五”期间（2006～2010年）在石油石化工程建设方面取得的成就，引用的各种资料和数据截至2010年底。

本卷《年鉴》反映中国石油石化工程建设成果的专业范围暂限于油气勘探、钻采工程、油气田地面工程建设、油气储运工程建设、油气加工工程建设、石油化工工程建设等方面，同时也介绍了上述领域自主研发的新工艺、新技术和新装备。地球物理勘探、测井和油藏工程等内容不在收录范围。由于资料收集的有关问题，民营石油石化企业的工程建设成果、中国台湾石油石化工程建设成果本卷《年鉴》暂未涉及。总之，本卷《年鉴》力求不断完善，能够综合反映中国石油石化工程建设的全貌，成为全面、准确记载中国石油石化工程建设发展的编年书。

为了使本卷《年鉴》具有真实反映现实和存史的功能，编辑工作中力求做到资料翔实、文字顺畅、叙述简洁、数据准确。先后召开两次编委会，研究确定本卷《年鉴》的出版定位、重点报道内容、选题原则和编纂要求，多次修改编写大纲。各供稿单位对重点内容的稿件分别进行了审核，编辑人员对全书所收资料进行了认真核实，细致编辑加工，严格审查把关。由于资料来源的不同和编辑水平有限，疏漏和欠妥之处在所难免，敬请广大读者和业内专家批评指正。

国内三大石油公司和中化集团的有关领导和相关业务部门对本卷《年鉴》工作给予了很大的支持，提出了许多重要指导意见。中国石油办公厅、规划计划部、工程建设分公司、海外勘探开发分公司、管道建设项目经理部、经济技术研究院以及油田、石化公司等单位，中国石化办公厅、工程部、科技开发部、油田勘探开发事业部、国际石油工程公司、经济技术研究院以及油田、石化公司等单位，中国海油工程部、科技部等单位积极组织为本卷《年鉴》提供了大量高质量的稿件。中国石化出版社承担了本卷《年鉴》的出版工作。借此，谨向为本卷《年鉴》作出贡献的单位和各位同志致以诚挚的谢意。

二○一一年十二月

#《中国石油石化工程建设年鉴》

联合主办单位

中国石油天然气集团公司
中国石油化工集团公司
中国海洋石油总公司
中国化工集团公司

协办单位

中国石油工程建设公司
中国石化集团国际石油工程有限公司
中国石油管道工程项目经理部
中国石油辽河油田公司
中国石化集团中原石油勘探局
中国石油化工股份有限公司化工销售分公司
中国石油四川石化有限责任公司
中国石油化工股份有限公司燕山分公司
中国石油天然气股份有限公司克拉玛依石化分公司
中国石油吉林化建工程有限公司
中原石油勘探局工程建设总公司
河南瑞华管业有限公司
北京新华创意文化发展中心

油气田工程建设

大庆油田持续稳产4000万吨

普光气田井场

长庆油田

辽河油田浅海石油开发公司海南作业区三号站

渤海渤中28-2南CEP平台

海洋石油981深水钻井船

渤海油田海上风力发电

中国石油石化“十一五”工程建设成果剪影

石油石化和化工工程建设

中油一建吊装世界最大的蜡油加氢裂化反应器

独山子千万吨炼油百万吨乙烯

中国化工CPP装置

吉林石化公司千万吨炼油东部中心控制室

镇海炼化乙烯全景鸟瞰

燕山炼油改造

海南大炼油

川维30万吨醋酸项目新区夜景

广西钦州1227项目

中国石油石化“十一五”工程建设成果剪影

油气储运工程建设

西气东输二线

西气东输二线管道焊接施工现场

中亚天然气管道

川气东送施工现场

江苏LNG项目

大连LNG项目

榆济管道榆林首站全景图

珠三角湛江站

福建LNG接收站

中国石油石化“十一五”工程建设成果剪影

海外工程建设

阿姆河第一天然气处理厂

阿布扎比管线

阿尔及利亚凝析油炼厂

让那若尔第三油气处理厂

阿姆河第一天然气处理产
川庆油建女子焊工班

苏丹炼油厂

中国石油石化“十一五”工程建设成果剪影

中国石油工程建设公司

总经理　侯浩杰

公司简介

中国石油工程建设公司（英文缩写CPECC）成立于1980年，隶属于中国石油天然气集团公司，是集团公司专门从事石油工程设计、制造、施工和工程总承包的专业公司，现已发展成为中国石油在国内外石油工程建设领域颇有代表性的企业。

CPECC建设功能完善，技术力量雄厚，拥有一大批熟悉国际惯例、技术水平高、管理经验丰富的专业技术和管理人才，具备设计、采购、制造、施工、项目管理承包等工程建设全过程业务链的服务资质能力。多年来，公司始终坚持“诚信，创新，服务，共赢”的经营

理念，先后在50多个国家和地区完成了一大批油气集输、油气处理、长输管道、海洋工程、石油炼制、石油化工、油气储库、电站、道路桥梁、民用建筑等大型项目的前期咨询、可研、环评安评、勘察测量、设计、采购、施工、制造、监理、试运投产和运行维修等各项服务和项目总承包业务，均实现了投产一次成功，实现了质量与安全的统一，创造了建设与环境的和谐，赢得了业主、项目所在地政府和公众的高度赞扬和信任。

“十一五”以来，CPECC累计获中国建设工程鲁班奖2项；石油优质工程金奖2项，银奖5项。

中国石化集团国际石油工程有

SINOPEC INTERNATIONAL PETROLEUM SERVICE COR

公司简介

中国石化集团国际石油工程有限公司（SINOPEC INTERNATIONAL PETROLEUM SERVICE CORPORATION）成立于2003年底，为中国石油化工集团公司的直属全资子公司。中国石化集团赋予国际石油工程公司两个主要职能：一是统一管理、协调、组织油田企业实施海外石油工程业务，把中国石化海外石油工程业务做大做强；二是作为中国石化对外服务窗口，从事国际石油工程生产经营活动，承担经营责任。

自成立以来，国际石油工程公司积极组织油田企业大力实施"走出去"战略，把更多的队伍带出国门，海外石油工程业务开始步入快速发展时期，逐步实现规模化规范化经营，国际竞争力不断增强，盈利能力和抗风险能力不断提升。巴西天然气管线项目、阿尔及利亚水管线项目、沙特物探和钻井项目、科威特钻修井项目、厄瓜多尔钻修井和物探项目等工程项目的顺利实施，不仅树立了中国石化的良好形象，也为项目所在国经济发展和石油公司的增储上产作出了重大贡献。

截至2010年底，中国石化上游海外石油工程服务队伍在非洲、中东、中亚、美洲、南亚和东南亚的35个国家和地区正在执行448个石油工程技术服务合同，合同额94.8亿美元，海外石油工程服务队伍382支。

作为中国石化石油工程队伍对外服务窗口，国际石油工程公司将充分发挥中国石化集团的整体优势和石油工程技术综合配套优势，致力于提供优质服务，不断提升品牌形象，与海内外同行合作并进，共谋世界石油工业发展。

地址：北京市朝阳区惠新东街甲6号
邮编：100029
电话：010-69165668

限公司

PORATION

中国化工集团公司
China National Chemical Corporation

公司简介

中国化工集团公司是于2004年5月组建的国有大型企业。

自2004年成立以来，秉承“老化工，新材料”的发展理念，中国化工实现了超常规跨越式发展。2010年资产总额1796亿元，销售收入1402亿元。

中国化工目前主业为化工新材料及特种化学品、基础化学品、石油加工及炼化产品、农用化学品、橡胶制品、化工装备6个业务板块。

中国化工在全球140个国家和地区拥有生产、研发基地，并有完善的营销网络体系，控股10家A股上市公司，有118家生产经营企业，6家海外企业，以及24个科研、设计院所，是国家创新型企业。

中国化工正在实施“十二五”规划，加快产业结构调整，未来将形成材料科学、生命科学、环境科学加基础化工的“3+1”主业格局，努力成为具有国际竞争力的世界一流化工企业。

昌邑80万吨/年汽油加氢

CPP装置

沧州大化5万吨/年TDI

10万吨/年有机硅装置

四川蓝星机械

双酚A装置

风神轮胎

昌邑500万吨/年常减压

地址：北京市海淀区北四环西路62号
邮编：100080
联系电话：010-82677234
E-Mail：zghg@chemchina.com

中国石油玉门油田公司

玉门油田位于河西走廊的祁连山北麓，东连万里长城的西端雄关——嘉峪关和历史名城酒泉，西通敦煌、新疆等地。

油田开发于1939年，是中国较早的天然石油基地。解放前10年，累计生产原油52万吨，占全国原油产量的95%，在一滴油一滴血的战争年代，玉门生产的油品有力支援了抗日战争和解放战争。从六十年代起，担负起“三大四出”的重任，先后向全国各油田和炼化企业输送骨干力量10万多人、各类设备4000多台（套），被誉为中国石油工业的“摇篮”。著名诗人李季曾写下“苏联有巴库，中国有玉门，凡有石油处，就有玉门人”的诗篇，盛赞玉门油田。油田现有职工14000多人，固定资产原值105亿元，净值41亿元，主要从事勘探开发、炼油化工、工程技术服务、矿区服务等业务。先后投入开发老君庙、鸭儿峡、石油沟、白杨河、单北、青西、酒东7个油田。目前在酒泉、民乐、潮水、武威、雅布赖、南祁连等8个盆地内共有17个矿权区块，探矿权面积42798平方千米，总资源量约7.65亿吨；炼油化工伴随油田开发也具有悠久的发展历史，目前有生产装置14套，综合配套加工能力250万吨/年；工程技术及保障业务在长期的生产服务中逐步成长，具有良好的井下作业、电力供应、机械加工、建筑安装、综合服务、物资供应、物业管理等生产建设和服务保障能力。

当前，玉门油田正处于转变发展方式、提高发展质量、推动持续稳定有效发展的关键时期和重要时期。油田将在集团公司和股份公司的正确领导下，牢牢把握科学发展和构建和谐两大主题，做大油气主营业务，做优炼油化工业务，做强工程技术服务业务，做实矿区服务业务，努力实现“油气产量重上100万吨/年和建设百年油田”的“双百目标”，推动油田全面、协调、可持续发展，使“石油摇篮”这面旗帜在祁连山下高高飘扬。

Contests

目录

第一篇 综述

第二篇 重点工程建设成果

油气田工程建设成果

油气储运工程建设成果

炼油和石化工程建设成果

海外工程建设成果

第三篇　重大技术装备与新技术

重大技术装备研制成果

新技术

第四篇 能源政策法规

第五篇 大事纪要

第六篇 统计资料

第七篇 企业之窗

第一篇

综　述

中国和世界石油石化工业发展综述

21 世纪第二个五年是世界经济风起云涌、国际局势动人心魄的五年，也是世界石油石化产业大起大落、经受考验的五年。

2006～2010 年间，世界上最震撼的经济事件莫过于国际金融危机及其引发的全球经济衰退。2008 年美国的次贷危机触发了全球金融危机，导致世界经济陷入衰退，各国实体经济受到严重影响，世界石油石化产业也未能幸免，业内公司业绩终止了连续多年的增长势头，出现了大幅下滑。随着 2009 年后期世界经济开始复苏，尽管金融危机的消极影响尚未结束，但至 2010 年底，石油石化产业已逐步从危机的泥沼中挣脱出来。

“十一五”发展阶段是中国经济发展历程中极不平凡的五年，产业发展所处的国内外宏观经济环境，先是流动性过剩造成的经济过热，后又遭遇国际金融危机造成的世界经济衰退，前后发生了深刻和巨大的变化。中国石油石化企业积极应对各种挑战，在增加资源、提升炼化、拓展市场、保障供给、走向海外、竞争实力等各方面都有了很大进展，为中国国民经济和社会的稳定发展作出了重要贡献。

（一）世界经济风起云涌，石油石化经受考验

1. 世界经济终致衰退，石油石化呈现新特点

据 IMF 统计，2008 年仅仅因为第四季度的影响，就使得世界经济全年实际增长比 2007 年下降 2.0 个百分点，仅为 3.1%。2009 年，在世界各主要经济体强力刺激政策的作用下，虽然世界经济下半年开始缓慢复苏，但全年负增长 0.6%，仍比 2008 年下降 3.6 个百分点。2010 年，新兴工业化国家经济增长强劲，而发达国家经济复苏缓慢，世界全年 GDP 增长 3.9%。

2008 年，中国经济也受到了严重冲击，加之上半年国内紧缩政策等因素的影响，当年出口同比增长 17.2%，增速比上年回落 8.5 个百分点，为 7 年来最低水平。出口受阻致使 2008 年规模以上工业企业增加值同比增长率由 2007 年的 18.5% 下降至 12.9%，GDP 增长速度从 2007 年的 11.9% 下降至 9.6%。由于中国政府及时应对危机，2009 年下半年经济企稳回升，全年 GDP 增长 9.2%，虽然比上年下降了 0.4 个百分点，但相对于世界其他主要经济体的经济负增长而言仍属较高水平。2010 年，中国经济运行已成功摆脱国际金融危机的负面冲击，从应对国际金融危机的特殊状态转入常规增长轨道，GDP 增长 10.4%，国内生产总值超过日本跃居世界第二位。

回顾 2006～2010 年，在世界经济环境剧烈变化的情况下，国际石油石化产业呈现以下新的特点。

（1）世界经济衰退对世界石油石化产业产生严重影响。在 2008 年第四季度需求和价格陡然下跌的情况下，2009 年全球勘探开发投资出现了 10 年来的首次下降，石油产量降到 6 年来的最低。天然气产量也出现负增长，结束了长达 38 年的持续增长，消费也呈负增长，结束了连续 10 年稳定增长的势头。多年累积的产能过剩，使已经开始步入行业周期下行通道的石化产业终于在 2009 年一季度跌入谷底。2009 年下半年，世界经济出现复苏迹象，中国多数石化产品率先出现恢复性增长。2010 年，虽然欧洲和美国的需求还远低于危机前的水平，但亚洲的需求已达到危机前的水平，亚洲、欧洲、美洲的化学工业均处于持续反弹状态。

（2）国际石油价格起伏历史罕见。进入 21 世纪以来，从 2002 年起，石油市场一改 2001 年的疲弱，迎

来了连续的价格持续攀升，从2005年突破70美元/桶，到2007年升至99.29美元/桶，舆论普遍认为世界进入高油价时代。2008年8月之前，世界油价连续近7年震荡攀升，最高曾一度达到147美元/桶（WTI），而国际金融危机使油价猛然下跌，曾一度低至31美元/桶（WTI）。2009年后油价开始缓慢上升，2010年平均价格约80美元/桶左右。

（3）石油需求增长放缓，天然气需求市场持续增长。总体上看，世界石油产能增长率低于石油消费增长率，世界石油供需基本保持平衡，但需求增长势头放缓。2008年受金融危机影响，石油需求14年来首度减少。2009年世界石油消费量继续下降，同比减少了2.0%。2010年世界石油消费43.85亿吨，同比增加13%。

除了欧盟和美国这两个世界前两位的天然气消费市场外，随着中国、印度等国天然气市场的高速发展，亚洲成为天然气消费增幅最大的地区，特别是东亚地区成为主要的进口地区，同时非洲天然气市场也在成长。据国际能源署分析，全球主要供气地区间的管道运输能力和LNG液化能力会从2007年的600亿立方米增至2012~2015年的2000亿立方米。作为推进天然气贸易全球化的重要手段，LNG业务受到各大石油公司的高度重视。

（4）保证能源安全一直是世界各国能源战略和政策调整的核心，国际大型石油企业在保持传统业务的同时，更加注重非常规油气资源的开发，并介入替代能源和新能源的开发，即使是在金融危机后陷于困境的2009年和2010年也没有放弃这一战略举措。

（5）高油价促使石油资源国更加注重维护本国的利益，加强了国有企业对资源行业的控制，国家石油公司迅速崛起，在世界储量和产量综合排名前25位的石油公司中，国家石油公司达14个之多。

（6）石油公司间的竞合关系进一步发展。除了一般意义上的竞争外，石油公司间的合作在逐步加强，这是因为，跨国石油石化公司和新兴市场石油石化公司为了确保获取油气资源，更加重视相互间的以及与资源国石油公司的战略合作，而资源国石油公司也希望获得稳定的市场，并利用跨国石油石化公司的技术和新兴市场国家的资金发展自身上下游一体化的石油产业。

（7）世界炼化产能过剩严重。2008年8月之前，世界炼油能力连续6年增长，乙烯建设持续升温，炼化产品价格不断走高，但最终由于油价高企，致使炼化总体获利水平下降，表明石化工业步入景气周期高位盘整阶段。金融危机发生之后，炼化产能大量过剩，世界石化产业步入下行通道。

（8）世界经济衰退导致世界石油石化公司业绩终止了连续多年的增长势头，出现了大幅下滑，部分公司步入亏损甚至破产的境地。2010年，由于亚太等新兴市场需求持续高企，欧美等地区市场需求也开始出现好转，推动石化产品价格走出低谷，销售量增加，企业业绩逐步好转，投资与2009年持平或略有增加。11家国内外石油化工公司业绩表现见表1。

（9）世界石油石化产业结构调整持续进行。欧美继续引领世界石油石化产业结构的调整，新兴国家和地区的石油石化企业加快了做大做强和国际化经营的步伐，世界炼化工业大型化、规模化和基地化发展趋势显著，具有市场优势的亚太地区和具有资源优势的中东地区推动世界石化产业重心东移。

（10）加强区域能源合作是各国政府的重要能源政策。跨境油气管线是区域能源合作的重要体现，同时也成为地缘政治斗争的重要手段，例如2006年俄罗斯与乌克兰的天然气之争、2010年俄罗斯与白俄罗斯的天然气之争等，又如2006年投入运营的起自阿塞拜疆，途经格鲁吉亚，直至地中海土耳其杰伊汉港的巴杰管道，使得俄罗斯失掉了里海油区“出口阀门”的地位。英国《金融时报》曾评论说，这条管道是迄今修建的“最具有政治意义的石油管道”。

（11）石油石化行业的并购从未停止过。上世纪90年代末的亚洲金融危机，促成了以埃克森并购美孚为代表的石油业界的重大重组和超级石油公司的诞生。2006年以来，不断升高的油价推动全球石油石化行业并购重组，而后发生的全球金融危机又迟滞了并购的步伐，特别是化工领域的并购跌幅巨大，但油气领域特别是非常规油气资源并购仍较活跃，据 HIS 哈罗德公司统计，2010 年全球发生油气并购案 671 起，金额达到 2063 亿美元，创历史新高。2006～2010 年全球石油石化领域交易额 100 亿美元以上的并购案见表 2。

（12）BP 公司墨西哥湾油井泄漏事件促使各国更加重视油气开发的环境风险。2010 年 4 月 20 日，BP 位于墨西哥湾的“深水地平线”钻井平台爆炸起火，沉没之后不断漏油，给墨西哥湾生态环境带来难以弥补的破坏，促使世界各国及石油企业更加重视油气开发的环境风险。2010 年 7 月 16 日，中国大连市大连新港一艘油轮在卸油时引发输油管爆炸起火，并造成一定海域的污染；2011 年 7 月，中国渤海又发生油井漏油事故，警醒国内石油企业更加注意安全生产。

表 1　11 家国内外石油化工公司业绩表现　　单位：亿美元

年份 公司名称	2006		2007		2008		2009		2010	
	净利润	同比增长/%	净利润	同比增长/%	净利润	同比增长/%	净利润	同比增长/%	净利润	同比增长/%
埃克森美孚	395.0	9.3	406.1	2.8	452.2	11.4	192.8	-57.4	304.6	58.0
壳牌	254.4	0.5	313.3	23.1	262.8	-16.1	125.2	-52.4	201.3	60.8
BP	220.0	-1.5	208.5	-5.3	211.6	1.5	165.8	-21.6	-37.2	-122.4
雪佛龙	171.4	21.6	186.9	9.0	239.3	28.1	104.8	-56.2	190.2	81.5
道达尔	148.3	-2.6	180.6	21.8	155.8	-13.7	117.4	-24.6	136.6	16.4
康菲	155.5	14.9	118.9	-23.5	-170.0	-243.0	48.6	—	113.6	133.7
巴斯夫	40.5	8.6	55.7	37.5	42.8	-23.1	19.6	-54.2	60.5	208.8
陶氏化学	37.4	-17.5	28.9	-22.5	5.8	-79.9	6.5	11.9	23.2	258.2
中国石油	137.6	6.3	167.4	21.7	101.9	-39.1	101.9	0	143.7	41.0
中国石化	39.9	40.4	43.2	8.3	18.9	-56.3	57.4	203.7	76.3	32.9
中国海油	30.1	29.2	37.1	23.3	47.8	28.8	35.9	-24.9	72.4	101.7

资料来源：各公司年报。

净利润：归属于母公司的净利润。

表 2　2006～2010 年全球石油石化领域交易额 100 亿美元以上的并购案

并购项目	金额	时间	备注
拜耳收购先灵公司	163 亿欧元	2006 年	
巴塞尔公司收购利安德化学公司	190 亿美元	2007 年	一举成为世界第 4 大化学公司，但于 2008 年底即申请破产保护
挪威国家石油公司与挪威海德鲁公司油气业务合并	300 亿美元	2007 年	成为世界第一大海洋油气开发商
荷兰阿克苏诺贝尔公司携手德国汉高公司收购英国 ICI 公司	163 亿美元	2007 年	增强其在世界涂料市场的霸主地位
沙特 SABIC 收购美国 GE 公司塑料业务	116 亿美元	2007 年	成为全球领先的工程塑料生产商
陶氏化学收购罗姆哈斯公司	188 亿美元	2008 年	
Suncor 能源公司并购加拿大能源公司	210 亿美元	2009 年	
埃克森美孚收购 XTO 能源公司	410 亿美元	2010 年	XTO 公司是美国本土的页岩气勘探开发商

2. 中国石油石化步履稳健，金融危机力挽狂澜

（1）五年发展成绩斐然，国际地位逐步提高。面对世界性经济衰退造成的困局，中国石油石化企业大力加强内部管理，深化体制改革，严格控本降耗，积极开拓市场，努力挖潜增效，优化生产调度，调控上产节奏，加快科技创新，抓住海外机遇，终使国内石油石化产业较平稳地度过了最困难的时期。“十一五”期间，得益于国内经济较快发展，中国石油石化产业取得了令世人瞩目的骄人业绩。与“十五”

期末的 2005 年相比，中国石油、中国石化和中国海油三大公司的资产总额从 16993.56 亿元增长到 47342 亿元，营业收入从 16055.92 亿元增长到 40446.62 亿元，利润总额从 2714.75 亿元增长到 3755.51 亿元，净利润从 1470.71 亿元增长到 2705.31 亿元。中国石油石化工业总体发展规模已跃居世界前列，在《财富》“世界 500 强”排行榜中，中国石化、中国石油分别从 2005 年的第 23 位和第 39 位提高到 2010 年的第 5 位和第 6 位，中国海油从 2007 年的第 469 位提高到 2010 年的第 162 位。

（2）世界油气消费量下降，中国油气消费量增长。受金融危机的影响，2009 年全球一次能源消费量下降了 1.1%，其中石油消费量下降了 1.7%，是自 1982 年以来的最大降幅，天然气消费量也下降了 2.1%。2009 年全球石油产量下降了 2.6%，也是自 1982 年以来的最大降幅，全球天然气产量也下降约 2.1%，是延续了 38 年增长态势后的首次下降。2010 年随着经济的复苏，世界石油消费量超过了 2007 年的最高历史水平，世界原油产量同比增加 2.0%，天然气产量同比增长 11.0%。

中国 2008 年石油产量保持平稳增长，原油表观消费量增速略有放缓，同比增幅 5.8%，进口同比增长 9.6%，原油对外依存度达到 48%。天然气产量比上年增长 10.9%，消费增长 16.1%。2009 年，原油表观消费量同比增长 6.0%，原油对外依存度达到 51.3%。天然气产量比上年增长 8.5%，天然气消费量增速有所放缓，但仍达到 9.9%。2010 年，中国原油表观消费量 4.49 亿吨，同比增长 16%，产量同比增长 6.9%，原油对外依存度达到 53.7%。天然气产量同比增长 13.1%，消费量同比增长 20.9%。

（3）世界原油加工量下降，中国炼油产业受制于价格。2008 年，世界炼油能力已经连续第 7 年增长，但随着国际金融危机爆发，世界油品供需形势陡然逆转，导致 2008 年世界原油加工量自 2002 年以来首次下降。2009 年，全球炼油能力增长了 2.2%，是自 1999 年以来的最大涨幅，但在消费下降的情况下，全球炼油产能利用率降至 81.1%，为自 1994 年以来的最低水平，欧美等发达地区炼油产业陷入萧条，而中国、印度等新兴国家炼油产业情况稍好。2010 年石油公司营业收入和净利润逐步回升向好，但整体尚未恢复到金融危机前的业绩水平。

中国 2008 年前三季度油品供应紧张，甚至出现油荒现象，表观消费量同比增长 13.4%，而第四季度则逆转为同比下降 1.1%。2008 年 9 月以后中国炼油装置负荷率下降，全年负荷率为 78%，比 2007 年的 86% 下降了 8 个百分点。2009 年中国成品油表观消费量增速下滑到 1999 年以来的最低水平，同比仅增长 0.9%，不仅低于 2008 年 10.2% 的增速，也低于 2003 ~ 2007 年 7.9% 的平均增速。2010 年，中国成品油消费量恢复增长，汽煤柴油表观消费量分别较上年增长 6.2%、16.5%、12.8%。

在 2008 年国际原油价格上涨 34% 的情况下，国内全年汽油和柴油价格仅分别上涨 16.5% 和 17.8%，甚至出现汽柴油价格低于原油价格的现象，导致炼油行业政策性亏损，全年仅三大石油石化企业亏损额就达 1652 亿元，扣除国家财政补贴 632 亿元，仍然亏损 1000 多亿元。2009 年，在世界原油价格下跌约 36%，汽油、柴油价格分别下跌 31% 和 42% 的不利情况下，由于中国实行了成品油价格机制改革，炼油毛利达到了国际水平，扭转了炼油企业政策性亏损的局面。2010 年，虽然国内成品油价格震荡起伏，但加工量同比增长 13.4%，销售量价齐升，炼油业经营情况良好。

（4）世界乙烯产能过剩，中国石化产品价格大跌。在近几年全球烯烃产能高速增长的背景下，金融危机导致世界乙烯需求近十几年来首次出现负增长，产能过剩的局面进一步加剧，多数企业不得不纷纷减产、关闭装置和推迟部分新建项目投产。2008 年第四季度的负增长，导致 2008 年全年世界五大通用树脂、合成纤维、合成橡胶的产量分别同比减少 0.3%、3% 和 4.2%。2009 年，世界三大合成材料除合成纤维产量同比增长 8% 外，五大通用树脂消费量出现了 10 年来最大的负增长，降幅达 4.2%，合成橡胶消费量同比亦下降 8.9%。2010 年在全球经济复苏的大背景下，石化产品市场需求逐步回升，世界合成树脂产量增长 7.95%，消费量增长 8.34%；合成纤维产量增长 11.3%，消费量增长 3.1%；合成橡胶产量增长 4.9%，消费量增长 14.7%。企业经营情况也因产品量价齐升而得到改善。

国内自2008年8月起，所有石化产品销售受阻，库存猛增，产量和价格基本都进入了下行通道。乙烯2008年装置负荷率亦从2007年的103.1%降低到100.1%，产量同比下降2.7%，表观消费量下降0.28%；合成树脂产量仅比上年略增1.5%，合成纤维产量同比增长3.0%，均无法与前几年两位数的增长比较，而合成橡胶（不含合成乳胶）产量则较上年下降1.2%。2009年8月后石化产品开始恢复性增长，全年乙烯产量同比增长7.2%，同时超过金融危机前2007年乙烯产量4.3%；乙烯当量消费量同比增长27%，合成树脂、合成纤维、合成橡胶等的消费量同比增幅也在20%以上；由于2009年乙烯新增产能（236万吨/年）远超乙烯新增产量（72万吨），乙烯装置负荷率降低至86.9%。2010年，中国石化产业先抑后扬，下半年整体发展形势良好，绝大部分石化产品价格攀升，消费增长明显，如乙烯表观消费量达到1498.6万吨，同比增加28.1%，产量达到1419万吨，比上年增长31.7%，除去新开车装置，装置负荷率达到99.5%。合成树脂及共聚物产量达到4361万吨，比上年增长18.3%。

金融危机期间，需求的急剧下滑导致石化产品价格从大涨转为大幅度下滑。中国各主要石化产品2008年底市场价格比年内最高价格下降幅度为：纯苯约70%，甲醇约54%，醋酸约54%，聚乙烯50%以上，聚丙烯近40%，通用聚苯乙烯超过50%，PX约65%，PTA近50%，乙二醇近70%，已内酰胺约53%，聚酯切片约43%，涤纶短纤约48%，腈纶约30%，丁苯橡胶约57%，顺丁橡胶约65%，丁基橡胶约37%。市场行情走低使企业经营运作遇到较大困难。2009年基本有机原料及三大合成材料等石化产品价格从年初开始逐步反弹，尽管全年平均价格仍低于2008年，但产业效益有所改善，例如合成纤维行业亏损面由上年的24.7%下降到18.6%。2010年，石化市场持续回暖，产品价格普遍高于2009年平均价格，例如聚乙烯和聚丙烯依不同品种价格上升约5.5%~19%；合纤行业亏损面也由上年的18.6%下降到9.0%。

（二）油气稳定开发生产，确保国家石油安全

1. 世界油气形势趋紧，油气探明储量缓增

根据《BP世界能源统计》，世界石油剩余探明可采储量从2005年的1633亿吨增至2010年的1888亿吨，增长15.62%。全球天然气剩余探明可采储量从2005年的179.83万亿立方米增至2010年的187.1万亿立方米，增长4.04%。

世界石油产量2010年为39.14亿吨，比2005年的38.95亿吨增长0.49%。全球天然气产量从2005年的27798亿立方米增长至2010年的31933亿立方米，增长14.88%。

世界石油消费量从2005年的38.61亿吨增长至2010年的40.28亿吨，增长4.33%。全球天然气消费量从2005年的27803亿立方米增长至2010年的31690亿立方米，增长13.98%。

2009年由于油价低落导致全球油气勘探开发投资10年来首次下降，为3948亿美元，降幅达13.0%，全球油气田新发现下降24%；据英国巴克莱公司统计，2010年全球上游油气资本支出比上年增加近470亿美元，达到4418亿美元，但仍低于金融危机前的水平。

尽管在高油价驱动下，油气勘探开发投资增长较快（金融危机影响期除外），然而，由于近年来勘探开发难度明显提高和油气勘探开发成本大幅提高，使油气探明储量并未随投资大幅增加而出现预期的同步大幅增加。可见，即使增加油气勘探开发投资，油气探明储量的增长已受到资源制约，“石油峰值论”已经引起更多的关注。

2. 中国全力勘探开发，确保稳定生产供应

（1）石油。中国的石油资源分布于陆上和海上的24个盆地。陆上主要是中东部地区和中西部地区，尤其是松辽盆地、渤海湾盆地、塔里木盆地、准噶尔盆地、鄂尔多斯盆地和柴达木盆地；海域探明资源目前主要分布在渤海盆地和珠江口盆地。据中国2000年完成的石油地质资源第三次评价，全国石油地质

资源量为 1041 亿吨。目前，国内石油资源勘探仍处于中等成熟阶段，勘探开发潜力巨大。

“十一五”期间，中国新增石油地质储量 56 亿吨，石油年均新增可采储量保持在 2 亿吨左右，石油产量逐年小幅增长，从 2005 年的 1.81 亿吨增长到 2010 年的 2.03 亿吨（见表 3），增长约 12.2%。

表 3　中国 2005～2010 年石油①储量、产量、进出口量　　亿吨

指标＼年份	2005	2006	2007	2008	2009	2010	2010 年比 2005 年增长/%
剩余探明技术可采储量	24.9	27.08	28.33	28.91	29.49	31.74	27.47
剩余探明经济可采储量	—	20.43	20.95	21.29	21.64	23.60	
新增探明技术可采储量	1.71	1.95	2.47	2.05	2.40	2.19	28.07
新增探明经济可采储量	—	1.71	2.27	1.77	2.13	1.88	
石油储量接替率	0.99	1.1	1.33	0.92	1.13	0.94	
产量	1.81	1.83	1.86	1.9	1.88	2.03	12.15
进口量	1.27	1.45	1.63	1.8	2.04	2.39	88.19
出口量	0.08	0.06	0.038	0.037	0.052	0.03	-62.5
对外依存度/%	39.6	43.4	46	48	51.3	53.7	

①此处石油为原油＋凝析油。

资料来源：《中国石油石化产业经济研究年度报告》。

从表 3 可以看出，①2007 年的石油储量接替率是“十一五”期间最高的，其原因是 2007 年是中国历史上第五次石油地质储量增长高峰，同时新增探明技术可采储量也创出新高。②石油剩余探明技术可采储量和产量每年增幅都不大（甚至下降），这是因为随着勘探开发的深入，中国目前待探明资源已主要分布在沙漠、黄土塬、山地、近海和深海海域，地面和地质条件更加复杂，勘探开发工作难度越来越大。③原油进口量的增幅超过产量的增幅，因此中国原油的对外依存度在逐年提高。

（2）天然气。中国天然气主要分布于渤海湾、四川、鄂尔多斯、柴达木、塔里木、准噶尔、东海、琼东南、莺歌海、松辽、珠江口、吐哈等盆地，全国天然气资源量 47 万亿立方米，可探明资源量 22 万亿立方米，可采资源量 14 万亿立方米。从整体看，目前中国的天然气可采资源探明率约为 25%，尚处于勘探早期阶段，属于快速增长期。

中国“十一五”期间天然气地质储量新增 3 万亿立方米；天然气剩余探明技术可采储量和剩余探明经济可采储量呈逐年上升之势；天然气消费增长超过产量增长，由于产量的增长超过剩余可采储量的增长，导致储采比逐年下降；2010 年中国天然气产量 942 亿立方米（见表 4），比 2005 年增长 97.29%。

表 4　中国 2005～2010 年天然气储量、产量、消费量

指标＼年份	2005	2006	2007	2008	2009	2010	2010 年比 2005 年增长/%
剩余探明技术可采储量/万亿立方米	2.8	3.0	3.2	3.4	3.7	3.78	35.0
剩余探明经济可采储量/万亿立方米	—	2.39	2.53	2.65	2.85	2.73	
新增探明技术可采储量/亿立方米	3411.51	3214.92	2926.65	2698.84	3861.61	2874.74	-15.73
新增探明经济可采储量/亿立方米	—	2638.15	2181.41	2026.22	2777.16	1925.33	
产量/亿立方米	490	586	692	761	841	942.2	97.29
消费量/亿立方米	468	561	695	807	887	1048	123.93
储采比	56.7	40.8	36.6	34.8	33.9	28.9	

资料来源：《中国石油石化产业经济研究年度报告》。

3. 完善油气运输体系，国家战略储备起步

“十一五”期间，中国油气储运体系建设在“十五”的基础上又有了新的进展。国内纵横交错的管道和大型储库、深水码头的建设，特别是西北的中哈原油管道、中亚天然气管道，西南的川气东送管道、中缅油气管道，东北的中俄原油管道的建设，以及战略石油储备基地和商业储备设施的建设，与原有的油气管线共同形成了北油南运、西气东输、油气上岸大格局，并由干线、支线、联络线以及储库将原已形成的各区域网络连接在一起，覆盖了油气田、港口、炼厂和广大的消费区。为中国石油石化产业降低成本、提高效率、缓解运输压力、改善环境保护、优化资源配置，实现产业现代化和确保中国的能源安全作出了巨大的贡献。

（1）原油管道。截至2010年底，中国已建成原油长输管道2.2万千米，比2005年增加了1万千米，原油管输网络进一步完善。其中2006～2010年建成投运的重要管道有中哈原油管道、仪长原油管道、西部原油管道、中俄原油管道等。正在建设的重要管道有中缅石油管道、日仪原油管道等。2010年7月国家发改委核准设计年输油量1000万吨的兰州—成都原油管道项目，预计2012年建成。

截至2010年底，中国90%以上的原油输送已经实现了管输。

2010年6月25日，国家发布《中华人民共和国石油天然气管道保护法》，此前，有国务院初步制订于1989年、修订于2001年的《石油天然气管道保护条例》。该管道保护法的出台将更有利于国家能源动脉的保护，有利于国家经济建设和国家安全。

（2）天然气管道。目前中国正在逐步形成连接各大天然气供应源与消费市场的骨干天然气管网格局。已建成天然气管道4.07万千米，比2005年增加了1.2万千米。

“十一五”期间天然气管道建设的重点是川气东送管线、西气东输二线、进口输气管线、东北天然气管网、沿海管线，同时还进一步完善区域管网。目前正在建设的有山东天然气管网、中缅天然气管道、西气东输三线西段等。中俄天然气管道由于供气价格迟迟未能谈妥，未能规定修建的具体时间。2010年，中国石油宣布已与哈萨克斯坦国家油气公司签订协议，双方将合作建设中哈天然气管道二期工程。

（3）成品油管道。进入21世纪，由于加入WTO后应对市场竞争的需要，以及企业实力的大大增强，中国加快了成品油输送管线的建设步伐，目前已初步构建了“北油南运、西油东送”的成品油输送管道干线。据不完全统计，截至2010年底，中国主要成品油管道总长度已近1.8万千米，比2005年的8643千米增加了近万千米；设计输油能力约1.2亿吨/年，比2005年的4865万吨增加了7300余万吨。

中国目前在建成品油管道主要有兰州—郑州—长沙管道、鲁皖二期（西线）管道、宁波—绍兴—金华—衢州管道、西南成品油管道贵阳—遵义—桐梓段、珠三角成品油管道二期工程、锦州—郑州管线、福炼一体化成品油管道（南线）、粤东成品油管道等，锦州—朝阳—赤峰成品油管道、锦郑管道山西支线、兰郑长管线安徽支线和江西支线等项目也正式启动。

成品油以管道方式运输具有明显优势，国务院在《促进产业结构调整暂行规定的决定》中，将成品油管道输送设施及网络建设列入鼓励类产业目录。中国正在建设和完善炼油基地与主要中心消费城市相连接的东北—华北、西北—西南、华南—西南、华东—华中和鲁苏皖五大管道干线，以及建设长江三角洲、珠江三角洲和闽浙沿海地区的区域性管道网和成品油流量密集地区的小规模、短距离支线管道网，最终建立起布局合理、安全、快捷、灵活的成品油管道运输系统。

（4）原油码头。2010年底，中国万吨级及以上原油泊位69个，比“十五”末增加14个。其中具有泊靠20万吨级以上油轮能力的石油专用码头，除原有的青岛（20万吨）、舟山（25万吨）、宁波大榭港（25万吨）、茂名水东（25万吨）、湛江（30万吨）、大连新港（30万吨）、舟山册子岛（30万吨）外，2006～2010年建成投运的主要港口有青岛三期（30万吨）、海南洋浦（30万吨）、福建泉州青兰山（30万吨）、辽宁营口仙人岛（30万吨）、宁波大榭（30万吨）、浙江舟山岙山（30万吨）、天津（30万吨）、惠州马鞭洲

(30 万吨)、河北曹妃甸（30 万吨)、大连新港（30 万吨)、山东日照（30 万吨）等港口。

目前还有广西北海涠洲岛 30 万吨级原油码头正在建设中。

此外，大连北良港也已启动 50 万吨级原油码头项目，这将成为迄今为止中国吨位最大的泊位；山东威海 30 万吨原油码头的项目意向书已签订；江苏南通洋口港 30 万吨原油码头项目完成可行性研究报告；温州北麂岛 30 万吨级原油中转码头工程预可行性研究报告通过专家审核；江苏连云港 30 万吨级原油码头完成规划方案；珠海高栏港 30 万吨原油码头项目已向国家发改委申请立项。

（5）原油储库。截至 2010 年底，中国原油库容比 2005 年增加了约 3700 万立方米，其中 2006～2010 年建成投运和在建的重要项目如下：

第一期国家战略石油储备项目完成。2008 年底，镇海、岙山、大连和黄岛 4 个第一批国家石油储备基地全部建成，为国家增加 1640 万立方米的原油库容。

第二批国家石油储备基地规划已经完成，计划再建设 2680 万立方米的原油库容。已见报道开始建设的国家储备基地有：天津滨海新区基地、新疆独山子基地、甘肃兰州基地、辽宁锦州基地。

中国商业石油储库建设加速，此间建成投产的商业原油储库达 2000 万立方米以上。目前在建的商业原油储库也有 1700 万立方米。

2007 年 12 月 18 日，国家石油储备中心正式成立，标志着国家石油储备三级管理体系正式启动，增强了石油储备管理力量，理顺了石油储备管理层级关系，拉开了石油储备向专业化、正规化发展的帷幕。

（6）天然气库。2010 年 3 月，大港板中北、板中南、板 808、板 828 共 4 座储气库工程完成了初步验收工作。至此，大港油田已经聚集了 6 个服务于北京和天津供气调峰的储气库。

2010 年 2 月，华北油区第一个大型储气库群——京 58 库群投运。该库群由京 51 气藏、永 22 潜山气藏、京 58 气顶气藏等 3 个储气库组成。主要用来保障陕京二线输气管道的正常运行和天然气的季节调峰。

为保证“西气东输”管线沿线和下游长江三角洲地区用户的正常用气，现正建设江苏金坛盐矿（2007 年 2 月第一批地下溶腔开始注气）和江苏刘庄气田（2010 年开工）的地下储气库。

目前国内天然气储备能力缺口较大，已知中国石油还将着手以下储气库的建设：大港新建地下储气库群、长庆油田储气库、忠武线配套地下储气库、相国寺地下储气库、辽河油田储气库、新疆昌吉储气库、河北苏桥储气库、河南平顶山储气库、湖北云应盐穴储气库、江苏淮安放响盐穴储气库、云南安宁储气库和南昌麻丘水层储气库等。

中国石化为解决鲁豫京津市场调峰和供气安全问题，已开展中原和胜利油田地下储气库的前期工作。

根据中国天然气资源与市场的匹配及积极利用海外天然气的战略部署，按照“多来源、成网络、储气库”的设想，中国将可能形成四大区域性联网协调的储气库群，包括东北储气库群、长江中下游储气库群、华北储气库群、珠江三角洲储气库群。

（7）液化天然气（LNG)。2010 年，中国进口 LNG 935.58 万吨，同比增长 69%。截至 2010 年底，有广东深圳、福建莆田和上海 3 个 LNG 项目投产，拥有 930 万吨/年的设计接气能力；2011 年 5 月又有江苏如东 LNG（350 万吨/年）项目投产。而 2005 年还只有广东深圳 1 个 LNG 项目在运营。

目前国内在建的 LNG 项目有浙江宁波、广东珠海、广东揭阳、辽宁大连、河北唐山、山东青岛等，中国海油海南 LNG 项目 2011 年 7 月获国家发改委正式核准，另外还有上报待批的项目 10 个。

此外，2009 年 12 月，全球最大的煤层气液化（LCPM）项目落户重庆綦江，竣工后将为重庆每年提供 9100 万立方米的液化煤层气。

4. 积极“引进来、走出去”，充分利用世界资源

（1）不断改革深化开放，对外合作再结硕果。改革开放后的 1982 年，国务院颁布了多个对外合作开采石油资源的条例。目前，中国油气领域境内对外合作已经取得令人瞩目的进展，中国的石油企业已和外国石油公司签订了200多个石油合同和协议，其中2006～2010年签订的陆上及海上油气勘探开发合作项目约24项。

（2）“走出去”迈开大步，海外业务又展新篇。1993年，中国成为石油净进口国，为了保障国家石油安全，中央明确提出“充分利用国内外两种资源、两个市场”发展中国石油工业的“走出去”战略方针。1993年3月，中国石油公司在秘鲁塔拉拉油田一个开发项目上一举中标，拉开了进军海外的序幕。经过多年的努力，目前中国海外勘探开发业务初步形成了非洲、中亚、中东、南美和东南亚五大油气产区，在海外30多个国家共拥有100多个油气项目。

2006～2010年，中国石油企业通过自主开发、资产并购、公司并购、多边合作等方式，积极寻求海外油气投资机会。海外油气投资、炼化业务、储运设施建设、工程技术服务等全面发展。其中境外油气开发投资达720亿美元，签订油气资产收购合同约43项，海外油气业务稳步推进。2010年三大公司海外权益油产量达到5978万吨，比2005年的2207.8万吨增长170.77%；权益气产量147.3亿立方米，比2005年的38.3亿立方米增长284.6%。加上中化集团的海外权益油气242万吨油当量，中国海外权益油气产量达到7394万吨油当量。

5. 油气资源日渐趋紧，谋划非常规资源

能源危机是人类21世纪面临的巨大挑战之一。非常规油气资源正在全球能源结构中逐渐扮演重要的角色。据中国首次非常规油气资源国际研讨会上的资料，全球非常规天然气资源十分丰富，约为常规石油、天然气资源的1.65倍，约为常规天然气资源量的4.56倍。其中，全球煤层气资源量为256.3万亿立方米，是常规天然气资源量的50%；全球致密气资源量约为209.72万亿立方米；全球页岩气总资源量约为457万亿立方米；根据美国、苏联还有日本的研究成果，世界陆地的天然气水合物资源量2.83千万亿立方米，海洋为8.5万万亿立方米。据21世纪初美国地质调查局的资料，油砂可采资源量达1035亿吨，重油资源量690亿吨，油页岩折算页岩油可达4000亿吨，而目前世界常规石油可采资源量为1514亿吨。

中国在煤层气、页岩气、天然气水合物、油砂矿、页岩油等方面开展了大量工作，取得了积极成果，为非常规油气资源的开发奠定了基础。

（1）煤层气开发处于快速发展的前夕。中国现代煤层气技术引进始于1989年，从1996年煤层气产业开始逐渐发展，第一轮全国煤层气资源评价结果表明，埋深在300～2000米的煤层气地质资源量为36.81万亿立方米，1500米以内浅层煤层气可采资源量为10.9万亿立方米，继俄罗斯和加拿大之后居世界第三位。煤层气是目前中国天然气最现实可靠的替代能源。

中国出台了一系列政策对煤层气的开发实行优惠政策，制定了煤层气开发利用规划，颁布了煤层气开采对外合作的有关规定。

“十一五”期间，国内企业已登记煤层气勘探区块总面积6万多平方千米，在数十个勘探区进行了煤层气勘探与评价。目前在10余个重点区块的勘探都取得了较好的成果，有些区块已经开始生产。外国能源公司在中国已就26个区域煤层气勘探开采项目签约。

媒体报道，中国石油宣布计划在未来几年内投资超过100亿元，用于煤层气产能的扩张，2015年希望煤层气产量达到45亿立方米，占全国比例超过40%。中联煤层气公司已经开始规划“沁气南送”煤层气管道工程，起点为山西沁水盆地，途经河南、湖北、湖南、江西四省，长约1000千米，设计供气量为40亿立方米。中国石化计划到2015年末，建成包括煤层气和页岩气在内的年产25亿立方米的非常规天然气产能。

中国煤层气发展“十二五”及中长期规划，提出2015年达到年产量200亿立方米，煤层气产业即将进入快速发展阶段。

（2）页岩气开发利用尚处于起步阶段。页岩气是一种重要的非常规天然气资源。2009 年 10 月举行的第 24 届世界天然气大会发布的数据显示，世界常规天然气资源量仅为 513 万亿立方米，而页岩气资源量为 457 万亿立方米，相当于煤层气和致密砂岩气的总和。这几年美国的页岩气勘探开发使得美国的天然气资源储量一举超过俄罗斯，跃居世界首位，2009 年美国页岩气产量达到 900 亿立方米，其页岩气的突破性发展，将对世界天然气市场产生重大影响。2010 年，埃克森美孚更是以 410 亿美元巨资并购了美国本土的页岩气勘探开发公司 XTO。现在页岩气已达北美天然气生产总量的 17%，而 2006 年仅为 1%，预计到 2030 年页岩气的供应量有可能超过北美天然气总量的 50%，是未来几十年最有增长潜力的天然气供给来源。

目前，中国页岩气资源调查与勘探开发还处于探索起步阶段。至今中国尚未对页岩气资源潜力进行全面估算，页岩气资源有利目标区有待进一步落实，勘探开发还处于“空白”状态。根据国土资源部 2004 年以来对中国页岩气的地质情况所做的勘察，中国页岩气资源量可达到 100 万亿立方米，可采资源量约 15 万亿～30 万亿立方米。

近年来，中国政府已经把页岩气纳入了重大能源战略，正在制定的《科学发展的 2030 年国家能源战略》将页岩气摆到了重要位置。国土资源部提出的战略目标是，2020 年前在全国优选出 50～80 个页岩气有利目标区和 20～30 个勘探开发区，使中国页岩气可采储量稳步增长到 1 万亿立方米，产量达到常规天然气产量的 8%～12%。

（3）天然气水合物开发处于探索阶段。中国已于 2006 年获得天然气水合物实物样品。据估算，世界上天然气水合物总资源量相当于已知煤、石油、天然气总和的 2 倍，可满足人类千年的需求。目前已在中国海域内发现大量天然气水合物储量，仅在南海北部的天然气水合物储量估计就相当于中国陆上石油总量的一半左右，但要实现商业开发，还有待技术上实现突破。

（4）页岩油在高油价下开始向产业化推进。据初步评价，中国油页岩资源量达 7199 亿吨，折合页岩油 476 亿吨，位居世界第二。在高油价的背景下，中国吉林省光正矿业有限责任公司与壳牌（中国）公司及壳牌中国吉林能源控股有限公司合作，运用壳牌公司世界最先进的地下转化工艺技术（ICP），全力推进吉林省油页岩开发。辽宁省抚顺市已探明油页岩地质储量 35 亿吨，抚顺矿业集团页岩炼油厂已被国家发改委列为油母页岩综合利用示范基地。中国石油矿权区 1000 米深度以内的油页岩资源评价已经取得了阶段性的成果，建成年产 3 万吨页岩油先导试验基地，完成松辽盆地页岩油开采试验。

（5）油砂勘探开发开始实施示范工程。油砂资源，即含有沥青或焦油的砂或砂岩。有资料认为，目前已知世界油砂可采资源量约为 6510 亿桶，占世界石油可采总量的 32%，已成为世界能源结构的重要组成部分。储量最大并已实现经济开采的是加拿大阿尔伯达省的油砂资源，有研究认为，仅凭该省开采油砂一项，加拿大就可以成为全球首屈一指的石油供应国。中国油砂资源也十分丰富，据 2006 年全国新一轮油气资源评价，油砂地质资源量 59.7 亿吨，技术可采资源量 22.58 亿吨，位居世界第五位，勘探前景良好。据有关方面初步设想，2050 年，中国油砂产油量将达到 1800 万吨。目前，中国已完成准噶尔等盆地 500 米深度以内的油砂资源评价；在西北建成年产 1 万吨油砂油露天开采示范工程，开展油砂开采、分离及油砂油处理技术研究。

（6）稠油开发形成相当大的产业规模。稠油，国外叫重质原油，是指在油层条件下，原油黏度大于 50 毫帕·秒或者在油层温度下脱气原油黏度大于 100 毫帕·秒，密度大于 0.934 克/立方厘米的原油。据有关资料估计，全世界轻质原油资源为 3600 亿吨。可采储量为 1350 亿吨，而重质原油的资源有 9000 亿吨，可采储量为 1800 亿吨。世界最著名的重油油藏当属委内瑞拉奥利诺克油带，中国石油企业已经涉足其中。中国对稠油油藏的研究、开发和加工水平逐步提高，目前中国已在 12 个盆地发现了 70 多个稠油油田，并形成相当大的开采规模。辽河油田、新疆油田、胜利油田、河南油田是4大主力稠油生产基地，年产量约1500万吨。辽河油田是中国最大的稠油生产基地，探明储量约10.27亿吨，2005年稠油产量曾达到800万吨，目前维持在600余万吨，占该油田总产量60%以上。

6. 天然气价格出新规，资源税改革进行试点

（1）天然气价格调整向新的机制迈进。据研究，国际市场天然气价格通常为国际油价的60%左右，而国产陆上天然气平均出厂基准价格，仅相当于国际市场原油价格的25%左右。与其他可替代能源价格相比，国内天然气价格相当于液化石油气价格的1/4，燃料油价格的1/3，进口天然气价格的一半左右，不利于天然气进口业务的持续发展。

国家发改委发布的2010年经济体制改革意见明确指出，推进天然气价格改革是2010年中国推进资源性产品价格改革的重点工作之一，并于当年6月1日出台了天然气价格改革方案，将有利于国内天然气市场的健康发展，在一定程度上缓解国内天然气供需紧张的矛盾。

（2）原油天然气资源税改革首推新疆。根据中共中央、国务院新疆工作座谈会关于在新疆率先进行资源税改革的决定精神，2010年6月1日，财政部发布《新疆原油天然气资源税改革若干问题的规定》，新疆资源税费改革将从6月1日起开始施行，原油、天然气资源税实行从价计征，税率为5%。

在2010年7月中共中央、国务院召开西部大开发工作会议后，于12月1日起，根据《西部地区原油天然气资源税改革若干问题的规定的通知》，资源税改革扩大到包括内蒙古在内的西部12个省区市。今后，资源税改革经过试点工作后，必将向全国范围推开。

7. 鼓励非公经济发展，放宽石油市场准入

2005年2月29日，国务院颁发《国务院关于鼓励支持和引导个体私营等非公有制经济发展的若干意见》（简称“非公经济36条”），这是国内第一个促进非公经济发展的系统性政策文件。

2010年5月7日，国务院发布《国务院关于鼓励和引导民间投资健康发展的若干意见》，支持民间资本进入油气勘探开发领域，与国有石油企业合作开展油气勘探开发。支持民间资本参股建设原油、天然气、成品油的储运设施和输送管道。

2010年，6家民营石油企业首次参与了国家石油储备中心的“利用社会库容存储国储油项目”。

2010年8月，中国石油在杭州举行的合资合作洽谈会上，就勘探开发、炼油化工、成品油销售、天然气与管道、装备制造等5大领域的119个项目面向浙江民企寻求合作伙伴，在社会上引起积极反响。

（三）发展振兴合理规划，炼化水平再上台阶

1. 世界炼化产业增长，炼油乙烯重心东移

（1）炼油能力亚太第一，世界炼油负荷降低。截至2010年底，世界炼油能力达到44.1亿吨/年，比2005年的42.56亿吨/年增长3.6%。全球炼油业的规模化和集中度在进一步发展。全球炼厂平均规模从2005年的644万吨/年提高到2010年的666万吨/年。2000万吨/年以上的炼厂从2005年的20座增加至2010年的21座。全球最大25家炼油公司的合计炼油产能占全球总产能的比例略有下降，从2005年的61.8%下降到2010年的59.8%。

自从2005年亚太地区开始稳居世界炼油业第一位后，世界新建炼油项目主要集中在亚太和中东地区，世界炼油重心继续东移。2010年，亚太地区炼油业占世界炼油总能力的比例从2005年的26.3%提高到28.2%。

全球金融危机爆发，导致2008年世界石油消费比上年降低1.7%，全年世界原油加工量下降0.3%，这是自2002年以来的首次下降。世界炼厂平均开工率自2005年达到20余年来的高点86.6%

之后，连年下降，2008 年降低到 84.5%。2009 年世界炼油能力继续增长，而负荷率进一步降至 81.1%，是自 1995 年来的最低点。这一年世界市场汽油和柴油价格分别大幅下跌 31% 和 42%，北美、西欧和亚太地区裂化型炼厂毛利分别下降 23.7%、56.2% 和 61.3%。为渡难关，一些国家的部分炼油装置停产或关闭，据费氏全球能源咨询公司（FGE）在 2010 年 5 月的 1 份报告中估计：2009 年以来，超过 4000 万吨/年的炼油能力被永久性关闭，另有 9000 万吨/年的炼油能力临时闲置至少 3 个月。2010 年随着需求的增加，炼厂平均开工率微升至 81.5%，同时北美地区裂化型炼厂平均毛利达到 7.905 美元/桶，西欧和亚太地区裂化型炼厂平均毛利分别为 5.43 美元/桶和 4.145 美元/桶，同比均有上升。这一年，世界炼油业并购金额比 2009 年增加了 30%，达到 360 亿美元。

据 FGE 报告，2009 年亚太和中东地区炼油能力增加了 1.2 亿吨/年，而需求仅增长了 2150 万吨/年。FGE 预计，2010～2020 年，世界炼油产能增长速度将大大超过需求增长速度，主要产能增长来自亚太（主要是中国和印度）和中东地区。据 BP《世界能源统计 2011》，2010 年中国炼油能力增长几乎占全球增量的 90%。

（2）世界乙烯产业遭遇困境，亚太地区乙烯产业仍在成长。2008 年，金融危机导致世界乙烯需求增长 -1.2%，是近十几年来首次出现负增长，而当年新增产能达到 708 万吨/年，世界乙烯装置负荷率降低到 88%，比 2005 年的 92% 低 4 个百分点。2009 年全球乙烯新增产能继续达到 632 万吨/年的高位，装置负荷率进一步下降为 85%，同时有约 530 万吨的乙烯产能关闭，其中永久性关闭的产能为 250 万吨，中东地区大部分新增乙烯产能延迟投产。2010 年，世界石化业景气好转，全球乙烯产能增长 568 万吨/年，总产能达 13845.5 万吨/年，比 2005 年的 11630.6 万吨/年增长 19.04%；全球五大合成树脂产能为 2.24 亿吨/年，消费量为 1.71 亿吨，分别同比增长 5.66% 和 5.56%；合成纤维（含涤纶、腈纶、锦纶、丙纶和维纶）产能达 5582 万吨/年，消费量为 4311 万吨，同比分别增长 1.7% 和 3.1%；合成橡胶产能为 1494.5 万吨/年，同比增长 3.3%，产量为 1403.2 万吨，消费量为 1376.9 万吨，分别同比增长 15.1% 和 16.7%。

2010 年，中东/非洲地区乙烯新增产能占全球新增产能的 48.5%，亚太地区占 51.1%。亚太地区 2009 年就已超过北美成为世界乙烯产能最大地区，2010 年亚太地区乙烯产总产能达到 4263.1 万吨/年，占全球石化市场份额从 2005 年的 26.9% 提高到 2010 年的 30.8%。最引人关注的是，中东地区由于其廉价和丰富的油气资源已成为跨国化工公司投资热点，中东石化工业正在迅速崛起和发展，2010 年中东/非洲地区乙烯产能达到 2335.7 万吨/年，占全球石化市场份额从 2005 年的 10.5% 提高到 2010 年的 16.9%，与亚太、北美（24.9%）、西欧（18.0%）四分天下。中东是世界合成树脂产量增长最快的地区，即使在 2009 年世界其他地区合成树脂产量都处于负增长的情况下，中东合成树脂产量仍然增长高达 20% 以上，同时中东也是合成树脂净出口量最大的地区，已向全球市场发出挑战。

2. 中国炼化产业日渐强大，结构调整合理布局

（1）炼化能力持续增强，装置规模上新水平。经过多年的改造升级，中国炼油产业在适应能力、含硫原油加工能力、清洁燃料生产水平、主力企业规模、炼化一体化程度等方面不断提高，储运网络不断完善，大型企业集群初步形成。截至 2010 年底，中国炼油能力达到 5.9 亿吨/年（含燃料油加工企业），比 2005 年的 3.25 亿吨/年增长 81.5%，原油加工能力居世界第 2 位。目前，中国千万吨级炼厂达到 18 座，在 2005 年拥有的镇海、茂名、上海、高桥、齐鲁、金陵、兰州、大连、大连西太平洋等炼厂的基础上，又增加了燕山、广州、天津、惠州、福建、青岛、独山子、广西、吉林等千万吨级炼厂，其中大连石化和镇海石化 2 个企业的炼油能力均超过 2000 万吨/年。国内 1000 万吨/年以上的炼油厂原油加工能力约占总加工能力的 39%。中国石化、中国石油两大公司炼厂平均规模从 2005 年的 455 万吨/年提高至 650 万吨/年。由于全国炼厂数量从 2005 年的 100 座左右增加到 2010 年的 215 座，因此平均规模从 2005 年的

355万吨/年降低到275万吨/年。

截至2010年底，中国乙烯产能达到1495.5万吨/年，比2005年的788.5万吨/年增长89.5%，居世界第2位。2005年，中国还没有1座百万吨级乙烯基地，而“十一五”期间通过扩建和新建，已形成了燕山、上海、扬子、齐鲁、茂名、镇海、独山子、赛科、天津9个百万吨级乙烯基地。乙烯装置平均规模从2005年的39万吨/年提高至60万吨/年。

截至2010年底，中国合成树脂总产量达到4361万吨，居世界第2位，国内合成树脂自给率从2005年的50.2%进一步提高到61.1%。国内五大通用合成树脂生产能力5005万吨/年，比2005年的2300万吨/年增长117.6%，五大通用合成树脂产量达到3692.7万吨/年，自给率提高到70.5%，同时合成树脂专用料等高附加值产品比例进一步提高。但五大工程树脂聚酰胺（PA）、聚碳酸酯（PC）、聚甲醛（POM）、聚酯（主要是PBT）和聚苯醚（PPO）产能主要集中在外资企业，而且进口依存度仍然超过80%。

2010年中国合成橡胶（固体胶）生产能力达到286.8万吨/年（含SBC，不含合成胶乳，产量216.9万吨），比2005年增长了105.9%。含SBC与合成胶乳的橡胶产量达到310.25万吨，比2005年增长了71.3%。产能居世界第2位，产量居世界第1位。

中国是世界合成纤维生产和贸易大国，合成纤维生产能力及产量居世界第1位。2010年，中国合成纤维产量达到2852万吨。目前，中国涤纶、腈纶、锦纶3大合成纤维产能达到3317.5万吨/年；产量从2005年的1486.8万吨增长到2010年的2743万吨，增长84.5%。

（2）坚持产业集聚发展，优化炼化能力布局。“十一五”期间中国炼化工业继续“十五”期间的发展原则，按照提高产业集中度，优化配置资源，贴近市场，走内涵式发展的道路，不断推动产业结构调整。

在布局结构调整方面，坚持关停资源利用率低、环境污染严重的小炼厂，同时坚持以内涵发展为主的道路，对老炼厂进行大规模改扩建和少数新建，根据国家石化振兴规划，长三角、珠三角和环渤海地区的大型炼化基地还将继续发展。

在装置结构调整方面，调整东部沿海地区炼厂的装置结构，大力发展适应高硫高酸重质原油、液体收率高、能最大限度地生产运输燃料和化工用油的工艺和装置；以提高油品质量为主要目标来调整内陆地区炼厂的装置结构，满足清洁燃料生产；与提高油品质量有关的一些主要二次加工装置，如加氢精制和加氢裂化装置的能力逐年上升，与提高原油加工深度有关的一些加工装置，如焦化装置和渣油加氢装置的能力也呈现出上升的趋势。

在产品结构调整方面，突出生产符合环保要求的清洁燃料产品，在2005年汽柴油质量全面达到国Ⅱ标准，北京地区油品质量达到欧Ⅲ标准的基础上，2008年3月北京率先实施相当于欧Ⅳ的汽柴油标准，2009年10月上海汽柴油标准直接从国Ⅱ标准升级到沪Ⅳ标准。根据国家要求，2009年底国内车用汽油全部达到国Ⅲ标准，2010年底车用柴油全部达到国Ⅲ标准。中国用不到10年的时间实现了发达国家20多年才实现的汽柴油质量升级目标。化工产品结构也在向专用化、功能化、高附加值方向调整。

在炼化技术发展方面，中国已基本掌握现代炼厂全流程技术，形成了催化裂化、加氢家族技术，催化裂化技术已居世界先进水平；超低压连续重整技术的开发应用，使中国成为继美国和法国之后的第3个掌握该技术的国家；海南炼化和青岛大炼油等国际先进水平炼厂的投产，标志着中国具备了利用自有技术建设千万吨级炼厂的能力。中国新建乙烯工程大量采用自主研发技术，设备国产化率达到70%以上，如裂解炉、裂解气压缩机、丙烯制冷压缩机、冷箱等关键设备全部实现国产化。此外，炼化节能降耗技术和新产品研发能力也有了很大提高。

中国2006～2010年竣工的以及在建和计划建设的大型炼油乙烯建设项目见表5、表6。

表 5　2006～2010 年竣工的大型炼油乙烯项目

序号	项目名称	所属公司	竣工时间
1	广东惠州新建 80 万吨/年乙烯工程	中海壳牌	2006. 1
2	吉林石化乙烯装置从 38 万吨/年扩建到 70 万吨/年项目	中国石油	2006. 4
3	广州石化千万吨炼油改扩建工程	中国石化	2006. 8
4	海南实华炼化公司新建 800 万吨/年炼油厂	中国石化	2006. 9
5	茂名乙烯装置从 30 万吨/年扩能到 100 万吨/年工程	中国石化	2006. 9
6	兰州石化新增 46 万吨/年乙烯生产线	中国石油	2006. 11
7	辽阳石化公司 550 万吨/年俄罗斯原油加工基地	中国石油	2006. 12
8	燕山石化千万吨炼油系统改造工程	中国石化	2007. 6
9	青岛炼化新建 1000 万吨/年炼油项目	中国石化	2008. 6
10	大连石化 2000 万吨/年炼油扩能改造项目二期工程	中国石油	2008. 8
11	广东惠州新建 1200 万吨/年炼油项目	中国海油	2009. 6
12	赛科乙烯装置 90 万吨/年扩建为 119 万吨/年项目	中国石化	2009. 7
13	福建炼化一体化项目（新增 800 万吨/年炼油，新建 80 万吨/年乙烯）	中国石化	2009. 8
14	独山子石化新建千万吨炼油百万吨乙烯工程	中国石油	2009. 9
15	辽宁华锦化工集团乙烯装置从 18 万吨/年扩能至 45 万吨/年工程	中国兵器	2009. 10
16	天津石化新建 1000 万吨/年炼油、100 万吨/年乙烯工程	中国石化	2010. 1
17	盘锦乙烯装置从 15 万吨/年扩能至 45 万吨/年工程	中国兵器	2010. 2
18	镇海炼化 100 万吨/年乙烯工程	中国石化	2010. 4
19	神华宁煤 52 万吨/年煤制烯烃项目	神华宁煤	2010
20	神华包头 30 万吨/年乙烯、30 万吨/年丙烯煤制烯烃项目	神华集团	2010
21	大唐多伦 46 万吨/年丙烯煤制烯烃项目	大唐集团	2010
22	广西钦州 1000 万吨/年炼油工程	中国石油	2010. 9

中国石化长岭炼油改造工程于 2011 年中期竣工，也进入 1000 万吨/年炼油厂的行列。

表 6　在建和计划建设的大型炼油和乙烯项目　　单位：万吨/年

公司和项目名称	新增能力　炼油/乙烯	投产时间
中国石化		
广东湛江中科合资炼化一体化项目	1500/100	2013 年
镇海炼化	1800/—	
武汉中韩合资乙烯项目	—/80	2012 年
茂名炼油改扩建项目	1200/—	2012 年
中国石油		
抚顺石化乙烯	800/80	2012 年
大庆石化乙烯	—/60	2013 年
四川彭州炼化项目	1000/80	2011 年
天津中俄合资炼油项目	1300/—	2012 年
重庆长寿炼油项目	1050/—	2013 年
云南昆明炼油项目	1050/—	2013 年
河南商丘炼油项目	1000/—	2013 年
广东揭阳中委合资炼化项目（一期）	2000/—	2013 年

续表

公司和项目名称	新增能力 炼油/乙烯	投产时间
浙江台州中卡壳牌合资炼化项目	2000/120	2013 年
山东威海	1000/—	2015 年
中国海油		
惠州炼厂二期	1000/100	
惠州炼厂三期	1800	
中国中化集团公司		
福建泉州	1200	2012 年

2011 年 6 月，国家发改委原则同意由中国石油、壳牌和卡塔尔石油合资（51:24.5:24.5）在浙江台州建设炼化一体化项目，包括 1 座年加工能力 2000 万吨的炼厂和 1 座年产能 120 万吨的乙烯厂。

3. 为炼化产业健康发展，国家加强宏观调控

中国石油石化产业在面临激烈国际竞争的同时，存在着资源供应掌控能力不足、技术创新能力较弱、总体竞争能力不强等问题，而且面临国际化进程加快、产品市场竞争加剧，跨国公司对技术和市场控制力增强、技术市场竞争激烈，亚太地区石化工业整体发展迅速、产能供大于求，资源供应趋紧，环境保护日趋严格等严峻形势。在这种形势下，中国石化工业必须转变发展方式，调整产业结构、产品结构，向资源节约型和环境友好型发展。为引导中国炼化业健康发展，国家进行了一系列政策性宏观调控。

（1）炼油工业中长期发展专项规划。该规划提出炼油工业的发展方针是：开源节流、提高效率；调整结构、规模发展；优化配置、提高质量；建立储备、完善管网；深化改革、公平竞争。

提出的规划方案是：立足优化现有企业，推广清洁生产，提高质量，节能降耗；强化研发和引进消化吸收再创新工作，增强自主创新能力；统筹区域间能力增量平衡，逐步改善炼油工业布局；降低原料采购成本，提高油品营销竞争力；优化配置各种原油资源，提高原油分类加工能力；关停小型装置，建设大型基地，发展规模经济。

同时，专项规划还明确规定了炼油行业在原料供应、资源配置、规划布局、炼化一体化、能耗物耗水平、油品质量、项目单线规模、资金实力、项目资本金，以及中外合资项目股权分配等方面的准入条件。

（2）乙烯工业中长期发展专项规划。该规划提出的指导思想是：采取“基地化、大型化、一体化、园区化”的发展模式，加快乙烯工业结构调整和产业升级，努力实现资源、规模、效益和环境的可持续发展。

提出的基本思路和主要原则是：①扩大原料来源，加强资源优化利用，推动循环经济发展；②继续实施以扩能降耗和提高竞争力为主的改扩建；③采取园区化模式发展乙烯工业，推进炼油化工一体化布局；④加快技术创新和装备国产化步伐，带动相关产业发展；⑤加快沿海地区发展，统筹兼顾中西部地区的乙烯工业布局；⑥加快资产重组和业务交换，促进产品结构调整和升级换代。

同时，专项规划还明确规定了乙烯行业在产业布局、炼化一体化、原料自给能力、项目单线规模、技术先进适用、能耗物耗水平、产品质量、安全环保、资金实力、项目资本金、中外合资乙烯项目等方面的市场准入条件。

（3）石化产业调整和振兴规划。该规划提出的石油化工发展目标是：①产量保持稳步增长。到 2011 年，原油加工量达到 40500 万吨，成品油、乙烯产量分别达到 24750 万吨、1550 万吨。②产业布局趋于合理。成品油“北油南运”的状况得到改善。长三角、珠三角、环渤海地区产业集聚度进一步提高，建成 3 ~ 4 个 2000 万吨级炼油、200 万吨级乙烯生产基地。炼油和乙烯企业平均规模分别提高到 600 万吨和

60 万吨。煤化工盲目发展的势头得到遏制。③产品结构显著改善。2009 年车用汽油全部达到国Ⅲ标准，2010 年车用柴油全部达到国Ⅲ标准，2011 年轻质油品收率达到 75%，高端石化产品自给率明显提高。④技术进步明显加快。丁基橡胶等产业化技术取得突破，千万吨级以上炼油、百万吨级乙烯等成套技术装备实现本地化，煤制油、烯烃、乙二醇等示范工程建成投产。⑤节能减排取得成效。到 2011 年，石化产业单位工业增加值能耗下降 12% 以上，污水、二氧化硫和粉尘等污染物排放量减少 6% 以上，行业特征污染物排放得到控制。综合能耗普遍降低，大型炼油装置吨原油加工耗标准油低于 63 千克，大型乙烯装置吨乙烯耗标准油低于 640 千克。

石化产业调整和振兴规划还提出统筹重大项目布局。按照一体化、园区化、集约化、产业联合的发展模式，统筹重大项目布局，严格控制炼油乙烯项目新布点。做好新建重大炼油乙烯项目论证和区域环境影响评价等工作。近期重点做好利用境外资源在国内合作加工的炼化项目前期工作，选择 2～3 个条件好的现有大型炼化企业进行扩建。结合中缅原油管线的进展情况，适时开展西南地区炼化项目的布局研究。对炼油行业采取区域等量替代方式，淘汰 100 万吨及以下低效低质炼油装置，积极引导 100 万～200 万吨炼油装置关停并转，防止以沥青、重油加工等名义新建炼油项目。

4. 两大集团主导炼油乙烯产业，下游市场主体更加多元

（1）石油炼制领域。截至 2010 年底，中国石化炼油能力为 24650 万吨/年，占国内炼油能力的 41.7%，居世界炼油业第 2 位；中国石油炼油能力为 15655 万吨/年，占国内炼油能力的 26.5%，居世界炼油业第 5 位；两大集团炼油能力占全国总能力的 68.2%。2009 年中国海油 1200 万吨/年惠州炼油厂投产，炼油总能力达 3590 万吨/年。

中国化工、中化集团和兵器工业集团等国有控股企业通过自建或收购规模较小的地方炼厂，已进入中国炼油业竞争行列。地方政府控股的陕西延长石油集团通过整合省内炼厂，也已进入中国炼油行业。目前，国内中国石化、中国石油和中国海油以外的炼油企业总炼油能力已达到近 1.2 亿吨/年，占全国总能力的 23%，主要分布在山东、陕西、广东、黑龙江、河北、辽宁、吉林等地。例如，中国化工集团截至 2010 年底已拥有 11 家炼油企业，炼油能力达到 2530 万吨/年，成为国内第四大炼油企业。陕西延长石油（集团）有限责任公司是国内唯一一家地方所属上下游一体化的国有石油公司，是国内第四大油气勘探企业、第五大炼油企业，截至 2010 年底，其一次原油加工能力达到 1480 万吨/年。

外商在中国的炼油业务也不断取得进展。截至 2010 年底，已有道达尔参股大连西太平洋炼厂、埃克森美孚和沙特阿美参建福建联合一体化项目，外资在中国的权益炼油能力达到 1050 万吨/年。计划中的中外合资炼油项目还有中俄天津东方石化炼油项目、委内瑞拉与中国石油合资广东揭阳炼油项目、卡塔尔与中国石油炼化合资项目、科威特与中国石化广东湛江东海岛炼油项目等。中国炼油工业呈现以两大集团为主导的多元化市场竞争格局。

（2）成品油销售领域。据商务部统计，截至 2010 年底，中国共有成品油批发企业 2584 家，国有企业占 72.9%，民营企业占 26.5%，外资企业占 0.6%；全国共有成品油仓储企业 374 家，国有企业占 59.1%，民营企业占 38.0%，外资企业占 2.9%；全国共有加油站 94261 座（其中中国石油自营及特许加油站数量为 17996 座，中国石化自营及特许加油站数量为 30116 座），国有加油站占 54.4%，民营加油站占 43.9%，外资加油站占 1.7%。

外资企业如壳牌、BP、埃克森美孚、道达尔、沙特阿美、韩国加施加德士等已进入中国成品油销售领域。韩国 SK 以及与中国合资建设炼油厂的外资企业也将进入中国成品油销售领域。

2010 年，中国首次有 6 家民营企业获准介入国家石油战略储备，使民营油企从商业储备领域进入国家战略储备领域。

为了给成品油市场经营主体多元化创造一个规范和宽松的环境，2005 年之前就陆续出台了一系列相关政策。“十一五”期间继续成品油市场的改革，如从2007年1月1日起，商务部颁布的《成品油市场管理办法》开始实施。2007年3月，商务部根据这个办法下发了《成品油经营企业指引手册》。2008年5月1日，商务部颁布的《成品油批发企业管理技术规范》和《成品油仓储企业管理技术规范》正式实施。2008年3月，国家发改委和商务部发布《关于民营成品油企业经营有关问题的通知》。这些既是中国履行入世承诺的表现，也是推进石油市场流通体制改革、建立现代石油市场的重要举措。

（3）乙烯裂解领域。截至2010年底，中国石化乙烯产能为928.5万吨/年，占国内乙烯产能的62.09%，居世界乙烯业第4位；中国石油乙烯产能为371万吨/年，占国内乙烯产能的24.81%，居世界乙烯业第11位；两大集团乙烯产能占全国总产能的86.89%。中国海油惠州中海壳牌80万吨/年乙烯工程于2006年2月投产，进入乙烯行业。随着中外合资乙烯项目的逐步投产，合资乙烯总产能达到410万吨/年，今后将继续提升。

（4）合成树脂领域。目前，聚乙烯90%以上的产能和聚丙烯80%以上的产能在中国石化和中国石油两大集团；外资企业和民营企业聚苯乙烯树脂产能占总产能的85%左右；地方和民营企业拥有聚氯乙烯95%以上的生产能力；外资企业ABS树脂产能占中国总产能的70%以上；工程树脂90%以上的生产能力在地方和外资企业。

（5）合成纤维及原料领域。目前，两大集团PX产能占全国的80%左右；外资企业和民营企业PTA产能占总产能的比例70%以上；中国石化和中国石油乙二醇产能（不含合资企业）占总产能的70%左右，其余产能在中海壳牌石化公司和扬子—巴斯夫公司；外资及民营企业己内酰胺产能占总产能的40%以上；民营企业合成纤维产能已占全国总产能的60%以上。

（6）合成橡胶领域。中国石化和中国石油两大集团在国内合成橡胶（固体胶）总产能中所占比重，从2005年的82.2%下降到“十一五”期末的68.7%，外资企业由14.0%增至20.6%，民营企业从3.8%增至10.7%；合成胶乳的产能则主要集中在外资企业和地方企业，前者占近77%，后者占约20%。

中国大型国有企业集团表示出落实“非公经济36条”的积极态度。2010年8月，中国石油表示“十二五”期间计划对外合资合作项目总数155个，项目总投资9994亿元，计划吸纳投资3917亿元，其中拟吸纳国内投资2118亿元。项目涉及海外勘探开发和管道，国内炼化、成品油销售、天然气与管道、装备制造建设等领域。

5. 成品油价格改机制，费改税终于出结果

（1）社会舆情热点，成品油价格改革有新进展。2009年5月7日，国家发改委发布了《石油价格管理办法（试行）》，对成品油价格作出了新的规定，其主要内容包括：①汽、柴油零售价格和批发价格，以及供应社会批发企业、铁路、交通等专项用户汽、柴油供应价格实行政府指导价；国家储备和新疆生产建设兵团用汽、柴油供应价格，以及航空汽油、航空煤油出厂价格实行政府定价。②当国际市场原油连续22个工作日移动平均价格变化超过4%时，可相应调整国内成品油价格。③当国际市场原油价格低于每桶80美元时，按正常加工利润率计算成品油价格。高于每桶80美元时，开始扣减加工利润率，直至按加工零利润计算成品油价格。高于每桶130美元时，按照兼顾生产者、消费者利益，保持国民经济平稳运行的原则，采取适当财税政策保证成品油生产和供应，汽、柴油价格原则上不提或少提。④国家发改委制定各省（自治区、直辖市）或中心城市汽、柴油最高零售价格。成品油零售企业可在不超过政府规定的汽、柴油最高零售价格的前提下，自主制定具体零售价格。⑤成品油批发企业销售给零售企业的汽、柴油最高批发价格，合同约定由供方配送到零售企业的，由省级价格主管部门按最高零售价格每吨扣减300元确定；成品油生产经营企业供给符合国家规定资质的社会批发企业汽、柴油最高供应价格，按最高零售价格扣减400元确定。当市场零售价格降低时，要保证批零价差。

（2）酝酿十余载，税费改革政策终出台。2008年12月18日，国务院发布了《关于实施成品油价格和税费改革的通知》。按照新的规定，从2009年1月1日起，实行成品油税费改革。这项改革提高了现行成品油消费税单位税额，不再新设立燃油税，对规范政府收费行为、公平社会负担、促进节能减排等都具有积极的意义。主要内容有：①取消公路养路费等收费。取消公路养路费、航道养护费、公路运输管理费、公路客货运附加费、水路运输管理费、水运客货运附加费6项收费。②逐步有序取消政府还贷二级公路收费。③提高成品油消费税单位税额。提高后的汽油、石脑油、溶剂油、润滑油消费税单位税额为每升1元，柴油、燃料油、航空煤油为每升0.8元。④成品油消费税属于中央税，由国家税务局统一征收。计征方式实行从量定额计征，价内征收。今后将结合完善消费税制度，积极创造条件，适时将消费税征收环节后移到批发环节，并改为价外征收。

6. 资源环境压力剧增，替代石油渐成共识

（1）生物燃料受到重视，中国积极谨慎发展。进入21世纪以来，生物燃料发展十分迅速，从2000年到2005年，全球生物乙醇产量翻了一番，生物柴油产量翻了两番；2005年，全球生物燃料（生物乙醇和生物柴油）产量约4000万立方米，其中生物乙醇产量为1618万吨油当量（约3650万立方米），生物柴油产量约300万吨（约350万立方米）。

虽然由于国际金融危机的影响，生物燃料投资一改2006和2007年成倍增长的势头，于2008年下降了9%，2009年更下降了62%，但生物燃料的研发投资仍大幅增长57%。2010年比2005年，全球生物乙醇产量增长301.73%，达到6500万吨，生物柴油产量增长433.33%，达到1600万吨，占世界汽油和柴油总产量的3.7%。

为了生物燃料的可持续发展，目前正在开发纤维素乙醇并进行商业化的努力，利用藻类生产生物燃料的研究也获得长足进展。

中国于2005年2月颁布了《可再生能源法》，并于2006年1月1日起施行。中国已分别于2001年颁布了变性燃料乙醇和车用乙醇汽油国家标准，2007年颁布了柴油机燃料调和用生物柴油（B100）国家标准，B5和B10生物柴油的柴油机燃料国家标准即将颁布。2005年，中国发布《节能中长期专项规划》，其中提出以生物质化工产品替代石油化工产品、发展醇类燃料等内容。2006年，财政部又出台《可再生能源发展专项资金管理暂行办法》，加大对可再生能源发展的支持力度。2008年3月，国家发改委发布《可再生能源发展“十一五”规划》，提出了中国生物燃料发展目标：到2010年，增加非粮原料燃料乙醇年利用量200万吨，生物柴油年利用量达到20万吨。到2020年，生物燃料乙醇年利用量达到1000万吨，生物柴油年利用量达到200万吨，总计年替代约1000万吨成品油。

据统计，2010年中国生物燃料乙醇产量约170余万吨，比2005年的102万吨有较大增长；生物柴油产能约300万吨/年，比2005年的20万吨/年有极大增长，但实际产量仅30余万吨。经过多年的试点推广，乙醇汽油消费量占到全国汽油消费的20%。

2006～2008年，中国政府采取多项政策措施，扭转了生物燃料产业出现过热现象和盲目发展的势头。其中，2007年6月国务院通过的《可再生能源中长期发展规划》，提出了发展可再生能源“不得占用耕地、不得大量消耗粮食、不得破坏生态环境”的“三不得”原则。

目前，中国生物燃料产业正加强相关工艺技术科研开发和产业化示范试点。以非粮作物为原料的生物柴油示范项目正在进行中，如2008年国家批准了中国石油南充炼油化工总厂6万吨/年、中国石化贵州分公司5万吨/年和中海油海南6万吨/年3个小油桐生物柴油产业化示范项目。以纤维质原料生产燃料乙醇的研究也正在积极进行中，中国石化与中粮集团于2011年合资建设以玉米秸秆为原料的万吨规模乙醇示范工厂。中国石化已与中国科学院共同研发微藻生物柴油成套技术。

（2）新型煤化工崛起，国家及时宏观调控。随着高油价时代的到来，以煤为原料生产液体燃料、烯烃和天然气的新型煤化工的竞争力日益显现，也越来越受到能源化工行业的重视。

自20世纪40年代以来，德、美、南非、日本等国在新型煤化工领域开发了相关的工艺技术，但由于种种原因没有形成气候。目前世界上只有南非沙索公司的煤间接液化和美国1984年投产的日产389万立方米的大平原煤制天然气工厂。沙索公司于20世纪50年代即开始该项业务，目前以煤为原料生产油品和化工产品的能力约760万吨/年。

2006年，国务院发布的《国家中长期科学和技术发展规划纲要》和《中华人民共和国国民经济和社会发展第十一个五年规划纲要》中提出要大力发展煤液化以及煤化工等转化技术，发展煤化工，开发煤基液体燃料。2008年颁布了二甲醚民用燃料标准，2009年颁布了车用燃料甲醇标准和车用甲醇汽油（M85）标准。车用甲醇汽油（M15）标准和车用燃料二甲醚标准正在制定中。

经过国内企业和科研单位的共同努力，煤间接液化、煤直接液化、MTO、MTP、合成气制乙二醇、煤制二甲醚、煤制天然气等技术均已在中国获得突破，并进入工业化建设和生产阶段。

目前，中国煤制油已有产能148万吨/年，其中煤直接液化100万吨/年（神华集团），煤间接制油产能48万吨/年（山西潞安集团、内蒙古伊泰集团、神华集团各16万吨/年）；国家批准待建的产能300万吨/年，地方批准在建的产能50万吨/年。

中国煤制烯烃产能已经达到156万吨/年（大唐多伦MTP、神华包头MTO、神华宁煤MTP），在建和宣布即将开建的产能约430万吨/年。

中国煤制乙二醇产能只有15万吨/年，据不完全统计，在建和拟建的产能约达200万吨/年。

中国甲醇产能已经高达4000万吨/年，其中煤制甲醇产能2400万吨/年，尚有在建煤制甲醇产能800万吨/年，产能严重过剩。据《甲醇行业“十二五”发展规划》，2015年中国甲醇总产能将控制在5000万吨/年。

中国二甲醚产能近900万吨/年，远超目前市场需求。

中国煤制天然气目前还没有工业生产装置，已获得国家核准的有新疆吉木萨尔（13亿立方米/年）、大唐阜新（辽宁阜新，40亿立方米/年）、内蒙古汇能（鄂尔多斯市伊金霍洛旗，16亿立方米/年）、内蒙古庆华（新疆伊犁55亿立方米/年）、中国华能集团公司在新疆（40亿立方米/年）和内蒙（40亿立方米/年）的项目等。据不完全统计，在建和已规划的产能达到250亿立方米/年。

针对国内煤化工一度出现无序过热状态，国家进行了一系列调控，如2006年7月国家发改委发布《关于加强煤化工项目建设管理促进产业健康发展的通知》，要求新建煤制油项目油品生产规模不得小于300万吨/年，煤制烯烃规模不小于60万吨/年，煤制甲醇和二甲醚规模不小于100万吨/年；2008年8月，国家发改委发布《关于加强煤制油项目管理有关问题的通知》，要求除了神华鄂尔多斯煤直接制油项目和神华宁夏煤业间接制油项目可以继续，其他项目一律停止；2009年5月国务院发布的《石化产业调整和振兴规划》提出，2011年前原则上不再安排新的煤化工试点项目；2009年9月国务院发布的《关于抑制部分行业产能过剩和重复建设引导产业健康发展若干意见的通知》再次重申，要严格执行煤化工产业政策，今后3年原则上不再安排新的现代煤化工试点项目。2010年6月，国家发改委发布《关于规范煤制天然气产业发展有关事项的通知》，要求煤制天然气项目由国家发改委统一核准，地方无权批准。

7. 炼化海外逐渐展开，走出去获得新成果

自从2000年中国以合资形式在苏丹建成产能250万吨/年的喀土穆炼油厂后，曾数年没有新的进展。2005年以来，中国炼化业务逐渐迈开走出去的步伐，海外权益炼油能力已达1400余万吨/年。

2005年10月，中国石油收购加拿大哈萨克斯坦石油公司（PK），包括PK旗下原油加工能力超过700万吨/年的奇姆肯特炼油厂；

2007年4月，中国化工集团公司成功收购了澳大利亚最大乙烯生产商（年产乙烯50万吨、聚合物

50 万吨）凯诺斯控股有限公司 100% 股权；

2008 年 4 月，中国石油与叙利亚石油矿产资源部签署《中叙合资建设炼厂合作协议》，共同在叙利亚东部建设年加工能力 500 万吨的炼油厂。合资炼厂计划于 2011 年建成投产；

2008 年 5 月，中国石油与新日本石油株式会社签署了建立炼油合资企业的合作意向书，中国石油持有炼油能力 550 万吨/年的大阪炼油厂 49% 的股权；

2008 年 7 月，中国石油与尼日尔政府签署建设 100 万吨/年津德尔合资炼厂协议；

2008 年 10 月，中国石油（60% 权益）与乍得石油部（40% 权益）合资建设的恩贾梅纳炼厂奠基，设计原油加工能力 250 万吨/年，将于 2011 年建成投运；

2008 年 11 月，中国石油与哥斯达黎加签署了组建合资炼厂的协议，中国石油持股 60%，对 MOIN 炼厂进行升级改造和扩建。

2009 年 5 月，中国石油收购日本大阪炼油厂部分股权，组建持股 49% 的合资公司运营该炼厂。

2009 年 10 月，中国石油持股的苏丹喀土穆炼油厂从 500 万吨/年扩建至 1000 万吨/年项目开工。

2010 年 5 月，国家发改委核准了中国石油在乍得合资建设炼厂项目，该炼厂设计原油加工能力 100 万吨/年。

2010 年 10 月，中国石油与日本 JX 控股公司旗下 JX 能源集团公司组建合资公司，运营 JX 能源公司日加工 11.5 万桶原油的大阪炼油厂。中国石油持有 49% 股权。

（四）节能减排成效卓著，不忘克尽社会责任

1992 年 6 月，联合国环境与发展大会通过了《里约环境与发展宣言》、《21 世纪议程》和《关于森林问题的原则声明》，签署了《联合国气候变化框架公约》和《生物多样性公约》，体视了当今人类社会可持续发展的新思想。1997 年在日本京都召开的《气候框架公约》第三次缔约方大会上通过了《京都议定书》，应对气候变化成为世界关注的拯救人类的重大挑战。中国提出国内生产总值碳排放强度 2020 年比 2005 年下降 40%～45% 的目标，提升低碳竞争力，迎接可能到来的新一轮工业革命。

1. 国家重视节能减排，企业力行勇为先锋

（1）政府出台系列政策，推进节能减排工作。中国是人口众多的发展中大国，资源相对不足，许多资源的人均拥有量远低于世界平均水平，同时中国的资源利用效率较低，污染排放较严重，单位产值能耗明显高于世界平均水平。经济发展与资源环境的矛盾十分突出，因此必须走清洁发展、节约发展的道路。中国政府采取了一系列与应对气候变化相关的政策和措施。

2005 年间，相继发布了《国务院关于加快发展循环经济的若干意见》、《国务院关于落实科学发展观加强环境保护的决定》，以及发布《促进产业结构调整暂行规定》。

2006 年间，正式实施《可再生能源法》，颁布了《关于加强节能工作的决定》，发布了国内第一部《气候变化国家评估报告》。

2007 年间，中国政府颁布了《中国应对气候变化国家方案》，这是发展中国家颁布的第一部应对气候变化的国家方案。该年的政策措施还有：①发布了《国务院关于成立国家应对气候变化及节能减排工作领导小组的通知》，成立了由温家宝任组长的国务院节能减排工作领导小组。②发布了《国务院关于印发节能减排综合性工作方案的通知》，该方案明确了实现节能减排的目标任务和总体要求，即：到 2010 年，国内万元生产总值能耗将由 2005 年的 1.22 吨标煤下降到 1 吨标煤以下，降低 20% 左右；单位工业增加值用水量降低 30%；主要污染物排放总量减少 10%；二氧化硫排放量由 2005 年的 2549 万吨减少到 2295 万吨，化学需氧量（COD）由 1414 万吨减少到 1273 万吨；全国设市城市污水处理率不低于 70%，

工业固体废物综合利用率达到60%以上。③发布了《节能减排全民科技行动方案》，召开了“全国节能减排电视电话会议”。④发布了《中华人民共和国节约能源法》、《能源发展“十一五”规划》、《中国能源状况与政策》和《可再生能源中长期发展规划》等，明确了可再生能源发展目标，突出可再生能源发展的重要地位，申明了发展可再生能源“不得占用耕地、不得大量消耗粮食、不得破坏生态环境”。⑤发布了《国家环境保护“十一五”规划》，作为措施之一，中国开始大规模集中调整关税，控制高能耗、高污染和资源性产品出口。⑥为切实落实节能减排的统计和监管工作，国务院批准印发由国家发改委、国家统计局和环保总局分别会同有关部门制定的《单位GDP能耗统计指标体系实施方案》、《单位GDP能耗监测体系实施方案》、《单位GDP能耗考核体系实施方案》和《主要污染物总量减排统计办法》、《主要污染物总量减排监测办法》、《主要污染物总量减排考核办法》，将对各地区节能目标责任的评价考核结果作为对省级人民政府领导班子综合考核评价的重要依据，实行问责制和“一票否决”制。

2008年，国家发改委发布《国家酸雨和二氧化硫污染防治“十一五”规划》、《节能项目节能量审核指南》和《重点用能单位能源利用状况报告制度实施方案》。

2009年，国家发布《全国人民代表大会常务委员会关于积极应对气候变化的决议》；国务院颁布了《规划环境影响评价条例》。在2009年底的哥本哈根气候变化峰会上，中国政府郑重承诺，到2020年单位国内生产总值二氧化碳排放比2005年下降40%～45%。

2010年，国家发改委等六部委联合发布了《中国资源综合利用技术政策大纲》。国务院办公厅下发了《转发发展改革委等部门关于加快推行合同能源管理促进节能服务产业发展的意见》，推动建立运用市场手段促进节能的服务机制。国务院下达了《关于进一步加大工作力度确保实现“十一五”节能减排目标的通知》，针对完成“十一五”单位国内生产总值能耗降低20%左右的目标任务相当艰巨的严峻形势，国家发改委进一步推出《关于发挥试点示范作用为实现“十一五”节能减排目标作贡献的通知》。国家发改委颁布了《固定资产投资项目节能评估和审查暂行办法》，加强固定资产投资项目节能管理。

（2）石化企业为国分忧，节能减排成效显著。节能减排是国家“十一五”规划纲要的约束性指标，中央企业要确保完成单位增加值能耗降低20%．主要污染物排放总量减少10%。其中，石油石化、冶金、电力、交通运输、化工、煤炭、建材等重点行业，要力争到2009年末，提前完成上述目标任务，同时要把节能减排纳入央企第二任期经营业绩考核。在2009年第二任期届满之时，石油石化行业主要产品单耗指标要达到或接近国际先进水平；万元增加值能耗要比2005年下降16%，二氧化硫排放量要比2005年下降9.3%，化学需氧量排放量要比2005年下降8.4%。

在2010年4月国务院国资委发布的《中央企业节能减排监督管理暂行办法》中，被列入重点类的企业有中国石油天然气集团公司、中国石油化工集团公司、中国海洋石油总公司、中国化工集团公司；被列入关注类的企业有中国中化集团公司。

中国石油石化企业把做好节能减排工作作为当前和今后一个时期履行社会责任的首要任务。以中国石化为例，2005～2009年，累计安排节能减排投入达145亿元，执行清洁生产方案3686个，万元产值综合能耗下降到0.77吨标煤，累计降低15.4%，相当于节约1400万吨标煤，累计减排二氧化碳3315万吨，提前2年完成国家“十一五”节能目标任务；累计减少污水排放量1.5亿吨，废气削减量累计达85596万立方米，提前1年完成国家“十一五”减排目标任务。

2. 国家创建和谐社会，企业克尽社会责任

（1）国家提出指导意见，明确企业社会责任。为了全面贯彻党的十七大精神，深入落实科学发展观，国务院国资委于2008年1月印发了《关于中央企业履行社会责任的指导意见》。

中央企业履行社会责任的主要内容是：坚持依法经营诚实守信；不断提高持续赢利能力；切实提高产品质量和服务水平；加强资源节约和环境保护；推进自主创新和技术进步；保障生产安全；维护职工

合法权益；参与社会公益事业。

（2）搞好企业生产经营，调整结构推进技术。中国石油石化企业把履行社会责任作为企业发展的重要前提，搞好生产经营，推动科技进步，保证国民经济发展和国家安全的需要，是企业履行社会责任的重要体现。

中国石油石化企业重视产业结构调整，对问题突出的小炼油、小化工等实施关停措施，加快淘汰落后的工艺、技术、设备，采用新工艺、新技术和新设备，推动产业结构的优化升级，努力形成“低投入、低消耗、低排放、高效率”的发展方式。

中国石油石化企业重视科技进步，以中国石油、中国石化和中国海洋石油三个公司为例，2006 ~ 2010 年，三个公司共获得国家技术发明二等奖 9 项；国家科技进步特等奖 3 项，一等奖 7 项，二等奖 74 项；国家自然科学二等奖 1 项；申请专利 17554 项，获得专利授权 11282 项。2010 年，中国石油、中国石化获中央企业科技创新特别奖。科技进步提高了中国石油石化企业的国际竞争力，提升了中国石油石化行业的整体水平，为增强中国的国力作出了贡献。

（3）强力推行节能减排，植树造林改善环境。中国石油石化企业重视减少温室气体排放，积极应对气候变化，目前主要采取节能、火炬气回收、二氧化碳驱油、二氧化碳回收利用等措施，同时加大研发力度，增强应对气候变化的能力，重点研究的技术包括：节能和提高能效技术，可再生能源和新能源技术，二氧化碳和甲烷等温室气体的排放控制与处置利用技术，生物与工程固碳技术，煤炭、石油和天然气清洁、高效开发和利用技术，二氧化碳捕集、利用与封存技术等。2010 年，中国石油和中国海洋石油获中央企业节能减排特别奖。

中国石油石化企业积极推动植树造林，例如中国石油与中国科学院联合攻关，解决沙漠绿化世界级的难题，投资 2.18 亿元建设塔里木沙漠公路防护林生态工程，在塔克拉玛干沙漠腹地形成了 1 条全长 562 千米的绿色生态走廊，获得了“国家环境友好工程”称号。

（4）重视健康安全环境，努力提供优质服务。中国石油石化企业重视 HSE 管理，坚持“安全第一、预防为主、全员动手、综合治理、改善环境、保护健康、科学管理、持续发展”的 HSE 方针。

中国石油石化企业重视客户服务，服务的客户包括汽车、纺织、电子电器、建材、农业、包装等下游厂商以及广大的消费者。企业坚持保障稳定的供应、创新优质的产品、完善快捷的服务体系和灵活贴心的服务方式，取得了良好的经济效益和社会效益。

中国石油天然气集团公司“十一五”工程建设发展综述

“十一五”时期是中国石油天然气集团公司发展历程中极不平凡的五年，也是改革发展取得重大成就的五年。中国石油天然气集团公司深入贯彻落实科学发展观，紧紧抓住重要战略机遇期，大力实施资源、市场、国际化战略，有效应对国际金融危机及一系列重特大自然灾害的冲击和影响，经受住了严峻挑战和考验，全面完成各项目标任务，企业面貌发生了历史性变化，综合性国际能源公司总体架构已经形成。

“十一五”期间，工程建设业务服务保障能力显著提升，建成了一大批精品工程。优质高效完成了大庆油田、长庆油田等油气田的产能建设任务，为稳产上产作出了突出贡献。独山子千万吨炼油、百万吨乙烯工程被评为新中国成立60周年“百项重大经典建设工程”，广西石化千万吨炼油工程、世界单系列规模最大的乌鲁木齐石化100万吨/年芳烃、国内单套产能最大的塔里木大化肥以及庆阳石化炼油搬迁改造项目均一次投产成功，确保了炼化战略性、结构性调整阶段目标的实现。中亚天然气管道、中俄原油管道、中哈原油管道、西气东输二线西段、陕京三线、兰郑长等油气战略通道和国内骨干管网建成投产。2010年，中国石油工程建设公司承建的哈萨克斯坦让那诺尔第三油气处理厂一期工程获得“中国工程建设鲁班奖”；中国石油工程建设公司、中国石油天然气管道局、中国寰球工程公司跻身ENR国际承包商225强之列，品牌效应明显增强。

（一）加快油气产能建设，油气产量创历史新高

在油田建设方面，“十一五”期间，面对老油田不同以往的“双高”开采阶段、新资源低丰低质低产的实际，积极转变发展方式，通过强化老区综合治理、开展油田开发基础年活动、实施稳定并提高单井产量的“牛鼻子”工程、稳步开展二次开发工程和重大试验工程、加大重点新区原油产能建设等系列举措，实现了国内原油产量稳定增长，并连创历史新高。5年累计生产原油53108万吨，同比增加952万吨，其中大庆油田在经历了连续27年5000万吨的稳产之后，经过了战略调整，连续8年保持4000万吨稳产；长庆油田积极探索低渗透、特低渗透油田开发的配套技术，原油产量从2005年的940万吨增加到了2010年的1825万吨，5年翻了1番，成为集团公司原油产量增长最快的油田。新建集输管道5.5万千米，集中处理站43座、各类中小站场49802座，有力支持了原油产量稳定增长。

在气田建设方面，“十一五”期间，突出重点气田建设，加大投入，加快产能建设步伐，天然气开发业务取得了长足的进步，一批重点气田建成投产，天然气地面技术取得新的进步。在2005年天然气产量365亿立方米的基础上，2010年达到725亿立方米，“十一五”累计生产天然气3010亿立方米，是“十五”期间的2.3倍；建成了苏里格、迪那2、台南、玛河、徐深、长岭、龙岗、川中须家河组等一批整装气田和重点工程，年产规模大于10亿立方米以上的气田达18个，新建天然气处理厂30座，形成了长庆、塔里木、西南三大年产上百亿立方米的大气区。长庆建成了苏里格、榆林、子洲三大气田，尤其是苏里格气田生产能力达到135亿立方米，建成天然气处理厂4座，处理规模达180亿立方米/年，成为国内年产能力最大的气田，整个气区天然气产量达到211亿立方米，成为集团乃至

国内第一大气区，油气当量达到3507万吨，成为国内第二个大油田。塔里木“十一五”期间建成了英买力、迪那2、塔中1号等一批重点气田，2010年天然气产量达到183亿立方米，成为集团公司第二大气区。

（二）油气管道业务快速成长，战略地位更加突出

“十一五”期间，中国石油天然气集团公司发挥整体优势，集中建设资源，加快建设重大战略通道和骨干管网管道建设，总长度达到2.2万千米，是前35年管道长度的总和，是“十五”期间管道建设长度的两倍。

天然气管道建设呈现持续、快速发展态势，相继建成投产淮武线、兰银线、西南管网高压外环、涩宁兰复线、永唐秦、中亚天然气管道、西气东输二线西段及东段中卫—黄陂段、东北天然气管网秦沈段和陕京三线等天然气管道1.1万千米，天然气年管输能力达981亿立方米，连接四大气区和主要消费市场的全国性天然气骨干管网已初具规模，同时，如东、大连、唐山3个LNG接收站顺利开工建设，引进国外天然气的西北通道和海上通道基本形成。国内天然气管道覆盖的范围越来越广，截至2010年底，已向全国26个省市区供气，中国天然气利用水平得到明显提高，促进了低碳经济发展。

东部原油管网升级改造和隐患治理，东、西部陆上原油引进战略通道及油田外输管道建设步伐加快，“十一五”期间建成投产中哈原油管道、西部原油管道、中俄原油管道、漠大线、石兰线、惠银线等，累计建设原油管道3939千米，新建原油储备库500万立方米，原油年管输能力达到15846万吨。引进国外陆上原油的西北通道和东北通道，以及有效保障国内油田上产的管道已经顺利实施，整体上形成了东北、西北两大原油管网。

成品油管道建设快速发展，相继建成投产了西部成品油管道、港枣线、克乌成品油复线和兰郑长线兰州—阳逻段，累计建设成品油管道6895千米，成品油年管输能力达2374万吨，“两纵四横”成品油骨干管网架构正在形成。

（三）炼化布局和结构战略性调整，重点工程建设成效显著

“十一五”期间，中国石油天然气集团公司炼化战略性结构调整取得实质性突破，大型项目陆续顺利投产。大连石化含硫原油加工改造、吉林石化和兰州石化乙烯扩能等项目相继投产。广西石化的建成投产实现了南方炼化布局的重大突破；四川石化开工建设和云南石化奠基填补了西南炼化空白；天津东方石化奠基是中俄上中下游能源合作新的里程碑；广东石化获准开展前期工作，中委一体化合作进入新阶段。形成了大连、大连西太、抚顺、兰州、独山子、广西、吉林7个千万吨级炼油，吉林、兰州、独山子3个百万吨级乙烯基地和克拉玛依石化、辽河石化、辽阳石化等一批特色炼化企业，同时关闭8座小炼厂和170多套高耗低效装置。独山子项目被评为新中国成立60周年“百项重大经典建设工程”。

（四）向国际能源公司迈进，海外业务跨越式发展

“十一五”期间，海外油气业务取得重大突破。初步形成了中亚、中东、非洲、美洲、亚太5个规模油气合作区。

3个国际油气运营中心建设初现端倪。抓住海外油气资产价格走低的有利时机，与哈萨克斯坦、土库曼斯坦等国新签订一批油气合作协议，扩大了跨国油气管道的资源基础。特别是2009年，伊拉克鲁迈

拉、哈法亚等重大战略项目的签署，使公司海外油气业务实现了跨越式发展。在全球29个国家运作81个项目，2010年油气产量达到8673万吨，比2005年增加4769万吨，增长81.9%，其中原油产量达7582万吨，天然气产量达到137亿立方米，并形成一定规模的管输和炼化能力。

（五）工程技术和工程建设服务水平明显提升，保障了油气核心业务快速发展

工程技术服务紧紧围绕国内外油气发展，加强生产组织，严格现场管理，注重发展速度和质量，突出配套成熟技术和特色技术研发应用，形成钻井、物探、测井等具有自主知识产权的“十大利器”，推进技术进步，在海外高端市场实现了从单一施工向综合性服务转变，服务保障和国际竞争能力进一步增强。工程建设业务以国际工程公司建设为目标，完善工程总承包功能，提高工程化能力，油气田地面工程、大型炼化项目、大口径管道等建设能力显著增强，专业化管理水平不断提升。

（六）推进科技进步，自主创新能力持续提升

按照“集成完善推广、攻关与试验、超前准备”三个层次集中力量开展了国家和集团公司50项重大科技攻关，形成了20项具有国际竞争力的重大核心配套技术，建设9个国家重点实验室，被批准为“国家科技创新型企业”，集团公司科技进步贡献率达到52.3%。获国务院国资委“科技创新特别奖”，集团公司技术中心被国家发改委授予“国家认定企业技术中心成就奖”，2010年，“大庆油田高含水后期4000万吨以上持续稳产高效勘探开发技术”获国家科技进步特等奖，“西气东输工程技术及应用”获国家科技进步一等奖。

在油气田地面工程方面，“十一五”期间，为适应不同类型气田的建设和天然气快速发展的需要，地面工艺在引进、消化、吸收的基础上，科技创新成果丰硕。针对高含水老油田提高采收率、特低渗透油田有效规模动用、稠油转换开发方式等制约油田发展的瓶颈问题，开发重大试验关键技术，集成成熟技术，形成了系列配套技术，开发效果得到进一步提高。以高压集输、气液混输、井下节流计量、天然气凝液回收、大规模处理等14项关键技术为主体，形成了5种类型气田地面工艺模式，即常规非酸性气田工艺模式，低产、低渗透气田工艺模式，凝析气田工艺模式，高含硫气田工艺模式，高含二氧化碳火山岩气田工艺模式，有效解决了各类复杂气田高效净化、地面工艺优化简化等问题。

在管道储运工程方面，以科技创新为先导，开展了西气东输二线、漠大线、LNG接收站等关键技术集成研究，为项目建设顺利完成提供有力技术支撑和保障。西气东输二线完成了X80钢管管件应用、防腐及施工等多项关键技术研究，为实现2009年底西段与中亚天然气管道同步建成投产创造了条件。漠大线通过多年冻土区管道敷设技术研究，解决了冻土区敷设长距离输油管道技术难题。LNG接收站关键技术集成研究使集团公司形成具有自主知识产权的LNG接收站设计、施工成套技术，为江苏、大连、唐山LNG项目顺利实施创造了条件。“十一五”期间管道工程建设科技进步累计获得省部级奖励52项，其中西气东输工程技术与工业化应用获国家科技进步一等奖，西部管道多品种原油同管道高效安全输送新技术获集团公司科技进步一等奖。

在炼油化工工程方面，取得了一批高水平的科技成果，获国家发明二等奖1项，国家科技进步二等奖3项，国家专利金奖1项，集团公司科技进步一等奖13项。开发了非均相体系分子筛的原位生长与催化剂结构控制技术，在国际上首次开发出大粒径天然高岭土制备原位晶化催化剂新工艺。开发了催化裂化汽油辅助反应器改质降烯烃技术，并在抚顺石化、哈尔滨石化等多套重油催化裂化装置上实现工业化

应用。在两段提升管催化裂技术的基础上开发了新型重油催化裂解多产丙烯技术，保证了多产丙烯时的轻油质量。自主开发的“快速高转化率”乳聚丁苯橡胶生产技术，在丁苯橡胶乳液聚合技术、增量法加料工艺等方面进行创新，形成了自主知识产权。成功研发了高分子量抗盐聚丙烯酰胺生产技术，在大庆油田三次采油领域得到广泛应用，为大庆油田降低采油成本，提高原油采收率发挥了重要作用。

（七）管理体制机制不断创新，工程建设企业发展活力增强

中国石油天然气集团公司现有工程建设企业 164 家，其中综合甲级设计资质企业 4 家，化工石油总承包特级施工资质企业 4 家，监理企业综合甲级资质 3 家。从业人员 15.6 万人，其中各类职业资格及操作持证人员 3.1 万人。资产总额 992 亿元，2010 年经营收入达到 1200 亿元。

“十一五”期间，集团公司工程建设企业资质水平快速提高，其中中国石油集团工程设计有限责任公司、中国寰球工程公司、中国石油天然气管道工程公司、大庆油田工程有限公司 4 家设计企业获得了国家设计最高资质综合甲级资质，为跨行业开拓市场创造了条件；中油吉林化建工程股份有限公司取得了化工石油施工总承包特级企业资质；大庆石油工程监理有限公司获国家建设部颁发的监理企业综合资质。

“十一五”期间，按照集团公司集约化、专业化、一体化的战略部署，对工程建设业务进行资源整合和业务重组，组建了工程建设分公司，成立了炼化工程建设项目部和管道建设项目经理部，搭建起了“两级行政、三级业务”的管理体制和建管分开的运行机制，打造了管道局、工程公司、设计公司、寰球公司、昆仑公司、东北炼化工程公司、大庆油田工程公司、辽河油田工程公司等业务发展定位明确、专业化优势明显的工程建设骨干企业，提出了“积极发展高端、有序退出低端，突出核心业务、合理配置人员”的发展思路。经营模式由单纯追求规模型向规模效益型转变，项目承包方式逐步由设计、施工承包向 EPC 总承包转变，市场领域国内为主逐步向国内外协同发展转变，并开始向“技术和管理要求高、附加值大和效益好”的高端市场迈进。

中国石油化工集团公司“十一五”工程建设发展综述

“十一五”期间，中国石油化工集团公司按照“扬长补短、扬长避短”的战略原则，调整完善并积极实施资源、市场、一体化、国际化战略，企业规模和经营业绩实现快速增长。与“十五”末相比，公司资产总额翻了一番，达到14700亿元；营业收入增长130%，达到19600亿元。5年累计向中央和地方政府上缴各种税费8234亿元；为消费者提供6.19亿吨成品油、1.78亿吨化工产品，满足了消费者需求，有力地支撑了国家经济发展。

“十一五”期间，中国石化的工程建设亦实现跨越式发展，各项重点工程顺利实施，共完成191套生产装置投料试车、20条长输管道建成投产，工程按期发挥效益。完成胜利油田、普光气田、塔河油田等油气田的产能建设任务，确保油气产量稳中有升。仪征—长岭、川气东送、榆林—济南等重要油气管线建成投用，国家储备基地、商业储备库、生产中转库等相继落成投用，储运网络初步形成。海南、青岛等大型炼油项目建成投产，茂名等炼油改造工程顺利推进，使得中国石化炼油能力跃居世界第二。茂名、天津等百万吨级乙烯项目相继落成，推动中国石化的乙烯生产能力升至世界第四。

（一）重视产能建设，油气产量持续上产

“十一五”期间，中国石化油气勘探成果丰硕，新增探明石油地质储量13.3亿吨；探明天然气地质储量6587亿立方米；圈闭储备进入良性循环，可钻圈闭由70个增加到146个，面积由2042平方千米扩大到8759平方千米。

油田开发持续上产，原油年产量由“十五”末的3927万吨上升到4256万吨，增加329万吨，5年累计生产原油20803万吨。采收率从2005年的28.1%提高到2010年的29.6%。水平井应用规模实现跨越式发展，目前日产油比平均水平高3.3倍。自然递减率16.9%，综合含水率88.5%，开发指标保持稳定，产量进入新一轮稳定增长期。其中，胜利油田新增新北、桥东两个油田，每年新增三级储量均超1亿吨；原油产量保持稳中有升，每年产油2700万吨以上。西北油田的探明石油地质储量由2006年的8.17亿吨增长到2010年的12.86亿吨，年均增长1.1亿吨以上，发现并探明了10亿吨级的塔河油田；原油产量由2006年的472万吨跃升到2010年的700万吨，年均增油达60万吨，占中国石化上游年增产幅度的80%。

天然气产量实现跨越式发展，由2005年的63亿立方米增长到2010年的122亿立方米，翻了近一番。建成中国最大整装海相气田——普光气田，实现了大牛地、川西中浅层低渗致密气田经济有效开发。建成大口径、跨区域长输干线，形成“两线三区”供气格局。

石油工程作为勘探开发主力军的主体地位明确，其发展目标与管理模式逐步明晰，技术能力持续增强，石油仪器、装备和工具研发制造体系已具雏形。石油工程装备大幅改善，钻井提速成效明显，推进了勘探开发进程。目前已经形成了集团内、集团外和海外三大石油工程市场。

（二）加快管道储运设施建设

“十一五”期间，中国石化积极响应国家提出的发展规划，以“只争朝夕”的精神，加速管道储运

设施建设，累计建成原油、成品油和天然气管道总长 2.1 万多千米；建成一批原油储罐，储油能力达 3100 万立方米；在用油库 355 座，库容达 1403 万立方米。

五年来，中国石化在建、在役原油管道 6600 千米，相继建设了溯江而上的仪征—长岭原油管道、环渤海湾的华北原油管网、地处黄淮和江淮地区的日照—仪征原油管道；江苏成品油管道（江南线）投油试运，加紧建设福建炼化一体化配套成品油管线、甬绍金衢成品油管道及配套油库、珠三角成品油管道二期、北海—南宁—百色成品油等管道工程；组织建设了镇海、黄岛、天津等国家原油储备基地，岚山、白沙湾、曹妃甸、北海等商业储备库，以及册子岛、大榭岛、仪征、天津、曹妃甸等生产中转库；建成册子岛、曹妃甸、日照和北海 30 万吨级原油码头。

天然气管道建设取得重大突破，2010 年 3 月，国家重大工程——川气东送工程历时 4 年成功建成，干线管道全长 1700 多千米，设计年输气能力 120 亿立方米，实现了普光气田安全开发、净化厂安全投产、长输管道安全投运。川气东送工程建设中，建设者克服重重困难，创造了一系列工程建设新指标。按照 2009 年底以前的统计，川气东送工程共创造 62 项新纪录和高指标，包括净化厂处理原料气能力最大、硫黄生产能力最大、双管悬索跨最长、长江定向穿越最长等世界之最，实现了合金油管和长输管道钢管、弯管国产化，还创造国内纪录 13 项、行业纪录 9 项。

同时，另一项国家“十一五”重点项目——榆林—济南天然气管线工程建成投用，管线总长 1045 千米，设计年输气能力 30 亿立方米，实现了大华北主体市场的互连互供，确保了山东、河南等地天然气市场的安全平稳供应。

（三）通过优化调整、大型项目建设，不断提升炼油化工竞争力

“十一五”期间，中国石化优化炼油化工布局，在调整完善产业链结构的同时，重视大型项目建设，不断提升炼油化工的竞争力。

五年来，海南 800 万吨/年、青岛 1000 万吨/年等大型炼油项目相继建成；塔河重质原油改质工程及长岭炼油改造南区生产装置按期建成投产；齐鲁石化、广州石化和沧州 S－Zorb 装置建成投产；北海、茂名、安庆、上海、金陵等一批炼油改造工程顺利推进。2010 年，中国石化的炼油能力达到 2.47 亿吨/年，上升至世界第二，较“十五”末净增 7080 万吨/年，年均增长率达 7.1%，涨幅是“十五”期间的两倍以上；炼厂平均规模从 489 万吨/年提高到 730 万吨/年；加工原油适应性显著改善，高硫油年加工能力增加 5000 万吨，高酸油加工能力突破 1000 万吨/年，劣质油加工比例提高了 9.2 个百分点。至此，中国石化共拥有 13 个千万吨级炼油基地、10 个高硫原油、6 个高酸原油加工基地，已形成长三角、珠三角和环渤海湾三大炼化企业集群。

五年来，茂名、福建、天津、镇海的乙烯项目相继落成；武汉 80 万吨/年乙烯工程 9 套生产装置桩基全面展开；川维醋酸乙烯、聚乙烯醇、乙炔、合资空分、锅炉发电装置顺利中交。“十一五”期间，中国石化乙烯能力从 540 万吨/年增至 740 万吨/年，跃至世界第四；乙烯均套产能从 46 万吨/年升至 63 万吨/年。至此，中国石化的 15 套乙烯装置以“六大五小四合资”的格局，密布于长三角、珠三角和渤海湾 3 个经济发展最快地区。

“十一五”期间，中国石化大型炼化工程建设始终以世界先进水平为标准，例如，镇海炼化乙烯工程就是按照“世界级、高科技、一体化”发展思路，本着“新思路、新技术、新体制、新机制”和“低投入、大产出、高回报”的原则展开建设，集配套设施统一、装置布局紧凑、工艺流程缩短、内部物料互供和集约用地、节省投资、降低成本等综合优势于一体。工程选择国内外先进的清洁化生产工艺和高效设备，强化污染物分类治理和综合利用，最终建成一个节约型、生态型、环境友好型示范工程。

（四）海外业务实现快速发展

“十一五”期间，中国石化抓住发展机遇和政策机遇，发挥一体化优势，加快实施国际化战略，推动海外业务快速发展。中国石化境外资产的比例从2006年的10%左右上升到2010年上半年的23%，境外收入的比例从8%上升到27%。截至2010年底，中国石化已在全球20个国家拥有勘探开发项目，在35个国家执行448个石油工程技术服务合同，合同额94.8亿美元，海外服务队伍由“十五”末的83支升至355支。炼化工程企业在海外执行项目管理和作业人员达到9065人，服务区域遍布中东、非洲、中亚、南美、东南亚等地区的21个国家。

五年来，中国石化成功收购了Addax公司、Repsol巴西公司40%股权、加拿大Syncrude油砂部分股权、安哥拉32区块部分权益等。海外权益油产量连年跃升，由2006年的208万吨上升到2010年的1810万吨，增长7.7倍，年均增加320万吨。

五年来，境外石油工程服务竞争力得到快速提升，形成了非洲、中东、俄罗斯及中亚、南美、东南亚五大战略目标区，石油工程累计新签合同额116.9亿美元，完成合同额88.4亿美元。炼化工程服务市场逐渐形成了以沙特为立足点，辐射科威特、阿联酋、卡塔尔等海湾国家的市场，累计新签合同额77.3亿美元，完成合同额33.4亿美元。

（五）重视科技创新

“十一五”期间，中国石化围绕主业，统筹组织基础研究、应用研究和技术开发，优化整合科技资源，加强理论与技术创新，持续开展“十条龙”科技攻关。五年来，集团公司累计有效专利数及专利申请总量连续保持央企第一；获得国家科技进步奖和发明奖51项；闵恩泽院士获2007年国家最高科学技术奖。同时，国产化成绩突出，炼油装置设备国产化率达90%，化工装置的设备国产化率达70%，乙烯及下游主要单项技术国产化率在80%以上。

勘探及开发领域，发展了碳酸盐岩油气藏勘探理论，创新发展了碳酸盐岩缝洞型油气藏形成理论和深层高含水盐性碳酸盐岩气藏开发理论，西部塔河碳酸盐岩缝洞型油藏勘探开发取得突破。集成发展了超深井钻井技术，大力度推广应用了水平井钻井技术、碳酸盐岩大型酸压特色技术和致密气藏储层改造技术。石油工程方面，高精度地震勘探技术、油藏地球物理技术、水平井及特殊结构井钻完井配套技术、深井超深井钻完井配套技术、复杂储层及特殊钻井工艺条件下地层有效识别评价的测录井配套技术等取得长足发展。开展川东北地区大型气田勘探目标及关键技术研究，明确了优质储层发育分布规律，建立了不同类型的礁滩沉积模式，有力支持了天然气探明储量的迅速增长。例如通过海相油气勘探地质理论和技术的重大突破，在川东北地区发现了国内规模最大、丰度最高的海相气田——普光气田。开展普光气田产能建设关键技术研究，形成了礁滩相储层评价与预测技术、高含硫气藏开发技术等8个方面的关键技术序列以及6项创新成果，为普光气田产能建设提供了技术支撑。开展主力油田注水开发关键技术研究，明确了典型中高渗砂岩油藏流体及储层物性时变特征，以及不同含水阶段原油黏度变化规律，优化了单元井网指标，单元稳产基础增强。

炼油领域，适应劣质化原油加工的多项技术及提高加工深度技术开发取得实质进展；油品质量升级持续推进，自主设计建设的不同规模的S－Zorb催化汽油吸附脱硫装置在一批企业成功投产，汽油选择性加氢脱硫技术在一批企业推广应用，满足国Ⅳ排放要求的汽柴油生产技术实现工业化；依靠具有自主知识产权的全套原油加工技术威力显现，已能够建设现代化大型炼厂。

化工领域，吸收国际先进技术，研发了磁稳定床加氢精制技术，在世界上率先实现非晶态合金催化剂和新型磁稳定床反应工艺的工业化应用；100 万吨/年乙烯、180 万吨/年 MTO（甲醇制烯烃）、30 万吨/年丁烯歧化制丙烯成套技术工艺包开发完成；5 万吨/年乙烯三聚制 1－已烯成套技术开发实现了自主创新，整体技术达到国际先进水平；大型气相法聚乙烯成套技术成功实现工业应用；以树脂结构表征及分子结构设计为基础，成功开发聚乙烯燃气管专用料、聚合装置直接生产汽车保险杠专用料，推动了产品结构调整；成功开发高性能聚乙烯纤维成套技术，建成 300 吨/年试验生产装置，产品各项性能指标达到国际先进水平。

可再生和新能源领域，甲醇生产低碳烯烃千吨级分子筛工业制备技术、合成气制油及合成气制乙二醇技术取得新突破，加强了石油化工与煤化工技术的有机结合；获得了 5 万吨/年生物柴油工业示范装置工艺包等一系列研发成果，为推进新领域的战略发展奠定了技术基础。

节能减排技术研发取得新进展。其中化工系统节水减排技术研究，形成了专用水处理剂提高循环水浓缩倍数、曝气生物滤池适度处理污水回用等 40 余项技术，节水减排效果显著。研发了低能耗、低排放的洁净燃煤生产技术，利用炼厂石油焦等低价值产品，向生产装置供应电力、蒸汽和氢气，从源头减少了二氧化碳排放量。采用 10 项国内先进的加热炉节能新技术、新设备、新材料，优化集成了炼油装置示范加热炉，形成了炼油加热炉节能成套技术。

中国海洋石油总公司“十一五”工程建设发展综述

“十一五”期间，中国海洋石油总公司围绕规划确定的目标，紧紧抓住“海上大庆油田”建设这项中心任务，以“一切为了5000万”的豪迈气概，具体落实公司的战略执行力和组织能力。以2010年国内产量实现5183万吨为标志，5年间，公司累计油气产量2.36亿吨，与“十五”相比增长42%；新增储量超过10亿吨。累计营业收入1.1万亿元，同比增长2.9倍；利润总额3231亿元，增长2.3倍；上缴利税费2608亿元，增长4.7倍；期末总资产6431亿元，增长2.4倍；期末净资产3843亿元，增长2.6倍，5年累计国有资本保值增值率为190%。

以惠州1200万吨大炼油成功投产为标志，实现了从上游到上中下游一体化的跨越；以南海荔湾3－1等深水气田勘探开发以及“海洋石油981”等重大装备建设为标志，实现了从浅水到深水的跨越；以在全球主要油气富集区建立核心资产为标志，实现了从国内到国际的跨越；以液化天然气产业强劲发展和新能源业务开拓起步为标志，正在实现从传统能源到现代能源产业体系的新跨越。

“十一五”期间，中国海洋石油总公司规模以上开发工程投资达到1272亿元人民币，90个工程建设项目陆续建成投产。共建造安装了75座海上平台；建成4套FPSO及单点系泊系统；建成陆上终端2座；铺设海底和陆地管道3029千米；新增原油加工能力2500万吨/年、LNG接收能力930万吨/年、天然气发电能力4075兆瓦、风电装机容量300兆瓦、化肥甲醇等化工生产装置能力326万吨/年。纵观“十一五”期间中国海洋石油总公司在上中下游工程建设方面，有以下几个特点。

（一）上游油气田建设高速高效

“十一五”期间，中国海洋石油总公司新增探明地质储量为石油9.64亿立方米、天然气1700亿立方米。先后发现了21个大中型的油气田，其中渤海发现了锦州25－1/25－1南、垦利10－1、金县1－1、渤中28－2南等13个油气田，南海西部发现了涠11－7、涠11－8、涠11－1N、涠11－2、东方1－1等5个油气田；南海东部发现了荔湾3－1、流花4－1、番禺35－1/2等3个油气田。为公司可持续发展提供了坚实的物质保障。

2006年成功钻探水深1480米的荔湾3－1－1井，发现了荔湾3－1深水大气田，是中国海洋石油总公司第一口超千米水深的探井，也填补了中国深海油气发现的空白，拉开了南海深水区勘探的序幕。

“十一五”期间，中国海洋石油总公司共建造安装了10座综合平台、65座井口平台、4套FPSO（含FSO）及单点系泊系统，新建和改扩建陆上终端2座，铺设的海底及陆地管道总长超过1766千米。公司在开发工程上（不包括钻完井投资）的投资达到672亿元人民币，53个油（气）田陆续建成投产。新建原油产能2500万立方米/年，天然气产能80亿立方米/年。

在渤海主战场，以实现3000万吨产量为目标，主力油田和边际油田开发建设齐头并进：蓬莱19－3油田建成中国海上最大的油田；渤中28－2南油田群和锦州25－1南油田群滚动开发成为区域开发的典范。渤西南天然气管网实现渤海大连通，资源利用和节能减排一举两得。渤海海域在“十一五”期间完成如下工作量：建设平台54座，铺设海底管道977千米，铺设海缆298千米，建设3套单点/FPSO，码头扩建1座。

在南海东部，建设完成4座综合平台、1个井口平台、447千米海底管线、1套单点/FPSO和1座终端。番禺30－1/惠州21－1气田联合开发、西江23－1油田、惠州25－3/1等油田的建成投产，为深水开发铺路架桥，为南海东部持续上产千万吨油当量作出贡献。

在南海西部，建设完成综合平台2座，井口平台13座。新文昌油田群、乐东气田、涠洲油田群的开发掀起了北部湾油气田开发的高潮。

（二）炼化板块从弱到强，实现跨越式发展

惠州炼油项目是中国海洋石油总公司独资兴建的第一座炼厂，总投资195亿元，原油加工规模1200万吨/年，是目前国内单系列最大的炼厂，也是世界上第一座集中加工海洋高含酸重质原油的大型炼厂，每年可向华南地区提供汽油、柴油、航煤、苯和石油焦等15大类1150万吨石化产品。

惠州炼油项目于2005年底奠基，于2009年4月一次投产成功，实现了“差异化、清洁化、信息化和高价值”的精品炼厂建设目标，2010年4月，惠州炼油项目参与了国际卓越项目管理大奖的角逐，最终获特大型项目类金奖。

项目积极推行“高碳项目低碳运作”的理念，加大节能环保投资，注重坚持设备国产化，不仅实现了安全建设与开工投产的无缝衔接，还培养出一支能打硬仗的炼化队伍。惠州炼油的全面投产，实现了几代海油人孜孜以求的梦想，完成了中国海洋石油总公司从上游到下游产业发展具有历史意义的跨越，结束了中国海洋石油总公司“有采无炼”的历史，也一步跨上了炼油领域的高端。

此外，中国海洋石油总公司并购和改扩建宁波大榭石化、河北中捷石化、山东海化、营口沥青等项目，使得公司总原油加工能力达到3400万吨/年以上，完成了“两洲一湾”的战略布局，立沙和南通油库以及245座加油站的建成，初步形成了成品油销售网络的雏形。

（三）气电板块蓬勃发展

“十一五”期间，通过战略布局、资源采购、市场开拓、项目建设、生产运营、制定LNG技术标准、风险管控等多方面的努力，LNG产业被逐步培育成为中国海洋石油总公司的特色产业，产业规模不断扩大，价值链不断增值，东南沿海主导地位已经形成，奠定了中国海洋石油总公司在中国LNG行业的领军地位。

2006年6月，国内首座的深圳大鹏LNG接收站投入运营，2008年4月和2009年9月，公司自主引进、建设和管理的福建和上海LNG相继投入运营，为广东、福建、上海等省市地区提供了大量的清洁能源，浙江LNG一期、珠海LNG一期、海南LNG一期项目正在建设，另外在积极推进粤东LNG、深圳LNG、粤西LNG、江苏盐城LNG和浮式LNG项目试点的前期工作；浙江、福建、广东、海南4个省级天然气管网项目建设有序推进。中山嘉明、福建莆田2个燃气电厂先后并网发电；东南沿海四省的天然气管网建设全面铺开。到2010年底，LNG接收能力已达1240万吨/年，配套天然气管网总里程2493千米，天然气发电总装机4200兆瓦。东南沿海LNG的产业布局基本形成。

通过分析国际LNG资源形势和市场规律，先后落实了福建LNG、上海LNG项目资源，并先后与卡塔尔、道达尔以及BG澳大利亚柯蒂斯煤层气项目签订LNG购买和销售协议，落实的中长期资源总量达到1590万吨，一跃成为全球排名第3的LNG买家。

（四）化肥板块南北呼应

“十一五”期间，中海油化学股份有限公司在海南建成中国一流的天然气综合化肥化工基地的同时，开始向全国扩张，进军煤化工领域，形成南北呼应的化肥产业布局。公司的60万吨/年和80万吨/年甲醇项目于分别于2006年9月和2010年11月投产。内蒙古6万吨/年聚甲醛项目的建成投产，湖北大峪口扩产改造项目正式开工，黑龙江与山西并购项目的成功，将进一步推动公司向国内化肥领军企业的发展目标迈进。

（五）新能源吹响进军低碳的号角

中国海洋石油总公司发展绿色、低碳经济，响应国家节能减排号召，在渤海辽东湾建成了国际首座海上油田供电的风力发电机，在甘肃酒泉、海南四更、内蒙古化德与二连浩特建设多座风力发电场，在江苏、海南建设的生物柴油项目陆续投产，并进军汽车锂电池行业。

新能源业务几经探索，明确了产业发展方向，基本确定了以风电、煤基清洁能源、动力电池为主，形成以高碳能源低碳利用、提供低碳能源和促进产业结构调整为目的的产业链，各业务之间相互协调、集成发展。目前，公司已形成35万千瓦风电装机能力，生物柴油产能达到33万吨/年，动力汽车电池产能2万套；在新能源领域储备了一定的技术力量，并积累了一定的经验和教训。新能源、可再生能源将成为公司可持续发展能力建设的重要平台。

（六）深水舰队整装待发，深水大庆指日可待

“十一五”期间，围绕着油气勘探开发等核心主业的发展，公司加大了大型装备投资力度，中国海洋石油总公司共投资262亿元（不含并购），通过新建和购置增加各类船舶76艘；另外，中海油服完成了对挪威Awilco公司的并购后的整合，增加钻井船舶10艘。至“十一五”末，公司船舶总数达到197艘，较“十五”末净增50%。六缆和八缆物探船投入作业，物探船缆数提升到27缆；400英尺自升式钻井平台投入作业，将自升式钻井平台作业水深提升到122米，蓝鲸号起重船投入作业，起吊能力提升到7500吨；大型装备的规模发展，使作业能力、专业服务能力大幅提升，为中国海洋石油总公司油气勘探开发作出了贡献。

“十一五”期间，中国海洋石油总公司把目光投向深水领域，公司投入150亿元建造多座大型深水装备，代表了当今世界海洋石油钻井平台技术的最高水平的第六代半潜式深水钻井平台“海洋石油981”和深水铺管起重船、深水勘察船、深水物探船和深水三用工作船建造完成并投入作业，中国海洋石油总公司已具备3000米水深海上油气田勘探开发装备作业能力，为下一步实施南海战略奠定了基础。

（七）国际化发展步伐加快，成果显著

“十一五”期间，中国海洋石油总公司上游业务坚持资产并购和风险勘探并举，使海外业务取得了重大突破。勘探作业或滚动勘探作业的区块主要分布在印度尼西亚、缅甸、肯尼亚、澳大利亚、赤道几内亚、菲律宾、柬埔寨、尼日利亚、刚果（布）、卡塔尔、特立尼达和多巴哥、利比里亚、阿尔及利亚以及墨西哥湾等14个国家和地区。截至2010年底，海外并购累计投资近150亿美元。阿根廷Bridas公司

50% 股权收购，为进入阿根廷、玻利维亚、巴西深水等油气资源富集区提供平台；乌干达并购项目是公司上下游结合在海外的有益尝试；伊拉克项目将为公司带来千万立方米级的海外原油产量；通过并购进入美国开展页岩气业务，对未来非常规能源利用将起到引领作用。

“十一五”期间，中国海洋石油总公司海外工程先后完成东南亚 SES 天然气项目、尼日利亚 OML130 区块开发和加拿大油砂的开发建设。

（八）工程建设领域的软实力不断增强

“十一五”期间，中国海洋石油总公司各产业领域技术取得了一定进步，科技创新工作成效显著，为实现“十一五”规划目标提供了有力的技术支撑。通过国家及总公司重大科技专项开展技术攻关，初步形成了南海深水油气地球物理勘探装备制造、渤海稠油油田高效开发、海上边际油田经济性开发、液化天然气工程及发电、高含酸重质原油加工及沥青产品系列化、高端复合肥开发等技术体系。通过技术进步，开创了中国近海“十一五”油气勘探的新局面，为深水工程打下了良好基础，同时为炼油化工、LNG 和新能源等中下游发展奠定了良好的技术基础。“十一五”期间，公司共获得 7 项国家科技成果奖、56 项省部及行业科技成果奖和 124 项总公司科技进步奖成果；共获得国家授权专利 798 项，其中发明专利 202 项；共发布国家、行业及总公司级技术标准 466 项。其中大部分来源于独具特色的海洋工程领域。

新建成海洋石油 115/116/117 三条 FPSO，让中国海洋石油总公司拥有了 17 条 FPSO，也让中国成为拥有 FPSO 最多的国家。

浮托技术在渤中 34 - 1CEP、渤中 28 - 2 南 CEP、锦州 25 - 1 南 WHP 和 CEP、旅大 PSP 等组块的连续成功运用，让施工能力大幅提高。

为适应高负荷、短周期以及中下游和新能源等陌生领域的工程建设任务，中国海洋石油总公司积极主动进行管理创新，探索高效高速之路。在渤海和南海油田开发密集区域充分整合人力、物力，合理调配开发计划，实行区域滚动开发。充分利用“2 个市场、2 种资源”，采取多维度集团级项目集群管理方式，解决了工程建设施工资源瓶颈。在 4 个海域全面展开工程设施数字化及 EDIS 数据中心建设，油田数字化管理工作让工程建设管理水平显著提高。

此外，建立了项目经理资格分级与认证体系，为工程建设者搭建起了一条职业发展通道，为公司储备了一大批工程建设管理人才。

中国化工集团公司"十一五"工程建设发展综述

"十一五"是中国化工集团公司发展历程中极为重要的五年，是实现超常规、跨越式发展的关键五年。中国化工集团公司在国务院国资委领导下，坚持以邓小平理论和"三个代表"重要思想为指导，深入落实科学发展观，牢牢把握"老化工、新材料"的企业定位，紧紧抓住历史机遇，积极应对金融危机、化工行业周期性调整和产能过剩的挑战，整合国内外化工资源，发挥集团优势和协同效应，深化企业改革，加快结构调整，提高经济运行质量，大力开拓市场，抓紧项目建设，推进技术创新，实施国际化战略，加快信息化建设，开展管理变革，加强党建与企业文化建设，实现了持续快速健康发展，取得了令国内外瞩目的成绩。

（一）"十一五"主要工程建设成就

中国化工集团公司"十一五"期间共建成投产了93个重点建设项目和一批技术改造项目，累计完成投资389.32亿元，这些新建项目的建设为中国化工集团公司的发展起到了极为重要的作用。

"十一五"期间，中国化工集团公司按照国内领先、世界一流的标准和"调结构、上水平"的原则，结合企业搬迁改造，优化产业布局，加快基地建设，推进集约化、上下游一体化、工厂园区化，产业集群建设进程。利用已并购海外企业的先进技术，在国内实施产业转移，发展高技术、高附加值产品。围绕节能减排、提质降耗、消除瓶颈、安全生产，加大了现有装置的技术改造力度，通过新建、改造、并购多种方式重点建设十大产品链，主要产品的生产能力和竞争力进一步提升。有机硅、TDI产业链中，新增TDI 8万吨/年、有机硅35万吨/年、硅橡胶12万吨/年产能。聚甲醛产业链中，新增聚甲醛4万吨/年产能。聚苯醚产业链中，新增聚苯醚1万吨/年产能。在环氧树脂和聚醚产品链中，新增环氧树脂10万吨/年、聚醚20万吨/年产能。在PBT、PTMEG产业链中，新增BDO/THF 4.4万吨/年、PBT 7.5万吨/年产能。在醋酸、聚乙烯醇产业链中，新增醋酸34万吨/年产能、聚乙烯醇9万吨/年产能。在丙烯酸及酯产品链中，新增丙烯酸14万吨/年产能、丙烯酸酯18万吨/年产能。在聚氯乙烯产品链中，新增聚氯乙烯107万吨/年产能。在蛋氨酸产业链中，新增蛋氨酸27万吨/年产能。在聚乙烯产业链中，新增聚乙烯55万吨/年产能。

通过项目建设，中国化工集团公司的六大业务板块得到加强，产业布局趋于合理，结构调整趋于优化，主业更加突出。

通过项目建设，改善了中国化工的产品结构，PVC产能已居全国第1位；丙烯酸及酯产能居全国第2位；同时新增了聚甲醛、聚苯醚、六氟化硫、苯乙烯、BDO等一大批化工新材料和特种化学品业务板块的新产品，提高了中国化工主导产品的市场竞争力。

通过项目建设，改善了原料供给，丰富完善了产业链。以"油头化尾"，多出乙烯、丙烯等方式，为化工新材料发展提供了支持。建成了沈阳化工集团CPP（催化裂解）装置、南京新材料公司BDO装置、南通新材料公司双酚A装置、沈阳化工及山东正和石化的丙烯酸及酯装置、江苏安邦电化的环氧氯丙烷装置、大庆中蓝石化的DCC和乙苯—苯乙烯装置。

通过项目建设，加快了高新技术产业化，提高了产品附加值。如芳纶Ⅱ、芳纶Ⅲ、聚苯硫醚、聚甲醛、氟橡胶、氟树脂、全钢工程巨胎、醋酸、双氧水等产品技术实现产业化，其中氟橡胶产品远销国外，TDI 产品供不应求，提高了中国化工的核心竞争力。

通过海外建设安迪苏欧洲扩能项目，扩大了安迪苏在欧洲的液体和固体蛋氨酸产能，进一步增强了核心产品的赢利能力。

（二）加强建设项目投资风险控制

中国化工集团公司积极采取各种防范和应对措施，确保运营和经营活动的稳定、健康。积极利用资本市场，实现自有资金的不断补充，利用掌握的先进技术和良好的市场发展判断，及时跟进科技含量高、技术密集型的项目建设，加大对现有企业的技术改造，不断突出产业优势。

为提升建设项目投资决策水平，促进决策更具科学性、准确性，中国化工集团公司着力改进可行性研究报告评审过程，建立项目经济评价体系（PES），用于申请报批项目经济评价的校核。加强对预备项目的审查，优化固定资产投资项目审批程序，建立可研报告编制的请示制度，从源头控制投资风险，有效地避免了企业盲目立项的现象。

推进风险管理和内部控制体系建设，审计、监察和法律工作不断加强，提高了企业风险管理和防范能力。公司搭建起全面风险管理框架，编制并上报了《全面风险管理报告》。在蓝星总公司和沈阳化工集团进行了全面风险管控试点，建立分类框架和风险库，开展年度风险评估。健全规章制度，梳理了资金管理、固定资产投资、干部管理、项目建设外部监督、法律风险防范、危化品项目管理、项目后评价等规章制度。强化审计监督，加强了工程项目的专项审计，开展了项目跟踪审计。对“三重一大”集体决策制度执行情况、中央财政预算投资项目实施情况进行专项监督检查。

（三）强化工程建设项目实施过程监管

中国化工集团公司切实加强对项目实施过程中的监管，具体措施包括以下几点。

（1）完善固定资产投资管理体制，规范投资行为。在《中国化工集团公司固定资产投资管理办法》和《中国化工集团公司固定资产投资指南》的基础上，印发《关于进一步规范集团公司固定资产投资建设项目可行性研究报告审批程序的通知》，对中国化工集团公司系统内的固定资产投资进行规范管理，严格项目论证与审批，通过审查及时发现并解决存在的问题，提高决策的科学性，优化设计方案，控制项目投资。

固定资产投资的总体原则是：①符合国家相关产业中长期发展规划、产业政策以及项目建设地点的当地政府的产业政策和发展方向；②符合集团公司总体发展战略与规划；③符合集团公司产业发展布局和结构调整方向；④有利于提高企业核心竞争力；⑤预期投资收益原则上应高于国内同行业同期平均水平。

中国化工集团公司对项目建设实行动态管理，总投资 3000 万元以上的项目及政府核准项目由集团公司直接进行管理；实行月报制度，专业公司和企业每月向集团公司报告项目建设情况，包括项目建设的形象进度、财务投资额、资金落实及资金到位情况；总投资在 3000 万元以下项目及实行建设投资完成情况报告制度。为规范建设项目投资行为和程序，不断提高企业的项目管理水平，实现建设项目投资效益，更好地总结经验、查找差距、分析原因、完善措施，实现项目建设目标，中国化工集团公司及其专业公司不定期地进行项目建设监察，及时发现问题和解决问题。中国化工集团公司还建立了建设项目奖惩管理制度，制定了《中国化工集团公司建设项目奖惩管理办法》，实行项目建设“四保一奖”责任制，对在建项目进行综合评比，对各方面表现突出的在建项目给予通报表彰。对于竣工项目，在竣工验收的基础上，给予物质奖励，物质奖励分两项，一项为工程建设投资节约奖，另一项为提前建成收益奖。对于项目建设发生严重失误的项目经理给予处罚，处罚视情节轻重分为通报批评、罚款、撤职，情节特别严重，存在违规违法者将被移交司法机关，追究刑事责任。

为规范建设项目生产准备、开车与试生产管理，确保装置投料开车的成功，实现建设项目的投资效益，编发了《集团公司建设项目生产准备与开车规定》，指导项目部按规定进行生产准备、人员培训及投料试车等项工作，使生产准备工作贯穿于项目建设的全过程。要求项目部编制《生产准备工作纲要》，将生产准备与投料试车工作纳入建设项目的总体统筹控制计划之中。

在编发《集团公司建设项目生产准备与开车规定》的同时，为规范重点建设项目的质量管理，确保工程建设质量，组织编制了《集团公司建设项目工程质量管理规定》。

（2）制定项目建设考核体系。为落实国务院国资委 EVA 考核要求和中国化工集团公司对投资建设的要求，将项目建设纳入集团公司考核体系，积极参与国务院国资委和斯腾斯特公司关于 EVA 的培训，与斯腾斯特公司开展咨询合作项目，共同研究制定可研报告 EVA 测算细则，为考核项目决策、项目建设和项目评价提供依据。

（3）加强财政资金支持项目建设和管理。国务院国资委，国家发改委、工信部、财政部等部委高度重视灾后重建项目和中央预算内投资项目的监督和管理，中国化工集团公司每周跟踪了解相关项目建设进展情况，按时向国务院国资委，国家发改委、财政部、工信部等上级主管部门报送《重点产业振兴和技术改造专项项目进度月报》、《灾后恢复重建中央部门垂直管理项目进展情况统计表》等一系列报告和报表，及时报告各项目的建设进度及投资完成、资金到位等相关情况。

（4）完善项目管理信息系统，集中招投标全面普及。中国化工集团公司项目管理信息系统（CPM）已经被纳入到集团公司 OA 协同办公系统，成为集团公司、专业公司及下属企业项目信息化管理的重要平台。除重点建设项目的招标公告、中标结果全部在 CPM 进行网上公告外，中国化工集团公司监事部选择项目竣工决算审计单位也利用 CPM 实现网上公告招标。

（5）推进项目管理公司参与项目建设管理。进一步推动项目建设的专业化管理，由项目管理公司参与建设管理，使项目管理更加专业和科学规范，加强项目建设的进度、投资、质量和安全控制，弥补了建设单位人员、技术及管理经验的不足。

（四）积极实施“走出去”战略

按照中央“走出去”和“两种资源、两个市场”的精神，在国务院国资委的大力支持和具体指导下，根据国内化工新材料产业发展的需要和企业战略要求，中国化工集团公司从 2006 年起连续成功收购了法国安迪苏公司、澳大利亚凯诺斯公司、法国罗地亚有机硅公司（BSI）、英国世界纤维公司（BSF）100% 股权。在此基础上，将蓝星公司的化工新材料业务与收购的海外企业进行有效整合，并通过整体改制方式引进了美国黑石集团 6 亿美元战略投资，促进了资本结构优化和公司治理结构的改善。国际交流逐步深化，国际合作不断扩大，对外贸易稳步增长，国际影响力不断提升，一批具有国际市场竞争力的产品及成套装置、技术跻身国际市场。

海外企业抓住世界经济逐步复苏的机遇，加快发展步伐，不断改善经营情况，业务高速增长，营业收入、利润均创历史新高。中国化工集团公司系统内资源配置不断优化，海内外企业的协作继续扩大，协同效应进一步增强。成功收购安迪苏公司后，将蛋氨酸技术转移到国内，在南京建设 14 万吨/年蛋氨酸项目，填补国内空白；BSI 不断加强与国内有机硅业务协同，促进了星火厂、兰州硅材的技术进步，提高了生产效率；BSF 积极支持国内特种纤维项目建设，加快了该业务在中国的市场开发。通过整合国内外化工资源，发挥集团优势和协同效应，加快产品结构调整，提高了中国化工集团公司主导产品的市场竞争力。

“十一五”海外石油石化工程建设发展综述

积极推进国际化经营，发展石油石化国际经营业务，大力开拓海外工程建设市场是中国石油石化行业发展的重要战略组成。中国石油天然气集团公司、中国石油化工集团公司、中国海洋石油总公司等，按照建设国际化能源公司总体战略目标，以保证国民经济快速健康发展和国内市场需求、保障国家石油安全为己任，以石油天然气、石油化工业务为核心，上下游一体化运作，国内外业务统筹协调，充分利用国内国际两种资源，开拓国内国外两个市场，在激烈的国际竞争中，国际能源合作的规模、海外油气资源布局不断取得新的进展。作为中国石油石化产业链条重要一环的石油石化工程建设产业，在全力保障国内石油石化主营业务的同时，大力配合海外油气开发项目的实施，按照建设具有国际竞争力的工程公司的目标，积极进军海外工程建设市场，树立中国石油石化工程建设业务的品牌。

（一）海外石油石化工程建设发展状况

“十一五”期间，国际金融危机起伏跌宕，给中国石油石化的海外业务、国际工程承包业务发展带来重大影响和严峻考验，国际工程市场出现不同程度萎缩，一些项目延期或取消，工程项目利润空间受到严重挤压，面对国际金融危机不稳定的复杂形势，以及由此的带来的机遇与挑战，中国石油石化行业注重战略研究，加强市场宏观分析。①以资源为着眼点，以效益为目标，建立海外油气投资、炼化投资、贸易和工程技术服务紧密结合的事业结构，相互依托，相互促进，推进国际化战略和海外运营的一体化。②把海外石油石化工程业务持续增长摆到重要位置，加强国际工程建设市场研究、调整投标策略、调整项目结构、加大技术输出型项目开发力度、加强与国外公司合作，注重风险防控，实现可持续发展。③充分发挥中国石油石化工业所具有的政治优势、市场优势、整体优势和文化优势，共打一面旗、构建统一的平台，统筹海外经营业务管理。④大力推进海外油气资产结构优化工作。建立健全全球油气项目评估和效益评估系统；加强炼化投资机会研究。着力完善海外油气业务布局，提高综合效益，实现规模发展。⑤持续推进管理、技术和人才创新，提升国际工程的运营管理能力，强化发展实力等。海外工程建设市场开发取得新的突破。国际市场开发能力、竞争能力、经营管理能力不断增强。取得较好的项目效益、经济效益、社会效益和环境效益。

（1）“十一五”期间，海外石油天然气勘探开发不断有新的发现，取得新的进展。油气储量保持较快增长。海外权益油、天然气产量逐年增加，到“十一五”末，三大石油公司海外权益油产量达到5978万吨，比2005年的2207.8万吨增长170.77%，平均年增长22.04%。权益气产量147.3亿立方米，比2005年的38.3亿立方米增长284.6%，平均年增长30.9%。加上中国化工集团公司的海外权益油气242万吨油当量，中国海外权益油气产量达到7394万吨油当量。海外油气合作区的油气田建设和中俄原油管道、中哈原油管道、中亚天然气管道、中缅原油天然气管道等战略通道建设，对缓解国内能源供需矛盾，保障中国能源安全，促进国民经济健康发展发挥了越来越大的作用，具有重大而深远的意义和影响。

（2）“十一五”期间，中国石油石化行业采取合作、合资、并购等多种方式，加大海外油气开发的投资力度，已成为全球油气市场的最大买家。占全球同期交易金额的20%。创历史新高。中国石化的境外资产比例从2006年的10%左右上升到2010年的23%，中国海油的海外并购到2010年累计投资近150亿美元。中国石油境外油气开发投资达720亿美元，在已投入生产的海外油气生产项目中，2/3的项目实现投资全部回收。在合同期内，这些项目还将获得数十亿美元净收益。实现国有资产大幅增值。取得良好的投资效益。

（3）截至“十一五”末，石油石化行业石油天然气勘探开发、炼油石化海外工技术服务遍及全球几十个国家和地区。中国石油在29个国家运作81个油气项目，建立了中亚、中东、非洲、美洲、亚太5个规模油气合作区，四大油气战略通道和国际三大油气运营中心，形成了比较稳定的海外油气业务战略布局和勘探开发、油气管道建设、炼油、化工、销售一体化的油气业务链。中国石化在35个国家执行448个石油工程技术服务合同，形成了非洲、中东、俄罗斯及中亚、南美、东南亚五大战略目标区。炼化工程服务市场逐渐形成了以沙特为立足点，辐射科威特、阿联酋、卡塔尔等海湾国家的市场。中国海油在亚洲、非洲、澳大利亚等14个国家和地区开展油气田勘探作业。通过股权收购、并购项目为进入阿根廷、巴西等美洲油气资源富集区提供平台，在美国开展页岩气业务等取得重大进展。

（4）工程建设进展顺利。中国石油中亚天然气管道工程、中俄原油管道工程、苏丹喀土穆炼油厂扩建工程、苏丹3/7区产能扩建工程、阿尔及利亚凝析油工程等一批重点工程建成投产。全面实现安全和质量目标。其中苏丹喀土穆炼油厂工程被评为国内首次设立的境外鲁班奖工程（2009年度）。伊拉克艾哈代布油田地面工程、尼日尔上下游一体化工程、阿联酋阿布扎比原油管道工程、尼日尔津德尔炼厂、乍得恩贾梅纳炼厂、哥斯达黎加MOIN炼厂升级改造和扩建等工程都按计划进行。中国石化的巴西GASENE天然气管道项目、阿尔及利亚沙漠饮用水管道项目、伊朗ARAK炼厂EPC项目、沙特EO/EG项目、延布BBTX项目、哈萨克斯坦气体处理项目等一批项目顺利执行或基本完工。叙利亚电站总承包项目、伊朗霍尔木兹炼油厂延迟焦化工程、沙特SABIC聚烯烃EPC项目、沙特拉比格炼油项目顺利完工，获得了业主好评，既积累了经验，锻炼了队伍，又获得了一批后续项目。中国海油先后完成了东南亚SES天然气项目、尼日利亚OML 130区块开发和加拿大油砂的开发建设。

（5）与推进国际化经营，发展石油石化国际经营业务联动，中国石油石化工程建设企业坚持“走出去”战略。“十一五”期间，中国石油派出各类海外服务队伍891支，中国石化派出355支，派出队伍总量相当于“十五”期间的2倍。以国外的一些工程公司、国内中国化学工程股份公司等工程公司作为合作伙伴，主要从事油气田地面建设工程、油气集输处理工程、石油天然气管道工程、储油库工程、炼油厂工程、石油化工工程、油码头工程以及化肥、发电厂等工程建设。据初步统计，5年间，仅中国石油、中国石化签订的总承包、施工管理与施工承包等工程合同额就分别为165.5亿美元和116.9亿美元。分别完成海外工程国际营业额116.6亿美元和88.4亿美元，合计相当于“十五”期间完成额的5.4倍。其中2010年共完成营业额59.7亿美元，比2005年增长了451%，平均年增长40.6%。取得了很好的经济效益。

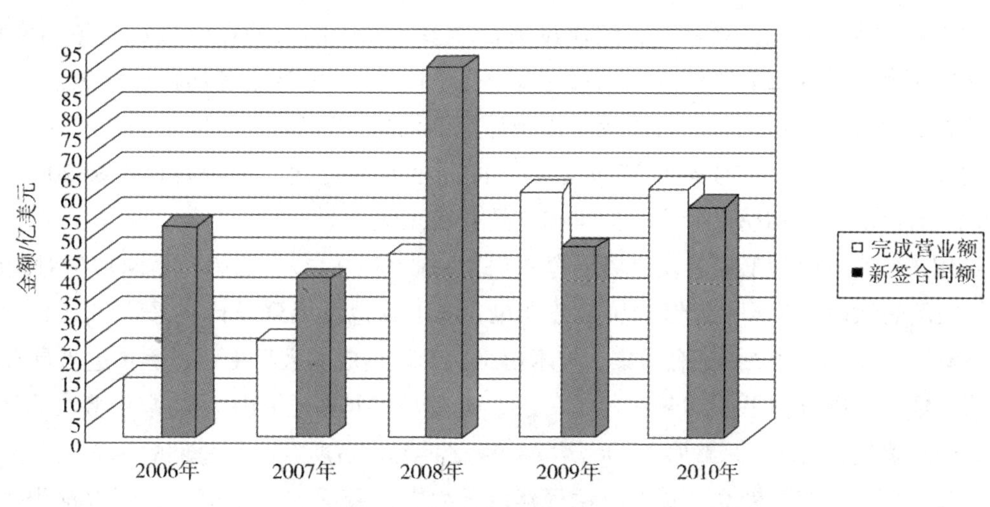

海外石油石化工程建设经营柱状图

国际权威的《工程新闻记录》杂志（ENR）公布，“十一五”期间，有5家中国石油石化工程建设企业进入全球最大225家国际承包商名列（见表7），名次稳中有升，2009年国际营业额比2006年增长了1倍多。平均年增长26%以上。另外，其中4家还进入国际设计公司200强行列。

表7　2006～2010年ENR全球最大225家国际工程承包商
（中国石油石化工程企业）排名名录

公司名称＼年份	2011	2010	2009	2006
中国石油工程建设（集团）公司	27名	46名	100名	70名
中国石化工程建设公司	83名	69名	94名	
中国石油天然气管道局	89名	76名	120名	159名
中国石油天然气管道工程有限公司				189名
中原石油勘探局工程建设总公司	118名	123名	112名	90名
中国寰球工程公司	158名	151名	189名	192名
中国大陆企业	50家	54家	50家	47家

注：2006年度中国石油天然气管道局与中国石油天然气管道工程公司完成的国际营业额共计167百万美元，相当于排名第130名。进入225强的中国石油石化企业2009年度国际营业额合计2522.4百万美元，2006年为1187.5百万美元。

（二）海外石油石化工程建设的特点

按照以全球化视野谋求发展，增强全球范围内配置资源的能力，上中下游一体化，综合一体化的发展策略，“十一五”期间，中国石油石化海外工程建设取得长足的发展。

（1）随着中国海外油气业务的增加，将油气投资、炼化投资、贸易和工程技术服务有机结合，开创了融资、并购、合资、合作等多种运作模式，海外石油石化工程建设服务或者在有权益油区块的国家和地区展开，或者在有市场潜力的地域展开。炼化仓储项目，有的是在资源国展开，有的是为满足工业、贸易一体化目标，选择有可能形成市场辐射力的地域展开，在具有原料优势的地区，开始研究建设基础化工项目。工程建设市场不断扩大，领域不断拓宽。

（2）海外工程项目类型增加，建设项目工程规模增大。有不同地质地理环境下的油气田开发、油气处理、集输工程，管道、油库工程、油码头工程、炼油装置工程、石化装置工程、海洋平台等工程等，涵盖了石油石化工业的大部分生产项目。大型建设项目增多，如中国石油在伊拉克两轮油气招标中，先后联合外国公司中标鲁迈拉油田和哈法亚油田技术服务合同，并获得哈法亚油田作业权。其中鲁迈拉油田探明储量居伊拉克已发现油田之首。哈法亚油田预计原油储量41亿桶。与阿联酋签订了中国石油单笔最大海外工程建设总承包项目——合同额32.9亿美元的原油管线合同。中国石化中标2006年以来中国海外最大的炼化工程项目——ARAK炼油厂扩建和产品升级工程。

（3）充分利用多年来在国际工程建设市场培育和积累的业绩、信誉、品牌，不断加深对国际工程建设市场规律和国际惯例的认识，工程承包形式从劳务承包、施工分包发展到设计、采购、施工、试车的EPC总承包，承包对象从一般工程发展到资金密集、技术密集、管理集成的大型工程，逐步进入具有高度挑战性和风险性的高端市场。中国石化下游部分在“十一五”期间所签境外合同中，高端份额（含可行性研究、工艺包设计、EPC总承包、设计、采购服务等）达34.94亿美元，占所签合同总额的四成以上。

（4）“十一五”期间，在开展海外石油石化程建设过程中，秉承“安全第一、环保优先、以人为本”的发展理念，努力做到能源开发、工程建设与环境保护和谐发展。坚持不符合环保要求的项目不立项、不开工、不投用的“三不”原则。坚决贯彻 QHSE 体系，在苏丹，利用生物降解技术，将油田污水处理后含油为零。在哈萨克斯坦，将天然气综合利用率提升到 90% 以上，由此获得了该国石油工业环境保护最高奖。在中亚，注意保护当地的野生动物和植被恢复。在沙特的阿美公司实现 2000 万安全工时无安全事故，中亚天然气管道工程建设实现年度 589 万人工时无安全事故、车辆行驶总里程 995 万千米无交通事故的优秀业绩，获得业主的好评。中国石油石化工程建设者，在努力推进工程建设的同时，认真履行社会责任，坚持“互利双赢、共同发展”的原则，与业务所在国家和地区以及合作伙伴建立良好合作关系，以产业发展带动社会、经济、文化的发展。关注当地就业、医疗、教育等问题。如中国石油与苏丹贫困母亲慈善会签署协议，资助慈善项目，改善当地贫困人口的生活条件；在哈萨克斯坦，为当地提供就业岗位 1.45 万个，慰问卫国战争时期的老红军；在委内瑞拉，帮助当地农民推广木薯栽培技术等。体现了中国人民与世界各国人民和平、友好的感情。获得了所在国政府和民众的高度评价。

（三）海外石油石化工程建设发展的经验和体会

“十一五”期间，中国海外石油石化工程建设取得的成绩，得益于国力的增强和外交政策，得益于中国石油、中国石化、中国海油的战略部署和正确领导。中国石油石化工程建设企业和广大海外工程建设者充分发挥了石油工业的优良传统，弘扬大庆精神、铁人精神，培育爱国奉献、温暖关爱、互相融合、合作共赢、人文安全等符合国际化要求的海外项目文化。开拓创新，勇于拼搏，艰苦奋斗，在异国他乡创造了一个又一个光辉业绩。

（1）把培养国际化工程技术和管理人才作为头等任务，坚持以人为本，加强队伍建设。努力培养既懂管理又懂技术、既有现场实践经验又能熟练外语交流、既有较高文化水平又有高度敬业精神的复合型人才。针对海外工程业务特点，统一管理，统一配置。通过各种渠道、利用“走出去、请进来”等多种方式，培养、任用、引进人才。开展培训教育，并与到海外项目上实习锻炼相结合，逐步提高国际化人才的知识和能力水平。为进一步开拓国际市场奠定了人才基础。

（2）坚持创新，不断完善符合国际规则的规范化、科学化经营管理体系和海外项目运营管理机制。探索和丰富不同模式、不同类型项目的管理及运作经验，坚持按照国际规范、标准运作，保障海外工程建设业务有序开展。

a. 初步建立了海外工程建设的市场开发网络、健全项目信息业务系统与项目信息筛选、立项的评估程序。按照海外项目管理的业务流程和专业化与区域化相结合原则，初步建立了统一管理与协调下的一体化投标报价管理体系。强化法律事务管理和支持。努力实现市场开发、资质预审、招标投标、合同签约等海外工程项目的规范化管理。

b. 在已经建立的 GB/T 28001—2001、GB/T 24001—1996、ISO 14001:1996 和 ISO/CD 14690 的安全、环境与职业健康（HSE）管理体系，2000 版 ISO 9000 质量标准管理体系的基础上，针对海外工程不同业主、不同项目以及不同区域市场对质量、HSE 有不同要求，编制了管理制度和比较完整的境外公共安全应急体系，不断提高海外工程 HSE 管理的响应能力和工程建设质量水平。

c. 推进 ERP 经营系统信息化建设。结合工程所在国的相关法律法规和项目合同构建海外项目财务管理，强化预算管理和资金管理。健全以海外勘探开发项目和油气合作区域为基础，包括工程建设在内的内控管理网络，梳理并健全管理流程。围绕海外工程项目管理运行体系建设，推进网络系统整合，构建 PDS/PDMS、Marian、Documentum、OA 等大型软件的二次开发和深化应用的 IT 体系，实现信息和知识集中统一管理。构建并充实适应海外工程项目管理的国际技术质量标准等信息数据库，不断提高海外工程项目的管理能力、决策的科学性、工作效率以及专业技术水平。

（3）不断夯实海外工程建设市场和业务管理的服务基础，完善后勤保障体系。重视与中国驻外使领馆、资源国政府、合作伙伴的联系沟通，内部协调统一，发挥整体优势。充分发挥海外办事机构的组织协调作用，加强驻外机构的组织建设和制度建设，中国石油的阿克纠宾公司等区域性公司、中国石化在境外的 12 个代表处均健全了党的基层组织，明确管理职责，制定了外事管理、公共安全、保密管理、目标责任等制度。在组织国际交流合作、沟通国内外联系、维护整体利益、避免内部无序竞争、协调境外项目管理机构之间关系等方面，提供支持和帮助，为保证海外工程建设的顺利进行发挥了平台、窗口、纽带作用。

（4）“十一五”期间中国海外石油石化工程建设发展取得很多有益的经验，同时也正确认识到自身存在的一些问题和不足，主要表现在：

a. 产业集中度不高，集约化不强。尚未形成统一的决策管理平台和有效的资源配置机制，整体集成优势尚未充分发挥，资源共享和运行效率不高。以 2009 年《工程新闻记录》杂志（ENR）公布的数据为例，作为中国石油石化工程建设领军企业，进入 225 强的 5 家石油石化工程建设公司的总营业额和海外营业额分别相当于第 1 位的德国霍克蒂夫公司的 27% 和 10%，相当于第 10 位的法国德西尼公司的 70% 和 27%，而且海外营业额占总营业额的比例也不高，以人均营业额比较差距更大。

b. 高附加值的核心技术、专利技术、高技术含量的工艺软件包的研发能力还比较弱。海外工程中的关键设备、材料国产率低。在先进节能环保的地面设施、先进的炼化石化装置，长距离、高性能、自动化程度高的管道建设以及新能源领域方面还存在很大的差距。

c. 工程项目综合管理能力、大型项目全球性资源整合能力，项目设计、施工、采购、生产、维护、投资收益的集成管理能力不足。多局限在工程建设链条的底端的、利润低的施工领域或详细设计服务环节。缺乏先进的项目管理系统和先进的工程项目计算机管理系统，项目管理方法和手段比较落后。国际采购网络系统不健全，国际采购、合同、索赔管理等方面经验不足。在国际融资方面缺乏经验。许多发展中国家由于缺乏资金，不少工程需要承包商带资承包，而中国的银行对企业的信贷限额度不能满足承接国际工程的需要；国家控制外汇信贷规模，审批程序复杂，审批时间较长。

d. 伴随海外业务规模的扩展，对专业技术、市场营销、工程造价、项目管理、风险控制、合同管理以及采购物流等复合型工程技术和经营管理人才需求大量增加。初步估算，仅中国石油未来 5 年内就需要能适应海外业务的人员达 1.2 万人，但一方面，目前的员工队伍中，能够适应的人员不足，另一方面，目前海外业务主要在经济欠发达地区，缺乏对高层次人才的吸引，同时人才竞争激烈，人才流失呈现高端化趋势等，使得人才短缺依然是关键问题。

（四）海外石油石化工程建设发展趋势

进一步增强在全球范围内优化配置资源的能力，大力推进国际油气合作，提高国际化水平，是中国石油石化行业发展的必然趋势和重要战略抉择。①目前，中国正处在能源需求快速增长时期，已经成为继美国之后的世界上第二个石油消费大国。2009 年、2010 年进口原油均超过 2 亿吨，石油消费的进口依存度达到 52%。②未来 20 年，在大力发展新能源，走低碳经济发展之路的过程中，化石燃料仍然是世界一次能源的主要来源，占能源总消耗量的 75% 以上，其中石油所占比重为 30%～34%。据估算，2009 年全球原油探明储量为 1855.04 亿吨，天然气探明储量 187.16 亿立方米，均比 2005 年有不少的增长，国际能源市场依然具有广阔的发展前景和潜力。但对于日趋短缺的资源，国际石油市场，油气业务在未来的时期里受国际政治、经济的影响，竞争愈加激烈，而且开发难度增大，环境更加复杂。③中国石油、中国石化、中国海油按照建设国际能源公司的战略目标，还需要继续增加海外业务收入、权益产量、资产规模，提高这三项跨国公司的指数水平，逐步成为真正意义上的跨国公司。因此，无论从国内能源需求的形势出发，还是基于对国际石油经济发展的认识，中国石油石化企业必须在国家的宏观经济政策指引下，把握国际能源市场需求缓慢回升的有利时机，从多角度多方位做工作，更多地参与境外油气资源投资开发，建设中国油气供应的国际大通道，在国际能源市场上争取更多的话语权。继续推进国际化战略，从“走出去”到“走进去”、“走上去”，向更高、更广阔领域迈进。

坚持“走出去”战略，进一步提高国际化水平，中国石油制定了到2015年或稍长一段时间，海外油气作业产量要占公司油气总产量的50%的目标，中国石化要使海外油气超过国内产量，中国海油要建立新型能源产业体系，进入国际石油公司第一阵营。未来中国石油石化海外事业的发展为海外石油化工程建设，提供了广阔空间，也增加了建设者的使命感和紧迫感。

（1）纵观未来时期国际工程市场的发展，中国石油石化工程建设企业将受到环境、项目复杂程度等诸多因素影响。

a. 受金融危机的影响，市场受到冲击，建设项目的风险加大，表现在业主支付能力的不确定性、汇率和物价波动加剧、承包商融资能力降低、资金流风险、海外存款风险、汇兑损失风险等，以及地缘政治风险、政策法律风险，安全形势和经营环境严峻。

b. 项目规模越来越大，技术的复杂程度增加。由于新技术、新工艺、新材料的发展，需要承包商具备提供高水平的工程技术和项目服务的能力，仅具有某一专长或少数几种专门技术将难以适应这种要求。

c. 业主越来越倾向于承包商能从事项目全生命周期的服务，也就是从项目策划、可行性研究、融资、设计、施工到运营管理的服务。新的承包模式、合同模式涌现，包括EPC模式（设计、采购、施工、试车、交钥匙），D+D+B模式（项目前期策划与决策、项目设计、项目建设）、F+P+D+B+PM模式（融资、采购、设计、建造、物业管理）等。由此，对承包商的能力与实力提出越来越高的要求。

d. 融资项目的种类和范围已经从以往的国家公共事业项目扩展到化工、通信等行业。资金需求巨大的融资活动，常以贷款作为资金的主要来源。以项目建成后良好的经营业绩以及其产生的现金量作为偿还债务的资金来源，其风险和利益对承包商来说更是重大挑战。

（2）中国石油石化工程建设业实施“走出去”战略已经经历了一二十年的历程，在国际承包市场上“摸爬滚打”，积累了经验，锻炼了队伍，也付出过不菲的学费。但在海外的经营业绩、经营规模以及技术与管理方面，与国际大承包商相比较，还有很大差距，还属于初始阶段，但方兴未艾。石油石化工程建设企业继续坚持“走出去”战略，需要按照中国石油石化行业海外发展战略的总体部署，深刻认识国际工程承包市场的发展趋势，进一步掌握和遵循国际工程项目建设的惯例和规律。按照“做精、做专、做强、做大”的原则，推进改革，加快结构调整；比照国际工程公司条件，发育和拓展工程总承包的功能，健全和完善科学的管理体系、技术标准体系、质量保证体系、市场开发营销体系、项目全过程的服务体系和计算机管理系统；增强融资能力；增强获得专利技术并进行工程设计的能力；实现经营方式国际化、业务范围多元化、技术装备现代化、项目管理科学化，进一步提高国际竞争力。

a. 快速推进海外油气投资项目建设、油气合作区建设、油气战略通道建设，尽快形成生产能力，尽快发挥投资效益、项目效益，充分发挥工程建设技术服务和保障作用。

b. 加大常规项目开发力度，重视高技术含量项目。做强做大设计、采购和项目管理，注重向投资咨询、项目策划等项目前期环节延伸，向EPC、DDB等高端业务领域发展。积极开拓投资规模可观，赢利空间更大，市场规范、技术标准、合同条件、项目管理要求更高的高端市场。

c. 加强人才队伍建设，适应国际规则，挖掘内部潜力，提高现有人员的业务素质，培养高端人才。努力打造投标造价、合同管理、经营管理，法律、保险、税务管理，研发设计、项目经理、物资采办、施工作业技能、监督与检测等专业人才队伍；进一步健全激励与约束机制，吸引留住人才；拓宽人力资源渠道；加快人才国际化、属地化的进程，引进外国智力，引进精通管理的高技术人才。通过与国际一流的工程公司竞争，全面提升队伍的综合实力。

d. 推进科技和管理创新。按照“跟踪前沿技术，总结实用技术，引进先进技术，推广成熟技术”的总体思路，针对国际工程的特点和油气田建设、管道建设、炼油工程、石化工程及环境工程建设的技术重点，加大科技投入，加大研发力度，加快培育具有自主知识产权的核心技术，提高技术装备水平；注重战略和市场研究，加强海外业务的统一综合管理和监督；执行统一的 HSE 文化和体系。加强投资咨询、勘察设计、施工、监理、采购和试运行等环节的专业化、标准化、信息化建设，不断提升商务运作、技术支持、经营管控、风险防范和市场竞争能力。

e. 牢固树立绿色发展、低碳发展理念，研究开发和推广节能、减排、提高收率、综合利用等方面的新技术、新工艺。工程建设过程中，努力降低成本，降低消耗，文明施工，保护环境。继续造福工程所在国的人民。

f. 增强风险防范意识，建立风险管理体系，提高风险预警、防范、应急机制等管理技术。运用科学方法，提高风险识别可靠性；加强国际项目评估，分析风险构成和出现的概率，为风险控制管理提供依据；了解和熟悉资源国法律，维护自身合法权益；加强国际合作，共同抵御海外经营风险；健全国际安全形势评估机制，确保员工和项目的安全。

推进中国海外石油石化工程建设事业发展，需要政府和行业相关部门进一步的政策支持，加大协调力度。如税收、金融、保险等部门要与石油石化工程建设企业，尤其是大型企业在开拓国际承包市场方面协力配合，提供与发展海外工程建设市场相适应的融资方式和金融服务，探索适合国际市场的融资渠道和担保方式，进一步完善跨国经营的信用担保制度，促进海外石油石化工程建设事业健康快速发展。

中国国民经济和社会发展“十二五”规划已经启动，海外油气业务和国际工程建设也将进入一个新的发展时期，任重而道远。中国石油石化工程建设企业和广大海外石油石化工程建设者，将在科学发展观的指引下，不辱使命，不负重托，再接再厉，在国际工程建设领域继续谱写新的篇章。

第二篇

重点工程建设成果

油气田工程建设成果

大庆油田持续稳产4000万吨

作为全国最大的石油生产基地，大庆油田包括萨尔图、杏树岗、喇嘛甸、朝阳沟等52个油气田，面积约6000平方千米。油田被发现后，随即开始大会战，仅用3年时间，就探明了面积达860多平方千米的特大油田，建成年产原油500万吨的生产能力，占同期全国原油产量的51.3%，改变了中国石油工业落后面貌，实现了中国石油的基本自给。1963年底，大庆油田结束试验性开发，进入全面开发建设。大庆人排除万难，以平均每年增产300万吨的速度快速上产，并勘探准备了一批可开发的新油田，大规模进行油田开发建设，为原油年产量上5000万吨奠定了基础。改革开放以来，大庆油田编制了油田长期稳产规划，持续搞好老油区调整，增强稳产后劲；加强勘探，努力寻找优质高效储量；加快新区建设，增强产量接替能力；依靠科学技术进步，使油田1976～2002年连续27年实现5000万吨以上高产稳产。此后，大庆油田进入了年产原油4000万吨持续稳产的新阶段。52年来，大庆油田生产的原油相当于为全国13亿人口人均提供1.5吨油，如果将大庆油田生产的原油装在60吨的储油罐里连接起来，可以绕赤道10圈。同时，大庆建成了全国最大的石油生产基地。至今，大庆油田创造了石油行业乃至整个工业战线原油产量第1、上缴利税第1、原油采收率第1的成绩，成为中国工业领域一面辉煌的旗帜。

2010年大庆油田生产原油4000万吨，这已是连续8年实现4000万吨以上持续稳产。为实现原油4000万吨持续稳产，大庆油田面临着主力油田特高含水稳产难、外围油田有效开发动用难、剩余可采储量调整挖潜难的挑战。按照规划部署，大庆油田产能建设的规模大幅度增加，“十一五”后3年年均建成产能400万吨/年，与之紧密联系的地面工程建设时间越来越紧张。大庆油田的井站建设数量大，每年要建设8000多口油水井和与之配套的计量站、集油阀组间、配水间、聚合物注入站、三元配注站以及采油队综合值班室。其中，每年预计建设计量站、集油阀组间和配水间近200座，设计的重复工作量大，因此，开展标准化设计工作是持续稳产的需要。大庆油田将坚持标准化设计与油气田开发生产实际相结合，与优化简化相结合，与设计质量管理相结合，与标准体系的完善相结合，坚持标准统一和技术先进原则，从根本上提高设计工作效率，以确保施工工期，确保油田4000万吨稳产。对转油等站场，大庆油田精心安排站场整体标准化设计示范工程。2009年3月完成标准化设计方案并结合示范工程进行实施，2010年实现标准化设计覆盖率80%的目标。对于效果好的标准化设计成果，大庆油田重点突出，示范先行。在太东油田，对新建的油水井加以标准化设计，使该油田成为外围油田地面建设推行标准化设计的典型区块。

在老油田精细挖潜的同时，推进外围油田持续上产。齐家北油田产能建设工程是采油九厂继敖南油田之后的又一个大型整装油田上产工程，是大庆油田重点工程、“十一五”外围油田最大工程，也是首次大规模开发扶余油层的一项新区上产工程。大庆齐家北油田仅用100天就建成投产，不仅为大庆油田采油九厂完成全年原油生产任务赢得主动权，而且为加快大庆油田采油九厂再上百万吨台阶奠定了基础。

近年来，大庆油田加大了外围低渗透油田开发力度，特别是在特低丰度的葡萄花油层和特低渗透的扶扬油层等开发对象上不断增加投入。这类油田地质条件复杂，开发难度大，具有一深、一高、两差、三低的特点；与油田老区相比，钻井井深一般比老区深1000米左右，原油凝固点平均比老区高8℃～15℃；开发区块多数距离已建系统20千米以上，且多处于沼泽、鱼池和行洪区等地面建设条件恶劣的地区，平均单井日产油量为1～3吨。技术人员克服困难，针对大庆外围低渗透油田采取了地面优化简化新技术，油田地面建设取得五个成果：①采取地上地下一体化优化措施，大规模实施丛式井，集中建设管道，累计节约占地面积1232公顷（12.32平方千米），地面建设投资平均下降8%；②积极应用环状集油、单管集油、提捞法采油、偏远区块集中拉油、长距离油气混输、软件量油、阀组间和转油站串接等技术，特别是大规模试验并推广了单管树状电热集油工艺与螺杆泵增压油气混输、燃气发电及余热利用等集成技术，节省管道用量30%～50%，单井综合投资降低20%以上，吨油集输能耗降低30%以上；③大力采用四合一、五合一等多功能高效原油脱水处理装置，进一步简化了油气分离处理工艺，控制了站场建设规模，与常规流程相比，站场占地面积减少60%以上，节省投资超过30%；④采用小流量单干管单井配水工艺，集中供水、分散注水模式，以及单变压器多井供电模式等配套工艺简化技术，比常规工艺节省投资10%～30%；⑤集成优化简化技术成果，形成以敖南模式和齐家北模式为代表的大庆外围低渗透油田地面建设模式。

大庆油田三次采油年产量已突破1300万吨，成为支撑稳产4000万吨的重要手段。在大庆油田开发初期，就成立了专门从事提高油田采收率的研究队伍。科技人员自主创新的聚合物驱油技术在水驱的基础上提高采收率10%，三元复合驱技术提高采收率20%，泡沫复合驱技术以及热采、微生物采油等多项三次采油技术提高采收率30%。迅猛发展的三次采油技术为老油田的稳产接替和提高采收率展示了广阔的前景，大庆油田主力油层采收率已突破50%大关，高出国内其他油田15个百分点，创造了中国陆上同类油田开发的最高水平，三次采油技术水平位居世界前沿。

大庆油田已建成世界上最庞大的聚合物配制和注入系统，共建成聚合物配制站17座，聚合物注入站199座，三元复合驱注入站11座。与注水开发相比，三次采油技术能大幅度提高原油产量，但地面注入工程投资也有所增加。如何使注入站在达到三次采油开发技术指标要求的同时，又能简化工艺技术，确保工程建设速度与质量，持续降低工程投资，注入站的标准化设计成为提高三次采油经济效益的关键技术。如今最终确定为“一泵多井、三管分压配注、室内储槽供液、流量自动调节注入工艺”，一步一步向更科学和标准的目标迈进。

在“十二五”开局之际，大庆油田庄严承诺：至2015年，原油产量保持4000万吨水平，基本实现储采平衡，为“十三五”的持续稳产奠定坚实基础。为此，进一步强化“靠精细挖潜保稳产，而不是靠多建产能保稳产”的理念，长垣老区继续发挥稳产支柱作用，外围油田科学调整、有效开发，海拉尔—塔木察格盆地由勘探为主向开发建设为主转变，切实加快上产步伐；深入搞好产量结构、产能建设、稳产措施的优化调整，加大控制投资力度，以开发部署的最优化，保证稳产效益的最大化。2010年，大庆油田通过加强水驱精细挖潜，消化了每年7%的自然递减。在保持原油稳产的前提下，2010年少钻井2115口，少安装2275口井口设施，节约投资数十亿元，使产量、效益、投资、成本形成良性循环。与此同时，大力推进重大核心主导技术攻关，“十二五”期间，在发展完善水、聚合物两驱技术的同时，努力实现“三个突破”，即复合驱技术要有新突破，外围低效难采储量有效开发技术要有新突破，聚合物驱油后进一步提高采收率技术要有新突破，三次采油要为持续稳产作出新的贡献。

长庆油田跃升为中国陆上第二大油气田

2010年12月，位于鄂尔多斯盆地的中国石油长庆油田，生产油气当量首次突破3000万吨，达到3005.3万吨，标志着中国又诞生一个年产3000万吨级大油气田。至此，长庆油田跃升为目前中国仅次于大庆油田的第二个陆上大油气田。

长庆油田开发的油气资源，属于国际上典型的“三低”（低渗、低压、低产）油气藏，因储层致密、开采难度大，曾被国际权威机构断言为难以取得开发效益的边际油气田。长庆油田历经数十年科技攻关和集成创新，形成和掌握了一整套有效开发此类油气田的主体技术、核心技术和关键技术系列，在国内以北京为龙头的天然气下游市场日趋旺盛的新形势推动下，成功地攻克了“三低”油气藏难关，创造了世界低渗透油气田开发奇迹。

从1970年兰州军区组织陕甘宁石油会战至今，经历了上世纪八九十年代的调整发展和新世纪以来的快速增长，2003年油气产量突破1000万吨，2007年实现2000万吨，2010年跨越3000万吨。油气产量上第一个千万吨用了33年，实现第二个千万吨用了4年，第三个千万吨仅用2年，成为中国石油油气产量快速增长的佼佼者。

长庆油田已成为全国油气增储上产最具后发优势的油田，也是西部油气加速上产最现实的区域。进入新世纪，原油产量每年以百万吨幅度持续增长，2008年以来，年产油气当量增长幅度达到500万吨，相当于每年给国家贡献一个中型油田，油气勘探开发实现了跨越式发展。

2010年，长庆油田生产天然气211亿立方米，是中国首个突破200亿立方米产能的大气区。其中，苏里格气田年产量突破100亿立方米，产能达到135亿立方米。苏里格气田是陕京管线的主力气源地，属于典型的“低渗、低压、低丰度”气田。自2006年实现规模有效开发以来，集成创新了井位优选、快速钻井、分压合采、井下节流、井间串接、远程控制6项关键技术和12项开发配套技术；在丛式井、水平井开发方面取得了重大突破，试验并推广“直井+定向井”、“直井+定向井+水平井”混合井型开发模式。截至2010年底，苏里格气田共建气井3520口，建成集气站85座、天然气处理厂4座。

长庆油田在加快苏里格气田开发，在长庆气区形成220亿立方米的年产气能力的同时，主攻储量规模逾10亿吨级的超低渗油田，在这一区域建成近300万吨/年生产能力。2008年以来，长庆组织实施了国内规模最大的油气产能会战。累计部署钻井15000余口，进尺3800多万米，参战钻机上千部，试油机组450个、施工队伍350多家，参与会战的队伍达到20万人。依靠市场化运作机制拉动油气产量持续攀升，进入12月，日产油气当量跃上10万吨高点，形成年产油气3500万吨以上的能力。

长庆油田从1997年开始向下游市场供气，经历13年发展，长庆天然气东进晋、冀、京、津等省市，南下西安、上海，西到银川，北上呼和浩特，实现向30多个大中城市供气。目前，开发的靖边、榆林、苏里格三大主力气田每天产气6500万立方米，成为国内最大的天然气生产基地。

塔里木建成国内最大天然气产区和重要石油生产基地

20世纪90年代，中央作出“稳定东部、发展西部”的石油工业战略决策和重大部署，塔里木盆地成为战略接替的主战场。

20年来，塔里木盆地累计发现30亿吨的石油天然气储量，累计生产原油7270多万吨，天然气560亿立方米，塔里木成为国内最大天然气产区和重要的石油生产基地。塔里木天然气被输送至全国各地，与北京、上海等80多个大中城市、3亿多人的日常生活息息相关。西气东输工程已累计供气超过480亿立方米，替代6000多万吨标煤，减少300多万吨有害物质排放，有力地推动了中国能源结构的优化和城市环境的改善。

塔里木盆地会战初期，中国正处在从计划经济向市场经济转轨时期，塔里木盆地恶劣的自然条件和薄弱的社会依托条件为工程建设带来了极大困难。在中国石油化工总公司统一部署下，各石油企业把会战作为进入市场的前沿阵地，纷纷派出最好的队伍参加会战，其中相当数量的钻井队、施工队是全国同行业劳动竞赛中的金牌、银牌队。这些队伍进入塔里木油田后，受新体制的激励，创造了一个个油气勘探的“第一”，为高水平、高效益的会战注入了源源不断的活力。

近年来，塔里木油田不断发展完善甲乙方体制，推行战略联盟，与信誉好、技术好的乙方队伍建立长期战略合作关系，甲方承诺长期稳定的市场，乙方承诺优质的技术服务，甲乙方互利双赢。

创新科技的支撑，获得了油气大发现，实现了高效益。塔里木盆地是世界上油气勘探开发难度最大的地区之一，走科技创新之路成为塔里木石油人的共识。油田建立了开放型科研体系：创新战略联盟单位及特殊攻关专项、联合攻关等三种科研模式，大力开展基础理论认识创新、超前技术研究、现场生产难题攻关与应用。20 年来，塔里木油田共获得国家级科技进步奖 14 项，形成了一系列适合塔里木主客观条件的成熟配套的油气勘探开发理论及技术。

塔中 4 油田是中国第一个以水平井开发为主的油田。被誉为“五朵金花”的 5 口水平井，初期平均日产油 715 吨，是直井的 7 倍，其中 H14 井单井累计产油 160 多万吨，成为国内单井产油冠军。

迪那 2 气田是塔里木气区继克拉 2 气田之后的又一储量超千亿立方米的大型气田，2006 年进入开发阶段。该气田地面建设包括：气田集输工程、中央处理厂、外输管道、供电线路、道路通信及生活设施等。拥有生产气井 28 口，年处理天然气 50 亿立方米、凝析油 30 万吨、轻烃及液化气各 13 万吨。建成投产的迪那 2 气田连同牙哈、克拉 2、英买力等气田一起年外输能力达到 180 亿立方米，使西气东输平稳足量供气得到保障。迪那 2 气田也是国内最大的凝析气田，塔里木油田将“凝析油气田开采新技术研究”列为重点科技攻关项目。经过联合攻关，凝析油气田开采理论和配套技术实现重大突破，多项技术走在世界前列，其中采用高压循环注气技术将气田的凝析油采收率提高 22%。

塔克拉玛干沙漠腹地的新生绿洲，是伴随着当地油气资源的开发而生成的。例如牙哈凝析气田投产 8 年来，植树造林累计投入逾 500 万元，在作业区周围形成了近 600 亩的生态林，获“国家环境保护百佳工程”称号。塔里木盆地南缘是新疆最贫困地区，近年来每年烧掉胡杨几十万吨，生态环境进一步恶化，每年风沙和浮尘天气超过 200 天，呼吸道疾病患者数量急剧上升。为此，塔里木油田先后投资 10 多亿元，加快盆地中小气田开发，截至 2010 年底，南疆已有 22 个市县的 20 万户居民用上了天然气，生态环境有了很大改善。

长岭气田集天然气开采和二氧化碳分离埋存回注驱油一体化

2010 年 12 月吉林油田长岭气田全面建成投产，形成年 10 亿立方米天然气综合配套生产能力。这是中国建成的首个集天然气开采、二氧化碳分离埋存回注驱油的一体化项目。长岭气田的投产，标志着这个开发半个世纪的老油田，实现以原油生产为主的一元结构向油气并举二元结构发展，为吉林油田提供新的资源，使高含二氧化碳的天然气藏得以顺利开发，实现了天然气的增产，为老油田通过回注二氧化碳提高了采收率作出重要贡献。同时，对优化东北地区能源结构、缓解吉林省当前天然气供给的紧张局面、加快吉林老工业基地的振兴具有重要的战略意义。

长岭气田属于火山岩气藏，为国内罕见的高含二氧化碳气田，所产天然气组分中的二氧化碳含量高达 30%。而天然气中所含二氧化碳的处理要比硫化氢等其他组分的处理难度大，而且能耗高，更为关键的是，从天然气中分离出来的二氧化碳的处置是一大难题，因此长岭气田勘探和开发技术研究被列入国家“973”和“863”项目。长岭气田的全面投产，标志着国内第一个集天然气开采、二氧化碳分离、二氧化碳埋存和回注驱油提高原油采收率技术于一体的重大科技示范工程取得圆满成功。它的全面投产，标志着中国深层火山岩复杂气藏水平井开采技术、致密砂岩气藏水平井多段压裂增产技术、二氧化碳分离和防腐技术、二氧化碳埋存和驱油提高采收率 4 项主导技术取得重大突破，为吉林油田加快天然气业务发展、建设千万吨级大油气田，实现当地政府提出的“气化吉林”目标奠定坚实的资源基础。

吉林油田在发展中，基于对吉林探区油气资源分布、地质特征和勘探现状的科学认识，把天然气业务作为重要增长点，加大对天然气的勘探力度。2005年，在松辽盆地南部长岭断陷部署了吉林油田第一口天然气风险探井——长深1井，进入以前从未涉足过的侏罗纪地层，探索火山岩体含气情况。同年9月，长深1井中途裸眼测试获日产天然气46万立方米，无阻流量超过百万立方米，经测定含气面积64平方千米。长深1井是吉林油田建矿以来发现的第一口高产气井，也是松辽盆地南部发现的第一个高产大型整装气藏，标志着深层天然气勘探获得历史性重大突破。其后，吉林油田公司加快松辽盆地南部深层天然气勘探。截至2010年底，提交天然气三级地质储量超2000亿立方米，长岭气田已探明天然气储量达706亿立方米，展示了吉林探区良好的天然气勘探前景。

长岭气田埋藏深、地温高、火山岩储层非均质性强，同时天然气中伴有二氧化碳，开发建设这样的气田属世界级难题，缺少现成的模式和经验。从2006年起，相继启动“吉林油田高含二氧化碳天然气开发和二氧化碳资源综合利用”重大专项以及“吉林油田二氧化碳驱重大开发试验”项目。经过3年的刻苦攻关，深层火山岩气藏精细描述技术、深层火山岩裂缝性储层欠平衡水平井钻井完井技术、二氧化碳分离与防腐技术和二氧化碳驱油矿场试验等系列技术均取得重要突破，为长岭气田采用水平井开发，达到少井高产高效的目的，以及通过二氧化碳分离注入附近油田驱油提高储量动用率和原油采收率，实现二氧化碳有效利用和减排提供了强有力的技术支撑。

长岭气田工程建设总投资13.5亿元，工程分试采评价、处理站一期建设和二期建设三个阶段。开发建设中，这个气田创新应用精细气藏描述、欠平衡水平井和欠平衡分支水平井等多项配套技术，创造了中国石油水平井压裂级数最多、单井压裂规模最大和单级压裂规模最大3项纪录。这项工程刷新了中国石油天然气处理站建设工期纪录，所有工程均一次验收通过、一次投产成功。项目建设推行先进的“业主+EPC”管理模式，通过组织精兵强将参加建设、组建专业化的项目经理部和项目监督机构、与参建单位密切配合，整个工程做到了精心组织、科学设计、精细管理，保证了建设工期和质量。仅用3年多时间建成了15口开发气井，1座具有集气、脱水、脱碳及二氧化碳液化处理功能的综合性天然气处理场，采出和处理能力达到10亿立方米的天然气田，创造了复杂气田开发建设的新速度。

吉林油田力争“十二五”期间油气产量跨越1000万吨油当量，其中天然气占300万吨（约30亿立方米）。通过长岭气田的开发建设，将提供大量的清洁高效能源和优质化工原料，对于促进吉林老工业基地振兴，优化东北地区的能源结构，实现节能减排目标都具有战略性意义。

胜利油田连续15年年均产油2700万吨以上

胜利油田是中国仅次于大庆油田的年产3000万吨级大型油田之一，主体位于黄河下游的东营市。“十一五”期间，全面打响老区保卫战和新区进攻战，保持了平稳发展态势，共生产原油1.38亿吨，比“十五”期间增加429万吨；生产天然气35.7亿立方米。截至2010年底，胜利油田探明储量已连续28年保持在1亿吨以上，原油产量已连续15年保持在2700万吨以上，为中国石油工业“稳定东部，发展西部”战略作出了重大贡献。

面对严峻形势，制定持续稳定发展战略。近年来，胜利油田面对经过多年高速开采，自然递减严重，勘探开发难度加大，持续稳产压力大的实际，谋划了“百年创新，百年胜利”目标，描绘了油田基业长青的路线图，按照“战略稳定、战略展开、战略研究”三个层次的部署和要求，立足济阳老区、深层和渤海湾，遵循和把握油田开发规律，实施“三大调整，两大接替”，增强老油田稳产基础，大力提升理论和技术自主创新能力，加快研究和形成开发接替技术，努力提高资源利用率、产能接替率和油气采收率，稳步推进油藏经营管理，实现油田持续有效发展，“十一五”期间年产油量稳定在2700万吨以上，自然递减控制在15.0%以内，实现储采平衡，年均增加可采储量2700万吨以上，储量替代率达到1.0以上。

持续加大油气勘探力度，油气勘探取得丰硕成果。胜利油田始终把资源战略放在首位，为打造胜利“长板”奠定了更加稳固的根基。胜利油田面对东部、西部两个勘探战场，以创新驱动为先导，全面打响了东部老区保卫战和西部新区进攻战。在东部老区，着眼区带勘探，突出规模效益，滩坝砂油藏已由零星勘探变为规模勘探，使东营南坡12个油田实现了大连片，并相继在大王北等地区发现3个千万吨级以上的大中型区块。仅在滩坝砂油藏探明储量就达上亿吨，成为近几年油田储量增长的主要力量。砂砾岩体勘探也由“冷”变“热”，成为储量增长的亮点。加大预探工作力度，先后在青东凹陷、垦东北部、东营南坡红层、埕子口凸起北坡等地区取得多项新突破，实现了储量资源长期稳定接替。积极创新思维，拓展深层，先后在民丰、利津、渤南地区深层取得突破，充分展示了胜利深层找胜利的光明前景。在西部新区紧紧抓住国家西部大开发的机遇，全面开展地质综合研究和勘探部署，相继在准西车排子地区、准中地区展开钻探，取得了一系列新认识、新突破。“十一五”期间是胜利油田发展史上的又一个勘探丰收期，胜利油田在东部先后发现新北、桥东两个油田，在西部先后发现春光、春风两个油田；累计新增探明石油地质储量5.16亿吨。油田资源序列更趋合理，济阳坳陷一批能够持续增储的新区带进入储量快速增长期，准噶尔西缘春风油田规模储量阵地基本落实，为油田“十二五”发展奠定了资源基础。

坚持科学开发，油气开发生产保持高效平稳运行。“十一五”期间，在新区储量品位变差、老区整体处于“三高”（高勘探程度、高采出程度、特高含水）、主力油田稳产基础薄弱的严峻形势下，积极推进科学开发、精细开发、高效开发，创造了老油田中后期稳产增产的开发奇迹，实现了原油年产量2700万吨以上的硬稳定。坚持强基础、抓“四率”（油田采收率、储量动用率、产能贡献率、自然递减率）、推进三个“一体化”（勘探开发一体化、油藏与工程技术一体化、开发与经营一体化）的开发思路，实施“断块、低渗、海上三大调整，稠油、三采两大接替”，大力培育形成海上、稠油、三采和油公司四个产量增长点，进一步细化了各板块、不同油藏类型产能建设、开发调整、技术攻关的重点方向和发展目标，原油产量始终保持高位运行。注重勘探、开发、工程一体化结合，滚动、评价、建产一体化运作，储量结构、产能部署和工作量结构得到优化，集成配套稠油、低渗透、滩浅海等开发技术，低品位储量动用力度进一步加大，“十一五”期间，探明储量动用率提高1个百分点，新增动用探明储量4.4亿吨。全油田老区采收率达32.1%，提高1.6个百分点，增加可采储量5850万吨，油田已连续14年实现储采平衡。“十一五”期间，全油田稀油年自然递减率稳中有降，控制在13%，开发管理水平和运行质量持续提高。在新增储量品位明显下降的情况下，新区产能建设达标率保持在93%以上。在含水更高、剩余油分布更加复杂的情况下，老区新增可采储量完成规划的109.7%，新井效果保持稳定。作业、用电等项目管理成效显著，以单元目标化管理和井组注采管理为主的精细基础管理效果逐渐显现。

不断增强石油工程综合实力，充分发挥石油工程的保障作用。胜利油田紧紧围绕原油生产和实施市场化战略的需要，以“打造国内一流、中石化领先、具有较强国际竞争力的石油工程铁军”为目标，对内强化保障生产、对外大力开拓市场，生产保障能力、地面建设能力、技术支撑能力、市场竞争能力和工程质量持续提升，国内外市场规模和效益实现了历史性跨越。与“十五”末相比，胜利油区平均机械钻速提高了2.1米/时，平均建井周期缩短了24小时，固井质量合格率提高了0.3个百分点，以水平井、定向井为主导的钻、测、录工艺技术配套水平和施工能力上了一个新台阶，石油工程为保障油田勘探开发建设充分发挥了主力军作用。“十一五”期间，胜利油田不断改善石油工程装备，设备新度系数由0.41提高到0.54，共有42项石油工程技术创出省部级以上新纪录。胜利油田在确保胜利本土油气生产平稳运行的同时，大力实施市场化战略，实现了国内市场由小变大、海外市场快速拓展的成功跨越，国内市场以新疆、西南为主体，海外以中东、中亚、北非、美洲、东南亚五大目标市场为主体的格局初步形成。“十一五”期间，胜利油田石油工程板块经济总量和经济效益不断提升，共实现总收入1096亿元，比“十五”增加532亿元；外部市场实现总收入453亿元，占石油工程板块总收入的41.33%，特别是海外市场累计新签合同额18.28亿美元，完成合同额10.4亿美元，实现经营收入由2006年的0.9亿美元增长到2010年的3.6亿美元，翻了两番。

持续提升公用工程保障能力，有效支持和保障了油田生产需要。胜利油田以打造“胜利强动力”为目标，加大投入，扩大规模，优化结构，提高效益，进一步释放专业化管理优势和潜力。重点配套工程高效推进，水、电、气、暖生产运行的安全性、经济性和可靠性不断增强。发电系统加大技术改造升级力度，发电能耗指标居国内领先水平。供电系统精心实施电网结构优化，输配电能力明显提升。供水系统加强水源地保护、水库生态修复、净化站建设和水厂工艺改造，供水水质综合合格率创历史最高水平。供热系统整合热力资源，推进燃料结构调整，形成了中心区域以热电联供为主、外围区域以集中燃煤供热为主的新格局。

大力发挥科技推进器威力，科技创新创效作用充分显现。围绕勘探开发需求，加强基础研究和技术攻关，破解关键技术难题，按照完善推广一批、攻关突破一批、研究准备一批的思路，深化科研攻关与集成配套，加快科技成果转化步伐，具有胜利特色的理论体系、核心技术、专有技术和配套技术系列得到丰富和发展。陆相断陷盆地隐蔽油气藏勘探等基础理论研究获得新认识；聚合物加合增效、特高含水期水驱油机理等科研攻关项目得到深化和应用。围绕夯实老油田稳产基础、提高采收率的需求，加大配套技术的规模化应用力度，年实施1万井次以上。提高采收率注采工艺技术取得重大进展，稠油、特稠油产量保持增长，二元复合驱技术已开始应用，一批先导试验见到显著成效。中深井优快钻井、定向井、水平井、分支井、欠平衡井等高新技术保持国内领先水平，特别是水平井技术应用实现跨越式发展，“十一五”期间，全油田共投产水平井1648口，是“十五”期间的4.9倍。“十一五”期间，全油田共承担42项国家级和196项集团公司级课题，共获专利授权965件，其中获得国家级科技奖励12项，在国内同行业保持领先地位。科技创新对油田增储稳产的推进作用进一步增强，科技贡献率达到63.6%。“十一五”期间，胜利油田依靠科技进步，新增探明储量2.27亿吨，新增可采储量6925万吨，新增原油产量1686万吨；在新增储量品位下降的情况下，储量的阶段动用率由“十五”末的86%提高到87.7%，5年新增动用储量4.82亿吨，比“十五”期间多动用5513万吨。

坚持强化管理、深化改革，经营管理更加科学高效。一体化管理全力推进。勘探开发、石油工程、公用工程、基地服务一体化发展的格局，国内、国外工程市场一体化的格局，预算管理、规划计划一体化的格局已基本形成，油田各类资源得到高效配置。经营管理活动更加精细规范。全面预算和全员成本目标管理、ERP系统管控、经济活动分析、项目管理均取得明显成效。资金集中统一管理、会计集中核算，投资概预算管理、存量资产管理均得到强化，全油田经济运营效率得到有效提升。审计、内控、效能监察、内部巡视、业务公开“五位一体”的内部监督体系日趋健全，绩效考核制度不断完善，油田经营管理秩序进一步规范。基础管理工作更加扎实有效。胜利特色管理模式基本成型，“三基”工作水平不断提高，信息化服务领域不断扩展。内部改革与调整持续深化。川东北、新疆等区域工程队伍实现有效整合，综合竞争实力显著增强；海外市场实现集中统一管理，整体优势得到有效发挥；核心业务回归上市，水电暖实现专业化管理，综合效益得到充分体现；多种经营清理整顿、改制分流顺利完成，共有74家企业、2.7万人实现改制分流，组织结构和队伍结构得到优化。经过几年的成功实践，改制企业生产经营已得到长足发展，2010年实现收入约207亿元，利润7亿元，分别比改制前增加127亿元和7.5亿元。

"十二五"时期，面对勘探开发的新形势，以"百年创新，百年胜利"为目标，以科学发展为主题，以加快转变发展方式为主线，围绕打好东部老区保卫战和西部新区进攻战，继续实施资源、市场、可持续三大战略，大力推进一体化管理，把发展的战略基点放在科技创新、管理创新与队伍素质提高上，全面提升核心竞争力和经济效益，为实现"百年创新，百年胜利"目标奠定更加坚实的基础。

胜利油田产能建设项目
——老168丛式井组

胜利油田老168区块地处渤海湾极浅海海域，水深3米左右，距海岸线约2～4千米；区域构造位于埕东凸起北部缓坡带上，其南与桩106块相邻，东部为老163块。

胜利油田"老168"海油陆采人工岛丛式井组勘探、开发、工程一体化项目，为中国石化重大产能建设项目，规划建产能20.8万吨/年。2009年3月～2010年3月，累计钻成58口定向井，进尺143883米，成为中国石化最大的海油陆采丛式井组。

油藏的发现。老168块油藏是在对桩106区块滚动勘探中发现的。桩106区块馆上段河道砂油藏于1986年被发现，1988年投入开发。1997年以前，依托桩106老区，通过滚动勘探利用邻岸定向斜井先后开发桩106西、桩106－18－17等6个单元，动用地质储量1428万吨，累计建产能26万吨/年。1998～2002年，通过修建进海路，先后建成桩106－18－14、桩106－21－13、桩106－21－10、桩106－20－8共4个人工岛，动用地质储量400万吨，已建产能7万吨/年。2003年，在桩106北极浅海区整体评价馆上段油藏，利用钻井船部署探井5口，分别日产油17.8～62吨。通过一体化实施，加快浅海产能建设步伐，先后建成老163、老168两个海油陆采人工岛。其中，老163块动用地质储量674万吨，已建产能7.4万吨/年；老168块动用地质储量616万吨，规划建产能20.8万吨。截至2010年底，桩106区块馆上段累计探明含油面积26.6平方千米，石油地质储量3172万吨，已建产能61.2万吨/年。

老168块项目规划部署。胜利油田根据完钻的5口探井钻遇情况，结合海油陆采的特点，按照勘探开发一体化理念，实施老168块产能建设规划。由老163平台向西北方向修筑2.67千米进海路，并建设海油陆采平台，进行滚动开发。共动用含油面积7.1平方千米，地质储量616万吨。部署总井数67口，规划建产能20.8万吨。方案实施中面临三个难点：①资源落实程度低。该区为馆陶组河流相隐蔽性河道砂油藏，砂体变化快、规模小、油水关系复杂，井控程度低。②海工建设难度大。进海路横跨黄河古道30多米厚淤泥层，水深达3米，风暴潮等恶劣天气侵蚀严重，海流复杂多变，安全环保要求高，施工难度大。③钻井风险大。大位移复杂结构井比例高，位垂比大于1.5，防碰要求高，建产周期长，岛区面积小，井数多，配套地面工程建设难度大。

针对老168块海油陆采的特点和面临的风险，胜利油田以油藏为基础，按照勘探、开发、工程一体化研究、一体化设计、一体化运行的思路部署和运行，多专业、多系统、多部门一体化管理运行，各单位各系统成立了相关运行协调项目组，努力打造海油陆采一体化产能建设优质工程。

老168块项目开发方案一体化研究。围绕老168块产能建设的风险和难点，以提高储量动用率、采收率和产能效益为中心，重点做好勘探、开发和工程相结合，开展前期一体化基础研究及可行性评价，突出"五项研究"：①油藏描述评价研究。以落实储量规模为目的，进行储层识别和含油性预测研究，建立河道砂油藏滚动勘探开发技术系列，指导下步产能建设。②油藏工程优化研究。围绕提高储量动用率和采收率，开展油藏工程参数优化研究，建立地质模型及数值模拟方案，优化产能方案部署与指标预测。③钻井工程技术研究。针对海油陆采特点，开展浅层大位移高位垂比钻井井身轨迹及防碰优化设计研究；开展环保无污染钻井液体系、钻井液回收循环利用和废弃物无害化处理技术研究。④工艺配套技术研究。将钻采相结合，按照井身轨迹要求，开展完井方式及井筒举升方式优化研究；针对馆陶组浅层易出砂的特点，开展定向井、水平井防砂工艺技术研究；开展油层敏感性损害及开发过程中油层保护措施研究。⑤海工建设及地面工程配套研究。建立厚淤泥层进海路及井台物理模型及开展修筑方式优化研究，实现复杂浅海区进海路平台建得成、建得快、建得经济，进行安全环保风险评估，开展注采输系统能力适应性和经济性能研究，以达到既满足当前井台钻井、修井及配套生产设施建设，又兼顾后期地面地下调整的目的。

老168块项目一体化设计优化。重点突出“5个优化设计”：①井位部署优化设计。以控制储量规模和落实产能为目的，探井、滚动井、产能井整体部署，优化设计，分步实施。每完钻一口井，利用完钻资料，及时跟踪反演、跟踪评价、跟踪调整，提高单井钻井符合率，共完成了3轮次跟踪反演评价和调整。②井网井距优化设计。以合理技术经济井网为部署依据，分层系、分砂体地进行井网整体部署，储量一次动用，同时考虑定向井、水平井优化组合，提高产能建设效益。③钻井工程优化设计。先后应用“大型丛式井组海油陆采钻井技术”、“大井眼松软超浅地层定向技术”、“裸眼侧钻技术”、“三维防碰绕障技术”、“长斜井段轨迹稳定技术”，采用优质无污染海水钻井液体系，配套应用一体化钻井液回收利用及无害化处理技术，达到钻井施工安全、油层保护及环保的目的。④采油工程优化设计。按照油藏需求，优化设计了不同井型防砂方式，水平井采用钻井完井防砂一体化，定向斜井采用充填防砂为主，化学防砂、压裂防砂为辅的防砂方式，优化了举升参数及分注工艺设计。⑤地面工程优化设计。在满足海油陆采安全需求的条件下，考虑钻井施工和后期采油生产管理的需求，在进海路方面，优化设计了淤泥层砂肋软体排抛石筑路的修建技术，在平台注采输配套工程设计方面，简化了平面注采输管网，既考虑满足当前生产需求，又兼顾后期的加密调整，提高采收率的要求。

创新丛式井组钻完井技术。老168丛式井组施工周期长、难度大，井组平台四面环海。具有井间距小、造斜点浅、大尺寸非常规井眼定向、水平位移大，环保要求高等技术难题，加上可借鉴经验非常少，因此钻完井施工难度极大。如何做到优质高效完成施工，同时保护环境，实现废弃钻井液不外溢、油污不落地，成为打造“优质钻井”、“绿色钻井”、“油层保护”工程中的难题。针对以上技术难题，胜利油田采取了一系列措施，采用先进的钻井完井技术，包括滩海油田丛式井组钻井优化设计技术、井身轨迹控制及优快钻井技术、优质无污染海水钻井液及油层保护技术、防窜抗扰固井技术、废弃钻井液无害化处理及循环利用技术五大技术，取得了六项科技成果：①通过处理剂优选以及海水钻井液体系的性能优化，研制出了优质无污染海水钻井液体系，经过现场试验形成了一套成熟的优质无污染海水钻井液技术。该技术满足了老168丛式井组安全、快速、环保施工的要求，同时降低了钻井液成本。②根据老168区块储层物性，通过动态试验，研制出了适用于老168区块的保护油气层完井液，形成了老168区块油气层保护技术。已投产油气井的生产情况表明，该技术应用效果显著。③形成了废弃钻井液无害化处理的工艺技术及相关配套设备，并进行现场应用，形成一套丛式井组废弃物处理技术。首次将钻井液固相废弃物制成环保型砖，浸出物的各项指标均达到国家二级控制标准。经过回收利用，减少了部分钻井液处理剂用量，降低了钻井液成本和废弃液处理成本。④通过钻井优化设计以及优质无污染海水钻井液技术的综合应用，形成了提高东部老油田钻井速度的钻井工艺技术。⑤形成了一套适用于丛式井组的井身轨迹优化设计、井身轨迹防碰技术和井身轨迹控制技术。⑥研发了低渗透塑性微膨胀体系，该体系能够有效解决油气层活跃油气井的固井问题，为位垂比更大的大位移井固井施工提供了技术保障。石油工程系统克服现场实践存在的诸多困难，最终实现了老168钻完井一体化技术，节约了成本，提高了效率，顺利完成了丛式井组钻完井工作，形成了一套成熟的丛式井组钻完井规范化运作模式，为胜利油田丛式井组施工提供了宝贵经验。

钻井施工有关数据。2009年3月3日，老168丛式井组第一口井老168-X5井开钻，最后一口井老168-X53井于2010年3月12日完井，共历时375天。该平台共钻58口定向井，累计进尺143883米。58口井均钻遇主要目的层。平均单井钻井周期比方案设计缩短3天；共钻遇油层602米/145层，平均单井钻遇9米/2.1层；共钻遇同层318米/97层，平均单井钻遇6.1米/1.8层；井身质量合格率100%；固井合格率100%，优质率80.65%。与老163块对比，建产周期缩短1年，投产初期单井平均日产油提高4.8吨，成为油田勘探、开发、工程一体化施工的样板工程。

中国首个超深高酸气田——普光气田投产

中国石化普光气田位于四川省宣汉—达县矿权区，天然气资源量为8916亿立方米，区域构造位于大巴山推覆带前缘褶断带与川中平缓褶皱带之间，是中国目前发现的规模最大、丰度最高的特大型海相整装气田，具有气藏高压高酸、地质构造复杂、周边环境脆弱、施工条件恶劣、应急救援困难、安全风险高等特点，含气面积125平方千米，探明天然气地质储量4122亿立方米，是国家“十一五”重大建设工程——川气东送工程的主要气源地，开发方案设计动用地质储量2579亿立方米、新钻开发井53口、新建井台25座，其中普光主体开发井39口、井台18座，大湾区块开发井14口、井台7座。工程建设项目包括钻井工程、采气工程、集输工程、净化厂工程、应急救援工程以及生产生活辅助工程，总投资312亿元。

2005年1月，中国石化将普光气田划归中原油田开发建设，同年12月，第一口开发井普光302-1井开钻，拉开了普光气田开发建设的序幕。建设内容包括：

（1）建成105亿立方米/年天然气生产能力。历时三年半，优质高效完成普光主体38口开发井，平均井深5974米，全部钻遇优质气层，单井钻遇气层厚度在118~623米之间，完全达到设计指标；历时一年半，全面完成普光主体试气作业任务，实测平均单井无阻流量487.86万立方米/天，各项指标达到方案设计要求；历时5年，建成井台18座，投产开发井36口，平均单井配产80万立方米/日，建成产能105亿立方米/年。气藏中硫化氢平均含量达15%，二氧化碳平均含量达8%，气藏平均压力55兆帕。

（2）建成国内第一个百亿立方米酸性气田集输系统。建设内容包括：16座集气站、1座集气总站、1座污水处理站和2座污水回注站，37.78千米酸气管道、29座紧急关断阀室，以及SCADA等辅助系统。建产能105亿立方米/年，总投资29.13亿元。工程采用E+P+C管理模式。2008年10月全面开工，2009年10月起陆续建成投产。

集输工程建设面临“五大难关”：

地质关。普光气田具有“四高一深”特点，即储量丰度高（42亿立方米/平方千米）、气藏压力高（53兆~59兆帕）、硫化氢含量高（14%~18%）、二氧化碳含量高（8%~10%）、气藏埋藏深（4800~6000米）。国内没有该类工程建设经验，也没有对应的设计标准。

技术关。在集输、防腐、应急关断和污水处理等方面需采用多项新技术、新工艺：①全湿气加热保温混输。②“抗硫管材（L360抗硫碳钢管）+缓蚀剂+阴极保护+智能检测”联合防腐。具体措施是首先对管道进行通球清管，然后通过向管道内投送检测器，获取管径变化、焊缝异常点、管壁厚度和腐蚀情况等详细信息，并通过专业软件分析对比，判断管道缺陷、内腐蚀等情况，为管道的安全运行和高效维护提供科学依据。③“截断阀室+应急预案+紧急疏散广播+应急火炬”系统。④“集中分离+低压处理+高压回注地层”气田生产污水处理。

材料关。既要抗硫化氢、二氧化碳腐蚀，又要经济合理；既要全面控制腐蚀，又要清楚腐蚀进展程度。

焊接关。气藏的“四高”特性和设计选材的

多样性，国内尚无成熟的焊接工艺评定标准，复杂环境下抗硫管道焊接是一个世界性难题。

环境关。所在区域人口密集，山高路险，生态环境脆弱，经济相对落后，应急反应预案、紧急疏散广播的设计和要求属国内空白。

经过不断探索和努力，集输工程实现一次投产成功，达到国家优质工程质量指标；形成高酸气田集输工程建设系列规范，为同类气田开发提供了可靠依据和理论基础；形成一批高酸气田开发建设的技术成果。实现中国第一个百亿立方米酸性气田集输系统成功投产。工程自2009年10月陆续投产至今，一直平稳运行。

（3）建成亚洲规模最大的天然气净化厂。净化厂占地面积227公顷（2.27平方千米），共建设6个联合装置12个系列，每个系列天然气处理能力300万立方米/日，总净化处理能力为120亿立方米/年。工艺采用MDEA法脱硫、TEG法脱水、常规Claus二级转化法硫黄回收、加氢还原吸收尾气处理工艺路线，实现7项高含硫天然气净化关键技术，完成国内首套高含硫天然气净化工程采用规范和标准的汇编，建立《试车投产技术规程》289项、《安全操作规程》24项，在国内首次成功应用水解催化脱有机硫等专利技术，在节能降耗、环境保护、提升产品气质量、提高硫黄回收率等方面取得显著效果。工程采用中外合作设计方式，工艺包从美国B&V公司引进，由中国石化工程建设公司负责EPC总承包。项目总投资130亿元，主要包括“三通一平”工程、主体装置工程和铁路专用线工程。净化厂前期场平工程搬走8座山峰，改道1条河流，累计挖填土石方达4403万立方米，相当于三峡工程的1/3。

主体装置工程于2006年2月动工建设，2009年9月实现中交。铁路专用线工程于2007年8月动工建设，2010年5月建成通车。2009年10月，联合装置开始陆续建成投产。目前，普光天然气净化厂已具备年处理120亿立方米混合天然气、年产硫黄240万吨的能力，是亚洲第一、世界第二的酸性气体处理厂。净化后脱除几乎全部的硫化氢和部分二氧化碳，产品气质量符合国家标准《天然气》（GB 17820—1999）二类气技术指标，硫黄质量满足GB 2449—1992一等品指标。

（4）全面建成普光气田配套工程。按期建成220千伏输变电工程、35千伏供电线路、净化厂取水等7项新建工程，为工程建设、办公和生活需要提供了保障；适应开发建设管理需要，建成生产管理中心，用于一线生产调度、净化厂、采气厂、生产服务中心等办公和生活的基地；建成中国石化达州基地，为中国石化川东北地区搭建了调度指挥、信息传递的平台。

（5）全面建成应急响应体系。①建成应急救援中心，配置消防坦克、强风抢险车等国内一流装备55台，各类抢险器材217种，具备气防、消防、医疗救护、环境监测、泥浆配送、工程抢险、应急广播疏散等功能，可处置井喷失控、硫化氢泄漏、火灾、爆炸、自然灾害等事故。2007年6月被国家安全生产监督管理总局命名为“国家油气田救援川东北基地”，成为全国4个油气田救援基地之一。②建立生产安全监测监控体系。在采气厂、净化厂的集输站场、阀室、管线、隧道以及净化装置区域等要害部位，建成火气检测、腐蚀监测、火灾报警、可燃气体监测、硫化氢监测、视频监控等系统。中控室（站控室）对集输、净化生产过程进行全方位、全范围、全过程的安全、腐蚀监控。同时，建设了紧急广播系统和四级紧急连锁关断系统，提高事故应变能力。③建立气田、厂、车间三级应急预案464个，初步实现“一点一案、一事一案”和“横向到边、纵向到底”的应急预案体系；建立气田、厂两级应急指挥系统，配备专职应急管理工程师，实行24小时安全监管；建立三级高效联动的应急协调机制，气田与宣汉县、厂与乡（镇）、集气站与村实现三级应急联动，安全环保形势持续稳定。

（6）取得一批先进实用的科技创新成果。形成了以钻井、测试、完井、投产作业、集输、净化及全过程硫化氢检测与防护成套技术；创建了超深高酸性气田开发建设及安全环保等企业标准体系。围绕国家科技重大专项和中国石化“十条龙”项目的实施，通过自主研发、引进吸收和集成创新，形成了高含硫气田开发配套的八大关键技术系列；研发高抗硫套管等6项关键管材和装备，填补国内空白；制定4个专业70项技术规范；申报发明专利35项。各项研究成果在普光气田产能建设中推广应用，直接指导了开发方案优化、气井作业投产、集输工程建设、净化装置投产和腐蚀监测与控制等工作；“十条龙”项目整体达到国际领先水平，获中国石化科技进步一等奖。顺利完成国家重大科技专项及示范工程“十一五”攻关任务，通过石化集团公司验收。

（7）普光主体实现全面投产。2009年10月，普光气田主体投产试运一次成功；2010年3月全面建成投产，同年8月正式投入商业运营。经过1年时间的生产运行，气田集输系统安全平稳供气，净化厂各单元工艺参数基本满足运行要求，公用工程、硫黄成型及储运系统保持平稳。2010年底，日产天然气2024万立方米，日产净化气1586万平方米，日产硫黄4792吨。

塔河油田年产原油跃升至700万吨

塔河油田位于新疆塔里木盆地北部沙雅隆起阿克库勒突起主体部位，是中国石化上产的主要阵地。“十一五”期间，塔河油田原油产量由2005年的420万吨迅速跃升至2010年的700万吨，年均增油近60万吨，占中国石化上游年增产幅度的80%，并跻身中国陆上十大油田之列。随着油田规模的迅速扩大，油田配套工程逐渐完善，围绕集输、掺稀、注水以及电力四大系统，先后完成了十二区、托甫台区、十区、AT区块、塔河南区块等17个区块的产能地面建设工程，完成改扩建集输站3座，新建并改造计转站、计量站39座，新建并完善天然气集输处理站4座；新建原油集输管线长达1642千米，新建并完善燃气发电厂、变电站7座，优化35千伏线路以及单井线路1380余千米。建成了比较完善的油气集输、处理、储运以及注水、供电、道路、通信、消防等地面系统，油气年处理能力达到870万吨，为塔河油田原油年产量达到700万吨提供了坚强保障。

塔河油田十二区是“十一五”期间西北油田分公司在“艾丁—于奇西地区奥陶系超重质稠油藏是加里东晚期—海西早期形成、遭受海西期破坏调整残留下来的古油藏”的认识指导下，发现的重大产能接替区块，该区块截止到2011年3月日产油水平为4490吨，已累产原油397.54万吨，是上产的主力区块之一。该区块几乎全部为稠油油藏，在进行地面工程建设时难度进一步加大，需要综合考虑掺稀加热系统的配套建设。为加快该区块的产能建设步伐，为西北油田分公司增储上产创造条件，2007年4月展开方案论证研究工作，5月底完成施工准备工作，6月中旬进入正式施工阶段，仅仅历时83天，就全面完成第一期建设任务目标任务，并一次投产成功，刷新了分公司新建产能工程建设的纪录，为夺油上产赢得了宝贵的时间。该区块在“十一五”期间，共部署开发油井244口，新建产能234.9万吨，共建成油气集输站场12座，设计液量553.5万吨/年，掺稀规模156万吨/年。其中，接转（掺稀）站5座、中间热泵站1座、计量（掺稀）混输泵站6座。完成配套建设变电所2座，新修油田道路52千米，部署地面配套设施总集输能力为600万吨，有力地确保了新区块的持续上产。

塔河油田托甫台区块是塔河油田另一重要产能接替阵地，该区块北部早期生排烃、加里东岩溶断裂控储、早期成藏、后期调整保存，南部多期生排烃、加里东岩溶断裂控储、后期充注成藏。截至2011年3月，该区块日产油水平为4490吨，已累产原油397.54万吨。“十一五”期间，该区块共部署新井83口，建产能107.24万吨，共完成油气集输站场10座，总集输能力达到120万吨/年。新建区块总体外输及混输管线6条，累计长度达125千米。托甫台区块油井井距较大，且地处沙漠胡杨丛中，在建设工程输送管线时，地面作业难度较大。建设过程中，各参建单位积极组织大会战，发扬吃苦耐劳精神，比学赶帮超，克服了诸多困难，顺利完成了各项工程作业，保证了托甫台产能建设工程的顺利进行。

塔河油田二号联合站建成于2003年10月，初期处理能力为150万吨/年。“十一五”期间，连续两次扩建，2008年新建油气分离缓冲罐2座，天然气除油器1台；2009年新增5000立方米一次沉降罐和二次沉降罐各2座，1万立方米净化油罐

2座，原油脱硫化氢装置1套，大罐抽气装置1套，3500千瓦进站加热相变炉4台、三相分离器4台，脱水提升循环泵房1座，扩建后的最终规模为处理原油390万吨/年。二号联合站的扩建，极大地保证了塔河油田快速上产过程中原油的集输和处理，是上产过程中最为重要的工程建设之一。

重质原油外输扩建项目工程的完成，确保了十二区稠油的输送和炼化加工。2008年完成首站建设外输泵3台，3万立方米储罐2座，一号中间站扩建外输泵2台，700立方米储罐1座，雅克拉装车末站新建2万立方米浮顶油罐2座，新建1200千瓦水套加热炉1台；2010年完成重质原油外输管线的施工并投入运行。该工程是雅克拉末站至库车新增管道，设计输油能力200万吨/年，管道全部选用直径350毫米直缝高频电阻焊钢管，投产后雅克拉末站至库车管道输油能力达到500万吨/年，为塔河油田稠油的输送和向塔河分公司输送重质原油进行炼化提供了重要保障。

轻烃回收装置扩建工程实现100万立方米/日的天然气的有效处理，其中塔河一号联合站于2007年扩建50万立方米/日的天然气处理能力及辅助配套工程。通过分子筛干燥脱水再生系统、膨胀机和重接触塔、丙烷辅助制冷系统、热媒系统、4台天然气压缩机组，2座1000立方米液化石油气球罐，实现了有效处理天然气回收轻烃的目的。该工程满足中国石化部级优质工程质量要求，为西北油田分公司增效上产作出了新的贡献。三号联合站于2008年新建50万立方米/日的轻烃回收装置工程，是塔河油田第一套集天然气脱硫、轻烃回收和硫黄回收于一体的现代化装置，采用的自循环LO－CAT硫黄回收工艺在中国石化上游板块是首次应用。整个工程包括：1个轻烃处理站和1条26.25千米的天然气外输管线。其主要功能是对八区、十区和十一区的含硫天然气进行回收，并通过冷却、分离、脱硫、脱水等处理后，分离为丙烷、丁烷（或液化气）、轻油以及副产品硫黄并直接外销。该工程于2008年3月动工，比合同工期提前了23天完工，试运投产一次性成功，工程合格率100%，实现了安全、优质、快速、低耗的建站理念，达到了部级优质工程的质量要求，为增效上产作出了重要贡献。该装置投产后每天可生产天然气42.91万立方米、液化气103.3吨、轻油47吨、硫黄饼1.4吨，经济效益十分可观。

塔河油田部分油井为凝析气井，日产凝析油约1000余吨，随着凝析气井的增多，“十一五”期间，凝析油集输工程扩建完成。工程建设项目主要分布在塔河油田一号联合站、雅克拉集气站、雅克拉装车末站3个工区。在塔河油田一号联合站新建20万吨/年的凝析油稳定装置1套、分离缓冲罐2座、换热器1台、稳定压缩机2台、2000立方米凝析油罐1座、凝析油外输泵2台、消防罐2座、消防泵房1座等。在雅克拉集气站新建2000立方米凝析油储罐1座、换热器1台等。在雅克拉装车末站新建5000立方米凝析油储罐2座、倒油泵2台等。工程于2007年8月开工建设，12月完工投产，保证了凝析油的处理与外输。

“十一五”期间，西北油田分公司首创了碳酸盐岩缝洞型油藏单井、单元注水替油技术，并迅速推广应用，注水配套工艺随之开展并逐渐完善。其间主要完成改造水源井5口，新建污水处理站2座，注水站7座，注水管线161.8千米，供水管线45千米。先后进行二期注水工程建设，2009年，建成了一号联合站至7－1计转站的注水主干线及三区、四区、六区等注水支干线，基本上建立起覆盖塔河油田主体的注水干支管网。2010年，继续完善注水工程建设，完成了西达里亚二叠系、塔河油田三区石炭系、四区奥陶系以及GK2区块白垩系注水等工程，进一步完善了塔河油田注水系统。注水站设计总注水能力5600吨/日。同时对一号联合站污水回灌系统进行了扩建，设计污水外输能力达到1.5万吨/日，设计污水回灌能力达到1万吨/日。

塔河油田地处沙漠地带，部分油井又位于胡杨林自然保护区域，地面工程作业环境差，部分主力区块原油油质稠，且硫化氢含量高，在进行工程建设时，项目部从施工现场实际出发，优化并创新了适应塔河油田的特色工程技术。①优化简化地面集输工艺技术。塔河油田普遍采用单井—计转（量）站—集中处理站（联合站）两级布站集输技术。其特点是集输半径大，站间距离大，可以有效避开难作业区域。②特超稠油掺稀降黏开采集输技术。针对塔河特超稠油物性差、单井集输管线的长度不等的特点，稠油单井集输工程的建设主要采取两种方式（普通稠油采用井口加热集输流程，特超稠油采用井口加热掺稀油集输流程），确保了稠油开采的正常生产。③重质原油高温电脱水技术。塔河油田重质原油比重为0.9485，黏度（50℃）为450～500毫帕·秒。为了达到商品油外销标准，采用高温电脱水技术，在使原油的黏度低于50毫帕·秒的温度条件下进行电脱水。有效实现了外销原油的脱水。④油罐气回收技术。该技术使重质原油输送时饱和蒸汽压达到外输原油标准，避免了在原油输送过程中，分离出的原油溶解气、烃蒸汽、硫化氢气体挥发到大气中造成环境污染。⑤伴生气干法湿法脱硫技术。塔河稠油伴生气硫化氢含量高，分布广，为此采用干法（固体氧化铁）对伴生气进行脱硫处理，处理后硫化氢的含量满足了伴生气外输的要求。此外，在三号联合站，引进湿法脱硫工艺，并配套建成MDEA硫黄回收工艺。⑥广泛运用带压开孔施工技术。该技术的应用，使部分老区块在改扩建过程中，在不停产的情况下顺利完成新旧管线连接，确保了油井的连续生产。

“十一五”期间组织实施的塔河油田重质稠油外输工程、塔河油田三号联合站建设工程、雅克拉—大涝坝地面建设工程、塔河油田二号联合站建设工程、塔河油田一号联合站轻烃扩建工程以及塔河油田三号联合站轻烃工程6项大型重点工程项目获得了中国石化优质工程奖，其中雅克拉—大涝坝地面建设工程获得了国家优秀投资工程项目奖，是受表彰的两个石油工程项目中唯一的天然气工程项目。目前正在为建设千万吨级油气田、打造中国石化上游“长板”作出更大贡献。

渤海油田建成3000万吨级大型油田

中国海油渤海油田2010年产量达3000万吨油当量，跃居为仅次于大庆油田的中国3000万吨级大型油田之一。是中国海油胜利建成“海上大庆”的根本保证。渤海油田在“十一五”期间建设平台54座，铺设海底管线977千米，铺设海缆298千米，建设单点/FPSO 3套（含渤中25－1临时复产项目新建单点），码头扩建1座。共开发建设油（气）田29个，其中自营油田开发包括锦州25－1S、渤中34－3/5、锦州9－3E、锦州21－1、渤中34－1、渤中28－2S、渤中34－1N、渤中28－2SN、渤中29－4、金县1－1、锦州25－1、旅大27－2/32－2、绥中36－1一期/旅大5－2调整、秦皇岛33－1、渤南二期、曹妃甸18－1、渤西南联网供气、渤中3－2、锦州9－3W、绥中36－1码头扩建、渤中26－3以及渤中25－1复产等；合作油田开发包括曹妃甸11－6/12－1/S、渤中19－4、秦皇岛32－6N、渤中25－1/S、蓬莱19－3二期/25－6、曹妃甸11－3/5等。列举其中几项重点工程如下。

渤中34－1油田开发采用多项创新技术取得丰硕成果

位于渤海湾南部海域的渤中34－1油田，西北距渤中25－1油田35千米，东北距渤中28－1油气田22千米，属于渤中34油田群，水深约20米。

渤中34－1油田属明化镇的河流相沉积，是开发难度很大的复杂断块构造，共有6个断块。探明石油地质储量3062万立方米，探明溶解气地质储量15.9亿立方米，探明天然气地质储量0.94亿立方米，探明石油可采储量551.8万立方米，探明溶解气可采储量2.87亿立方米，探明可采天然气储量0.28亿立方米。控制石油地质储量1974万立方米，控制溶解气地质储量10.1亿立方米。

2004年12月，《渤中34－1油田探明储量报告》获中国海洋石油储量委员会审查通过，并于2005年2月获国土资源部批准。经过工程开发可行性研究后，2006年1月正式启动渤中34－1油田开发工程建设。

2006年2月，中国海油研究中心完成油田总体开发方案（ODP）报告。该方案确定对部分老油田设施进行改造利用，以降低成本，油田工程包括新建1座中心处理平台（要求具有油、气、水处理，发电，注水，生活等多种综合功能）、新建1座无人驻守的井口平台、改造原“友谊”号浮式生产储油设施（FPSO）和单点、改造原渤中

34－2/4EP 平台和单点、新铺设 3 条共 38.9 千米单层保温海底管道、新铺设 2 条共 7.5 千米单层注水管道、新铺设 3 条共 13 千米海底电缆等油田开发工程。渤中 34－1 油田共钻 34 口井开发明化镇油层，其中 17 口生产井、12 口注水井被布置在中心平台 CEPA，其余 3 口生产井、2 口注水井布置在井口平台 WHPB；井口平台 WHPB 另有 2 口评价兼开发井。油田计划生产年限 17 年，累积产油 532 万立方米，采收率为 24.4%，高峰年产油 61 万立方米。整个项目投资控制在 26 亿元，工程建设计划周期为 26 个月。中方拥有渤中 34－1 油田 100% 的权益，自任作业者。

该项目于 2006 年 5 月完成基本设计，2006 年 12 月 20 日完成导管架陆地建造，2007 年 9 月完成组块陆地建造，并出海进行安装，2007 年 12 月平台机械完工，项目顺利投产。项目基本设计由中海石油研究中心完成，详细设计由海油工程股份有限公司完成，由海油工程股份有限公司施工总承包，参建单位有中海石油（中国）有限公司天津分公司、中海油能源发展股份有限公司油田建设工程公司、渤海石油通讯公司，监理单位为挪威船级社（DNV）、中国船级社（CCS）。

渤中 34－1 油田开发项目的大型综合处理平台上部设施总重量达到 9280 多吨，是当时国内最大的一个综合处理平台，首次实施将平台上部工艺组块、生活楼、钻修机等设施整体建造，采用滑移装船、运输的“浮托法”进行海上安装。通过应用此方案，大幅减少了海上施工的工作量，平台海上安装时无需采用大型浮吊进行起重作业，既有效降低了项目风险，又节约了大笔资金。渤中 34－1 油田综合平台是中国海油第一次自行设计并采取浮托方式进行海上安装的大型综合平台，同时也是中国海油第一次自行组织进行油田开发危险及防治分析。场址、路由地质调查设计时还遇到了罕见的大面积硬质地质和临近古河道的问题，开发过程涉及多个使用时间超过 20 年的老平台的改造，同时涉及与生产中的渤中 34－3/5 油田简易井口架接入问题，而注水方式首次采用生产污水加海水形式，大部分老平台的改造施工与原油生产同时进行，整个项目的设计难度和施工难度大。

渤中 34－1 油田在实施过程中运用系统工程学进行精细化预测与管理，探索并形成了基于大团队系统化思维的项目管理创新理念和方法，于 2007 年 12 月提前建成投产。项目整个陆地建造、调试时间不足 10 个月，创造了中国海上石油平台上部组块陆地整体建造、调试工期最短的纪录；组块海上安装期间周密组织，抓住有利的海上作业时机，仅仅用了 1 天时间，就顺利地完成了海上安装作业，创造了中国海油平台上部设施海上安装时间最短的纪录；由于生活楼与组块一体建造，生活楼的各项设施在陆地建造、安装、调试工作全部按计划完成，达到电通、水通、通信通，具备开餐、住宿条件，也创造了中国海上大型油田工程建设项目施工无支持船的先例，节约了大笔用于租赁支持船的费用，也规避了海上风季的船舶风险；平台上部设施从离开陆地到海上拖运、安装、连调、投产，海上施工总共用了 75 天，创造了大型综合平台海上施工、调试直至投产工期最短纪录，自 2006 年 1 月基本设计开始，到 2007 年 12 月油田投产，整个工程建设周期仅用了约 23 个月，创造了中国海上建设大型综合油田开发工程项目周期最短的纪录，项目决算后工程费用节约 8%，提前 77 天投产，适逢油价高峰，9 个月收回投资。

在渤中 34－1 项目实施过程中，通过综合应用多体动力学及结构非线性计算技术，突破了万吨级组块浮托法整体装船、运输和安装过程的设计难题；通过采用桩腿耦合装置、沙盘式组块支持单元、高承载力铰接式滑靴、高分子材料护舷（横荡护悬和纵荡护悬），不仅优化了施工工艺、缩短了建造周期，还可重复用于多个万吨级组块的建造、安装工程中，为万吨级组块的浮托技术实施提供设施保障并节省大量材料和费用；首次形成了万吨级组块的建造新工艺、拉力千斤顶和拖拉装船系统、HY221 船外加调载泵系统、绞车和滑轮组配套的回拖系统，为后续万吨级组块的设计、建造、称重、拖拉装船和海上安装提供了方案借鉴和技术储备；国内首次研发了浮托安装中使用船体临时水密装置，克服了现有驳船拖航过程中开口处水密封存在的缺陷。这些技术在渤海湾多个大型油田开发工程中得到推广应用，并为中国南海油气田的开发提供了必要的技术储备。

项目先后获得第12届（2009年度）石油石化企业管理现代化创新成果（行业部级）三等奖、2009年度中国海洋石油总公司级企业管理现代化优秀成果二等奖、中国石油工程建设协会石油优质工程金奖、中国施工企业管理协会2009年度国家优质工程银质奖、中国石油工程建设协会勘察优秀工程设计奖银奖，项目总经理田政获得第四届中国IPMP国际十佳项目经理奖。该项目取得了显著的经济效益和社会效益。

渤中28-2南油田群开发

渤中28-2南油田群开发项目主要由渤中28-2S、渤中29-4、渤中34-1北、渤中28-2南北块4个油田组成，动用储量约7000万立方米，油田累计产量1258万立方米，主要工程设施包括新建平台5座、单点导管架1座、维修单点系泊系统1套、12条海底管线、4条海底电缆。

渤中28-2南油田位于渤海南部海域，油田发现于2006年3月，全油田探明石油地质储量3508万立方米，油田设计年最大产油能力103万立方米，累积产油量823万立方米。项目主要工程设施包括1座8腿8桩、120人居住的中心平台CEP，1条中心平台至“长青号”单点的单层1.5千米输油管道，1条为“长青号”上的主电站提供燃料气的1.5千米输气管道，1座4腿4桩单点导管架。

渤中28-2南油田于2009年3月投产。

渤中34-1北油田开发项目

渤中34-1北油田位于渤海南部海域，全油田探明石油地质储量1093.4万立方米，油田设计年最大产油能力30.1万立方米，累积产油量163.3万立方米，依托渤中28-2南油田进行开发。项目主要新建工程设施有1座4腿4桩、30人居住的井口平台WHPC，1条WHPC至中心平台混输管线。

渤中34-1北油田于2009年12月投产。

渤中28-2南北油田开发项目

渤中28-2南北油田位于渤海南部海域，油田发现于2006年12月，全油田探明石油地质储量962.6万立方米，油田设计年最大产油能力15.3万立方米，累积产油量144.4万立方米，依托渤中28-2南油田进行开发。项目主要工程设施有1座有人驻守、4腿4桩井口平台WHPA，1条WHPA至BOP混输管线。

渤中28-2南北油田于2009年10月19日投产。

区域开发的典范——锦州25-1南油田群联合开发

项目部按照“区域化联合开发”原则，对锦州25-1南油气田、金县1-1油田、锦州25-1油田的开发整体统筹规划、分步实施、实现了油藏最大限度的动用和油田总体效益的最大化，为建成海上大庆作出了巨大贡献。

三个油田最大年产油量275万立方米，最大年产气量6.6亿立方米。是渤海油田实现3000万吨产量规划的重点项目。

三个油田均位于渤海辽东湾海域，海域水深22.7~24.6米，冬季有海冰覆盖。

锦州25-1南油气田主要工程设施：3座井口平台（WHPA、WHPB、WHPC），1座中心处理平台（CEP），1条原油外输海管94千米（内管12″、外管18″），1条天然气外输营口仙人岛海管86千米（12″），2条油气田内部集输海管共13千米，1条6″注水海管6.4千米，绥中36-1原油终端依托改造，1座天然气处理厂（规模为140万立方米/日）。锦州25-1南油气田于2009年12月投产。

金县1-1油田主要工程设施：1座中心平台CEPA，1座井口平台WHPB，1条29.7千米12″双层保温输油海底管线（CEPA到锦州25-1南），1条4.1千米14″双层保温混输海底管线（WHPB到CEPA）。

锦州25-1油田主要工程设施：1座井口平台WHPA，1座区中心平台CEP，1条12.8千米8″原油外输海底管线（CEP至锦州25-1SWHPA），1条28千米14″天然气海底输送管线（CEP至锦州20-2BOP），1条12.8千米14″天然气海底输送管线（CEP至锦州25-1WHPA）；

绥中 36－1 井网加密技术实现海上稠油油田提高采收率

绥中 36－1 油田位于渤海辽东湾南部海域，油田水深大约 32 米。

绥中 36－1 油田分Ⅰ期（试验区）和Ⅱ期（新区）建成，Ⅰ期由 APP、WHPA1、WHPA2、WHPB 和 WHPJ 五座平台组成，绥中 36－1 油田Ⅰ期调整项目的开发思路是依托现有的绥中 36－1 油田，充分依托现有海上生产设施、海管和终端等资源，通过加密井网，达到提高绥中 36－1 油田采收率的目的，共设计开发井 36 口，高峰年增产油 78 万立方米。

项目主要工程：新建平台 5 座，包括 1 个 8 腿中心平台 CEPK，3 个 4 腿井口平台（WHPK，WHPL，旅大 5－2WHPB），1 座电脱平台；WHPJ 平台外挂 8 个井槽；改造老平台 7 座；新建 6 条海底管线。

经过潜心研究，首次在海上稠油油田实现了井网加密技术，并利用外挂井槽技术减少海上工程设施量，从而极大提高了绥中 36－1 海上大型稠油油田的采收率。项目先后获得中国海洋石油总公司科技进步特等奖、中国石油工程建设协会石油优质工程金奖，申请并获得了多项专利。该项目取得了极好的经济效益和社会效益。

南海石油为海上大庆作出重大贡献

中国海洋石油总公司南海东部深圳分公司和南海西部湛江分公司在“十一五”期间，通过紧张的工程建设，2010 年所开发油田的产量分别达到 993 万吨油当量和 1044 万吨油当量，确保了“海上大庆”的顺利建成。

2006～2010 年，湛江分公司在南海建设完成综合平台 2 座：乐东 22－1、乐东 15－1；井口平台 13 座：东方 1－1 两座、涠洲 12－1PAP、涠洲 Z11－1、涠洲 6－1、涠洲 11－4N、文昌 19－1 两座、文昌 15－1、文昌 14－3、文昌 8－3、涠洲 11－1N/W、涠洲 6－8；1 套单点/FPSO；深圳分公司建设完成 4 座综合平台：惠州 21－1B、西江 23－1、番禺 30－1、惠州 25－1/3；1 个井口平台：陆丰 13－2，447 千米海底管线；1 套单点/FPSO 和 1 座终端。主要包括如下 3 项重点工程。

番禺 30－1/惠州 21－1 天然气联合开发项目建设

该项目为番禺 30－1 气田及惠州 21－1 气藏两气源联合开发项目。惠州 21－1 油气田位于珠江口外，1990 年投入开发，当时主要开发的是油藏资源，油气田的气层仅作为油气田开发生产中的燃料和气举工艺用气。惠州 21－1 气藏天然气地质储量约为 72.1 亿立方米，气质较好，属中型高产气藏。CACT 作业者集团于 2003 年 4 月决定开发该气藏。主要工程：新建 HZ 21－1B 平台，通过栈桥与现有的 HZ21－1A 平台连接。番禺 30－1 气田位于南海珠江口盆地，气田范围内平均水深约 200 米。番禺 30－1 气田于 2002 年 5 月发现，探明天然气地质储量 307.9 亿立方米，其中干气地质储量 300.9 亿立方米，凝析油地质储量 125.4 万立方米；总气产量约为 238 亿立方米。

番禺 30－1 气田/惠州 21－1 气田联合开发方案获得国家发改委核准，总投资为 66.47 亿万元人民币，其中中国海洋石油总公司自营开发的番禺 30－1 气田、输气管线及陆上终端总投资 54.5 亿元人民币；合作开发的惠州 21－1 气田总投资 11.9 亿元人民币。2005 年 11 月，番禺/惠州天然气田基本设计获得批准，总投资核定为 60.8 亿元人民币。

2004 年 6 月，项目正式开工。项目采用设计优化、海底管材国产化、通过提前协调重要环节及加强现场管理等措施，控制住项目的每一里程碑点，保持良好的 HSE 记录。2005 年 12 月，珠海终端、码头及惠州 21－1 至珠海终端段海底管线按期投产。随后，番禺 30－1 平台于 2009 年 3 月投产。

番禺 30－1 气田开发工程设施包括：番禺 30－1钻井生产平台 DPP；惠州 21－1 附近的水下连接点与珠海终端的 233 千米 20″海底输气管线；番禺 30－1 平台与惠州 21－1 附近的水下连接点间的 136 千米 20″海底输气管线；位于珠海横琴岛的天然气终端处理厂；与终端处理厂相邻的 3000 吨级液态产品外输码头。

番禺30－1气田生产的天然气及凝析油在番禺30－1平台脱水后，通过总长约369千米的海底管线和惠州21－1天然气一起被输送到位于珠海横琴岛的天然气终端处理厂，处理后的天然气被供给用户。

番禺30－1平台是一座4腿12桩的固定式钻井生产平台，集发电、采气、工艺处理、钻井、生活模块于一体。综合生产平台井槽15个，共钻井9口，全部为生产井，备用井槽6口。

导管架为4腿结构形式，重16223吨。裙桩12根（96″），设计入泥深度120米，重537吨/根。隔水套管9根（泥面下15米以上为24″，以下为20″），设计入泥深度120～150米，重68吨/根。甲板由上、中、下工作甲板、直升机甲板组成，每层面积（米×米）分别是35×56.8、35×62.8、35×60.5、25.1×36.6、22.9×19.5。生活模块分4层，位于平台的顶层，重1000吨。

钻井生产平台导管架在青岛基地建造，采用滑移装船、平卧式建造方案，滑移至海油229驳船，拖运至番禺30－1作业区安装现场，海上由蓝疆号起重船完成导管架座底以及插桩打桩工作。平台组块在湛江制造场地建造，生活楼在烟台场地建造。平台甲板分成WDM、EDM、MSF三部分，均在陆地建造，以滑移方式装船，生活楼采用吊装方式装船，由蓝疆号起吊安装。番禺30－1钻井生产平台上部设计重量为9661吨。WDM、EDM、MSF设计吊装重量分别为2435吨、2500吨、1360吨。

珠海天然气终端处理厂位于珠海横琴岛小横琴山西侧，靠磨刀门水道边，总占地面积约33万平方米，主要由气终端处理厂、海底管线、岸上管道和厂外道路等组成。珠海陆上终端工程于2005年1月开始建设，2006年12月，终端处理厂一期工程投产。终端接收海上平台来气进行油、气、水分离，分离出来的水进入污水处理系统，天然气进入天然气干燥器，凝液进入凝液闪蒸稳定单元。凝液经过闪蒸稳定，脱除轻组分，稳定凝液进凝析油储罐。脱水后的天然气经轻烃回收系统处理后生产干气，再经计量后进入下游天然气管道的首站，生产的丙烷、丁烷产品和稳定轻烃分别储存于储罐。

根据番禺、惠州天然气开发整体要求，终端设计规模为16亿立方米/年，建设两套天然气处理装置，单套规模为230万立方米/日（8亿立方米/年）。

终端主工艺系统主要包括天然气进站分离、天然气脱水、凝液处理、天然气冷冻及凝液分离、液烃分馏5个单元；辅助工艺及公用系统主要包括供热、储运、燃料气、火炬及放空、仪表/工厂风、氮气、防腐、保温及保冷、分析化验系统等。

3000吨级液态产品外输码头地处珠海市区西南，位于横琴岛西磨刀门水道东岸。船舶经洪弯水道和澳门水道可达澳门、香港、广东沿海及东南亚各港口。终端处理厂生产的液态产品主要以船运为主销往广东阳江地区。

码头配备装船管5根，管径为250毫米和200毫米（凝析油）；气相平衡管4根，管径100毫米；4台装卸臂。年作业天数为310天，泊位年通过能力近期为36万吨，远期为60万吨，使用年限为50年。

3000吨级液态产品外输码头泊位长134米，引桥长度120米，引桥宽度6米，前沿顶面标高5.5米；前沿底标高－5.16米；交通工作船泊位长12米；码头面高程为5.5米。

番禺30－1平台是中国海油首次在200米深水海域自主设计和建造的，中国海油从中获得不少宝贵经验，为进军深水打下了坚实基础。

西江23－1油田加快建设快速回收投资

西江23－1油田位于中国南海珠江口盆地，油田范围内水深约90米。油田探明储量为2189万立方米，预计油田累计产油721万立方米，总开发井数18口，包括15口水平生产井，后期3口调整井。油田于2008年4月1日投产。主要工程设施：1座8腿西江23－1井口平台，1艘10万吨级的FPSO，1套内转塔式单点系泊系统。

该油田抓住油价高的区间，加快工程进度，在高油价期间实现油田高峰产能，从而在1年之内实现了油田投资的全部回收，取得了良好的经济效益。

新文昌油田群成片开发项目建设

文昌油田群（19－1/15－1/14－3/8－3）位于中国南海北部海域珠江口盆地西部，水深约120～155米。文昌15－1油田探明原油地质储量1026万立方米，文昌14－3油田探明原油地质储量373.4万立方米，文昌8－3油田探明原油地质储量498.5万立方米，文昌19－1油田探明原油地质储量1769万立方米，预计共可累计产油1070万立方米。

主要工程包括：新建文昌19－1A/B井口平台、文昌15－1A井口平台、文昌14－3A井口平台、文昌8－3A井口平台；铺设海底管线5条；铺设海底电缆6条；新建1座FPSO；新建1套内转塔式单点系泊系统。

在这样的水深区域单独开发以上任何一个油田都是没有经济效益的，多个小油田成片开发既提高了产量，又降低了开发成本，取得良好的经济效益。

中国海油建成国际一流海洋石油工程青岛制造基地

为了适应中国海上石油工程建设快速发展，“十一五”期间中国海油在山东省青岛市经济技术开发区海西湾新建了海洋石油工程青岛制造基地，2004年8月，中国海油到青岛市进行选址调研，于当年11月确定了厂址。2004年11月，中国海油与青岛市签署项目合作协议。2005年1月，场地奠基。总体工程分三期建设，一期工程于2006年6月29日投产。

青岛制造基地自然条件优越。基地毗邻青岛港，其东、南、西三面受海西半岛环抱，具有良好的自然避风条件；属天然不冻港，水深港阔，具有良好的水域条件和无掩护避风条件，适于兴建开敞式码头；气候环境适宜作业，除风、雨、雾、浪影响，年可作业天数为320天以上。

青岛制造基地面积120多万平方米，码头水深10～12.4米，有4条150～340米不同长度的滑道，单件产品重量最大可达3万吨，可采用吊装或滑移方式进行大型结构物装船。

青岛制造基地主要用于建造国内外海上油气田开发工程所需的桩基式平台、浮式平台（TLPs、Spars）和FPSO（浮式生产储油和卸油系统）等相关设施，同时提供海上运输、海上安装工程的配套服务，并作为大型工程船舶停靠与补给的基地。产品市场将覆盖中国各海域的浅、深水工程，并辐射澳大利亚、东南亚、中东、西非、南美等海洋工程市场。

该基地全部建成投产后，将形成20万结构吨以上的年钢材加工能力，成为国际上最大的海洋石油工程制造基地之一，对于巩固海油工程公司在国内的领先地位，发展深水业务，更好地走向国际市场具有重要意义。

基地主要配套生产设施：场地设总装滑道4组；陆上组块结构车间、制管车间、组块配套车间、涂装工场、综合仓库及公用配套设施等配套生产车间；设置材料码头、驳岸码头。

基地建设的主要技术特点：组块制造实现“壳、舾、涂”一体化，达到高空作业地面化；利用宽敞的车间实现室外作业室内化，达到全天候生产的目的；利用液压分段移动装置、电动平车、辊道等实现物料地面传输，尽可能减少吊装作业；利用先进的制管设备，实现制管流水作业；依靠良好的设施和水文、地质条件，使产品范围深水化；利用宽敞的车间和先进的空气处理设备，达到涂装作业室内化，有利环保；利用宽敞车间、大型桥式起重机和门式起重机实现组块制造大片分段、大片组装，减少室外作业和占用滑道时间；利用计算机网络系统逐步实现计算机集成化，使设计到加工制造实现网络化。

青岛制造基地由中船第九设计研究院设计，中海石油基地集团总包建设。一期场地建设于2005年4月15日开始启动，历时438天，累计完成填海造陆70万平方米；回填土石方830万立方米；淤泥清除550万立方米；钢筋绑扎12000吨；混凝土浇注11万立方米；钢结构加工制作和安装11000吨；管网铺设26000米；设备安装1278台（套）；厂区道路4100米；厂区绿化4万米；可投用的建筑物包括组块车间、涂装车间、综合仓库；12000吨、8000吨滑道各1条；11万伏总降压站等36个建筑物，累计完成建筑面积12.8万平方米。在场地建造过程中，实现了安全、质量、进度、费用四大严格控制，保证了场地建设顺利完工。

青岛制造基地投产以来，在自身不断健康发展壮大的过程中，积极履行社会责任，注重安全与环境保护，为当地经济发展作出了贡献，企业知名度与社会形象也逐年提升。先后进入了山东省对外贸易100强、青岛市100强企业行列，获山东省“AAA级信用企业”、青岛市“AAA优等信誉企业”、青岛市“现场管理样板企业”等荣誉称号，并被认定为青岛市高新技术企业。

青岛制造基地在巩固传统产品建造的基础上，不断向高新技术领域与国际市场拓展，先后完成了渤中34-1组块及生活楼、番禺30-1导管架、旅大27-2/32-2 PSP组块、必和必拓—阿帕奇FPSO等多项重大传统项目及国际项目的建造。2010年建造的主要项目有镍矿项目和4艘钻井船项目等。

2010年5月，青岛制造基地码头顺利通过山东省开放验收，成为国际性开放码头，进一步提升了该基地涉外项目的承揽能力，为拓展国际市场、提高国际知名度打下了良好的基础。

中国海油建成渤海油田海上风力发电示范项目

为实现经济可持续发展，中国政府将开发利用新能源和可再生能源放到了国家能源发展战略的优先地位，《中华人民共和国可再生能源法》于2006年颁布实施，为新能源开发利用提供政策支持。中国海油将战略目标定位为“在2008年建成具有国际竞争力的综合型能源公司”，并将“新能源、可替代能源、可再生能源领域的探索取得实质性进展”写入“十一五”规划目标中。

该示范项目作为中长期规划的第一步目标，是中国海油在海上风能利用领域的一种战略性投资项目，拟在渤海选择一个已投产的自营油田，结合已经从国家科技部获得的科研课题，进行海上风力发电机研发、制造、安装、运行和维护等方面的探索工作，积累海上风力发电场开发、建设、运行管理等方面的经验，并期盼能为海上油田因燃料供应不足、设备老化等造成的电力不足问题找到一条有效的解决途径，同时也作为海上油田开发节约能源的一种探索，该项目试验成功后，将有可能推广至新油田开发的动力设计领域。

该示范项目由中国海洋石油总公司以科研项目立项，中国海油新能源投资有限公司作为第一承担单位，将部分工作委托系统内部的中国海油研究总院、海洋石油工程股份有限公司、中海石油天津分公司及系统外的风电机组制造企业完成。

2007年4月，该项目立项；2007年11月完成安装调试、满功率并网发电，运行稳定后进入500小时运行考核；2008年1月，500小时运行考核通过；2008年1月通过性能考核，2008年2月3日初次运行检修；2008年4月按期完成科研项目验收；2010年12月累计发电量超过750万千瓦·时。

该示范项目自2007年11月8日投产以来，风电机组运行平稳，各项指标均达到预期要求，且满足投产初期的基本规律。中海石油天津分公司负责协调风机制造商进行项目风电机组的运行维护工作。

该示范项目选址于离岸约70千米的绥中36-1油田原明珠号FPSO单点系泊导管架位置，水深31.5米，利用闲置的原单点系泊系统导管架作为风电机组的结构基础，完成1台单机容量1500千瓦海上风力发电机组安装，风电机组输出经变压器升压至6300伏，通过大约5千米海底复合光/电缆与绥中36-1油田CEP平台连接，实现并网运行。

该项目兼有课题研发与工程建设示范的双重性质，即在绥中36-1油田区域建设中国第一座海上风电站的同时完成项目下属的5个科研子课题研究：燃料/风互补电力系统研究、海上风电机组基础结构模型研究、海上风电机组运输安装技术研究、风电机组海洋环境适应性研究和海上风电机组运行维护管理模式的研究，这些研究课题涵盖了海上风电场建设各关键环节及技术难点。示范项目的实施过程同时也是各子课题技术研究的过程。

该项目是中国第一个自行设计、制造和海上运输安装的海上风电站，具有国际先进水平，其全部技术内容在国内均为首创，同时创造了三个“世界第一”：第一次应用风电机组给海上油田供电、第一次采用单钩整体吊装、第一次采用风机固定式整体运输。

在产业化示范内容上确立了五个具有战略意义的研究开发课题。这些研究均属中国首创，有的属于世界领先，主要体现在：

（1）国内首次采用全新的计算机模拟与硬件仿真研究技术研究风电互补系统，成功实现了全世界首次将风电应用于海上油田孤岛电网，并可推广应用于任意孤岛电网。

（2）国内首次进行低成本海上风电机组基础结构选型研究，编制了《海上风电机组基础结构设计标准（初稿）》，这是国内首个针对海上风场提出的标准。

（3）国内首次进行海上风机运输/安装全套技术的研究，实现了世界首次的单钩整体吊装，编制了《海上风机整体运输/安装设计指南》。

（4）国内首次进行风电机组海洋环境适应性研究及MW级样机制造，编制了《海上风机防腐设计导则》。

（5）国内首次进行海上风电机组运行维护管理模式的研究，编制了《海上风电机组运行维护管理手册（试行）》。

该示范项目在产业化示范项目管理上进行了体制、机制的有益探索。采用了“工程＋研发”的项目运行模式，将研发与工程有机结合，同步推进，研发依托工程，工程保障研发。在有效的体制和机制保证下，无论是工程建设还是五个课题研发，都进展顺利，实现了质量、进度、费用和HSE四大管理目标。

在示范项目实施方式上采用技术改造，因地制宜，废物利用，改造油田废弃的单点导管架，将其作为海上风电机组基础，节省成本，提高项目收益；在项目建造中，严格执行海洋工程入级建造规范要求，严格执行海上油田运行管理规定，在不影响油田生产的情况下，顺利完成了油田电网改造。项目建设时间短，从立项到竣工只用了7个月时间。

该示范项目共申请各类专利8项，其中发明类专利6项，实用新型类2项。已有1项发明和2项实用新型获得授权。获得2009年中国海洋石油总公司科技进步二等奖，2009年中国海洋石油总公司优秀工程项目管理创新奖。

该示范项目探索了风电部分替代海上油田常规动力的可行性，为油田降低生产成本、节能减排提供了新的思路。有效探索了有中国海油特色的低成本海上风电场建设之路，为开发大规模海上风电场进行知识储备、人才储备。实现了国内海上风电零的突破，体现了中国海油在该领域的实力，为形成国内海上风电行业的主导者地位奠定基础，为国家科技支撑计划课题提供了试验平台。

截至2010年底，项目已经累计为绥中36－1油田提供了750余万千瓦·时绿色电力，能够部分替代油田平台发电，大大缓解了绥中油田电力紧张的局面。按照目前统计的累积发电量，如折算为海上油田柴油发电，可节约柴油约1700吨，减少二氧化碳排放约5400吨，减少硫化物排放约17吨。项目既实现了较好的经济效益，又实现了很好的环保效益，同时项目成果的推广应用前景广阔，所研究的风电在孤岛电网中的应用技术将为海上油田的节能减排作出巨大的贡献。

中国首个数字化煤层气田示范工程投产

2009年11月，中国石油开发的中国首座数字化规模化煤层气田示范工程在山西沁水盆地竣工投产。这是中国石油向综合性国际能源公司战略目标迈出的重要一步。建成后的煤层气田将为推动山西省向环保大省转变发挥重要示范作用。

整装煤层气田位于山西太行山脉沁水盆地，是国内重要的优质煤开采基地，煤层气资源得天独厚，可采资源量达1万亿立方米以上，约占山西煤层气储量的2/3，居世界第三。

沁水数字化煤层气田示范工程由中国石油华北油田煤层气分公司投资建设，具有自动化控制程度高、软硬件兼容性高、数据录入精度高 3 个特点，是中国煤层气勘探开发史上里程碑式的示范工程。

沁水煤田是国内含煤层气最多的地区之一，资源储量达 3.95 万亿立方米。中国石油华北油田公司拥有矿权面积 5646 平方千米，总资源量 8469 亿立方米。目前，该公司建成 731 口钻井、6 座集气站、359 千米采集气管线、年处理 10 亿立方米的处理中心 1 座，年生产煤层气能力已达 6 亿立方米，实现了新能源的规模化商业化运营。预计到 2015 年，该气田年煤层气产能将达 45 亿立方米。据了解，收集处理后的煤层气一部分进入西气东输主干网，另一部分进入当地用户，服务地方经济。

沁水数字化煤层气田示范工程是中国第一个整装煤层气田商业化运营项目。这次投入商业化运行的煤层气示范工程是该煤层气田的一期工程，主要包括 1 座年产处理 10 亿立方米的煤层气处理中心和 1 个年生产能力达到 6 亿立方米的煤层气田，为建成煤层气年产 45 亿立方米生产能力奠定坚实基础。

沁水数字化煤层气田示范工程在国内率先采用低成本可规模化推广的自动化技术，实现了煤层气生产全过程的自动化管控，实现了全岗位无人值守，全过程自动控制，全方位监视管理，减少了用工，减轻了劳动强度，降低了操作成本，极大地提高了经济效益，最大限度地满足了煤层气开发和安全生产要求。

沁水数字化煤层气田依托西气东输主干线，开发的煤层气被输往当地的终端用户和西气东输主管网，再与来自西部的天然气混合后被输送至经济发达的长三角地区。煤层气处理中心单日外输气量达到 85 万立方米。

在国际能源局势趋紧的情况下，煤层气作为一种优质高效清洁的新能源，凭借良好的安全效益、环保效益和经济效益，其大规模开发利用意义深远。中国作为天然气净进口国，境内生产的煤层气大规模商用有利于降低对进口资源的依赖，降低天然气资源的获取成本，减轻下游用户的价格承受负担。

油气储运工程建设成果

西气东输二线建成投入运行

2004年，中国首条从内地到沿海输送天然气的西气东输管道投入运行，标志中国能源发展战略迈入了新的阶段。这条横贯西东的管道每年输送天然气120亿立方米到上海以及中原地区，该管道经沿途增压后最大输量可达170亿立方米，但由于国内人口众多、居民生活水平显著提高、城市环境亟待改善，天然气年需求量或将达到千亿立方米以上，且只有这一条管道运行的安全保障风险太大。为此，在获得从中亚地区引进天然气资源的同时，迅速修建第二条西气东输管道十分必要。

作为“十一五”规划的重点能源基础建设工程和重大民生工程，西二线一干八支，全长8704千米，西起新疆霍尔果斯口岸，东达上海，南抵广州、香港，总投资约1422亿元，建设规模宏大。干线全长4978千米，管径1219毫米，年输气量300亿立方米，可稳定供气30年以上。8条支干线全长约3726千米，分别是轮南—吐鲁番支干线、中卫—靖边联络线、平顶山—泰安联络线、枣阳—十堰支干线、南昌—上海支干线、樟树—湘潭支干线、广州—南宁支干线和广州—深圳支干线。

西气东输二线工程，是连接中亚进口气源和国内塔里木、准噶尔、吐哈、长庆气田与沿线中西部地区、华东、海南、长江三角洲、珠江三角洲等用气市场的主要通道。设计压力分别为12兆帕和10兆帕，管径1219毫米，年输送来自中亚地区进口天然气300亿立方米，以靖边站为枢纽加压分输到北京、华东、华南地区。

西气东输二线工程按照“先西段后东段、先干线后支线”的总体建设思路，以宁夏中卫为界限划分为东西两段组织工程建设。西段干线霍尔果斯至中卫段长约2517千米，设计压力为12兆帕；东段干线中卫至广东、香港段，长约2461千米，设计压力为10兆帕。

该项工程创造了国内管道工程建设的多项新纪录：国内首次使用国产X80高钢级的管道工程，第一次在国内采用国际先进的CRP全自动焊接工艺，在新疆段施工中创下了连续2048道焊口一次焊接合格率100%的良好纪录。

该工程由中国石油管道局总承包。管道局坚持管理创新，充分发挥建管分离体制和中国石油高度集中的整体优势，项目实施由传统的组织管理模式，发展到大规模推行EPC建设组织模式；整体施工能力及专项技术实力明显增强，施工工效大幅提高。X80钢管线焊接经受住了冬季施工考验，焊接一次合格率达到98.26%，2747千米管线试压一次成功；单月最高线路焊接里程达306千米。对各种建设资源的统一组织协调能力大幅提高，系统内外超过200个单位直接参与工程建设，配套服务单位达到1000多个，高峰时现场参建员工近2万人。在对外协调中打破项目界限，进行区域化管理，与相关各方建立了长期稳定的合作关系，得到国家相关部委和沿线各级地方政府的大力支持。

西气东输二线工程西段于2009年底开始通气，率先到达乌鲁木齐，2010年输气量达到50亿立方米，2011年6月东段干线建成，随之全线投入运行，土库曼斯坦天然气顺利到达广州。预计2012年引进境外天然气达到300亿立方米的设计要求。

该工程在勘察设计、管材制造、施工焊接、防腐处理、安全应变等多方面取得了空前的技术进步，主要有：①研制并大规模开发了管线所用的X70、X80钢级高性能钢。通过一年半的时间，国内主要钢铁和制管企业实现了X80钢系列产品

400 万吨的大批量制造生产能力，创造直接经济效益 100 多亿元。②确立了中国独创的大口径高压螺旋缝埋弧焊管与直缝埋弧焊管在输气干线上联合使用的技术路线；③国内首次研究了高压输气管线动态断裂与止裂问题，并预测延性断裂与止裂韧性；④国内首次研究了油气管道基于应变的设计方法，解决抗大变形钢管在强震区和活动断裂层管段应用的技术难题；⑤研究开发高强度焊管的腐蚀控制和应变时效控制技术。这些研究成果虽然仍多属于跟踪研究阶段，较发达国家仍有差距，但都是在自主创新勇于开拓的精神指导下，组织多行业科研、设计、生产部门及院校协同攻关完成的。以此为基础，管道工程才得以高速优质完成，并在技术水平上进入世界先进行列。

建设西气东输二线对保障中国能源安全，优化能源消费结构；促进节能减排，实现科学、可持续发展，具有重要意义。全线投产后将使天然气在中国一次能源消费中的比重提高 1～2 个百分点，每年可替代煤炭 7680 万吨，减少二氧化碳排放 1.3 亿吨、二氧化硫 144 万吨、粉尘 66 万吨。同时，X80 钢系列产品的成功研发并全面国产化，使中国管道建设与国际先进水平差距大大缩短，拥有了标准上的“话语权”。同时也产生了巨大的经济拉动作用，带动国内机械、电子、冶金等几十个相关产业发展。

中国发展天然气战略又一伟大创举
——“川气东送”工程建成投产

2006 年 4 月，中国石化宣布在川东北地区发现了迄今为止国内规模最大、丰度最高的特大型整装海相气田——普光气田。普光气田位于四川东北地区，“十一五”期间，重点对这一地区的天然气资源进行开发和利用，命名为“川气东送工程”，包括勘探开发、集输净化、长输管道和天然气利用等上、中、下游多个项目，总投资 626 亿元。项目于 2007 年 4 月获国家核准，被列为国家“十一五”重大工程，视为等同于三峡工程、南水北调、西气东输、青藏铁路的国家重大工程。2007 年 8 月，工程进入全线开工建设阶段。

截至 2010 年 3 月，川气东送工程陆续建成投产。截至 2011 年 3 月底，川气东送天然气累计销售 52.6 亿立方米，日销量达 1500 万立方米，目前主要用户为四川、重庆、浙江、江苏等省市的化工企业。

川气东送管道是中国继西气东输之后建成的又一条能源大动脉，可以辐射 70 多个城市、数千家企业、近 2 亿人口，使沿线天然气供应量增加 29.1%，对于进一步完善天然气基干管网，推动能源结构调整和节能减排，促进中西部和东部地区经济社会协调发展，提高沿线人民生活质量，具有重要的意义。

初步测算，川气东送工程实现年输 120 亿立方米净化气后，相当于每年提供约 1457 万吨标煤的清洁能源，可减少二氧化碳排放 1697 万吨，减少二氧化硫等有害物质排放 80 万吨。预计拉动城市基础管网和天然气利用项目投资约 460 亿元。

川气东送管道工程全长 2196 千米，其中普光—上海输气主干线 1655 千米，达州专线 76 千米，川维支线 156 千米，南京支线 231 千米，江西支线 53 千米，金陵支线 25 千米。主干线设计输量 120 亿立方米/年，输气压力 10 兆帕，管径为 1016 毫米，管线材质选用 X70，防腐涂层为三层 PE 防腐。途经四川、重庆、湖北、安徽、江苏、江西、浙江、上海六省两市。全线设 32 座站场、95 座阀室。总投资 234.4 亿元。

2006 年 10 月，川气东送管道试验段开工。2009 年 6 月，普光—梁平、川维支线、达州专线具备投产条件；2009 年 10～11 月，梁平—武汉、武汉—上海主干线陆续投产，南京支线具备投产条件；江西支线 2010 年 6 月投产；金陵支线 2010 年 7 月达到投产条件。

川气东送管道是国内设计施工最复杂、最困难的长输管道之一。为确保管道工程建设的技术先进、经济合理、安全可靠和高效益，设计中采用了大量的新理念、新技术和新方法。设计理念和管理方式的创新，提高了设计成果的质量，缩短了交图时间，保证了项目的顺利开展，取得了显著的经济和社会效益，使管道与自然环境和人文环境和谐统一。作为国家的输气干线，川气东送管道天然气的供应安全要求非常高，为了提高天然气供应的安全性，从设计角度加强了对单气源、多用户、多压力等级管网的综合分析，根据各种可能发生的事故制定相应的调度措施和应急预案。为了确定最优的设计方案，设计采用了国际先进的 TGNET、Stoner、PipePhase 等工艺模拟软件进行相互验证，从静态到动态，进行了数千次不同工况的模拟计算，优化了压缩机、计量调压的工作参数，评价了不同调峰方案的可行性，为管道工程的优化设计、工艺操作、运行管理提供了强有力的支撑，并最终确定了最优化的工艺方案，使输送管道的管径、输送压力和压气站布局更加合理。采用国内先进的 PDSOFT 三维管道设计软件，实现了管道站场建筑结构、设备、管道三维模型的建立以及三维模型智能编辑、模型数据检查、模型碰撞检查与管理、可以直接用于现场施工安装的 ISO 图全自动生成等。尤其是三维配管的采用，使设计、采购、施工、监督等各方人员能更加直观地看到现场安装的实际情况，可以更全面、快捷地发现问题，减少失误，为确保工程安装设计质量及采购质量、现场施工质量奠定了良好的基础。管道站场设计中对输气站场的各个工艺功能区块进行了分类，并以功能区块作为模块化设计的基础，全线 30 座站场被分为清管装置区、过滤和分离区、压缩机区、计量装置区、调压装置区、排污罐区、放空区、加热装置区、辅助生产区等功能模块。对上述功能模块，设计采用了标准化设计和安装，即同一类功能模块具有同样的外观和安装方式、相似的设备材料等。站场模块化设计及实际建设结果表明：开展模块化设计，除了具有标准化设计、通用设计的优势之外，可以进一步实现设施、装置或工厂的工艺流程、处理规模等优化组合，进一步完善建设项目集中采购，进一步实现建设过程的工厂化预制、减少现场施工工程量，从而加快工程建设进度、减少建设风险；还可以实现操作和维护管理的统一、降低生产操作成本，强化整个项目生命周期的本质安全和高效运行。川气东送管道的一级地区主要集中在川渝、鄂西的山区地段，且较为分散。若严格按照地区等级来选择不同的设计系数，选取不同的管线壁厚，则山区段线路管道壁厚变化频繁，将会给采购、运输带来较大的困难。同时，因为山区地段管线起伏较大，受力情况也较为复杂，频繁的壁厚变化更容易造成应力的集中，也会影响今后的清管和智能检测，给管道的安全平稳运行带来隐患。为了解决这一问题，综合考虑采购、运输、施工和管理等各方面的因素，将一、二级地区统一归为二级地区，这样虽然使耗钢量略有增加，但却为管道的安全运行奠定了坚实的基础。弹性敷设是线路设计中应该优先选用的管道敷设方式，但由于川气东送管道的山区主要集中在川、渝、鄂三地，山高沟深、地形起伏剧烈，对于主干线来说，要实现弹性敷设的 1000D 以上的曲率半径非常困难，具有很强的挑战性。设计过程中充分利用了1:50000地形图、卫星图、DEM 高程数据等多种手段进行辅助选线，利用一体化设计软件进行辅助设计，对全线路由进行了多次反复的比较，尽可能地利用有限的有利地形，采用弹性敷设，减少弯头弯管的使用，最大限度地减小施工的难度，降低了工程成本，达到了管线路由经济、确保管道安全运行的目的。

川气东送管道所经地区山峦起伏陡峭、丘陵沟壑发育，水网纵横交错，地形复杂和自然环境恶劣程度在国内外管道建设史中罕见；东部沿海地区经济发达，城镇密集，所经重庆、武汉、南京、上海等大城市境内规划复杂，获取线路通过权困难重重。在以上地区建设大口径、高压、长距离输气管道，在路由审批、设备材料的选择、大型穿跨越、管道与伴行路的协调、山区和水网管道的布管焊接、管沟开挖回填、扫线试压、水土保持、环境的保护等方面都面临严峻的困难和挑战。

管道主管径为 1016 毫米，每根管道长约 12 米、管壁厚 21 毫米、重量 6 吨左右。管道要翻越“难于上青天”的巴山蜀水，其施工难度超出了常人的想象。在绵绵蜀山中，个别地段的管道不但要爬越近 90 度的陡坡，还要战胜深不见底的溶洞和山间沼泽。施工要解决管道运输难、安装难、焊接难等难题。施工中，曾发生过 10 多次塌方、特大涌水、涌泥和瓦斯气体大量逸出等险情。其中四川普光—湖北宜昌为山区段，全长 843 千米，沿线山势险峻、沟壑纵横，途经山体最大坡度达 85 度，贯穿山体隧道 72 处，总长约 92.7 千米，累计用去 3552 吨炸药、440 万个雷管。湖北宜昌—上海为平原段，该段河网交织、湖泊众多、堤垸纵横，管道干线共穿越河流 501 次，穿越长江 7 次，这在国内管道建设史上还是第一次。

为了确保管道敷设合理、施工安全，先期对全线进行了工程地质、水文地质和岩土工程调查，尤其是不良工程地质条件（如滑坡、崩塌、泥石流、高边坡、岩溶、高烈度地震区等）及特殊工程地质条件（如膨胀岩土、污染土、软土）的位置、规模和发展趋势，线路沿线分布断裂的性质和活动性等，聘请了国内各有关方面的专家进行了多次的专题研究，根据这些研究成果，提出了具体可行的设计和施工方案，解决了管道建设中遇到的工程地质、水文地质、山区高落差和岩土工程中存在的难题。

（1）山势服从大管道走向理念得到创新。川渝、鄂西地区连绵 620 千米高山峡谷，其中最大落差 1640 米，局部最大落差 830 米，管道沿线地形地貌极其复杂、崇山峻岭、植被茂密、气候多变，在这样的地形条件下铺设 1016 毫米的大口径管道是一严峻的挑战。根据工程特点和难点，提出了 36 字的设计总体要求：“认真路由勘察、拓宽设计思路、保护生态环境、减少施工难度、规避各种矛盾、确保设计优秀”。按照“有利于降低施工难度，有利于减少与地方各种关系冲突，有利于减少对环境的破坏，有利于管道后期安全运行”的 4 个“有利于”的指导思想，对线路路由进行优化。遵循“管线既能跨越又能穿越的，优先采用穿越方式；管线可山上敷设和山下敷设的，优先采用山下敷设；可采用山体隧道也可爬坡过山的，优先采用山体隧道；可采用定向钻穿越也可盾构、钻爆穿越的，优先采用定向钻穿越；管线既可穿越也可沉管的，优先采用沉管方式”等 5 个“优先”的原则，对设计方案进行优化。

在传统的长输管道设计中，一般认为隧道和桥梁主要应用于公路、铁路，是一种高投资长工期的施工作业方式，并成为了一种思维定势，具体体现在线路路由选择时优先选择较为平缓的地势，竭力避开悬崖峭壁、深沟险壑，即使线路长度增加也在所不惜。川气东送管道工程通过增加山体隧道等方式，改变了过去在高山峡谷中铺设管道的传统方式，变爬坡沿谷敷设为凿洞架桥，这一设计理念的更新和施工方式的改变，使管道敷设更为顺直，运行维护更加安全便利，同时也更好地保护了环境，减少了植被破坏和水土流失，节约了大量工程投资。

（2）大型跨越野三河双管悬索桥创世界纪录。由于国内还没有管道悬索桥方面的设计和施工规范，悬索桥项目参照了公路悬索桥和管道跨越两个领域的设计规范，并经过多次专家论证会，组织了野三河悬索桥跨越工程的风洞试验，完成了研究报告，颤振、涡激振动、抖振等各项抗风能参数指标的测定，最终确定了该工程的设计和施工方案中的各项参数，这在管道悬索桥设计、施工领域开创了先河，也为将来国家制定管道悬索桥设计和施工规范提供科学数据和参考依据。在国内首次运用 ISRS 理论，在建设期对野三河悬索跨越关键控制性工程进行风险评价和危害识别，通过试验和技术分析，掌握关键数据，为优化设计及施工技术提供可靠依据，从而确保了工程建设的安全。经过对野三河悬索桥工程施工难题的深入研究，主要围绕大型钢结构主塔分段吊装技术、导索过河及循环索架设方案的选择、猫道结构形式的选择、主缆索股牵引施工方法、主缆基准索线形的观测与调整方法、板梁起吊及平移工艺、主缆吊机跨越索夹和吊索的施工方法、11 吨单根缆绳架设工艺、缆绳拉到对岸后下放的工艺、悬索桥在施工过程中桥体结构的几何形状变化控制方法等方面进行了创新性研究。历时 7 个月顺利完成了工程建设任务。

（3）因地制宜，完成 7 次长江穿越。对于大型河流的穿越，由于不同地区工程地质和水文地质的复杂性和差异，历来是管道工程建设的难点，常常作为控制性工程先期建设，以应对穿越风险带来的影响。针对大型河流的不同工程地质和水文地质条件，经过缜密的施工方案分析和反复比较，有针对性地采用了钻爆隧道、盾构、定向钻等不同的穿越方式。其中忠县长江穿越隧道是川气东送管道工程五大长江隧道穿越之一，是唯一采用钻爆法施工的过江隧道，有“川气东送管道工程长江钻爆第一穿”之称。隧道穿越轴线位于重庆市忠县和石柱县之间的长江鲤鱼碛江段；隧道设计采用“斜井—平巷—斜井”布置方式，工程全长1400米。川气东送管道工程安庆长江盾构穿越隧道始发井位于长江北岸安庆市海口镇南埂村，接收井位于长江南岸池州市东至县大渡口镇杨套村。安庆长江盾构隧道穿越具有江面水域宽（2.1千米）、隧道长（2.77千米）。隧道穿越地层主要为粉细砂和中砂混圆砾地层，尤其是安庆长江隧道接收段地层为粉细砂层，紧靠长江，地下水位高、水压大、地层稳固性差，极易使盾构机到达接收井内时发生涌水涌砂、隧道坍塌、地表沉降等事故。这给水下隧道特别是隧道贯通的各个施工环节带来极大的难度，成为施工的最大难点。改变了传统的接收段加固体采用注双液浆封堵渗水通道方案，提出了向接收井内灌水灌砂实现压力平衡，模拟盾构在正常掘进工况下掘进的新理念、新技术，最终实现了盾构隧道顺利贯通，实现了国内盾构隧道穿越粉细砂地层首次采用地压平衡法成功贯通接收的创新。南京长江定向钻穿越工程，在方案确定中大胆提出了分4次穿越长江主航道、辅航道及大堤的新理念，同时依托南京地区发达的航运，将重达60余吨的主河道穿越钻机设在汛期随时可能淹没的江心洲上，解决了大口径管道穿越预制场地不足的难题。工程施工中针对主航道长距离、大口径、粉细砂层穿越难以成孔的技术关键，辅航道及大堤岩石层、卵石层穿越要求工期长的难题，重点从控向工艺、钻进工艺、泥浆工艺、钻具配备等方面进行技术攻关，通过大胆创新技术、合理衔接工序、精心组织施工，仅用时40天就完成这一南京支线控制性工程的施工任务，为支线的顺利投产奠定了坚实的基础。九江长江定向钻穿越全长2198.1米，管径508毫米。定向钻穿越管线主要经过中等风化砾岩层和中等风化泥质粉砂岩，穿越岩石层总长度为1840米；两侧穿越点附近浅地层主要是粉质黏土、细砂、粉砂、圆砾，地质条件复杂多变。

（4）攻克山区高落差大口径管道建设难关。由于管线所经山地段落差大、坡度陡，原始地貌中局部地段坡度超过80度。常用的吊管机、挖掘机无法沿管线路径前行；地势险峻，常发生滚石、滑坡，人几乎无立足之地，安全风险系数大；管沟开挖难，平整度要求高；单管重量达6～8吨，运、布管难上加难；焊接质量要求超常，中间段焊道决不能割口返修。面对一项项技术难题，项目部组织研究开发了具有特色的小型轻轨加卷扬机运、布管技术，研究开发了轻型组装平台组焊施工技术，并在鄂西段齐跃山、天上坪、油竹槽等陡坡段现场进行了试验、改进优化及逐步推广，效果明显，研制的施工机具满足了高落差山区段管线运布管、组焊施工的需要，保证了山地管线施工的按期保质的完工。2008年5月1日完工的川气东送管道齐岳山陡坡段管道焊接安装工程，在1052米距离的管道安装中，陡坡高差547米，创国内陡坡段施工高差最大、陡坡轻轨运输距离最长新纪录，焊接一次合格率达100%，无一起安全事故，为今后在不同山区陡坡管道焊接安装提供和积累了宝贵的经验。

（5）攻克山区大口径管道试压难关。山区大口径天然气管道试压是工程遇到的 大难题。按照设计及施工验收规范，天然气管道试压分为强度和严密性试压两部分；施工要求用水分段强度试压、用气进行站间严密性试压两步。但管道工程有部分地区试压困难，有些地区地表及地下水资源匮乏，试压用水受到限制；特别是山区连续陡坡段分布、落差很大，受管道内静压头的影响，即使进行单段水试压，低点压力达到管材屈服强度值时，高点压力值也达不到强度试压值，无法用水试压；另外山区用水试压难以完全排净管中的空气，管道出现微小泄漏也难以查出。为此，借鉴国外管道设计和施工验收标准中允许对一、二类地区的管道用气试压的条款，在对管材止裂韧性进行计算复核基础上，对山区或缺水地区的

一、二类地区利用空气进行强度试压；站间采用空气分段进行严密性试压，代替整体严密性试压；分段连头焊口进行100%的X射线和超声波无损检测。气压试验在川渝、鄂西高落差地段线路成功实施，共有9个高落差段118.6千米管线采用空气进行了强度和严密性试验，完全满足设计和规范要求；单段试压最大落差达1058米，创国内同类管径试压落差之最。这为解决山区高落差和缺水地段管道试压创出了一条新路。

（6）焊接质量创国内新纪录。管道施工采用了世界先进的焊接工艺，主干线1635千米，16.47万道焊接都由根焊、填充焊、盖面焊组成，根焊采用手工下向焊技术，填充、盖面采用药芯自保护半自动下向焊技术，经过严格的射线和超声波无损检测，一次焊接合格率分别为99.03%（按口计）和99.61%（按口计），超过了世界发达国家管道焊接一次合格率96%的平均水平，创造了国内管道建设史上两项焊接新纪录。线路第32标段于2007年12月2日～2009年6月2日间实现焊接1737道口无返修，创长输管道建设1016毫米管径连续焊接1737道口无返修国内新纪录。

（7）自控、通信中采用新理念、新技术。自控、通信系统经过方案的优化比选，设备、仪表的择优选择，在总结国内外同类天然气管道自控、通信经验教训的基础上，采用了先进可靠的技术，实现了全线统一调度和管理，充分满足了企业现代化管理的需要。该工程采用的自控系统是目前国内外自动化程度最高的SCADA系统，该系统以电子计算机工作站为中心、以远程网络为基础，对管道运行全过程进行动态监视、控制、模拟、分析、预测、计划调度和运行优化；对工艺站场实行远程控制，遥测、遥调和遥控全线设备和运行参数，实现工艺站场无人值守远程操作和有人值守远程操作。该系统设计和配置的一体化、实用性、可靠性和先进性达到了国内外先进水平。川气东送管道工程通信采用了具有传输频带宽、通信容量大、传输速率高、衰耗小，不受外界电磁场干扰、抗化学腐蚀性强、扩容改造方便、保密性好的光纤通信。通过光纤通信通道可以进行音像传输，也可以传输SCADA数据，对管道运行全过程进行动态监视、控制、模拟、分析、预测和远程操作。光纤通信已被国内外管道公司选作长输天然气管道最佳通信手段之一。光纤通信的选用，使川气东送管道项目的通信系统赶上了世界发达国家的先进水平。光纤硅芯管敷设是国内近几年才开始使用的一种新技术，对于管道同沟敷设国内外尚没有相应的国家标准和规范，该技术仍处在一个认识和探索阶段。为此，项目部组织大量的技术交流、技术论证、数据计算、方案比选等工作，最终解决了硅芯管在山区、水网等特殊地段，与管道同沟敷设以及利用定向钻等方式穿越河流等技术难点，既保证了光纤工程的顺利完工，也为光纤施工积累了宝贵的经验，创造了长输管道光缆同沟敷设单盘气吹长2千米、单盘气吹敷设最大落差（830米）、单盘气吹敷设局部最大坡度85度3项国内新纪录。

（8）管道防腐达到先进水平。川气东送管道工程2170千米干线和支线管道全部采用了国际上最先进的三层PE（环氧树脂、胶联层、聚乙烯胶带）防腐，干线采用了内涂层；弯头、阀门、锚固墩及站内设施也采取了最优的防腐方案，进一步提高了管道整体防腐的可靠性；在阴极保护系统，自动化和数据采集的准确、及时、必要性方面均达到国内先进水平；在站场埋地管道实行阴极保护方面，防腐方案设计达到国内先进水平；在阴板保护站平均保护半径长度及防止工矿区杂散电流、电气化铁路、高压输电线路对管道防腐系统干扰方面，采纳总结了已有成功经验并有所创新；在深井阳极设计、材料的选择、施工方案、可靠性方面加以改进，使管道工程防腐系统设计和整体实施方案的先进性、经济性、适应性方面均达到国内先进水平。

川气东送管道工程使用的X70管线钢全部实现国产化。2006年2～10月，川气东送管道项目部组织了X70钢级大口径厚壁直缝埋弧焊管和热煨弯管国产化工作；编制了X70管线钢技术和制管技术规格书、X70热煨弯管用管线钢及管材的技术规格书。2006年10月23日，X70大口径厚壁直缝管和热煨弯管国产化工作通过专家鉴定，进入批量生产。开发的管材和弯管与进口同类产品相比，节约投资8亿多元，具有显著的经济和社会效益，填补了国内空白，整体技术达到国际先进水平。

为了建好川气东送优质工程，面向国内外厂商开放市场，择优采购物资装备。同时，按照工程需求，与国内企业和研究机构密切合作，实现了一批重大管材、装备的国产化，在普光气田主体及周边地区，采购国产高抗硫镍基合金钢油管620余吨，比进口节约资金7500万元，制造周期比进口缩短5个月；采用国产阀门3950台，比进口节约投资11.92亿元；长输管道大口径X70钢厚壁直缝埋弧焊管和热煨弯管首次全部实现国产化（分别由宝钢、武钢、南钢、鞍钢等厂供应），填补国内空白，节约投资8.02亿元。通过国产化，累计节约投资成本23.77亿元。

陕京三线进一步确保首都用气

2010年12月10日，来自长庆油田的天然气输抵河北，榆林—安平管线一次投产成功；20日，安平—永清管线建成投产，陕京三线与西气东输二线成功衔接，被并入全国天然气管网联网输气。12月31日，陕京三线天然气管道工程全线贯通。这条管道投产通气后，将为华北地区每日增加2000万立方米输气能力，提高北京瞬时接气能力。

陕京三线输气管道工程属于国家新建特大型输气管道工程，工程西起陕西长庆气区榆林首站，东止北京市西沙屯末站。

该工程共涉及陕西、山西、河北、北京3个省1个市的34个县区，2009年6月开工建设，工期18个月。工程总投资约140.80亿元，其中土建投资约15.79亿元。工程建设单位为中国石油天然气股份有限公司西气东输管道分公司，该输气管道工程全长1049千米，管道采用沟埋、隧道穿越、定向钻穿越、顶管穿越、大开挖穿越等方式敷设。穿越太行山、吕梁山、黄河和汾河等山川河流，跋涉896千米，东至北京西南良乡分输站。管道穿越高速公路11次和铁路13次，与二线并行500余千米，其间有50多次相互交叉，采取深埋处理。工程采用设计加PC模式，管径1016毫米，设计年输量150亿立方米。如每年按此输量供应，可替代2100万吨煤，降低二氧化碳排放约630万吨。线路经过的地区主要为“两原”、“二山”和“四谷”。“两原”指管道在吕梁山以西经过了晋陕黄土高原，太行山以东经过了华北平原；“二山”指管道横穿吕梁山、太行山；“四谷”系指管道经过了佳芦河谷、湫水河谷、东碾河谷、牧马河谷。输气管道线路经过了风沙草滩、黄土丘陵、河谷川台、山间谷地、土石丘陵、山地和平原6个地貌单元。

陕京三线管道所输天然气来自长庆油田、土库曼斯坦和哈萨克斯坦等中亚地区，输气能力是陕京一线和陕京二线总体输气能力的两倍还多。

实施原油资源多元化战略，中俄原油管道建成

中俄原油管道建设几经周折，历时10余年。早在1996年中俄两国领导人就“加强油气战略合作，建设中俄原油管道”作出重大决策。在中方不懈努力之下，两国政府于2009年4月最终签署了关于石油领域的政府间合作协议，中俄原油管道工程建设正式启动。

中俄原油管道起自俄罗斯斯科沃罗季诺分输站，止于中国大庆，全长近1030千米，其中俄境内管道长约65.5千米，穿越两国界河黑龙江的管长1.1千米，穿越出土点至漠河首站管道长7.4千米。中国漠河至大庆末站原油管道长925千米，管道设计年输量1500万吨，以后可提高至3000万吨。工程采用常温密闭输油工艺，管径813毫米，设计压力8.0兆帕，工程总投资约80亿元。2011年1月1日开始，俄罗斯将通过这条管道每年向中国供应1500万吨原油，合同期20年。

中俄原油管道是中国四大能源战略通道（中哈原油管道、中亚天然气管道、中俄原油管道和中缅油气管道）之一。漠河—大庆线是中俄管道在中国境内的工程段，2009年5月开工，2010年10月竣工。2010年8月，黑龙江穿越工程与两国陆上段管道成功连接，俄罗斯总理亲手开启中俄原油管道进油阀门。2010年12月，来自俄罗斯的原油顺利输抵中国大庆末站，中俄原油管道投油

全线贯通，实现一次试投运成功。

中俄原油管道分 3 段建设。俄罗斯境内段和中国境内段管道分别由俄罗斯管道输油公司和中国石油单独建设，其中横跨两国边境的黑龙江段的 1.1 千米管道，由中国石油和俄罗斯管道输油公司共同建设。

中俄原油管道是中国第一条通过多年冻土、森林地区的大口径、高压力、长距离和常温密闭输送的原油管道，沿途水系、森林、沼泽和冻土区间隔分布，地质条件复杂，森林茂密。管道不仅要穿越中俄两国的界河——黑龙江，还要经由中国最北端的大兴安岭林区。这里冬季最低温度达到 -50℃，积雪期长达 5 个月，厚度达 1 米以上，存在防火等级高、安全风险大、焊接保温难、永冻土施工难、设备材料运送难和机械设备降效严重等难题。

2009 年 5 月，中俄原油管道开工建设，由大庆、辽河、新疆、管道局等 8 支队伍在漠河首站至大庆末站 920 多千米间摆开战场。与此同时，被称为中俄原油管道控制性工程的黑龙江穿越工程开始紧张的勘察与筹备工作。

面对艰苦的自然环境，在近 17 个月的时间里，中国石油组织 37 个参建单位的广大建设者，以勇于开拓创新的精神，克服重重困难，创造了漠大线日焊接 9 千米的中国石油同管径管道的施工纪录；开创同纬度同地质条件下定向钻穿越河流先河；首次进行内管道低温施工；创国内管道工程途经林区多项先例；开国内永冻土区管道施工先河；首次在河流定向钻穿越中采用光固化套保护技术；创出安全环保无事故等“九大工程之最”。

黑龙江穿越工程的成败直接决定着中俄原油管道能否按期竣工。经中俄双方协商后，首创“封闭建设区”管理模式，大大节省了人员和物资往来的通关时间。黑龙江定向钻穿越工程是按照俄罗斯设计规范及技术标准进行设计，穿越管道设计压力 6.4 兆帕，管径 820 毫米，壁厚 15.9 毫米，采用 X70 级直缝埋弧焊钢管。双管同管径平行敷设，一条为主管道，另一条为备用管道，穿越出、入土点分别位于中俄两国境内，采用两台钻机双向对穿（美国奥格 DD - 1100 和 DD - 580，并使用国外先进的 Paratrack II 系统）、主管和备用管两次穿越方式。管线穿越水平长度 1150 米，穿越深度距河床底部 38 米，穿越经过地层有 9 ~ 16 米深的卵石层、17 ~ 20 米深的碎石层，其余为中风化长石石英砂岩和含泥碎石，岩层极为破碎，地质情况十分复杂，极易发生卡钻事故。因此，黑龙江穿越被业内人士称为“穿越禁区”，俄方业主称之为世界级难题，甚至是“不可能完成的任务”。整个穿越施工周期达 200 天。

在黑龙江穿越工程中，俄方业主要求中方对黑龙江水质进行监测，随时掌握管道建设对水质的影响，并对江底敷设管道的防腐性能提出极高要求。施工结束后，俄方采用馈电检测法对管道防腐性能进行严格监控，结果显示所获指标全部达到管道施工规范和检测方案要求。

在中俄原油管道建设上，安全的重点是防火。管道经过大兴安岭林区，而 1987 年的那场森林大火，时刻为建设者敲响警钟。为了保证林区施工安全，漠大线聘请当地林业部门监督施工全过程，严格落实各项防火规定，层层签订防火协议，强化构建地企联防的森林火险监测预警体系，在施工不停的情况下安全度过林区防火期。冬季施工交通运输风险多，人员设备保暖困难大，各施工单位加大投入，增加防滑防冻等措施，保证了施工安全顺利实施。建设过程中注意保护环境。管道施工尽量少占林地，杜绝乱砍乱伐，把 28 米宽的作业带减至 20 ~ 24 米，保持了原始森林 8210 亩。

中缅原油及天然气管道工程建设

中缅油气管道建设计划于 2004 年提出，2006 年 10 月 29 日，中缅双方就油气管道合作达成一致意见，2009 年 3 月 26 日，双方签署《关于建设中缅原油和天然气管道的政府协议》，2009 年 6 月 16 日，双方签署《关于开发、运营和管理中缅原油管道项目谅解备忘录》，为中缅原油管道建设铺平了道路。

2010 年 6 月 3 日，在缅甸米坦格河畔的管道施工现场，中缅石油天然气管道工程正式开工建设。根据协议，中国石油所属东南亚管道公司作为合资公司的控股股东，负责油气管道工程的设计、建设、运营、扩建和维护。

中缅原油管道在缅甸境内段长771千米，设计能力为2200万吨/年，管径813毫米。中缅天然气管道在缅甸境内段长793千米，年输气能力为120亿立方米/年，管径1016毫米。两条管道均起于缅甸皎漂市，经缅甸若开邦、马圭省、曼德勒省和掸邦，从云南瑞丽进入中国。

中缅油气管道境内段工程入境后，输油管道经贵州到达重庆，输气管道经贵州到达广西。国内段原油管道干线长1631千米，支线长43千米，管径分别为559毫米、610毫米和813毫米，设计压力8.0兆~14.7兆帕，设计原油年输量2200万吨，采用X70级钢管，设置工艺站场12座，阀室78座；天然气管道干线长1727千米，支线长856千米，管径1016毫米，设计压力10兆帕，设计天然气年输入流量120亿立方米，采用X70级钢管；中缅油气管道境内段工程预计于2013年建成投产。

中缅油气管道途经3个省1个直辖市、23个地级市、73个县市，穿跨越大中型河流56处，山体隧道76处。沿线地形地貌、地质条件复杂，地质灾害严重，是目前中国管道建设史上难度最大的工程之一。

2009年10月，在位于缅甸西海岸中部皎漂湾的马德岛，中缅原油管道项目30万吨级原油接卸码头工程正式开工。马德岛是中缅原油管道的起点，周边水域水深24米，地质条件、自然条件及水深条件较好，是皎漂湾内的天然良港，适合建设大型远洋油轮码头以及60万立方米原油罐区等储运设施。

中缅油气管道工程是建设国家能源通道的重要举措，也是推动国家西部大开发战略实施的重点工程。项目的建设，将在中国西南地区开辟新的油气资源陆路进口通道，促进中国能源进口多元化，增强国家能源供应保障能力；促进西南地区基础设施建设，优化西南能源结构，促进和带动云南经济社会发展，造福各族人民群众。

自项目开工建设以来，中国石油集团东南亚管道有限公司项目部始终将文明施工、环保施工当作头等大事来抓，严格按照HSE规程，努力实现施工现场零排放、零废弃、零污染的目标。目前原油码头建设工程顺利进入收尾阶段，未发生一起污染环境和破坏生态的事件，有效地保护了当地的生态环境，受到了缅甸官方的高度赞扬。

榆林—济南输气管道建成投产

中国石化榆林—济南输气管道工程，是国家“十一五”重点工程，也是国家继西气东输、川气东送等大型天然气管道项目之后建设的又一条重要输气管道。榆林—济南输气管道西起陕西省榆林市，东至山东省济南市，途经陕西、山西、河南、山东四省8个地（市）、22个县（区），全长1045千米，设计年输气量30亿立方米。其中，榆林—濮阳段818千米，管径711毫米，设计压力10兆帕；濮阳—济南段227千米，管径610毫米，设计压力8兆帕。全线设工艺站场12座、线路截断阀室46座，基础设计批复概算60.4亿元。2007年11月，该工程被国家发改委核准。

榆林—济南输气管道工程顺利建成投产，成为国家天然气干线管网的重要组成部分，该管道天然气主供河南（安阳、濮阳）、山东（聊城、济南），兼顾沿线陕西、山西的居民使用。管道建成投产对于调整中国能源结构，进一步开发西部天然气资源，适应沿海地区对天然气的迫切需要，推动地方经济发展，提高人民生活质量，改善城市生态环境，具有十分重要的意义。

榆济管线的气源来自中国石化华北分公司所属大牛地气田。大牛地气田位于陕西省榆林市及内蒙古自治区鄂尔多斯市境内，属于陕蒙鄂尔多斯盆地北部的塔巴庙区块，该区块地处伊陕斜坡北部东段，南和长北气田相连，面积为2003平方千米。经过多年的研究和勘探，已认识到区块内上古生界海陆过渡相和陆相含煤碎屑岩以及下古生界海相碳酸盐岩发育，具有良好的油气成藏条件，天然气资源丰富。根据2002年第三次资源评价结果，古生界总资源量为6716亿立方米，目前已在风化壳、太 2、山 1、山 2、盒 1、盒 2、盒 3 等层位获得工业气流，获得探明储量 2615 亿立方米，控制储量 1029 亿立方米，预测储量 1299 亿立方米，形成了大型天然气田的规模。

1985 年钻探的伊 24 井为该气田第一口天然气发现井。天然气以烃类组分为主，含少量二氧化碳和氮气，不含硫化氢，甲烷占烃类含量 89% ~ 96%。气田内部目前采用集气站节流降压、低温脱水的处理方式，无集中处理厂。气田从 2003 年开始进行开发先导性试验，2005 年开始大规模开发，已建成年产能约 24 亿立方米/年。目前，山东市场销售量约 14 亿立方米，河南市场销售量约 4 亿立方米，随着输气管道建设和下游用户市场的迅速扩大，正在加快油田开发建设。

榆济管道西起陕西榆林首站，东至山东齐河末站。穿越毛乌素沙漠、黄土高原、吕梁山脉、太岳山脉、太行山脉和黄河、海河、运河三大水系，所经地形地貌复杂，不良地质地段多，穿跨越多，施工难度大。工程于 2008 年 11 月开工建设，2010 年 10 月，榆济输气管道工程主体提前 2 个月全部建成，包括 1000 千米管道、12 条隧道、40 座阀室、12 座站场、49 条定向钻，16 条高速公路穿越、12 条铁路穿越，其他各类设施 707 次穿越等建设任务，并且为了保护环境，有 11 条隧道是为了避让红石峡风景区，桃花洞风景区和黎城水库等风景区，防护林区、水源地、煤矿开采区等地区。

干线自陕西榆林出首站后，从中国石油陕京二线和西气东输主干线之间通过，沿线穿越沙漠、黄土塬、土石山区、平原丘陵等多种地区，沙漠区域约 39 千米，黄土塬区域约 281 千米，土石山区域约 295 千米，平原区域约 430 千米。线路具体走向为：陕西榆林市榆阳区首站—佳县—山西临县—平遥—长治—河南安阳—濮阳—山东聊城—济南。

榆林—濮阳段长 818 千米，设计压力 10.0 兆帕，管线采用直径 711 毫米 X65 钢管。濮阳—济南段长 227 千米，设计压力 8 兆帕，管线采用直径 610 毫米 X60 钢管。濮阳支线：清丰分输站—中原油田柳屯增压站长度 5.4 千米，设计压力 3.9 兆帕，管线采用直径 508 毫米 L390 钢管。榆阳支线：榆林首站—榆阳麻黄工业园区线路全长 43.5 千米，供气管道设计压力为 4.0 兆帕，设计年输气量 0.5 亿立方米，管线采用直径 273.1 毫米 L245 钢管。榆林首站达到设计输量时，每年输送 31.6 亿立方米商品气，在陕西境内分输 1 亿立方米，在山西境内分输 1.5 亿立方米商品气，在河南境内分输 13.6 亿立方米商品气，在山东境内分输 15.5 立方米商品气。

全线共设置 12 座站场，其中首站（压气站）1 座、清管站 2 座、分输站 2 座，分输清管站 6 座、末站 1 座；管道沿线设线路截断阀室共 40 座，其中 RTU 阀室 8 座，同沟敷设 16 芯光缆。全线共有抢维修中心 3 座，即陕西抢维修中心、山西抢维修中心和河南抢维修中心；1 个调控中心，即济南调控中心。

管道途经黄土塬地区全长约 281 千米，地质条件复杂，地形地貌破碎，黄土梁峁连绵起伏，落差很大，山势陡峭，有的地段落差高达百米以上，黄土坡地形呈台阶状起伏，坡度一般为 13 ~ 22 度，有的达到 35 度；冲沟尤为险峻，两侧皆为接近 90 度的悬崖，深度一般为 15 ~ 50 米，有的深达 80 米以上。冲沟发育多成“V”型，冲沟切割较深，为典型的黄土丘陵沟壑地貌。这些复杂多变的地形地貌给管道施工带来了诸多不利因素，给土石方工程（管沟开挖）、水工保护、水土保持带来了相当大的困难；尤其是一些冲沟与黄土坡交错地段，地形复杂，地势险峻，施工作业场地狭小，按照传统大开挖法施工，不仅需进行长距离的土方倒运，而且必须有一定面积的超占地，使更多的植被受到破坏。同时由于冲沟两侧地势陡峭，地貌恢复与水工保护也相当困难。为此该管道工程采取斜井开挖法开挖管沟和溜管穿越法安装管道相结合的斜井穿越施工工法，取得了较好的社会与经济效益。

该工程在穿越部分公路施工时，采用泥水式盾构机进行顶钢套管替代原设计的顶水泥套管施工，节省了人力，缩短了工期，保证了质量，提高了效率，避免了路面坍塌风险。针对热收缩带（套）在弯头或焊口防腐方面存在的不足，榆济管道工程部分标段首次采用双组分环氧涂料补口技术。双组分环氧涂料补口技术是一种较新型的管道补口防腐技术，它以无溶剂双组分环氧涂料作为补口材料，具有涂装过程简单，修补方法容易，检验结果可靠等优点。经先进的科学手段检验，质量得到充分保证。

无溶剂双组分环氧涂料在项目上的应用也是科研成果快速应用于生产实践的榜样。项目建设初期经过初步的技术交流，决定在先期开工的线路标段中进行 2 千米的实验段。共计完成补口 198 道。试验过程中，生产厂家严格按照事先制定的试验方案进行实施，从焊口加温除湿开始，至喷砂除锈、3PE 接口处理（气体处理）、加温预热、涂料（底、面）涂刷、湿膜检测、保温固化、外观检查、防腐层厚度检测、电火花检测等全过程都得到了监理的确认。随后质检监督部门、工程管理部、分部、监理总部、监理四分部和涂料研发等单位共同对试验补口的外观、厚度以及漏点进行了实地检查，同时还抽样进行了黏结力的检测，检测结果为合格（防腐层与钢管黏结力达到 24.00 兆帕、防腐层与 3PE 层黏结力达到 9.14 兆帕）。对已完成施工的补口又再次做过实地检查，并随机抽取了 7 道补口进行了边缘剥离试验，两道补口进行拉拔试验，同时还对上述破坏性试验的所有补口进行外观、厚度和漏点的检测，结果全部合格。经专家研讨会议，同意了 100% 双组分无溶剂液体环氧涂料在本工程上的使用。至此该项技术便由科研课题正式成为了专利应用项目，并首次大规模地应用在了输气干线施工之中。

榆济天然气输气管道工程与数字管道系统同步建设。在建设过程中即把信息管理系统、大型数据库处理技术、地理信息系统技术（GIS）、全球定位系统（GPS）、遥感技术（RS）、空间数据采集处理技术进行了整合。并充分利用网络技术和多媒体技术展示工程建设中的各项信息。建立了中石化数字管道建设标准。

项目建设充分利用数字管道带来的便利，既为施工单位节约了建设成本，也提高了项目建设效率；并且外协部门用以采集录入外协办理情况；监理单位通过数字管道审批线路单位。该系统可以实时编制项目进度日报，避免了手工计算日报产生的误差；施工单位采集线路各项数据并上传至数字管道达上千万项；空间数据管理功能通过采集站场、阀室、标志桩等实物的三维坐标，将它们转变成可视模拟图形，随时进行监控；数字管道建设过程中纠正施工单位不规范信息采集上千项。

榆济数字管道可视化系统充分利用国家空间数据基础设施数据，并通过航空摄影测量和卫星遥感影像获得管线两侧 5 千米范围内 1∶50000 比例尺的最新的地形、地质、水文、环境数据，能够存储自施工开始至结束的所有数据信息。如能快速准确地在卫星图中定位焊口位置，并快速地获取焊口相关信息，如焊口前后钢管编号、材质、壁厚、防腐类型、施工标段、施工单位、焊接人员、防腐类型等。与过去传统数据存储方式相比，内容丰富，完整、准确、数据表达也更加直观，查询速度快。

榆济数字化管道与管道工程同步建设中采用网络技术，将管道施工设计图纸、施工数据、人员资料、管理文档等全部实现数字化管理，通过互联网传送到数据库中，将各个专业各个单位不同数据融为一个整体，有效地消除了“信息孤岛”，实现了信息的共享和协同工作。管道建设者可以通过互联网查看不同比例管道及其沿线周边环境的直观信息，也可查看某一天、某一道工序环节的进度，甚至每道焊口的焊工信息、无损检测影像。榆济线上的每根钢管都有完整的数据记录，从钢管厂制管，防腐厂防腐，再到中转运输，最后到施工现场，每个环节都有可追溯性数据跟踪，可以查出焊工档案、RT 射线底片档案、焊口的坐标值及埋深等基本信息。这些数据全部被存储在管道信息管理系统中。为今后管道生产运行、维抢修和完整性管理提供了必要的数据基础。“数字化”为各参建单位、项目经理部各部门之间提供了一个信息共享的数据网络平台。

该工程一般地段采用强制电流阴极保护，在部分特殊地段结合采用牺牲阳极保护；在高压电力线段，根据现场实测杂散电流的强度采取排流保护措施。管道全线建阴极保护站 10 座，均与工艺站场合建。

自动控制采用 SCADA（监控和数据采集）系统，由调度控制中心统一管理，调度控制中心设在济南，与济南调控中心互为备用。SCADA 系统采用全线调度中心控制级、站场控制级和就地控制级的三级控制方式，并对输气管道各站及关键线路远控截断阀室、阴极保护站等实施远距离的数据采集、监视控制、安全保护和统一调度管理。

该工程光缆通信系统被纳入山东天然气管道光缆通信系统，其结构体制与该网络完全兼容。按照技术要求，该工程采用链状结构，光缆采用与天然气管道同沟敷设方式，在末站实现与山东已建管道通信网络的互联互通。

管道建成后，将成立榆济输气管道公司，下设 1 个调控中心，3 个输气管理处，3 个维抢修中心，定员 403 人。

项目建设采用“榆济输气管道工程项目经理部管理下的专业承包商（E + P + C） + 工程监理”的工程建设管理模式。项目监理单位主要有胜利油田监理公司、胜利油田工程设计咨询公司、新乡方圆监理公司、中原油田监理中心。设计单位主要有中原油田设计院、胜利油田设计院。施工单位主要有河南油建、中原油建、胜利油建、江苏油建、中国石化第十建设公司等。

2008 年 11 月，工程正式开工建设，2009 年 11 月，濮阳—济南段管线建成投产，2010 年 10 月，全线投产。

榆济管道项目部已被国家安全生产监督总局列入全国“五个一百”HSE 管理体系建设示范单位名单。

榆济输气管线的建设工程投资 60.4 亿元，预计可带动国内钢材、设备、材料、施工及天然气利用等相关产业直接投资上亿元，产生巨大的经济拉动作用；另一方面，榆济管道建成后，将把鄂尔多斯盆地的天然气源源不断地送往管道沿线地区，提高了清洁能源比重，将十分有利于节能减排，每年可减少排放二氧化碳 1293 万吨，二氧化硫 14.4 万吨，氮氧化物 3.6 万吨，粉尘 6.6 万吨。

涩宁兰输气管道复线工程建设

为实现青海涩北地区的天然气充分外输，中国石油青海油田公司规划建设涩宁兰输气管道复线工程。管线除局部地段绕行外，基本与原涩宁兰管线并行或者伴行。复线工程设计商品输气量为 34 亿立方米。

2010 年 11 月 25 日，涩北—西宁段天然气管道复线建成并正式通气。涩宁兰复线西宁—兰州段于年底全线贯通。投产后，涩宁兰复线每天将输送 350 万～400 万立方米天然气，将极大地缓解西宁进入冬季后的用气压力。

涩宁兰复线管道全长 915.4 千米，管径 660 毫米，设计压力 6.3 兆帕。全线共设 7 座输气站场、35 座阀室，穿越大中型河流 7 次，穿越等级公路、铁路 39 次，总投资 37 亿元，由管道建设项目经理部组织建设管理，管道局为 EPC 总承包商。

涩宁兰复线投产后，与已经运行的兰州—银川输气管线连接，与西气东输管道和长宁输气相互调配气量，从而保证青海油田涩北气田天然气资源的满负荷生产，极大地提高向青、甘两省的供气能力，进一步释放涩北气田的产能，使其产量在 2010 年和 2011 年分别达到 80 亿立方米和 120 亿立方米。这项工程的建成将实现青海气田、长庆气田、塔里木气田西部三大主力气田的联网，使得三大气田天然气可以相互调剂、补充，增加青、甘、宁三省区供气的可靠性和安全性。

石兰和惠银原油管道全面建成投产

惠安堡—银川原油管道工程项目是国家实施西部大开发战略的重要工程之一，项目的建设将满足在建的中国石油宁夏石化 500 万吨/年炼化扩建项目原油资源需求，对加快宁夏石化布局的优化调整，促进宁夏经济社会发展具有重要意义。管道油源来自长庆油田，通过该管道工程的实施，可增加长庆油田北出口的外输能力，进一步提升长庆油田原油输送网络安全性、可靠性和灵活性。

惠银线设计输出量500万吨/年，管道长134千米，起自惠安堡首站，与长庆油田储备库毗邻建设，止于石空—银川原油管道末站，途经太阳山开发区、灵武市、吴忠市利通区、永宁县、银川市金凤区和西夏区6个县（市、区）。穿越高等级公路8条，穿越铁路4处，穿越河渠9条，定向钻穿越黄河1次。工程于2009年9月25日开工建设，2010年10月17日建成投产。

石空—兰州原油管道工程不仅拉动了地区经济发展，而且带动了机械、电力、通信、交通和建材等相关产业的发展，提高了兰州石化等国有大中型企业的经济效益，对促进西部地区经济和社会发展具有重大作用。同时，该项目满足了长庆油田快速上产和安全运行、建立灵活的原油外输网络的需要。管道建成后，减轻了油区内部管网负担，长庆油田南北区形成环形管网，各个油区间调运灵活，外部形成兰州、呼和浩特炼厂等多个出口，确保了长庆油田原油外输的畅通。

石兰线起自宁夏回族自治区中卫市中宁县石空镇，途经宁夏中宁县、中卫市沙坡头区，甘肃省景泰县、永登县、皋兰县及兰州市的安宁区、西固区，管道终点拟建于兰州西固区兰州商业储备库预留区内。线路全长约326千米，设计压力8.0兆帕，设计规模为500万吨/年。全线共设置石空首站、沙坡头热泵站、红湾热泵站、景泰热泵站、四墩热泵站、兰州末站6座站场。2009年9月25日，试验段开工建设，2010年10月建成投产。2010年12月，石兰线、惠银线生产运行权在宁夏银川市移交，管道公司长庆输油气分公司从管道建设项目经理部接过管道运行权。至此，这两条设计年输量各500万吨的原油管道已全面建成投产，并投入工业生产运行。石兰线、惠银线的全面建成投产，使长庆油田外输管道具备网络化和多出口特点，实现长庆油田整体效益最大化，对进一步做大做强甘肃和宁夏的石化产业，发挥甘肃能源大通道作用产生积极影响。

仪征—长岭原油管道工程建成投产

中国石化在湘鄂皖诸省沿江中上游地区共有九江、安庆、长岭、武汉、荆门5家规模不等的炼油化工企业。这些炼油企业都是沿长江而建，原料以进口油、胜利原油为主。

沿江中上游5家企业原油资源入厂，除荆门石化有南阳原油、江汉原油经管输到厂外，其余原油全部经由长江航道水运入厂，不仅原油运输成本高、损耗大、环境污染严重，而且原油江运容易受长江水情、风、雾、雪等影响，运输连续性差；同时大量的原油沿江长距离水运，占用长江这一黄金水道的运力，影响了长江航运安全，江运原油容易引发各种事故，对长江的航运安全和保护环境也十分不利。

仪征—长岭原油管道的建设，是中国石化为优化沿长江中上游5家石化企业的原油运输结构，保证沿江中上游石化企业原油的稳定连续安全可靠供应，减小原油运输难度，简化运输环节，降低原油运输成本，保护长江水环境，提高沿江石化企业乃至整个石化集团公司的竞争能力而采取的重要举措。

仪长管道工程对于提升中国石化的整体经济效益意义十分重大。沿江原油管道建成投产后，将与中国石化现有的甬沪宁、鲁宁和华北原油管网相连接，形成一个有机的、能够充分接纳国内外两种资源，连通华东、华北和中南地区的原油管道输送网络系统，可以做到北油南下、南油北上、东油西进，有利于完善中国石化管道网络，优化配置石油资源，整合上中下游综合实力。

国家发改委于2005年5月8日正式批复核准，管道设计输量2700万吨/年，设计压力10兆帕。线路全长979千米，其中干线773千米，支线（5条）223千米。干线起点是江苏省仪征市鲁宁线仪征末站，从江苏的仪征至湖南的长岭，总体走向自东向西，沿长江溯流而上，途经江苏、安徽、湖北、江西、湖南五省，经扬州、南京、巢湖、安庆、黄冈、九江、黄石、鄂州、武汉、咸宁、荆州及岳阳等地市。干线采用变径方案，最大管径864毫米。支线5条分别为怀宁—安庆、黄梅—九江、大冶—武汉、赤壁—洪湖、甬沪宁江北阀室—仪征首站。工程于2004年10月16日试验段开工，2005年12月5日～2006年5月28日分段投产陆续完成。工程实际完成投资45.39亿元。

管道沿线采用定向钻、顶管、平跨、开挖等方式穿越公路、河流、铁路521处，总计穿跨越长度38838米，其中管道采用盾构隧道、定向钻方式穿越长江3次，总计长度5550米。全线设置阴极保护站12座；线路截断阀室25座，其中设4座电动远控截断阀；光通信站18座。

管道全线设调度控制中心1处，由调度控制中心对输油管线进行生产调度管理；设输油站场13座，其中输油干线上有8座，分别为仪征首站1座，怀宁、黄梅、大冶、赤壁分输热泵站4座，和县、无为中间热泵站2座，长岭末站1座；支线上有5座，包括安庆、九江、武汉、洪湖末站、仪征江边计量间各1座。

管线输油采用先进适用的先炉后泵密闭加热工艺，数据采集和过程控制采用SCADA控制系统，实现全线集中控制，站场无人值守。为此，输油核心设备如输油泵从国外引进，提高可靠性和能量利用率。通信以光纤通信为主，邮电公网为后备通道的方案。供配电均靠城镇和依托沿线石化厂。其他公用工程均依托各石化厂。

仪长原油管道SCADA系统设立1个调度中心，由调度中心对管道沿线所属的13个站场和4个截断阀室的现场运行工况实现数据监控和自动化管理，同时调度中心把整个仪征—长岭的生产运行数据分别传输到徐州远程监视中心和中国石化ERP中心。

设计单位：华东管道设计研究院。施工单位：胜利油建、中原油建、江汉油建公司，中国石化第二、十建设公司等。监理单位：新乡方圆监理公司、南京长江监理公司、洛阳炼化监理公司等。

2004年10月16日，试验段开工建设，2005年11月30日具备了向安庆石化和九江石化输送原油的条件，比原定设计要求的投产时间提前了7个月。2005年12月5日，仪长原油管道实现分段投产；12月13日，管输原油抵达安庆石化，12月16日，管输原油顺利抵达九江石化。2006年5月25日开始全线投产，5月28日全线投产成功。

截至2010年底，仪长原油管道累计向安庆石化输油1983万吨，向九江石化输油1903万吨，向武汉石化输油1862万吨，向长岭石化输油1715万吨，向荆门石化输油1299万吨，5家炼厂基本实现了原油供应管输化。经测算，通过管输，每吨原油可降低运输成本30～40元不等，每年可为5家企业节约运输费用6.9亿元，经济效益十分显著。

首条兰郑长成品油南北大动脉建成

兰郑长成品油管道，是目前中国最大的一条成品油管道工程，是中国管道建设第四次高潮的开篇工程，是国务院实施西部大开发战略的重要举措。

兰郑长管道起自甘肃省兰州，途经甘肃、陕西、河南、湖北和湖南5个省67个市县，止于湖南省长沙市。管道支干线总长3214千米，设计最大年输量1500万吨，全线共划分为22个施工标段，干线管道系统设计压力为6.3兆～14兆帕，管径为508～660毫米；支线管道设计压力和管径与干线相比较小；管道全线选用3PE防腐，采用强电流保护为主、牺牲阳极保护为辅的阴极保护方案。管道具有距离长、口径大、压力高、多点分输和注入、多种油品顺序输送等特点。管道需穿越大中型河流70条，穿越铁路74次、高等级公路234次，隧道穿越15条；管道途经黄土高原、黄土丘陵区、六盘山、水网沼泽等复杂地形，多处还需经过自然保护区、文物保护区、矿区等难点地段；同时，管道沿线地形复杂，属于典型的大落差管道，其建成投产为国内积累了宝贵的技术经验。管道沿线共设各类站场17座、阀室96座；通信光缆与输油管道同沟敷设，采用SCADA系统进行远程数据采集和监控。

管道建设项目经理部负责工程的组织建设管

理，中国石油管道局为该项目的 EPC 总承包商，来自管道局一、二、三、四公司，大庆油建公司，华北油建公司，四川油建公司等单位的 22 支施工队伍，通过招投标的方式参与工程建设。

工程于 2007 年 8 月开工建设，2009 年 5 月兰郑长成品油管道兰州—郑州段按计划顺利建成投油，郑州—武汉（阳逻）段于同年 8 月按计划时间节点顺利建成投油。来自大西北的石油成品通过这条能源大动脉，被源源不断地输往中部中心城市郑州、中南部城市长沙，为中部经济的崛起“加油”。兰郑长管道与待建的锦州—郑州成品油管道共同构成国内目前最大的成品油管道系统。

珠江三角洲南方成品油大动脉建成

珠三角成品油管道由中国石化投资 30 亿元建造，以湛江为起点，以茂名为枢纽，东至惠州的大亚湾，途经广东省 11 个地市，全长 1150 千米。该工程于 2004 年 2 月动工建设，2006 年 9 月实现全线贯通，2006 年 11 月全线投入运营。

这条连接珠三角经济核心区和中国南方油城茂名的输油管道，是中国石化继 2005 年 12 月投入使用的西南成品油管道之后，在中国南方部署并建造而成的又一条输油大动脉。这两条总长 3000 千米、总投资达 65 亿元的输油管道建成运营后，大西南和珠三角“有油难调”的历史将一去不复返。

广东是经济发达地区，成品油消费量居全国之首，而珠三角地区消费量就占全省消费量的 75%。广东地处沿海，海洋运输发达，全省的油品主要靠海运。然而天气、码头、运力等因素影响到资源流动效率，成为成品油资源优化配置的瓶颈。

珠三角成品油管道全面建成投用后，这种被动局面有望得到彻底扭转。该管道具有集输点多、下载点多的特点，整个管网既可以连成一体进行系统运行，也可以针对区域性油品资源情况调整为若干子系统运行，并可以实现正反输流程，大大增加了油品调运的灵活性。

同时，珠三角成品油管道的建成投用，将给中国石化相关企业及地方经济发展带来新的便利。珠三角成品油管道将中国石化的茂名石化、广州石化、湛江东兴和海南炼化等企业连接在一起，确保这几个企业油品出路畅通，既有利于中国石化提高炼油能力，也有利于资源共享，优势互补，加快资源流动，对进一步降低企业的运输成本，提高中国石化销售企业的市场占有率和经济效益，极大地增强中国南方油品供应保障能力和市场调控能力，迎接成品油市场开放后面临的挑战，具有深远的影响。

中国石化于 2004 年 2 月批复该项目可研报告；2004 年 10 月批复油库配套设施初步设计，概算投资 4.04 亿元；2004 年 12 月批复管道工程初步设计，概算投资 25.43 亿元。

该工程内容包括珠三角成品油管道、油库配套、小虎岛油库和大鹏湾油库码头等四部分。管道全长 1150 千米，直径从 219 毫米到 406 毫米不等，设计年输量为 1200 万吨。管道西起湛江市东兴炼厂，途经茂名、阳江、江门、佛山、中山、珠海、广州、东莞、深圳及惠州等 11 个地市，沿线共设 20 座站场、2 座分输阀室、2 座调控中心及 2 个抢维修中心。配套油库工程涉及油库 19 座，新增库容 36.1 万立方米；小虎岛油库工程新建 50 万立方米库容、3 座油码头及配套工程；大鹏湾码头主要扩建 1 个 5 万吨级泊位及配套工程。管道采用高度自动化的单管顺序密闭输送成品油方式，输送介质为 90#、93#、97#汽油，0#柴油及石脑油 3 大类 5 个品种。

建设单位：中国石化销售公司。设计单位：洛阳石化工程公司、天津中德工程设计有限公司、华东管道设计研究院等。施工单位：胜利油田、中原油田、江汉油田、江苏油田、河南油田的油建公司，中原油田建安公司，中国石化第二、五、十建设公司，茂化建及武警水电部队等。监理单位：新乡方圆、洛阳炼化、徐州天正、南京长江、胜利监理、中原监理、北京金海湾、北京毕派克。

珠江三角洲成品油管道工程于 2004 年 6 月 18 日开工建设，湛江—茂名段管线（110 千米）于 2005 年 3 月底全线贯通，具备投油条件，2005 年 12 月 19 日投油试运一次成功；茂名—顺德段管线

(336.3 千米) 于 2005 年 12 月 5 日完工。2006 年 11 月实现全线投油。

珠三角成品油管道所经区域以水网、城区、丘陵为主，水田、沼泽和鱼塘段管道总长约 380 千米，占总长度的 33%。同时，珠三角地区城市化程度高，施工协调难度极大。管道全线定向钻穿越约 300 处，总长度约 130 千米，多数穿越地质情况复杂。尤其是珠江穿越，地下溶洞多，岩石地质复杂，实施定向钻穿越就先后更换了 3 台钻机，历时 8 个月才完成穿越任务。

为把珠三角成品油管道建设成为平安管道，沿线各级地方党委、政府把管道安全保护工作摆在非常重要的位置，陆续发布实施管道安全保护措施。中国石化销售西南分公司及项目管理部下足功夫，狠抓本质安全和内保工作，设立专门机构，配备专职人员，加强管道的日常巡护工作。政府和企业共同努力，为管道安全运行创造了良好的条件。

工程投产 5 年以来，油品顺序输送效果良好，通过界面仪提前切换尽量减少混油，一般通过回掺解决混油。输油数量基本按设计下载量执行，工程经济效益较好。

中国海油引进 LNG 工程开创新纪元

中国海油围绕 LNG 产业链，从传统的站、线、厂主业逐步延伸到了 LNG 加注、非管道运销、大工业/商业、替代燃料油等业务，“十一五”期间，中海石油气电集团建设并投产了国内首个 LNG 试点项目——广东大鹏 LNG 项目和国内第一个由企业自主引进和管理建设的大型 LNG 项目——福建 LNG 项目，以及上海 LNG、浙江 LNG、珠海 LNG 项目先后获得国家发改委核准，进入实质性工程建设阶段，海南 LNG、深圳 LNG、粤东 LNG 项目获得国家能源局批准，开展前期工作。广东、福建、海南、浙江东南沿海 4 张省级管网先后获得省政府批准并开工建设。福建莆田电厂一期项目圆满完成，标志着国内最大的燃气电厂正式投产运营。另外，“十一五”期间中国海油气电产业最大的亮点之一就是在全国率先提出并大规模开展了 LNG 加注业务。相对于传统的汽柴油车以及 LPG 车，LNG 汽车在安全性、环保性、经济性和便捷性方面具有综合优势，是天然气汽车的又一发展方向。在城市公交和出租系统先期推广 LNG 汽车，符合科学发展理念，是落实“节能减排”政策、治理大气污染、提高城市环境的有效途径。

经过 5 年的发展，中海石油气电集团在国内沿海 11 个省市投资建设了 39 个项目，已建成 LNG 接收能力 1240 万吨/年；建成运营配套输气管道长度 2493 千米；建成运营天然气发电装机 480 万千瓦（其中控股 363 万千瓦）；在广东、天津、浙江、福建等省份累计建成 17 座 LNG 汽车加注站，为近 2000 辆 LNG 公交车和出租车提供加注服务，取得了良好的经济效益，发展成为一个上中下游一体化的综合型清洁能源公司。

中国引进液化天然气先导试点项目——广东大鹏 LNG 项目

1995 年初，中国海洋石油总公司进一步确立了“油气并举，向气倾斜”的发展战略，并审时度势，提出利用国内外“两种资源、两个市场”，积极、慎重地引进国外管道天然气和液化天然气资源的主张。同年国家作出了战略性的决定，将进口 LNG 提上了研究日程，并由国家计委委托中国海油牵头组织开展东南沿海地区进口 LNG 的规划研究。

1998 年 10 月，朱镕基总理批准引进 LNG，并在广东先行试点。进口 LNG 对调整能源结构、改善环境质量、提高生活水平、促进经济与环境协调发展具有重要意义。广东大鹏 LNG 项目是中国引进 LNG 的第一个项目，标志着中国天然气开发利用跨入一个新的发展时期。

进口 LNG 是一项复杂的系统工程，不仅投资大，合同谈判周期长，国内没有成功经验可借鉴，而且还涉及资源采购策略、LNG 远洋海运等复杂的国际问题。

在人口稠密的大都市附近进行接收站和长输管道的建设，下游用户对气价，特别是对国际上惯用的“照付不议”的贸易方式缺乏了解，再加上天然气用于发电的经济风险较大，无论天然气产业链中的哪一个环节出现风险，都会迅速影响到整个产业链乃至相关行业，并且一旦正式启动使用，天然气将与自来水和电一样，成为社会生活的基础能源品，如何确保长期安全、稳定供气必须经过慎密规划和周密运作。

通过国际招标，广东大鹏 LNG 项目最终确定澳大利亚西北大陆架合营项目为供气商。25 年内，每年向广东大鹏 LNG 项目供应 370 万吨液化天然气。这是中国第一份 LNG 进口合同，也是澳大利亚有史以来签署的最大数量的单体出口合同。

广东大鹏 LNG 项目一期工程由 14 个相对独立而又相互关联的分项目组成，包括：LNG 接收站和输气干线项目，4 家新建的燃气电厂，深圳、东莞、广州、佛山及香港的 5 家当地城市燃气输配管网，1 家油改气电厂，以及建造 3 艘 LNG 运输船。LNG 接收站和输气干线项目是其中的核心项目。接收站位于广东深圳龙岗的大鹏湾秤头角，接收站设施包括了 3 个 16 万立方米的 LNG 储罐及其配套装置，输气干线包括支干线总长 380 多千米。站线项目采取中外合资、中方控股的方式，合资各方及股份比例为：中国海油 33%、广东省 31%、香港 6%，英国 BP 公司 30%。

广东大鹏 LNG 项目于 1999 年 12 月获准立项，2003 年 12 月 28 日正式开工建设，一期工程于 2006 年 6 月 28 日竣工投产，总投资超过 300 亿元人民币。2006 年 9 月 28 日，一期工程正式投入商业运行。2007 年 9 月 4 日，3 号罐竣工投产。2009 年 10 月 18～19 日，Q－Flex 型 LNG 船阿尔嘉莉亚号成功靠泊大鹏 LNG 码头并顺利卸载，这是中国首次接收 21.6 万立方米的超级大型 LNG 船舶，标志着广东大鹏接收站具备了接收当前世界超级大型 LNG 运输船的能力。至 2010 年底，广东大鹏 LNG 项目安全可靠平稳地向用户供气 1715 万吨，无损失工作日，无较大设备损坏事故，无较大工艺安全事故，并且接收站能力已从 370 万吨/年向 680 万吨/年发展。

广东大鹏 LNG 项目在国家统筹协调下，实施并采取了若干创新举措，开创了国内重大基础设施建设项目竞争性选择外商合作伙伴和长期资源供应商的先河。它不仅成功地实现了最佳伙伴和最佳供应资源条件等直接目标，而且通过上述竞争性选择过程，成功地带动了国内相关产业升级，参股上游资源开发、LNG 自主运输、LNG 运输船建造、燃气轮机技术引进国产化、国有企业国际化运作，并在贯彻执行国家能源安全战略等方面积累了宝贵经验。

通过广东大鹏 LNG 项目，开创了中央政府指导，业主牵头，地方政府支持，国内外企业参与，总体协调、辐射状管理的新路子，探索出了一个新的重大项目管理模式，并贯穿到具体项目的各个层面。为解决经济和社会持续高速发展必须面对的能源需求，尤其是对清洁能源的迫切需求问题，环保和运输等突出瓶颈问题，闯出了一条具有中国特色的能源供应和安全战略之路。

广东大鹏 LNG 项目的建成投产，对国内 LNG 产业和健康发展具有巨大的推动作用以及无可替代的示范作用，其经验与教训对保证和提高国内 LNG 项目工程建设质量和管理水平都具有深远的影响。

企业自主引进和管理建设的首个大型 LNG 项目——福建 LNG 项目

福建 LNG 项目一期工程是国内第一个完全由企业自主引进和管理建设的大型液化天然气项目，也是福建省和中国海洋石油总公司首次合作、共同推动的大型能源项目。

福建 LNG 总体项目一期工程包括站线项目，运输项目，莆田、晋江、厦门 3 个燃气电厂以及福州、莆田、泉州、厦门、漳州 5 个城市燃气利用工程等 10 个分项目，一期工程总投资 240 亿元人民币。2003 年 2 月，福建 LNG 总体项目获批准立项，2004 年 12 月获国家发改委正式核准。

福建 LNG 项目一期工程资源供应方为印尼东固项目，建设规模为年接收 260 万吨 LNG。LNG 接收站位于莆田秀屿港，一期工程主要设施包括 1 座停靠 8 万～16.5 万立方米 LNG 船码头、4 座 16 万立方米的地面全容式混凝土 LNG 储罐、LNG 汽化设施及辅助工程设施。港口工程总海域使用面积约 130 米×104 米。输气干线全长 356 千米，途经福州、莆田、泉州、厦门和漳州五地市。一期工程于 2005 年 4 月开工，2008 年 4 月顺利接收第一船 LNG 用于调试，接卸首船 LNG 仅用了 131 小时，创造了大型 LNG 项目首船 LNG 接卸时间最短的新纪录。

2009 年 2 月，福建 LNG 项目投入商业运营。福建 LNG 项目完全由企业自主引进、建设并管理，在各方的大力支持下，成功投产并平稳过渡至商业运营，LNG 接收站建设和管理达到国际同类水平。探索建立了适用于 LNG 项目的 WBS 和 CBS 模式，有效进行四大控制。至 2010 年底实现接收站安全运行 980 天，输气干线安全运行 948 天，创造了大型 LNG 项目建设连续安全生产 2687 天的新纪录。

福建 LNG 项目的建设并投产，有利于优化福建省以及海峡西岸经济区的能源结构，为福建和海西经济区提供清洁能源保证，以清洁能源推进节能减排和建设环境友好社会，提升城市化发展水平。同时，项目对国内相关产业的带动效应十分显著，带动了 LNG 船运、燃气电厂、供气管网、冷能空分利用、液态分销等 LNG 利用项目的良性发展，LNG 产业集群初现雏形。

2008 年 12 月底，新增 3、4 号储罐开工建设，计划 2011 年投用，届时福建 LNG 接收站存储能力将达到 64 万立方米，成为国内 LNG 存储能力最大的接收站。

江苏 LNG 项目建设

由中石油股份公司、太平洋油气有限公司、江苏省国信资产管理集团有限公司共同建设并运营的江苏 LNG 项目合资经营合同 2009 年 3 月在北京签署，三方分别持有合资公司 55%、35% 和 10% 的股权。

江苏 LNG 接收站项目由人工岛、LNG 接收站、码头栈桥、海底管道组成，一期工程投资约 60 亿元。接收站位于江苏如东县距海岸 14 千米的西太阳沙人工岛，建设 2 座 16 万立方米超低温（-162℃）全容式储罐和汽化设施，占地面积 0.3 平方千米，建设 LNG 专用码头 1 座，可以停靠世界上最大的 26.7 万立方米 LNG 运输船。

项目分两期建设，一期规模为年处理 LNG 350 万吨，提供天然气 48 亿立方米；二期规模增至处理 LNG 650 万吨，供气 87 亿立方米。主要接收来自卡塔尔等国家的 LNG 资源，通过输气干线与西气东输管线、冀宁联络线联网，形成多气源互补互备安全供气。

该项目由中国寰球工程公司 EPC 总包，2008 年 1 月开工，2011 年一季度竣工。2011 年 5 月第一船 LNG 来自卡塔尔顺利停靠接卸，该船全长 315 米，宽 50 米，船容积 21.6 万立方米，半载 14.5 万立方米 LNG。该船是目前国内已接卸的最大 LNG 船。江苏 LNG 接收站卸载总管长度 1970 米，管径 1016 毫米。严格控制系统预冷温度下降速度是确保 LNG 接收站安全平稳投产的关键。

曹妃甸 30 万吨级深水原油码头建设

曹妃甸 30 万吨级原油码头工程是中国石化为解决华北各炼厂海上进口原油供应而兴建的。曹妃甸位于唐山市南部沿海地区，是一个带状沙岛，距离大陆岸线约 20 千米，水深 25 ~36 米。由曹妃甸向渤海海峡延伸，有 1 条水深达 27 米的天然水道通向黄海，构成了曹妃甸建设大型深水港口得天独厚的优势。这里 30 米水深岸线长达 6 千米，且不冻不淤，是渤海唯一不需要开挖航道和港池即可建设 30 万吨级大型泊位的天然港址，2005 年批准首钢迁址到此，经过多年填海造地和基础设施建设，已初具工业交通基地规模，因此选址在此建港是比较理想的。

曹妃甸码头设计卸油能力 2000 万吨/年，工程用海面积核定为 80.1 公顷（0.8 平方千米）。总投资 6.5 亿元。2005 年 12 月项目可行性研究报告获得批准。

工程内容：建设 30 万吨级原油卸船泊位 1 座（卸油船型 30 万吨级，最大兼顾 45 万吨级，最小兼顾 15 万吨级船型）。泊位卸船能力约 2000 万吨/年，考虑到风浪和雾天情况，年作业天数为

290天。泊位总长522米；引桥长783米，净宽8米。同时预留了二期30万吨级原油卸船泊位1座。码头采用蝶形布置，由1个工作平台、2个靠船墩和6个系缆墩组成，工作平台面积为45米×35米，上面布置4台DN400输油臂（3用1备）、1个码头综合管理楼以及辅助的水、电、通信等设施。消防系统采用固定式水冷却和泡沫灭火方式，消防监控管理系统采用SCADA控制系统，该系统主要完成消防自动给水及自动泡沫灭火系统的各液位、压力、控制阀的监测、管理和控制等。

码头工程共打钢管桩310根，现浇混凝土6万立方米，钢管拱桥6榀、人行桥8榀。

码头作业采用SCADA系统，配有激光靠泊仪、紧急离泊系统，自动化程度较高。卸船原油通过两根管线接至曹津输油管线首站库区：曹妃甸油库有8座10万立方米储罐，然后经190千米曹津管线将原油送至天津大港中转站，分别送往津、京、冀各地的炼化企业。目前已顺利接卸了多种原油包括沙特的轻油、重油，阿曼原油，伊拉克巴士拉油，伊朗重油、轻油，巴西荣卡多油，安哥拉的凯萨杰油，罕戈油和芒都油，俄罗斯乌拉尔油，刚果杰诺油，科威特原油等。现在油库和码头统一管理，定员111人。

码头和引桥基础结构采用钢管桩方案，码头靠船墩和系缆墩基础采用高桩低承台锥体结构方案，工作平台采用高桩高承台结构。引桥墩采用高桩高承台结构。引桥采用六跨下承式钢管混凝土系杆拱桥，整体简支，单跨全长122米，矢跨比1∶6。人行桥采用全焊简支钢箱梁。永久护岸和临时围堰均采用抛石堤心，扭王字块护面结构。

工程采用项目经理部管理下的专业承包商+工程监理的建设管理模式。由中交水运规划设计院实施EPC总承包。

2006年3月，码头试桩工程开工。2007年12月，码头主体交付安装，油库储罐主体完成安装。2008年8月，3艘油轮成功靠泊卸油。在历时两年多的建设时间里，克服了当地风大潮急，冬季时间长、有效作业天数短，海上施工风险大等多种困难，不仅按期圆满完成了工程建设任务，还在建设过程中创造了中国水运和港口工程建设领域“三个第一”的新纪录：码头钢管桩的单桩直径最大、长度最长、重量最重；码头靠船墩、系缆墩的钢套箱体积最大、重量最重，钢套箱海上安装施工形式为国内首创；曹妃甸原油码头引桥的海上吊装施工中，采用了单跨引桥陆上预制、海上整体吊装的技术，每个拱桥实际吊装重量达610吨，是迄今为止中国水运工程领域所进行的长度最长、重量最重的钢拱桥一次性海上整体吊装。

曹妃甸30万吨原油码头自2008年8月成功接卸首艘油轮以来，已接卸了来自阿曼、巴西、科威特、沙特、安哥拉、刚果、俄罗斯、伊朗、伊拉克9个国家共计13种原油，累计接卸30万吨油轮52艘次，接卸原油1005万吨，其中2008年接卸6艘次，2009年接卸8艘次，2010年接卸31艘次，2011年截止到2月接卸油轮7艘。创造经济价值约1亿多元，为缓解华北地区原油供应紧张作出了积极的贡献。

炼油和石化工程建设成果

海南建成中国首座大型整体全加氢型炼油厂

海南炼油项目早在 1990 年经国务院批复，历经 10 余年曲折反复，迁址易主，2003 年归属中国石化，2005 年正式命名为“中国石化海南炼油化工有限公司”。厂址位于海南省西北部的洋浦经济开发区，享受保税港区、经济特区和开发区的全部优惠政策。洋浦是中国与东南亚、中东、非洲最近的地区，这里毗邻北部湾，面临南中国海；拥有天然的深水良港和避风港，位于新加坡—香港—上海—大阪国际海运主航线上，地理和海运条件优越。于 1992 年国务院正式批准设立洋浦经济开发区，并赋予该开发区比其他国家级开发区、保税区更加优惠的政策，因此在这里建厂有利于充分利用国内外两种原油资源、调整炼油布局，对满足华南和西南市场并开拓国际市场、推动海南省经济发展，有着十分重要的意义。

海南炼油项目综合加工能力为 800 万吨/年，设计原料是由阿曼原油（640 万吨）、文昌原油（160 万吨）组成的混合原油，设计硫含量按 1% 考虑。项目建设内容包括：800 万吨/年常减压蒸馏、310 万吨/年催化原料预处理、280 万吨/年重油催化裂化及脱硫脱硫醇、60 万吨/年气体分馏、120 万吨/年连续重整、20 万吨/年异构化、10 万吨/年甲基叔丁基醚、120 万吨/年加氢裂化、200 万吨/年柴油加氢精制、30 万吨/年航煤加氢精制、6 万标准立方米/时制氢、8 万吨/年硫黄回收和溶剂再生、180 吨/时酸性水汽提、20 万吨/年聚丙烯等 15 套炼油化工生产装置，其中 310 万吨/年催化原料预处理、280 万吨/年重油催化裂化是国内单系列规模最大的炼油装置；总容量为 180 万立方米的原油、成品油及中间罐区，30 万吨级原油码头和 10 万吨级、5000 吨级成品油码头等储运设施；其他配套的公用工程和系统工程。水源来自松涛水库，污水回用率达到 95% 以上，COD 基本实现了零排放，全部指标达到国内清洁生产先进水平，部分指标达到了国际先进水平。工厂用电设双电源，一路来自洋浦电厂，一路来自三都变电站；供汽由 3 台动力锅炉和 2 台催化余热锅炉提供。工厂各主要生产装置均实行 DCS 控制，在管理上实现统一的 ERP 业务平台和“一体化管理体系”。建厂总投资为 116 亿元。工厂定员 500 人，高于亚太同行每万吨 1 人水平。

为了加工不同品种的重质含硫进口原油，项目采用最新炼油工艺技术，配置以常减压蒸馏—催化原料预处理—重油催化裂化/加氢裂化（CDU/VDU－RDS－RFCC/HC）的工艺流程方案。催化原料加氢预处理，中间馏分全加氢，汽油、航煤和柴油等进行加氢精制。该流程在轻油收率、综合商品率、产品质量和环境保护等方面具有明显的优势。轻油收率可达 80% 以上，综合商品率可达 93% 以上。产品主要有汽油、柴油、液化气、航煤、硫黄、燃料油、苯和聚丙烯等。汽油柴油产品满足欧洲Ⅲ类排放标准；航空煤油符合 3# 航空煤油标准。装置工艺技术详见表 1。

表1　海南炼油项目装置工艺技术

编号	装置名称	工艺技术路线	技术来源
1	常减压装置	电脱盐—闪蒸塔—常压塔	SEI
2	催化原料预处理装置	两系列两反应器，16 兆帕	FRIPP/RIPP/SEI
3	重油催化裂化装置	MIP 工艺	RIPP/SEI
4	脱硫脱硫醇装置	无碱环保工艺和醇胺法脱硫工艺	SEI/三聚公司
5	气体分馏装置	四塔流程	SEI
6	连续重整装置	RIPP 催化剂	购买 UOP 专利使用权/SEI
7	异构化装置	脱异戊烷 + 一次通过工艺	SEI
8	甲基叔丁基醚装置	混相反应工艺	SEI
9	加氢裂化装置	全循环	SEI
10	柴油加氢装置	催化柴油、直馏柴油，8 兆帕	RIPP/FRIPP
11	航煤加氢装置	低压临氢处理	FRIPP/RIPP
12	制氢装置	水蒸气转化法和 PSA 提纯	SEI
13	硫黄回收和溶剂再生装置	2×4 万吨/年制硫 +8 万吨/年尾气处理	胜利设计院
14	酸性水汽提装置	单塔低压汽提，不抽氨	SEI
15	聚丙烯装置	国产第二代环管法工艺	SEI

注：SEI——中石化工程建设公司；FRIPP——中国石化抚顺石化研究院；RIPP——中国石化石油化工科学研究院。

海南炼化注意保护海南岛优美环境，严格执行各项环保规定，同时配套建设污水处理、硫黄回收、污泥焚烧、水体污染防控等设施；厂区还设立了废水外排监控池和雨水监控池，有效防止周围环境水体受到污染。生产废气集中进行脱尘、脱硫。废渣则进行无公害处理。

海南炼化项目在设计上采取多项措施做到节能减排，虽地处亚热带高蒸发量地域，全厂吨油耗水仍控制在0.6 吨左右。炼油综合能耗已从设计的84.8 千克标油/吨原料下降至2010 年的64.74 千克标油/吨原料，下降了接近24%，相当于年节约标油16 万吨。万元产值水耗仅1.2 吨，万元产值能耗仅0.3 吨标煤，实现了经济发展与环境保护的和谐统一。

2004 年4 月前后，中国石化陆续批复工程总体设计和基础设计；2004 年9 月土建工程开工；2006 年5~7月，主装置陆续中交；2006 年8 月，常减压装置投料试车；2006 年9 月，全部装置投料试车成功并打通全流程，投入商业运行。2008 年7 月，项目通过了由中国石化与海南省政府共同组织的竣工验收。

该项目采用“IPMT（项目联合领导小组）+EPC（设计、采购、施工）总承包 + 监理”的工程管理模式。IPMT 下设项目管理部，负责项目建设过程中的具体管理工作。该项目由中国石化工程建设公司担任项目总体设计院。项目划分为若干个子项，由中国石化工程建设公司、中国石化洛阳工程公司、中国石化上海工程公司、交通部第四航务工程勘察设计院4 家单位实行 EPC 总承包。由中国石化第二建设公司、第四建设公司、第五建设公司和第十建设公司承担主要施工任务。

16 套生产装置中除催化连续重整外，全部采用中国石化自主知识产权的技术，设备国产化率达97%。主体设备除了聚丙烯挤压造粒机、包装码垛机、催化原料预处理进料泵、新氢压缩机、连续重整进料板式换热器、加氢裂化换热器等少量设备以外，其他均由国内制造。

在两年多建设期间，充分发挥先进项目管理模式的作用，确保了工程建设“投资、进度、质量、安全、合同”五大控制目标的顺利实现，达到国内先进水平：项目投资控制在批复概算之内并略有节余；项目实际施工工期22 个月，比正常合理工期缩短1/3，刷新了重点项目建设纪录。对部分关键作业集中管理，由于海南炼油项目大型设备比较多，需要的起重设备吨位大、费用高，而且大型设备吊装难度大，海南炼油项目采用了集中吊装的办法，委托中国石化第二建设公司承担大型设备吊装任务。这样，既保证了吊装质量和安全，又减少了吊车的进出场次数及所用台班量，节省了费用。同时，针对海南省气候潮湿，腐蚀性强，对项目防腐要求较高的特点，实行集中防腐和集中供应混凝土。所有钢结构、管道等防腐必须到防腐厂统一进行防腐，所有土建工程所用混凝土由混凝土搅拌站集中供应；海南炼化出具指导价，各承包单位与防腐厂、混凝土搅拌站协商确定防腐和混凝土实际结算价。

项目建设中，狠抓作业环节管理，坚持实行无土化安装，坚持特殊工种上岗制度，实行样板工程引路，适时组织工程质量检查，营造良好的氛围。通过严格管理，项目总体质量良好，主装置设备、管道、钢结构一次焊接合格率达到95%以上，土建工程质量全部合格。从奠基开工到建成投产没有发生任何重大安全事故。

工厂投产运行以来主要加工来自中东、西非、北非等地区的原油，国内海洋原油只占10%左右。每年加工原油基本达到满负荷，2007~2010 年分别为 795 万吨、783 万吨、822 万吨、847 万吨。产品流向海南、华南及西南等地区，部分汽油、柴油、航空煤油、车用液化气出口到港澳地区。自备的深水码头包括 30 万吨级原油、10 万吨级成品油在内的泊位 5 座，运行情况良好，年吞吐能力超过 2500 万吨。但由于产品品种不断增加，成品油泊位超负荷运行，需要适当增加。生产的汽柴油产品全部符合欧Ⅲ标准，部分达到欧Ⅳ标准。出口产品全部采用国际标准，汽油、柴油、航空煤油、车用液化气、硫黄、甲基叔丁基醚（MTBE）等产品已远销东南亚多个国家和地区，所有产品得到市场高度认可，取得了良好的社会效益和经济效益。投产以来，生产各类商品 3163 万吨，实现工业总产值（现价）1595 亿元，营业收入 1441 亿元，上缴利税 173.5 亿元。

青岛千万吨大炼厂建成投产

青岛炼化项目是由中国石化、山东省、青岛市合资建设，坐落在青岛市经济开发区。该厂地处黄海之滨，是中国北方最大天然良港，毗邻交通部黄岛 30 万吨深水进出口原油码头和通往北方各炼油厂及胜利油田的原油长输管线首/末站以及储备油库，原油及成品储运条件十分理想。该项目建设为适应当前进口原油急剧增长、国内油品市场紧张的新形势，并有利于推动环渤海经济发展战略的重大举措。工程按照“大型化、系列化、集约化、信息化”的原则规划建设，较好地体现出规模经济、技术先进、环保领先和效益显著等现代化建设特征，以及中国炼油技术发展和工程建设管理方面的一些新成果。项目总投资 125 亿元。占地总面积 2.22 平方千米。定员 500 人。

2004 年 6 月，国家发改委批复项目可行性研究报告；2005 年 11 月，中国石化批复项目总体设计；2006 年 12 月完成了 15 套生产装置及主要辅助单元的基础设计批复；2006 年 5 月，桩基工程开工；2007 年 3 月，设备安装开始；2007 年底，项目陆续建成中交；2008 年 4~5 月，各装置投料试车，打通全流程，产出合格产品。

青岛炼化原油加工规模为1000 万吨/年，设计原料为含硫混合原油，其中沙特重质油和沙特轻质油各占一半，全厂加工采用“常减压+延迟焦化+加氢处理+催化裂化”方案。生产汽油 258 万吨、煤油 52 万吨、柴油 398 万吨、抽余油 7 万吨、硫黄 19 万吨、苯 5 万吨、混合二甲苯 38 万吨，焦炭 44 万吨，液化气 71 万吨、聚丙烯 19 万吨、合计 912 万吨，轻油收率达到 75.32%，成品油质量全部达到欧Ⅲ标准。工程主要建设内容包括：1000 万吨/年常减压蒸馏、150 万吨/年连续重整（含苯抽提和二甲苯抽提）、250 万吨/年延迟焦化、320 万吨/年加氢处理、290 万吨/年催化裂化、催化干气及液态烃脱硫脱硫醇、60 万吨/年气体分馏、12 万吨/年甲基叔丁基醚、410 万吨/年柴油加氢精制、60 万吨/年航煤加氢精制、22 万吨/年硫黄回收、230 吨/时酸性水汽提、3 万标准立方米/时制氢、20 万吨/年聚丙烯、1000 吨/时溶剂再生等 15 套生产装置和相应的公用工程、辅助设施、生产管理系统。青岛炼化生产装置设计规模大型化，除常减压单系列 1000 万吨/年在当时国内首例外，410 万吨/年柴油加氢规模为国内最大；所采用的工艺技术绝大多数也是中国石化的自有技术，装置工艺技术详见表 2。

表 2　青岛炼化项目装置工艺技术

序号	装置名称	工艺技术路线	技术来源
1	常减压蒸馏装置	电脱盐—闪蒸塔—常压塔—减压塔	KBC 的深拔/SEI
2	加氢处理装置	RVHT 技术	RIPP/SEI
3	催化裂化装置	MIP - CGP 技术	RIPP/SEI
4	脱硫脱硫醇装置	常规 MDEA 胺法脱硫/纤维膜接触	MERICHEM/SEI
5	气体分馏装置	三塔流程	SEI
6	连续重整装置	RIPP 催化剂	UOP 专利使用权/FRIPP/RIPP/SEI
7	甲基叔丁基醚装置	混相反应 + 催化蒸馏工艺	齐鲁研究院/SEI
8	制氢装置	水蒸气转化法和 PSA 提纯	SEI
9	柴油加氢装置	FH - UDS/3963 催化剂	FRIPP/SEI
10	航煤油加氢装置	RHSS 技术	RIPP/SEI
11	硫黄回收装置	2 × 11 万吨/年制硫 + 22 万吨/年尾气处理	KTI
12	酸性水汽提装置	单塔低压汽提工艺	SEI
13	聚丙烯装置	国产化第二代环管法	SEI
14	延迟焦化装置	两炉四塔	SEI
15	溶剂再生装置	常规汽提	SEI

注：KBC——美国 KBC 公司，KTI——意大利 KTI 公司。

常减压蒸馏装置：单系列。装置采用电脱盐—闪蒸塔—常压塔—减压塔的工艺路线，并设有轻烃回收部分。引进了美国 KBC 减压深拔技术。

延迟焦化装置：由焦化部分、压缩吸收稳定部分组成。采用“两炉四塔”大型化工艺技术。加热炉采用多辐射室多火嘴卧管立式炉炉型，并采用先进的双面辐射、多点注气、在线清焦等技术。

加氢处理装置：由反应、分馏、脱硫和 PSA 氢气回收等 4 个部分组成。反应部分采用热高分、炉前混氢流程。分馏部分采用硫化氢汽提塔和分馏塔的双塔流程，并采用分馏进料加热炉流程。

催化裂化装置：工艺路线提升管部分采用中国石油化工科学研究院开发的 MIP - CGP 技术，所加工原料为经过加氢处理后的蜡油，催化剂采用选择性好、丙烯产率高、汽油烯烃含量低、水热稳定性好的超稳分子筛催化剂。提升管出口设快速分离系统（VQS）、底部采用新型预提升加速段；再生部分采用烧焦罐 + 床层的完全再生技术。能量回收机组采用烟机—风机—电机的三机组。

脱硫脱硫醇装置：包括气体及液化气脱硫部分、液化气脱硫醇部分、汽油脱硫醇部分。汽油脱硫脱硫醇装置采用美国 Merichem 公司的纤维膜接触技术，液化气脱硫采用通用的醇胺法（MDEA），液化气脱硫醇采用美国 Merichem 公司的纤维膜接触碱液抽提氧化技术。

气体分馏装置：为降低装置能耗，该装置选用常规流程的工艺技术方案，采用低温热水作为主要热源。按三塔（脱丙烷塔、脱乙烷塔和丙烷塔）流程设计，其中丙烷塔分为两个塔串联操作。

甲基叔丁基醚装置：将混合碳四馏分中的异丁烯与甲醇进行反应，转化为高辛烷值调和组分 MTBE 产品。该装置由混相反应、催化蒸馏和甲醇回收三部分组成。

连续重整装置（含苯抽提）：以常减压装置生产的直馏石脑油和加氢处理装置生产的重石脑油为原料，生产苯、混合二甲苯、高辛烷值汽油组分和精制石脑油。预处理部分采用先加氢后分馏的方案，重整部分采用超低压连续重整工艺技术（采用石油化工科学研究院的 PS - VI 催化剂和 UOP 重整技术），苯抽提部分采用环丁砜抽提溶剂和环丁砜抽提蒸馏工艺技术。

柴油加氢装置：以直馏柴油、焦化汽柴油和催化柴油的混合油为原料，经过催化加氢反应进行脱硫、脱氮，生产精制柴油，副产品为粗汽油。采用 MCI 技术，通过开发高活性 FH - UDS 柴油深度加氢脱硫催化剂及相关工艺技术，满足生产清洁柴油。装置由反应部分（包括新氢压缩机、循环压缩机、循环氢脱硫部分）、分馏部分及公用工程设施组成。

航煤油加氢装置：采用喷气燃料临氢脱硫醇 RHSS 技术。该装置由反应、分馏等部分组成，装置原料为常减压蒸馏装置生产的直馏煤油，反应部分采用冷低分、炉前混氢流程。

制氢装置：以 LNG、焦化干气或直馏 LPG 为原料，采用蒸汽转化法造气、PSA 法提纯氢气的工艺路线。生产两种规格的产品氢气分别供给加氢装置和聚丙烯装置使用，年产纯氢 2.27 万吨。

硫黄回收装置：工艺技术采用 Technip KTI 公司的工艺技术，采用“两头一尾”的配置方案。装置由制硫、液硫脱气、尾气处理、尾气焚烧及液硫成型五部分组成。制硫部分为两列设置，其他部分为单列设置。

酸性水汽提装置：按照加氢型酸性水和非加氢型酸性水分开处理的原则，采用单塔汽提工艺，将硫化氢及氨气全部汽提出，汽提后的酸性水部分回用。

聚丙烯装置：原料为气分装置提供的丙烯，由 1 条生产线组成，分为 9 个工段，主要有聚合和脱气、汽蒸和干燥、挤压造粒等。采用国产化第二代环管法丙烯成套工艺技术。

溶剂再生装置：采用常规汽提再生工艺，溶剂为复合型 MDEA 脱硫剂，装置由两套溶剂再生部分组成。

轻石脑油改质装置：以轻石脑油和液化气为原料，在非临氢的反应条件和 RGW－1 型催化剂的作用下，通过选择性裂解、异构、叠合、环化、芳构化和氢转移等一系列复杂的化学反应，转化为低烯烃含量的高辛烷值汽油和优质液化气。装置由进料加热炉、富气压缩机、吸收解吸塔等部分组成。

以创建世界一流绿色炼化企业作为建设目标，坚持环境保护和资源节约并重，在制定项目总工艺流程时，严格执行国内外最先进的环保技术，环保投资达 13 亿元，设置了污水处理厂、硫黄回收、水质污染防控等设施；并从美国贝尔格公司引进了烟气除尘脱硫 EDV 湿法洗涤技术，可使烟气中的二氧化硫排放达到 100 毫克/立方米以下、氮氧化物 180 毫克/立方米以下和烟尘 30 毫克/立方米以下，达到国际先进水平。投产后，工厂硫回收率达到 98.5%，污水回用率达到 96% 以上。装置综合能耗、新鲜水耗、污水排放量、COD 及硫排放量均达到环保领先水平。焦化装置每年生产高硫石油焦 100 万吨，其中 49% 作为燃料供给厂内 2 台锅炉，51% 出厂销售。

青岛大炼油工程采用“IPMT＋详细设计 EPC 总承包（透明采购）＋工程监理”的工程管理模式。中国石化工程建设公司承担项目的总体设计和基础设计。其他主要参建单位有：中国石化洛阳工程公司、宁波工程公司、上海工程公司、第二建设公司、第四建设公司、第五建设公司、第十建设公司。中国石化在项目管理方面经过多年锤炼形成的优势，在青岛大炼油项目建设中得到了充分发挥。

青岛炼化公司年加工 1000 万吨原油，主要加工沙特高硫重油、沙特高硫轻油、伊朗重油、伊拉克巴士拉原油。汽、柴油产品达到国Ⅲ标准，汽油主要销往山东、上海，柴油主要销往山东、安徽。

青岛大炼油工程于 2008 年 5 月开车成功后，实现了“当年投产、当年达标”，达到了国内外同类装置建设和开车的先进水平，当年加工原油 511 万吨，实现营业收入 262 亿元，为满足经济与社会发展的能源需求，为保证抗震救灾、三夏和北京奥运用油作出了积极贡献。2009 年，青岛炼化公司加工原油 947 万吨，炼厂开工率达到 95%，生产成品油 646 万吨，液化气类产品 72 万吨，实现销售收入 347 亿元，利税 99 亿元。2010 年，加工原油 1010 万吨，销售收入可达 450 亿元，利税 103 亿元。

福建炼油乙烯合资项目建设管理“以我为主”取得成功经验

福建炼油乙烯新建项目选址在泉州市泉港区石油化工基地规划区，地处福建省湄洲湾内澳南岸，总占地 4.79 平方千米。国家计委于 2002 年 10 月批复项目可行性研究报告，建设规模为炼油 1200 万吨/年、乙烯 80 万吨/年，由中国石化、福建省、美国埃克森美孚、沙特阿美四方合资（各 25%）建设。

福建炼油乙烯项目的业主是福建联合石油化工有限公司，其股东来自“三国四方”。代表中方的福建炼油化工有限公司是由中国石油化工股份有限公司与福建省石油化学工业公司各出资50%建成的石化企业，其前身是福建炼油厂（1989年1月创建，1993年9月建成投产）。埃克森美孚中国石油化工有限公司是埃克森美孚公司的全资子公司，是中国石化海外上市时的战略合作伙伴。沙特阿美中国有限公司是负责经营、维护及管理沙特的石油及天然气资源的沙特阿美石油公司的全资子公司。

项目充分依托福建联合石化公司现有400万吨/年炼厂设施，新建800万吨/年炼油装置，使总炼油能力达到1200万吨/年；新建80万吨/年乙烯裂解、80万吨/年聚乙烯、40万吨/年聚丙烯装置和1套70万吨/年芳烃联合装置、部分氧化/汽电联产装置；对现有炼油装置进行适应加工高硫原油的改造；建设与上述工艺装置相配套的厂内外公用工程与基础设施。新建的青兰山30万吨原油码头和60万立方米中转油库用于接卸原油，原油通过13千米的海底管线被输送到生产区，现有10万吨原油码头和库区经改造后用于液体产品的装船和储存。共新建和改造了23套炼油、化工装置及相应配套齐全的公用工程、配套工程系统。

炼油部分流程采用常减压—加氢处理—加氢裂化—催化裂化—溶剂脱沥青的加工路线，向乙烯裂解、芳烃提供原料。同时芳烃抽余油做乙烯裂解原料，芳烃部分利用富含甲苯、二甲苯的乙烯裂解汽油，且乙烯装置、重整装置给炼油装置提供氢气，生产清洁化汽煤柴油产品，实现炼油、芳烃与乙烯一体化的设计。高硫减压渣油采用溶剂脱沥青工艺，脱油沥青通过POX装置汽化后提供合成气做制氢原料。

乙烯裂解装置的轻、重石脑油，芳烃抽余油，加氢裂化尾油及炼厂粗丙烯等原料提供给乙烯装置，该装置每年可生产约80万吨乙烯、43万吨丙烯供下游装置生产聚烯烃产品。碳四作为甲基叔丁基醚及1-丁烯装置原料；碳六~碳八被送到芳烃联合装置回收苯、二甲苯；裂解燃料油及碳九产品作为燃料。

新建18套工艺装置包括：800万吨/年常减压蒸馏装置、260万吨/年轻烃回收装置、干气/液化气脱硫装置、液化气脱硫醇装置、280万吨/年柴油加氢精制装置、120万吨/年煤油加氢精制装置、210万吨/年加氢裂化、8万标准立方米/时氢气提纯、230万吨/年加氢处理装置、170万吨/年溶剂脱沥青装置、200吨/时含硫污水汽提装置、2×10万吨/年硫黄回收+尾气处理装置（含硫黄包装、成型、溶剂再生装置）、7万吨/年甲基叔丁基醚+1-丁烯装置、70万吨/年芳烃联合装置（包括140万吨/年连续重整及70万吨/年对二甲苯装置）、80万吨/年乙烯裂解装置（含50万吨/年裂解汽油加氢装置）、80万吨/年聚乙烯装置、40万吨/年聚丙烯装置、空分/部分氧化/制氢/汽电联产装置。

改造5套工艺装置包括：400万吨/年常减压蒸馏装置、190万吨/年催化裂化装置、50万吨/年延迟焦化装置、催化氧化脱硫醇装置、碱渣处理装置。

生产装置专利技术引进情况见表3。

表3 福建炼油乙烯项目专利技术引进情况表

序号	专利或设备名称	专利商
1	对二甲苯	UOP（美国）/中石化科技开发公司（ST）
2	乙烯裂解	ABB（美国）/ST
3	聚丙烯	NOVOLEN（德国）
4	聚乙烯	Univation（美国）
5	硫黄回收/尾气处理	KTI（意大利）
6	POX部分氧化	SHELL（荷兰）
7	酸性气脱除	LURGI（德国）
8	溶剂脱沥青	UOP（美国）
9	碱渣处理	US Filter（美国）
10	污水生化处理	US Filter（美国）
11	汽油脱硫醇及液化气脱硫醇	Merichem（美国）

该项目是目前国内第一个一次性建设炼油、化工、PX、IGCC的上下游高度紧密一体化的大型石油化工生产基地，也是目前国内最大的按国际通用的项目管理准则、程序，以中方为主，由中国石化独立组织实施的中外合资石化项目。

项目总投资341亿元，其中工程建设投资为314亿元。项目建成投产后，可年产高品质成品油746万吨、聚烯烃产品132万吨、对二甲苯70万吨等，炼油、乙烯的竞争力与目前亚太地区水平相比，将处于领先地位。同时，可产生和带动1500多亿元的产值链，对加快中国石化工业发展，推进海峡西岸经济区的建设，促进中国国民经济持续快速健康发展具有重要意义。

2005年7月在福建泉州举行了工程开工仪式；2006年10月，桩基工程全面开工；2008年9月，常减压装置率先建成中交；2008年12月～2009年7月，其他炼油和化工装置陆续建成中交；2009年5～9月，各装置先后投料试车，产出合格产品。建成一年多来，项目一直处于安全平稳运行之中。

在该项目的建设中，中国石化结合了20多年来组织管理大型石化项目建设方面的成功经验，充分发挥了中国石化在组织大型石化项目建设管理一体化（设计、采购、施工、生产准备、开车一体化）的整体优势，同时全面引进了国际先进的项目管理理念，大力推行以现代项目管理体系为核心，按国际惯例和机制来运作，采用了与国际接轨且符合中国国情的项目管理与建设模式，在项目管理的组织模式、制度标准化信息化、管理理念和管理方法及质量、HSE、投资、进度、内控流程和设计、采购、施工、项目团队文化的创立等方面，积累了一些创新的成果和经验，初步形成了一套较为完整的项目管理制度与程序。项目在建设前期阶段共制定了13个方面180个程序文件，在EPC阶段制定了18个方面374个程序文件。这些程序文件格式相对统一，一般都从目的、范围、定义、职责、指导、参考、附件（标准的各类文本、表格及报告模板）7个方面进行规范，注重可操作性和可执行性。

建设工程分为项目一部和二部两个部分。项目一部包括新建16套工艺装置、新建公用工程和辅助设施；采取PMC管理模式，PMC负责基础设计及对各装置的EPC或EP＋C承包商进行监督和管理等工作，还负责一部与二部的界面协调和管理工作。项目二部包括改扩建8套工艺装置、改造配套公用工程和厂外设施，采用业主直接管理模式，全面负责整个二部工程项目范围的建设工作。

主要EPC承包商包括：中国石化工程建设公司、洛阳工程公司、上海工程公司、宁波工程公司、南京设计院、扬子石化工程公司、茂名瑞派工程公司，以及中交三航院、中交水规院、胜利院、福建永福公司；

主要施工承包商包括：中国石化第二、四、五、十建设公司，北京燕化安装公司，茂名西南石化，福建省安装公司，福建省七建，广三、广四建，中建二局、三局等。

福建炼油乙烯一体化项目界面多，程序复杂，上、下游及公用工程高度紧密一体化和集约化，工程量巨大，投资高，并同期建设。根据分批次开车需要，项目要常处在“边施工、边试车、边开车”的状态，其安全风险不可估量。项目建设标准之高、安全质量要求之严、中间交接标准之苛刻在中国石化合资项目建设中都是罕见的。

项目启动初期，外方对中国石化大型石化项目的管理能力持怀疑态度，为了推进合资项目进程，“四方”通过公开招标聘请了由SEI＋ABB鲁姆斯组成联合体的PMC管理项目。关键装置乙烯、IGCC装置外方也坚持要有国际EPC参与EPC总承包（乙烯是SEI＋ABB鲁姆斯的联合体，IGCC是宁波工程公司＋美国福斯特惠勒的联合体）。这种模式在执行了一段时间后，其问题和弊病就显示出来：运作效率低下。由于外方对合资的态度一直不明朗，不仅使项目进展迟缓，且管理及项目费用居高不下，PMC费用还要花4亿元，乙烯装置的部分国外采购ABB鲁姆斯报价18亿元（实际中方采购只用了5亿多元），IGCC装置国外部分的基础设计福斯特惠勒报价2亿元。埃克森美孚和沙特阿美也提出了许多不符合中国国情的项目执行标准和规范，他们估算且坚持项目需要386

亿元的投资，建设周期要2009年底建成，2010年投产。在这种情况下，中国石化党组果断作出了“以我为主、推动合作、全面启动项目”战略决策，从中国石化系统内抽调了部分工程管理方面的精兵强将，成立了福建炼油乙烯一体化项目联合管理组（IPMT），终止了与ABB鲁姆斯的PMC合同，乙烯和IGCC装置分别由SEI、宁波工程公司独立承担EPC工作，从而以中方为主全面启动了项目建设。外方无论是在前期还是在项目的实施阶段，仅仅以顾问身份自费地加入到IPMT，为项目提供技术支持和“监督”，成为埃克森美孚、沙特阿美在全球第一个参与合资但放弃管理权的项目。中方承诺，项目投资控制在中国石化批准的概算以内，进度目标是2008年底建成，2009年开车。经过31个月的艰苦作战，项目按预定的投资、质量、安全、进度目标全面建成，并于2009年8月26日一次开车成功。其中，项目成本控制在327亿元以内，较可研投资节省约25亿元。

天津千万吨炼油百万吨乙烯一体化工程项目建成

中国石化天津100万吨乙烯炼化一体化项目是天津市建设国家级石化产业基地的特大型龙头项目。项目于2005年12月国家发改委核准。批复项目总投资268亿元。

中国石化天津分公司位于天津市东南滨海新区——大港区，原有炼油年加工能力500万吨；化工部分年产乙烯23万吨，对二甲苯33万吨，精对苯二甲酸30万吨，聚乙烯13万吨，聚丙烯6万吨，环氧乙烷3万吨，乙二醇5万吨，聚醚多元醇6万吨；化纤部分年产涤纶短纤16万吨，涤纶长丝9万吨。

天津100万吨/年乙烯炼化一体化项目总占地2.97平方千米，其中新征土地1.25平方千米。其中，新建100万吨/年乙烯工程占地面积1.82平方千米，1250万吨/年炼油改造工程占地面积0.92平方千米，热电工程占地面积0.18平方千米。乙烯部分包括：100万吨/年乙烯裂解装置、60万吨/年裂解汽油加氢装置、30万吨/年线性低密度聚乙烯（LLDPE）装置、30万吨/年高密度聚乙烯（HDPE）装置、45万吨/年聚丙烯装置、35万吨/年苯酚丙酮装置、4/36万吨/年乙二醇/环氧乙烷（EO/EG）装置、20万吨/年丁二烯抽提装置、12/5万吨/年甲基叔丁基醚/1－丁烯装置及配套的厂内公用工程和辅助设施。炼油部分以现有的炼油生产装置和相关的系统工程为基础，对现有炼油厂按加工高硫原油进行改扩建，包括新建1000万吨/年常减压装置、230万吨/年延迟焦化装置、180万吨/年加氢裂化装置、320万吨/年柴油加氢精制装置、120万吨/年蜡油加氢处理装置、80万吨/年航煤精制装置、100万吨/年重整—抽提装置、26万吨/年硫黄回收装置、溶剂再生装置、150吨/时酸性水汽提装置及配套的厂内公用工程和辅助设施。热电部分依托现有热电厂进行改扩建包括：新建3×420吨/时超高压再热式循环流化床锅炉及2×100兆瓦改进型抽汽凝汽式发电机组，全厂化学水、凝结水处理系统，220/110千伏总变电所，厂用电变电所及线路设施，外供系统管网等。各部分主要生产装置规模、技术路线和技术来源见表4、表5和表6。

项目建成投产后乙烯总规模达到120万吨/年，炼油综合加工能力达到1250万吨/年，形成中国千万吨级炼油和百万吨级乙烯一体化生产基地之一。

表4 乙烯工程主要生产装置规模、技术路线和技术来源

序号	装置名称	工程规模/（万吨/年）	工艺技术路线	技术来源
1	乙烯装置	100	顺序深冷分离流程、二元制冷技术	中国石化－Lummus
2	裂解汽油加氢装置	65	ST的裂解汽油加氢工艺技术	ST
3	EO/EG装置	4/36	METEOR技术	DOW
4	LLDPE装置	30	采用ST气相法冷凝技术	ST
5	HDPE装置	30	采用Innovene技术	Ineos

续表

序号	装置名称	工程规模/（万吨/年）	工艺技术路线	技术来源
6	丁二烯抽提/MTBE/1－丁烯装置	20/12/5	以乙腈为溶剂，通过萃取精馏方法从裂解碳四中生产丁二烯的节能型乙腈抽提丁二烯技术（SACN）工艺；MTBE 生产采用中国石化 ST 的催化蒸馏技术；1－丁烯生产采用中国石化 ST 的精密蒸馏技术	中国石化 ST
7	聚丙烯装置	45	采用 Spherizone 技术	BASELL
8	苯酚/丙酮装置	35	采用 UOP 技术	UOP

表 5　炼油工程主要生产装置规模、技术路线和技术来源

序号	装置名称	工程规模/（万吨/年）	工艺技术路线	技术来源
1	常减压装置	1000	电脱盐—闪蒸塔—常压塔—减压塔	KBC 减压深拔技术
2	加氢裂化装置	180	FRIPP 催化剂	FRIPP/SEI
3	蜡油加氢处理装置	130	RIPP 催化剂	RIPP/SEI
4	重整抽提装置	100	RIPP 催化剂	UOP 专利使用权/RIPP
5	柴油加氢装置	320	FH－UDS 催化剂	FRIPP
6	航煤加氢装置	80	RHSS 技术	RIPP
7	延迟焦化装置	230	两炉四塔	LPEC
8	硫黄回收装置	20	液硫脱气/RAR 尾气工艺	BP－AMOCO/KTI
9	气体脱硫及溶剂再生装置		常规 MDEA 胺法脱硫/常规汽提	
10	酸性水汽提装置	130 吨/时	单塔低压汽提工艺	
11	硫黄回收装置	6		
12	常减压装置改造	250	电脱盐—初馏塔—常压塔—减压塔	
13	加氢裂化装置改造	120	FRIPP 催化剂	
14	焦化汽柴油加氢装置改造	40	FRIPP 催化剂	
15	制氢装置改造	2×3 万标准立方米/时	水蒸气转化法和 PSA 提纯	
16	延迟焦化装置改造	120	两炉四塔	SEI
17	脱硫装置改造		常规 MDEA 胺法脱硫/纤维膜接触脱硫醇	
18	酸性水汽提装置改造	80 吨/时	单塔加压侧线抽出汽提工艺/单塔低压汽提工艺	
19	催化柴油加氢精制装置改造	40	固定催化床工艺	

表 6　热电工程主要生产装置规模、技术路线和技术来源

序号	装置名称	工程规模	工艺技术路线	技术来源
1	CFB 锅炉	3×420 吨/时	循环流化床锅炉（CFB）工艺	FW
2	汽轮机	2×100 兆瓦	双抽凝汽	国内
3	发电机	2×100 兆瓦		国内

乙烯工程工艺总流程：以丙烷、液化气、加氢尾油、石脑油为原料，裂解后通过顺序深冷分离流程将各组分进行分离。所得到的 100 万吨乙烯中有 85 万吨用来生产高密度聚乙烯、线性低密

度聚乙烯和乙二醇/环氧乙烷，15万吨出厂售予大沽化工厂；该工程的丙烯产品和原有的小乙烯装置来的4.2万吨/年丙烯一起做聚丙烯和苯酚丙酮装置原料；混合碳四以及原有小乙烯装置来的7.6万吨/年混合碳四为丁二烯抽提/MTBE/1－丁烯装置的原料。65万吨的粗裂解汽油采用中心馏分加氢技术将碳五、碳六～碳八、碳九/碳十分开，碳五馏分外卖，碳六～碳八给炼油芳烃装置进行抽提三苯，碳九/碳十送炼油，裂解燃料油外卖。

乙烯装置：采用ST/Lummus合作开发的专利技术，工艺包为SEI和Lummus合作设计。采用SL－I型裂解炉。分离部分采用顺序分离流程。采用急冷油减黏系统有效降低塔釜急冷油的黏度，以提高急冷油塔釜温。裂解气五段压缩：低压脱甲烷、分凝分馏塔、高、低压双塔脱丙烷；制冷系统为二元制冷。

LLDPE装置：采用中国石化气相法聚乙烯工艺技术（简称GPE工艺），生产密度范围为915～965千克/立方米全密度聚乙烯树脂。产品覆盖薄膜、中空吹塑、注塑、单丝、管材及电缆等应用范围。

聚丙烯装置：采用Basell公司最新开发的Spherizone聚丙烯工艺技术，一条生产线生产均聚产品、无规共聚产品、抗冲共聚产品和三元共聚产品。

EO/EG装置：采用美国陶氏化学公司的乙烯氧化工艺技术，催化剂的选择性、活性和时空产率均比较高，综合性能较好。

炼油部分：加工原油1250万吨/年（设计按沙特轻、重原油各50%的混合原油），利用原有1#常减压装置异地改造，规模扩大为1000万吨/年，2#常减压装置加工规模为250万吨/年。

工程建设主要采用“IPMT＋部分装置EPC总承包＋监理”的管理模式。项目由中国石化工程建设公司负责总体设计，其他设计单位主要有中国石化洛阳工程公司、上海工程公司、镇海石化工程公司、中国联合工程公司、中国天辰化学工程公司等。主要施工单位有中国石化第二建设公司、第四建设公司、第五建设公司、第十建设公司，北京燕华建筑安装公司等。

2006年6月，工程奠基；2007年3月，桩基工程开工；2009年8～10月，各装置陆续建成中交；2009年底，炼油工程打通全流程，产出合格产品；2010年1月，乙烯工程陆续投料试车并产出合格产品。

2010年1～9月，天津石化乙烯产量达到60万吨，年内完成85万吨，超过开车首年70万吨的计划指标。从2010年下半年开始，其全线生产装置实现满负荷运转。目前，该乙烯装置的一些技术经营指标已经达到全国同行业先进水平，乙烯产品已畅销国内外市场，且供不应求，其规模效益已经为天津石化带来了显著效果。

镇海炼化优质高效建成百万吨乙烯项目

中国石化镇海炼化拥有2000万吨/年原油综合加工能力和吞吐量4500万吨/年的深水码头，是国内最大的原油集散基地、原油（包括大宗进口含硫原油）加工基地和成品油出口基地之一。镇海百万吨乙烯项目，是在充分发挥镇海炼化独有的开阔海涂场地以及原料优势、区域市场优势和公用系统优势的基础上，为满足经济发达的长江三角洲地区的市场需求，开发建设的特色明显、竞争力强、附加值高的化工项目。2004年9月，国家发改委批复乙烯项目建议书，2006年3月得到国务院正式核准。

镇海乙烯工程总投资235亿元，由10套主装置和公用系统工程组成，是国家“十一五”期间重点建设项目，也是浙江省有史以来投资最大的工业项目。该项目的建成，使镇海炼化具备了2300万吨/年炼油能力和100万吨/年乙烯生产能力，成为全国最大的炼油企业和乙烯生产基地。乙烯工程建成投产后每年可增加200多亿元的销售额，并带动1000多亿元的下游产业链，对浙江省及长三角地区的经济发展与经济格局产生重大影响。

项目主要包括：新建100万吨/年乙烯（含16万吨/年干气预精制）、70万吨/年裂解汽油加氢、16万吨/年丁二烯抽提、60万吨/年芳烃抽提、65万吨/年环氧乙烷/乙二醇、45万吨/年线性低密度聚乙烯、11/4万吨/年甲基叔丁基醚/1－丁烯、30

万吨/年聚丙烯、65 万吨/年乙苯、28.5/62 万吨/年环氧丙烷/苯乙烯等 10 套工艺生产装置，配套建设 5 台 410 吨/时超高压循环流化床锅炉及 4 台 50 兆瓦双抽凝汽式汽轮机发电机组的动力中心工程，以及公用、辅助工程等 70 项。项目总占地面积约 2.3 平方千米，总体设计批复投资 234.97 亿元。

工程的产品方案综合考虑了浙江省地方市场的需求，并结合石化行业整体发展规划以及镇海炼化的特点制定，以发展合成树脂、合纤原料为重点。其中氢气、甲烷氢、2－丁烯、甲苯、碳六/碳七抽余油、碳八抽余油、碳九、碳五、PFO 等产品将被送到镇海炼化进一步加工处理，其他如乙二醇、环氧乙烷、环氧丙烷、聚乙烯、聚丙烯、苯乙烯等产品在市场直接销售。

乙烯装置：采用 ST/Lummus 顺序深冷分离、二元制冷专利技术，主要由裂解、急冷、压缩、分离冷区和分离热区、废碱氧化、火炬气汽化、污水预处理等组成。石脑油、LPG、碳五、HCR、预精制后的炼厂干气以及循环乙烷/丙烷在裂解炉中裂解后，通过顺序深冷分离流程将其中的各个组分进行分离，得到氢气、甲烷氢、聚合级乙烯、聚合级丙烯、混合碳四、粗裂解汽油、裂解柴油和裂解燃料油等产品。

丁二烯抽提装置：采用 ST 乙腈法抽提丁二烯技术（SACN），主要由萃取精馏单元、汽提单元、丁二烯精馏单元、溶剂再生单元、化学品配置、溶剂缓冲及开停车贮存等组成。以乙腈为溶剂，通过萃取精馏方法从裂解碳四中生产丁二烯和副产品抽余液。

MTBE/1－丁烯装置：采用 ST 的催化蒸馏技术和精密蒸馏技术，主要由反应精馏单元、甲醇回收单元、1－丁烯精密精馏单元等组成。以来自丁二烯抽提装置的抽余碳四、外购甲醇为原料，生产 MTBE、1－丁烯。

裂解汽油加氢装置：采用 ST 裂解汽油加氢工艺技术，来自乙烯装置的粗裂解汽油经过一段加氢系统分离出碳五及碳九馏分、经预分馏系统、二段加氢系统、稳定塔系统得到碳六～碳八馏分。

芳烃抽提装置：采用中国石化石油化工科学研究院的环丁砜液液抽提技术，以裂解加氢汽油装置来的碳六～碳八馏分、炼油 PX 装置来的碳六～碳七馏分及炼油重整装置来的碳七馏分为原料，采用环丁砜液液抽提工艺，生产苯、甲苯、二甲苯等产品，同时副产非芳抽余油。

LLDPE 装置：采用美国 Univation 公司的 Unipol 专利技术，主要由原料的供给和精制、反应系统和淤浆催化剂系统、树脂脱气和排放气回收、树脂添加剂处理系统、挤压造粒系统、风送系统等部分组成。它以乙烯为原料，1－丁烯或 1－己烯为共聚单体，生产包括薄膜、吹塑、注塑、滚塑、片材、单丝、管材、电缆等系列的产品。

EO/EG 装置：采用美国 DOW 化学公司技术，采用氧气氧化法生产 EO/EG，即采用纯氧和乙烯为原料，氧化反应生成 EO，EO 进一步水合生成 EG 的工艺路线。EO/EG 装置工艺流程主要包括 EO 反应单元、回收 EG 单元、二氧化碳清除单元、EO 回收/精制单元、乙二醇反应和蒸发单元、EG 精制单元及 EO 贮存/槽车装料单元等。

聚丙烯装置：采用中国石化第二代环管聚丙烯技术，采用中国石化 N、DQ、ND 系列催化剂，采用串联双环管反应器生产聚丙烯均聚物和无规共聚物产品、双环管反应器串联气相反应器生产抗冲共聚物产品。

乙苯装置：采用中国石化开发的 ST 苯烃化液相分子筛工艺技术。该装置与 PO/SM 装置联合布置，包括烷基化反应/烷基转移反应单元、乙苯精制单元，所生产的产品乙苯供 PO/SM 装置做原料。

环氧丙烷/苯乙烯装置：采用美国利安德化学公司共氧化法生产环氧丙烷联产苯乙烯的工艺技术。

工程建设主要采用“IPMT＋部分装置 EPC 总承包＋监理”的管理模式，由中国石化工程建设公司负责总体设计，其他设计单位主要有中国石化洛阳工程公司、上海工程公司、宁波工程公司等。

该项目于 2006 年 11 月桩基工程开工。2009 年 11 月 26 日，MTBE/1－丁烯装置中交；11 月 30 日，裂解汽油加氢、芳烃抽提装置中交；12 月 8 日，丁二烯抽提装置中交；12 月 11 日，聚乙烯、聚丙烯装置中交；12 月 28 日，乙烯装置实现中交；2010 年 4 月，乙烯装置投料试车成功。

100 万吨/年乙烯工程建设取得了优异成绩，从开工到建成仅用了37个月；乙烯装置从第一根钢结构吊装到建成中交，安装工期仅18个月。探索实践“小业主，大监理”的管理模式，实现以最少的人管理大型工程的目标，项目经理部正式职工仅150余名，创造了大乙烯工程业主管理人员最少的纪录。同时，镇海炼化坚持中交标准不动摇，树立了严格中交质量标准的样板。投资、进度、合同等控制科学有序开展，未发生重大安全、质量事故。

项目投产后，力争成为全国同类中“成本最低、收率最高、效益最好”的装置。投产4个月后，项目实现满负荷运行，截至2010年8月，乙烯工程实现利润2.56亿元。在投产后的半年时间内，成功投用了石脑油、加裂尾油、碳五、液化气、催化干气、柴油等7种原料，成为国内原料范围最宽的乙烯裂解装置。目前，镇海乙烯装置石脑油依赖度低于40%，实现了“宜油则油、宜芳则芳、宜烯则烯”原料的多元化。

燕山千万吨炼油扩建工程为“绿色奥运”作出贡献

燕化公司坐落在北京西面燕山脚下，始建于1967年，作为华北地区最大的炼油和石油化工综合企业之一，在市场经营中具有非常重要的战略地位，为了调整产品结构，满足清洁燃料升级，满足北京市以及华北地区成品油市场需求和优化乙烯原料的需要，2004年3月，中国石化确定了燕山石化1000万吨/年炼油系统扩建工程的改造方案，在公司原有700万吨/年原油加工量的基础上改扩到1000万吨/年，所有新建和改造装置均采用国产化工艺技术，个别关键设备及控制仪表从国外引进。项目建成投产后，燕山石化成为中国第一个生产欧Ⅳ排放标准汽、柴油的千万吨炼油基地。工程总投资34.5亿元。

2004年6月，批复项目可行性研究报告；2005年3月，批复项目总体设计；2005年3月，工程开工建设；2006年10月，储运和公用工程具备投用条件；2006年12月，各装置完成中间交接；2007年6月，各装置陆续投料试车成功。

工程内容主要包括：新建6套装置包括800万吨/年常减压蒸馏装置（异地改造）、140万吨/年延迟焦化装置、200万吨/年加氢裂化装置、5万立方米/时制氢装置、第2套“三废”处理联合装置（包括6万吨/年制硫装置、150吨/时污水汽提装置及250吨/时溶剂再生装置）和2×310吨/时CFB锅炉装置，实施200万吨/年重油催化裂化装置MIP－CGP改造、10万吨/年氢氟酸烷基化装置扩能改造和80万吨/年连续重整装置改造；建设相应的储运系统和配套公用工程。常减压蒸馏装置按加工俄罗斯原油、阿曼原油和沙轻原油的混合原油（混合比为3∶4∶3）设计。主要生产装置技术路线和技术来源详见表7。

表7 燕山炼油项目技术路线和来源

序号	装置名称	工艺技术路线	技术来源	备注
1	常减压蒸馏装置	电脱盐—初馏塔—常、减压塔蒸馏	SEI	
2	延迟焦化装置	一炉两塔，含吸收稳定和脱硫	SEI	
3	加氢裂化装置	RIPP的催化剂	RIPP	
4	制氢装置	水蒸气转化＋PSA提纯	SEI	
5	第二套“三废”处理联合装置			
	溶剂再生	常规蒸汽汽提再生	SEI	
	污水汽提	单塔低压汽提	SEI	
	制硫	两头一尾	SEI	
6	CFB锅炉装置	循环流化床锅炉工艺	FW	
7	催化裂化装置	MIP（多产异构烷烃）工艺	RIPP	改造
8	烷基化装置改造	齐鲁石化研究院催化剂＋多层进料	SEI	改造

注：FW——美国福斯特—惠勒公司。

汽油在现有产量的基础上，适当增加高标号产量，90#、93#、97#汽油的比例为 20: 65: 15；航煤产量约 100 万吨/年，达到国家 3#航煤标准要求；满足北京市 2005 年新柴油标准的柴油产品数量不低于 80 万吨/年，其他满足国家车用柴油标准要求。

项目采用由业主管理下的 E + P + C + 监理的管理模式。业主成立领导小组下设项目管理中心，项目管理中心下设 8 个职能部门和 7 个项目管理分部，实施矩阵式管理。总体设计院为中国石化工程建设公司，其他主要参建单位有北京燕化设计院，中国联合工程公司，中国石化集团第四建设公司、第十建设公司，北京燕华建筑安装公司，北京燕化天钲建筑工程公司，中建一局等。

项目自 2007 年 6 月投产后，2008 年实际原油加工量达到 1065 万吨，共生产汽油 202 万吨、柴油 355 万吨、航煤 85 万吨。油品质量升级，汽油符合欧 IV 排放标准，为保障国内清洁油品供应，特别是“绿色奥运”作出了积极贡献。

广州石化千万吨炼油改扩建工程

广州石化总厂始建于 1973 年，地处广州市郊黄埔区，水陆交通便利，是华南地区现代化炼油及化工综合生产基地。广州石化炼油改扩建项目是针对加工中东含硫原油及生产清洁燃料进行配套改造，以弥补广东省及周边地区成品油市场短缺，适应进口原油尤其是中东含硫原油不断增长的加工需求，满足油品质量及清洁生产日益提高的社会需求的重大举措。通过对现有炼油系统进行改造，可充分依托现有公用工程及储运设施整体优势，达到提高加工进口含硫原油的适应能力和调整成品油结构及提高成品油质量的目的。同时该项目采取先进环保措施，例如催化原料加氢处理、加氢裂化、硫黄回收、污水汽提回用等，有效地降低了二氧化硫排放量，对地处城乡交接处的广州石化长期稳定发展，对保护周边地区大气质量，意义重大。

2003 年 10 月，国家发改委批准可研报告，原油综合加工能力由 770 万吨/年改扩建到 1000 万吨/年，批复概算总投资 30 亿元。2004 年 7 月，根据市场情况调整了项目规模，原油加工能力扩建到 1300 万吨/年。产品方案以燃料油为主，主要增加汽煤柴产量，提高汽油及柴油质量，满足欧Ⅲ排放要求，同时为乙烯提供优质裂解原料。

工程主要内容包括：新建 6 套工艺装置，改造 7 套工艺装置及相应的油品储运设施和公用工程系统配套。

工艺总流程中大多采用 FRIPP、RIPP 的专利技术，加氢裂化采用全循环操作，最大量生产中间馏分（多产柴油）；加氢处理加工焦化蜡油、脱沥青油和部分沙特及阿曼直馏蜡油，加氢尾油作为催化裂化原料；由于进料经过加氢处理，硫含量只有 0.05% 左右，催化汽油及烟气不需处理；重油催化装置的原料为低硫常压渣油和蜡油，含硫小于 0.2%；柴油加氢处理以处理沙特原油的直馏柴油为主；航煤加氢处理主要是处理沙特和阿曼原油的直馏航煤。

该工程于没有成套引进项目，引进的设备材料包括加氢联合装置新氢压缩机、制氢转化炉和汽包、DCS 控制系统、高压工艺管线及阀门等。

该工程于 2004 年 3 月场地拆迁，8 月常减压蒸馏（二）装置开始打桩；至 2006 年底，主要装置陆续建成中交（其中硫黄回收装置于 2005 年 12 月中交）并投料试车一次成功；2007 年 1 月，整个改造工程进入试生产阶段。

工程主要设计单位：中国石化洛阳工程公司和南京工程公司。主要施工单位：中国石化第四建设公司、深圳建安集团、广州石化建安公司等。广州石化建设监理公司负责工程监理。

新疆塔河重质原油改质项目建成投产

塔河分公司位于新疆阿克苏地区库车县，距阿克苏市 270 千米，东距库尔勒市 280 千米。始建于 1993 年，以加工塔河油田重质原油生产沥青系列产品为主。2004 年经技术改造，处理塔河稠油能力达到 200 万吨/年，工艺装置有：150 万吨/年常压、120 万吨/年延迟焦化、100 万吨/年汽柴油加氢精制、15 万吨/年催化重整、8000 标准立方米/时制氢、2 万吨/年硫黄回收、50 万吨/年减压、4 万吨/年氧化沥青、储运及生产辅助设施。

由于塔河重质原油具有密度大，黏度高，硫、金属含量高等特点，给该原油的运输、装卸、加工等带来许多困难，因此建设“塔河重质原油改质项目”，通过常压蒸馏、延迟焦化等工艺手段，将原油最大程度地就地转化为轻质油产品，满足国内市场的需要，既可促使塔河油田快速上产，弥补国内石油资源的不足，又可充分利用厂址靠近原油、天然气产地的有利条件，降低加工成本，推动西部地区经济的发展。

2008 年 4 月 18 日，项目可研报告得到批复。项目批复总投资 31.8 亿元，包括铁路专用线部分（约 3.2 亿元），全部投资约 35 亿元。

塔河重质原油改质项目加工能力按 350 万吨/年设计，连同原有装置，全厂原油加工能力达到 500 万吨/年。该项目实施按 250 万吨/年建设，原料为塔河重质原油，加工工艺采用“常减压 + 延迟焦化 + 加氢处理 + 硫黄回收”方案。

全厂每年加工原油 400 万吨，生产液化气 13 万吨、汽油 16 万吨、柴油 175 万吨、蜡油 20 万吨、石脑油 48 万吨、沥青 31 万吨、硫黄 4 万吨、苯 0.6 万吨、焦炭 77 万吨，综合商品率为 93.68%。

塔河重质原油改质项目共有 67 个单元，建设内容主要包括“四建、一改、一配套”，新建 220 万吨/年延迟焦化装置（含 350 万吨/年常减压装置），140 万吨/年汽、柴油加氢精制装置，2 万标准立方米/时制氢装置，2 万吨/年硫黄回收装置，改造 7 万吨/年石脑油异构化装置，铁路专用线等系统配套工程。

220 万吨/年延迟焦化装置：原料预处理部分加工塔河原油，初期实际加工能力 250 万吨/年；减压部分的规模按 50 万吨/年（常压渣油进料）设计，实际加工规模 40 万吨/年；减压部分生产道路沥青原料。延迟焦化加工塔河常压渣油 220 万吨/年，实际进料 213 万吨/年，初期实际加工能力 140 万吨/年；吸收稳定部分加工焦化装置所生产的富气。该装置原料预处理部分采用换热—电脱盐脱水—闪蒸—常压蒸馏—减压蒸馏的工艺加工路线。延迟焦化部分采用 0.8 的大循环比工艺路线。

140 万吨/年汽柴油加氢精制装置：以直馏柴油、焦化汽油和焦化柴油的混合油为原料，经过加氢脱硫、脱氮，生产满足轻柴油 GB 252—2000 质量标准的精制柴油产品和部分石脑油，其中特别要求柴油产品中硫含量小于 350 微克/克。采用石油化工科学研究院的 RS－1000 加氢精制催化剂进行生产；装置设循环氢脱硫设施，减少硫化氢对装置设备与管材的腐蚀；采用炉前混氢方案，提高换热器换热效率和减缓结焦程度；采用热壁加氢反应器，设 3 个催化剂床层；新氢压缩机采用电动往复式，循环氢压缩机采用离心式；反应部分采用冷分流程，分馏部分采用汽油稳定流程；催化剂预硫化采用液相硫化方法，催化剂采用器外再生方法。

2 万标准立方米/时制氢装置：以天然气为原料，造气单元采用轻烃水蒸气转化技术；净化单元采用变压吸附（PSA）技术，生产纯度为 99.9% 的氢气。

2 万吨/年硫黄回收装置：由酸性水汽提、溶剂再生、硫黄回收及产品精制 4 个部分组成。

7 万吨/年石脑油异构化装置改造：采用石油化工科学研究院开发的石脑油非临氢改质技术，将加氢石脑油等低辛烷值的汽油馏分转化为几乎不含烯烃且芳烃含量低的高辛烷值汽油组分，用于调和汽油，降低调和汽油中烯烃及芳烃含量，提高辛烷值。

项目建设过程采用“IPMT + 项目管理部 + 监理单位 + EPC 总承包商”的管理模式。塔河重质原油改质项目联合项目管理组（IPMT）由总部相关部门、塔河分公司及有关单位主管领导组成，对项目建设全过程的重大事项进行决策、指导和协调。IPMT 下设项目管理部，项目管理部由总部相关部门、塔河分公司、第四建设公司等单位派员组成，对项目的建设进行统一、全过程管理。项目总体设计和基础设计、详细设计由洛阳工程公司负责。

2008年10月29日，批复项目总体设计；2009年1月批复项目基础设计；2009年5月，一级地管开始破土动工；2009年9月，钢结构开始安装；2009年11月开始设备安装；2010年4月，7万吨/年石脑油异构化装置改造中交；2010年6月，4套工艺装置及配套单元工程中交；2010年9月18日，焦化装置产出合格产品；2010年9月，4套工艺装置全部打通流程，项目投入正常运行。

项目委托中国石化第四建设公司实施PMC管理，洛阳工程公司为项目EPC总承包商，主要施工单位有中国石化第五建设公司、第十建设公司。

大连石化原油年加工能力达到2050万吨

中国石油大连石化2050万吨/年炼油基地建设，是经国务院批准的国家发展炼化企业、保障能源安全的重要战略项目，包括7套生产装置和生产配套系统，总投资107亿元。2005年3月，1000万吨/年常减压蒸馏装置首先建成投产，2008年，煤柴油加氢、连续重整、加氢裂化、渣油加氢脱硫、制氢、硫黄回收等6套国内迄今为止规模最大的炼油装置先后完成工程建设。至此，大连石化拥有炼油生产装置48套、化工装置7套，可充分适应加工各种含硫原油的要求。该项目由中国石油第一建设公司、第六建设公司、第七建设公司、华东设计院、吉林化建等单位参加建设。

2008年8月，随着最后一套加氢裂化装置开车成功，大连石化炼油基地的原油综合加工能力一跃达到每年2050万吨，比原来每年1050万吨增产近1倍，年加工含硫原油的能力可达到1550万吨，处于国内领先地位。建成之后，大连石化不仅原油加工能力提高，而且改变了只能加工低硫原油的历史。目前全球原油供应中含硫原油比例日渐提高，沙特、伊朗等主要石油产地产出的多是含硫原油。大连石化一系列加氢装置和脱硫装置建成后，加工范围可覆盖国际上大部分品种原油，同时提高产品质量，对增强炼化企业生存竞争力具有非常重要的价值。六套装置生产管理采用国内领先并具有世界先进水平的管控一体化管理模式，汽油和柴油的质量全部达到国际先进的欧Ⅲ和欧Ⅳ标准，生产成本明显下降。大连石化的炼油产品包括汽油、煤油、柴油和航空煤油等，主要供应国内市场，润滑油部分出口。

广西石化千万吨炼油工程建成投产

中国石油广西石化坐落在钦州市钦州港，濒临北部湾海域，方便远洋原油进口和成品外输。广西石化1000万吨/年炼油工程是西部大开发标志性工程及优化中国炼油产业布局的重点项目。

广西石化1000万吨/年炼油工程是以加工苏丹原油为基础设计建设的。总投资152亿元，主要包括常减压蒸馏、重油催化裂化、连续重整、蜡油加氢裂化、柴油加氢精制、汽油加氢精制、气体分馏、聚丙烯以及氢气提浓、硫回收等10套主体生产装置，以及公用工程、罐区、10万吨级原油码头、成品油码头及库区、铁路专用线等配套工程。

项目于2007年2月获国家发改委核准。经过2万多名建设者近33个月的建设和9个多月的生产准备，于2010年9月投产试车一次成功。工程建设公司所属华东设计院、中油一建、七建以及中油六建、吉林化建、大庆油建、华北油建、第二建设公司、管道局等主要施工单位，以及广西电力等系统外专业总承包单位和参建单位，克服了高温、暴雨、台风等恶劣天气影响，全面加快工程建设进程，取得了优异成绩。

广西石化1000万吨/年炼油工程装置均达到世界级规模。广西石化按照“采用世界先进技术，引入国际领先设计，严格工程施工标准，建设世界一流炼厂”的要求，精心组织，科学施工，完成了项目建设任务。项目采用当今世界先进的、环保的全加氢工艺流程，生产的油品全部达到欧III标准，70%达到欧IV标准；加大环保设施投入，建立了环境风险事故水污染三级防控系统，并将污水排放标准由原来的国家二级调高到国家一级，污水回用率70%以上，清洁生产达到一流水平；设计上采用联合设计模式（JEC），工程建设采用与英国AMEC公司联合管理团队模式（IPMT），负责管理建设全过程。开工过程采用开工联合管理团队模式（ICMT），生产运行期间采用矩阵式组织结构模式（SPOM），取得了工程建设质量、安全、投资、进度全面受控和投产试车一次成功的业绩。

截至2011年8月，广西石化千万吨炼油项目加工原油913万吨，实现销售收入482亿元，上缴税费75亿元；综合商品率为93.8%，每吨原油综合能耗从开工初期95千克降至65千克，加工损失率由0.97%降至0.59%。

广西石化千万吨炼油项目是中国石油调整结构、转变发展方式、保障国家能源供应安全的重大举措，工程竣工投产填补了中国西南地区没有大型炼油企业的空白，对于提升能源供应保障能力，构建具有广西特色的工业体系、促进地方经济社会发展，也具有十分重要意义。

独山子石化千万吨炼油百万吨乙烯工程建成投产

中国石油独山子石化千万吨炼油百万吨乙烯是中国西部大开发标志性工程、国内最大的炼化一体化工程之一，于2009年9月建成投产。

新疆独山子石化是中国西部重要的大型炼油化工一体化生产基地。独山子石化地处新疆天山北坡经济带、准噶尔盆地南缘，毗邻克拉玛依油田，有着逾百年石油开采和加工历史。该公司始建于1936年，2006年已经具备600万吨/年炼油能力，包括3套常减压、2套催化裂化及催化重整等炼油生产装置和22万吨/年乙烯生产能力，首先实现了炼化一体化跨越。并且从1997年开始掺炼中亚原油，产品出口中亚市场，迈出了“面向中亚、两头在外”的国际化战略步伐，为加工进口原油积累了经验。

独山子石化千万吨炼油百万吨乙烯工程，是中国与哈萨克斯坦能源合作战略的重要组成部分，以中哈管道经新疆阿拉山口入境输送到独山子的哈萨克斯坦原油为主力资源。千万吨炼油工程包括蒸馏、加氢裂化、延迟焦化、直馏柴油加氢、催化焦化汽柴油加氢等10套炼油装置；百万吨乙烯工程包括100万吨/年乙烯裂解、90万吨/年聚乙烯以及聚丙烯、聚苯乙烯、丁苯橡胶、苯乙烯—丁二烯弹性体等11套化工装置和公用工程，主要加工哈萨克斯坦高含硫原油，总投资300亿元，占地4.55平方千米。该工程于2005年2月获国务院批准，2005年8月开工奠基，2006年6月开始装置建设，经过4万名建设者3年多的紧张建设，2009年8月，千万吨炼油工程一次投料试车成功，9月，百万吨乙烯工程一次投料试车成功。至此，独山子石化千万吨炼油百万吨乙烯工程全面建成投产，进入生产运营阶段。

该工程炼化装置达到为世界级规模，其中100万吨/年乙烯装置为国内规模最大的乙烯装置，采用了世界最先进技术，炼油产品全部达到欧Ⅳ标准，化工产品大部分为高性能产品。

独山子石化充分依托现有的系统、人才、技术、环境、经验优势，按照中国石油“五个一流”（采用一流技术、按照一流标准、选取一流设计院、引入一流施工队伍、建设一流工程）的要求，高效运作国际通行的EPC、矩阵式管理体制，引入寰球、SEI、CPFCC等设计部门，中国石油第一、六、七建设公司等施工单位，和英国阿美克（AMEC）等公司组成IPMT联合管理团队，与Linde（德国）、UOP（美国）等专利商合作，强化安全、质量、廉政三条政策，投资、进度、安全、质量总体受控，隐蔽工程验收合格率100%，一次焊接合格率96.4%。该工程与青藏铁路、三峡工程、国家体育场（鸟巢）一道入选新中国成立60周年“百项经典建设工程”。

为了保证国内最大规模炼化一体化工程一次开车成功，独山子石化超前准备，深度培训，依托老区，作好充分的生产、技术和人员准备。开车期间，独山子石化按照体系全面覆盖、老区新厂协调、清洁和节约开车等6条开工原则，严格执行操作方案，步步确认，实现了大炼油、大乙烯装置开车一次成功。2010年加工原油873万吨，生产乙烯120万吨，实现销售收入514亿元，利税108亿元，主要经济技术指标保持行业先进，成为促进中国石油和新疆经济发展的一支重要力量。

千万吨炼油百万吨乙烯工程每年可为社会提供617万吨炼油产品和295万吨化工产品，部分产品为延伸新疆石化产业链的基础原料。工程极大地带动周边区域形成精细化工、新型材料等石化下游产品产业集群，促进新疆经济发展和产业升级。独山子石化年销售收入将超过600亿元，上缴利税140亿元，成为国际一流的现代化石化基地。

该项目对于加快西部大开发战略的实施、保障中国能源安全、促进国民经济持续快速健康协调发展，对于新疆从资源优势向经济优势的快速转化、促进新疆经济和社会的发展、维护民族团结和边疆稳定，对于中国石油石化行业充分利用国内国外两种资源、开拓国内国际两个市场、加快结构调整、增强国际竞争力，具有重要意义。

抚顺千万吨炼油百万吨乙烯工程建设

2006年8月18日，抚顺千万吨炼油结构调整项目奠基，2009年9月，项目全部建成，具备向乙烯装置供料条件。化工部分设备引进技术商务谈判于2007年完成，确定了化工部分公用工程各子系统技术方案，具备基础设计开工条件。2008年，炼油工程全面进入建设期，2010年，化工装置陆续建成投产，2012年，百万吨乙烯项目将全面建成投产。

炼油工程包括新建800万吨/年常减压、240万吨/年延迟焦化、66万吨/年汽油加氢精制以及煤油加氢精制、气体脱硫、加氢裂化等装置，投资58亿元。乙烯工程包括新建80万吨/年乙烯裂解、45万吨/年线性低密度聚乙烯以及高密度聚乙烯、聚丙烯、丁苯橡胶等装置，概算投资165亿元。抚顺石化公司新征1.50平方千米土地，作为乙烯装置的建设用地。2007年5月，炼油部分的800万吨/年蒸馏装置正式奠基，开展施工；2007年7月，延迟焦化装置土建开工；2008年9月，延迟焦化、制氢等装置建成投产，同时柴油加氢精制、加氢裂化、烃重组以及相应的公用工程系统工程建设都全面展开；2009年9月，柴油加氢精制、加氢裂化、烃重组装置建成投产，石油一厂新区润滑油、石蜡搬迁工程陆续完成，原有老厂已正式关闭，消除了历史遗留的因露天矿采掘造成大面积沉陷的隐患。工程竣工后，将年新增化工产品180万吨，年产高档汽柴油600万吨。同将实现“1145”工程，即：1150万吨/年炼油，100万吨/年乙烯以及100万/年吨石蜡、50万吨/年润滑油基础油、烷基苯、合成树脂4个化工原料生产基地，新增销售收入500亿元。工程年产高档汽柴油600万吨，新增化工产品180万吨。

百万吨乙烯项目不仅是为了提高企业效益，更重要的是为整个城市转型作出贡献。抚顺过去以煤矿采掘为主，今后将由资源枯竭型城市向资源深加工型城市转变。项目建成将对下游产业形成强大的牵动和辐射效应，有力推动塑料、橡胶、精细化工等十大产业，同时可安置15万人就业。

四川炼化一体化项目工程建设

中国石油四川石化1000万吨/年炼油与80万吨/年乙烯炼化一体化项目是国内一次性单体投资最大的项目，项目总投资375亿元，包括14套炼油装置、8套化工装置以及配套的公用工程和辅助设施。主要生产装置包括：常减压、催化裂化、渣油加氢脱硫、柴油加氢精制等炼油装置；80万吨/年乙烯裂解、30万吨/年低密度聚乙烯、45万吨/年聚丙烯以及对二甲苯芳烃联合装置、乙二醇等化工装置。

2009年7月，四川石化催化裂化装置，乙二醇装置，自备电站3#、4#锅炉工程项目相继开工。这是四川石化项目工程建设全面启动以来，一次性开工项目较多、规模较大的重要建设节点，标志着公司炼化一体化项目建设大面积展开。

在开工的三大项目中，催化裂化装置与产品精制单元、气体分馏及回收轻烃单元组成联合装置，占地6万平方米，总投资约11亿元。乙二醇装置总投资约11.6亿元，占地6.6万平方米。自备电站3#、4#锅炉工程，包括2台420吨/时高压蒸汽油气混烧锅炉和2台1000立方米的燃料油罐及附属设施，是公司公用工程装置的核心部分。

四川石化炼化一体化项目在钢结构安装、地下管道防腐和工艺管线安装等施工中，全面推行工厂化预制。2010年12月，常减压装置的工艺管线预制正在紧锣密鼓地进行，已预制完成的工艺管线质量一次检测合格率达99.72%，再创新纪录。四川石化炼化一体化项目建设在推行业主全过程参与的总承包管理模式进程中，坚持高标准，应用新技术，优化施工工法，推行工厂化、预制化、模块化和智能化作业，不但全面提高了施工质量和工作效率，而且大幅度减少高空作业和交叉作业，保证施工安全和现场管理；同时还有力地保证了施工计划的准确实施，确保工程建设进度。四川石化炼化一体化项目设备安装全面展开之后，常减压装置在施工中进一步深化工厂化预制和模块化管理。加热炉和烟道回收系统采取模块化安装，装置建设所用的3900吨钢结构全部施行工厂化预制，工艺管线工厂化预制深度创国内同类装置施工纪录，力争达到或超过45%，为今后大型炼油企业常减压装置施工积累经验、建立标准。四川石化炼化一体化项目乙烯装置28000多吨钢结构预制安装已经基本完成，施工质量一次检测合格率达到99.78%，工艺管线的预制安装也在进行之中。

在四川石化项目“百日万人土建会战”期间，项目建设现场高峰期有13000人。各参建单位完成关键控制点86个，完成土方工程130万立方米，完成会战计划的108%。浇筑混凝土38万立方米，完成会战计划的108%。完成地管施工87千米，完成会战计划的111%。无损失工时事故报告，安全管理处于受控状态。工程质量在中国石油7月工程质量安全抽查中整体优良。工程进度按照总体部署有序快速推进。

辽阳石化加工俄罗斯原油千万吨炼油工程建设

中国石油辽阳石化是1970年引进法国成套技术装备建设起来的全国四大化纤基地之一，占地近16平方千米，拥有炼油、芳烃、烯烃三大产业，是以芳烃为特色的大型石化基地。2009年7月，国家将辽阳石化作为国内首个俄罗斯原油芳烃加工生产基地，作为中俄战略石油协议的重要支撑点的中国首个千万吨级全加工俄罗斯原油基地在辽阳石化开始建设。

根据中俄协议，中国向俄两大石油公司提供总计250亿美元长期贷款，俄罗斯自2011年开始，在20年时间内，通过新建的中俄原油管道稳定供应总计3亿吨的原油，平均每年1500万吨，将集中在辽阳石化加工。

辽阳石化通过多年来建设，已经拥有较为完整的炼油生产系统，包括550万吨/年常减压和1套停运的350万吨/年常减压、160万吨/年加氢裂化、160万吨/年延迟焦化、100万吨/年加氢精制、5万标准立方米/时制氢等生产装置。此次为加工俄罗斯原油，重新启用并改造原有的350万吨/年常减压装置，使其加工俄罗斯原油能力达到1000万吨/年；新建项目主要包括加氢裂化装置、加氢精制装置、脱硫及硫黄回收装置，以及新增部分储罐和循环水厂、变电所等配套内容。

项目总投资14.8亿元。由中国石化洛阳及北京工程公司承担设计，中国石油第一建设、第七建设公司等单位承担施工，全部工程于2010年竣工。至此，辽阳石化跻身全国千万吨级炼厂行列，企业销售收入突破500亿元，企业利税超过20亿元。

该项目除生产符合国Ⅳ标准的柴油外，还将大量生产包括石脑油在内的其他石油化工原料，建成后可使辽阳石化实现资源及原料配置最佳化，实现俄罗斯原油的精深加工，为下游芳烃产业提供有力支撑，有效推动地方经济发展。

与该项目配套的辽阳石化成品油外输管道工程已经提前启动，于2009年底前建成投产。管道起点为辽阳石化厂区，终点为营口鲅鱼圈港，线路总长190千米。管道建成后将极大地改善辽阳石化成品油运输条件，缓解铁路运输压力，使千万吨炼油项目后路无虞。辽阳石化炼油芳烃基地建成投产后，将与其他炼化企业共同形成辽宁石化产业集群，辐射带动辽宁五点一线，带动环渤海经济圈的发展。

吉林石化千万吨炼油扩建工程

吉林石化炼油厂始建于1970年，1980年建成250万吨/年规模。随后经过3次扩建，至2006年达到700万吨/年规模，生产装置包括常减压、催化裂化、延迟焦化、气体分馏、联合芳烃、加氢裂化、柴油加氢精制、汽油脱硫醇以及液化气及干气脱硫、硫回收、酸性水汽提、溶剂再生等16套装置及公用工程，占地1.55平方千米。

吉林石化千万吨炼油扩建项目自2009年开始建设，2010年10月建成投产。随着120万吨/年汽油加氢精制装置建成投产，吉林石化原油加工能力从年产700万吨跃升至1000万吨，从而跨入国内千万吨级炼化企业行列。

1000万吨/年炼油扩建项目总投资25.5亿元，其中包括第二套常减压蒸馏扩建至600万吨/年，新建140万吨/年催化裂化、60万吨/年气体分馏、160万吨/年柴油加氢精制、120万吨/年汽油加氢精制和硫黄回收等5套生产装置。

2009年3月，常减压装置开始施工，4月，硫黄回收装置开工，6月，催化裂化装置开工，7月，柴油加氢装置开工，8月，汽油加氢装置开始施工。经过1年多时间全部完成。

项目建成投产后，年销售收入增加77亿元；吉林石化实现了汽柴油质量的全面升级，从而改善产品结构，提高企业创效能力。同时，每年可增产乙烯原料及丙烯等化工原料86万吨，有利于生产装置优化，进一步提高炼化一体化程度，提升企业整体竞争能力。

中国海油第一座大型炼厂——惠州大炼油项目建成

1200万吨/年惠州炼油项目是中国海洋石油总公司独资兴建的第一座大型炼厂，项目位于广东省惠州市大亚湾经济技术开发区，毗邻深圳和香港，占地面积2.68平方千米，总投资195亿元，原油加工规模1200万吨/年，是目前国内单系列加工能力最大的炼厂，也是世界上第一个集中加工海洋高含酸重质原油的大型炼厂。

在渤海发现蓬莱19－3区块亿吨级整装油田的大背景下，中国海油决定建设惠州炼油项目，集中加工海洋高含酸重质原油，进一步完善产业链和价值链，保证上下游之间的平衡效益最大化，加快推进国际一流综合型能源公司的发展步伐。2004年8月，国家发改委批准项目可行性研究报告，通过引进工艺包、总体设计、基础设计和详细设计等几个关键阶段，2006年11月破土动工。

根据海洋原油高含酸、低硫、重质的特性，项目总加工流程采用常减压蒸馏—延迟焦化—加氢裂化与精制—重整与芳烃—催化裂化—气体精制与制氢的方案，生产操作时间按每年8400小时设计，连续4年长周期运行，每年可生产汽油、航煤、柴油、苯和液化气等15大类1150万吨石化产品。包括16套主体生产装置及100万立方米原油罐区、33万立方米中间罐区、68万立方米成品油罐区、公用工程和辅助设施，以及厂外铁路、供电、30万吨级原油泊位1个（可停靠6万～30万DWT油轮）、成品油码头（3万DWT、2万DWT和5000 DWT泊位各1个，2万DWT散货泊位1个）和海底原油输送管线及污水排海泵站等配套装置。

16套主体生产装置中，1200万吨/年的常减压装置采用电脱盐—闪蒸塔—常压塔—减压塔的工艺路线；120万吨/年的催化裂化装置采用MIP技术，多产液化气和丙烯；30万吨/年的气体分馏装置采用常规三塔流程，主要生产精丙烯；6万吨/年的MTBE装置采用混相反应、催化蒸馏的工艺；16万吨/年的烷基化装置采用美国Dupont公司的硫酸法烷基化工艺；400万吨/年的蜡油加氢裂化装置选用荷兰Shell公司专利技术，反应部分采用双系列、热高分、炉后混氢工艺流程，分馏部分采用脱丁烷塔和常压塔出航煤、柴油的方案；360万吨/年的煤柴油加氢裂化装置，反应部分采用两剂串联、炉前混氢流程，分馏部分采用硫化氢汽提塔—吸收稳定—常压塔出航煤、柴油的方案；200万吨/年的汽柴油加氢装置采用炉前混氢、双塔汽提生产柴油、石脑油方案；15万吨/年的制氢装置采用德国Uhde公司专利，采用水蒸气转化造气、变换和PSA法净化提纯的工艺；200万吨/年的催化重整装置采用美国UOP公司超低压连续重整工艺技术；80万吨/年芳烃联合装置采用法国Axens公司专利技术；420万吨/年的延迟焦化装置选用美国Foster Wheeler公司两炉四塔工艺路线；脱硫联合装置采用醇胺法脱硫、纤维—膜接触器技术；6万吨/年的硫回收装置选用意大利SINI公司专利，采用改良Claus法制硫、SCOT法尾气处理工艺；两列150吨/时的酸性水汽提装置采用双塔加压汽提方案；1万吨/年的废酸再生装置引进美国MECS公司工艺包及专利设备。1200万吨/年常减压装置、400万吨/年高压加氢裂化装置、420万吨/年延迟焦化装置等均为单系列国内或亚洲产能最大的装置。

在项目启动之初，项目组明确了“三化一高”的建设目标，即差异化、清洁化、信息化、高附加值的精品炼厂。具体表现为：原料差异（加工的海上原油属低硫环烷中间基高含酸重质原油，原油性质差，加工难度大，炼厂加工方案为燃料—化工型）、规模产品差异（采用单系列、大型化流程，炼厂达到经济规模）；生产过程清洁化（含盐污水零排放，废气排放环保达标，节能减排达到设计指标），生产油品高度环保（汽柴油质量达到欧Ⅲ、欧Ⅳ标准）；同时，大力实施“一个平台”（企业综合信息平台）、“两个网络”（DCS集散控制网、生产信息管理网）、“三个层面”（PCS、MES、ERP）的信息化建设。2005年3月，中国海油提出建成“具有国际竞争力精品炼厂”的目标，使该炼厂成为中国海油下游产业的旗舰工程、中国炼化行业的精品项目。

科学实施E+P+C模式，项目管理有条不紊。以“加快建设，节约投资，保证安全，提升质量”为宗旨，在项目定义阶段，与Worley Parsons通力合作；实施阶段采取业主自主管理方式，在IT系统、DCS系统、水电系统和通信等专业化高的项目上实施EPC管理模式，在成熟的工艺单元中有选择性地实施E+P+C或EP+C、E+PC，实现项目管理全方位、高密度、多层次的组织协调。坚持“统一管理，分头实施”的原则，采用以PMT（工程管理项目团队）为核心的矩阵式管理机构设置，将全厂建设项目按专业分为10个PMT，对项目安全、质量、进度、费用全面负责，项目组业务职能部门和PMT紧密配合、分工协作，体现了“一个团队、一个策略、一个目标”的管理理念，实现了项目有效控制与高速运行相结合的管理目标。

注重设备国产化，有效降低建设成本。在确保工期的前提下，通过大力推行设备国产化，节约资本9.6亿元，充分验证了国产设备质量，有效提升技术管理人员的能力和水平。先后组织5个专业技术攻关小组、邀请国内知名科研院所进行设备国产化的调研论证。例如，由沈鼓集团制造的煤柴油加氢裂化新氢压缩机，安装投用后位移、振动、温度、压力等各项运行指标均优于同类进口机组；与宝钢集团联合研发的3000立方米丙烯球罐罐板，开创了该罐板国产化的先例；委托南通特钢公司制造加氢装置大口径厚壁临氢管线，该管线价格仅是同类进口产品的45%。

合理优化投资结构，有效提升管理水平。通过优化设计方案、加大国产化比例、减免进口关税、压缩管理费用和财务费用、强化项目建设等各个环节的控制，项目累计节约投资26亿元。基础设计阶段，组织技术骨干和设计单位一同优化设计方案，以安全可靠为目标，大力推行国产化，反复论证设计选型的合理性，调减概算18亿元。详细设计阶段，认真优化每一项设计规定，确保采购、施工过程顺畅。在施工建设阶段，动力电缆按照最优方案下单，柴油、蜡油、渣油罐取消了内防腐，空冷和部分管线取消了保温，试压用水取自橡胶水坝。

盯准施工关键节点，优化大件设备吊装。建设期间，累计将104台、单体重量80吨以上的大型设备纳入大件吊装，集中安排吊装就位，专门成立“大件吊装工作组”，制定详细的计划，周密安排吊装步骤，确保安全，提高效率。仅用3个月的时间，就圆满地完成了全厂的大件吊装任务。其中，在国内首次利用液压顶升装置实现加氢裂化装置1328吨反应器的一次性安全吊装，自动控制先进，技术含量高，受到石化行业专家的高度赞许。

技术人员全程参与，中交开工无缝衔接。建立从建设期到生产期一体化的队伍架构，全体生产人员全程参与，全厂装置无缺陷开车。在竣工投产时，生产技术人员由建设者转换为生产者，积极开展投料试车工作。各PMT实现了专业人员与生产技术人员的有机结合，把“人员管理”提升到“角色管理”，把组织结构与实现战略相结合，形成IPMT矩阵组织管理模式。人员队伍的管理就像风筝一样，一根主线（生产运行部）始终在手，其他细线可以变化（不同阶段在不同部门工作），最后还是合成一根主线（生产运行部）。

有序推进施工建设，圆满完成装置竣工。项目组与中国石化工程建设公司、洛阳设计院等设计单位紧密合作，克服了技术和管理人才缺乏等难题。进入施工建设阶段，承包商超过50家，中国石化第十建设公司、中国石化第四建设公司、中国石油第一建设公司、宁波工程公司、中化第三建设公司等公司承接了项目16套主要工艺装置建设，广东火电承接了动力站施工，中交二航局等承接了码头和海底管线工程，参建单位认真推进施工进度，全力保证施工质量，为项目按时中交并一次开车成功作出了贡献。2008年6月～2009年2月，整体项目92个单元陆续机械完工，签订采购和施工合同6399份，金额累计174亿元，动/静设备3669台，电气仪表4.6万台（套），工艺管道1295千米，电缆5586千米，长周期订货117台（套），次长周期订货2052台（套），EPC承包商及监理等单位共计88家，进场作业承包商人员累计超过5万人，高峰作业人数约2万人/日，实现总工时数6574万小时，完成浇筑混凝土61万立方米，安装钢结构7.1万吨，现场制造设备5.6万吨，建设始终处于安全可控状态，施工质量合格率100%。

投料试车组织周密，全厂投产安全顺畅。项目组成立总体试车领导小组和试车指挥部，下设10个试车专业组，多次优化试车网络和开工方案。2009年3月，常减压首次投料，为下游装置备足开工物料；4月，常减压第二次投料，延迟焦化、高压加氢裂化、连续重整、汽柴油加氢、煤柴油加氢、催化裂化、气体分馏、MTBE等装置按顺序开车，4月底，全厂炼油装置流程完全打通，产品质量全部合格，12天内13套炼油主体装置一次性打通全流程。芳烃联合装置采用倒开车方案45天一次开车成功，创造了国内单系列规模最大、开工时间最短的纪录。从第一套装置引油到全部产品合格进罐，试车投产全过程始终安全可控，真正做到了试车一次成功。

积极利用节能优势，环保排放清洁达标。经过全厂生产工艺标定，全厂炼油综合能耗为64.88千克标油/吨，综合商品率94.40%，综合自用率4.15%。节能技术的应用、节能设备的调试为降低装置能耗起到了关键作用。①常减压装置采用夹点换热网络，提高了换热终温，装置能耗仅为8.9千克标油/吨。②催化裂化装置低温热利用，合理控制烟气排烟温度以多产蒸汽，通过调整原料控制烧焦量等措施，能耗控制在54千克标油/吨。③各装置之间通过热介质输送和进料降低能量损失。④全厂各压力等级的蒸汽逐级平衡使用，全厂风机应用变频器。⑤延迟焦化引进结构先进的加热炉，热效率达到92%以上。⑥加氢裂化采用液力透平，节电效果显著。⑦项目给水取自风田水库，所需用水由大亚湾石化区净化水厂供给，厂内设置2座15000立方米储水罐，可保证连续10小时供水。⑧根据污水性质分为含盐污水、含油污水两个系列，按照“分流分治”的原则，设置酸性水汽提、污水处理场、雨水监控站等系统处理污水，将处理后的含盐污水通过外海排污管线，实现污水深海排放。通过广东省环境监测站的实时监测，各项环保指标全部达标，二氧化硫、氮氧化物、烟尘粉尘、污水、COD、氨气—氮排放量均低于设计值，“三废”处置率和达标排放率均达到了100%。

全面带动周边经济，“炼化一体化”业绩喜人。截至2010年12月，项目已经顺利通过国家级安全、环保、职业卫生、档案专项验收。自投产以来，累计加工原油1766万吨，生产产品1689万吨，销售收入865亿元，实现利润29.9亿元，进一步保障了东南沿海经济发达地区优质成品油及石化产品的供给，对轻工、纺织行业的发展将产生积极影响，直接提供了近2000个就业岗位。高清油品全力供应上海世博会、广州亚运会，对二甲苯等芳烃类产品享誉市场。项目所在地——大亚湾经济技术开发区被广东省列为“十二五”规划重点发展的5个石油化工基地之首。按照海洋原油优化配置的方向和途径，项目与中海壳牌等企业择邻而建，可充分发挥炼油化工相结合优势，炼油厂以管线直供乙烯原料和苯，可使乙烯厂就近获得可靠的原料供应，也可使炼油厂产品出路有所保障，降低了双方储运设施的投资和生产成本，提高了经济效益，增强企业的竞争力和抗风险能力。截至2010年12月，吸引产业链上下游相关投资项目60余宗，总投资额超过了1400亿元，石化区产值占广东省石化工业总产值的16%，初步建成了炼化一体的中下游产业集群，有力拉动了周边地区的经济发展，对当地乃至国家能源安全、经济增长、产业结构调整发挥重要的作用。

不断提升科学管理水平，获国际管理最高奖和中国项目管理成就大奖。2010年11月2日在土耳其举行的第24届IPMA国际项目管理大会上，中国海油惠州炼油项目夺得IPMA国际卓越项目管理最高奖——特大型项目金奖，这是世界范围内炼油项目首次获此殊荣。这不仅为中国海油，而且为国家争得了荣誉。12月在上海举办的第9届中国项目管理大会上，惠州炼油项目又一举夺得了中国项目管理成就大奖。展望国家“十二五”宏伟规划，惠州炼油将充分发挥资源、市场、港口优势，加快建设惠州炼化一体化产业基地，为中国石油化工产业的发展作出更大的贡献。

中国海油海南6万吨/年生物柴油（工业）示范项目投产

中国海油海南6万吨/年生物柴油（工业）示范项目是国家发改委批准的首批国家级产业化示范项目，是中国海洋石油总公司落实科学发展观、发展可再生能源、实现节能减排目标、承担国有企业社会责任的“林油一体化”项目。

项目选址在海南省东方化工城，占地约4万平方米，采用小桐子油为原料（其中过渡期采用酸化油为原料）加工生物柴油，年产6万吨BD100生物柴油。该项目采用北京石油化工科学研究院研发的高压酯交换（SRCA）生物柴油生产工艺，并承担该工艺的工业化放大试验任务，对国内生物柴油技术的发展、形成具有国内知识产权的专利技术与装备具有积极促进作用。

生物柴油作为矿物柴油的替代油品，近10多年来在国内得到了迅速发展，生物柴油具有独特的优势。

（1）各种动植物油脂都可以作为生产生物柴油的原料，这些原料不仅具有可再生性，而且在生物柴油的全生命周期内，其二氧化碳减排效果明显。美国能源部可再生能源实验室的研究表明，生物柴油的生命周期净二氧化碳（去除植物吸收后的部分）比矿物柴油低78%，对全球温室气体的排放的减少具有重要意义。

（2）生物柴油具有优良的环保特性，主要表现在由于生物柴油中硫含量低，从而使二氧化硫和硫化物的排放量少，与矿物柴油相比可减少约30%～50%；生物柴油不含对环境污染的芳香族烷烃，因而废气对人体损害远远低于矿物柴油。有关机构检测表明，与普通柴油相比，使用生物柴油可降低90%的空气毒性，降低94%的患癌率；由于生物柴油含氧量高，燃烧时排烟少，一氧化碳排放与矿物柴油相比减少约10%；生物柴油生物降解率高，对水和土壤的污染比较小，非常适合对环境要求较高的大城市和水源地等区域。

（3）生物柴油比矿物柴油燃烧更充分，柴油机使用生物柴油可以节油15%～30%。

（4）当使用生物柴油作为普通柴油的替代品时，柴油机不需要做任何改动或更换零件，生物柴油可以直接作为柴油添加剂使用。

（5）生物柴油因其较高的闪点有利于安全运输和储存。

项目建设具有重要意义。

（1）发展生物柴油有利于国家的能源安全和能源结构的调整。

（2）发展生物柴油有利于国家履行温室气体减排义务，有利于能源企业在未来国家征收碳排放税收时，降低碳排放成本和获得更多的能源资源指标。中国的二氧化碳排放总量已经上升为全球第二，中国的能源企业可以通过发展生物柴油等可再生能源抵扣二氧化碳排放指标，从而获得更多的能源资源指标。

（3）发展生物柴油，大大降低有害物质的排放和对水和土壤的污染，有利于中国的环境保护，特别是有利于水资源环境的恢复和大气质量的提高。

（4）发展生物柴油将有助于农业产业结构的调整和生产模式的改变，探索“林油一体化”的上下游发展模式，以工业管理方式管理农业，促进新农村的建设。山地丘陵、盐碱地等边际土地在很多省份都有分布，生物柴油原料供应方面，可以结合退耕还林、防沙工程及水土保护等生态环境保护工程，开展油料植物的种植，增加农民收入，促进农村经济发展、农村生产模式转变和农业生产管理水平的提高。

（5）中国海油发展生物柴油生产建设是该公司节能减排和提供绿色能源战略的重要组成部分。

根据海南省柴油年消费量和国外成熟的生物柴油厂规模等因素，该项目选定为6万吨/年的规模，在国内推广具有一定的示范作用。该项目主要产品为生物柴油和生物甘油。海南6万吨/年生物柴油（工业）示范项目由中海油新能源投资有限公司独资投资建设，项目批准概算总投资20482万元，其中建设投资17116万元。

国际上生产生物柴油的技术路线比较多，在一些国家也已有了比较成熟的技术，但根据中国生物质能发展的要求，考虑发展国产自主的生产工艺技术和原料的多元化选择，该项目采用了中国石化高压酯化反应生物柴油生产技术。高压酯化反应与其他技术相比具有一定的优点：对原料的要求相对宽泛，特别是对其中的水分和杂质要求比其他技术低，这点尤其适合于项目过渡期原料来源的多样性；污水中COD也相对较低；该工艺可以直接采用毛油作为原料，省去毛油精制过程，单位产品综合能耗较低。优点：①原料多元化，可采用的原料包括各种非食用植物油和废弃油脂。②由于生产装置本身无生产性废水排放，对环境友好。③可以直接采用毛油作原料，不需精制，降低能耗。④该方案的生产工艺技术是完全国产、自主开发的，符合自主创新发展生物质能生产技术的要求和发展方向，可以争取国家有关优惠政策支持。缺点是工艺装置相对复杂、操作压力较高。

项目可行性研究报告于2008年6月批复，工艺包设计于2008年6月开工，基础设计于2008年9月完成，工艺装置于2009年3月开工，项目机械竣工时间为2009年10月，2010年1月生产出合格产品，2010年4～5月，装置技术改造，2010年11月进入加油站用户市场。

该项目主要内容包括主装置区、公用工程、罐区、装桶间、维修间及备品备件库、控制室配电室、门卫营业室、道路地坪、地下给排水、导热油区、办公楼及化验室等11个单位工程。

主装置区：动设备69台（套），静设备82台（套），其中高压设备9台。

罐区：动设备9台，储罐包括3000立方米2个、4000立方米1个、2300立方米1个、1500立方米1个、200立方米2个。

工艺管线：工艺管线总长36000米。其中最高操作压力14.4兆帕，最低0.2兆帕，最高温度430℃，主要材质有15CrMo、0Cr18Ni9T、316L合金钢、20#钢等品种。

电气工程：总配电室2台6千伏/1250千伏·安变压器、4块高压盘柜、23块低压柜，罐区、空压站、循环水配电室共16块配电柜。全装置共拥有121台电动机。

仪表工程：完成DCS控制系统1套安装、调试，包括ES工程师站1个，OS操作站2个，DC控制站3个，SBC安全栅柜1个及调节阀72台，可燃气体报警系统（含9套现场可燃气体探测仪）。

该项目采用E+P+C项目管理模式，其建设具有以下特点：①为国内第一套采用高压酯交换工艺技术生产生物柴油的工业化示范装置，从2000吨/年中试装置直接放大进行6万吨/年工业装置设计，项目组在设计中充分考虑了放大的风险性和工艺流程、设备设计、自动控制的先进性。②在装置工艺技术上首先考虑了要对多种原料具有适用性，从而大大降低原料来源不稳定带来的风险，同时通过原料的比选降低生产成本。③做到环境保护、安全卫生与消防“三同时”。④生产装置及配套的设备、管道、仪表基本上都在国内采购。⑤总图布置及部分公用工程依托化学公司便利条件，配套设施完善，节省了投资。

施工技术措施：①异性钢结构框架。主装置框架柱采用十字型钢结构焊接柱，可较好地抵御台风，但施工难度大，主要是要在焊接中控制变形，边摸索边施工，总结出切实有效的控制变形和柱子连接的方法，保证了施工质量和进度。②工艺管道施工。该装置的工艺管道不锈钢和合金钢比例占70%，且生物柴油对管道内部的洁净度要求高，提前采取了严格的管理措施。

该项目工程被全国化工工程建设质量奖审定委员会评为“2010年度化学工业优质工程奖”。截至2010年底，该装置产出生物柴油10000吨。产品质量符合国标GB/T 20828—2007柴油机燃料调和用生物柴油（BD100）的要求，并于2010年10月21日正式开始生物柴油的试销售，中国石化海南石油分公司下属12家加油站已经于2010年11月8日正式开始销售B5（按照2%～4%的比例掺入石化柴油中）生物柴油，已经累计销售4000多吨，从初步试运行结果来看，B5产品在使用过程与普通石化产品相比，车辆的动力性、油耗量及发动机点火等方面没有明显差异，还在一定程度上改善了石化柴油的润滑性。B5产品在试销加油站销售情况良好，没有不良信息反馈，此举标志着中国海油成为国内首家进入车用生物柴油领域的生产企业。

技术人员在生产中积极主动，勇于创新，对工艺包及设计中的缺陷不断进行修正，先后进行了2次较大规模共63项次的技术改造，形成了涵盖工艺设备优化、节能降耗减排、提高产品质量等方面的专有技术，在此基础上准备申报8项专利技术。

中国海油80万吨/年甲醇项目为上下游一体化再创辉煌

位于南海莺歌海盆地的乐东22－1和15－1两个天然气田探明储量610亿立方米，可采储量为375亿立方米，但由于所产天然气热值偏低，每标准立方米仅5500大卡（一般应在9000大卡左右），而二氧化碳含量高达28%，使得气田的开发面临市场如何利用的问题。为了充分提升贫气的使用价值，中国海油化学公司甲醇项目组深入调研，不断探索，吸纳国际先进的贫气生产甲醇工艺技术，同时乐东气田的天然气富含二氧化碳，如果用于民用或发电要排放大量二氧化碳，若用于生产甲醇，通过原料气自身组分即可达到甲醇生产工艺所需的最佳氢碳比，有效回避蒸汽转化工艺中碳少氢多的弊端，无需补碳，流程短，投资省，不仅天然气消耗低，而且所含二氧化碳得到充分利用，以避免排放造成环境污染。项目投产后，每天自身消耗二氧化碳约760吨，创造了国内第一家利用低质气生产甲醇的清洁环保工厂，也是继开发东方1－1气田与建设大化肥相连接成为上下游一体化典范之后的又一创举。

乐东气田距离海南省乐东县黄流镇岸边约110千米，乐东15－1气田是一座具有生产、计量、分离、压缩、脱水等生产设施和公用设施的8个腿导管架平台。平台上生产的天然气和凝析油分别进行脱水处理合格后，混合进入外输管道输送到乐东22－1平台汇合。乐东22－1气田所产天然气经过出井口后在平台上进行脱水处理，然后加压通过105千米的海底管线和约68千米的陆上管线被输送至位于海南省东方市的东方1－1天然气终端处理厂进行油气分离，供应给下游用户使用。乐东22－1气田年设计产能达15亿立方米/年，于2010年8月投产的乐东15－1气田年设计产能5亿立方米/年，合计共20亿立方米/年，作为80万吨/年甲醇项目的主气源。

80万吨/年甲醇项目厂址位于海南东方工业园区中，占地16.5万平方米。项目总投资20亿元，执行结果实际节约投资1.6亿元。该项目是中国海油对海南省实施的“大企业进入，大项目带动，高科技支撑”战略最直接有力的支持，是推进节能减排、发展循环经济、大力支援地方经济发展的又一重要举措。与此同时，注重与海南环境的和谐可持续发展，不仅以天然气代替煤作原料制取甲醇，并且利用了富含二氧化碳的贫气，巧妙地解决了大量温室气体排放带来的环境问题。

2008年6月，国家发改委核准乐东22－1/15－1气田总体开发方案，2008年，乐东气田与甲醇项目先后施工建设，2010年5月，辅锅正式点火成功，管线吹扫正式开始。2010年9月，中压蒸汽管网建立，精馏单元开始水联运；公用工程各单元施工完毕并完成中交；净水、脱盐水、空分单元均已产出合格产品，循环水投用，自此项目进入以生产准备为主导的全面试车阶段。在试车过程中，项目组与生产准备组通力合作，与国外设计专家、设备厂商技术人员及各施工单位紧密配合，攻克难关，解决了一系列技术难题及设备问题，为顺利试车提供保证。

2010年10月7日，转化炉点火成功，标志着甲醇项目全系统交付投用，具备投料条件。项目组根据试车计划全力抢抓高压蒸汽系统建立、合成回路还原、压缩机试车工作。10月17日，合成回路催化剂氮气循环升温至175℃，开始配氢还原。10月23日，日产2500吨甲醇项目一次试车成功，产出合格产品，从此中海化学甲醇年产能将达140万吨，成为国内最大的甲醇生产基地。对化学公司丰富产业布局，完善产业链条，打造全方位产业体系具有深远意义，同时进一步增强了海南省化工产业发展后劲和竞争实力。

投资20亿元的80万吨/年甲醇项目自2008年9月动工，于2010年11月23日产出合格产品，产品精甲醇的目标市场主要集中于广东、浙江、上海、江苏、山东和辽宁等沿海省市，这些沿海省市的甲醇目前供应大多依赖进口，因此该项目的产品市场十分可靠。项目建成后年均销售收入约为12.7亿元，全投资所得税后内部收益率为14.11%，这不仅拓展了化学公司的下游低碳产业链，增强其整体实力，保护了海南优美环境，还为促进海南西部工业走廊的形成，加快海南区域经济发展作出新的贡献。

大庆炼化建成世界级油品化学基地

2009年10月，大庆炼化一举成为年生产近10万吨聚合物的世界最大的油田化学品生产基地。

大庆炼化从2005年开始具备年产10万吨聚丙烯酰胺的生产能力，并逐步发展成为技术领先、品种齐全、质量过硬的世界最大油田化学品生产基地。

“十年油田化学品，驱采原油近亿吨。”依托油田，服务油田；自主创新，做大做强。这就是大庆炼化公司聚丙烯酰胺在油田工业化应用10年间，建设油田化学品基地的真实写照。

针对大庆油田急需实现污水回注的驱油用抗盐聚合物的现状，为建设“百年油田”，保住油田市场份额，实现建设世界级油田化学品基地的目标，大庆炼化组织了科研攻关大会战，在攻关组的努力下，经过3100多次试验，终于得到了理想的试验效果，研发的具有自主知识产权的抗盐聚合物，达到了国际先进水平，设备完全国产化，填补了国内空白，实现了中国聚合物生产技术的新突破，每年为企业增创效益6000多万元。

大庆炼化采用高分子量抗盐聚丙烯酰胺产品，首次实现了用油田产出污水配制抗盐聚合物，并加以大规模推广应用，已有的矿场应用结果表明，在大庆产出污水条件下配制该聚合物，原油采收率比普通聚合物驱油提高2个百分点，每年消耗油田污水1500万立方米，节约了大量水资源，取得了显著的经济效益和社会效益。

大庆炼化已经研发出超高分、抗盐系列及预交联、复合型离子等多种产品，而且产品质量、产量、能耗及适用范围等各项经济技术指标均超越了国际先进技术水平，提升了大庆炼化作为中国石油油田化学品生产基地的核心竞争力，为公司带来新的效益增长点。

面对新形势、新挑战，大庆炼化充分发挥聚丙烯酰胺产品规模强大、系列齐全、技术含量高、用途广泛、前景广阔的优势，不断加大替代产品的研制力度，做好“聚合物有机交联体系应用技术的研究”、

“生物单体技术的研究”等多个项目的研究和生产。

回顾大庆炼化油田化学品基地的发展，可以分为3个阶段：随着大庆油田三次采油技术发展和应用，1996年，年产5万吨聚合物工程投产，大庆炼化高起点地拉开了建设世界级油田化学品基地建设的序幕；2000年，随着大庆油田三次采油技术日臻成熟，高品质的聚丙烯酰胺系列产品需求剧增，大庆炼化在吸收消化引进的先进技术的基础上，以自主创新研发油田三次采油所需高品质的聚丙烯酰胺系列产品为突破口，油田化学品从早期单一的中分子量聚丙烯酰胺，发展到聚合物产品系列化的生产格局，2004年末年产量达到了7万吨；2005年初，一场对建设世界级油田化学品基地具有划时代意义的交接仪式在大庆举行。隶属于大庆石油管理局化工集团的东昊聚合物厂被正式整体移交给大庆炼化，从而使大庆炼化聚合物年生产能力跃升至9万吨/年以上。

随着大庆油田公司三元复合驱的工业化应用，大庆炼化将有足够的能力为创建“百年油田”提供更加充足的聚合物支持。2006年4月，在大庆油田公司大力支持下，大庆炼化又签订了9万吨聚丙烯酰胺购销合同。

自1996年大庆油田开始工业化应用聚丙烯酰胺产品驱油以来，大庆炼化公司为大庆油田提供聚丙烯酰胺58万吨，累计为大庆油田增产原油9000多万吨。如今，随着聚合物产品技术、产量、服务等方面水平的不断提升，大庆炼化世界级的油田化学品基地必将会为建设“百年油田”提供更加强有力的技术支撑。

乌鲁市齐石化公司百万吨芳烃项目建设

2010年7月，乌鲁木齐石化公司（简称乌石化）的大芳烃项目投产，这是乌石化迄今基础建设投资最多、规模最大的建设项目。

乌石化100万吨/年大芳烃项目总投资37亿元，由8套装置构成，分别为年产100万吨连续重整、年产100万吨加氢裂化、年产100万吨对二甲苯芳烃联合装置和抽提、歧化、吸附分离、异构化以及二甲苯分馏5个单元，是该公司迄今为止基本建设投资最多、规模最大和涉及专业最广的建设项目。这套联合装置设备国产化率达到95%，创国内同类装置国产化率纪录。2010年12月，世界单系列规模最大的年产100万吨芳烃联合装置在乌石化投料试车一次成功，并生产出合格产品。

乌石化大芳烃项目是中国石油新疆能源发展战略中重要的一环。继独山子石化1000万吨/年炼油、120万吨/年乙烯项目于2009年下半年建成投产之后，乌石化计划未来将年炼油能力从600万吨提高到1000万吨。

原油处理能力的增长，也带动了化工产能的提升。在化工领域，中国石油在新疆的几家石化企业采取差异化发展路线——独山子着重发展乙烯，乌石化则着重发展芳烃。独山子的百万吨级乙烯项目和乌石化的百万吨级芳烃项目之间采取原料互供。

2006年5月，乌石化大芳烃项目得到国家发改委核准，2008年5月开工建设。2009年6月，中国石油提出，乌石化应加快“大炼油、大化肥、大芳烃”三大基地的建设。

乌石化大芳烃项目50%的产品将供应新疆本地，其中又有大约70%～80%销往哈萨克斯坦等中亚国家，剩下的50%供应外省。

芳烃的下游产品包括化纤和工程塑料，因此，大芳烃项目的建成不仅标志着乌石化由单一燃料型企业向化工型企业转变，而且对新疆石油石化、纺织、机械制造、塑料制品企业的发展产生辐射和带动作用。

乌石化原油加工能力600万吨/年，同时年产110万吨尿素、15万吨化纤及其他60多种石油化工产品。

四川维尼纶厂醋酸乙烯项目建设

四川维尼纶厂是国内最大的天然气化工化纤联合企业，位于重庆（长寿）化工园区。始建于1974年，是中国20世纪70年代引进四套大化纤项目之一。经过30余年建设与发展，以四川丰富天然气资源为支撑，天然气年加工量达9亿立方米，生产甲醇、醋酸乙烯、聚乙烯醇、甲醛、维纶纤维及液氨等化工化纤产品。

新建醋酸乙烯项目利用中国石化普光气田丰富的天然气资源，充分发挥四川维尼纶厂在天然气化工方面的技术、人才、管理和营销网络等优势，与上游天然气勘探开发和管网建设协调一道加快发展天然气化工产业。项目选址重庆（长寿）化工园区，大部分产品自用或留作园区深加工，形成了较为完整的产业链，可进一步推动重庆天然气化工支柱产业的发展，该项目可行性研究报告于2008年1月批复。项目是以天然气为原料生产乙炔，以乙炔和醋酸为原料合成醋酸乙烯，以醋酸乙烯为原料生产聚乙烯醇，以生产乙炔时副产的尾气为原料合成甲醇。

建设内容主要包括：4.6万标准立方米/时空分装置，10万吨/年乙炔装置，30万吨/年醋酸乙烯装置，10万吨/年聚乙烯醇装置，77万吨/年甲醇装置，2台460吨/时煤锅炉和汽轮发电机组（25兆瓦+50兆瓦），8亿立方米/年天然气脱硫装置，以及配套7.65万立方米/时循环水、500立方米/时污水处理装置等辅助设施。

30万吨/年醋酸乙烯项目新建厂区占地面积0.79平方千米，污水处理场及脱硫装置等均是在现有老厂区内进行改造扩建。

项目总体设计批复投资52.8亿元，项目投产后，年新增销售收入40亿元，年创利税10亿元以上。项目建成之后，四川维尼纶厂将跻身世界级天然气化工生产商的行列。

总工艺流程：30万吨/年醋酸乙烯装置需配套设置10万吨/年乙炔装置，乙炔产量为10万吨/年，需要氧气量为3.99万标准立方米/时，考虑甲醇装置需要氧气量为0.54万标准立方米/时；设置空分装置1套，能力为4.6万标准立方米/时；配套设置10万吨/年聚乙烯醇装置，需消耗醋酸乙烯17.8万吨/年，其余作为商品出售。10万吨/年乙炔装置副产乙炔尾气9.80亿标准立方米/年和原有乙炔尾气5.952亿标准立方米/年，加上合资企业提供的氢气，并采用富甲烷驰放气自热转化成合成，可生产甲醇77万吨/年，其中50.8万吨/年作为商品出售。10万吨/年乙炔装置需消耗天然气6.25亿立方米/年，加上原料天然气精脱硫损耗及煤锅炉点火用天然气，共需天然气6.4亿立方米/年。装置规模、技术路线和技术来源见表8。

产品方案：①10万吨/年乙炔装置：产量全部作为30万吨/年醋酸乙烯装置的原料；②10万吨/年聚乙烯醇装置：产品全部作为商品出售；③30万吨/年醋酸乙烯装置：聚乙烯醇装置需消耗醋酸乙烯17.8万吨/年，其余的12.2万吨/年作为商品出售；④77万吨/年甲醇装置：聚乙烯醇装置消耗甲醇0.93万吨/年，四川维尼纶厂现有装置消耗2.87万吨/年，YARACO醋酸装置消耗22.4万吨/年，剩余的甲醇作为商品出售。

表8　四川维尼纶厂醋酸乙烯项目主要生产装置规模、技术路线和技术来源

序号	装置名称	规模	工艺技术路线	技术来源
1	脱硫	8.0亿立方米/年	天然气一步法脱硫	大连普瑞特
2	空分	4.6万标准立方米/年		与林德合资建设
3	乙炔	10万吨/年	天然气部分氧化法	川维厂自有技术
4	醋酸乙烯	30万吨/年	乙炔法	川维厂自有技术
5	聚乙烯醇	10万吨/年	VAC溶液聚合、低碱醇解	川维厂自有技术
6	整合甲醇	77万吨/年	乙炔尾气法制甲醇，包括大部分富甲烷驰放气经转化成合成气制甲醇	引进英国DAVY公司大甲醇生产工艺技术包
7	锅炉及发电	2×460吨/时锅炉；1×25兆瓦+1×50兆瓦汽轮发电机组	煤粉炉	
8	循环水	76500立方米/时		
9	污水处理	500立方米/时	生物接触氧化法	

项目采购周期在12个月及以上长周期设备共计64台（套），主要有：乙炔压缩机、真空鼓风机组，供应商为日本神户制钢；乙炔压缩机蒸汽透平委托杭州汽轮机公司加工制造；煤粉锅炉、汽轮机及发电机组，供应商分别为无锡华光锅炉公司、哈汽实业开发总公司和南阳防爆集团公司；甲醇合成反应器，供应商为印度L&T公司；乙炔炉、氧气预热炉、天然气预热炉，供应商为重庆川维建安公司。甲醇合成气压缩机，供应商为日本三菱重工；甲醇原料气压缩机及透平，供应商为沈阳鼓风机集团。乙炔装置电除尘器，供应商为重庆康达机械（集团）公司和河南绿源新星环保设备公司；甲醇ATR烧嘴，供应商为英国JM公司；空分压缩机采购和成套设备，供应商为西门子和林德公司。

项目采用IPMT + EPC（E + P + C）+监理的建设管理模式。工程设计单位有宁波工程公司、中国成达工程公司、重庆川维石化工程公司、重庆渝能勘察设计有限公司。主要施工单位有中国石化第四建设公司、第五建设公司、第十建设公司和川维建安公司。

2008年7月，中国石化总部批复项目总体设计。2008年12月项目开工奠基。为保证20万吨/年合成氨项目用气需求，先期建设的4.5万立方米/年脱硫装置于2008年3月开工建设，并于当年年底进入收尾。除先期建设的4.5亿立方米/年脱硫装置外，项目中的主要装置于2009年3月开工建设。项目2011年1月全部建成中交，2011年3月投料试车。

中化集团“十一五”重点化工项目建设成果

中国化工集团公司“十一五”期间共建成投产了93个重点建设项目和一批技术改造项目，累计完成投资389亿元。通过项目建设，改善了集团公司的产品结构，PVC产能已居全国第1位；丙烯酸及酯产能居全国第2位；同时新增了聚甲醛、聚苯醚、六氟化硫、苯乙烯、BDO等一批化工新材料和特种化学品业务板块的新产品，提高了公司主导产品的市场竞争力。同时改善了原料供给，丰富完善了产业链。以“油头化尾”，多出丙烯等方式，为化工新材料发展提供了支持。建成了沈阳化工CPP装置、南通新材料BDO装置、南通新材料双酚A装置、沈阳化工及山东正和石化的丙烯酸及酯装置、江苏安邦电化的环氧氯丙烷装置、黑龙江石油化工厂的DCC和乙苯/苯乙烯装置等项目。加快了高新技术产业化，提高了产品附加值。如聚甲醛、氟橡胶、全钢工程巨胎、醋酸、双氧水等产品技术实现产业化，其中氟橡胶产品远销国外，TDI产品供不应求。列举几项重点项目情况如下：

沈阳石蜡化工公司50万吨/年催化热裂解制乙烯项目建设

50万吨/年催化热裂解（CPP）制乙烯总体改造项目选址在沈阳化工集团沈阳石蜡化工有限公司厂区内，由中国蓝星沈阳化工集团组织建设，属老厂改扩建项目。

CPP工艺技术是中国石化石油化工研究院于1990年开发的新工艺。以重质渣油为原料，通过深度催化裂解，实现最大量生产乙烯和丙烯的目的。沈化集团与石油化工科学研究院合作共同完成乙烯新技术的工业化，该项目被列为国家振兴东北老工业基地调整改造国债项目，拥有1.5亿元国债补助。同时被列入国家《乙烯工业中长期发展专项规划》中，作为乙烯新原料来源开发重点新技术示范工程。50万吨/年CPP装置是世界上第一套以石蜡基常压渣油为原料生产乙烯、丙烯的工业化装置，具有自主知识产权，开辟了一条低碳烯烃规模化生产的新工艺路线。

项目包括50万吨/年CPP制乙烯装置、10万吨/年聚乙烯（PE）装置、4万吨/年MTBE和1.5万吨/年1－丁烯装置以及配套公用工程。项目投资概算29亿元。

项目可研报告于2004年8月获国家发改委核准批复，2007年1月辽宁省发改委批复可研报告。50万吨/年催化热裂解制乙烯总体改造项目由3个部分组成：①CPP装置加工常压渣油50万吨/年，包括：反应再生系统、裂解气精制和分离系统、裂解轻油精制、CPP碳四液化气产品精制与分离、45%液碱储罐、变压吸附制氢等单元，于2007年7月投料试生产；②聚乙烯生产装置；③MTBE/1－丁烯生产装置。以上装置于2008年投料试生产。

50万吨/年催化热裂解制乙烯工业化装置采用中国石化石油化工科学研究院催化热裂解工艺技术，由中国石化工程建设公司和美国S&W公司联合进行工程设计。

CPP工艺技术是在催化裂化基础上开发的新工艺。该工艺以常压重油为原料，采用专门研制的具有正碳离子反应与自由基反应双功能的酸性分子筛为催化剂，应用组合的流化催化裂化技术，实现最大量生产乙烯和丙烯的目的，“三烯”产率高达45%。该技术获得发明专利10项。该技术拓宽了乙烯和丙烯原料来源，传统方式是以乙烷、丙烷、石脑油等为原料，通过管式炉蒸汽裂解制乙烯，而在轻质原料紧缺的条件下，CPP技术是重油制乙烯技术领域的一项重大突破，其新技术、新工艺的工业化成功对资源有效利用具有良好的推广应用价值。同时在生产成本和建设投资上具有优势：以50万吨/年重油CPP装置生产的乙烯和丙烯，与60万吨/年扬巴蒸汽裂解乙烯装置比较，当原油价格为60美元/桶时，CPP乙烯成本为5200元/吨，而蒸汽裂解乙烯成本为6500元/吨。原油价格越高，CPP和蒸汽裂解的乙烯成本差距越大。同等乙烯规模的CPP和蒸汽裂解相比较，CPP的投资仅为蒸汽裂解投资的80%左右。

该项目于2009年7月投料试车，由于原油供应问题，装置一直处于低负荷运行状态，2010年4月，该项目通过了国家发改委组织的技术和经济考核验收。

南通星辰9万吨/年双酚A项目建设

该项目建设在南通星辰公司搬迁到江苏南通经济技术开发区的新址，建设规模为年产双酚A 9万吨。采用苯酚、丙酮在阳离子催化剂作用下进行缩合反应，反应物经结晶、分离、精制得到高纯度双酚A产品。

双酚A装置工艺是应用无锡树脂厂引进的Polimex Cekop公司和日本Chiyoda技术及多年来运行经验，在改进的Polimex Cekop公司反应及回收工艺技术的基础上，与引进的先进的Sulzer提纯工艺相结合，由化学工业第二设计院宁波分院进行初步设计，关键分离技术采用瑞士Sulzer公司的降膜和静态结晶工艺，助催化反应采用和国内高校联合开发的助催化反应剂和反应技术。引进了国外自动化水平高的降膜、静态结晶分离技术和关键设备。项目由中国石化宁波工程公司施工总包。总投资为7亿元。于2007年9月开工建设，2010年7月，双酚A装置进入正常连续生产阶段。

该生产工艺流程相对复杂，特别是在降膜、静态结晶过程中，该装置采用安全联锁与保护控制、结晶顺序控制、造粒与料粒处理的DCS控制等，自动化程度高。为避免原材料苯酚在生产过程中出现氧化，该装置设备采用高纯度氮气覆盖。

该项目于2011年4月、5月，分3次进行了装置生产能力的摸底预考核，装置产能达到78784吨/年，为设计负荷的87.54%。公用工程能源消耗与物耗与设计有较大差距，特别是两大原料苯酚、丙酮的单耗远大于设计值，由于物耗成本占生产成本的比重达到84%左右，需进行改善。在SHE方面做得较好，一级污水排放COD浓度控制在150×10^{-6}以下，减轻了二级污水处理装置的压力，同时蒸汽凝水回收率也达到了80%。

沈阳石蜡化工公司13万吨/年丙烯酸及酯项目建设

13万吨/年丙烯酸及酯项目选址在辽宁省沈阳市沈大路沈阳石蜡化工有限公司厂区内，由中国蓝星沈阳化工集团组织建设。沈阳石蜡化工公司属新型石油化工成长性企业，隶属中国蓝星集团。该公司利用新建设的50万吨/年DCC装置所产丙烯资源，深加工成丙烯酸及酯。该项目建设内容为：新建8万吨/年丙烯酸装置、2万吨/年丙烯酸甲/乙酯装置和10万吨/年丙烯酸丁/辛酯装置，并对辅助设施、公用工程及储运系统进行配套改造。项目总投资12亿元。

2004年4月，项目可研报告获国家批准，并被列入东北振兴老工业基地调整改造专项国债项目计划。可研调整报告于2006年5月获辽宁省发改委批复。该项目于2005年3月土建开工，2006

年9月投料试车，2008年9月通过项目竣工验收，实现安全、稳定、长周期连续运行；各项工艺指标均达到设计水平，产品质量稳定，产品合格率100%，优级品率100%，通过性能测试，达到国内外同类装置的先进水平，具有明显的竞争优势。

13万吨/年丙烯酸及酯项目由8万吨/年丙烯酸装置、2万吨/年丙烯酸甲/乙酯装置、10万吨/年丙烯酸丁/辛酯装置及配套的16项公用工程组成。

该项目引进日本三菱化学株式会社（MCC）和三菱化学工程株式会社（MEC）的工艺包和基础设计包，采用丙烯气相两步氧化法制丙烯酸工艺；由月岛机械株式会社（TSKE）提供废水装置基础设计包，由中国石油设计公司东北分公司负责设计。

2006年10月~2007年4月属于装置试生产阶段，2007年5月，装置正式生产。投产初期产品的销售及效益情况不够理想，2009年以后，随着化工市场转暖及金融危机影响减弱，丙烯酸出现市场供不应求的局面，产量和销量大增。2010年，13万吨/年丙烯酸及酯装置实现销售收入20亿元，利润3.6亿元。

南京蓝星5.5万吨/年1，4-丁二醇（BDO）项目建设

南京蓝星化工新材料有限公司系中国蓝星（集团）子公司，成立于2005年6月。5.5万吨/年BDO项目是公司成立后的首个化工项目，建设地点位于南京化学工业园区。

1，4-丁二醇产品有多种生产工艺，随着石油化工的发展，传统的炔醛法逐步为顺酐法所取代。顺酐法流程较短，原料便宜，根据操作条件不同，能出多个产品，使顺酐法制1，4-丁二醇工艺得到快速发展。所引进的Davy公司顺酐法制1，4-丁二醇技术，技术成熟，经济合理。

该项目建设规模为5.5万吨/年1，4-丁二醇（当量），产品方案为1，4-丁二醇2.22万吨/年、四氢呋喃（THF）2.62万吨/年。项目总投资7亿元。2005年9月，中国化工集团批复该项目可研报告。2007年5月，土建施工全面开始。2009年5月投产。

采用引进英国Davy公司的第四代顺酐酯化加氢工艺技术，该法流程较短，三废少、产品质量高，产品方案灵活，根据操作条件不同，能出多个产品。关键设备如压缩机及主要设备内件从国外引进，其余设备实现国产化。项目采用DCS、ESD控制系统，增强了装置的可操作性和安全性。对于原料氢气，采用变压吸附分离技术，将解吸气返回再利用。对于装置内产生的污水，采用载体生物膜法处理技术，经处理后的废水COD < 200，符合园区集中处理标准。

2009年5月，BDO装置一次投产成功后即进入试生产。由于受全球金融危机的影响，整个化工市场需求不旺，价格在低位徘徊，装置在性能考核后即降负荷生产。BDO装置于2010年4月1日正式投产。

2010年4~12月累计生产1，4-丁二醇13098.25吨，四氢呋喃17631吨；折合BDO当量35137吨，装置利用率85%。4~12月累计销售1，4-丁二醇12836吨，四氢呋喃17378吨。产销率达98.36%。2010年4~12月实现销售收入55872万元，利润总额为1551万元。随着化工市场的逐步回暖及部分生产厂家停产检修，2011年1~6月生产1，4-丁二醇11282吨，四氢呋喃14178吨，折合BDO当量为29005吨，装置利用率105%；累计销售1，4-丁二醇10788吨，四氢呋喃13587吨。产销率达96%。实现销售收入50210万元，利润总额为3018万元。

海外工程建设成果

“十一五”中国石油海外勘探取得新进展

“十一五”期间，中国石油海外油气勘探紧紧围绕集团公司建设国际性综合能源公司和加快海外油气业务发展的目标，不断加强理论、技术的创新和应用，裂谷盆地和含盐盆地两项油气地质理论得到深化研究，低勘探程度地区快速发现大油田的技术、复杂岩性地层油气藏勘探技术、含盐盆地盐下构造成图、储层预测和山地地震采集处理一体化等技术得到有效应用，通过优选战略性重点风险勘探项目、抓好成熟区带的精细挖潜和增储，取得良好的勘探实效。

尼日尔 Agadem 项目

2008 年 6 月 2 日，中国石油进入 Agadem 区块后，通过快速组织、高效运作，积极开展甩开勘探，2009 年在 Dinga 地堑内发现了油气藏：Faringa W、Gololo 和 Dinga 油藏；在积极甩开预探的同时，大力开展前作业者已发现油藏的评价工作，重新落实 Goumeri 油藏地质储量。

2010 年，东部 Araga 地堑风险探井相继获得成功，揭开了区带发现的序幕。

乍得 H 区块

2008 年，Bongor 盆地 Ronier 三维区 R－4 井首次突破了稀油高产关、首次发现了天然气和凝析油藏，测试日产轻质油 400 多吨、天然气 15 万立方米，落实了该稀油油气田的地质储量。

2009 年，Bongor 盆地东部 Prosopis－1 和 Baobab S－1 两口探井测试累计日产油均超过千吨；2010 年，Kubla 地区风险探井 Baobab NE－1 测试 3 层累计日产油 378 吨、气 1.95 万立方米；另一口探井 Baobab N－1 测试 4 层累计日产油 1495 吨、气 1.87 万立方米。一系列的发现揭示了该油气区带的潜力。

2010 年，Naramay 地区探井 Cassia N－1、Cassia E－1 相继获得成功，其中 Cassia N－1 井测试合计日产稀油约 1200 吨、气 61 万立方米，为拓展新区、扩大优质储量规模奠定了坚实基础；同时，南部凹陷陡坡带风险探井 Vitex－1 测试 3 层获高产天然气，为新区取得规模油气发现打下了基础。

苏丹 1/2/4 区

2008 年，4 区 Neem－Azraq 地区 AG 组深层勘探取得重要突破，探井 Azraq SW－1 和 Azraq K－1 相继在 AG 组获得高产油气流，并首次发现了规模天然气藏；2009 年，Azraq C－1 和 Neem F－1 等井也陆续取得发现，进一步揭示了该地区资源潜力，对区块稳产具有重要意义。

2009 年，2a 区探井 Simbir N－1 首次在 1/2 区深层 AG 组发现油层，测试获得日产油 165 吨、气 3.7 万立方米；2010 年，2b 区 Hamra SW－1 井也在 AG 组钻遇良好显示，展现了 1/2 区深层资源潜力和勘探前景。

苏丹 3/7 区

2008 年，在 Melut 盆地北部凹陷 Ruman 凸起带基岩和浅层勘探取得重要突破。Ruman N－2 井首次在基岩地层发现油层，裸眼测试最高日产量达到 55 吨，在浅层也获得日产 8 吨的商业产量，开辟了潜山勘探新的潜力区；随后，该地区 Ruman－1A、Ruman NE－1、Ruman NNE－1 和 Ruman NW－1 井相继获得成功，使该地区成为了新的重点潜力区。

苏丹 6 区

2006 年，Fula 凹陷内 Keyi－3 等井首次在主力产层 Bentiu 组中获得了厚层高产稀油油藏，并首次在 Darfur 地区取得稀油规模储量；2007 年，西部陡坡带勘探成果继续扩大，落实了 Jake S 构造为一个整装稀油油藏。

哈萨克斯坦滨里海中区块

滨里海中区块位于哈萨克斯坦滨里海盆地东缘，中国石油进入后，有效解决了盐丘地区变速成图难题，2006 年首先发现阿西塞油藏；2007 年以来在盐下 KT－I 段地层发现并落实亿吨级地质储量的希望油田；2008 年证实了希望油田 KT－II 段为一独立油气藏，2009 年以来又通过一系列评价井成功实现扩边，使油田面积和储量规模不断扩大。

哈萨克斯坦 PK 项目

PK 项目是中国石油于 2005 年 10 月第一个成功实现资产并购的项目。

2006 年在 Kolzhan 地区古生界碳酸盐岩潜山勘探率先取得规模突破，12 口井均获成功。

2007～2008 年，在克孜基亚地区准确刻画出白垩系砂体尖灭圈闭和侏罗系河道圈闭，探井相继成功；Karagand 和 Doshan 区块碳酸盐岩潜山勘探也取得成功。

2009 年，Doshan 区变质岩潜山勘探再获成功。

2010 年，1057 区块东部 Tuzkol－18 井首次在区域盖层之上发现油气，展示了新层系的勘探潜力。

阿姆河右岸天然气勘探项目

2007 年 7 月，中国石油获得阿姆河右岸天然气产品分成合同。

2009 年，中区桑迪克雷、别列克特利构造中下侏罗统砂岩新层的风险勘探和恰什古伊等地区滚动勘探使储量规模不断扩大。

2010 年，东部杜戈巴—召拉麦尔根构造带阿盖雷整装构造首口探井 Aga－21 测试 2 层，日产天然气约 20 万立方米，揭示了千亿立方米储量规模的前景；中区桑迪克雷南斜坡带地区奥加尔雷岩性圈闭的首口探井 Oja－21 第 1 层测试日产气 22 万立方米，第 2 层稳定日产气 143.9 万立方米、凝析油 36.2 立方米，展示了该斜坡带构造岩性圈闭的勘探潜力；中区基尔桑构造发现高产裂缝性储层，Gir－21 井裸眼测试 1.5 小时，折合产量达 210 万立方米/日，有望成为中等规模高产气田。

乌兹别克斯坦咸海天然气勘探项目

中国石油于 2006 年进入咸海项目。

2010 年，首口探井 WAral－1 测试 4 层累计日产天然气 49.6 万立方米，取得咸海盆地 50 年以来最重大的勘探发现，实现了区域上的战略突破。

以中国石油为首的联合体获得伊拉克油田 20 年开发合同

以中国石油为首，包括道达尔勘探生产伊拉克公司、马来西亚石油公司和伊拉克南方石油公司在内的联合作业体与伊拉克签署为期 20 年的《哈法亚油田开发生产服务合同》。

根据该合同，中国石油担任作业者，中国石油、道达尔、马来西亚石油和伊拉克南方石油公司将分别拥有 37.5%、18.75%、18.75% 和 25% 的权益。

哈法亚油田位于伊拉克东南部，根据伊拉克政府提供的数据，哈法亚油田可采储量约为 41 亿桶，原油地质储量约为 160 亿桶，目前日产量为 1 万桶。以中国石油为首的联合作业体承诺将哈法亚油田日产量提高到 53.5 万桶。

中国石油、道达尔和马来西亚石油于 2010 年年底在伊拉克政府第二轮油田对外招标中联合中标哈法亚油田。根据此前草签的协议，此次联合体将获得每桶 1.4 美元的服务费回报。

在 2009 年 6 月 30 日伊拉克近 40 年来的首次公开招标中，中国石油和 BP 公司联合中标伊拉克南部的鲁迈拉油田，每桶服务费回报是 2 美元。并于 2010 年 11 月初正式签署鲁迈拉油田服务合同。该油田已探明石油储量为 177 亿桶，是伊拉克最大的油田。

2008 年 11 月 10 日，中伊双方在伊拉克石油部举行了隆重的艾哈代布油田合作开发合同签字仪式。2008 年 11 月，由中国石油和中国北方工业公司合资成立的中国绿洲石油公司和伊拉克国有的北方石油公司签署了艾哈代布油田开发与服务合同。中伊双方合作开发总投资 30 亿美元，合同签字后，油田开发将正式开始，中伊双方将陆续投入人力、物力、财力进行实际开发，3 年内建成投产。艾哈代布油田位于巴格达东南 180 千米的瓦西特省库特地区，地质储量约 5.47 亿吨，建成后原油日产量 9 万桶，年产原油 450 万吨。

伊拉克艾哈代布油田地面工程 EPC 合同额 11 亿美元，中方投资额约 30 亿美元，合同期限 23 年，并可依据实际情况延长。预计 3 年内原油日产量可达 2.5 万桶，6 年内将形成日产 11.5 万桶的生产能力。中国石油与伊拉克签订 30 亿美元油田开发合同。该油田开发是中国在伊拉克的第一个石油合作开发项目，伊方对此寄予厚望，同时对促进两国友好合作关系也具有深远影响意义。

苏丹地面工程建设

六区 Jake FPF 地面扩建项目，合同额 0.53 亿美元，中国石油工程建设公司负责 EPC 总承包。苏丹六区 Fula CPF 地面扩建项目，合同额 0.63 亿美元，工程建设公司负责 PC 承包。苏丹六区 FNE FPF 项目，合同额 0.43 亿美元，工程建设公司负责 EPC 总承包。

苏丹六区项目是中国石油在苏丹的第一个石油勘探开发项目。1995 年 9 月 26 日，苏丹政府和中国石油签署了《产品分成协议》、《产品分成补充协议》，2002 年 10 月 30 日签订《六区原油管道协议》。

苏丹六区合同区面积为 17874 平方千米，合同期到 2027 年结束。苏丹六区自 2002 年开始累计完成了三期地面工程建设项目：一期工程于 2003 年 12 月投产，实现产能 60 万吨/年；二期工程于 2006 年 6 月 30 日投产，油田上产到 200 万吨；三期工程于 2010 年 12 月 1 日竣工投产。

六区 Fula CPF 项目已建成 400 万吨/年处理能力，并在 2010 年实现原油上产 300 万吨，新开发 3 个油田：富北东（FNE）、阶科（Jake）、科依（Keyi），其中富北东油田将建成 50 万吨/年稠油的地面集输、处理设施，用于弥补富拉等油田重油产量递减；阶科及科依油田将分别建成 75 万吨/年稀油的地面集输、处理设施；CPF 项目建成稠油及稀油处理设施，总处理能力将达到 250 万吨稠油/年、150 万吨稀油/年。第三期建设主要内容：CPF 改扩建、CPF 大罐扩建、Jake FPF、Keyi FPF、FNE FPF、供电系统、电站扩建、FSF 等 8 个工作包。三期项目工程总投资为 4.34 亿美元。

阿尔及利亚 500 万吨/年凝析油炼厂项目

由中国石油工程建设公司（CPECC）承建的阿尔及利亚 500 万吨/年凝析油炼厂 EPC 项目，合同额 38490 万美元，工程建设公司负责 EPC 总承包。阿尔及利亚 500 万吨/年凝析油炼厂项目位于阿尔及利亚西部斯基克达工业园区，是阿尔及利亚石油工业整体规划布局中的重要项目之一。该项目包括年处理凝析油能力 500 万吨的工厂及配套成品油罐区。

2005 年 11 月，CPECC 与中国石化洛阳工程公司签订设计分包合同，标志着设计工作的全面启动，

该项目于 2009 年 2 月完成全部冲洗、吹扫工作，3 月 8 日通过阿尔及利亚国家碳氢化合物管理局（ARH）检查，获得开工安全许可。7 月 25 日一次投产成功，10 月开始外输商业产品，11 月 20 日完成装置的性能测试工作，2010 年 1 月 14 日获得业主批准的临时验收证书，进入质量保证期。

阿尔及利亚凝析油项目是 CPECC 第一次在国际市场上通过公开竞标形式取得的大型炼厂 EPC 工程。通过项目的运作，积累了大型炼厂 EPC 工程的管理经验，并培养了一大批项目管理人才。作为第一个以凝析油作为原料蒸馏装置及配套设施的炼厂项目，该项目的综合商品率、综合能耗、加工损耗都处于国际先进水平，产品质量达到国际标准。

该项目获得中国石油“2010 年度石油天然气建设质量样板工程”称号，截至 2011 年 5 月，已累计加工 800 万吨凝析油，极大地提高了阿尔及

利亚国家凝析油、石脑油市场的灵活性，降低了该国柴油进口数量，缓解了油品市场供求矛盾，同时也带来了良好的经济、社会效益。

EPC总承包方式在提升承包商地位和能力及获得高附加值的大型工程项目等方面具有较大的优势，但也存在合同条件苛刻、技术难度大、总价固定、索赔困难等风险。近年来国际工程承包市场竞争激烈，业主在坚持严格的合同条件的基础上，更注重价格等因素，在技术可行的前提下，业主更愿意选择价格低的承包商，导致EPC承包的风险加大，获取利润的空间大大减小。

尼日尔Agadem油田一体化项目

2008年，中国石油与尼日尔政府签署了Agadem油田勘探合同。该项目为上下游一体化项目，包括油田勘探开发、长输管道和炼厂建设及运营3个部分。按照合同要求，中国石油将在3年内完成该一体化项目一期产能建设。

管道局大港建设公司负责Agadem油田地面工程建设项目EPC总承包，合同额2.15亿美元，2009年6月开工，2010年11月进度为89%。2011年3月完工。

尼日尔原油管道工程，管道局EPC总承包合同额为2.29亿美元，2010年1月，管道开工建设，8月25日，管道工程线路焊接主体完成。该管道线路全长约462.5千米，管径323.9毫米，位于撒哈拉沙漠南部。在管道局开展的“奋战一百天，夺取主动权”活动中，项目部不断刷新日焊接纪录，日焊接最高达到158道口。截至2010年底，施工提前2个月完成了管道主体焊接任务，焊接一次合格率为99.6%。

炼厂项目由中油工程建设公司华东设计公司负责总体设计，中国石油技术开发公司负责物资采购，中国石油工程建设公司第七分公司负责施工。2010年12月进度达69.4%。炼厂于2009年8月开工建设，2011年12月完工。尼日尔Agadem油田一体化项目炼厂规模为100万吨/年，位于尼日尔第二大城市津德尔（Zinder）以北52千米处，整个厂区占地面积5平方千米，装置区占地面积537200平方米。该项目是中国石油开拓非洲市场，发展尼日尔炼油工业的重点项目，对促进尼日尔经济发展和加深中尼两国人民友好具有重要的经济和政治意义。

乍得油田开发、原油管道、炼厂建设项目

乍得诺尼尔油田开发项目一期工程合同额3.15亿美元，2009年9月开工，2011年4月完工，中国石油工程建设公司EPC总承包，2010年11月进度为81%。工程建设公司一建、七建，胜利油建参建。

乍得原油管道工程项目合同额1.42亿美元，管道局EPC总承包，2010年进度为77%。该管道连接乍得南部H区块油田与恩贾梅纳炼厂，工程包括311千米管线铺设、首末站和8座阀室建设、3条河流穿越和通信控制系统工程，设计输量初期为100万吨/年，远期为300万吨/年，管线计划2011年5月投产运行。2010年5月30日，管道局乍得项目部顺利完成乍得H区块原油管道工程主体管线焊接施工，至此乍得管道主体焊接已累计完成301.8千米，为雨季后站场阀室建设和扫线试压施工奠定了基础。2009年12月16日打火开焊后，承揽线路施工的管道四公司乍得分部面对诸多不利条件，通过合理配置有限的施工资源，积极适应乍得施工环境，努力克服社会依托不足和自然环境恶劣等负面因素，该部贾林机组只用7天就以100%合格率通过了“百口检测”，累计完成主体焊接160千米；贾力勇机组实现了日焊170道口的施工目标；李福来机组也实现了日防腐361道口的高效率。项目部还解决了横渡沙里河运管、巴尔河砂土层大开挖等施工难题。

乍得恩贾梅纳100万吨/年炼厂项目于2008年10月26日，在乍得首都恩贾梅纳隆重奠基。乍得总统代比、总理阿巴斯出席奠基仪式。中乍各占60%和40%股份的恩贾梅纳炼厂是乍得首座炼油厂，将于2011年6月建成并投产。炼厂年加工原油100万吨，每年可生产约76万吨汽油、柴油，2

万吨航煤，2 万吨聚丙烯，5.5 万吨液化气，4 万吨燃料油等产品。自备电厂除满足炼厂用电外，还将向恩贾梅纳市区供电 20 兆瓦。工程建设公司 EPC 总承包，2010 年 12 月进度为 80.67%。

阿联酋阿布扎比原油管道工程

阿联酋阿布扎比原油管道项目是中国石油迄今为止最大的海外工程 EPC 总承包项目，2007 年 5 月 28 日，中国石油工程建设公司与管道局在河北廊坊签署阿布扎比原油管线项目合作协议，同时成立项目管理委员会。工程建设公司/管道局 EPC 总承包，项目合同额 32.9 亿美元，计划 2011 年底完工。

阿布扎比原油管道项目是工程建设公司成功执行巴基斯坦 WOPP 管道项目后，由巴方项目业主主动推荐并签订建设意向的一个项目。该项目将在阿联酋阿布扎比酋长国的哈布珊和富扎伊拉酋长国之间铺设长达 350 千米的石油管道。项目业主为阿联酋的投资机构国际石油投资公司（IPIC）。

阿布扎比原油管道项目 4 个场站分别是 MP21、首站、中间站和末站，距项目总部的距离都在 130 千米以上。其中工艺管道总长 104.2 千米，总焊接当量达 858505 英寸，而有效施工时间却不足 10 个月。面对恶劣的自然条件和落后的社会依托，在阿联酋地区最炎热的 6～11 月，需完成剩余 65% 的工作量，确保高端工程“后墙不倒”，项目难度大。

项目部推行“系统化管理为主、地域化管理为辅”的总分项目管理模式，下设 3 个分项目，建立健全项目各级组织机构，同时根据项目实际和国际标准编写出切实可行的项目管理制度和 100 多个岗位职责，使各项工作有章可循。

越南（煤头）化肥项目

2008 年 5 月 10 日，由中国石油天然气集团公司所属中国寰球工程公司总承包（EPC）建设的越南宁平煤头化肥厂项目正式开工。

项目主要包括 32 万吨/年合成氨和 56 万吨/年尿素装置，2010 年 11 月总体进度为 73%。

宁平煤头化肥厂项目业主为越南化工总公司，中方 EPC 合同总额为 5.3 亿美元，总工期 39 个月，拟于 2011 年 8 月正式投产，年产 32 万吨合成氨和 56 万吨尿素。项目建成后，将是越南北方最大的化肥企业，年销售额约 1.8 亿美元。

缅甸石化公司第四化肥厂项目

缅甸石化公司第四化肥厂项目包括 20 万吨/年合成氨和 30 万吨/年尿素装置，合同额 1.95 亿美元，寰球工程公司 EPC 总承包。2010 年 11 月总体进度 99%，开车进度 80%。

项目合同于 2004 年 3 月 24 日签订，2006 年，业主在通知合同生效的同时，正式提出“一厂变两厂”的合同变更要求。随后双方就合同变更开展了多轮协商、谈判，于 2007 年 1 月就合同变更后的合同范围、合同费用及合同工期等达成一致，最终于同年 3 月 23 日在缅甸首都内比都正式签订合同补充协议。

缅甸化肥项目为设计、采购、施工管理的总承包项目，包括建设 2 套 10 万吨/年合成氨和 15 万吨/年尿素生产装置及公用工程、码头等配套设施。项目总投资约 1.95 亿美元，采取优惠贷款与出口买方信贷相结合的融资方式。寰球公司与中工国际工程有限公司组成的联合体于 2003 年 3 月中标该项目。该项目是寰球公司迄今为止在海外实施的第一套以工艺装置为主，包含全部配套设施的完整工厂的总承包项目，采用了公司自己的专利技术和专有技术，建设周期为 28 个月。

缅甸化肥项目标志着中国第一个自有技术出口的化肥项目进入施工建设阶段，也标志着中国合成氨、尿素的专利和专有技术的出口进入了一个新的阶段，推动了中缅关系进一步发展。

哈萨克斯坦希望油田产能建设第四油气处理厂工程建设

希望油田位于滨里海盆地东缘中区块，属于哈萨克斯坦共和国阿克纠宾州贝加宁地区管辖范围。

该油田位于已建的让纳若尔第一、第二油气处理厂南约57千米处，距离肯基亚克油田100千米，让纳若尔油气田和肯基亚克油田都拥有发达的基础设施、能源基地和进行石油天然气开采的准备能力。

第四油气处理厂一期建成原油处理规模400万吨/年，在平面上预留400万吨/年原油处理规模的位置；新建第四油气处理厂与第一、二油气处理厂原油、天然气等联络线以及第四油气处理厂与7000立方米污水处理站的联络线；新建让纳若尔第三油气处理厂至第四油气处理厂变电所35千伏供电线路2条，共约15千米；新建第四油气处理厂供水管道1条。

希望油田油气集输系统采用单井—计量站—转油站—中心处理站（第四油气处理厂）三级布站方式。

希望油田的含水原油在第四油气处理厂进行气液分离、原油脱水、脱盐、气提法脱硫化氢及稳定处理后，净化原油被输至让纳若尔第二油气处理厂与让纳若尔第一、第二油气处理厂气提处理后的净化原油混合后进入已建脱硫醇装置进行脱硫醇处理，脱硫醇处理后的净化油进入让纳若尔第一、第二油气处理厂已建外输系统外输；第四油气处理厂三相分离器分离出的天然气与原油气提装置放出的塔顶气、原油稳定装置抽出的不凝气汇合，经增压后统一输至二厂已建集中增压站，经增压后外输至三厂进行天然气处理；三相分离器及电脱水器脱出的含油污水进入污水缓冲罐，经污水泵升压输送至让纳若尔已建的污水处理站进行处理。

第四油气处理厂工程于2010年4月2日举行开工典礼，于2010年11月开始试运行，于2011年1月20日一次投产成功。

第四油气处理厂工程是由中国石油建设工程公司哈萨克斯坦分公司承建的设计、采购、施工、试运行及验收投产全过程的EPC项目，监理单位为北京兴油工程项目管理有限公司。项目运行平稳，投产一次成功。

第四油气处理厂工程管理有序，工程各项指标均已实现，建设过程中主要是采购运输比较缓慢，主要设备、材料均在国内采购，采购面大，设备生产制造周期较长，交货期限比较集中，个别物资数量较小，也给采购造成较大难度，后期出现了待料施工现象。经过工程建设公司、中油阿克纠宾油气股份公司及哈萨克斯坦阿克纠宾州政府通力协作，物资最终顺利到达，项目部积极组织各参展单位最终顺利地实现了一次投产成功。

巴西GASENE天然气管道项目顺利竣工

GASENE天然气管道项目是中国石化在巴西的第一个重大项目，也是中国石化近年来在海外实施的合同额最大的石油工程服务项目。该项目由中国石化集团国际石油工程公司独立总承包和实际操作。项目分南北两段，途经3个州72个城市；管线全长1377千米，设计日输能力2000万立方米，EPC合同额为12.6亿美元，后增至2.3亿美元。2006年开工，2010年竣工，历时5年时间，凭借高质量的建设成果获得了两国政府、领导人和巴西国家石油公司高度赞誉，树立了中国石化良好品牌形象，为进一步开拓巴西及南美市场打下了坚实基础。巴西国家石油公司授予该项目“2007年度杰出工程奖”，并高度评价中国石化创造了多项质量和安全纪录，为未来天然气管线建设树立了标杆。同时，这个项目的圆满实施，也为中国石化创造了很好的效益。通过项目运作，中国石化积累了实施国际大型项目管理经验，编写了《巴西GASENE天然气管道项目管理实践》，锻炼培养了一支有实力的国际化经营管理团队。

墨西哥EPC油田综合服务项目成果喜人

中国石化国际石油工程公司于2007年中标墨西哥EPC油田综合服务项目，业主为墨西哥国家石油公司。该项目由中国石化国际石油工程公司和墨西哥Diavaz公司联合组建的DS合资公司总承包，中国石化占50%股比，合同额为1.38亿美元。项目内容包括地质研究、钻修井、地面工程建设、采油生产和管理，工期6年。经过3年多的努力工作，油田探明储量由10亿桶上升至21.5亿桶，增幅115%；年产量由151万桶上升至220万桶，增幅46%；可钻井口数由原来的120口增加到579口。各项业务全面发展。

科威特KOC钻修井项目运行平稳

2009年，中国石化国际石油工程公司中标科威特KOC钻修井项目，该项目由国际石油工程公司承包，胜利油田、中原油田、河南油田和西南油气田等4家油田企业负责施工。项目工作量为7部钻机和8部修井机5+1年日费服务，合同额8.6亿美元。由于运作到位、管理规范，7部钻机全部顺利提前开钻，运转安全平稳，平均日费率达99.6%；8部修井机启动运行顺利。

阿尔及利亚沙漠饮用水管道项目主体基本完工

2007年，中国石化国际石油工程公司与中国地质工程集团公司联合中标阿尔及利亚In Salah－Tamanrasset饮用水管道第一、三标段项目，业主为阿尔及利亚水资源部，合同总额8.1亿美元，国际石油工程公司需完成合同额6.6亿美元。该项目工期3年，2008年开工，由中国地质工程集团公司负责设计，国际石油工程公司与江苏油田联合操作。3年多来，中国石化海外工程队伍克服沙漠高温、沙尘暴等恶劣天气因素影响，按计划、按程序精心组织施工，并且及时规避金融危机时期管材大幅调价风险，成功运作经济补偿，同时摸索出一套精细化项目管理模式，实现较高的经济效益。目前，全线主体基本完工，已进入试压阶段。阿尔及利亚政府高官多次到项目现场视察，给予充分肯定和高度赞扬。

沙特阿美S62三维物探项目获沙特阿美公司奖励

沙特阿美S62三维物探项目于2009年8月开工，合同额2亿美元，工作量为3+1+1年三维物探采集。该项目由中国石化国际石油工程公司承包，胜利油田负责施工，是目前中国石化海外最大的物探项目。胜利物探队伍精心制定适合工区特点的施工技术方案，生产效率逐月提升，从2009年8月开工时平均每日136炮提高到2010年11月平均每日2685炮，始终保持较高运营水平，创造多项生产新纪录，被沙特阿美公司授予“在极其复杂地区高效施工，百万人工时安全无事故”奖牌，这是沙特阿美公司有史以来颁发的第三块同类奖牌。

沙特阿美3+1年钻井项目顺利完工

2005年11月27日，中国石化国际石油工程公司与沙特阿美公司签订了4台钻机3+1年的油井钻井日费合同，由河南油田提供50D（SINOPEC101）钻机、70D（SINOPEC102）钻机各1台，胜利油田提供50D（SINOPEC103）钻机1台，华北局提供70D（SINOPEC104）钻机1台。4台钻机于2006年5～10月相继开始施工。SINOPEC101与SINOPEC102项目分别于2009年8月19日和2009年10月7日完成合同，测算完成合同额分别为3550万美元和3400万美元。SINOPEC103、SINOPEC104项目续约1年，分别于2010年11月19日和2010年8月30日完成合同，测算完成合同额分别为4000万美元和3950万美元。

第三篇

重大技术装备与新技术

重大技术装备研制成果

钻采工程装备

12000 米特深井钻机

为了满足中国对深层油气资源勘探的需求、提高在国际市场的竞争力，由中国石油装备研发制造龙头企业——宝鸡石油机械有限责任公司于 2007 年 11 月 16 日研制成功国内首台 12000 米特深井钻机。并于 2008 年 3 月 12 日在四川省德阳市孝泉镇中国石化川科 1 井投入使用，为川西海相深层油气勘探拉开了序幕。该深井钻机是中国研制的具有自主知识产权的特深井钻井装备，是国家“863”计划和中国石油重大项目。万米深井钻机的研制成功是中国钻井装备研制领域取得的又一项重大突破，使中国成为全球第二个能研制特深井石油钻机的国家，亦被中国科学院、工程院 574 名院士投票评为“2007 年度中国十大科技进展”新闻榜的第一名，被评为中油集团公司 2007 年十大科技进展，获 2010 年度中国石油科技进步一等奖，并被列为中国企业新纪录和中国首批国家创新型产品。

该钻机集 3 项发明专利和 10 项实用新型专利技术于一身，是目前全球技术最先进的特深井交流变频电驱动石油钻机。该钻机首次按 -40℃ 环境温度要求设计生产；研制开发了承载 9000 千牛井架和底座，并利用绞车动力整体起升；开发了采用了模块化设计的 6000 马力。绞车和承载 9000 千牛的天车、游车以及按 API 8C 设计生产、承载 9000 千牛的大钩、吊环及承载能力为 6750 千牛的水龙头和承载为 720 千牛的死绳固定器并首次以 3 台 F - 2200HL 型、52 兆帕的高压钻井泥浆泵配套。

钻机作业全部智能化控制，可以保证在 -40℃ 环境条件下进行正常钻井作业。国家科技部“863”计划资源环境技术领域的专家们表示，该钻机技术先进，性能优良，外形美观，钻台面开阔，完全满足川科 1 井的钻探要求。它的研制成功是中国钻井装备发展史上的一座历史丰碑，把国内陆地和海洋深水油气田、大位移井及其他复杂油气田超深油气藏的勘探开发水平提高到一个新的层次，极大地提升中国石油钻井队伍在国际油气勘探市场的竞争力。

ZJ90/6750DB 钻机

ZJ90/6750DB 交流变频钻机是宝鸡石油机械有限责任公司与中国石油西部钻探工程有限公司（新疆石油管理局）联合研制的具有自主知识产权的 9000 米超深井钻机，也是“十五”国家重大技术装备的研制项目。该钻机能够满足现代钻井工艺的要求，特别适用于中国陆上及深海区的石油、天然气的勘探开发。该钻机被评为中国石油 2005 年十大科技进展之一，2006 年被列入第十一批中国企业新纪录，于 2007 年 12 月 25 日通过了技术鉴定，整机性能达到了国际先进水平，井架、底座、电传动及电控系统等关键技术达到国际领先水平。2008 年获中国石油科技进步一等奖。

该钻机的主要研究、开发内容包括：超深井钻机总体技术方案及综合配套的研究；4000 马力齿轮传动单滚筒绞车研制；耐低温、承载 6750 千牛的井架与底座的研制；承载能力为 6750 千牛的天车、游车和吊环的研制；1600 马力和 2200 马力高压泥浆泵的研制；ZP375Z 加强型转盘的研制；大功率交流变频控制系统、能耗制动技术、一体化仪表技术和自动送钻技术等。

该钻机钻井深度为 9000 米。井架为 K 型，有效高度48米，底座为旋升式高度12米，井架、底座均低位安装靠绞车动力整体起升。其最大钩载6750千牛。绞车额定功率4000马力。绞车及转盘采用AC－DC－AC全数字变频驱动。绞车和转盘档数：I＋IR交流变频驱动、无级调速。全机配F－1600HL型泥浆泵2台，F－2200HL型泥浆泵1台，均采用AC－SCR－DC全数字直流驱动。

在钻机的研制过程中，形成了一批专利技术，是当时全国单台钻机专利技术最多的钻机。该钻机的研制成功，标志着中国石油工业在超深井钻井装备研制方面走在了世界前列，关键技术达到了国际领先水平。

加强型9000米钻机

2009年10月23日，宝鸡石油机械有限责任公司为中国石化生产的加强型9000米钻机在试验井场顺利起升。同年12月21日，加强型9000米交流变频钻机正式交付中国石油化工集团公司华北石油局。这部钻机在四川广元承担中国石化的重点探井，设计井深达8150米。该钻机关键部件的设计技术已获得3项国家专利，另有3项正在申报中。

加强型9000米钻机是宝鸡石油机械有限责任公司为用户提供的第9台9000米钻机。钻机具有多项优点，能保证－40℃环境条件下正常作业。通过对各部件及整机的测试，这部钻机的总体设计和控制系统可靠性程度高，能满足国内外各种钻井工况要求。

7000米低温钻机

2009年10月14日，国内首台7000米全配套低温橇装钻机在南阳二机石油装备（集团）有限公司诞生，并被运往俄罗斯。

该低温钻机适合于高寒地区钻井作业。2005年以来，该公司先后研制出能够满足－45℃高寒地区钻井作业要求的1000～5000米系列低温钻机，产品批量出口俄罗斯、加拿大等高端市场，并通过河南省科技成果鉴定。这次应俄罗斯用户需求成功开发7000米低温橇装钻机，标志着中国低温钻机研发能力跃上一个新台阶。

直驱顶驱钻井装置

2009年3月20日，中国石油辽河油田天意公司与中国石油长城钻探工程公司共同设计研发的DQ－30LHTY－Z直驱顶驱钻井装置完成了样机装配和各项调试试验工作。试验结果表明，各项技术指标达到设计要求。这表明，中国首台直驱顶部驱动钻井装置研制成功，中国石油顶驱制造技术达到国际先进水平。

DQ－30LHTY－Z直驱顶驱是中国第一台适用于2000米钻井、修井作业，并拥有自主知识产权的直驱顶驱装置。它从根本上解决了普通顶驱在齿轮传动、密封和润滑等方面的问题，大大提高了现场操作的可靠性。整机结构更加紧凑，空间尺寸整体缩小，较好地满足了国内中小型钻机的需要，弥补了小钻机无法配套顶驱的空白。目前，世界上只有少数国家能够制造这种高端顶驱装置。

耐200℃高温螺杆泵

2010年4月，中国石化胜利油田孤岛采油厂GDN24X503井下入的耐200℃高温螺杆泵，经过连续27天的试运行，各项运行参数正常，并且具有上调参数提高产能的空间。这是胜利油田首次注汽后下入耐200℃高温稠油螺杆泵取得成功。耐高温螺杆泵的定子橡胶采用氟橡胶，耐温可达204℃，而普通螺杆泵的橡胶耐温仅为90℃。同时对螺杆泵结构也进行了革新，采取等壁厚技术，采用与注胶层相同轮廓的金属内腔。围绕泵筒内基础钢体的内表面，固定一层定子橡胶。该耐高温螺杆泵具有散热均匀、便于控制溶胀、合理配泵、抗变形能力好、摩擦阻力小等优点，是稠油开发工艺技术的又一项革新。

同期，在中国石油辽河油田曙光采油厂曙1－040－040井，由浙江宁波正鼎石油机械设备制造有限公司制造的全金属螺杆泵采油技术也试验成功。该井稳定生产62天，标志着稠油热采技术的最大瓶颈获得突破。制约螺杆泵稠油热采技术的最大瓶颈在于所耐温度。全金属螺杆泵的定子和转子皆由特钢制成，其耐热温度最高可达400℃，而普通橡胶螺杆泵耐温极限仅为150℃。全金属螺杆泵耐高温的特性，不仅从根本上避免了传统的举升工艺在超高温条件下闪蒸、气锁等现象的发生，从而保证螺杆泵的工作效率，而且平均节电率可达51%。

7000 米双锥式海洋钻机井架

2009 年 5 月，中国石油宝鸡石油机械有限责任公司为中海油田服务股份有限公司生产的 200 英尺（合 61 米）水深自升式平台 7000 米双锥式钻机井架进入组装阶段。这种双锥式设计为宝鸡石油机械有限责任公司的首创技术，填补了国内设计的空白。

为中海油服量身设计的 7000 米双锥式钻机井架是宝鸡石油机械公司重点新产品。该井架设计钻深能力为 7000 米，井架高度 47 米，双锥式塔型结构在满足载荷的条件下，最大限度地减轻了井架自身重量。从外观看，从井架底部至二层台有一锥度，二层台至顶部有另一锥度。这种设计不但满足海洋钻井作业，而且每套井架比以往的 7000 米海洋井架节约原材料 28.6 吨。该井架可满足钻井温度在 -20℃、深度为 7000 米的作业要求，为该公司超低温海洋井架的研制奠定了基础。

全系列高端螺杆钻具

井下动力钻具是钻定向井和水平井不可或缺的工具。螺杆钻具历经几十年的发展，仍然是国内外钻井市场上不可替代的井下动力钻具。近年来，随着国内定向井、水平井、大位移水平井钻井技术的推广，深井复杂井钻进数量的增加以及地质导向钻井技术的应用，人们对螺杆钻具设计制造技术提出了更高的要求。为了满足钻井技术进步和复杂井况对螺杆钻具的严格要求，北京石油机械厂自 20 世纪 80 年代开始研制螺杆钻具产品，现已成功研制了等壁厚螺杆钻具等全系列产品，并在现场成功应用，填补了国内空白。目前，该厂已经先后开发了耐高温螺杆钻具、气体钻井螺杆钻具、可调弯壳体和可换稳定器螺杆钻具、等壁厚螺杆钻具等 50 余种型号的全系列高端螺杆钻具。在尺寸上螺杆钻具满足了从微井眼到超大井眼的需求；耐温等级从传统的 150℃ 提高到 210℃；可调弯壳体和可换稳定器等特殊结构可完全适应导向钻井；气体钻井螺杆钻具可以满足空气钻井、泡沫钻井和泥浆钻井的特殊要求，使北京石油机械厂形成了自己的专有技术，站到了国际螺杆钻具设计制造领域的前沿。2009 年高端螺杆钻具获得“石油工业用户满意产品”称号。

中国自主品牌功率最大的发动机

2009 年 10 月 20 号，中国自主品牌功率最大的发动机——26/32 型发动机样机在济南柴油机厂一次开机成功，各项指标均达到内燃机设计世界顶级水平，这一产品彻底扭转同类产品只能依赖进口的被动局面。

26/32 型发动机功率可达 6000 千瓦以上，是济南柴油机厂与世界著名内燃机研发商 AVL - LIST 公司共同开发的新产品，济南柴油机厂拥有自主知识产权。柴油机设计瞄准了国际最先进的设计技术，动力性、经济性、可靠性、安全性、排放指标均达到世界内燃机设计顶级水平。26/32 型发动机可用于海洋钻井平台、西气东输管网、地下储气库压气站、远洋舰船主辅机和中大型电站等领域。

连续管作业机

2008 年 2 月，由中国石油钻井工程技术研究院江汉机械研究所研制的连续管作业机在大港油田顺利通过 6 口井 8 井次现场工业性试验考核，标志着中国首台具有自主知识产权的连续管作业机研制成功，表明国家“863”计划重点课题“连续管技术与装备”取得重要阶段性成果。工业性试验结果表明，整机越野性能和运移能力经受了泥泞道路等恶劣条件的严峻考验，设备安装和拆卸迅速，连续管作业机各部件运行正常、平稳，系统压力稳定，仪表显示准确，整机操控性能良好，完全可以满足现场施工作业的要求。

近年来，随着国内油气勘探开发的不断深入和各项工艺技术的发展，连续管技术及其装备在水平井、定向井的后期维护、测试和措施作业等方面的独特优势，引起国内石油公司的高度重视。连续管作业技术具备占地少、成本低、效率高等优点，有利于保护油气层和提高钻速，尤其有利于提高单井产量和难动用储量的挖潜增产，适用于稠油或超稠油油藏、低渗或天然裂缝储层、层状地层或层状油藏、薄油藏及边际油气藏。对于老井更新、死井复活、压力衰竭储层增产、煤层气钻井增产都有独特优势。目前，世界上有 1000 多套连续管设备应用于石油钻井、完井、测井、修井作业中。此前，中国连续管技术装备及配套工具长期依赖进口，严重制约了连续管技术在国内的推广应用。

2008 年 7 月 12 日，该连续管作业机通过中国石油鉴定。与会专家一致认为连续管作业机为修井、测井、完井、增产等作业提供了重要的技术装备，填补了国内空白，有重大的技术突破，总体达到国际同类产品的先进水平，具备工业化推广应用的条件。

2009 年 5 月 5 日，中国石化江汉油田第四石油机械厂研制生产的首台 LGC230 连续管作业机也成功下线。该机在江汉井下测试公司经过 4 口油井施工试验，各项运行参数平稳，整体性能良好，完井深度达 4127 米。第四石油机械厂研制的 LGC230 连续油管作业机，适应国内特殊路况，可满足油田施工工艺要求。该作业机在总体结构、注入头、油管滚筒、鹅颈管等技术上拥有国家专利，性能达到国际先进水平。

海洋石油工程装备

世界级深水钻井平台“海洋石油 981”

2010 年 2 月 26 日，“海洋石油 981”平台从上海外高桥造船有限公司 1 号船坞顺利出坞，并靠泊于外高桥造船码头 5 号泊位，开始后期建造工程。这标志着中国首艘超深水钻井平台的钢结构建造和主要设备安装已经基本完成，平台的建造将由坞内搭载进入码头舾装、调试阶段。建成后它将具有勘探、钻井、完井与修井作业等多种功能，最大作业水深 3000 米，钻井深度可达 10000 米。

“海洋石油 981”是中国首次自主设计、建造的第六代 3000 米深水半潜式钻井平台，代表了当今世界海洋石油钻井平台技术的最高水平。该平台设计自重 30670 吨，长度为 114 米，宽度为 79 米，面积比一个标准足球场还大；从船底到钻井架顶高度为 130 米，相当于 40 多层的高楼；电缆总长度 800 多千米。平台总造价近 60 亿元。

“海洋石油 981”设计、建造关键技术攻关被列入了“十一五”期间国家“863”计划项目和国家科技重大专项，拥有多项自主创新设计。平台稳性和强度按照南海恶劣海况设计，可在每小时 109 海里风速（相当于 18 级以上的超强台风）之下运行；选用大马力推进器及 DP3 动力定位系统，在 1500 米水深内可使用锚泊定位，甲板最大可变载荷达 9000 吨。该平台可在中国南海、东南亚、西非等深水海域作业，设计使用寿命 30 年。平台的详细设计和建造均在国内进行，井架、立管、采油树等设备向从外采购，中国海油拥有其知识产权。此前中国只具备 300 米水深以内油气田的勘探、开发和生产的能力，而国外深水钻井能力已经达到 3052 米水深，中国在 300 米之外的深海只能与外国公司合作。该平台的建成，将填补中国在深水装备领域的空白，使中国跻身世界深水装备制造的先进行列。

2011 年 12 月 9 日，“海洋石油 981”深水钻井平台完成首次远航，历时 8 天零 4 小时，行程 977 海里，从浙江舟山顺利到达南海珠江口附近海域。目前，中海石油（中国）有限公司深圳分公司已完成了“海洋石油 981”开钻前的岗位练兵方案和演习计划，包括将 BOP（水下机器人）下至海床进行功能测试和进行水下隔水管的应急解脱试验等，确保开钻前把风险值降到最低。

首座自升式海上采油平台

2009 年 8 月，中国第一座自升式海上采油平台——中国海油自安装采油平台在山东东营胜利油田油建公司桩西海工建造基地顺利下水，正式进入运行调试阶段。这座自升式采油平台总重量达 5500 吨，主体采用长 60 米、宽 35 米的箱体结构，主要由机械甲板、轮机动力、工艺处理、液压升降和直升机平台等系统单元组成，具有原油生产处理、储存和外输等功能，适合年产量 20 万立方米以下、水深 5～30 米泥沙质海底的海域或相似海域的小油气田的生产。该自升式采油平台将在 2009 年 10 月底投产，并首先应用于中国渤海海域 1500 万立方米储量以下小油气构造的开采。平台在一个边际油田开采完毕后，可自由移动至其他海域继续使用，与以往的普通固定式平台相比，可以避免重复建造投资，因此投产后将会极大降低在中国广泛分布的浅海边际油田的开发成本。

亚洲最大最重海洋石油平台

2009 年 7 月 29 日，由中国石化第四建设公司承建的亚洲最大、最重的海上平台（旅大 LD32 - 2PSP），在山东黄岛顺利入海。这是中国石化第四建设公司与中海油海洋石油工程股份有限公司签署战略合作框架协议后，高标准完成的第一个海上大型平台工程。

据悉，该大型综合工程主要包括钢结构、储油罐、动力设备、工艺管道、电器仪表、舾装保温、称重、清驳、装船和海上连接作业等。主体结构为 7 层钢结构平台，设计装船总重量 12768 吨，是亚洲海洋工程施工史上最大、最重的平台，也是中国石化首次承建的大型海洋工程。

首艘作业水深超百米的自升悬臂钻井平台 COSL941

2006 年 5 月 31 日，中国海洋石油总公司中海油田服务股份有限公司宣布，由大连船舶重工集团有限公司负责建造的国内第一艘 400 英尺（122 米）钻井船 COSL941（JU2000）正式交付使用。标志着被列入国家“十一五”规划的大型海洋石油装备开发取得了重大突破，对保障中国大规模海洋石油资源开发，实施能源安全战略具有重大意义。

COSL941 是中海油田服务股份有限公司与美国 FGL 公司（FGL Buyer LLc）共同进行基本设计的自升式悬臂钻井平台，项目总投资额约 1.35 亿美元。COSL941 的主要工艺设备由美国国民油井华高公司（National Oilwell Varco）提供，电站动力和钻机驱动设备分别由卡特彼勒公司和西门子公司提供。

COSL941 无论是船型设计还是主要设备配置均达到了目前国际先进水平。其作业水深可达 122 米，钻井深度可达 9144 米。钻井平台悬臂梁长度约 23 米，钻台可前后左右移动，一次定位可钻 30 余口井，并具备高温高压井的钻探能力，其作业能力在国内处于先进行列。此外，它是国内第一艘采用全自动化钻机控制技术的海上钻井平台，自动化技术达世界级水平；是全球第一艘采用钻机全变频驱动技术的自升式钻井平台，充分体现了“质量、健康、安全、环保”（QHSE）的理念。

为了适应恶劣海况作业，该钻井平台对材质、焊接工艺和精度等方面都有极高要求。对此，大连船舶重工相继攻克了桩腿、中控系统、高低压泥浆系统等关键工艺技术。保证了 COSL941 的建造质量和进度。按计划 COSL941 将在南海西部的北部湾服务。

亚洲海上油气田最大平台导管架

2008 年 4 月 29 日，由中海油海洋石油工程股份有限公司总承包的亚洲海上油气田最大平台导管架——番禺气田深水导管架成功下水并扶正。经水下机器人检测，各项指标满足技术规范要求，达到国际水平。该深水导管架为 8 腿 12 裙桩导管架，高 212.32 米，重 16216 吨，是中国海油在南海自营开发、投资最大的番禺/惠州天然气联合开发项目的一部分，也是中海油海洋石油工程股份有限公司第一次涉足 200 米水深的海洋工程项目。这标志着中海油海洋石油工程股份有限公司在深水领域进行超大型海上导管架下水作业和安装方面又创造了新纪录，大幅度提高了公司的核心竞争力。

3 万吨导管架下水驳船

3 万吨导管架下水驳船是由中国海洋石油总公司控股的海洋石油工程股份有限公司投资建造并使用的工程船舶。该船长 235 米，型宽 52.5 米，型深 14.25 米，最大载货量 89000 吨，导管架最大下水能力 30000 吨，是亚洲最大的导管架下水驳船。该船由荷兰 Gusto 公司设计，青岛北海船舶重工有限责任公司承建，2008 年 2 月 28 日建成交付使用。该船的设计、建造和工程应用在国内均属首创。建成后，成功完成番禺 30 - 1 导管架装船并顺利下水，显示了该船卓越的性能，极大地丰富了国内油气田开发建设大型结构物的运输、安装的作业手段，在海上作业中发挥了重要作用。

自升式多功能支持平台（海洋石油 281/282）

自升式多功能支持平台是由中国海洋石油总公司控股的中海油能源发展股份有限公司建造并使用的自升式平台。海洋石油 281 和海洋石油 282 是姊妹平台。该平台可为海上油气田建设和勘探开发提供生活支持，供电、供水、供气及储料场地等工程支持和修井完井钻调整井服务。平台配有 35 吨和 50 吨全回转吊机各 1 台，可提供 300 人的海上生活保障，提供电力 3800 千瓦、淡水 1400 立方米和压缩空气 0.8 兆帕 11 立方米/分，最大作业水深 40 米，最大钻井深度 5000 米，是国内首条集多种功能于一身的自升式平台。该平台由中国石化集团胜利石油管理局钻井工艺研究院设计，招商局重工（深圳）有限公司承建，分别于 2009 年 6 月和 11 月建成交付使用。该平台的设计取得国家专利，在国内属首创。投产后先后完成了中海油渤海油田 JZ25－1SA 和 CFD18－1 生活、工程支持服务，QHD32－6E、PL19－3E、BZ25－1D 工程支持服务，BZ26－3A 生活支持服务，BZ19－4B 钻完井服务，QK17－2E 钻修井服务。该平台已成为海上油气田建设和勘探开发的优质资源。

海洋石油 200 英尺 921、922、923、924 钻井平台

2010 年 5 月 11 日，由中海油海洋石油工程股份有限公司首次总承包的、为中海油田服务股份有限公司建造的海洋石油系列 200 英尺自升式钻井平台在青岛场地码头顺利下水。该批钻井平台的成功建造及顺利下水，标志着海洋石油工程股份有限公司在特种船舶建造领域已形成自己的核心竞争力，跃上了新的制造产业发展平台。

该批海洋石油系列共包括海洋石油 921、922、923、924 四条 200 英尺自升式钻井平台。钻井平台为 3 角形结构，且由 3 个 3 角形桁架桩腿组成，型长 57.2 米，型宽 53.34 米，型深 7.62 米，桩腿长 94 米，最大作业水深 60.96 米，最大钻井深度可达 6000 米，最大钩载 4500 千牛。全部按美国船级社（ABS）和中国船级社（CCS）双船级规范进行设计、建造、检验及调试。该项目 2008 年 10 月在海油工程青岛场地开工建造，在 2010 年 10 月陆续交付使用。其主要作业区域为渤海湾及其他同类海域。

世界首座圆筒形超深水海洋钻探储油平台

2009 年 6 月 28 日，世界最先进的首座圆筒形超深水海洋钻探储油平台在南通中远船务集团所属的南通中远船务工程有限公司成功建造并命名为“Sevan Driller”。

Sevan Driller 是南通中远船务为挪威 Sevan Marine 公司建造的第六代半潜式平台，造价 6 亿美元。南通中远船务参与了该项目的研发和基本设计，并承担了详细设计、生产设计、整体建造及所有设备安装调试，在技术和建造上均达到世界领先水平，得到了船东、挪威船级社和最终用户——巴西国家石油公司的高度认可。该平台的成功建造标志着中远船务具备了设计建造世界上高技术难度海工项目的整体能力，成为世界海工建造领域的一支劲旅，为加速中国船舶工业进军世界海洋工程装备制造领域，提升中国海洋深水装备的设计制造能力增添了浓墨重彩的一笔。

Sevan Driller 海洋钻探储油平台总高 135 米，直径 84 米，主甲板高度 24.5 米，上甲板高度 36.5 米，钻台高度 44.5 米，空船重量 28180 吨。生活楼可容纳 150 人居住，居住舱室达到 45 分贝超静音标准，生活设施完整，属于世界海洋石油钻探平台中技术水平较高、作业能力较强的高端产品。其设计水深 3810 米，钻井深度 12192 米，通过 8 台推进器进行定位，并配置全球最先进的 DP－3 动态定位系统和系泊系统，可以适应英国北海－20℃的恶劣海况。平台甲板可变载荷 15000 吨，拥有 15 万桶原油的存储能力。

Sevan Driller 的功能非常强大，设备也极为复杂。仅电缆绳敷设就达 620 余千米，自动控制报警点 14000 多个，内部安装的各种特殊钻井等大型设备 930 余套。这些数据都创下了纪录。

该项目的设计和主体建造周期仅为 24 个月，比国际同类产品的建造周期少用半年。同时，该项目在国内第一次采用 100% 无余量建造，填补了国内海工钢结构无余量建造的空白，并使用下水驳船代替船坞建造的新工艺。该项目在管系方面一次性无损探伤合格率达 99%，结构方面达到 98%。创造了近 600 万工时无伤害无事故的安全纪录。

中国石油最大作业水深钻井平台

2008 年 12 月 2 日，中国石油集团海洋工程有限公司最大作业水深钻井平台——中油海 9 号（L780－01）自升式钻井平台在大连交工。该平台是中国石油为满足海上油气勘探开发需要，提高海上勘探开发工程技术服务，委托大连船舶重工海洋工程有限公司建造的两艘大型自升式钻井平台之一，亦是中石油拥有的作业水深最深的一座自升式海洋钻井平台。

中油海9号自升式钻井平台是一座大型的、三角形桁架桩腿支撑的自升式钻井平台，也是目前世界上首座运用1台升降电机驱动2个升降齿轮的钻井平台。该平台船体全长54.86米，船宽53.34米，型深7.62米，桩腿总长度107米，最大作业水深91.4米，最大钻井深度7000米。平台拥有动力、配电、钻井、安全、平台升降、员工生活等系统。其设计、建造均采用美国船级社和中国船级社的规范。主甲板前部配置生活区，能够满足100名作业人员的办公、就餐、住宿、医疗和娱乐需要。平台上设有直升机停机坪、钻井平台控制室、无线电通信室、应急发电机房、工具房、测井绞车等系统。中国石油宝鸡石油机械有限公司为中油海9号自升式钻井平台提供整套钻井系统。这是国产钻机首次装备90米以上作业水深的自升式钻井平台。

2008年10月28日，中油海9号项目部曾对平台进行首次静态载荷试验和负荷爬升试验。升降装置的静态保持负荷达到9400吨，携带3300吨压载水进行超负荷爬升试验，提升总负荷达到8370吨。平台的建成，将大幅提升中国石油在海上油气勘探开发方面的作业能力。

中油海3号坐底式海洋钻井平台

2007年7月，由七〇八所自主设计、山海关船舶重工建造的中油海3号坐底式钻井平台成功交付给中国石油集团海洋工程有限公司。该平台为坐底式钢质非自航石油钻井平台，适用于泥沙质或淤泥质地基承载力很低，且水深不大于10米（包括潮高）的极浅海海域进行钻井或试油、修井作业。平台结构由上平台、沉垫和中间支柱三大部分组成。上平台尾部设有7.2米长的固定式悬臂梁和12米宽的井口槽。配备钻深7000米的交流变频电驱动钻机，钻机可以纵横移动。平台一次坐底可以打16口以上丛式井。在防冲刷、抗滑移、沉垫起浮、钻台调平等关键技术上采取了有效的措施并有所创新。该平台技术先进，设备齐全，经济实用，是中国当时最先进的新一代坐底式钻井平台。上平台长×宽×高为74.4米×36.4米×5.2米；沉垫长×宽×高为70.8米×41.0米×3.0米。主甲板距基线高度15.7米。设计拖航吃水2.5米，设计拖航排水量6923吨。最大作业水深（包括潮高）10米，最大钻井深度7000米。钻井作业工况最大可变载荷2000吨（包括大钩载荷450吨），上层甲板设有可供90人居住的生活楼，生活楼顶部为直升机平台。平台自持力20天，使用寿命20年。该平台是中国石油集团海洋工程有限公司成立以来的第一座新建海洋石油平台。

中油海33号坐底式海洋钻井平台

2009年4月21日，由青岛北海船舶重工有限责任公司为中国石油集团海洋工程有限公司新建的中油海33号、中油海8号两座海洋钻井平台顺利竣工，并已在大港油田港东地区港深3号井场正式开钻。中油海33号平台是国内最大、装备最新的坐底式海洋钻井平台，可在渤海湾等浅水区域进行钻井作业。它投产后将大大提高国内石油滩海地区的勘探开发能力。

中油海33号平台是以中油海3号平台为母型建造的第二个坐底式钻井平台，并针对中油海3号钻井平台使用过程中出现的问题和实际需求进行了改进。该平台属中国自主研制，平台总长74.4米、型宽36.4米、型深5.2米，其钻井系统由宝鸡石油机械有限责任公司提供。该平台主要用于石油钻井作业、试油修井作业，适合浅海水深10米以内的滩涂作业，最大钻井深度可达7000米。该平台于2008年3月在北船重工开工建造，与当时为中国石油集团海洋工程有限公司建造的中油海8号、中油海7号、中油海62号等3座海洋平台在同一坞内施工，开创了国内一坞同时在建4座平台的新纪录。

中油海5、6圆柱形桩腿自升式钻井平台

中油海5、6圆柱形桩腿自升式钻井平台是中国石油集团海洋工程有限公司承担的中国石油海上重大技术装备工程项目，是根据渤海湾浅海海域的特点及海上油田的发展趋势而提出的，总目标就是为开发浅海油田提供一种新型的勘探开发装备，解决浅海石油钻井能力不足的矛盾。平台分别于2006年8月31日、10月31日在青岛北海船厂开工建造，分别于2007年9月13日、11月

11 日顺利投产，获 2008 年度中国石油科技进步一等奖。

圆柱形桩腿自升式钻井平台是国内自行设计建造的一种独立圆柱桩腿、电动齿轮齿条升降的三腿自升式悬臂梁钻井平台，钢质非自航，由平台主体、桩腿（带桩靴）、升降系统三部分组成。平台主体为箱形结构，平面形状接近三角形；三根圆柱形桩腿布置在艏、艉（艉二艏一），桩腿下端设有桩靴（拖航时桩靴完全收回平台体内），桩靴为正八边；每个桩腿设有一套升降装置，桩腿通过升降装置与船体连接和固定，并可将船体支撑于一定高度，升降装置采用电动齿轮齿条升降系统。平台的主要任务是在水深 5～40 米范围内进行作业，额定钻深 7000 米（直径 114 毫米钻杆），具备钻井、固井和辅助试油等能力。平台一次就位，可钻井 20 口（2 米井距），提高了工作效率，降低了作业成本。该平台应用"1 个电动马达 +2 个升降齿轮"的行星减速器驱动技术，提高了升降装置的效率和可靠性；应用了升降载荷监测和扭矩再分配技术、桩腿同步升降技术、升降系统自动监控及专家诊断技术，解决了桩腿上诸齿轮负荷自动均衡分配、升降过程中平台姿态实时控制、升降系统自动监控及诊断等问题；大悬臂结构采用等强度的箱形梁结构形式；应用液压棘爪移动技术达到了移动灵活、锁紧可靠的目的。

该平台经过多次拖航移位及钻井，证明其设计先进，能满足浅海石油开发的施工要求。是一种投资省、见效快、工作安全可靠、施工效率高的新型勘探开发装备。

中油海 7 自升式钻井平台和中油海 223 船

2008 年 12 月底，中国石油海洋工程有限公司中油海 7 自升式钻井平台和中油海 223 三用工作船在青岛北海重工造船厂交船。

中油海 7 自升式钻井平台是中国石油针对海洋勘探开发而启动的重大装备项目。这座平台按照中国船级社现行规范和规则设计、建造，作业水深 5～40 米，最大钻井深度为 7000 米。该平台是一艘齿轮齿条升降的自升式钻井平台，总长 75 米，总宽 49.8 米，于 2007 年 10 月 10 日正式开工建造，2008 年 10 月 22 号提前 1 周出坞。

中油海 223 船为 2000 马力三用工作船，能够满足在浅水区域对平台等海上设施进行短距离拖航、就位要求，承担运输物资、守护、消防等任务。该船在建造过程中，实现当年签合同，当年开工，当年完工。

中国石化勘探六号自升式钻井平台

中国石化勘探六号自升式钻井平台由新加坡胜科集团胜科海事 PPL 船厂承建，中国石化上海海洋石油局派驻工作组负责监造和调试。2008 年 8 月，双方签订了关于建造勘探六号自升式钻井平台项目的合同；2009 年 1 月，项目正式开工；2009 年 8 月，坐墩上船台；2009 年 12 月，主甲板封顶。2010 年 4 月 27 日，勘探六号在新加坡胜科集团胜科海事 PPL 船厂顺利下水，由平地搭载进入码头舾装和调试阶段，于 2010 年底正式投用。勘探六号平台属于 BMPC－375 型自升式钻井平台，是当今世界上在建和投产平台中技术较为成熟的平台之一。该平台带悬臂梁，最大作业水深 115 米，最大钻井深度 9144 米，空船重量 9807.5 吨，作业最大可变载荷 3401 吨，风暴工况下最大可变载荷 2948 吨，可载员 120 人。该平台顺利投用将极大地提升中国石化的海上作业能力。

中国石化胜利 10 号钻井平台

2010 年 5 月 31 日，大连船舶重工集团海洋工程有限公司为中国石化胜利石油管理局建造的胜利 10 号自升式钻井平台在大连交付船东。该平台于 2009 年 6 月在大连开工建造，比合同期提前 15 天交付，创造了国内同类平台建造周期最短的纪录。

胜利 10 号钻井平台是大连船舶重工集团海洋工程公司建造的第一座圆柱形桩腿的悬臂梁自升式钻井平台。平台总长 75.21 米、总宽 53 米、型深 5.5 米。最大作业水深 50 米，最大钻井深度 7000 米，一次就位最多可钻探 30 口井。据悉，该平台是胜利油田目前建造的作业水深最深、装备最优良的海洋钻井平台，用于近海石油和天然气勘探和开采作业。

带动力定位的 5 万吨半潜式自航工程船

2009 年 4 月，中海油海洋石油工程股份有限公司与招商局重工（深圳）有限公司签订了 5 万吨半潜式自航工程船舶建造合同。此次 5 万吨半潜式自航工程船建造合同的签订，对海洋石油工程股份有限公司挺进深水领域、进军国际市场具有重大意义。该船体总长221.6米，型宽42.0米，型深13.3米，设计吃水10.15米，半潜吃水26.8米，含压载水的装载量为50424吨，总载重量53500吨，它是世界上第一艘带DP2级动力定位的5万吨级以上的自航式半潜船，设计航速14节，载重量在世界上同类船舶中排名第二。该船建成后，将成为全球第一艘具有动力定位功能的5万吨级半潜船，可用于组块的浮托法安装、装卸和运输钻井平台以及其他大型钢结构物的远洋运输，亦可作为浮船坞。通过简易改造后，可以运输3000米半潜式钻井船海洋石油981，兼做深水工程船，服务于无限航区。

首台海洋铺管绞车

2010年3月10日，国内首台新型海洋铺管绞车在宝鸡石油机械有限责任公司完成调试、验收，标志着中国在海洋铺管绞车研发、生产领域达到国际先进水平。新型海洋铺管绞车是宝鸡石油机械公司专门为铺管船实施海洋水下石油、天然气管道铺设而研发生产的关键设备，用于下放或提升海底管线。这台绞车在以往绞车设计基础上进行大胆创新，绞车绳速可以达到每分钟20～40米，可适用于700米水深作业，具有结构新颖、传动比大、负荷能力强、无级调速、自动化主动排绳、可远程操作等特点，适应海洋水下管道铺设的需要，填补了国内技术空白。

首个自主设计的大型深水铺管起重船（海洋石油201）

2010年5月28日，由江苏熔盛重工有限公司和中海油海洋石油工程股份有限公司共同打造的亚洲第一艘3000米深水铺管起重船海洋石油201从熔盛重工海洋工程基地顺利出坞，标志着这一世界级深水铺管起重船的建造将由坞内搭载全面进入码头晒装、调试阶段。海洋石油201项目于2005年5月启动，2008年9月开工建造，是“十一五”国家科技重大专项和“863”计划相关课题的重要组成部分。熔盛重工参与了该船的联合设计。海洋石油201是世界上第一艘同时具备3000米级深水铺管能力、4000吨级重型起重能力和DP3级全电力推进的动力定位及自航能力的船型深水铺管起重工程作业船。该船是亚洲首艘3000米级深水作业的海洋工程船舶，集成创新了多项世界顶级装备技术，可以在除北极之外的全球无限航区作业。船舶的详细设计和建造在国内自主完成，其总体技术水平和综合作业能力在国际同类工程船舶中处于领先地位，代表了国际海洋工程装备制造的最高水平。该船的建造成功不仅填补了中国在深水装备领域的空白，并使中国跻身世界深海油气田的开发行列。

首套多功能海洋钻修井机

2008年9月10日，由中国石油宝鸡石油机械有限责任公司自主研制成功的多功能海洋3000米钻修井机顺利出厂，交付中国海洋石油服务公司，用于中国第一艘海洋油气多功能作业船，为多个海洋钻井作业平台提供优质高效服务。这是中国首次对这种钻修井机的整个系统实现自主研制，首次体现了全系统设计的理念，在中国石油钻采装备研发史上具有重要意义。

此前，国内的海洋钻机只能固定在钻井平台上，不能拆卸、移运，作业条件不但大受限制，而且钻机功能单一。该钻修井机集钻井、完井、修井三项功能于一体，适用于自升自航式海洋多功能钻井船作业。在结构设计上，首次采用三维仿真技术开展安装、拆搬模拟仿真设计，最大限度满足了模块化设计和高移运性要求，大大减少了产品的现场吊装工作量。满足海上作业现场频繁拆卸、移运和安装的需求，极大地提高海洋油气勘探开发的工作效率。该产品在电控系统设计上采用了新型整流技术，增强作业过程中的抗干扰性、可靠性和先进性，完全满足CCS、ABS等国内外著名船级社对设备的技术要求。目前，该钻修井机的两项关键技术（长液缸扶正机构和活动式指梁排放机构）已申请国家专利。

首个海洋深水试验池

2008年11月18日，上海交通大学在2008国际深海技术研讨会上宣布：2005年开工建设的中国首座海洋深水试验池——上海交通大学海洋工程国家重点实验室海洋深水试验池正式投入试运行，其规模、功能和装备水平均居世界前列。该试验池是中国首座海洋深水试验池，由国家发改委、上海市、上海交通大学、中国海洋石油总公司共同投资建设，以适应世界海洋能源开发从浅海转向深海的趋势，推进中国深海能源的开发利用。

上海交通大学海洋深水试验池是中国发展深海工程技术不可或缺的大型核心科研设施，为国内深海工程研发提供了一个国际一流的研究平台。其承担的研究工作主要包括深海环境模拟与实验技术研究、深海工程结构物的性能研究、先进水下技术与装备研究开发和其他深海工程项目等。它的建成，标志着中国继荷兰、巴西之后成为具备海洋工程深水综合试验研究能力的国家。其创新设计与建造被公认为中国近年来为世界海洋工程界所瞩目的重要进展和成就之一，将在中国海洋工程创新体系中发挥重要作用。

该试验池长 50 米、宽 40 米、深 10 米，由水池主体和 1 个深井组成，其中水池主体水深可在 0～10米范围内调节，深井水深可在 0～40 米范围内调节，完全是一个微缩的仿真海洋。0.5 米高的波浪，对 1:100 的模型而言，就相当于 50 米高的巨浪；池中 40 米最深处相当于 4000 米深的深海洋底。水池两侧设有 222 块板，组成世界先进的造波机。运行时，造波板呈蛇形扭动，波浪层层涌动，冲到对面的消波滩后自行消失。试验池可模拟非定常风、三维波浪、剪切流等复杂海洋环境，可模拟被列为世界三大恶劣海域的中国南海。具备模拟 4000 米水深的深海工程的实验能力。

渤海环保船（海洋石油 252/253）

渤海环保船是由中国海洋石油总公司下属的中海油能源发展股份有限公司建造并使用的油田服务工程船舶。海洋石油 252 和海洋石油 253 是姊妹船。环保船可为海上油气田提供测试井液及污油水回收、海面溢油雷达监测及溢油回收、平台供应与守护等作业服务。最大溢油回收速率 200 立方米/时，最大污油舱容 550 立方米，是国内首次应用两舷侧内置式溢油回收装置的油田服务船舶。该船由上海祥帆船舶工程有限公司设计，同方江新造船有限公司承建，2010 年 7 月建成交付使用。环保船设计、建造和操作在国内均属首次。

渤海环保船在中国海域渤海湾为海上油气田开发生产提供测试井液回收、海上溢油应急、油田供给与值守服务。两艘船投入使用后，即被国家海洋局紧急调用参加“7·16”大连输油管路爆炸事故海面溢油污染清理，船上先进的雷达溢油监测系统和内置式溢油回收装置在应急过程中发挥了巨大的作用，两艘环保船成为整个中国海油大连应急船队的主力军。通过处置“7·16”大连溢油应急事故，检验了环保船的能力。事故处置后，国家海洋局和中国石油发来感谢信称赞环保船是先进的技术装备。

“蓝鲸”号起重船

“蓝鲸”号起重船是由中海油海洋石油工程股份有限公司购置并使用的工程船舶。该船可为海上油气田建设提供起重和打桩等作业服务，最大起重能力 7500 吨，是世界上单吊起重能力最大的工程船。该船由上海振华重工（集团）股份有限公司总包改建，2008 年 7 月 8 日改造完工并交付使用。投产后先后投入乐东项目、印度 VED 项目、卡塔尔项目等 10 多项国内外大型海上吊装任务，“蓝鲸”船以其优秀的作业性能，保证了各项工程的顺利实施，在海上安装中发挥了不可替代的重要作用。

2000 型海洋酸化压裂撬装机组

2010 年 6 月 12 日，中国石化江汉油田第四石油机械厂为中国石油海洋工程有限公司设计、生产的 2000 型海洋酸化压裂撬装机组顺利交接。其单机性能试验和联机调试表明整机性能优良。该机组的成功研制填补了中国在海洋酸化压裂撬装设备上的空白，拓展了第四石油机械厂在海洋油气装备方面的市场。

2000 型海洋酸化压裂撬装机组包括 16 种 25 台设备，能满足海洋油井酸化、压裂、防砂等各种作业要求。整套机组的研发起点高，瞄准和跟踪国际先进技术，采用快速拆装、本质安全型的设计理念。其设备吊点、吊具均经中国船级社 CCS 认证。机组采用数字化网络控制技术，其供液、加砂、混拌、压裂等全过程均实现集中控制、适时数据采集和在线监控，极大地提高了作业现场的安全性和可靠性。

长输管道用设备和储罐

X100 钢级大口径焊管

2010 年 4 月 9 日，中国石油宝鸡石油钢管有限责任公司成功研制直径 1219 毫米、壁厚 15.3 毫米 X100 钢级的螺旋埋弧焊接钢管。这标志着中国在高钢级长距离油气输送钢管的生产技术上取得了新突破。

X100 钢级螺旋焊管具有更大的耐压性、更高的强度、更强的抗腐蚀能力以及节省原料用量等特点，成为长距离油气输送管线的需求热点。宝鸡石油钢管有限责任公司在 2008 年成功研制出 X100 钢级、直径 813 毫米螺旋焊管的基础上，联合钢厂开发出适宜大口径焊管的 X100 钢级卷板，并通过上千次的平板对接实验和小炉冶炼，成功研制出与之匹配的具有自主知识产权的专用系列焊丝和焊剂，并确定了正式上线试制的焊接参数范围。

经严格检验，此次试制成功的大口径 X100 钢级螺旋焊管，其主要技术指标均达到西气东输二线的施工要求，为国内油气长输管线升级换代提供了有力的物资保障。

15 万立方米储油罐

由中国石化工程建设公司设计，中国石化管道储运分公司、洛阳工程公司、宁波工程公司共同参与研究、建设的江苏仪征 2 座 15 万立方米钢质浮顶储油罐于 2005 年 8 月建成并于当年 11 月投入运行。同时参加该项目研究的单位还有中国石化第十建设公司、合肥通用机械研究院、胜利油田胜利工程设计咨询有限责任公司。浙江大学、北京航天航空大学受课题委托亦展开相应研究工作。日本 JFE 公司（原日本 NKK 公司）、日本新日铁公司为 15 万立方米大型浮顶油罐所使用的高强度钢板生产商。

该罐于 2006 年 3 月 28 日完成全部项目的现场测试。测试指标的精度均满足或超过规范要求。其中，基础锥面变形的测试精度仅为 0.1 毫米。该罐直径 100 米，罐体高度 21 米，为当时国内首例单罐容积最大的储油罐，在节省钢材、节约土地、降低工程造价方面，体现出一般储油罐所无法比拟的优势。该项目填补了中国 15 万立方米大型浮顶油罐的空白，也标志着中国石化大型储罐设计、施工和运行管理达到了国际先进水平。

2007 年 10 月由大庆油田设计院设计，大庆油田建设集团承建的大庆油田储运销售分公司南三油库 2 座 15 万立方米钢质浮顶储油罐也胜利完工。该罐直径 96 米，罐体高 22.8 米，是中国石油首次自行设计建造并投产的大容量储油罐，是中国原油储备的主力油罐之一。也是国内高寒地区第一个 15 万立方米储油罐，标志着中国石油大型储罐设计、施工和运行管理达到了国际先进水平。

深海石油天然气输送管研制成功

深海油气管线所处的低温、高压、强腐蚀的工作环境，对钢管的强度与韧性、抗压性能、尺寸精度等指标都有严格的要求，此前中国一直依赖进口。2010 年 5 月，广州番禺珠江钢管有限公司和武汉钢铁（集团）公司共同研制完成直径 559 毫米 × 28 毫米，材质为 SMYS450 的深海管线用直缝埋弧焊钢管并通过专家组的鉴定。鉴定认为该项成果填补了国内空白，打破了国外对此项技术的垄断，实物质量达到国际先进水平，可服役于 1500 米的深海，用于中国深海天然气工程。同时，上海宝钢集团根据中国海油南海深水天然气开发项目的要求，亦于同年试制成功直径 762 毫米 × 30.2 毫米及 31.8 毫米规格的深海管线用直缝焊管，成为国内首家具备生产深海海底管线管的钢铁企业，对中国深海项目的开发给予有力的支持。

大功率国产化输油泵机组

2009 年 12 月 25 日，由辽宁恒星泵业有限公司、上海电气集团上海电机有限公司和中国石油管道分公司合作研发的“HPT2843 - 194 大功率管道输油泵机组”在中国石油管道公司沈阳输油气分公司铁岭输油站铁秦 5 号输油泵位空载试运，26 日正式启动，带载运行。经 8 个多月的运行测试，各项技术参数、指标符合设计要求。该泵设计先进，具有大功率、高扬程、大排量的特性。

泵结构先进合理，叶轮采用三维抗汽蚀优化设计和过流表面特殊硬化处理工艺，提高了叶轮的使用寿命；采用CFD技术分析了泵内压力分布和速度分布，优化了流道设计，提高了泵效率；采用滚动轴承作为主轴承，轴承设有碟形弹簧，对轴承进行预压紧，提高了机组运行的可靠性。配套电机采用先进的电磁设计、绝缘设计、通风设计，有效地降低了振动、温升、噪声；电机结构紧凑，效率高，实现了大功率、高速防爆电机的自润滑可靠运行。2010年8月，“HPT2843－194大功率管道输油泵机组”通过成果鉴定。鉴定组一致认为，其主要技术指标达到国际先进水平。

超大油轮首航

由中国自主研发、设计并拥有自主知识产权的超级大型油轮新埔洋号于2010年1月22日在广州南沙港交付船东中国海运集团。这标志着华南地区不能建造10万吨以上大型船舶的历史已告结束。

新埔洋号总载重30.8万吨，满载总排水量35万多吨，全船长333米、宽60米，上层建筑高6层，甲板面积有4个足球场大，并设有直升机升降平台，是中国自行设计设备最先进、性能可靠、自动化程度最高的超大型油轮。该油轮配备各种世界上先进的驾驶与导航设备。整艘货船纵向和横向运动速度都能即时显示。预先设计的航路数据使这艘海上巨无霸能自动转向航行，即便穿越惊涛骇浪也能“24小时机舱无人值班与自动导航”。同时配备先进的造淡水机，每天可通过海水淡化产生30吨生活用水，船员日常用水无忧。可装载燃油6000吨，满载时航速超过30千米，可持续航行60天、近4万千米，相当于绕地球赤道整整1周。船上配有10多门射程30多米的消防高压水炮和其他“武器”，可在一定程度上抵御海盗袭击。

该船的货舱深达27米，满载货物量相当于150列40节火车的运量。该船装有超大功率的驱动离心泵，24小时就可把30万吨油品卸完，将为中国用油安全提供一定保障。

新埔洋轮船员房间还配有健身房、乒乓球室、文体活动室供船员航行途中休闲娱乐。在船员生活区和公共场所，塑料、食品、金属玻璃类垃圾被分类，即使是可排入海的食品垃圾也须在远离陆地的海域通过专用粉碎机粉碎后才能排入大海。

管输最大球阀样机研制成功

2009年9月，由中国石油兰州石化分公司承担的国内最大的，直径达1000毫米的油气长输管线高压球阀样机制造工作全部完成，各项指标均达到设计要求。该阀门为全焊接式结构，设计压力为100千克/平方厘米。

“油气长输管线大口径高压球阀研制”项目是中国石油提出的“十一五”后3年50项重大科技攻关项目之一。2008年11月，兰州石化完成了全套图纸的设计并进入试制阶段。试制中，结合API认证工作，严格按API6D规范和ISO 9001：2008质量体系把好制造的每一环节。10个月内先后完成了零配件加工、装配和气密、液密、设计压力下的开闭等试验，高质量地完成了全部样机试制工作。

此前，中国西气东输工程管线配套的超过1000毫米的大口径高压球阀全部依赖进口，不仅产品价格昂贵，而且售后服务困难。这台阀门的制造成功，将打破依赖进口产品的局面，同时也标志着中国石油在阀门制造领域站在了一个新的高度。

石油炼制和石油化工设备

高效新型陶瓷内衬三级旋风分离器

由中国石油大庆石化分公司机械厂自主研发的陶瓷内衬三级旋风分离器，经中国石化广州石化公司200万吨/年催化装置1年多运行考核，其分离器出口的粉尘浓度小于40毫克/立方米，实测压降小于12千帕，大于8微米的颗粒粉尘被基本分离干净，各项技术指标达到国际先进水平。

三级旋风分离器是催化裂化装置烟气能量回收系统保护烟机的重要除尘设备。目前，国内催化裂化装置普遍使用不锈钢内衬的三级旋风分离器，而新型陶瓷内衬的耐磨性是钢材料的10倍左右，可以使三旋单管的使用寿命延长至15年以上，并可有效地解决原钢制旋风分离器运行中粉尘结污堵塞的问题，使烟气处理能力提高 1.5 倍以上，达到了高效回收烟气能量、延长烟机使用寿命和减少有害物质排放的目的。由于更换便捷、节省钢材，石油与石化系统每年可节约更新费用 1 亿元以上，具有重要的应用价值。

百万吨级乙烯裂解装置裂解气压缩机组

由沈阳鼓风机集团有限公司为中国石化天津分公司 100 万吨/年乙烯裂解装置制造的乙烯裂解气压缩机组（DMCL1304 + 2MCL1305 + 2MCL908）于 2009 年 12 月在天津石化公司乙烯裂解装置正式投入运行。它的研制成功标志着中国乙烯重大技术装备国产化水平跃上了新的台阶。

该裂解气压缩机由低压缸、中压缸和高压缸组成，各缸均为水平剖分型。其驱动机械为杭州汽轮机股份有限公司研制的，具有高参数、大功率、大抽汽量的高压抽汽冷凝式汽轮机。整个机组高约 5 米，长约 35 米，重 500 多吨。压缩机重载转子与底座安装找正均采用液压顶升方式，具有启动平稳、安装找正方便的优点。三缸均采用高效三元叶轮。机组密封均采用干气密封。经现场运行考核证明，机组运行平稳，性能稳定，各系统满足设计与生产要求，压缩机效率略高于国外同类设备。其转子振幅最高为 21.9 微米，低于 API 617 标准规定的 25.4 微米。

该乙烯裂解气压缩机组的研制得到国家发改委、科技部、机械工业联合会、中国石化及合作各方的鼎力支持。沈鼓集团通过产学研合作与自主开发相结合，完成了裂解气压缩机技术方案优化、压缩机排气蜗壳的气动分析、大型机壳结构优化、大型叶轮疲劳寿命分析、二件焊铣制叶轮加工工艺等 12 项重大科研课题，解决了制约百万吨级乙烯裂解气压缩机组研制的技术难题。这是沈鼓集团继自主研制大庆石化 24 万吨/年、上海石化 36 万吨/年、茂名石化 64 万吨/年乙烯裂解气压缩机组之后，又一体现自主创新能力的成果。

百万吨级乙烯裂解装置丙烯制冷压缩机组

由沈阳鼓风机集团有限公司为中国石化镇海炼化 100 万吨/年乙烯裂解装置研制的丙烯制冷压缩机组，于 2009 年 5 月通过中国石化出厂验收，2010 年 4 月在镇海炼化乙烯裂解装置正式投入运行。其拖动汽机为杭州汽轮机股份有限公司研制的高参数、大功率、低转速高压抽汽冷凝式汽轮机。机组各项数据表明，其主要技术指标，如整机功率（与设计功率偏差 + 1.6%）和转子振幅（11 微米）均远低于 ASME PTC – 10 和 API 617 标准的规定，达到国际同类机组的先进水平。这表明，大型丙烯制冷压缩机组国产化攻关取得成功，乙烯装备国产化取得了新进展，并于 2010 年 3 月获得了国家工信部的表彰。

该丙烯制冷压缩机操作温度低、压比高、机壳尺寸大，仅转子重量就达 13 吨，其设计、制造难度为国内同类机组之最。为此，沈鼓集团对国内乙烯装置丙烯制冷压缩机的运行情况及存在问题进行调研，并多次与各相关方进行技术交流，就丙烯制冷压缩机运行的可靠性与平稳性、提高压缩机效率、防止大型焊接机壳的变形等问题进行深入探讨。采用新开发的整体优化设计软件，对压缩机设计方案进行优化设计计算，满足了整机各个工艺段、11 个运行工况的设计要求，并保证压缩机具有宽广的流量调节范围；同时用数值模拟方法对机组的排气蜗室、抽气蜗室进行流场分析，提出串列、半高和单列 3 套扩压器方案，提高了机组运转效率及运行稳定性和可靠性。该机是沈鼓集团继自主研制大庆石化等丙烯制冷压缩机组之后，又一自主创新的成果。

大型四列迷宫压缩机组

由天华化工机械及自动化研究设计院、无锡压缩机股份有限公司、中国石油化工股份有限公司天津分公司及中国石油化工集团公司上海工程公司联合攻关研制的大型四列迷宫压缩机于 2009 年 12 月在中国石化天津分公司 30 万吨/年高密度聚乙烯（HDPE）装置投入运行。该机运行平稳，连续运行周期达 8000 小时以上，达到国际先进水平。大型迷宫密封压缩机是往复式压缩机的高端产品，技术难度大、附加值高，可压缩烯烃类气体及混合气体等。在国际上只有少数厂家掌握其关键技术。产品不仅在石化行业有着广阔的应用前景，而且可广泛应用于食品、医药、水泥、仪表等领域。

该机的四联体气缸、曲轴箱及曲轴零部件，要保证六组每两列之间的平行度。四曲拐的曲柄错角为0度、180度、90度、270度，赢得了排气均匀、切向力曲线均匀以及优良的惯性力平衡，一阶和二阶惯性力皆为零，旋转惯性力亦为零。压缩机气缸采用无油润滑、气缸水冷双作用，全封闭（无泄漏）迷宫密封。迷宫压缩机的独特结构和使用可靠性，以及在环境保护方面的优越性，特别适合于含有少量微颗粒介质的易燃易爆气体的压缩与输送，成为聚乙烯、聚丙烯、特种化工等装置的关键设备。该大型四列迷宫压缩机具有自主知识产权，不仅填补了国内技术空白，而且其成套价格也仅为进口价格的40%，市场竞争优势和经济效益十分显著。

4M125（50）往复式压缩机

2010年7月，沈鼓集团为中国石化长岭分公司170万吨/年渣油加氢裂化项目研制的大推力往复式压缩机4M125（50）投料加工，11月投入装置运行。这是沈鼓集团继为中国石化金陵分公司260万吨/年蜡油加氢裂化项目研制2D125（50）压缩机之后又一重要产品，创造了大推力往复式压缩机的国内之最。

4M125（50）往复式压缩机是中国重大技术装备国产化研制的重点项目。其设计方案采用德国BORSIG公司大型往复式压缩机技术及公司多年创新成果。因而，该机设计具备先进的技术依托和充实的技术保障，零部件设计有较大的安全裕度。设计过程中还对压缩机进行了详细的热力、动力计算和性能优化分析。对主要部件和重要的承载部位进行了有限元分析或强度校核，并通过对管内气体模态、压力脉动及激振力水平等分析，实现了对气体管路振动的有效控制。该项成果证明中国具备设计、制造大型、多列往复式压缩机的能力，可为石油化工和煤化工行业提供强大的技术支持。

精对苯二甲酸（PTA）装置空气压缩机组

2009年11月，由陕西鼓风机（集团）有限公司研制生产的中国首台PTA装置空气压缩机组在东方希望集团投资控股的重庆蓬威石化60万吨/年PTA装置现场投入运行。重庆蓬威PTA装置空气压缩机组采用了单轴布置设计方案，由轴流压缩机、离心压缩机、双分流冷凝式汽轮机和尾气膨胀机组成。运行表明，各项性能指标均满足用户要求，接近国际先进水平。该机组为对二甲苯的氧化反应提供1.5兆帕的空气，并回收氧化反应的热能和尾气的压力能，是PTA装置的核心设备之一。

该机组的研制成功改变了中国PTA装置空气压缩机组长期依赖进口的局面，进一步加大了装置的国产化力度。

20万吨/年大型双螺杆挤压造粒机组

由大连橡胶塑料机械股份有限公司为中国石化设计、制造的年产20万吨聚丙烯双螺杆挤压造粒机组，于2010年4月通过中国石化的现场验收，并在中国石化燕山石化投入正式运行。

20万吨/年双螺杆挤压造粒机组是聚丙烯等装置后处理工序中的重大装备，集机械、电气、仪表于一体，自动化水平高，其设计、制造难度大。国际上只有德国、日本的3家公司拥有设计、制造及安装调试技术，此前中国一直依赖进口。2007年，在中国石化的组织下，大连橡胶塑料机械股份有限公司与北京化工大学、中国石化工程建设公司、燕山石化、天华化工机械及自动化设计研究院、浙江中控技术有限公司等单位合作攻关并获成功。其设计和关键部件实现了国产化，并在安装后一次试车成功。

该挤压造粒机组采用同向双螺杆结构，具有高转速、低剪切、高分散螺杆性能参数和双通道热油加热等特点。机组主要包括计量、加料、配混系统、混炼挤压系统、开车阀、阻尼调节阀、熔体齿轮泵、换网装置、机头及切粒系统和粒料处理系统等。通过现场考核，专家组认为，20万吨/年聚丙烯挤压造粒机组运行平稳，切粒均匀，满足设计要求；不仅能耗低，而且外观质量较好，控制系统先进；系统配套也完全满足机组运行要求。目前，该机组已达到机组最大设计产量。该机组设计制造成功表明中国在高聚物混炼加工技术及其装备研究领域迈上一个新的台阶。

百万吨级 PTA 装置蒸汽管回转干燥机组

由天华化工机械及自动化研究设计院 2010 年为浙江逸盛石化有限公司设计制造的百万吨级 PTA 装置蒸汽管回转圆筒干燥机组于 2011 年 6 月正式投入运行。该机是国内最大规模的 PTA 干燥机组，该干燥机组的研制成功标志着中国大型干燥机技术水平跻身世界前列，使中国 PTA 装置重大技术装备国产化水平跃上一个新的台阶。

该干燥机组由 2 台 CTA 干燥机和 2 台 PTA 干燥机组成。单线处理能力最大可达到 130 吨/时，干燥机直径 4.2 米，长度 32 米，设备总重量 460 吨。其核心技术包括建立蒸汽管回转干燥机传热系数关联模型、停留时间关联模型和凝液排放数学模型，形成了 PTA 干燥机工艺设计软件包；应用已开发的蒸汽管回转干燥机设计软件包，进行设备结构设计优化，整体采用有限元分析进行设备结构强度计算，进而完成超大型蒸汽管回转干燥机结构和补强结构设计；开发大型蒸汽管回转圆筒干燥机制造工艺，包括加工过程中的腐蚀防护工艺、分体加工工艺、组装工艺等。该干燥机组运行平稳，是天华化工机械及自动化研究院继 30 万吨/年 PTA 装置、60 万吨/年 PTA 装置干燥机组成功应用之后的又一自主创新成果，并已取得多项技术专利，为拓展海外市场奠定了良好的基础。据悉一套百万吨级 PTA 装置应用国产化设备可节约投资 6000 万元人民币，经济效益显著。

碳酸二苯酯内循环反应器

由中国石油吉林石化分公司研究院和中科院成都有机化学有限公司共同开发的液相苯酚及碳酸二甲酯合成碳酸二苯酯内循环反应器于 2009 年 3 月获国家发明专利。

碳酸二苯酯无毒、无污染，是一种重要的环保化工产品。其传统生产设备大多由多个釜式反应器串联而成，不仅设备投资大，而且反应速率慢。在加压条件下，工艺受到一定限制。与釜式反应器相比，内反应器优势明显。在反应体积相同的情况下，其反应效率高，投资少。特别是在加压条件下，优势更为突出，可使热量的加入和输出都更加容易。该工艺可应用于循环生产，使副产物以气相形态从反应器顶部连续输出，反应产物则从反应器中部采出，可大大提高装置的生产能力，方便操作。此外，该内循环反应器便于加工安装，能适用于均相及非均相合成反应，用途广泛。

顺酐反应器制造技术

中国石油兰州石化分公司 2 万吨/年顺酐装置的核心设备——大型列管式固定床反应器主要由上下管板、管箱、反应管、分布板以及上下熔盐通道等部分组成。设备直径 4.9 米，总高 13.149 米，总重 200 多吨，是国内最大、吨位最重的列管式固定床反应器。为了制造这个设备，该公司先后开发了“超大型管板热校平方法”和“大型列管式固定床反应器高温熔盐渗漏管头修复方法”两项发明专利和“管头角焊缝快速切削刀具”实用新型专利，形成具有自主知识产权的大型列管式固定床反应器制造工艺技术，填补了国内直径 4 米以上的大型列管式固定床反应器制造技术的空白，获中国施工企业管理协会技术创新成果一等奖。为实现大型顺酐、苯酐、丙烯酸酯装置超大型列管式固定床反应器的国产化奠定了基础。

百万吨级乙烯冷箱

中国石化天津分公司和镇海炼化乙烯裂解装置的两套百万吨级乙烯冷箱分别于 2008 年和 2009 年竣工投用，且运行正常，这标志着在石油化工重大技术装备的国产化道路上，杭州杭氧股份有限公司又迈出了坚实的一步。近年来，杭州杭氧股份有限公司结合相关技术，深入开展板翅式换热器的基础研究和乙烯冷箱热力设计的优化，完善现有设计计算软件系统，开发出适用于大型板翅式换热器的新型、高效、高强度翅片；结合实际开发出特大型板翅式换热器钎焊工艺及先进的板翅式换热器性能检测技术，较好地适应了乙烯冷箱的高可靠性要求，具备了大型乙烯冷箱的研发能力。

天津百万吨级乙烯冷箱采用美国鲁姆斯公司二元制冷剂制冷流程技术，分为一大二小共三台冷箱，其最高设计压力达到 5.4 兆帕，最大的冷箱外形尺寸为 6500 毫米 ×4200 毫米 ×33000 毫米，总重量约 265 吨，可满足 14 股流体同时换热。杭氧公司在研制中优化了乙烯冷箱的技术方案；解决了多组分两相流的物性计算和 Q－T 曲线设计；对多组分有相变流体的传热计算、同层多股流流道和整台换热器通道排列进行了优化，并进一步开发二相流体均匀分布结构技术、新型高效翅片和完善超大型换热器的钎焊工艺，由此掌握了百万吨级乙烯冷箱的核心技术。形成具有自主知识产权的新装置 2 个，申请国家专利 2 项，制、修订相关标准 11 项。经考核，冷箱的总体经济技术指标达到当前国际先进技术水平。打破了国外少数公司在该领域的垄断，为其他在建乙烯项目和天然气液化、一氧化碳深冷分离等领域的应用拓展了空间。

世界级规模的一氧化碳冷箱

2009 年 1 月 13 日，中国石化扬子石化公司 50 万吨/年醋酸装置的关键设备——一氧化碳冷箱，在上海漕泾制造厂顺利完工。该冷箱由美国空气化工产品公司设计，在该公司工业气体分离设备生产中心之一的上海漕泾深冷设备制造厂制造。据称，该冷箱为世界级规模，是美国空气化工产品公司在全球范围内为客户建造的最大规模一氧化碳冷箱。冷箱重达 300 吨，体积超过 2000 立方米，一氧化碳年产量为 33 万吨。

往复式压缩机气量无级调节系统

由天华化工机械及自动化研究设计院与中国石油化工股份有限公司天津分公司共同研制的压缩机气量无级调节系统于 2009 年 3 月在天津分公司投入运行，2011 年 3 月通过了中国石化科技开发部组织的技术鉴定。天华化工机械及自动化研究院成为全世界拥有此项技术的两家企业之一。

在炼油、石油化工等工艺流程中，由于工况变化或其他因素，压缩机气量常常需要连续调节。调节方式有多种，如驱动机转速（用于内燃机或汽轮机驱动的压缩机以及电机驱动的小型压缩机）调节、气体管路调节、气缸余隙调节、气阀调节等，其中后 3 种在国内相关装置中最为常用。这些调节方式都不能避免开机时快速升压对机组及系统的冲击以及级间压缩比不能调节、能耗过高等问题。

压缩机气量无级调节系统的原理是计算机及时处理压缩机运行过程中的状态数据并将信号反馈至执行器的电子模块，通过液压传动来控制气阀的开启与关闭时间，实现压缩机排气量全程范围无级调节。其气量调节系统中的控制中枢、控制软件均不同于国外同类产品，具有自主知识产权。国产化电液执行器与国外同类产品相比，负载驱动能力明显提高，而且可维护性、可互换性也要高于国外同类产品。同时控制系统也大为简化，取消了 CIU 中间接口装置。由一个集成的微处理器来实现与 PLC 的通信以及对电液执行器的控制等各项任务，控制精度可以达到 ±0.01 兆帕。而且控制系统中的 PLC 控制器与电源均为冗余配置，安全性、可靠性得到有效保证。

该系统在中国石化天津分公司连续运行结果表明，系统连续安全可靠，各项性能指标获得了预期的效果。经标定，可节电 40% 以上，节能降耗效果十分显著。

大型乙烯裂解炉用燃烧器

由天华化工机械及自动化设计研究院设计、完成的大型乙烯裂解炉用底部燃烧器在中国石化天津分公司百万吨乙烯裂解炉上获得成功应用。该底部燃烧器采用先进技术开发、设计，火焰扁平刚直，燃烧稳定，完全满足工艺热流密度要求；其氮氧化物排放量和噪音值均低于国家标准规定。

经专家鉴定，认为该燃烧器整体技术达到国际先进水平；其燃烧性能优于国外同类产品，节能环保效益显著；填补了国内大型乙烯裂解炉用底部燃烧器的空白。这项成果改变了中国大型乙烯裂解炉底部燃烧器完全依赖进口的局面，可在新建或改建大型乙烯裂解炉的项目中推广应用。

陶瓷规整填料

天华化工机械及自动化研究设计院自主开发的 MLM 系列耐酸环境腐蚀的错片式规整型高效传热传质组合蜂窝陶瓷填料，位居国际该技术领域前沿，技术性能上仅德国的 Rausehert 公司生产的陶瓷规整填料可与其相比。该陶瓷规整填料技术获美国发明专利 3 项，现已销往美国、欧洲、日本、韩国等 20 多个国家和地区。

线性急冷换热器

急冷换热器是乙烯裂解装置中的关键设备，

但是传统急冷换热器在高温高压下易于焦结，线性急冷换热器由于工艺性能优良而为国内外普遍采用。天华化工机械及自动化研究设计院经过多年努力，成功开发出具有自主知识产权的线性急冷换热器，并在国家重点建设工程天津和镇海百万吨乙烯装置上得到大量应用。截至2010年底，线性急冷换热器在国内石化企业已应用250多台，不仅填补了国内线性急冷换热器技术的空白，而且取得了良好的社会和经济效益。该项目获得2010年度中国石油化工集团公司科技进步奖三等奖。

大型低温罐制造国产化

中国石化镇海炼化的低温罐项目是百万吨级乙烯工程的辅助设施。该低温罐引进德国TGE公司的低温储存技术，用于乙烯下游装置的原料供给和装置间的供需缓冲。项目由中国石化宁波工程公司设计，包括3万立方米乙烯低温储罐、2万立方米丙烯低温储罐、制冷系统和产品输送系统，于2009年12月投入运行。储罐型式为单包容吊顶双壁储罐，采用内外罐的罐体形制。其外罐壁材料采用低合金钢，内罐壁材料采用低温钢，在内外壁之间填充保冷材料。罐体采用顶出型的单包容结构，所有管线全部从罐顶进出。机泵被安装在罐内，罐壁四周不开孔。生产运行时，其乙烯罐和丙烯罐分别保持在－104℃和－48℃的低温状态。施工方首次在国内将罐体预制成型，并成功采用国产低温储罐保冷材料。为了充分回收和利用能源，设计方充分利用镇海乙烯低温罐区外送乙烯工艺、乙烯系统及丙烯系统同时存在的特点，通过添加辅助设备，做到了能量的内部循环，达到充分回收和利用能源的目的。同时利用乙烯汽化的能量冷却罐内的乙烯，并通过丙烯系统来冷却乙烯系统，不仅可降低制冷机和压缩机的工作时间和负荷，而且给装置的安全运行增加了保障措施，既节约了能源又降低了运行成本。

新技术

油气勘探、钻采工程新技术

2006 年

中国中西部前陆盆地石油地质理论、勘探技术及油气重大发现

中国中西部前陆盆地是指造山带和克拉通盆地之间由于挤压作用形成的楔形构造和沉积体系，包括前陆盆地和前陆冲断带。中西部前陆盆地资源丰富，是中国油气勘探重大领域之一。1998 年库车克拉 2 气田发现之后，中西部前陆盆地构造沉积的复杂性、石油地质特征的多样性以及复杂山前勘探技术的不适应性逐渐显现出来，因此针对性的石油地质理论和勘探技术成为制约中西部 15 个前陆盆地油气勘探的瓶颈。2000 年，中国石油筹集了 1.5 亿元的科研经费，针对前陆盆地重大勘探领域进行了地质理论和勘探技术的攻关。该项目由贾承造院士和宋岩教授主持，拥有中国石油相关的科研单位、生产单位和全国相关的院校和科研院所共 500 余人的研究团队，历经近 5 年时间，取得了创新性的成果。

该项目形成了对油气勘探具有重大作用的中国中西部前陆盆地石油地质理论，包括以“中西部叠合式前陆盆地”的概念和“叠合型、改造型、早衰型、新生型”4 种前陆盆地类型为核心的构造地质理论、以“前陆层序和非前陆层序”沉积体系和前陆层序“同造山运动沉积响应模式”为核心的沉积储层地质理论和以“近源自生、远源它生”两大成藏体系、前陆盆地类型控制下的“四种油气聚集模式”及构造带控制下的前陆盆地内部油气分布规律为核心的油气成藏地质理论。建立了适合中国中西部前陆盆地复杂地质条件下的地震、钻井、测井和测试 4 套油气勘探技术系列和 12 项配套技术，取得了 15 项关键技术的创新，获得 7 项国家发明专利、9 项实用新型专利，前陆冲断带油气勘探技术有了质的飞跃。

项目实施以来，由于前陆盆地石油地质理论和勘探技术的应用，新发现以 4 个亿吨级油气田为代表的一批大中型油气田，新增三级油气地质储量 20.44 亿吨油当量；同时前陆盆地新领域、新构造带的油气勘探也正在取得突破。项目成果将直接指导“十一五”期间中西部 15 个前陆盆地油气勘探的规划和部署，具有巨大的潜在经济效益。该项目获 2006 年度国家科技进步奖二等奖。

气体钻井技术研究与应用

针对中国难动用的近 50 亿吨石油、20 万亿立方米天然气、35 万亿立方米煤层气等资源和钻井工程中存在的漏、塌、卡、慢等瓶颈技术难题，进行了一整套气体钻井技术研究，形成了一套以空气、天然气、氮气、柴油机尾气替代钻井液作为钻井循环介质的新的系列钻井工艺技术；建立了可行性评价的方法、手段和标准，推进了气体钻井的应用和发展；自主研制了增压机、旋转头、不压井起下钻等地面装置和空气螺杆、随钻震击器等钻井工具。项目研究获得国家专利 11 项和 5 个方面技术创新点，满足了工程作业需要，取得了及时发现和保护油气层、解决钻井复杂难题、提高钻井速度、降低钻探作业成本的显著效果，为获得更多油气资源、加快勘探开发进程提供了有效的技术途径，该项技术填补了国内空白，整体技术水平接近国际先进水平。

在国内石油天然气行业气体钻井技术几乎处于空白的情况下，利用该项目研究成果，2001 年以来在国内外油气田和煤层气田应用 90 余口井，取得了显著的经济效益和社会效益。其中，取得了河包场等 11 个构造油气勘探开发的重大突破。

其中，仅在川渝地区获得探明、控制、预测三级天然气储量共计2300亿立方米，累计新增天然气获测试产量400万立方米/日。同时，有效地解决了钻井工程中大量存在的瓶颈技术难题，钻井速度提高4～15倍，大大降低了钻井费用。应用该项目研究成果仅按已探明的天然气储量计算就可为国家创造上百亿元的利润，极大地推动了石油行业的科技进步。

伊朗Zagras构造带钻井遭遇到严重的漏、塌、卡等钻井难题，导致钻井工程施工举步维艰，为此伊朗政府寻求国际技术支持与合作。中国石油与伊朗国家石油公司签订了“19+2”项目总承包合同，应用该项目形成的成套技术在伊朗项目中的22口井上工业化应用，成功地攻克了世界级的钻井难题，展示了中国高超的技术水平，为中国海外能源战略的实现作出了重要贡献。该项目获2006年度国家科技进步奖二等奖。

岩性地层油气藏地质理论与勘探技术

该项目由中国石油勘探开发研究院牵头，组织塔里木油田分公司、新疆油田分公司、华北油田分公司、吉林油田分公司共同承担，以中国石油勘探开发研究院为主，重点开展岩性地层油气藏地质理论和勘探技术攻关。

项目开展3年来，攻关研究取得重大理论与技术进展，创造性地提出了“三因素控砂、两相两带控储、六线四面控圈闭、三种组合控藏、十二种构造—层序控区带”的岩性地层油气成藏理论；形成了断陷盆地富油气凹陷“满凹含油观”、坳陷盆地“三角洲前缘带控油观”、前陆盆地“冲断带扇体控油观”、克拉通盆地“台缘高能相带控油观”4类原型盆地的岩性地层油气藏特色勘探理论；开发出“层序地层工业化应用、层序约束储层预测”2项核心技术；建立了以“三维整体部署、地质整体评价、钻探分步实施”为核心的凹陷评价，以“四图叠合”为核心的区带评价，以及按“五步流程”编制以“十图一表”为核心的圈闭评价三层次的评价方法体系。这些成果有效地指导了岩性地层油气藏的勘探实践，项目实施以来，共获得11项重大突破，形成了8个富油气凹陷和15个富油气区带的储量增长的勘探主战场，并实现了勘探领域向4个方面的新拓展。

岩性地层油气藏理论是继“源控论”、“复式油气聚集带理论”之后，在中国石油地质学领域取得的又一重大地质理论创新。这一新理论突破了构造高部位找油的思想，主张在构造带翼部、古隆起围斜部位、盆地斜坡甚至凹陷的向斜区寻找岩性地层油气藏，从而大大拓宽了油气勘探领域。该项目获2006年度中国石油技术创新一等奖。

徐家围子地区提高钻井速度配套技术研究与应用

“十五”以来，松辽盆地北部深层天然气勘探取得了重大进展。由于徐家围子地区泉头组、登娄库组和营城组地层坚硬，可钻性差、研磨性强，给钻井提速带来很大的困难。近几年来，先后开展了有利于发现和保护储层的欠平衡钻井技术、充气钻井技术、储层保护技术、提高深井钻井效率配套技术研究，取得了突破性的进展，已经探明1000亿立方米的储量。该项目研究的主要创新点如下。

（1）研发了充气钻井水力计算软件，通过高压储层保护PVT模拟试验摸索出气体钻井流动规律，制作了充气钻井不同气液比提高钻井速度图，大幅度提高了徐深气田钻进速度。

（2）研制出了旋转防喷器及其控制系统、液气分离器、点火装置等欠平衡专用设备，胶芯采用主动和被动密封方式，同时在更换方式上取得了创新。

（3）采用不同的钻具组合、优选钻头和钻井参数，改进泥浆性能，完善深层降斜手段，研究出加重解卡技术，钻井速度有所提高。

（4）开发研制出抗220℃高温的水基钻井液相应的处理剂，研制出抗220℃高温的水基钻井液新体系。

（5）建立了大庆水质条件下二氧化碳腐蚀套管的预测模型，确立了套管防二氧化碳腐蚀的最优化方案，提出了二氧化碳腐蚀水泥的评价技术，建立了二氧化碳腐蚀水泥环的预测模型，开发出了适合于大庆油田地质条件下的防二氧化碳腐蚀油井水泥体系。

该项目获2006年度中国石油技术创新一等奖。

提高侧钻小井眼段固井质量技术研究

辽河油田从 20 世纪 90 年代初开始采用侧钻井技术来延长油气井的使用寿命，实现了经济有效地动用老油藏的目的。侧钻井与更新井、调整井相比具有投资少、见效快的优点，但其固井质量差、生产寿命短（平均寿命仅 2 年左右）的缺陷成为制约该技术发展的障碍。为了解决这一难题，自 2001 年以来，开展了小井眼合理环空间隙优选、微台阶扩孔技术、小井眼固井技术、新型水泥浆体系、侧钻井固井配套工具研制、侧钻井油藏地质研究等专题的攻关，项目取得 17 项研究成果（其中实用技术 11 项，配套工具 6 套），获得专利 5 项，形成了一套适合辽河油田特点的侧钻井固井配套工艺技术。

该项目在研究与应用过程中，按照整合配套、形成生产能力和推广规模、取得规模效益的思路，通过加大关键技术攻关，提高了技术成熟度，整体技术达到国内领先水平。该项目在辽河油田得到广泛应用，已投产的应用井固井质量得到明显改善，早期的试验井已连续生产 4 年多，比未应用该技术的侧钻井寿命提高了 1 倍多，油井生产状况明显优于同类非试验井，取得了显著的效果。5 年来该技术累计应用 1140 口井，其中微台阶扩孔 218 口井，尾管居中技术应用 800 口井，新型水泥浆体系应用 140 口井，热应力补偿器应用 240 口井，水层预封堵技术应用 480 口井。经济效益和社会效益均十分显著。

该技术作为延长侧钻井寿命的最有效技术之一，已为各油公司所认可，应用规模逐步扩大，推广前景十分广阔。该项目获 2006 年度中国石油技术创新一等奖。

准噶尔盆地腹部地区侏罗系圈闭识别与成藏模式研究

准噶尔盆地腹部地区是中国石化西部重点增储领域，其中圈闭识别是核心问题之一，为推进西部油气勘探，有必要开展岩性圈闭的识别和描述研究。

通过对该区 113 口井统一分层后，编制了沉积体系沉积相对比图、岩性解释图件、单井和多井对比图等 110 余幅。首次对准噶尔盆地腹部及西缘地区发育的 4 种类型的岩性—地层油气藏进行了系统分类，对准噶尔盆地隐蔽油气藏的主控因素进行了详细和全面的探讨，提出了古隆起的抬升和掀斜的转换，对腹部地区的油气藏进行了调整改造，在此基础上对准噶尔盆地腹部开展了隐蔽圈闭的识别工作。

项目与勘探生产紧密结合，在永进地区、车排子地区、董 1 井区都获得了高产工业油气流，至 2005 年底获得的三级储量总计：原油 17118 万吨、天然气 106.62 亿立方米。该项目获 2006 年度中国石化科技进步奖一等奖。

济阳坳陷隐蔽油气藏成藏动力学研究及预测

“十五”以来，隐蔽油气藏已成为胜利探区增储上产的主要目标，为继续深化隐蔽油藏理论，促进勘探的纵深发展，设立隐蔽油藏成藏动力学研究与预测攻关研究项目。

研究成果：①探讨了“三场”（地温场、应力场、压力场）与隐蔽油气成藏关系。②提出了生烃作用是超压形成的主要机制，并定量计算了成烃超压源动力，建立了生、排烃动力学模式。③针对不同成藏动力系统，剖析了典型岩性、地层油藏成藏过程，研究了油气运聚动力、输导体系、充注方式，建立了超压封闭系统隐蔽油气藏成藏动力学模式。④明确了源动力、输导和阻力是岩性油藏的成藏主控因素，对各要素与充满度的关系进行定量分析，形成了洼陷带岩性圈闭含油性定量预测模型。2004 ~ 2005 年，以课题研究成果为指导，累计探明储量 3863 万吨，控制储量 5757 万吨；新增储量资源产值 18.5 亿元。该项目获 2006 年度中国石化科技进步奖一等奖。

塔里木盆地北部碳酸盐岩勘探潜力、油气运聚规律与勘探关键技术研究

为寻找塔北碳酸盐岩油气藏大中型油田勘探目标，完成储量任务，国家科技部和中国石化设立了该项目攻关。

科技攻关成果：①首次建立了塔河油区油气运移地球化学与油气物性指标体系，指出塔河油区存在“三期五次”的油气运移，主成藏期为海西晚期和喜马拉雅期，进一步完善了海相碳酸盐岩油气成藏理论。②指明了建成塔河特大型油田的方向，向南扩大了3000平方千米的油气勘探面积。③进一步发展完善了碳酸盐岩储层识别和预测技术系列，形成了碳酸盐岩的分支井钻井、完井工艺、长裸眼穿盐钻井技术。④建立了一套以缝洞单元为核心的油气藏描述与开发的系统方法体系。2004～2005年两年新增探明储量3.4亿吨油当量，获得了显著的油气成果。该项目获2006年度中国石化科技进步奖一等奖。

大牛地气田天然气成藏规律及勘探开发技术

为进一步深化鄂尔多斯盆地油气富集规律，提高单井产量，有必要开展大牛地气田天然气成藏规律及勘探开发技术研究。

通过对层序地层学、含气系统、产能控制因素、气藏渗流机理和开发技术政策指标等研究，取得以下成果：①揭示了在大面积致密背景下“相对高孔渗储层”的成因机理和发育模式。②提出了鄂尔多斯盆地北部及大牛地气田上古生界多层叠合岩性圈闭成藏模式及“近源箱型成藏组合”规律。③提出了以多属性分析技术、岩性反演技术和含气性预测技术为主体的三维集成储层预测技术。④提出了以屏蔽暂堵或滤失性能好的“钾铵基聚合物钻井完井液体系”为主体的低压致密气藏的钻完井保护技术。⑤建立了适合于低压致密气藏的产能评价方法和气井压力与产量预测模型，确定了适合于低压致密气藏开发的技术政策指标。⑥形成了以注甲醇防治水合物形成等为主的低压低渗气藏采气工艺。

该项成果应用于大牛地气田，为10亿立方米产能的顺利建成和向北京供气提供了保证。该项目获2006年度中国石化科技进步奖一等奖。

油藏精细地质模型研究

为使油藏描述向定量化方向发展，逐步提高剩余油采收率，开展了油藏精细地质模型研究。

通过研究，形成了一套现有技术条件下可供推广的油藏精细模型的技术方法和流程步骤；完善了适合河流相地层层序的理论模式；建立了多级次逐级细分流体流动单元的划分原则和方法；确立了流动单元约束条件下提高储层参数解释精度的方法；建立了变差函数模型并进行储层格架和岩相分布的预测，使得地质模型横向上的分辨率由百米级提高到了十米级；在储层参数建模过程中采用相控建模的原则建立储层参数分布模型，其纵向上的分辨率达到了厘米级；并建立了一套基于精细数值模拟研究的油藏精细地质模型评价方法。

从1999年2月至2005年底，有针对性地对三次采油试验区进行注聚优化，覆盖动用地质储量4328万吨，累计增油122万吨。该项目获2006年度中国石化科技进步奖一等奖。

地质导向钻井技术研究

研制成功了具有自主知识产权的地质导向测量仪器——新型MWD、随钻自然伽马测量仪和随钻电阻率测量仪，配套形成了地质导向双参数LWD仪器设计制造技术；研发了地质导向钻井配套应用软件，形成了以弹性杆挠曲线法和改进型逐点寻优法为代表的地质导向待钻井眼轨道优化设计技术和以支撑向量机统计学习理论为代表的随钻信息估计和预测技术，实现了LWD数据的现场和远程实时解释；完成了25口薄油层水平井的地质导向钻井试验，最薄油层达到1米，平均水平段长度301.82米，水平段井眼轨迹的油层平均有效穿透率达94.39%，形成了地质导向钻井工艺配套技术，为薄油层、厚油层顶部剩余油等复杂油气藏开发提供了技术支撑；申请国家发明专利和实用新型专利各3项，注册软件版权2项。

截至2005年12月，已生产MWD 30套、LWD 2套、其他配套仪器60套，节约资金1.38亿元；25口地质导向水平井已全部投产，成功率100%，已累积产油23.84万吨；增加可采储量58.8万吨。该项目获2006年度中国石化科技进步奖一等奖。

2007年

中低丰度岩性地层油气藏大面积成藏地质理论、勘探技术及重大发现

在中国陆上构造油气藏勘探难度加大、油气储量递减的形势下，大规模发现岩性地层油气藏成为缓解矛盾的必然选择。为此，“十五”期间中国石油组织“岩性地层油气藏地质理论与勘探技术”攻关，由贾承造、赵文智主持，分陆相断陷、坳陷、前陆和海相克拉通4类盆地，围绕砂砾岩、碳酸盐岩、火山岩3类储层进行系统研究，在理论、技术创新与生产实效等取得重大成果。

（1）系统研究了四类盆地岩性地层油气藏地质理论。提出了14种“构造—层序”成藏组合，“六线四面”圈闭成因、“三大界面”控制分布的地质理论，揭示了坳陷盆地三角洲“前缘带大面积成藏”、陆相断陷盆地富油气凹陷“满凹含油”、陆相前陆盆地“冲断带扇体控藏”、海相克拉通盆地“台缘带礁滩控油气”等油气富集规律，使勘探方向从构造高点转向构造围斜和向斜区。

（2）提出了中低丰度岩性地层油气藏大面积成藏理论。指出了陆相坳陷湖盆地平缓古地理环境形成的大规模生、储集体错叠连片，分流河道发育大面积岩性圈闭，低油气水柱与中的压力系统等因素，有利于形成大面积岩性地层油气藏。

（3）创新了系统的勘探程度与技术系列。开发了以高分辨率三维地震采集处理与解释、中低孔渗储层预测、火山岩气藏高效钻采工程为核心的配套技术，提出了“四图叠合”区带、“十图一表”圈闭的评价程序，自主创新21项核心专利，建立35项行业标准。

项目创建的地质理论与勘探技术总体处于国际先进水平，推动了中国石油岩性地层油气藏大规模勘探和技术工业化应用。近3年共探明中低丰度岩性地层油气藏石油储量10.7亿吨、天然气储量5633.2亿立方米，直接经济效益9487亿元，成效显著。该项目获2007年度国家科技进步奖一等奖。

哈萨克斯坦肯基亚克盐下复杂碳酸盐岩油田高效开发配套技术

中国石油天然气勘探开发公司针对肯基亚克盐下油藏开发存在的世界级难题，包括该油藏为低孔、特低渗透、低产、超高压、深层碳酸盐岩油藏；地层中有超过3000米的巨厚盐岩层，钻井剖面复杂，岩石可钻性差；为节约地面投资，需要设计和建设综合指标居世界前列的长距离油气混输系统。从地质、地震、测井、油藏工程到钻完井、地面工程等方面开展了多专业、多学科的联合攻关研究，实现了重大技术突破。

（1）碳酸盐岩储层高产区带预测及双重介质建模技术突破。通过精细油藏描述，搞清了盐下石炭系碳酸盐岩油藏的高产控制因素和高产区带的分布规律，新钻井有2口井日产量达到1000吨以上，评价日产量达到310吨，单井产量比苏联时期提高了5倍以上。

（2）盐下油藏高速高效钻井、完井工艺技术突破。通过攻关研制了新型积木式涡轮钻具，提出了预防和处理盐下油田卡钻、井喷、井漏、井壁不稳定的措施，优选出了裸眼或筛管完井方式，最终形成了盐下油田新的钻井、完井配套技术系列，使钻井成功率由4.8%提高到100%，单井平均钻井周期缩短263天。

（3）陆地长距离油气混输技术突破，设计和建成了综合指标居世界前列的长距离油气混输系统。盐下石炭系油藏原油溶解气中高含硫化氢酸性气体被全部净化处理。在对肯基亚克周围现有油气处理设施能力进行分析后，充分利用现有设施的剩余能力，节约地面技术投资1.87亿美元，建成了具有国际领先水平的油气混输管道。

该项目的研究及应用，使苏联时期无法开采的边际油田在3年时间内建成了年产200万吨的生产能力，将不可动用的11135万吨储量转变为高效开发的优质储量。该项目被哈国总统誉为中哈合作成功的典范。环里海盆地原油地质储量为166亿吨，盐下储量占1/3以上，该项目具有推广应用前景，对中哈石油管道的油源保障和中国石油能源安全具有特别重要的意义。该项目获2007年度国家科技进步奖二等奖。

南堡大油田发现的勘探理论与技术

通过该项目的研究，深化了南堡富油凹陷地质认识，指导生产取得了显著的勘探效果和经济效益。

发现了南堡凹陷沙三^{4}亚段发育一套广泛分布的优质烃源岩，其沉积特征及地球化学特征可与济阳坳陷东营凹陷沙三下亚段烃源岩相比，生烃潜力大。同时应用油气成藏三维动态模拟技术，实现了南堡凹陷油气资源的工业化评价。

形成了适合陆相地层岩性横向变化大、采集时间跨度大、采集参数变化大的大面积三维连片叠前时间偏移配套处理技术，其中形成了“综合去躁技术”、“基于覆盖次数的能量均一化技术”、“合成记录约束反褶积参数优选技术”和“VSP资料综合建立速度模型”四项创新技术。

提出了南堡凹陷东营组三个岩性地层单元所含粗粒沉积体系中成藏贡献最大的是南堡滩海东一段河控三角洲体系。

将地震地层学方法与三维地震体解释技术有机结合，首次实现了南堡凹陷盆地层序地层三维体解释和岩性地层油气藏的工业化勘探。

在国内首次将成膜封堵低侵入技术思路引入钻井油层保护中，使南堡油田钻井油气层保护工作取得实质性进展。

以该项目取得的成果指导油气勘探，南堡凹陷三级石油地质储量合计11.71亿吨。形成了适合断陷盆地富油凹陷勘探技术配套系列。通过该项目的研究，发表专著4部，发表论文9篇。该项目获2007年度中国石油技术创新特等奖。

辽河、长庆多分支水平井钻完井技术研究

安塞油田杏平1井在没有顶驱、侧钻及重入工具的情况下，斜井段、长水平段井眼轨迹控制难度很大，无经验可借鉴。2006年5~8月，通过工艺技术的突破，利用油田多年来形成的较为成熟的特色定向井、水平井技术，高精度地控制了该井长水平段多分支水平井井眼轨迹。在长达1203米的水平段内采用裸眼悬空侧钻水平分支井技术，成功地实施了7个水平分支，全井钻井总进尺5068米，目的油层内水平钻进总进尺3503米，油层钻遇率80.8%。水垂比首次在长庆油田突破1，达到1.16。

杏平1井是长庆油田完全独立设计、施工完成的国内第一口七分支水平井，填补了长庆油田分支平井钻井技术空白，达到国内领先水平。杏平1井1口分支井相当于11口常规水平井，并省去了常规井下生产套管及进行压裂措施的费用，极大地缩短了施工周期，降低了钻井费用，节约直接钻井成本约3400万元。该井试采2个月后产量稳定在8吨/日左右，是同一区块常规水平井产量的2~4倍，增产效果明显。为低渗透油田的经济有效开发探索了一条新的技术途径。

2001年，“多分支井技术研究”被正式列为中国石油集团公司重点科研攻关项目。辽河石油管理局系统开展了多分支井适用油藏、钻井技术、泥浆技术和完井技术等多项研究。形成了9⅝″、7″两大系列的“DF-1”型分支井完井系统工具，具有自主知识产权，完井级别达到国际四级水平；形成了一套经济适用的稠油松散地层鱼刺型分支井钻完井技术，并在辽河、新疆等油田得到推广，钻井技术达到成熟推广程度。辽河油田多分支井技术的发展提升了中国石油集团公司的科技水平，推动了国内分支井技术的发展，技术水平国内领先。该项目获2007年度中国石油技术创新一等奖。

川渝龙岗等地区气体钻井现场试验

四川油气田石炭系天然气资源开发已进入后期，资源储量接替严重不足，龙岗构造是最具勘探前景的构造之一。龙岗构造属复杂地质区域，据对龙岗1井相邻地区的7口超深井的统计，平均钻速仅1.23米/时，平均钻井周期长达487天，严重制约了勘探进程。

通过项目的开展，初步形成四川气体钻井规模，形成了一套适合川渝地区深井、超深井钻井的提速模式。应用泥浆介质条件下获得的测井资料，求取气体钻井条件下地应力和岩石强度，建立了气体钻井井壁稳定性评价模型；试验了空气锤和双扶止器防斜技术，取得了显著效果，利用多相流理论分析气体钻井多种因素的相互关系，建立了合理注气量计算方法；在对井下燃爆机理进行深入研究的基础上，提出了精确控制可调的氮气混合空气钻井工艺，配合井下燃爆监测仪；将泡沫、空气、氮气、泥浆多种循环介质交替转换使用并取得成功，为气体钻井技术的推广应用打下了良好的基础；开发了用于气体钻井选区、选层、选井的评价技术。

通过该项目的实施，充分展示了气体钻井提高机械钻速、解决井漏复杂、发现和保护低压油气藏的巨大潜力，形成了一套适合川渝地区深井、超深井钻井的提速模式，为四川钻井大提速提供了新的技术支撑，同时加快了四川七里北、包界、广安、龙岗地区勘探及资源转化进程，应用前景广阔。该项目获 2007 年度中国石油技术创新一等奖。

扶余油田综合调整配套技术研究

该项目包括复杂地面、浅层三维地震采集与处理技术研究；剩余油研究与水淹层识别技术研究；井网调整优化评价研究；提高调整井固井质量；浅层定向井、水平井举升技术研究；储层压裂改造工艺技术研究；扶余油田油井不加热常温集油技术研究；调剖、热采与微生物储备技术研究。

自主创新研究形成了携砂液造缝高砂比压裂工艺技术，满足了密井网下压裂改造需求；研发的暂堵剂具有强度高、水溶性好，不污染储层的特点，具有专有知识产权；研究窜流通道识别与评价方法，充分利用试井解释、压降分析、试踪剂评价等多种技术方法，在油藏认识方面具有独创性；筛选出的微生物菌种，具有对扶余油田适应性好，驱油效率高的特点。

集成创新方面：三维地震采集与处理技术集成了该领域内先进技术，并形成了适于扶余油田复杂地面、浅层地质条件特点的观测系统设计、可控震源激发采集、精细处理解释等技术；开展剩余油分布规律研究，综合集成了沉积微相、常规测井、检查井等成熟配套技术，并在应用上予以创新，加深了对剩余油分布的认识；浅层定向井举升工艺技术集成了目前常规的玻璃衬里油管、油杆扶正优化设计等成熟技术，并在螺杆泵举升中加以配套，保证了浅层定向井有效举升的实现。

扶余油田将研究成果应用于百万吨产能建设，总体效益较为显著。2006 年整体改造完成后，与 2003 年相比节约自用油 2.55 万吨，节约用电 677 万千瓦·时。2004~2006 年增产 61.86 万吨。该项目获 2007 年度中国石油技术创新一等奖。

山东探区深层油气田形成条件及勘探目标评价

该项目首次发现济阳坳陷沙四下盐湖相沉积的暗色地层是一套优质烃源岩，打破了沙四下没有有效烃源岩的传统认识，明确了其分布和资源潜力；研究了沙四下烃源岩的生烃演化阶段，明确了各洼陷生成正常原油、凝析气和裂解气的温度和深度条件；研究了上古生界煤系烃源岩的生烃过程，首次提出对当今煤成气勘探最有利的“晚期生烃有效”观点；分析了深部储层的发育特征和控制因素，指出“沉积相、成岩相、构造相”三相匹配控制有利储层的发育；明确了上古生界煤系地层、沉积体系、主要储盖组合的空间展布和煤成气资源潜力；研究了深层油气的生排运聚特征，建立了隆起带、斜坡带和洼陷带的成藏模式，指出了山东探区深层油气的有利勘探方向。对山东探区深层油气勘探提出了 3 点新认识：①济阳坳陷沙四下发育有优质的烃源岩、有效储层，具有较好的资源前景；②深层裂解气成藏受“温—相—势”控制；③“晚期生烃有效，构造控制成藏，二叠系砂岩富集”是煤成气成藏的主控因素。应用该项研究成果，指导部署了丰深 1、新利深 1、高古 4 井的钻探，均获得了突破。丰深 1 井在沙四下段日产油 41 立方米、气 11 万立方米，首次在盐下深层获高产；新利深 1 井在沙四下段日产气 26 万立方米、油 128 立方米，是胜利油田日产气量最高的井；高古 4 井日产油 30 立方米、气 2.2 万立方米，是临清地区 50 年来第一口获得煤成气的井，获 2007 年中国石化发现奖。在该项目理论和技术的指导下，东营、渤南深层控制天然气储量 205.6 亿立方米，油 1000 万吨，预测天然气储量 1440 亿立方米，孤北地区上报天然气控制储量 68 亿立方米；临清煤成气勘探取得历史性突破，该成果将有力推动山东探区深层油气田的发现，尽快实现胜利油田的战略资源接替。该项目获 2007 年度中国石化科技进步奖一等奖。

塔河油田四区碳酸盐岩油藏开发关键技术研究与应用

针对老区递减快的主要问题，在油藏描述和开发方案、能量补充等多方面开展了创新研究，初步创建了碳酸盐岩缝洞型油藏开发理论，即“以缝洞单元研究为核心，以全过程评价、层次化开发为基本开发程序，以差异化开发为基本模式，以单井定容溶洞注水替油、多井单元注水开发为主要能量补充方式”的碳酸盐岩缝洞型油藏开发模式。形成了 6 项创新技术：①缝洞型油藏储集体刻画与储量计算技术；②缝洞单元划分与评价技术；③缝洞型油藏流动特征研究与数值模拟技术；④缝洞型油藏开发技术政策研究与补充能量开发技术；⑤超深井低滤失温控变黏酸酸压技术；⑥超深井深抽采油工艺技术。其中，缝洞型储集体三维定量刻画技术、缝洞型油藏注水补充能量开发技术取得了重大突破。研究成果已经在塔河油田主体区全面推广应用，直接指导了塔河油田缝洞型油藏的快速、高效开发。该项目实施后综合递减明显减缓，油田含水上升的趋势得到初步遏制，采收率提高了 6.1 个百分点，累计增油 43.3 万吨，所形成的缝洞型碳酸盐岩油藏开发关键技术弥补了该领域的空白，对塔河油田产量建设具有重要意义。该项目获 2007 年度中国石化科技进步奖一等奖。

深井超深井分层注水工艺技术研究

该项目通过注水管柱力学行为研究，建立了管柱的数学力学模型，开发了注水工艺管柱及注水工艺优化设计软件，研制了 17 种深井超深井分层注水工艺管柱及 11 种配套工具。针对深井超深井投捞测试的问题，研究了钢丝投捞、液力减载和免投捞工艺技术，研制了耐高温、高压的注水测试仪和桥式测试密封段，测一点可同时直接测取两个层段的流量、温度参数。形成了 4 项创新：①研制了耐温达 180℃、耐压差达 50 兆帕的深井超深井注水配套工具及管柱；②建立了适应井深达 4500 米、拉拔力达 30 千米的减载投捞技术；③研制了耐温达 150℃、耐压达 80 兆帕、流量测试范围及精度达 5～500 立方米/日 ±1.5% 的涡街流量计；④开发了深井超深井注水管柱及注水工艺优化设计软件。其中液压管柱拉拔器、减载投捞器、偏心配水封隔器、桥式分层测试密封结构已申请国家专利。已分别在吐哈、青海、中原、长庆等油田应用了 107 井次，工艺成功率 100%，最高注水压力 48 兆帕。该成果拓展了分注技术的实用范围，提高了深井超深井分注管柱的成功率和安全性，较好地解决了深井超深井投捞调配和分层测试的难题，为提高深井分层开采的开发水平、提高储量的动用程度提供了一种技术手段。该项目获 2007 年度中国石化科技进步奖一等奖。

王庄油田水敏性稠油油藏开发关键技术研究

针对强水敏稠油油藏的储量难动用、低产能特点，在岩石敏感性和相应的开采工艺创新上开展了研究和试验。揭示了储层水敏、储层物性变化、防膨剂防膨的机理，建立了储层热物性变化模式，实现了水敏定量描述，研制出了新型的防膨剂 SLAS－3；确定了主导防砂方式并优化携砂液，优化高效注采工艺，研制了亚临界状态地面两相流在线监测装置；实施全过程的油层保护，形成了强水敏油藏的工艺配套技术；建立了强水敏油藏的吞吐筛选标准，形成了强水敏油藏开发方案优化技术。取得 3 项成果：①形成地层条件岩芯高温渗流模拟实验技术，建立了热采储层物性变化模式；②形成强水敏油藏开发筛选标准和开发方式优化技术；③研制出新型高效防膨剂 SLAS－3。另外，卡瓦式超高温岩芯夹持器、活塞式回压阀、亚临界汽水两相流量计和注采一体化泵获得国家发明专利。该成果在胜利王庄、郑家、乐安、金家等油田进行了推广应用，使得以前不可动用的稠油资源可有效动用，见到实效。通过使用该项技术，累计动用地质储量 3450 万吨，建产能 76.4 万吨/年，增油 89.6 万吨。同时，该项目形成的针对强水敏油藏的开发配套技术系列，填补了国内外强水敏油藏大规模开发的技术空白，进一步丰富完善了中国石化稠油开发技术系列。该项目获 2007 年度中国石化科技进步奖一等奖。

2008 年

中国陆上重点气区天然气高效勘探开发新理论、新技术与应用

加快天然气资源开发利用可有效缓解中国石油供应压力，保证国家能源安全，改善环境。该项目在天然气高效成藏地质理论、气藏有效识别理论与技术以及气藏高效开发方面获重大创新，为陆上重点气区天然气大幅度增储上产作出突出贡献，获显著经济效益。

（1）建立了天然气高效成藏的地质理论与高效资源评价方法。①率先提出滞留于烃源岩中的分散液态烃在高—过成熟演化阶段可大量裂解成气，提出有机质“接力成气”理论，解决了海相高过成熟区天然气勘探的重大理论问题，较传统方法增加中国海相层序天然气资源总量 1.5 倍。②从晚期埋藏、构造托举与烃类早期充注等多方面论证了深层有效储层保持机理，四年前大胆提出应积极发现深层的经济资源。在塔里木、四川盆地 6500 米以下等领域加大勘探力度，获得一系列重大新发现。③提出“高效气源灶”概念及 5 项定量评价新指标；从源储剩余压力差和能量场耦合等方面论证了天然气高效成藏的机理，推动天然气成藏研究从定性向定量化发展。④建立了高效资源评价方法，首次评价了中国天然气高效资源总量及分布，提出 24 个有利勘探区带。

天然气高效成藏的地质理论促进了天然气地质学的发展，拓展了勘探新领域并获重大新发现，推动了中国陆上重点气区储量快速增长。

（2）创新发展天然气藏地震有效识别理论，研发 9 项新技术。基于新理论研发出 9 项新技术，在四川、鄂尔多斯等主要含气盆地应用，获重要新发现，钻前气藏预测成功率比立项时提高 25%，达到 83%。天然气藏有效识别理论与新技术引领了勘探技术的进步与发展方向，达到世界领先水平，具有重要的推广价值。

（3）研发出低效天然气藏高效开发与气藏最佳改造技术。①建立了以不同序次河道展布描述、储层非均质性评价、有利含气储集体地球物理识别为一体的布井技术，应用于苏里格已探明低丰度难动用储量的有效开发，高产井部署成功率达到 86.7%。②研发出具有自主知识产权的 VES 清洁压裂液和 TCA 温控变黏酸液体系，实现对塔里木碳酸盐岩缝洞气藏最佳改造，大幅度提高产量。该技术对实现已探明的低效储量有效开发利用，每年增加天然气产量 100 亿立方米具有重要的现实意义。该项目获 2008 年度国家科技进步奖二等奖。

聚合物驱油工业化应用技术

该项目研究开发了一系列适合大庆油田特点的具有国际领先水平的工艺、设备和工艺技术，形成了简化的聚合物驱地面工艺技术，达到了简化工艺、降低投资和运行成本的目的，满足了不断发展的聚合物驱油技术对地面工程技术的需求，确保了大庆油田聚合物驱产能建设的顺利实施。

通过对聚合物及聚合物母液的相关性质研究，研发了聚合物配制注入过程中的相关核心设备，这些核心工艺设备均能应用于聚合物驱产能建设工程，且生产运行状态良好。

在聚合物配制工艺方面，通过应用具有高配制能力的分散装置、适用的搅拌器等，缩短了配制工艺流程；通过应用大排量外输泵和流量调节器等高效工艺设备，简化了配制工艺。

通过应用大排量注入泵与高压低剪切流量调节器，研发了一泵多井工艺，优化简化了聚合物母液注入工艺。

研制了可预撬装注入站，实现了厂内预制和可搬迁重复利用。

1998～2006 年，大庆油田已实施工业化聚合物驱区块 38 个，整个聚驱配注工艺全部采用项目研究成果，形成了年注 18 万吨的配注系统，聚合物驱地面工程建设平均单井投资从“九五”末期的 165 万元降低到“十五”末期的 125 万元左右，降低幅度达 24.24%。确保了大庆油田聚合物驱产能建设的顺利实施。该项目获 2008 年度国家科技进步奖二等奖。

水平井、分支井技术与规模化应用

水平井、分支井技术是中国石油“十五”、“十一五”期间重点研究及推广项目，是确保中国石油各石油分公司增产稳产的重要手段。几年来，中国石油下属 9 家油田单位对水平井、分支井钻井配套技术进行了研究及探索，结合各自油藏地质特点及油田的实际情况，形成了具有特色的水平井及分支井钻井配套技术，主要有分支井技术、稠油水平井技术、滩海大位移井技术、水平井钻完井工具、国外水平井技术、欠平衡（气体）水平井钻井技术、浅层水平井技术、薄层水平井技术、人工岛密集井口技术、火山岩水平井技术、哈萨克斯坦气体采油技术。技术推广应用后已取得显著的经济效益。项目的主要技术创新点：

（1）分支井技术形成了两大系列、具有 TAML 体系四级水平的“DF－1”型分支井钻完井系统工具。

（2）可旋转尾管丢手固井技术具有固井初凝后不起钻挤水泥的独特功能，是固井技术的一个创新。

（3）形成了稠油松散地层鱼刺型多分支井钻完井工艺技术，施工中采用从前往后的钻井次序，及鱼刺型分支井钻完井等技术，解决了稠油松散地层鱼刺型分支井钻井难题。

（4）大位移井施工中水平位移突破4000米，水平位移与垂深之比最大为3.92，这也是大位移井的重要标志，歧口凹陷重大专项课题中，要求大位移井的水平位移与垂深之比为3～5，目前已经实现该指标。

（5）研究设计的水平井水力膨胀式套管外封隔器采用膨胀胶筒为密封元件，采用阀系组合控制座封的永久式管外封隔器，实现各种目的的井下封隔与桥堵。

（6）形成配套的短半径水平井钻井工艺技术，采用磨铣开窗+陀螺定向技术实现在仅有3.5米长的短窗口内精确定向侧钻；通过理论分析与计算，优选国产常规单弯短马达。完成中国石油第1口直径118毫米井眼套管开窗侧钻短径水平井，刷新CNPC开窗侧钻短半径水平井造斜率纪录1.8度/米。

（7）形成了一套欠平衡水平井钻完井技术，初步形成气体钻水平井地质导向技术。首次在国内钻成气体钻水平井——白浅111H井，水平段长245米，钻成广安002-H1欠平衡水平井，水平段长达2010米，水垂比1.41∶1，为国内欠平衡水平段最长的水平井。

（8）形成了利用常规直井钻机钻浅层水平井的钻井完井综合配套技术，突破原有必须采用斜井钻机钻浅层水平井的固有方式，对吉林油田、新疆油田浅层区块应用直井钻机钻水平井的技术可行性进行充分论证，提出利用常规直井钻机钻浅层水平井的钻完井工艺技术方法，使浅层水平井得到大面积推广和应用。

（9）研究了多靶点薄油藏水平井井眼轨迹控制技术，结合LWD随钻测井数据和录井资料，提高了厚度0.5米的多靶点薄油藏砂岩钻遇率。

（10）针对南浦油田人工岛井口槽的使用提出了密集井口的定义，明确了使用原则；提出井口槽密集井口“预放大”设计和井口优选原则；提出了井眼上部近距离井段施工控制及测量方法。

（11）形成了适合松南深层火山岩气藏开发的水平井井身剖面优化设计技术，摩阻扭矩分析及预测技术，井眼轨迹预测及控制技术，抗高温、低摩阻、强抑制性水基钻井液技术，抗高温、防二氧化碳腐蚀天然气井固井完井配套技术。

（12）气举工艺、方法创新。柱塞气举采油工艺设计方法创新，保证了油井一次性投产成功；油井投产气举诱喷完井工艺创新，实现了负压射孔、排液诱喷和完井投产的功能集成；整体锻造式气举工作筒的机械加工工艺，国内首创；永久式连续气举采油井下管柱创新，实现了替喷、诱喷、循环压井、不压井作业、投捞测试等功能集成；可取式连续气举采油井下管柱创新，国内外首创，操作简便，成本低；气举—高压作业复合采油井下管柱创新，国内外首创，实现了高压作业和气举采油的功能集成；气举—抽油机复合强化采油井下管柱创新，实现了气举—抽油机采油的功能集成。

自2000年水平井、分支井规模化推广应用以来，水平井、分支井在大庆、吉林、辽河等国内9家油田及哈萨克斯坦等国外区块应用，累计完成水平井、分支井1200多口，固完井工具推广应用100多井次，气举技术广泛应用于新疆、吐哈、哈萨克斯坦等油田，累计应用3300多井次。取得了显著经济效益。该项目获2008年度中国石油科技进步奖特等奖。

圆柱形桩腿自升式钻井平台研制

圆柱形桩腿自升式钻井平台是中国石油集团海洋工程有限公司承担的中国石油天然气集团公司海上重大技术装备工程项目，是根据中国石油渤海湾浅海海域的特点及海上油田的发展趋势而提出的，总目标是为开发浅海油田提供一种新型的勘探开发装备，解决浅海石油钻井能力不足的矛盾。

圆柱形桩腿自升式钻井平台是一种独立圆柱桩腿、电动齿轮齿条升降的悬臂式三腿自升式钻井平台，钢质非自航，由平台主体、桩腿（带桩靴）、升降系统三部分组成。平台主体为箱形结构，平面形状接近三角形；三根圆柱形桩腿布置在艏、艉（艉二艏一），桩腿下端设有桩靴（拖航时桩靴完全收回平台体内)，桩靴为正八边；每个桩腿设有一套升降装置，桩腿通过升降装置与船体连接和固定，并可将船体支撑于一定高度，升降装置采用电动齿轮齿条升降系统。平台的主要任务是在水深5～40米范围内进行作业，额定钻深7000米（直径114毫米钻杆)，具备钻井、固井和辅助试油等能力。

该类型的中油海5、6号平台分别于2006年8月31日、10月31日在青岛北海船厂开工建造，经过设计、建造和调试，在船厂完成了所有的建造项目并分别于2007年9月13日、11月11日顺利投产。

多次拖航移位及多口井的钻井实际使用证明，该平台设计先进，设备运转正常，各方面的技术指标都达到了设计要求，能满足钻井各项工序的施工要求。为浅海石油开发提供了一种投资力、见效快、工作安全可靠、施工效率高的新型勘探开发装备。该项目获2008年度中国石油科技进步奖一等奖。

苏里格2万亿立方米大气田整体勘探与综合技术研究

该项目研究目标是以物源、沉积研究为基础，分析优质储层的形成控制因素和展布特征，深化天然气成藏规律研究，并在此基础上，形成一套适合苏里格地区复杂岩性气藏特点的综合勘探技术系列，为在苏里格地区新增探明地质储量提供地质依据和技术支持。

该项目的主要技术创新点：

(1) 首次应用锆石年龄测试方法研究了苏里格地区东部上古生界盒8、山1段沉积物源，结合磁组构研究恢复了该期古水流方向，确定了物源主要来自盆地北部孔兹岩带（或孔兹岩带所在的物源区)。

(2) 根据物源区母岩性质，结合轻、重矿物组合分析，指出物源决定了苏里格东部石英砂岩的平面展布特征，水动力条件的变化控制了石英砂岩、岩屑石英砂岩在纵向上的变化，预测了石英砂岩分布区。

(3) 系统研究了主力层系盒8、山1储层特征，确定了9种成岩相带，其中自生高岭石胶结晶间孔相以及黏土杂基混合充填溶蚀相等是发育优质储层的良好成岩相带。

(4) 以沉积、成岩、成藏研究为主线，揭示了该区大型浅水三角洲形成机理及有效储层控制气藏分布的地质认识，提出了“物源方向及沉积体系研究确定勘探方向，砂体结构和成岩相带研究确定勘探目标”的勘探思路，有效指导了该区的勘探。

(5) 针对苏里格东部地区储层岩屑含量相对较高、水锁效应较强的特点，从降低入地液量入手，优化压裂参数，采取“小砂量、小排量、高砂比”的“两小一高”改造模式，取得了较好的压裂效果。

(6) 根据苏里格地区地质实际和勘探现状，结合已探明区储量开发情况，制定了《苏里格地区天然气基本探明储量计算办法》。

该项成果应用前景广阔，使苏里格东部地区2007年天然气勘探取得重大突破，为天然气的建产开发提供了资源保证，并为天然气的下一步勘探指明了方向，取得了明显的社会效益和经济效益。该项目获2008年度中国石油科技进步奖一等奖。

辽河油区老油田二次开发关键技术研究与应用

目前，国内油田总体上已进入了高含水、高采出程度阶段，大量老油田产量已出现明显递减，稳产难度大为增加，提高原油采收率已成为当前老油田开发的中心任务。该研究成果从中国石油稳定发展的长远出发，以实现资源产能有效接替，提高老油田开发水平，实现地下地面系统整体优化改造为手段，提出了二次开发新理念。

自2005年以来，辽河油田在建立了二次开发理论体系基础上，针对不同类型油藏积极开展二次开发矿场试验，在探索与实践中取得了一系列重大技术突破，取得了显著的应用效果。技术创新及突破主要体现在：创新性地建立了二次开发理论体系，并形成了二次开发配套技术体系，确定了以重构地下认识体系、重选开发方式、重建地面流程、重组井网结构为重要技术路线，形成了蒸汽驱、蒸汽辅助重力泄油、重建井网、化学驱及非混相驱等十大主体开发技术，攻克了蒸汽驱分层注汽和SAGD高干度注汽、大排量举升等25项关键技术；通过开展不同类型油藏二次开发矿场试验，先后开辟了应用新井网、超稠油转化开发方式、优化注水、注汽等10种类型26个试验区和示范区，规模实施15个区块，覆盖石油地质储量3.2亿吨，阶段累积增油120.5万吨，预计增加可采储量6000万吨。通过潜力评价，二次开发技术可提高油藏最终采收率达20%。

通过二次开发实施，辽河油田原油产量实现了持续十年递减后的稳定，稳产能力有所增强，综合递减率与自然递减率比2005年分别下降3个和1.7个百分点。二次开发已经成为中国石油“东部硬稳定、西部快发展”战略的重要技术支撑。该项目获2008年度中国石油科技进步奖一等奖。

苏丹3/7区Palogue油田高效开发配套技术研究

“苏丹3/7区Palogue油田高效开发配套技术研究”课题攻克大型边底水高凝油油藏的高效开发技术难题，形成了一套大型复杂高凝油油藏高效开发配套技术，并取得了明显的应用效果和巨大的经济效益。

（1）集成应用高分辨率层序地层学理论和层序划分技术、多属性三维可视化地震解释、储层综合预测等多学科先进技术，完成了目的层段高频层序划分，沉积相与储层分布规律研究，建立了三维精细地质模型；落实了油田有更充实的物质基础和更好的开发指标。

（2）将高温高压条件下长岩芯水驱、平面水驱物理模拟技术与数值模拟技术相结合，研究油田注水时机、井网优化及稠油底水油藏开发方式，提出衰竭开采到油藏压力800psi开始注水；采用反九点与五点法相结合的注采井网，底水稠油油藏采用水平井开发。

（3）改进了钻头序列，优化了钻井液体系，研制了低密高强水泥浆体系，钻井周期缩短10天以上，提高了固井质量，降低钻井成本10%。

（4）应用井筒生产模拟技术，提出针对高凝固点、高含蜡量、高黏度原油的防凝管防蜡堵技术对策，及一整套清防蜡防凝降黏采油工艺技术，以确保油井正常生产；应用多种方法从纵向和平面上预测油田出砂规律，指出出砂敏感区域，并优选出相应防砂对策。

（5）应用高温、高压条件下二氧化碳驱物理模拟、数值模拟技术及稠油热采技术，优选出二氧化碳吞吐和蒸汽吞吐引效能够提高稠油油藏采油速度和采出程度。

该项目经济效益显著，形成的配套技术对中国石油开发海外类似油田具有重要借鉴意义。该项目获2008年度中国石油科技进步奖一等奖。

断陷湖盆滩坝砂体成因、成藏与勘探

该项目以大量翔实的资料为基础，应用层序地层、现代沉积、石油地质、地球物理、油矿测井等相关理论，在高分辨率层序地层格架内，以滨浅湖滩坝砂体沉积及分布研究为基础，以油气成藏主控因素研究为重点，以滨浅湖滩坝砂薄体储层地质—地球物理精细预测为目的，开展综合研究，取得了滩坝沉积控砂、薄层运聚成藏、有效储层评价、薄互层预测等多个方面的新认识与勘探突破，明确了基于古地貌、古水动力和古沉积基准面变化的控砂机制，建立了滩坝砂微相叠置模式及相应的有效储层和含油性判别模型；明确了断裂裂隙、有效储层及源岩压力的控藏机理；形成了滩坝砂储层宏观地质建模方法及薄互层储层地球物理精细描述评价技术。完善了陆相断陷盆地滨浅湖滩坝砂岩的勘探思路和技术流程。揭示了断陷湖盆地滨浅湖滩坝砂体的“三古控砂”机理；建立了断陷湖盆地滨浅湖薄储层“三元控藏”模式；形成了断陷湖盆滩坝砂体的宏观地质建模和地球物理精细描述技术。2005年来累计指导部署探井100余口，成功率95.6%，较同期其他类型提高约15%；累计新增探明储量10488.12万吨，控制6634.15万吨，预测4990.62万吨，合计新增三级储量约2.2亿吨，折合新增可采石油储量2295.36万吨。按照1400元/吨的原油价格、吨油成本600元、每吨原油144元计算税金，考虑项目成果对储量发现的贡献（取0.1的贡献系数），测算新增产值32.1亿元，新增利税18.36亿元，新增利润3.3亿元。该项目获2008年度中国石化科技进步奖一等奖。

高含硫气井钻井关键技术研究与应用

高含硫气井钻井关键技术研究与应用项目主要研究内容包括：①井身结构优化技术研究，包括研发和试验使用非常规套管；研发和试验使用无接箍套管；膨胀套管技术前期研究；研发和试验使用领眼扩眼钻头，完善扩眼工艺（随钻或单独扩眼）；井身结构优选。②提高地层承压能力工艺技术研究，包括低承压地层特征分析研究；提高地层承压能力屏蔽封堵材料优选研究；提高地层承压能力屏蔽封堵配方及性能评价研究；提高地层承压能力现场作业工艺技术研究。③提高钻井速度研究，包括南方复杂地层机械钻速慢的成因研究；川东地区钻头优选；试验新型防斜打直技术；钻井方式优选。④复杂地层固井技术研究，包括南方复杂地层地质特征及其对固井工作的影响和制约研究；适合南方漏失地层的固井工艺技术的研究；南方复杂地层防气窜固井技术研究；南方复杂地层非常规固井技术研究。井身结构优化技术在南方探区获得了大面积推广应用；提高地层承压能力技术研究取得新的突破；提高复杂地层固井质量、钻井速度等工艺技术得到推广应用，取得可喜效果；加快了川东北及普光气田的勘探开发进程。应用非标钻头和优选钻井方式，在陆相地层推广应用气体钻井、垂直钻井技术，在海相推广应用复合钻井工艺，大幅加快了钻井速度，创造了13项探区新指标、新纪录。该成果取得了明显经济效益。累计少投入钻井费用17787.7万元。该项目获2008年度中国石化科技进步奖一等奖。

孤东油田七区西南Ng54－61层二元复合驱油先导试验

针对胜利油区Ⅰ、Ⅱ类油藏剩余储量的油藏条件，通过助剂增效理论研究，设计了以胜利石油磺酸盐为主要表面活性剂的二元复合驱油配方；以改进的SlCHEM数值模拟软件为基础，优化了二元驱方案；通过对二元先导试验的动态跟踪，认识了二元复合驱矿场的动态特征及规律，并形成了二元复合驱油配套技术。研究了油相与活性剂分子之间的构效关系、不同活性剂分子之间的构效关系及其在界面的排布信息。研究了二元驱中活性剂与聚合物的相互作用，形成了二元复合驱理论。优选了以石油磺酸盐为主剂的二元复合驱配方。建立了复杂条件下水相、油相中活性剂的分析方法，为二元驱中活性剂在提高采收率中的贡献提供基础数据。对适用于二元复合驱的数值模拟软件进行改进，形成了二元复合驱油数值模拟方案优化、矿场跟踪及油水运动规律研究技术。完成了先导试验工程的设计、施工及投运，研制了新型加药器，开展了二元驱采出液处理技术研究。开展了二元复合驱矿场的动态特征及规律研究，二元复合驱先导试验在矿场上既表现出了聚合物增加渗流阻力、扩大波及体积的特点，又表现出了活性剂提高驱油效率的特点，且降水、增油幅度高于单一聚合物驱单元。提出了助剂增效的活性剂复配理论。在无碱条件下，设计了高效的二元驱油配方。形成了适合于矿场的二元复合驱数模软件。认识了二元复合驱矿场的动态特征及规律。截至2007年12月底，二元复合先导试验区，中心井区已提高采收率13.2%。据三次采油资源评价结果，胜利油区适合复合驱的地质储量为5.4亿吨，预计增加可采储量5400万吨。二元复合驱先导试验区矿场累积增油16.9万吨，孤东油田六区二元复合驱扩大试验，该区块日产油量由水驱时的110吨上升到目前350吨，综合含水下降了8.3%。两个区块新增利润3.3亿元。该项目获2008年度中国石化科技进步奖一等奖。

川西难动用储量高效开发关键技术研究

通过深入研究储量难动用渗流和压裂伤害机理，以创新创效为指导，取得了机理、方法和工艺方面的大量创新成果，形成了川西不同类型难动用储量以纤维加砂（防砂）、高效返排、强化破胶为特色的全过程低伤害技术为核心，以大型压裂、不动管柱多层压裂、斜井压裂和高效返排为关键技术的工艺技术体系，实现了难动用储量高效开发，获得了显著的经济效益和社会效益。在大量渗流机理实验基础上，明确了难动用储量由于物性相对较差，造成储层具有较强的应力敏感性、启动压力梯度效应和水锁效应，导致渗流特征曲线严重偏离达西渗流规律，是储量难以动用的主要原因。通过伤害机理研究，明确了压裂伤害的关键因素是裂缝伤害和滤饼伤害，完善了低伤害压裂液系列，研制了线性自生热类泡沫压裂液，形成了优化破胶等技术。首次形成了适合异常高压气藏的3层及以上不动管柱多层分压工具组合；自主研制了线性自生热类泡沫压裂液；首次将压裂液“浓缩效应”与现场实践相结合形成了高效返排工艺；首次实现了全程纤维网络加砂。成果推广应用累计新增天然气产量5.8亿立方米，工业气井率从43.6%升至80%，单井压后测试日产量从1.75万立方米增加到5.27万立方米，促使了192.51亿立方米难动用储量得到有效动用，2006~2007年中浅层提交探明储量共计312.15亿立方米。通过技术体系的应用和推广，解决了油田10多年来难动用储量开发难题，新增产值56840万元，新增利润11368万元，节支2200万元。该项目获2008年度中国石化科技进步奖一等奖。

2009年

中国东部断陷盆地洼槽聚油新理论、勘探新技术与重大发现

东部断陷盆地在国家能源安全中地位举足轻重，针对如何在占断陷面积70%的洼槽区实现规模储量的发现，2001年开始对该重大科技项目实施产、学、研联合攻关，在洼槽聚油理论、成藏模式和勘探技术上取得重大创新，推动了中国东部断陷盆地石油储量的快速增长。研究成果总体达到国际先进水平。

（1）创新建立了断陷“洼槽聚油”理论。首次提出并经实践证实了断陷盆地油气分布的互补性原理，即正向构造带与洼槽区油气资源呈互补性分布，资源分配比例为1∶0.7~1.3，据此评价东部断陷洼槽区可再找到石油储量76亿~142亿吨，相当于已发现储量翻番；首次揭示洼槽区形成岩性油藏的优势性机理，以及形成规模富集受生烃强度门限（100万吨/平方千米）、油气储集体临界规模（10平方千米）和油气运移主汇流通道控制的主元富集规律，据此优选出26个富集区带。推动了勘探由正向构造带向洼槽区的战略转移。

（2）创新建立了洼槽区3类5种石油富集成藏模式。创建了洼槽区烃源灶内、灶外及基岩3类，反转带翼部上倾尖灭砂体、缓坡坡折带湖底扇或扇三角洲前缘砂、断崖河道砂、火山岩覆盖石炭系碳酸盐岩和古储古堵潜山内幕5种模式，填补了洼槽区成藏模式空白。

（3）发明和创新了洼槽区勘探核心技术。发明与创新了9项城市复杂地表高精度三维地震采集、处理专项技术，解决了城市不能进行高精度三维地震勘探的难题，已在任丘等8个城市实现规模应用，实现了三维地震连片，为洼槽区整体勘探提供了资料保证；发明与创新了4种低伤害清洁压裂液，集成创新了洼槽区软、硬两类低效储层低伤害高效压裂增产配套工艺技术，解决了洼槽区储层较差、低效产层多、常规改造效果差的难题，已在华北油田规模应用256井次，平均增产20倍，促进了洼槽区油藏的规模发现与高效开发；集成创新了洼槽区岩性油藏“评资源—明背景—找砂体—建模式—滚动钻探”的勘探流程和方法，使圈闭钻探成功率由过去的不足10%提高到了50%以上，实现了洼槽区的高效勘探。研究成果获国家授权发明专利3项，实用新型专利16项，发表论文208篇（其中SCI 10篇，EI 34篇），出版专著8部。

2003年9月以来，在中国石油13家油气田全面推广应用，先后在渤海湾、海拉尔、塔木察格盆地新发现6个亿吨级、5个5000万吨级石油储量区。进一步向中国海油等有关企业及海外项目推广，见到明显效果。该项目获2009年度国家科技进步奖二等奖。

近钻头地质导向钻井系统与工业化应用

地质导向钻井技术是国际石油工程界公认的钻井前沿技术，也是衡量一个国家钻井技术水平和实力的重要标志。该项目成果是打破国外技术封锁自主研发的第一代近钻头地质导向钻井装备，使中国成为继美、法之后掌握此项高端技术的第三个国家。

该项目成果包括10项重大技术发明和成套技术的系统创新：①发明了一种近钻头电阻率随钻测量技术；②发明了一种井下信息无线短传技术；③发明了一种接收和检测泥浆压力脉冲信号技术；④自主研发了近钻头地质/工程参数测量机导向马

达（专有技术）；⑤自主研发了一种高速率泥浆正脉冲发生器（专有技术）；⑥自主研发了随钻测量井下定向探管组件与控制器（专有技术）；⑦自主研发了地质导向地面综合信息处理和导向决策控制系统（专有技术）；⑧自主研发了随钻仪器专用系统控制总线与通信协议（专有技术）；⑨创新形成了配套生产工艺和系统技术规范；⑩由以上技术支撑形成了近钻头地质导向钻井系统（专有技术），属原始性创新。与国际先进的近钻头地质导向产品 GeoSteering Tool 的技术指标和产品性能相当，达到国际同类产品水平。

该项目获得国家发明专利 3 项、实用新型专利 14 项、中国石油专有技术 23 项。已形成企业标准 2 项，技术规范 21 项。经专家评审和产品鉴定，认为："该项目技术难度大，创新性强，是中国油气钻井技术的重大突破，属国内首创并达到国际先进水平"，"对推动中国油气钻探技术的进步具有重大意义"。

该系统可提高探井发现率、开发井钻遇率和采收率，降低吨油成本，经济效益显著；打破了国外技术垄断，提升了中国钻井技术的核心竞争力。该项目获 2009 年度国家技术发明奖二等奖。

化学固壁与保护油气储层的钻井液技术及工业化应用

该项目研究的成功标志着中国稳定井壁钻井液技术实现了从物理封堵方法向物理化学封堵方法的重大转变，储层保护技术实现了从有选择性的物理暂堵方法向非选择性的物理化学封堵方法的重大转变。解决了以往钻长裸眼多套压力层系时易发生的井壁坍塌、漏失、卡钻和储层损害等共存制约勘探开发速度、严重损害油气储层的主要技术瓶颈。实现了稳定井壁与保护油气储层技术一体化，全方位体现了中国在稳定井壁、防漏堵漏、储层保护技术及评价方法等方面取得的重大变革和技术进步。

自主研发水基钻井液成膜理论并形成成膜化学固壁新技术，研发成功水基钻井液有机硅酸盐成膜新材料与模拟井下条件的高温高压泥页岩膜效率评价装置和评价方法。

发明"双膜"协同封堵保护储层新技术及模拟井下条件的储层损害评价新方法，并制定了中国石油天然气行业标准《钻井液完井液损害油层室内评价方法》（SY/T 5306—2003）。使用该技术所钻的井，表皮系数小于或接近零，渗透率恢复值大于 95%，比国内外现用暂堵保护油气层技术的渗透率恢复值提高 25% 左右，为实现储层超低损害甚至无损害奠定了理论与技术基础。

发明超低渗透钻井液防漏堵漏新技术与模拟井下条件的动态防漏堵漏评价新方法。现场应用堵漏一次成功率大于 90%，地层承压能力比国外同类技术高出 20%～30%，防漏堵漏效果显著，基本上解决了钻长裸眼多套压力层系时易发生的井壁坍塌、漏失、卡钻和储层损害等共存的技术难题。

该成果已授权国家发明专利 2 项、实用新型专利 7 项，形成国家石油天然气行业标准 1 项，企业标准 7 项。成果鉴定委员会认为：成果总体达到同类技术的国际先进水平，其中水基钻井液成膜理论、化学固壁技术及"双膜"协同封堵保护储层技术有重要创新，达到国际领先水平。

三年来，该成果已在新疆、辽河、吉林、大港等油田得到广泛推广应用。据不完全统计，推广应用 6621 口井，在复杂地层钻井效果更加显著，全面提升了钻井液和储层保护技术在国内外市场的核心竞争力，对于确保安全和优质高效钻井、提高油气井单井产量与降低吨油成本、保护油气资源具有十分重要的意义。研发的高端仪器及精细化工产品形成了产业集群，社会效益巨大。该项目获 2009 年度国家科技进步奖二等奖。

中深层稠油热采大幅度提高采收率技术与应用

稠油是 21 世纪重要的石油资源，占石油剩余可采储量的比例越来越高，目前国外为 53%，国内为 40%。中深层（600～1400 米）稠油占稠油储量的 70%，因技术原因大多未开发，已开发储量以天然能量及蒸汽吞吐热采方式为主，采收率低，仅为 20%～25%。该类油藏具有埋藏深、压力高、黏度大等不利因素，大幅度提高采收率技术需要解决开发机理、高干度注汽、高温大排量举升、高温地面密闭集输、油水处理及热能综合利用等重大技术难题，该技术国外尚属空白。

1990 年以来，辽河油田经过多年的联合攻关、不断创新，研制了高温高压三维比例物理模拟模型，开展了大量的室内研究与实验，首创了具有自主知识产权和世界领先水平的水平驱动力与垂向重力泄油的复合驱理论，突破了国外现有理论，创建了直井与水平井共同吞吐预热降压、蒸汽驱替、重力泄油、衰竭开采 4 个连续生产阶段的新型开发模式，形成了中深层稠油—超稠油热采大幅度提高采收率两项核心技术：①中深层普通稠油（1000～1000 毫帕·秒）油藏蒸汽驱技术；②中深层特—超稠油（10000～1000000 毫帕·秒）油藏蒸汽驱辅助重力泄油技术。

该技术共形成 27 项原创技术，授权发明专利 7 项、实用新型专利 56 项，共形成企业标准 10 项，生产规范 25 种。

自 2006 年投入规模应用以来，该技术已成为稠油生产的重要替代技术，工业化实施 199 个井组，石油地质储量 7491 万吨，建成原油年产百万吨能力，近三年已增油 191 万吨，创利润 48.7 亿元。国内还有近 20 亿吨石油地质储量适合该技术，可提高采收率 20%。该项目获 2009 年度国家科技进步奖二等奖。

苏里格气田经济有效开发技术研究

苏里格气田发现于 2000 年，是迄今为止中国发现的最大的天然气气田，也是低渗砂岩天然气气藏的典型代表。

苏里格气田属于典型的“低渗、低压、低丰度”的气田，气井单井产量低，加之气藏埋藏深，气田经济有效开发难；有效储层与砂层不完全成对应关系，而有效储层薄，二维和三维地震都难以识别有效储层，井位优选难；储层有效砂体规模小、连通差，而沟通有效砂体的水平井试验和大规模压裂试验未能见到预期效果，致使单井控制储量少，提高单井产量难；有效储层纵横向上变化大，非均质强，分布复杂，制定科学的技术经济政策以提高气田开发效益难；同时，国内外都缺乏类似气田的开发经验，没有现成的经验和模式可鉴。

针对气田上述开发难点，长庆油田分公司从 2001 年开始对苏里格气田进行了持续 5 年的开发前期评价和合作开发试验。围绕提高单井产量和降低成本两个目标，经过艰苦卓绝的攻关，集成了 12 项适合苏里格气田低成本规模经济有效开发的配套技术，形成了“技术集成化、材料国产化、设备撬装化、服务市场化”的“老四化”开发方针和“技术集成化、建设标准化、管理数字化、服务市场化”的“新四化”开发方针，创建了“5＋1”合作开发模式和“六统一、三共享、一集中”的生产管理模式。汇集各种力量，拉开了苏里格气田规模开发的序幕。

（1）通过对苏里格气田储层地质特征、渗流特征的分析，形成了苏里格气田的产能评价方法，解决了复杂低渗气藏的产能评价问题。

（2）通过推广应用 PDC 钻头提高机械钻速、优化井身结构和简化固井工艺 3 项技术，达到了提高钻井速度，缩短钻井周期，降低钻井综合成本的目的。

（3）形成了适合苏里格气田提高单井产量的压裂主体技术和配套工艺。特别是研发了具有自主知识产权、可分层测试、可反洗井的 Y241 机械封隔器分压 2～3 层管柱，取得了 1 次连续改造 3 层的突破，形成了 Y241 封隔器不动管柱分层压裂工艺技术。

（4）拓展了井下节流技术的应用领域，它不仅可以预防水合物堵塞，同时有效降低了地面管线运行压力、减轻了水套炉负荷、减少了燃气量，成为地面简化的关键技术。

（5）创建了不同于靖边和榆林气田的中低压集气新模式，即“井下节流、井口不加热、不注醇、中低压集气、带液简易计量、井间串接、常温分离、二级增压、集中净化”，大大简化了地面工艺流程，降低了开发成本。

（6）成功研制了苏里格气田一套智能化生产管理控制系统，使气田数字化管理迈入实质性阶段。该系统实现数据自动采集、方案自动生成、气井实时诊断、单井自动巡井、远程自动控制、资料安全共享。

（7）实现了苏里格气田规模经济有效开发，至 2008 年，苏里格气田日产天然气突破 1500 万立方米，具备了年产 80 亿立方米的生产能力。已完成苏里格气田 200 亿立方米发展规划，规划依据充分，规划的内容与方法较科学，从而明确要把苏里格气田建设成为“科技、绿色、和谐”的 21 世纪现代化大气田。

该项目的研究成果已在 2005～2007 年苏里格气田合作开发阶段得到推广应用，成果和效益十分显著。该项目获 2009 年度中国石油科技进步奖特等奖。

龙岗地区安全快速钻井现场试验

该项目以中国石油十大重点工程之一的龙岗工程为依托，针对龙岗地区超深井钻井中的技术难点，将近年来在安全快速钻井方面取得成效的气体钻井、PDC 钻头等先进、实用成果进行技术集成应用试验，对龙岗地区复杂深井钻井方案进行了优化设计，提高全井机械钻速，缩短钻井周期，形成一套适合龙岗构造超深井安全快速钻井技术。

该项目的主要创新点：①集成应用以气体钻井和井下动力钻具带 PDC 钻井技术为核心的成套先进钻井新技术，首次建立了一套适合川渝地区深井、超深井提速的安全快速钻井模式，大幅提高超深井钻井速度和钻机利用率。②首次建立了以井壁稳定评价为核心的气体钻井适应性评价技术。③针对龙岗地区浅层出水的情况，开发了强抑制性泡沫、雾化钻井技术，在表层大尺寸井段提速效果突出。④优选钻井液体系和创新转换工艺，开发了气体钻井后安全快速转换钻井液技术。⑤以固井工艺和水泥浆体系为核心，国内首次成功实施气体钻井后空井下套管固井技术。⑥以岩石力学参数计算和地层岩性分析为基础，设计了龙岗地区个性化 PDC 钻头，配合耐高温螺杆，充分发挥了动力钻具带 PDC 钻头的优势，提速效果显著。⑦创多项钻井技术指标：平均气体钻井井段占总进尺 48.6%，创国内纪录；创四川钻井日进尺最长纪录；创单只空气锤进尺最长纪录；创气体钻单井进尺最长纪录；创螺杆使用井深最深、时间最长纪录。⑧龙岗 8 井首次成功实施气体钻井后空井下套管固井技术。

该项目成果已经被广泛应用，仅在龙岗地区就开展了 53 口井的现场试验，36 口完钻超深井平均井深 6418 米，平均钻井周期 197 天，较以往川渝地区超深井缩短钻井周期 290 天以上。提高钻井速度，大幅度缩短钻井周期，很好地满足了勘探需求。提高了钻机利用率，1 台钻机相当于过去 4 台，取得了巨大的技术经济和社会效益。该项目获 2009 年度中国石油科技进步奖一等奖。

辽河油田分支井钻完井技术研究与应用

该项目的关键技术为复杂结构井油气藏筛选、井眼轨迹控制、分叉特殊完井工具、分支井固井、重入、钻完井液和鱼刺型分支井技术等，取得了专利 26 项，发表相关学术论文 19 篇。

该项目的主要创新点：①研制了具有自主产权的“DF－1”分支井系统，形成嵌入连接式分支叉口井下悬挂工艺，叉口支撑强度更高、更可靠，是国内该领域唯一成熟推广的技术，国际先进。②研制螺旋定位定向工具，预开孔套管自动定位定向，形成井下现装三通工艺并替代了国外工艺，解决单一依赖钻具长度测算预开孔座挂状态的不可靠性，保证分支叉口精确对接，国际先进。③形成预置导向式及弯接头导入两种分支井眼重入工艺技术，保证任意井眼重入。国内领先。④研制了大通径开窗系统，下部井眼的井径损失量控制在 40～60 毫米，便于后续采油作业。⑤研制并改进造斜器底座，可以在井下 3500 米可靠锚定，最大提供 50 吨轴向支撑力。改进后高效开窗铣锥及造斜器解决开窗点井斜大、套管开窗难度大、岩层坚硬等诸多技术难题，施工效果良好，填补国内空白。⑥研究了从前往后的鱼骨井钻进次序，解决了国外从后往前钻进无法实现硬地层悬空侧钻难题，采用主分支井眼垂向高差设计，解决了油气层保护问题。⑦现场施工创下多项技术指标：长深 D 平 1 井为国内第一口深层气藏两分支水平井，填补了深层分支水平气井的技术空白，开创了国内在深层火成岩储集层钻分支井的先例。实施了双主分支、11 个鱼刺分支的边台 H3Z 复杂结构井，该施工工艺为国内首创。静 52－H1Z井为国内首口有 20 个分支的鱼刺型分支井，该井解决了 8 项技术难题，取得了 10 项技术成果和技术创新，创造了国内分支数量最多、累计储层进尺最长等多项纪录。

复杂结构井技术日趋成熟和完善，已在辽河、吉林等油田推广应用，实施的各类复杂结构井已达到70余口，其中辽河油田60余口，新疆油田2口，大庆油田1口，吉林油田1口，钻完井成功率100%，单井产量为邻井的3～10倍。实践表明复杂结构井技术可有效提高储层的动用程度和采收率，实现各类油气藏的经济高效开发，具有较大应用价值，技术发展前景广阔。该项目获2009年度中国石油科技进步奖一等奖。

高温大排量有杆泵举升技术

辽河油田是中国最大的稠油生产基地，随着水平井、SAGD、蒸汽驱等新的采油技术在辽河油田迅猛发展，油田高温高产液油井呈现出急剧增多的趋势，对高温大排量有杆泵举升技术的需求日益迫切。经过多年的技术攻关，研制了直径70～140毫米系列大泵径长冲程有杆往复耐高温抽油泵、大泵脱接器，开发了油井防偏磨等配套技术，在现场应用中不断完善，形成了完善的高温大排量配套有杆泵举升技术。

主要技术创新点：①研制了直径70～140毫米泵径、8米冲程的高温大排量泵，实现了高温大排量油井举升技术配套，其中直径108毫米、直径120毫米、直径140毫米系列抽油泵填补了国内空白；②制定了技术规范，实现了泵径系列上的技术创新，在API标准之外增补了108毫米、120毫米、140毫米泵径系列；③研制了108毫米、120毫米、140毫米系列大直径长冲程耐高温泵筒；④研制了大泵配套脱接器，在大泵脱接技术中采用了往复对接方式，取得了大泵脱接技术创新与突破，其可靠性优于国外技术；⑤开发研制出油井防偏磨技术，在高强度抽油杆扶正器研制中进行了技术创新，研制的同曲率固体润滑技术应用于SAGD油井并取得良好的应用效果。

高温大排量有杆泵举升技术是自主研发的配套技术，具有自主知识产权，属于国内首创，填补多项国内空白，申报国家专利11项，其中发明专利5项，达到国内领先技术水平。

截至2009年6月，累计进行了现场应用168井次，共累计增油58015吨，采用120泵替代进口技术14井次，节省生产成本378万元，取得了显著的经济效益和社会效益。该项目获2009年度中国石油科技进步奖一等奖。

塔河油田碎屑岩目标评价及勘探技术

该项目的总体目标：以三叠系和石炭系为重点，兼顾志留系和泥盆系，开展储层特征及分布规律、圈闭识别与评价，成藏规律以及碎屑岩勘探方法技术研究，形成一套适合塔河油田碎屑岩特点的圈闭识别与评价技术，提供一批钻探目标，提出年度勘探部署方案，为3年累计提交1500万吨油当量可采储量提供理论与技术支撑。主要攻关内容：储层特征及分布规律研究；圈闭识别与评价研究；油气成藏规律研究；勘探方法技术研究。主要创新性成果：①建立了塔河油田碎屑岩层系高频层序格架，研究了沉积微相及其展布规律，分析了砂体成因类型。②基本理清了油气成藏期次与主成藏期，系统追踪了油气充注方向与路径，深入研究了油气动态成藏过程及富集规律，建立了碎屑岩各层系的油气成藏模式。③形成了三叠系低阻油气层测井识别技术、地震资料目标性处理技术、以振幅找油为核心的三叠系隐蔽圈闭识别与评价技术、古生界薄层砂岩隐蔽圈闭识别与评价技术。④指出了有利的勘探层系和勘探方向，有效指导了各年度勘探部署。创新点：建立了塔北地区碎屑岩层系“网状输导、断裂控藏、次生调整、喜山成藏”的油气成藏模式；形成了一套适合塔河油田碎屑岩的深层—超深层隐蔽油气藏的评价技术系列。中国石化对项目成果具有自由运作权。项目执行期间，通过勘探部署实施，发现、落实碎屑岩圈闭65个，圈闭资源量14338万吨；累计新增探明储量3505万吨油当量，其中油2006.31万吨，天然气149.89亿立方米，新增可采储量1510.14万吨油当量。3年累计新增原油124.7万吨。该项目获2009年度中国石化科技进步奖一等奖。

川西须家河组天然气富集规律及勘探配套方法技术

该项目对川西坳陷构造特征及演化、须家河组沉积特征、储层特征、烃源特征及资源量等成藏条件进行了系统研究，对含气系统、致密储层评价方法开展了深入研究，在对新场和大邑两个典型气藏解剖基础上总结了气藏成藏主控因素，分析了须家河组气藏成藏机理，深化了天然气富集规律的认识。通过圈闭评价，优选了3个超千亿立方米的展开勘探目标，提出了43口井位建议。进行了针对须家河组气藏的测井（重点是成像测井）、地震（重点是基于3D3C技术的储层和裂缝预测）、钻井（重点是气体钻井技术）、储层保护（重点是欠平衡工艺）、完井、储层改造（重点是加重酸化和储层改造技术）等勘探配套工艺技术的全面研究。建立了孔渗多定量关系图版储层分类评价标准，总结了5种成藏模式；建立了3D3C采集处理解释和纵横波储层预测、裂缝检测、含气性识别方法系列；形成了高应力储层燃爆酸压、加重酸化及高密度压裂液加重压裂技术。2006～2008年，在新场地区实施了9口须家河组勘探开发井，有7口井获得工业气流，成功率达78%。另外，在高庙子（川高561井）、大邑（大邑1井）等地区须家河组勘探的推广应用也获得了重大突破。项目实施累计新增天然气三级地质储量4981.22亿立方米，其中探明储量723.57亿立方米，为新场须二须四、大邑须家河3个1000亿立方米探明储量阵地的建设提供了重要支撑，且进一步推广应用将会产生更大的经济效益。该项目获2009年度中国石化科技进步奖一等奖。

松辽盆地南部断陷层勘探目标与技术研究

该项目以松辽盆地南部断陷层为研究目标，以新的石油地质理论和工程技术为指导，运用层序地层学分析技术、火山岩储层描述评价技术、火山岩储层预测技术、成藏系统分析技术、烃源岩评价技术、火山岩储层改造技术等，在松辽盆地南部断陷层构造、沉积、层序划分的基础上，利用近几年获得的新资料，用新的评价单元对松南断陷层油气资源潜力进行分析，引入油气成藏体系研究方法，进一步认识油气成藏规律及其主控因素，明确勘探潜力区带、指出有利勘探目标。开展断陷层非常规储层研究，重点采用重—磁—电—震—井联合反演的方法对火成岩储层及其含油性进行识别、评价及分布预测。通过油气层保护和储层改造技术研究，形成一套适合于松南断陷层储层保护的钻井液技术和火成岩储层改造技术。创新点：①形成了一套松南断陷层火山岩储层识别和评价系列。②形成了一套松南断陷层火山岩储层保护和改造技术系列。知识产权：该项目成果中国石化具有完全自由运作权，无产权纠纷。该项目对松辽盆地南部断陷层勘探提供了理论支撑作用。3年新增石油地质控制储量1377.85万吨，天然气探明储量484.65亿立方米，新增石油控制储量1377.85万吨，天然气探明储量484.65亿立方米，新建天然气产能10亿立方米。该项目获2009年度中国石化科技进步奖一等奖。

疏松砂岩油藏水平井完井修井技术

疏松砂岩油藏水平井完井修井技术项目的主要研究内容：①根据胜利油区疏松砂岩油藏地质特点，研究形成了水平井完井方式优选技术，创新性地提出了裸眼防砂完井新理念，实现了胜利水平井完井观念的转变，2008年筛管完井方式的应用比例达到74%，成为胜利疏松砂岩油藏水平井开发的主导技术。②研发了以筛管顶部注水泥完井、裸眼封隔器分段筛管完井、尾管悬挂造斜段注水泥筛管完井等技术为代表的水平井裸眼防砂完井一体化技术，大幅度提高了水平井的完善程度，实现了疏松砂岩油藏的高效开发，与原有技术相比，单井日增油5.8吨，降低完井费用60万元。研发的疏松砂岩油藏水平井裸眼防砂完井一体化工艺技术，获国家专利9项。③创新研制了水平井反循环、段塞式均衡洗井工艺和酸洗暂堵一体化井壁处理技术，保证了长井段、低压漏失层的洗井及解堵效果，渗透率恢复达到86.2%。研发的水平井酸洗暂堵一体化井壁处理技术为国内首创。④首次提出了水平井液压增力打捞和套管液力整形的新思路，研发了井下增力器和液力胀管器等配套工具，开展了液压增力与震击联合打捞试验研究，打捞力达到了1000千牛，震击力超过10千牛，解决了水平井管柱打捞、套管修复的难题。获国家专利3项。

2007年1月～2009年5月，裸眼防砂完井一体化技术在胜利油田草桥、太平、单家寺、长堤等疏松砂岩产能建设区块进行规模化推广应用380口井，水平井修井技术在油田应用30井次，取得了显著的应用效果。该技术与套管固井射孔完井相比，单井节约投资60万元，单井产能提高5.8吨。该项目获2009年度中国石化科技进步奖一等奖。

特超稠油油藏HDCS强化采油技术

针对中深层特超稠油埋藏深、原油黏度高，常规热采注汽压力高，蒸汽热波及范围小，开发效果差的实际，2005年，由胜利油田石油开发中心牵头，组织石油大学、地质院、采油院等多家科研院所，通过开展水平井、SLKF高效油溶性复合降黏剂、超临界二氧化碳和蒸汽的协同作用机理研究，创建了超稠油HDCS滚动接替降黏、热动量传递、增能助排的新型开发模式。同时，利用数模、现场试验进行注采参数定量化研究，并配套相应的开采工艺技术，形成了一套适合中深层特超稠油开发的配套技术。目前，该技术已在胜利油田得到规模化推广应用且取得了良好的经济效益。HDCS强化采油技术创建了水平井、降黏剂、超临界二氧化碳与蒸汽四者滚动接替降黏、热动量传递和增能助排的新型开发模式，是一套适合中深层特超稠油开发的配套技术。该技术已申报国家6项发明专利、2项实用新型专利。HDCS强化采油技术已在胜利油区的郑411、坨826等7个区块得到推广应用，共部署新增动用储量1.2亿吨，建产能122.5万吨。已在胜利油区累计增油113.2万吨，随着国内外类似油藏的开发动用，该技术的经济效益将会越来越显著。该项目获2009年度中国石化科技进步奖一等奖。

2010年

大庆油田高含水后期4000万吨以上持续稳产高效勘探开发技术

大庆油田已进入高含水后期开发阶段。按当时的资源和技术，产量每年将递减200万吨以上，到2009年将下降到3000万吨以下。为满足国家对能源的需求，1996年，大庆油田适时提出到2009年，即大庆油田发现50周年之际，保持4000万吨以上高产稳产的新一轮目标。为此，必须通过技术创新解决四个方面难题：①油田含水将由82%上升到95%，剩余油高度分散，如何有效减缓产量递减；②化学驱如何在中低渗透油层中大幅度提高采收率、获得规模产量；③松辽盆地成熟勘探区能否再获得新的重大油气发现，实现资源的有序接替；④每年将达到10亿立方米多样化的注采液如何安全、有效使用，以保护好国家的湿地资源。因此，从1996年开始陆续启动国家、集团公司和油田公司项目，组织了由3000多人参加的4个研究、试验、推广一体化研发团队，经过10年持续攻关，主要取得4个方面技术创新成果。

（1）自主研发了多层非均质大型砂岩油田高含水后期精细到0.2米单砂层级剩余油多维定量表征技术，创新形成了以完善单砂体注采关系为核心的深度挖潜技术系列，部署实施注采调整新井9286口，优化老井调整措施5万多井次，水驱产量递减率由13%降至8%，累计多产油2681万吨。

（2）首次建立了聚合物弹性驱油理论，创新形成了相应的高黏弹性聚合物驱深度开发技术及适合各类储层的“分段式”、“混合式”聚合物驱技术，适应范围更广、驱油效率更高，采收率比原有技术提高5个百分点，累计多产油920万吨。

（3）创建了向斜成藏理论，揭示了低—超低渗透储层滞留、半滞留成藏机理，发现了“三个油藏类型带”的油气分布规律，创新形成了相应的薄小砂体预测和复杂油水层识别技术。以此优选勘探目标区和设计井位，获得重大突破，实现了资源有序接替。

（4）发明、创新和应用了31种新设备、26项新技术、14种新工艺，形成新一代降本增效地面工程技术体系，实现了每年高达10亿立方米多样化注采液的特大型油田高效、安全、平稳运行，“三废”治理全部达到国家标准，保护了国家大型湿地生态环境。累计节省工程建设投资40.95亿元，节约能耗240.9万吨标煤。

项目研究获得发明专利49件，实用新型专利

88件，形成各种新技术规范规程42项，标准52件。

上述技术已成为支撑大庆油田4000万吨以上持续稳产的新一代技术，带动了中国石油开采、化工、机械制造等行业领域的技术进步，取得了巨大经济和社会效益。该项目获2010年度国家科技进步奖特等奖。

中国天然气成因及鉴别

该项目立足于国家重点科技攻关、国家杰出青年科学基金、国家自然科学基金、中国石油科技等项目，围绕煤系能否成为天然气勘探的主体、无机成因烷烃气能否形成商业性天然气藏、原油裂解成气过程中硫酸盐热还原作用（TSR）究竟是起积极作用还是破坏作用，开展了石油与天然气地质学、有机地球化学和同位素地球化学等多学科联合研究，经过连续近30年的攻关研究，取得了“三个重要科学发现”，建立了被国际公认的“一套鉴别方法”。

（1）论证了煤系成烃以气为主、以油为辅，创立了完整的煤成气理论，从一元论走向二元成气论，改变了单一成因的油型气勘探历史和勘探方向，为开辟中国煤成气勘探新领域奠定了扎实的理论基础；发现了超压对煤系有机质热演化和天然气生成过程的抑制作用，突破了传统生油气窗的界限，为深部发现大量天然气提供了理论依据。

（2）证实了世界上首例具有商业价值的无机成因烷烃气藏的存在，为无机成因烷烃气藏的勘探提供了一个典型范例；论证了中国东部大规模聚集的二氧化碳气藏的幔源—岩浆成因，否定了传统上碳酸盐岩热变质成因的观点。

（3）发现了TSR过程对原油裂解成气、储层溶蚀改造具有显著的促进作用，进而揭示了TSR反应机理，修正了国际学术界认为的TSR对油气藏只是一个负面因素的传统认识，预测了深层含硫化氢天然气资源分布，为超深层碳酸盐岩盆地天然气勘探提供了科学依据。

（4）论证并研制了鉴别油型气、煤成气和无机成因气的一系列判识指标、理论公式和经验图版，使中国天然气的成因鉴别有了一套可行的标准规范和科学依据，促进了对不同成因天然气资源潜力的认识和评价。

这“三个重要科学发现”和“一套鉴别方法”构成了完整的中国天然气地质理论体系，在此基础上创立了天然气地质学和天然气地球化学学科。在煤成气理论的指导下，中国天然气地质储量近30年来有了一个快速的增长，截至2008年底，中国发现千亿立方米以上大气田15个，其中13个是煤成气田；煤成气储量从煤成气理论出现之前的203亿立方米增长到44309亿立方米，增加了217倍，煤成气占全国探明天然气储量也从9%增加到69%，为国民经济的健康发展发挥了不可替代的作用。

该项目出版专著25部；在国内外刊物上发表与该成果有关的论文430篇，其中SCI收录论文102篇，EI收录论文116篇。两篇论文3次成为“中国百篇最具影响国内学术论文”。该项目获2010年度国家自然科学奖二等奖。

中国煤层气成藏机制及经济开采基础研究

该项目研究成果是中国石油天然气股份公司项目“中国煤层气成藏机制及勘探开发技术研究”和国家重点基础研究发展计划“973”项目“中国煤层气成藏机制及经济开采基础研究”综合研究成果。通过项目的实施，建立了中国煤层气地质理论体系，形成了煤层气地质评价技术、勘探技术和开发技术系列，取得了较好的经济和社会效益。

（1）揭示了中国煤层气成因、储集、成藏机制。初步建立了中国煤层气地质理论体系框架，为煤层气资源评价、富集区预测和经济开采提供了理论基础，指导了煤层气勘探有利区带优选和排采制度的制定。

（2）形成了煤层气实验分析、可采资源预测、综合地质评价、地球物理探测、开采优化设计的技术系列并服务于煤层气勘探开发实践，取得了很好的效果。研制了5个针对煤层气地质研究和煤层气开发的物理模拟装置，搭建了煤层气基础研究的平台，带动了煤层气学科的发展；提出了煤层气技术可采资源量的概念，在国内首次建立了数值模拟法和损失分析法，以预测技术可采资源量，研究成果为煤层气开发战略规划提供了科学依据；建立了煤层气勘探开发区综合递进定量评价方法，结合煤层气技术可采资源量评价结果和外部条件，分别指出中国高变质煤、中变质煤、低变质煤和未变质（褐）煤煤层气勘探开发有利区；开发了煤层气富集区地震三维三分量和AVO响应探测技术，在淮南煤层气实验区预测中取得了较好的效果；自主研发了煤层气储层评价、水力压裂和羽状水平井优化设计技术和软件，填补了国内在这一领域的空白。

（3）项目取得了较好的实施效果，为解决国家能源需求作出了贡献。①预测了中国煤层气技术可采资源潜力，成果应用于国家发改委和产业部门的煤层气发展规划；②利用富集区优选评价方法筛选出9个煤层气有利目标区；③利用三维三分量和AVO探测技术预测了淮南煤层气富集区，多口井煤层气获高产，最高日产量达9631立方米；④提出了沁水盆地煤层气直井井网开发方案并加以应用，平均日产气量提高到3200立方米以上；⑤压裂井优化设计和成功实施有效提高了煤层气单井产量。该项目获2010年度中国石油科技进步奖一等奖.

辽河探区基岩油气藏重大勘探发现与关键技术

2007年以来通过对辽河探区进行系统研究，首次揭示了成熟盆地的基岩内幕领域具有层状或似层状结构，可以聚集一个或多个独立的流动单元体。通过对兴隆台潜山实施勘探部署，证实基岩具有内幕成藏特点。在三大斜坡区开展了层序格架内地层岩性油藏预测，部署的坨45等井获高产工业油流，3年共部署探井126口，成功率70%。实践中逐步创建了“源储一体化”勘探理念，创建了基岩内幕油藏成藏理论，研发了成熟盆地地层岩性油气成藏评价理论两个理论，创新和发展了地层岩性油藏预测与评价七项关键技术。指明了地层岩性油藏勘探三大潜力领域。

通过实践，在基岩内幕等领域发现了3个亿吨级规模储量区带，累计新增探明储量11989万吨。项目成果已在华北、胜利等油田推广应用，并取得显著成效。专家鉴定成果总体居国际领先水平。该项目获2010年度中国石油科技进步奖一等奖。

涩北气田与海塔盆地优快钻井配套技术研究与应用

台南气田钻井难点是气层段长、井漏问题突出，井控压力大。钻井上存在的问题：①套管层次多，台南气田直井采用三层井身结构，水平井采用四层井身结构；②钻井液体系、性能与地层配伍性差，淡水钻井液体系抗盐、膏污染能力及抑制黏土水化膨胀的能力差，2007年完成井中70.66%的井段存在缩径，电测遇阻率高达50%以上；③固井质量有待进一步提高，表层套管固井问题比较突出，生产套管固井第二界面胶结质量存在一定问题，难以满足分层开采的要求；④机械钻速偏低，因为钻速快会导致气侵和起钻遇阻问题的出现，在钻井中采取了控制机械钻速不超过15米/时和加密短程起下钻保证井眼尺寸的措施，制约了钻井速度的提高；⑤钻机效率偏低，搬迁安装时间长，2007年平均队年进尺10996米，平均搬迁安装周期6.66天。

根据涩北气田2010年天然气产能的规划，按2007年的钻井速度，难以完成产能建设任务，且钻井成本居高不下。针对存在的问题，项目开展了以下研究：在调研分析基础上，确定钻井技术方案，完成台南气田钻井方案设计；提出合理的井身结构设计方案。根据岩石力学性质和测井数据分析，进行典型井地层压力研究，评价、优选适合台南地层的新型盐水聚合物钻井液体系；跟踪现场试验与应用，优化钻井液性能；进行现场钻井工艺、固井工艺及参数优化研究与试验、应用；进行水平井综合配套技术应用状况评价研究，确定水平井钻完井技术方案。

项目集成创新形成了适合台南气田第四系疏松地层的优快钻完井技术，包括：水平井配套技术、井身结构优化、盐水钻井液应用、钻井参数优选、固井工艺优化等，创新形成的第四系气田井身结构优化技术、高含盐弱成岩地层钻井液技术、高矿化度低温地层固井技术等3项钻井综合配套技术，填补了第四系气田技术空白，针对涩北气田地层特点研究的盐水聚合物钻井液技术处于国内领先水平，“涩北气田安全快速钻井及水平井工艺配套技术研究”项目总体上达到了国内先进水平。该项目成果应用于现场，共完成 104 口井，保障了 26 亿立方米产能建设任务的完成，取得显著经济效益。该项目获 2010 年度中国石油科技进步奖一等奖。

长庆超低渗透油藏经济有效开发技术研究

鄂尔多斯盆地超低渗透油藏分布广泛，储量资源丰富，是长庆油田增储上产的重要领域。针对超低渗透油藏开发难点，在国内外低渗透油田开发技术和长庆油田特低渗透油藏成功开发技术调研的基础上，开展了超低渗透油藏攻关研究与现场试验，主要包括地质特征研究、油藏工程研究、钻采工程研究、地面工程研究和管理工程研究，通过攻关研究与现场试验，深化了对超低渗透油藏的认识，丰富完善了非达西渗流理论，形成了“五大技术系列”，推进了“四项管理创新”，初步构建了具有长庆特色的“超低渗模式”，为超低渗透油藏经济有效开发提供了有力的技术保障。

该项目获油田公司级技术创新特等奖 1 项；发明专利（已授权）3 项，实用新型专利（已授权）17 项；SPE 会议上发表论文 4 篇，IPTC 会议上发表论文 1 篇，在国内核心期刊和学术会议上发表论文 46 篇。

自 2004 年起，超低渗透油藏重大开发试验先后开辟了 4 个试验区，累计钻井 304 口（含水平井 9 口），截至目前已生产原油 56.07 万吨；自 2008 年起，超低渗透油藏开始规模建产，截至 2009 年底，已累计建成产能 385 万吨，年生产原油 215.9 万吨；基本实现了超低渗透油藏的经济有效开发。该项目获 2010 年度中国石油科技进步奖一等奖。

高邮凹陷复杂断块油藏断层控藏作用及勘探关键技术

该项目是江苏油田分公司针对高邮凹陷复杂断块油藏的勘探难点和重点问题设立的重大科研攻关项目。主要内容包括：①以复杂断块形成的地质背景、成因机制研究为基础，建立高邮凹陷断块圈闭样式。②建立斜坡带差异性控藏模式：在中、外坡，油气沿构造高带运移，三级断层控制油气富集；在内坡，油气沿砂岩发育带运移，构造、砂体复合控藏。③明确断裂带断层多重性控藏。断层是油气纵向运移的主要通道，油气纵向上在多层系中聚集成藏，平面上沿大断层呈串珠状富集，断层活动还可造成油气再分配。④在精细剖析 75 个油藏和 22 个落空断块的基础上，明确断层封闭性主控因素是断层规模和对置盘砂地比，总结并建立高邮凹陷四类九种断层封闭模式。针对主要控藏的三、四级断层砂泥混接封闭模式。⑤通过分析地震资料中侵入岩地震相的平面和剖面变化规律，建立侵入岩地震相断层识别法；加强断层形成机制及构造样式研究，建立隐蔽性断层和复杂断裂带小断块识别技术；形成一套适合高邮凹陷复杂小断块油藏勘探的研究方法、工作流程和技术系列，在油气勘探生产实践中发挥了重要作用。创新点：①建立了箕状断陷斜坡带差异性控藏模式；②创建了断层封闭评价标准；③开发了以侵入岩地震相断层识别法为特色的复杂断块识别技术。经鉴定总体达到国际领先水平。该成果为中国石化所有，无产权纠纷。成果直接应用于生产，断层控藏理论指导勘探选区选带、定目标；断层封闭评价提高了复杂断块圈闭钻探成功率；应用复杂断块精细识别评价技术，新发现一批油藏。项目成果也在苏北盆地其他凹陷得到广泛应用。通过勘探应用，发现圈闭资源量 19118 万吨，钻探成功 38 口井，获探明储量 3757 万吨，控制储量 1388 万吨，预测储量 1390 万吨，三级储量合计 6535 万吨，新建产能 30.6 万吨/年，经济效益显著。该项目获 2010 年度中国石化科技进步奖一等奖。

川东北地区大型气田勘探目标及关键技术

该项目开展了石油地质、地球物理、地球化学、油藏工程、计算机技术等相关学科的交叉研究，针对该区的特殊构造位置，以四川盆地多构造体系的复合、多期构造运动的叠加过程为研究背景，以不同构造时期、不同应力环境各成藏要素的演化和时空组合为基础，通过“多元”物质（干酪根、已聚集油气、储层沥青等）的生烃作用及有效性、海相深层碳酸盐岩储层发育和油气藏调整、改造和再富集过程研究，阐明海相深层碳酸盐岩层系油气成藏和富集规律。以复杂山地深层碳酸盐岩储层预测为主线，开展地震采集、处理和解释一体化攻关，形成深层碳酸盐岩优质储层预测与有效含气性判识等核心技术。以深层高含硫气藏的储层保护为核心，开展测井、录井、测试、储层改造等攻关研究。建立海相深层碳酸盐岩油气勘探的理论体系和技术系列，支撑和带动川东北地区的勘探，并为南方广大地区的勘探提供借鉴和做好技术储备，推动国内广大海相碳酸盐岩发育区油气藏勘探的发展。确定川东北地区具有3种不同类型礁滩沉积模式，建立了海相碳酸盐岩储层成岩演化序列与孔隙发育模式，总结了2种不同类型成藏富集模式，形成了5项海相碳酸盐岩大型岩性气藏勘探评价关键技术。项目研究成果无知识产权纠纷。川东北地区实现新增天然气探明储量2498.65亿立方米，整体探明普光气田，勘探新发现元坝大型礁滩岩性气藏，川西海相、川东北中浅层及山前带勘探获得重大突破，涪陵、通南巴礁滩相带取得重大进展，取得了良好的勘探效果。部署实施探井33口，已完成试气19口，获工业气流14口，成功率73.68%；形成碳酸盐岩储层保护、改造及提高产能的技术系列，酸压改造获得工业气流15口井19层，成功率100%；新增天然气探明储量2498.65亿立方米，累计实现探明储量5009.350亿立方米。该项目获2010年度中国石化科技进步奖一等奖。

中国石化油气勘探目标评价及决策系统

该研究在充分调研前人对勘探目标评价研究成果的基础上，围绕建立具有中国石化油气勘探特点的目标评价系统的总体目标，开展了区块、区带、圈闭、储量等方面系统分析，优选评价方法，建立了多项工作规范。针对不同勘探程度下评价目标的需求，优选了各类评价目标的参数及评价体系，同时注重价值、平衡风险，建立了各目标的风险—价值二维评价模型，设计功能模块，开发了软件系统1.0版，实现了总公司层面上的区块、区带、圈闭与储量等勘探目标的技术经济评价与优选决策，主要取得了3个方面的成果：①首次构建了中国石化油气勘探目标评价与优选决策系统；②开发了具有自主知识产权的“中国石化油气勘探目标评价优选系统V1.0”软件；③针对近年来中国石化投入不足的区块，开展重点增储、突破区带、重点钻探目标评价三方面工作，向股份公司提出评价优选建议。创建了定量划分勘探程度的方法，研发了不同勘探程度下油气概率（风险）—资源战略价值评价模型，开发了勘探目标评价优选软件系统。成果及开发软件系统具自主知识产权，无产权纠纷。通过应用，证明该系统为勘探目标快速评价、优化部署、科学决策提供了先进的技术思路和方法，对合理制定勘探规划计划和实施方案起到了重要的促进作用，并且评价结果符合勘探实际。

2008~2009年对34个重点增储区带、7个重点突破区带进行评价，为新增探明石油储量3.19亿吨、天然气1880亿立方米作出贡献。对2007~2009年重点钻探目标进行评价和优选，优选42个重点钻探目标，探明石油8058万吨、天然气61亿立方米。该项目获2010年度中国石化科技进步奖一等奖。

川东北高温高压高含硫井试气工艺配套技术

针对川东北高温高压高含硫深井气藏，在对其腐蚀机理、管柱力学分析、酸岩反应机理等基础理论深入研究基础上，以创新创效为指导，以保证测试全过程安全有效为核心，以创新完井试气工艺技术、管柱科学设计技术、综合安全控制技术、创新酸液体系及酸压工艺技术为关键技术，以安全高效勘探开发川东北气藏为目标，攻关形成了川东北高温高压高含硫井安全高效的试气工艺配套技术。通过理论研究、室内实验、现场实验相结合，研制并形成了具有低腐蚀速率、耐高温高剪切的胶凝酸、加重酸酸液体系，自主开发了管柱力学分析技术，形成了高温高压高含硫深井的胶凝酸闭合酸压工艺技术、震荡酸压（化）工艺技术、超正压射孔酸压测试、TCP+APR+酸化（压）三联作等工艺技术系列，集成创新形成了超高压高温高产气井综合安全控制技术，制定了川东北酸性气井试气和井控方面的规范标准。通过试气配套技术的应用和推广，解决了川东北高温高压高含硫深井测试的系列难题，先后发现了普光、元坝两大气田及河坝等9个“小而肥”

的天然气构造单元。创新点：①形成了“超深三高”酸性气藏射孔、酸压和测试一体化工艺技术；②形成了“超深三高”储层超高压加重酸压及多级闭合酸压技术；③创新开发了 FF 级 105 兆帕三级地面流程等系列高端技术装备。完成 127 层测试，获得工业气流 26 口井 43 层，试气井、地质层获工业气流的比例分别为 65% 和 44.8%，累计日产天然气 1458.19 万立方米。形成的技术已在普光、元坝等探区全面推广应用。解决了超深三高气井安全快速测试的难题，新增探明地质储量 1881.45 亿立方米、控制储量 4105.03 亿立方米，节约投资 10161 万元。该项目获 2010 年度中国石化科技进步奖一等奖。

稠油热采油藏非达西渗流机理研究及工业化应用

为探索稠油老区大幅度提高采收率技术，结合室内试验和矿场实践，开展稠油渗流机理研究，创建了以“黏渗组合控制、油水差异渗流”为核心的稠油热采非达西渗流理论，建立了稠油非达西渗流方程及启动压力梯度求取方法，建立了稠油热采非达西渗流模式及蒸汽吞吐“三场”分布模式。编制了具有自主知识产权的非达西渗流稠油热采软件，明晰了稠油油藏水淹机制及剩余油规律，建立了不同类型稠油油藏剩余油分布模式；明晰了稠油油藏“整体富集、条带水淹”的剩余油分布模式，高含水并不意味着低含油饱和度。在稠油热采非达西渗流理论及剩余油分布模式的指导下，实现井距转换，配套了稠油热采井网加密技术；实现井型及开发方式转换，形成了常规开发底水稠油油藏整体调整技术；实现开发方式转换，发展了高含水井化学辅助蒸汽吞吐技术。研制了耐 300℃ 的高性能高温泡沫剂，配套集成了不同类型稠油油藏老区高效调整技术。该项目在胜利稠油油田的 31 个单元得到了应用，共钻加密调整井 592 口，覆盖地质储量 1.59 亿吨，新增原油生产能力 141.5 万吨，增加可采储量 1140 万吨，提高采收率 7.2%，已累积增油 305.8 万吨，为胜利稠油产量上升发挥了重要作用。2007～2009 年运用上述技术增产原油 287.01 万吨。该项目获 2010 年度中国石化科技进步奖一等奖。

渤海海域复杂油田开发技术创新

针对渤海海域油田复杂的地质条件、海上油田勘探开发的特殊性以及渤海海上稠油油田和边际油田开发面临的一系列技术、经济的挑战而展开，形成了一系列适合于渤海海域油田特点的海上油田开发新理念、新技术和新工艺，主要包括：

（1）创立海上大型稠油油田少井高产高速高效开发新技术，研发稠油油田“少井高产”系列配套技术，攻克 70 千米长距离海底管线稠油多相混输世界级难题。仅用千口开发井就建成产量达 1500 万立方米的渤海大油田。

（2）集成创新海上优快钻完井技术，形成包括 12 项关键技术的一套渤海优快钻完井综合配套技术集成，取得 4 项创新成果和 3 项专利。

（3）研发出海上边际油田开发新技术，形成联合开发和依托开发模式，形成“三一”模式、“蜜蜂”模式等海上边际油田开发新模式，研发相关配套新技术，获得 4 项专利，使边际油田得以开发。

（4）集成创新精细油藏描述技术、数字地质建模技术、复杂结构井产能评价及优化设计技术等海上油田开发方案优化技术系列。

（5）形成海上随钻井位优化综合一体化和实时可视化随钻跟踪调整新技术；地质油藏、钻完井、现场作业及决策一体化项目管理新模式；滚动评价开发新思路等海上开发方案实施的思路和技术创新。

（6）首创海水脱氧除菌净化处理注海水保持地层能量技术；油、水井不动管柱酸化增产增注工艺技术；“一投三分”分层配注工艺及测试技术和空心集成多水嘴分层注入及测试技术、同井抽注技术等独特的海上采油工艺技术，获 4 项专利。

该项目成果在 22 个油田获得了广泛应用，闯出了海上大型稠油油田高速高效开发之路，有效地开发动用了边际油田，节约开发投资高达上百亿元，近 3 年新增利润 107.6 亿元。2006 年渤海原油年产量突破 1500 万立方米，成为继大庆、胜利之后中国第三大油田。该项目成果还将在渤海海域陆续投产的 24 个油田获得应用，为渤海 3000

万立方米产量规划的实现提供了技术保障，已经产生巨大的经济和社会效益。

新技术开发及油田开发技术集成方面的创新主要包括：

（1）稠油长距离多相混输技术。

（2）边际油田开发新技术。共获4项专利：①海上石油勘探的延长测试与早期试生产系统——实用新型专利；②边钻井、边测试、边进行早期试生产的方法及设施——实用新型专利；③一种轻型海上平台——实用新型专利；④一种用于浅水区的油气处理平台——实用新型专利。

（3）优快钻完井技术。主要包括：①海上丛式井表层套管同采技术；②不占用钻机时间的固表层技术；③射孔枪隔板传爆技术；④梯级筛管防砂完井技术。获3项实用新型专利：①一种钻井专用井口环板；②分体式水泥头；③聚晶金刚石复合片钻头。

（4）随钻综合研究技术。主要包括：①海上随钻井位优化综合一体化新技术；②实时可视化随钻跟踪调整新技术。

（5）开发方案优化技术。主要包括：①精细油藏描述技术系列；②数字地质建模技术系列；③复杂结构井产能评价及优化设计技术。

（6）采油工艺技术。主要包括：①海水脱氧除菌净化处理注海水保持地层能量技术；②油、水井不动管柱酸化增产增注工艺技术；③“一投三分”分层配注工艺及测试技术；④空心集成多水嘴分层注入及测试技术；⑤“清污混注”工艺技术；⑥“同井抽注”工艺技术。获4项专利：①一种海上油田砾石防砂注水井用分层注水装置；②多水嘴大排量集成桥式空心配水器；③同井抽注井口装置；④同井抽注系统。

油田开发理念和开发模式方面的创新主要包括：①海上大型稠油油田少井高产高速高效开发理念，以试验区为先导，再由海到陆，滚动开发的开发理念；②联合开发和依托开发模式、“三一”模式、“蜜蜂”模式等海上边际油田开发新模式；③四大滚动开发体系新思路；④地质油藏、钻完井、现场作业及决策层一体化的随钻综合研究项目管理新模式；⑤方案实施过程中滚动评价开发新思路。该项目获国家科学技术进步二等奖。

中国南海西部海域复杂构造安全快速钻井技术

中国南海西部海域蕴藏着丰富的油气资源，分布着70多个油气构造，石油地质总资源量为13.25亿吨，天然气地质资源量为24589亿立方米，南海西部海域蕴藏着丰富的油气资源，是中国油气资源的重要接替区域。由于该海域地质构造复杂，构造应力大，断层裂缝发育，地层水敏性强，存在异常高温高压，钻井过程中塌、漏、卡钻井事故频繁，钻井复杂事故率高达40%～70%，经济损失高达10亿元/年。解决该海域的钻井复杂问题，提高复杂海域钻井技术水平，是南海西部海域油气资源得以高效开发的关键。

该项目针对上述海域节理裂缝发育且强水敏性泥页岩严重坍塌的构造、广泛分布且复杂事故最为突出的高温超压构造开展系统研究，形成以井壁稳定及安全快速钻井为核心的高效钻井综合配套技术。经过8年的攻关，形成了具有自主知识产权、突破南海西部海域钻井难题的6套综合技术。

（1）形成了一套综合利用遥感、遥测、地质、地震、测井等资料的区域地质构造、断层分布以及井下裂缝、地层属性、地应力分布的高精度预测技术；建立了三维钻井地质属性体的创建方法，实现了钻井实时工况在地质属性体中的三维可视化；创建了根据钻遇地层属性对钻井参数进行动态调整的钻井实时决策系统，可极大地降低复杂井段的作业风险，属国内外首创。

（2）建立了南海西部海域节理发育且强水敏性泥页岩井壁稳定的力学化学耦合计算模型，首次实现了节理发育泥页岩井壁稳定周期的定量预测；提出了防止层理发育泥页岩井壁坍塌的极限钻入角的新概念，为井眼轨道设计提供了重要依据。形成了一套成熟的高温高压窄密度窗口气井的井壁稳定预测方法，考虑了温度、渗流场对井壁稳定的影响，提高了预测精度，解决了南海西部海域高温高压井及易坍塌地层的泥浆密度及安全钻井周期预测难题。达到国际先进水平。

（3）首次提出了以“建井周期最短”取代“钻进进尺最短”为目标函数的海洋丛式井设计创

新理念；建立了海洋钻井平台位置优选的“井口位移法”和“等效钻进时间法”理论模型以及绕障和限定安全钻入角的定向井轨道优化设计模型。形成了与3D钻井地质属性模型相结合，以开发井组整体钻井复杂率最低为目标的钻井平台位置优选及定向井轨道优化设计技术，从设计角度解决南海西部海域开发井组复杂地层井壁失稳问题。

（4）研发了一套满足高温高压地层、硬脆性、强水敏、节理发育地层井壁稳定的油基钻井液技术系列。钻井液体系抗高温可达270℃，密度可达2.35克/立方厘米，达到国际先进指标，填补了国内高温高压油基钻井液技术的空白；油基钻井液的快速封堵成膜技术，对不同形状微裂缝和微层理的封堵效率大于97%，属国内外首创，从化学角度解决南海西部海域复杂地层的井壁失稳问题。

（5）针对南海西部海域储层非均质性强的特点，研发了一套无固相弱凝胶储层保护水基钻井液体系。该体系用无固相弱凝胶技术替代了传统的桥堵储层保护方式，易破胶解堵，且时间可控，适用于不同性质的储层及不同的完井方式，储层渗透率恢复值大于92%，解决了南海西部海域非均质性强的储层保护技术难题。此外该体系的低剪切速率读数大于40000，是传统钻井液体系的2倍以上，具有强悬浮携砂能力，有利于解决水平井的岩屑床问题。

（6）解决了高温超压多压力层系并存的小间隙气井固井技术难题，研发了既能增大水泥浆气侵阻力，又能补偿失重压降的双作用防窜水泥浆添加剂新产品；开发出了高温胶乳和高温非渗透剂，以及适合海上作业的失重压力补偿剂，形成了抗250℃高温的两套高温双作用高密度前置液及水泥浆体系，填补了世界空白，获国家专利4项。该项目获得国家科学技术进步二等奖。

该项目成果已经在南海西部海域全面推广应用，钻井事故率已经由50%以上降低到了10%以下，仅2005～2007年就节省钻井直接成本30亿元，创造经济效益72亿元。该项目成果获国家专利4项，发表论文58篇。

项目成果大大提升了中国在海洋钻井工程领域的技术水平和国际竞争力，使中国在相同海域的钻井成功率已经高于装备有国际领先技术的外国公司，打破了国外技术垄断，为加快南海西部海域油气资源勘探开发步伐提供了重要的支撑和保障。

中国近海油气勘探开发科技创新体系建设

中国海洋石油总公司是负责勘探开发海洋油气资源的国家石油公司。自1982年成立以来，通过20多年的自主创新，建立了近海300米水深以内整套油气开采技术体系，2009年油气供应能力达到4766万吨，实现销售收入2218亿元，利润总额520亿元，总资产达到5247亿元，净资产达到3240亿元，公司规模在世界500强中名列第318位，初步形成了具有国际竞争力和影响力的现代化综合型能源产业集团。

该项目提出以“自主创新、重点跨越、支撑发展、引领未来”为指导方针，完善中国海油科技创新体系，增强自主创新能力，使科技创新能力成为公司核心竞争力之一，将中国海油建成创新型企业。

项目创新性。在技术创新方面，加大稠油油田开发与提高采收率技术、海上边际油田开发技术、深水勘探开发技术等一些影响长远发展的关键技术的研发力度，形成拥有自主知识产权和中国海油特色的核心技术体系。在管理创新方面，开展科技考核评估，积极完善科技管理体系；建立起以国家资金为引导，总公司资金为支持，所属单位资金为主体的三级科技投入体制。在组织创新方面，中国海油建立了由科技决策、科技管理、技术研发三大体系组成的科技体系；探索产学研合作新模式，先后与上海交通大学合作成立深水工程技术研究中心，与西南石油大学签署共建协议，推动海洋工程学科和石油领域高端人才的培养。

项目有效性。该工程的实施为中国海油发展成为国际一流的综合型能源公司发挥了关键支撑作用。近4年，中国海油累计投入研发经费52.02亿元，累计完成国家级科研项目32项，获得国家科技进步奖5项，授权专利417项，发明专利83项，科研成果转化应用的经济效益超过400亿元，目前已具备300米水深以内的整套油气开采技术体系，取得了一批国际先进乃至领先的科技成果，为保障国家能源安全作出了突出贡献。

项目带动性。该工程的实施带动了中国海洋石油工业生产力水平大幅提升。稠油油田开发及提高采收率技术、海上边际油田开发技术、海上优快钻井技术达到国内领先水平，浮式生产储运系统（FPSO）技术达到国际领先水平，中国成为世界上拥有FPSO最多的国家；同时带动了节能减排、安全环保等其他领域的发展，建成了国内首座海上风力发电站；成立了国内第一家具有二级溢油应急响应能力的中海石油环保有限公司。近4年为国家及地方纳税1764亿元。

油气田地面建设新技术

普光气田产能建设关键技术

针对开发普光气田所面临的开发、防腐、安全、环保等技术难题，中国石化股份公司立项组织开展科研攻关，并将该项目定为中国石化“十条龙”重点项目。目标是通过该项目的攻关研究，解决普光气田产能建设中遇到的主要技术难题，建立一套高效、安全的高含硫天然气藏开发开采技术，为安全有效开发利用高含硫气藏提供技术支撑，保证普光气田产能建设如期实施。项目设置了开发地质、气藏工程、采气工艺、地面工程、安全环保5个课题13个专题组织攻关研究。主要开展了储层沉积相、成岩作用及储层特征研究、飞仙关组储层及含气性预测研究、气井产能测试及评价；高含硫气藏流体相态及硫沉积储层伤害机理研究；优化完井方式、完井管柱、投产方式，耐蚀材料的腐蚀评价，气井酸压改造，多级分段延时引爆射孔；湿气集输工艺设计，隧道、管线硫化氢泄漏监测；工程废液、废渣无害化处理工艺等研究，并建立了气田安全监控和应急体系。为普光气田产能建设的投产运行提供了技术支撑。取得超深层礁滩相储层含气性预测技术、硫沉积预测模型、双向双效多级分段延时起爆射孔技术、多级注入酸压增产技术、高含硫气田山地湿气集输技术、四级联锁关断安全控制系统等成果。获专利7项，中国石化具有自主知识，无产权纠纷。成果有力支撑了普光气田产能建设，使钻完井、试气、压裂、集输施工等产能建设工作安全顺利实施。单井产能80万~100万立方米/日，腐蚀速率低于部颁标准，安全监控及联锁关断系统高效可靠，保证了高酸气田生产安全平稳运行。通过优化方案，减少开发井12口，节约开发投资24亿元；实现年产天然气100亿立方米、硫黄200万吨，年产值125亿元。普光气田的建成投入开发，缓解国家天然气能源紧张局面，促进了气田周边及长江中下游地区经济发展。该项目获2010年度中国石化科技进步奖一等奖。

酸性天然气净化技术研究及应用

川渝地区拥有丰富的天然气资源，是中国最早，也是最大的天然气生产基地之一，多年来一直作为中国陆上天然气主产区，其产量逐年增加，2009年已达到150多亿立方米。川渝地区的天然气绝大部分为含硫天然气，其产量已占总产量的70%以上，这些含硫酸性天然气必须经净化处理后才能达标管输。近些年来，制约川渝地区酸性天然气净化生产的问题主要有：①新气田开发所面临的复杂气质问题，如近年发现的川东北罗家寨、铁山坡等高含硫高酸性气田，其硫化氢含量最高达到17%，二氧化碳含量最高达到10%，有些气井还含有较多硫醇、硫氧碳、二硫化碳等有机硫；②老气田压力递减导致能耗大幅度增加的问题；③净化装置的安全、稳定和高效运行问题。这些问题对川渝地区天然气生产，特别是西南油气田分公司建设300亿立方米大气区和一流天然气工业基地提出了严峻挑战，同时也显现出中国在酸性天然气净化技术方面仍存在较多不足和空白，生产急需针对性的净化工艺方法和相应的配套技术。

该项目研究和技术开发内容包括天然气净化工艺技术、脱硫脱碳脱水与硫回收及尾气处理技术、分析测试及标准化技术、天然气净化配套技术四大系列，涵盖了川渝地区酸性天然气净化的全部关键技术，属国内首次对酸性天然气，特别是高含硫、高酸性天然气净化技术的系统攻关和集成。研究的核心技术路线是针对川渝地区酸性天然气净化过程中暴露出的特殊问题和气田开发的技术需求，紧密结合生产实际开展净化新工艺、相关软件、系列脱硫脱碳溶剂硫黄回收催化剂、净化装置腐蚀与防护等方面的专项攻关，通过技术研究与生产应用的互动，最终形成系统的实用型配套技术，并在川渝地区和国内外酸性天然气净化中全面推广应用。

该成果创新性突出，具体表现为在国内首次开展天然气净化工艺专用配套软件的研发工作，成功开发出了甲基二乙醇胺—环丁砜—水溶液脱硫工艺模拟计算软件，其计算数据准确，与工业装置实际运行数据相符，具备指导装置设计的价值，填补了国内空白。开发了具有自主知识产权的低温克劳斯硫黄回收工艺，解决了天然气净化工艺包和设计基础资料长期依靠引进的问题。研究开发出了适应多种复杂条件和净化要求的系列脱硫脱碳溶剂，突破了制约川渝地区高酸性天然气净化的技术瓶颈；在国内率先实现 Super Claus 工艺专用催化剂和高强度钛基催化剂的国产化和工业化，形成了硫黄回收和尾气处理催化剂产品系列，脱硫溶剂和硫黄回收催化剂的整体性能达到或超过国外同类产品水平。制定 16 项天然气国家和行业标准，并在天然气净化分析测试方面形成了特色技术，有力地保障了中国石油在天然气净化分析测试技术方面国内领先和国际先进的地位。同时实现了上述技术的集成配套和规模化应用。

“酸性天然气净化技术研究及应用”项目研究成果已在川渝气田广泛应用。使用该成果的天然气净化厂共计 14 个，2009 年处理的含硫酸性天然气已达 96.93 亿立方米。川西北净化厂和川中磨溪净化厂的 MCRC 硫黄回收装置和万州净化厂低温克劳斯硫黄回收装置采用了具有自主知识产权的新工艺和新设备。项目开发的脱硫脱水溶剂、硫黄回收与尾气处理催化剂、胺液净化技术已在重庆天然气净化总厂、川西北净化厂、江津净化厂、龙岗净化厂、胜利炼油厂、大庆石化公司、兰州石化公司和大连石化公司等厂家应用，并远销到巴基斯坦、印尼、土库曼斯坦、乍得等国家。其中硫黄回收和尾气处理催化剂更是占据了国内近 80% 的市场。

以该成果为技术依托，结合川渝气田自身特点，制定了 GB 17820《天然气》、GB/T 13610《天然气组成分析气相色谱法》等 16 项天然气国家和行业标准。结合天然气净化厂分析测试需要，建立了多项分析测试方法，研发了国家一级标准物质 3 种，有力地保障了净化厂日常化验分析需要和装置考核标定需要。项目形成了 4 项专利，发表学术论文 118 篇，为国内酸性天然气的净化提供了可靠的技术借鉴。

该项目研究成果可以为中国酸性天然气田的开发和增储上产提供强有力的技术支撑，具有良好的推广应用前景。该项目获 2010 年度中国石油科技进步奖一等奖。

长庆油田标准化设计、模块化施工技术研究及应用

该项目主要研究方向是借鉴标准化设计、模块化施工技术在气田场站建设中的成功应用经验，将标准化设计、模块化施工技术应用于油田场站地面工程建设，通过制定标准化设计和预算，对油田场站模块化管理模式探讨，模块化预制生产中特殊工序技术研究等，开发了适合油田场站产建特点的标准化设计和模块化施工技术，加速油田产能建设的速度，提高油田场站建设水平。

（1）在优化简化长庆低渗透地面工艺模式的基础上，形成“六统一”、“十化”的油田建设的标准化模式。其中，“六统一”指统一工艺流程、统一平面布局、统一建设标准、统一模块划分、统一设备选型、统一三维配管，“十化”指站场规模系列化、工艺流程通用化、井站平面标准化、工艺设备定型化、设计安装模块化、管阀配件规范化、建设标准统一化、安全设计人性化、设备材料国产化、生产管理数字化

（2）标准化的站场平面设计既考虑了不同规模站场的统一性，又充分考虑了多站合建时布局的协调性，采用积木式的拼接即可快速完成复杂的合建站场设计，形成多站合建（如接转站、注水站、井区部联合建设）、井站合一（如增压点、橇装注水站均依托标准化井场建设）的站场建设方法。

（3）针对油田站场复杂性高、差异化大的特点，应用模块化设计理念，构建了成套标准化站

场和标准化模块2套体系，相互搭配使用，通过各类功能模块的选择与定位拼接组合，构成不同的站场，满足多样化的需求，实现设计和建设快速高效的目的。

（4）应用三维配管设计软件，建立了覆盖较为全面的配管数据库和设备模型库，统一配管材料标准，实现了工艺管线、设备材料几何尺寸碰撞核查和精确统计。

（5）通过标准化预算系统构建造价管理计价体系数据库，并测算了不同建设区域的调整系数，快速生成标准化预算。

（6）利用单线图实现了对模块化预制生产加工工艺过程的描述，实现描述的全覆盖和唯一性。

（7）采用统计技术分类研究各种场站使用管径、材质、焊接工艺要求和各种管件的规格、性能及需要机械加工的方法和焊接要求，提出各种目标场站机械加工方法。

（8）研制适合要求的工装机具和自动化作业线。

（9）进行不同钢种、不同管径的管段和管件的下料、切割和坡口制作实验，形成了切实可行的技术。

（10）开展多种焊接技术和变位焊接工装研究，研制了适合模块化生产的混合体保护装置和变位器，使自动焊接范围扩大，提高了预制深度和预制质量。

该项目获2009年度中国石油科技进步奖一等奖。

稠油污水循环利用技术与应用

该项目针对稠油污水处理难度大的特点，从中国国情出发，将开发简捷、高效、实用的稠油污水处理新工艺作为主要研究目标。对稠油污水的出路选择、水质特性、油和悬浮物的去除、二氧化硅的去除、有机物的去除等方面进行了系统、全面、深入的研究，取得了六项关键技术突破，建立了一套完整的稠油污水处理工艺技术路线，确定了稠油污水处理的基本原则，提出了经济合理的工艺流程，确定了重要的工程设计参数，为稠油污水回用热注锅炉的工程应用奠定了坚实的基础。稠油污水回用热注锅炉工艺技术的研究成功是中国污水处理技术的一项重大突破，不仅标志着困扰辽河油田多年的稠油污水处理难题得到有效解决，对加速油田稠油开采以及形成新的经济增长点具有重要意义，而且对国内油田采出水处理技术的发展产生巨大的促进作用。

利用该项目的研究成果，于2002年7月前建成了欢三联、洼一联和曙四联3座稠油污水深度处理站，其设计规模分别为20000立方米/日、3000立方米/日和8000立方米/日，目前热注锅炉的进水量分别为15000立方米/日、1500立方米/日和5000立方米/日。欢三联为新建项目，洼一联和曙四联为改造项目。经水质分析和炉管检测，稠油污水回用锅炉出水水质完全符合指标，炉管结垢速率也在正常范围之内。欢三联、洼一联和曙四联制水成本分别为3.05元/立方米，3.53元/立方米和3.31元/立方米，单位水量净效益分别为11.87元/立方米，11.09元/立方米和10.84元/立方米。投产以来欢三联、洼一联和曙四联节约成本分别为11751.3万元、1097.91万元和3089.4万元，共计15939万元。该项目获2008年度国家科技进步奖二等奖。

塔里木沙漠公路防护林生态工程建设技术开发与应用

该项目主要解决了塔里木沙漠公路综合防护体系建设所面临的技术难题，形成了沙漠公路防沙与绿色走廊建设关键配套技术。在塔里木沙漠公路风沙危害形成过程、机械防沙体系结构优化、高抗逆植物种筛选、多梯度矿化度水灌溉造林、利用太阳能扬水造林、沙漠腹地人工接种肉苁蓉技术、地下水承载能力、生物防沙体系稳定性、绿色走廊建设技术体系等10个方面取得了新进展和新认识，其中在塔里木沙漠公路绿色走廊建设的植物种配置模式、林带结构布局、供水技术方案、太阳能取水滴灌造林、多梯度矿化度水灌溉造林等方面具有重大创新。同时，建成了长度达31千米的沙漠公路绿色走廊建设试验示范工程、面积为300亩的塔中沙漠植物园以及太阳能扬水电站和不同梯度咸水灌溉种植试验地、节水灌溉造林试验地、机械防沙及风沙活动观测场、机械防沙体系结构优化试验地等6个试验示范基地，制定了风沙危害类型划分标准，编制了《塔里木沙漠公路防护林生态工程建设技术规程》，确定了维系绿色走廊最小生态需水量和最差水质标准，新筛选出了37种高抗性防沙植物种，发表论文30余篇。

该工程于2003年6月17日正式获国家立项，工程南北贯通塔克拉玛干沙漠，全长436千米，总体宽度72～78米，林带总面积31.28平方千米，工程总投资21861.11万元，分3年2个阶段建成，即2003年开工建设，2006年建成并顺利通过竣工验收。

《绿色长廊穿越塔克拉玛干沙漠》被中国两院院士投票评选为2006年中国十大科技进展新闻。该项目获2008年度国家科技进步奖二等奖。

油气储运新技术

15万立方米大型浮顶油罐技术开发

该项目解决了设备大型化带来的设计技术、施工技术问题，形成了15万立方米原油储罐的成套工程技术。该课题研究了15万立方米原油储罐结构、强度及稳定性的设计方法和计算内容，对大型储罐在地震作用下大脚焊缝强度、大型浮顶在风载荷作用下浮顶上载荷分布等内容进行了分析研究；采用应力分析和实测的方法对罐体的强度、大脚焊缝疲劳寿命与地基不均匀沉降值之间的关系等进行了分析研究；开发了厚度40毫米高强钢板的焊接技术；采用分析和实测的方法对基础环墙和基础沥青层表面沉降、地基竖向位移、环墙钢筋应力等进行了分析和监测，并对地基的应力、变形及强度的动态变化和规律进行分析研究。该课题的研究成果可应用于大型油库的设计与建造中，并具有良好的经济效益。该课题取得的数据可为规范修订提供依据。采用分析和实测方法优化罐体结构；解决了大型储罐抗震强度计算、大型浮顶风载荷条件确定、厚度40毫米高强度钢板焊接技术问题；研究了大脚焊缝疲劳寿命与地基不均匀沉降的关系，为评价大型储罐寿命提供依据。2台15万立方米大型浮顶油罐从2005年开始在管道分公司仪征输油站使用至今，经济性好，具有推广前景。福建炼化一体化、白沙湾油库二期及商业储备库项目中已开始使用；在其他大型原油库规划中也将采用15万立方米油罐的方案。1个200万立方米库容的油库采用15万立方米油罐方案比10万立方米油罐方案节省约6000万元，占总投资的4%～5%。对于提高中国原油储运的能力及技术水平，增强石化企业的竞争能力都有重要意义。该项目获2008年度中国石化科技进步奖一等奖。

忠县—武汉输气管道工程技术创新及应用

忠县—武汉输气管道工程由忠县—武汉干线，荆州—襄樊支线、潜江—湘潭支线、武汉—黄石支线组成，管线起始于重庆市忠县，途经重庆、湖北、湖南两省一市，全长1347.3千米，设计输量30亿标准立方米，压力等级7.0+6.3兆帕。

该项目于20世纪70年代中期开始启动，中间搁置近20年，后来随着四川盆地勘探开发不断取得新的突破，中国石油于1998年重新启动该项目。承载着中国石油人30年夙愿的“川气出川”终于在2003年8月正式开工建设，2005年5月全面建成投产。

科学技术的发展与创新在忠武线的建设过程中起到了至关重要的作用，形成了一整套具有忠武输气管道工程特色和推广价值的技术创新与应用体系。

管道工程采用多时相卫星遥感技术进行河道稳定性分析、防洪分析，优选长江穿越断面和形式，首次将钻爆法应用于长江穿越；首次引入盾构方法穿越特大型河流，红花套长江穿越首次使用盾构技术施工；首次将钻爆法隧道应用于断裂带密集地层结构；首次将定向钻、大开挖、钻爆隧道、盾构隧道四种方法相结合穿越大型河流。在悬索跨越中，首次使用无塔架技术、标准桁架块桥面结构、热聚乙烯钢丝索，大幅降低工程投资。首次在两湖冲淤平原地质松软区大量使用定向钻穿越江河、湖泊、鱼塘等，通过工程实践，使其得到广泛认可。首次在长输天然气管道中使用分段压力等级设计，在保证输量的前提下，实现了安全与工程投资的统一。首次在分输调压系统中增加限流功能，保证了在用气高峰时段整个管道系统的平稳运行，同时也保证了计量、调压等设备的安全。首次在水工保护设计中引入量化设计模式和生态设计模式，经济效益和环保效果明显。在管线与高压线近距离并行、交叉地段，首次应用屏蔽线及防强电冲击设备进行管道防护，同步开展管道以及防腐层遭受雷击电流、工频电流冲击时的实验研究，填补了国内外在该领域的空白。首次使用多种方法相结合的综合山区布管工艺，成功地解决了山区段山高坡陡、沟深谷宽等施工难点。

通过依靠广泛技术发展与创新，忠武线实现了单位工程合格率100%、优良率98%的质量目标；实现了提前1个月投产的工期目标；实现了“零事故、零伤亡、零污染”的HSE目标。节省工程投资约1.6亿元。忠武线所使用的一系列创新技术，经过工程实践，被证明是科学的，创新成果已经被后续的阿独原油管道、兰郑长成品油管道、港济枣成品油管道、冀宁天然气联络线、中国石化川鲁天然气管道等所借鉴应用。

忠武线投产后，实现安全平稳输送天然气，满足了湖北、湖南2个省20个城市的用气需要，促进了当地经济的发展，经济效益和社会效益显著。该项目获2006年度中国石油技术创新一等奖。

高清晰度管道漏磁检测技术研究

该项目内容是中国石油管道局与英国AT公司联合开发直径1016毫米高清晰度管道漏磁检测器。通过国际合作开发高清晰度管道智能化检测技术，研制出一套适用于西气东输大口径输气管道的高清晰度漏磁腐蚀检测设备，并掌握相应的关键技术和可视化数据分析系统及管道评估软件的开发，研制开发出一套适合各种管径管道漏磁检测器的牵拉试验系统。研制成功后，管道局又进行了直径711毫米、直径914毫米2套高清晰度管道漏磁检测器系列化工作。

该项目研究的主要创新点：高密度分布探头与数字采集系统设计，探头数量是传统设备探头数量的5倍，数据采集量是传统设备的8倍，分辨率提高了4倍（国际领先水平）；浮动探头与浮动密封皮碗结构设计，有效地解决了探头不能紧贴管壁造成分辨率降低的问题（国内外首次开发应用）；采用静态和动态模拟分析进行磁路设计，优化了磁路的设计尺寸（国内外首次开发应用）；检测器首次设计选配了管道走向测绘系统，在实施检测的同时能够提供管线走向的三维坐标（国内首次开发应用）；设计开发的数据分析专家系统具有自动分析、自动量化、多种显示方式等功能，提高了检测数据的处理分析能力（国际领先水平）；牵拉试验系统首次采用蓄能式动力系统，满足了高清晰度漏磁检测器瞬间加速到10米/秒、提升牵引力到10吨的牵拉试验要求，可以适用各种口径检测器不同工况（速度）下的牵拉试验，其技术指标达到国际领先水平（国内外首次开发应用）；

在直径1016毫米高清晰度管道漏磁检测器研制成功的基础上，完成了直径711毫米、914毫米各1套高清晰度管道漏磁检测器系列化工作。该项目的推广应用可以提高中国的检测技术水平，平抑国际管道检测市场价格，对于中国管道的安全运行，避免管道事故造成环境破坏和财产损失具有巨大的社会效益。该项目获2007年度中国石油技术创新一等奖。

输油管道α-烯烃系列减阻剂开发及其制备工艺

国内减阻剂的研制和应用已有近30年的历史，国家及有关部委曾多次联合有关大学、科研单位，进行了“八五”、“九五”重大科技攻关，但一直未能获得有效突破。此后，中国石油管道科技中心承担了该项科技攻关任务。通过近10年的研究，彻底解决了α-烯烃的“爆聚”问题，利用“本体聚合防爆聚反应装置”专利技术实现了“本体聚合”。研制成功与国外产品技术指标相当的EP系列减阻剂，打破了国外产品对减阻剂市场的垄断，填补了国内空白。该方法具有收率高（大约93%）、产量大的特点。成本仅为国外的1/3、生产装置成本仅为国外装置的1/20。

在聚合物的后处理工艺方面，该项目的技术也属世界先进，尤其是EP-O型减阻剂的环保指标（据英国Champion公司测试）优于其他国家的绝大多数产品。目前英国Champion公司已与中国石油管道科技中心在减阻剂性能测试、减阻剂应用等方面开展了广泛的合作。

目前美国 Conoco 公司、Baker Hughes 公司和该发明实施单位中国威普管道技术有限公司是世界上仅有的 3 家具有独立知识产权的油品减阻剂生产企业。EP 系列减阻剂自 2001 年工业化生产以来，已形成年产 5000 立方米 EP 系列减阻剂的生产能力。由于 EP 系列减阻剂具有优良的减阻效果和低廉的售价，因此产品不仅应用于库鄯线、庆铁线、兰成渝、河石线、旅大线、湛茂线等多条原油及成品油管道，占有国内减阻剂市场 90% 左右的市场份额（国外产品在国内的售价已从 12 万～14万元/吨降为 6 万元/吨，且市场份额不足 10%），且在 2002 年成功打开国际市场，为英国、伊朗、苏丹供货 3000 余立方米，表明该产品得到了国内外的广泛认可。

该项技术为中国石油管道安全运行提供了有效的保障作用。如 2005 年 8 月，庆铁复线在辽宁清河被洪水冲断 1 条管道（其抢修恢复时间约为 90 天），使大量原油无法按原计划输送。在此紧急情况下，及时采用了该项目研发的减阻剂产品，使另一条“生病”管道超负荷且安全运行，按原计划完成了东北原油输送到关内的生产任务，产生了巨大的经济效益和社会效益。

EP 系列减阻剂在 2008 年春季南方抗击雨雪冰冻灾害和四川汶川大地震的抢险救灾中发挥了巨大的作用，在不增加任何人员、设备的情况下，通过往成品油管线中注入 EP 减阻剂，每天向灾区多运送成品油数千吨，有效支援了灾区，得到了社会和有关部门的肯定。

EP 系列减阻剂先后获得“国家重点新产品”、“中国石油优质产品”、“河北省高新技术产品”等荣誉称号。该项目申请发明专利 23 项，其中已授权发明专利 8 项。申请英国、俄罗斯、美国发明专利各 1 项。在国内外高水平期刊上发表相关学术论文近 20 篇，其中 3 篇被 SCI 和 EI 收录。获得经济效益 35.7 亿元人民币，其中创收外汇 8013 万美元。该项目获 2008 年度国家技术发明奖二等奖。

长输油气管道完整性管理体系研究

安全是管道的生命，因此，自主开展完整性管理体系研究，取得一套完整性管理体系建设和实施技术势在必行，基于生产的紧迫需求，天然气与管道分公司于 2005 年 3 月立项开展了“长输油气管道完整性管理体系研究”。

在整个项目研究过程中，首先进行了基础研究，基于大量的资料调研、国内外交流讨论与比较分析，完成了完整性管理的框架设计。然后基于完成的框架开始了各专项技术的针对性研究，并以兰成渝等管道开展试点，实施完整性循环。相关核心技术研究过程中基于详细的比选与差距分析，或直接自主研究，或充分借助国内外先进技术力量，做到了与国际同步。最后基于试点经验，完善总结，形成相关标准与体系文件，发布实施，扩大应用范围。

最终提交油气管道完整性管理与评价体系文件，建立标准规范、系统的完整性管理支持技术方法和实施技术程序文件，并达到如下技术指标：①形成完整性评价技术与管理标准体系；②指导管道公司进行安全生产管理；③体系可用于识别管道风险，用于指导管道的维护与维修；④管道事故率明显降低；⑤管道完整性管理体系满足生产流程的要求；⑥满足标准 API 1160 和 ASME B31.8S 的基本要求，并适合国情。

该项目形成了成套的完整性管理支持技术，包括数据采集技术、高后果区分析技术、管道风险评价技术、完整性评价技术、效能评价技术等核心技术，为开展完整性实施循环提供技术支持。其中数据采集技术、高后果区分析技术为国际领先，风险评价技术、完整性评价技术、效能评价技术达到国际先进水平。核心技术成果在兰成渝管道、庆铁管道、涩宁兰管道等大量管线上试用，得到实践检验。

该项目研究的主要创新点：

（1）在对国内外管道完整性管理现状研究的基础上，针对中国石油的实际情况，首次建立了中国石油管道完整性管理体系框架，明确了开展完整性管理的六个环节和五项内容，并已在中国石油企业标准《管道完整性管理规范》及 HSE 体系文件中应用实施。

（2）制定了国内第一套系统的完整性管理体系文件，成为中国石油 HSE 体系的有机组成部分，为管道完整性管理全面实施奠定了基础。

（3）首次编撰了管道完整性数据字典，明确了管道完整性数据应包含的内容和格式，并第一次完整地对管道数据模型对象、属性及其逻辑关系作了详细说明。为管道完整性管理数据库建设提供了良好的基础条件，使管道完整性管理数据能被规范地存储。

（4）基于数据模型，充分考虑中国石油的管道特点、管理特点和实际需求，将传统地理信息系统成功地提升为完整性管理数据库，建成了具有国际先进水平的管道完整性管理数据库，自主研发了满足完整性管理全周期需求的系列数据管理和分析软件。

（5）提出管道完整性数据模型（PIM－APDM），使标准的APDM模型与完整性管理相融合，满足了高后果区识别、风险评价、完整性评价、事故分析、管道修复、施工图生成、历史记录等完整性管理环节对数据存储的要求，涉及多个专业的繁杂数据有了统一的存储逻辑，使基于企业数据库的智能化管理与分析成为可能，同时形成了企业标准。

（6）首次提出了管道高后果区打分规则，并形成了企业标准，自主开发了基于完整性管理数据库的高后果区识别分析软件。

（7）全面考虑了国内第三方破坏和地质灾害破坏等风险影响因素的特点，修正了评价公式和参数，明确了管道风险评价的步骤、内容和规则，对大应变等高风险因素，提出了检测、监测和评价方法，并形成了企业标准。

（8）在综合考虑影响管道完整性内外因素的基础上，首次规范地提出了完整性评价程序和内容，系统给出了各类缺陷参考评价方法，使完整性评价工作具有统一性和科学性，并形成了企业标准。

（9）根据国内管道管理特点，率先系统提出了管道效能评价公式、程序和方法。

（10）创新地提出管道建设期完整性管理理念和要求，规范了数据采集标准。

研究成果试验性应用于兰成渝管道，实现了国内第一个完整性管理循环，并针对主要风险因素，研究出相关支持技术，提高了兰成渝管道安全管理水平。在庆铁线等管道上也进行了不同层次的应用，消除了多项安全隐患，效果良好。在兰成渝抗震应急抢险过程，完整性技术得到了推广应用，为应急抢险决策提供了依据，提高了震期安全运行水平。

该项目研究为管道完整性管理的开展提供了基础平台和模板，满足了当前开展管道完整性管理的需求，随着管道经济安全运行的需求和管道业的发展，将有更广阔的应用前景。该项目获2008年度中国石油科技进步奖一等奖。

东北管网输送大庆与俄罗斯原油配套技术研究

东北管网输送大庆与俄罗斯原油配套技术研究项目自2001年7月立项，2008年3月结束。在项目研究期间，连续跟踪了进口俄罗斯原油的动态与2005～2010年大庆与俄罗斯原油输送配置计划方案的调整变化。在东北管网原油输送配置方案复杂、多变的外部条件下，项目主要针对东北管网在接收俄罗斯原油以后，围绕着管道在各种不同原油输送配置计划方案下，东北管网各线工艺运行与管道建设改造方案的整体优化、各管线与之相匹配的输送工艺技术以及管道运行相应的安全问题开展了研究。

东北管网各线工艺运行方案与管道建设改造方案的整体优化研究，是该项目所做的前期研究工作，主要是为项目建设改造及投资决策提供技术支持。

由于俄罗斯原油进口量逐年递增，根据炼化产业的要求及大庆原油与俄罗斯原油输送配置计划方案，东北管网采用大庆与俄罗斯原油混输工艺及冷热油交替输送工艺。冷热原油交替输送为国际油气输送领域中的前沿技术研究，该技术核心就是对非稳态传热与流动过程中的热力、水力参数的数值进行模拟计算，确保计算结果的可靠性和准确性。冷热油交替输送管道与单纯加热原油管道相比，有其自身的特点，由于输送油品的温度呈周期性变化，其管道周围土壤将是一个随输油温度呈准稳态的周期变化的温度场。如何在传统热输工艺设施及大庆原油与俄罗斯原油黏度相差10～100倍的条件下实现输送温度为45℃～33℃，实现两种原油的冷热油交替输送以及管线停输再启动的安全，是项目攻关解决的技术关键问题。

（1）针对大庆原油与俄罗斯原油的混输工艺技术和冷热油交替输送技术开展了技术攻关研究。建立了非稳态热力及管线停输再启动计算数学模型，并编制了具有友好界面的通用性计算软件。根据东北原油管网顺序输送大庆与俄罗斯原油的需要，在新大线成功实施了国内首次冷热油交替输送先导试验，对该软件进行了验证（原油温度计算误差 < ±3℃，压力计算误差 <0.5 兆帕，实现了合同所制定技术指标并达到工程应用的目的）。在此基础上制定了庆铁老线冷热油交替输送的方案，并于 2007 年 1 月得以实施，为庆铁线冷热交替输送运行操作规程的制定提供了技术支持，并完成了庆铁线冷热交替输送运行操作规程的报批稿。

（2）基于冷热油交替输送工艺，提出了最为经济的大批次、大循环运行方式，其优化循环周期为 20 天。

（3）大庆原油与俄罗斯原油的混兑温度对混兑后的原油低温流变性有较大的影响。通过对两种原油的析蜡过程分析及相关流变试验研究，确定了不同混兑比例条件下经济的混兑温度，为大庆油田南三油库接收俄罗斯原油改造及林源站加热设施增设决策提供了技术支持。

（4）以管道安全运行为准则，通过对油品来源及基本物性分析，通过大量的室内混兑原油的流变试验及现场原油凝点、黏温监测结果，依据管道运行相关标准，确定了在混输工艺条件下俄罗斯原油混兑比例为 15%～50%，原油进站温度为 31℃～24℃，燃料油单耗为3328.7～2287千克/时，与按大庆原油进站温度高于 33℃相比（庆铁线 3495.4 千克/时），燃油单耗可节约 166.7～1208.4 千克/时，为混输运行降低运行温度提供了技术支持和安全保障。

东部管道接收俄罗斯原油运行以后，将打破常规热输单一品种大庆原油的工艺格局，管道输送工艺将产生根本的变化。由于东部管道已运行近 40 年，管道会存在不同程度腐蚀和焊缝缺陷，与此同时东北管网建设初期是以输送含硫量较低的大庆原油为主，由于俄罗斯原油属中间基含硫原油，在东北管网接收俄罗斯原油后，俄罗斯原油中硫化物对东北管线母材、原油储罐底部母材 16Mn 及加热炉使用的 20# 钢管等输油设备可能有腐蚀影响等，基于上述问题，针对东北管网冷热油交替输送管道强度安全、交变温度及应力对管道防腐层的影响、含硫原油对管道及输油设施的腐蚀及橡胶密封材料影响以及含蜡原油长输管道清蜡技术等问题开展了研究。

该项目的主要创新点：

（1）针对东北管网冷热油交替输送技术，在国内首次成功实施了冷热油交替输送工业管道的先导试验，填补了国内在该应用研究领域的空白。非稳态热力及停输再启动数值模拟计算的准确性达到了工程应用的要求。利用自主开发的冷热交替输送工艺计算软件，确定了庆铁线冷热交替输送大庆原油与俄罗斯原油的安全、经济的运行工艺方案，成功地指导了庆铁老线在借助传统热输工艺设施条件下，大庆与俄罗斯原油的交替输送，首创了国内大口径、长距离原油管道的冷热油交替输送工艺技术。安全经济的交替输油温差最大 8℃；

（2）首次提出了“停输时机”参数的概念，为评定管线停输时管内不同存油状况的停输再启动的过程提供了科学、合理、准确的技术参数；

（3）针对活性硫的腐蚀形态、腐蚀因素，提出防护措施，为东北管网安全输送俄罗斯原油提供非常重要的技术支持；

（4）针对大庆与俄罗斯原油的特点提出的大批次、大循环周期进行冷热交替输送工艺技术具有创新性。为后续大批量进口俄罗斯原油输送提供了有实际应用价值的运行方式。

（5）在管道运行中全面考虑冷热油交替输送对管道安全性的影响，具体包括含缺陷管道静强度校核及疲劳寿命的估算，含硫原油对管线、原油储罐底板及加热设备的影响研究，冷热油交替输送时交变温度对管线防腐层的影响试验研究等，为东北管网接收俄罗斯原油后管道安全运行提供了有价值的建议和相应的安全处理方案。

该项目研究所取得的成果已被大量应用在东

北管网输送大庆与俄罗斯原油管道建设改造项目、输送工艺运行实施以及管道安全运行的技术咨询和保障当中，取得了显著经济效益。该项目获2009年度中国石油科技进步奖一等奖。

西气东输工程技术及应用

西气东输工程是中国西部大开发的标志性工程，是中国能源结构调整的重大战略举措。西气东输工程打破了国外技术垄断，解决了异常高压特高产气藏开发、大壁厚管道焊接、X70高钢级管材技术条件确定、超薄层盐穴建库、复杂地质条件下大口径管道穿越等5个方面的关键技术难题。

（1）山前高陡构造异常高压特高产气田开发配套技术世界先进。创新了应力敏感性气藏产能评价及开采技术；首次集成了高陡构造安全高效钻井完井工程技术；国内首次采用大直径油管配套安全阀及封隔器采气工艺技术，实现了少井安全高产。

（2）大壁厚、大口径、高钢级管道现场焊接技术世界先进。与以前的低级别钢材相比，X70钢在晶粒结构等方面有了很大不同。自主研发的X70钢焊接技术，打破了国外的技术封锁，实现了全自动焊接装备国产化，焊接效率提高2~4倍，最高日焊接口数达到148道口，焊接一次合格率98%以上。

（3）高标准的X70钢技术条件与技术指标充分保证了管道技术先进性。针对国内地质条件复杂、地震多发的特点，在遵循国际先进标准API的基础上，提高了X70钢管的技术指标，将夏比冲击功由75焦提高到190焦，对管材强度及化学成分等指标的严格要求为管道安全提供了保障。

（4）超薄、多夹层盐穴建库技术为中国独创。国外盐穴储气库盐层厚度一般均在500米以上，而国内可用的盐层厚度不足200米，而且夹层多，造腔难度大。通过攻关，自主掌握了超薄、多夹层盐穴建库技术，解决了储气调峰的难题。

（5）盾构与顶管穿越技术创造了世界之最。西气东输管道穿越长江、黄河4次，其他穿越700余处。第一次运用泥水平衡法盾构技术，攻克了地质软硬交错的长江穿越难关；刷新了地下深度25米、单程一次顶进1259米的世界纪录。

以西气东输工程成功建设为标志，异常高压特高产气藏开发技术，高钢级、高压、大口径管道建设技术总体达到国际先进水平。自2004年投产以来，西气东输管道利用以克拉2气田为主的多种气源累计向下游输送天然气645亿标准立方米，使中国西部的资源优势变成了经济优势，促进了管道沿线九省一市的经济发展，改变了近2亿人的生产和生活方式，使中国能源结构中天然气比例由2.3%上升到3%，每年减少粉尘排放27万吨，同时推动了冶金等行业的技术进步。西气东输工程的投产，标志着中国气田开发和管道建设进入了一个新时期，开创了大规模应用天然气的新纪元。该项目获2010年度国家科技进步奖一等奖。

多品种原油同管道高效安全输送新技术

西部原油管道包括鄯善—兰州干线（鄯兰干线）和乌鲁木齐—鄯善支干线（乌鄯支干线），以及吐哈进油支线和玉门分输支线，线路总长1838千米。西部原油管道是西部油气输送大动脉之一，也是中国输送工艺最先进、运行方式最复杂的长距离原油管道。在其建设和生产运行中，遇到了一系列世界原油长输管道史上罕见的技术挑战。

中国石油西部管道公司与中国石油大学（北京）密切合作，逐一攻克了这些技术难关，形成了“多品种多批次原油加剂改性长距离常温顺序输送技术”、“同沟敷设原油成品油管道热力影响模拟技术”、“长距离管道冷热原油交替顺序输送技术”、“长距离含蜡原油管道间歇输送技术”、“降凝剂改性原油输送过程剪切和热力效应定量模拟理论与技术”等多项先进的输油新技术。通过把这些新技术集成并应用于西部原油管道，形成了能有效应对多种复杂条件和输送要求的技术集成成果“多品种原油同管道高效安全输送新技术”，构建了有效支撑管道安全、高效、灵活运行的原油输送技术体系。

“多品种原油同管道高效安全输送新技术”成果取得了多项技术创新，填补了该领域的多项空白，属国际领先水平，推广应用前景广阔。标志着中国长距离原油管道输送技术迈上了一个新台阶，并且引领了原油管道输送技术的发展。该项目获2010年度中国石油科技进步一等奖。

油气加工新技术

2006 年

FDC 单段两剂多产中间馏分油加氢裂化成套技术开发

FDC 单段两剂多产中间馏分油加氢裂化成套技术是针对市场需求而开发的多产清洁柴油加氢裂化新工艺。该技术采用单段两剂尾油全循环操作流程。该技术具有工艺流程简单、体积空速大、中间馏分油收率高、对原料油适应性强、催化剂运转周期长、产品质量好、化学氢耗低和装置能耗低等特点，达到国际同类技术的先进水平。在金陵分公司建设的 150 万吨/年 FDC 加氢裂化装置已连续运行近 2 年，装置综合能耗 39.22 千克标油/吨原料油，低于国内外同期其他同类装置，并在海南炼化和齐鲁石化等企业进行了推广应用。该项目获 2006 年度中国石化科技进步奖一等奖。

柴油超深度加氢脱硫催化剂 RS－1000 的研制开发及工业应用

RS－1000 催化剂的相对脱硫活性是国外同类催化剂的 1.5 倍以上，达到国际先进水平。RS－1000 催化剂于 2005 年 4 月首次在荆门分公司柴油加氢装置工业应用，可以生产出硫含量小于 50 毫克/克的柴油产品，满足欧 IV 排放标准。采用该剂 14 个月后，新增利税 4491 万元，新增利润 2805 万元，为企业扩能增效和生产低硫或无硫柴油提供了技术支撑。迄今，RS－1000 已在 8 套加氢装置上进行了工业应用。该项目获 2006 年度中国石化科技进步奖一等奖。

2007 年

国产连续重整技术的开发及工业应用

洛阳工程公司通过对连续重整反应、再生及物料输送系统的系统研究和大型冷模试验，开发了包括催化剂连续流动、无阀输送、再生气体干冷循环、控制系统以及反应器、再生器、闭锁料斗和干燥器等核心设备的连续重整成套技术。该技术在洛阳分公司重整装置（IFP 第一代间歇式再生技术）改造项目上实施后，重整处理能力由 50 万吨/年恢复到 70 万吨/年，催化剂再生能力由 200 千克/时增加到 600 千克/时，重整反应苛刻度（RON）由 98～100 提高到 102，芳烃产率从 64% 提高到 68%，重整油液收（重）从不高于 86% 提高到 88% 以上，纯氢产率（重）由 2.8% 提高到 3.3% 以上。该技术属国内首创，达到国际先进水平。该项目获 2007 年度中国石化科技进步奖一等奖。

FH－UDS 柴油深度加氢脱硫催化剂的研制及工业应用

FH－UDS 催化剂是抚顺石油化工研究院针对生产低硫柴油而开发的高活性柴油超深度加氢脱硫催化剂，在低、中压条件下加工直馏和/或二次加工柴油，可生产硫含量小于 50 微克/克的低硫柴油或硫含量低于 10 微克/克的无硫柴油。FH－UDS 催化剂已在 6 家企业的大型柴油加氢脱硫装置上使用，总加工能力 1400 余万吨/年。工业应用结果表明，该催化剂具有优异的加氢脱硫、脱氮活性及好的稳定性，对原料适应性强，催化剂整体性能达到了当前国际柴油加氢领域的先进水平。该项目获 2007 年度中国石化科技进步奖一等奖。

渣油加氢—重油催化裂化双向组合 RICP 技术

石油化工科学研究院开发的渣油加氢—重油催化裂化双向组合 RICP 技术是将催化裂化装置中回炼的重循环油（HCO）掺入渣油加氢原料，替代减压蜡油作为渣油加氢原料稀释油，和渣油一起加氢后作为催化裂化原料，同时改善了渣油加氢和催化进料，促进了渣油加氢反应并抑制了渣油加氢催化剂积炭量，提高催化裂化处理量和轻油收率。采用 RICP 技术，催化裂化轻油收率可提高1～3个百分点，焦炭收率降低 0.1～0.5 个百分点。该技术已经在齐鲁分公司渣油加氢和催化裂化装置成功应用。该项目获 2007 年度中国石化科技进步奖一等奖。

高活性 CTP－IV型 TA 加氢精制催化剂研制及工业应用

上海石化院根据粗对苯二甲酸（CTA）加氢精制气—固—液三相反应特点，研究了反应工艺条件和催化床层的扩散过程对催化剂性能的影响，通过催化剂制备技术的创新，研究开发了一种钯分散度高、微晶晶粒小、含量高、钯负载稳定性好的 CTP－Ⅳ型催化剂，具有活性、选择性高，抗硫、抗干扰性能好，寿命长的特点，解决了工业运行过程中催化剂稳定性和抗干扰能力弱的问题，已申请中国专利 12 项（授权 3 项）。上海石油化工研究院研究了催化剂再生的内、外原因和再生机理，开发了高空速、高浆料浓度、低氢分压的加氢精制工艺技术。开发的催化剂在上海石化 40 万吨/年 PTA 装置应用稳定运行了 2 年，PTA 产品质量稳定，处理量达 45 吨 PTA/千克 CAT 以上，为上海石化增效近 7500 万元。同时该技术分别在辽化 27 万吨/年、天津石化 32 万吨/年 PTA 装置成功应用，与翔鹭石化签订了技术协议，并在其 150 万吨/年 PTA 装置应用。该催化剂的国产化打破了国外的技术垄断，使进口催化剂价格大幅度下降，推动了中国 PTA 行业的科技进步，社会意义深远。该项目获 2007 年度中国石化科技进步奖一等奖。

高酸高钙原油加工工艺的开发和工业应用

2002 年，苏丹六区发现储量丰富稠油矿藏，但六区原油酸值高达 10 毫克氢氧化钾/克以上，钙含量 1650×10^{-6}，国内没有加工类似原油的先例，国际上也没有成功的经验可以借鉴。

苏丹六区高酸值、高含钙原油加工项目的研究与应用。采用延迟焦化、混合加氢、连续重整总体加工方案，进行稠油加工在国内是第一次尝试。采用常压—焦化分馏“二合一”技术，不仅节约 1 套装置的投资（约 2000 万美元），而且每年节约加工费用在 150 万美元以上，简化了工艺，减少了防腐蚀设备点，使安全生产更有保障。原油直接进焦化装置，常压、焦化“二合一”技术在国内也是第一次采用。制定了完整的腐蚀措施，并将其成功地运用到六区原油加工中，经过实践考验达到了预期效果。开发了多种原油脱钙剂和相应的脱钙工艺，经工业上应用，达到了预期效果。开发了脱钙废水处理工艺，完成中试装置的试验（未建设相应的工业装置，也未进行工业试验）。加氢后焦化汽油进重整，其比例达到 70%，在国内是首次使用，这一创新成果提高了焦化汽油质量，发展了焦化汽油加工工艺，探索出了焦化汽油加工的新途径。

以上技术，除含钙废水处理工艺外，其他均应用于苏丹喀土穆炼厂一、二期改扩建工程中，并有一年或一年以上工业应用实践。自中国石油勘探开发公司推出原油延迟焦化工艺后，国内辽河、塔河炼厂也同样采用了稠油延迟焦化装置，闯出了一条新的稠油加工路线。该项目获 2007 年度中国石油技术创新一等奖。

石蜡、微晶蜡高压加氢精制催化剂的开发及首次应用

针对国内原料蜡杂质含量高的特性和高压一段串联加氢工艺的特点，该项目创新性地提出了“吸附—加氢精制”的蜡加氢机制和赋予蜡加氢催化剂自我保护功能的研究开发思路。研究开发了具有双峰孔径分布的载体材料及其改性技术，解决了容纳杂质和提供活性表面的矛盾，保证了催化剂的活性稳定性和原料适应性；通过两个反应器操作温度的匹配规律研究及处理四种不同石蜡相互切换的回温性研究，获得了两个反应器操作温度的优化匹配条件，成功地解决了稠环芳烃饱和、抑制含油回升与深度脱氮的矛盾；建立了原料性质、工艺条件、产品质量之间关联的数据库，为提高装置处理量、调节产品结构、优化工艺条件、扩大原料来源、降低操作费用提供了技术支持和保障。上述技术具有自主知识产权，形成发明专利 2 项。

项目前期开发的 SD 催化剂在大庆石化公司 10 万吨/年中压石蜡加氢装置上成功地进行了工业应用试验，在装置负荷率 150% 条件下，生产出口 58#半精炼石蜡，除含油外其余指标达到全炼蜡指标要求，项目曾获大庆石化公司技术创新一等奖。

针对高压一段串联石蜡、微晶蜡加氢装置的新型 SD－1 催化剂顺利实现了工业放大生产和成功工业应用。在生产过程中，进行了 54#、56#、58#、60#石蜡和 64#、66#高熔点蜡的切换生产，产品质量优于出口协议指标。特别是在没有白土精制、操作压力比设计压力低 3 兆～5 兆帕的情况下，产品质量仍满足出口协议指标。目前，催化剂工艺运行平稳，产品质量稳定，取得显著经济效益。该项目获 2007 年度中国石油技术创新一等奖。

2008 年

海南 800 万吨/年炼油厂技术集成及大型化渣油加氢工艺与工程技术开发

海南 800 万吨/年炼油工程项目总投资 119.56 亿人民币，原油加工规模 800 万吨/年，工程包括常减压蒸馏装置、催化原料预处理装置、重油催化裂化装置、连续重整装置、聚丙烯装置、加氢裂化装置等 15 套工艺装置。大型化渣油加氢工艺及工程技术开发主要包括大型加氢反应器的设计方法、内构件、催化剂匹配、最佳工艺流程等。项目集成了目前国内自主开发的最先进的炼油工艺、工程技术，除连续重整装置再生部分和双脱液化气脱硫醇部分采用国外专利技术外，其他装置均采用具有中国石化自主知识产权的技术，技术国产化率达 95%，设备国产化率达 98%，是国内第一个采用全氢型炼油加工路线和建设规模最大的单系列炼油项目，是中国石油加工技术集大成的一个生产企业。项目采用技术开发、工程设计、设备制造、工程建设和生产应用高度结合的管理模式。通过管理创新和技术集成创新，从工程开工到一次投料试车成功仅用了 20 个月左右，创造了中国石化工程建设速度最快、效果最好的奇迹。产品质量全部满足欧Ⅲ要求并能部分生产符合欧Ⅳ的产品，综合商品率达到 93%，定员仅 500 人，硫黄回收率高于 95%，万吨原油处理量占地仅为 1460 平方米，环保指标全部满足指标要求。该项目于 2006 年 9 月开始投入工业运行，连续运行稳定，已经产生良好的技术经济效益。2007 年累计加工原油及原料油 802.45 万吨，该技术适应了当前炼油技术发展方向，具有非常广泛的推广前景。2007 年实现工业总产值 336 亿元，占海南省 30%，年净利润 25148 万元。装置的各项经济技术指标符合设计要求。该项目获 2008 年度中国石化科技进步奖一等奖。

PS－Ⅶ型连续重整催化剂的开发及工业应用

扬子石化连续重整装置是目前国内规模最大的重整装置，扩能改造后装置处理能力由 105 万吨/年提高到 139 万吨/年，而再生部分没有达到预期效果，在满负荷运转的情况下，催化剂的碳含量超过了 7.4w%，远远超过装置设计最大值 6.5w%，造成再生器烧焦床层温度高，严重影响重整反应效果和催化剂、再生器寿命。为了解决上述问题，石油化工科学研究院在进一步认识催化剂活性中心本质的基础上，通过助剂的选择、组元引入方式的变化、催化剂制备工艺改进，实现了对金属和酸性中心的优化，开发了抗冲击能力强、特别适合芳烃生产的高铂型低积炭速率 PS－Ⅶ型连续重整催化剂。不仅大幅度降低了催化剂的积炭速率，而且催化剂的选择性明显增强。2004 年 8 月，PS－Ⅶ型催化剂在扬子石化连续重整装置上开始工业应用试验，开工一次成功。2004 年 9 月和 2005 年 4 月进行了两次标定，各项指标均超过了保证值，给企业带来显著经济效益。解决了铂含量提高 25% 后，催化剂降低积炭的难题，实现了对金属功能和酸性功能的优化，调整了两种金属中心的比例，已获中国专利授权 5 件，国外专利授权 9 件，形成专有技术 8 项。工业应用表明，与国外催化剂相比，在原料更差的情况下，该催化剂的积炭速率下降 27.32%，碳六收率提高了 3.32%，氢气产率增加了 19.43%，芳烃产率增加了 1.53%，各项指标均超过了保证值。该催化剂使处理量大幅增加，相当于新增 1 套 20 万吨/年的重整装置。与原进口催化剂相比，该催化剂的芳烃产率、液体收率、氢气产率进一步增加，每年新增利润 4284.97 万元。该项目获 2008 年度中国石化科技进步奖一等奖。

轻油型加氢裂化成套技术开发及应用

该项目开发了新一代轻油型加氢裂化成套技术，并建成了镇海 150 万吨/年轻油型加氢裂化装置，主要设备实现了国产化。采用一段串联流程，精制段首次采用 FF－36 催化剂，裂化段采用 FC－24 催化剂，体积空速高，在国内工程设计中首次集成应用了加氢裂化领域多项先进技术（缠绕管式换热器、新型旋流分离器、V 型原料油自动反冲洗过滤器、叠片式空冷等）。具有原料适应性强、化工原料收率高、产品质量好、催化剂运转周期长、精制段和裂化段温度匹配合理、工艺流程简单、反应热利用率高和装置能耗低等特点，整体技术已达到了国际先进水平。首次应用了多项先进技术，工艺流程简单，反应热利用率高，装置操作安全、生产能耗低；裂化段采用高体积空速，降低了建设投资和催化剂的使用费用，开发了高活性加氢预处理催化剂，获15项发明专利授权（国外6项）。在高分压力13.5兆帕、精制/裂化剂体积空速1.1/2.4时$^{-1}$条件下，加工伊朗蜡油，一次通过流程，重石脑油收率40.08m%，硫含量＜0.5微克/克，芳潜55.6%；尾油收率25.55m%，BMCI值9.38。综合能耗为36.77千克标油/吨原料油。解决了100万吨/年乙烯装置的原料问题，同时提高了重石脑油芳潜含量，实现“宜烯则烯、宜芳则芳”的总体加工方案。按标定数据，产品价格统一采用2007年全年平均出厂价，该装置的经济效益为21852万元。该项目获2008年度中国石化科技进步奖一等奖。

原位晶化型重油高效转化催化裂化催化剂及其工程化成套技术

该项目打破传统催化剂结构设计思路，以廉价高岭土为原料，通过对原位晶化催化剂制备工艺、催化剂抗重金属性能、工程化关键技术和市场需求的研究，先后形成了5项独创技术：①在国际上首次开发出以大粒径天然高岭土制备原位晶化催化剂新工艺，与国外相比，高岭土粒径指标放宽了5倍，显著降低了成本；②发明了非均相体系分子筛的原位生长与催化剂结构控制技术，实现了对分子筛生长位置、含量和晶粒大小的有效控制；③发现了重金属钒与载体作用的化学机制，奠定了催化剂抗重金属的理论基础；④开发出内热式蓄热室高温旋转焙烧炉、离底悬浮晶化反应系统、母液全循环等催化剂制备的工程化关键技术；⑤开发出了独有的催化剂灵活复合技术，实现了一厂一剂的个性化服务，大幅度提高了中国石油FCC催化剂在国内外市场的竞争能力。

在中国石油建成了世界上第二套原位晶化催化剂生产装置，生产能力从20世纪80年代初的百吨级提高到现在的万吨级规模。

目前已先后开发出4个牌号的系列原位晶化催化剂产品，分别为LB－1重油催化剂、LB－2高选择性重油催化剂、LB－5抗重金属重油催化剂和LB－6超高活性重油催化剂，其中新开发的LB－6催化剂与目前最先进的重油催化剂Converter相比性能还有所提升，表现为：高岭土粒径指标放宽5倍，产品收率提高0.45个百分点；在相同重金属污染条件下，活性高出17个百分点，同时产品售价不到其50%。

与半合成催化剂相比，该项目开发出的原位晶化重油催化剂的分子筛晶粒小50%左右，而热稳定性反而高出56℃；载体孔体积和比表面高出近1倍；可比能耗下降46%，合成化工原材料消耗减少40%。工业应用结果表明：与国内外重油催化剂相比，产品收率至少增加1个百分点。

截至2007年底已累计生产出适用于重油转化的原位晶化催化剂产品5.8万吨，并复合出25万吨复合型的重油催化剂，产品先后在国内外60多套催化裂化装置上得到了应用，覆盖了国内50%以上的催化裂化装置，按照催化裂化装置剂耗为1千克/吨计算，已累计加工2.5亿吨催化裂化原料，创造经济效益13亿元以上。

新型原位晶化重油催化剂的开发成功，构筑起了中国重油催化裂化新的技术平台，显著提升了中国炼油行业的整体竞争能力和国际影响力。该项目申请国内外发明专利12项（授权4项），发表学术论文28篇（5篇SCI）。该项目获2008年度国家科技进步奖二等奖。

高辛烷值低烯烃汽油组分专用FCC催化剂研制及工业应用

该项目通过研发新型多功能FCC催化剂直接生产烯烃含量低于35%的清洁汽油（GB 17930—1999），实现工业生产，并得到推广应用。工业应用中，除了直接获得低烯烃的清洁汽油外，同步提高了目的产品（液化气＋汽油＋柴油）收率0.73个百分点；增加丙烯产率1.26个百分点（对原料），汽油研究法辛烷值提高1.7个单位，并节约了大量昂贵的高辛烷值低烯烃汽油调和组分。催化剂生产和应用已获得效益2.5亿元。项目的成功开发为炼油企业低成本生产高标准清洁汽油开创了新途径。

技术研发中成功解决了深度降烯烃与提高汽油辛烷值、提高重油转化与改善焦炭选择性、多产异构烷烃与增加丙烯产率等多个矛盾。项目开发已形成了5项授权发明专利，主要创新点包括：

（1）针对催化裂化过程直接生产清洁汽油必

须大幅度降烯烃的难点，开发了一种超深度降烯烃技术，通过烯烃生成的源头控制和后转化技术，可在现有降低烯烃的基础上，再降低汽油烯烃含量4～5个百分点。

（2）在国内外首次开发了一种大孔载体材料，克服了引入孔道不发达的深度降烯烃组分造成的重油转化能力不足的问题。应用该材料后，重油转化率提高1个百分点，目的产品收率提高0.7个百分点。

（3）开发了异构化反应与裂化反应协同作用的催化剂复合技术，在深度降低汽油烯烃的同时提高汽油研究法辛烷值1.7个单位和丙烯产率1.26个百分点。

该项目开发形成LIP－100和LIP－200催化剂两个新产品，于2006年在兰州石化分公司成功实现了工业试生产，已在国内7套工业装置进行了推广应用。

该项目开发达到了国际先进水平。LIP催化剂综合性能优于国外先进的多产丙烯重油催化剂，已经进入两套国外先进装置选用催化剂的招标名单，有望取得突破，开中国石油FCC催化剂应用于国外先进装置的先河。

该项目的成功开发有力地提升了中国石油在FCC催化剂技术领域的自主创新能力，形成了重大技术和理论创新成果，提高了中国石油FCC催化剂在国内外市场的竞争能力，成果的推广应用已产生显著的经济效益和社会环保效益。该项目获2008年度中国石油科技进步奖一等奖。

5万吨/年催化裂化催化剂制备关键技术开发与应用

自2005年起，石油化工研究院和兰州石化分公司为实现FCC催化剂年5万吨产销量的目标，通过提高催化剂产能技术、环保技术和工程化技术方面开展了一系列配套关键新技术攻关工作，并获得了巨大成效。

该项目在开发过程中主要形成了以下催化剂生产及清洁化技术：

（1）半合成催化剂产能提高技术；

（2）原位晶化催化剂晶化细粉回用与母液全循环技术；

（3）催化剂生产过程氨氮污染源头治理技术。

通过上述创新技术应用，成功解决了兰州石化分公司催化剂厂面临的装置陈旧、设备老化、单套装置成胶量低等制约催化剂产能增加的“瓶颈”问题以及外排污染物大，影响清洁化生产的环保问题。同时在项目进行过程中，石油化工研究院还进行了一系列生产技术服务工作，并对FCC催化剂生产所需的关键原料进行了系统的研究，主要包括FCC催化剂专用高岭土土源的开发与研究、择形分子筛系列化工业生产技术研究及性能比选等。

2007年中国石油FCC催化剂产销双双超过5万吨，实现了历史性的突破。同时，自主知识产权产品比例由2001年的9.59%提高到了80.90%，增长了近8倍。

“十五”以来，兰州石化分公司催化剂总产量年平均提高10.8%，而新鲜水总耗量平均每年降低13.7%，吨催化剂新鲜水消耗从2001年的136.1吨下降到2007年的35.1吨，达到了国内领先水平；外排悬浮物总量下降16.4%，外排氨氮总量下降38.5%；催化剂综合能耗下降6.6%。FCC催化剂业务已成为中国石油提升自主创新技术与服务能力的品牌之一。该项目获2008年度中国石油科技进步奖一等奖。

2009年

高含酸原油直接催化裂化脱酸成套工艺技术的开发及工业应用

低成本炼制高酸原油是世界级难题，该项目首先对高酸原油特性及腐蚀机理进行了系统的研究，发现高酸原油中主要腐蚀性组分——环烷酸具有高温遇酸性裂化催化剂快速分解的特点。由此，突破常规，提出了高酸原油不经过常减压蒸馏分离，全馏分直接催化裂化，同时实现既脱酸又裂化的技术创新构思。经实验室小型、中型系统探索研究，开发出全馏分高酸原油直接催化裂化脱酸技术。该技术由高酸原油脱盐—脱水—脱金属技术和高酸原油直接催化裂化技术组成，其中包括针对高酸原油开发的专用破乳剂，专用脱金属剂和专用高酸、高金属、全馏分原油催化裂化催化剂。工业试验结果，采用高酸原油专用破乳剂和脱金属剂，电脱盐单元可提供盐、水和金属含量满足催化裂化直接加工的原料油；催化裂化单元可脱除高酸原油中石油酸达 99.8%，液体产品中的酸度（值）与常规原油催化裂化的液体产品相当，可直接生产高价值石油产品和化工原料。该技术成功解决了加工高酸原油对碳钢材质设备腐蚀和油品乳化的世界级难题，具有防腐设备少、流程短、运转安全等优点，且经济效益可观，为加工高酸原油提供了一条世界上独有的技术路线。创新点：①高酸原油专用破乳剂、脱金属剂及其加工流程技术；②高酸原油直接催化裂化脱酸技术及专用裂化催化剂等。具有自主知识产权，已申请中国专利 13 件，其中 2 件已授权。2006 年 11 月在清江石化 13 万吨/年催化裂化装置及配套的电脱盐装置上工业试验，2007 年 10 月在高桥分公司 100 万吨/年催化裂化装置及配套的电脱盐装置上工业应用。与重油催化裂化装置加工常规重油相比，采用高酸原油直接催化裂化脱酸成套技术加工高酸原油可新增利税 1472.7 元/吨，新增利润 1234.4 元/吨，经济效益显著。该项目获 2009 年度中国石化科技进步奖一等奖。

催化裂化催化剂生产中节能降耗成套技术开发

该项目通过对催化裂化催化剂的活性组分、基质和催化剂制备工艺进行整体优化，首次研究开发了催化剂生产的节能降耗成套技术，主要包括：结构优化分子筛 SOY 及其制备新技术、催化剂高固含量成胶工艺技术、富硅基质裂化催化剂制备新技术及裂化催化剂生产过程氨氮废水处理技术。所开发的催化剂生产中节能降耗成套技术简化优化了生产工艺，大大提高了催化剂的生产效率，显著降低了催化剂生产综合能耗和生产成本，并使氨氮废水达标排放。所开发的催化剂生产中节能降耗成套技术在催化剂齐鲁分公司两年的工业试验和工业应用结果表明，该成套技术在分子筛制备工艺上有很大突破，大幅度降低了分子筛的生产成本（10%）、综合能耗（20%）以及高氨氮废水的排放量；所开发的催化剂高固含量成胶工艺显著降低了催化剂生产的综合能耗（14%）和生产成本（1.5%），大大提高了生产效率（18%）；取得了显著的经济效益和社会效益，节约支出带来的经济效益达1732 万元/年，为齐鲁分公司的节能减排作出了显著贡献，具有很好的推广前景。为催化剂齐鲁分公司新的 5 万吨/年生产装置的设计提供了依据。申请专利 18 件（授权 8 件）、专有技术 6 件，中国石化具有独立知识产权。该项目获 2009 年度中国石化科技进步奖一等奖。

OCT－MD 生产国Ⅳ清洁汽油成套技术开发及工业应用

OCT－MD 技术采用“FCC 汽油全馏分无碱脱臭—轻、重馏分分馏—重馏分选择性加氢脱硫—轻、重馏分混合”的工艺技术。脱臭单元前移，使轻馏分中的低沸点硫醇硫转化成了高沸点的二硫化物并转移到重馏分中（轻馏分总硫含量降低 50%～70%）；重馏分选择性加氢脱硫单元采用 FGH－21/FGH－31 组合催化剂和优化的工艺条件，通过控制循环氢中硫化氢含量，重馏分加氢产物硫醇硫含量不大于 6.0 微克/克，从而省去了重馏分脱臭单元，同时在深度脱硫的同时减少了辛烷值的损失。已申请 14 件发明专利，其中 3 件已获授权，有一定创新性，具有自主知识产权。OCT－MD 技术在石家庄炼化分公司 60 万吨/年工业装置连续运转 3 个月生产“京标 C”汽油（硫含量不大于 50 微克/克）的工业试验结果表明，处理硫含量 513～620 微克/克、烯烃 28.0v%～33.8v% 的 MIP 汽油，产品硫含量为 38～50 微克/克，RON 损失 0.7～1.3 个单位，达到“京标 C”标准汽油对硫含量的要求。整体技术达到当前国际同类技术的先进水平。采用“预先无碱脱臭—轻、重馏分分馏—重馏分选择性加氢脱硫—轻、重馏分混合”的创新工艺技术，同时重馏分选择性加氢脱硫采用新技术制备的组合催化剂，获得了深度脱硫、辛烷值损失低的效果。2009 年采用 OCT－MD 技术的有中国石化武汉石化、金陵石化、西安石化、湛江东兴石化公司、胜利石化分公司等 16 家企业，OCT－MD 技术成为国内企业生产符合国Ⅲ、国Ⅳ标准清洁汽油的首选技术。新增产值 549.8 万元，新增利税 101.876 万元，新增利润 147.674 万元，为北京“绿色奥运”作出了贡献。该项目获 2009 年度中国石化科技进步奖一等奖。

齿轮油极压抗磨添加剂、复合剂制备技术与工业化应用

齿轮油在边界润滑环境下，发挥极压抗磨减摩作用，是技术含量最高、研制难度最大、极难实现通用的润滑油品种。该发明主要技术创新如下：

（1）发明了4种各具特色的含磷抗磨添加剂：硼化硫代磷酸酯胺盐、长链酸性亚磷酸酯、有机硼酸酯含磷抗磨剂、硫代磷酸酯胺盐。通过分子结构设计合成了7类37种不同机构的含磷抗磨添加剂，利用四球极压抗磨试验、摩擦磨损试验、人工老化试验、烘箱氧化试验、水解安定性试验对其使用性能进行了全面研究，使用TGA研究其热稳定性，使用XPS和SEM研究其摩擦磨损机理，筛选出该发明四种含磷抗磨添加剂，分别解决了齿轮油通用、清洁、长寿命、抗磨节能问题。

（2）通过含硫极压添加剂、含磷抗磨添加剂及其他辅助添加剂的复合效应研究，提出了齿轮油及其复合剂应具有较佳硫磷比的概念，以保证各种添加剂使用性能的有效发挥和齿轮油整体性能的平衡统一。发明了中国第一个硫磷型通用齿轮油复合剂LAN4201和第一个手动变速箱油复合剂RHY4161，填补了国内空白，打破了国外垄断。

（3）首次提出了惰性反应膜齿轮润滑理念。通过分子结构设计合成了二叔丁基三硫化物，使用四球机、Timken试验机研究其极压抗磨减摩性能，使用XPS和SEM研究其摩擦磨损机理，二叔丁基三硫化物与常用的含硫极压添加剂硫化异丁烯相比不含活性硫，对金属无腐蚀，相同剂量下极压性提高55%，摩擦系数降低25%。使用二叔丁基三硫化物发明的手动变速箱油复合剂RHY4162，车辆齿轮油复合剂RHY4204、RHY4208，工业齿轮油复合剂RHY4022达到国内外同类产品先进水平，具有高极压无腐蚀的特性，形成了独有的技术特色。

齿轮油的性能全面达到国际标准的要求，极压抗磨性齿轮油承载能力台架（CRCL－37）综合评分由15分降至0.72分，防腐性铜片腐蚀试验由3b降至2a，热安定性换油期有较大幅度延长，使用寿命延长2～3倍，超过国外同类产品。该发明迫使国外公司的同类产品大幅度降价，由原来的58000元/吨降为38000元/吨。该发明具有加剂量低、经济性更优的特点。

齿轮油及其添加剂产品在中国石油昆仑润滑油实现工业化。使用该发明调配的各类齿轮油在汽车、钢铁、水泥、风力发电行业及军事装备中得到成功应用，特别是用该发明调制的多效齿轮油被总后装备部队认定为2009年国庆阅兵相关设备的指定用油。

该项目解决了中国齿轮油添加剂的国产化问题，产品经过12年的工业化应用已形成企业标准12项、生产规范5项。已获美国发明专利1项，中国发明专利10项。该项目获2009年度国家技术发明奖二等奖。

超高钒污染重油裂化多产丙烯催化剂的开发与应用

该项目针对国内外重催装置加工劣质原料生产丙烯的迫切需求，系统研究了催化裂化多产丙烯与重油转化、抗金属污染和降低汽油烯烃的复杂关系，开发了LIP－200B多产丙烯重油裂化催化剂。工业应用中，与重油降烯烃催化剂相比，在平衡催化剂钒含量高达15600微克/克的条件下，丙烯产率提高2.07个百分点，总液收增加0.85个百分点，汽油辛烷值（RON）升高1.1个单位，汽油烯烃含量降低1.3个单位。LIP－200B催化剂已在4套工业装置上得到成功应用，获显著经济效益。为国内外重催装置加工劣质原料多产丙烯提供了具有竞争力的解决方案。

催化剂研发突破了多产丙烯与重油转化、抗金属污染和降低汽油烯烃等多个技术难点，已申报5项发明专利，2项授权。主要创新点：①开发了择形沸石的高效改性和复合协同裂化技术。对择形裂化沸石进行多种氧化物复合改性，改性沸石活性组分的反应活性大幅度增加，丙烯产率提高2个百分点，并显著提高了改性元素的利用率。通过在主催化剂中强化择形裂化和在助催化剂中强化重油深度转化的创新设计思路，使择形裂化反应与重油深度转化产生协同作用，在重油转化能力增加的同时，液化气中丙烯浓度上升 5 个百分点，汽油辛烷值提高 1.1 个单位。②开发了催化剂抗重金属钒的涂层技术。重金属钒优先与涂层上的捕集剂发生反应，从而起到保护沸石的作用，使催化剂的抗重金属钒能力达到 6000 微克/克。③开发了具有高抗金属钒的多孔催化材料。再生条件下，此多孔催化材料可与钒、镍重金属发生化学反应生成稳定化合物，从根本上钝化了金属的破坏作用，催化剂的抗重金属钒水平进一步提高到 15000 微克/克以上，并改善了重油转化能力。

鉴于 LIP - 200B 催化剂优异的反应性能，2008 年分别在中国石油呼和浩特石化、中国石化洛阳分公司、宁夏宝塔石化进行了推广应用。通过了印尼石油公司 Pertamina Balongaan 炼厂 430 万吨/年催化装置催化剂国际招标的技术审核，显示了该催化剂已具备国际竞争能力。

该项目的成功开发进一步提升了中国石油在 FCC 催化剂技术领域的自主创新能力，形成了重大技术和理论创新成果，成果的推广应用已产生良好的经济效益和社会效益。该项目获 2009 年度中国石油科技进步奖一等奖。

三偏心硬密封高温蝶阀研制开发

在炼油化工行业中，目前，烟气温度已达到 720℃左右，使得普通蝶阀已不能适应这些特殊工况，因此开发新结构的硬密封蝶阀显得很有必要。从发展来看，三偏心蝶阀正以其优良的密封性能得到越来越广泛的应用。目前，炼油催化裂化装置使用的三偏心蝶阀基本依赖进口，而其耐高温性能并不理想。国内三偏心蝶阀的研制起步晚，20 世纪 80 年代末 90 年代初德国 Adams 公司、美国 Klystone 公司的三偏心硬密封蝶阀进入国内市场，国内一些厂家开始以这两家公司的产品为样机，进行仿制生产。目前主要的生产形式是引进国外技术，和外国公司合资、合作生产，处于对三偏心蝶阀的吸收消化阶段。国内厂家均不能生产用于催化裂化能量回收系统的耐高温、大口径密封蝶阀。兰州石化公司研发的蝶阀阀体双筒体热态膨胀结构就是专门针对现有三偏心高温蝶阀在高温工况下出现变形导致密封不严的问题而提出的解决方案。经过工厂模拟热态性能试验，证明该结构可行，是本科研项目的创新点之一。专门开发研制了新型蝶阀用带缓冲快速电液执行机构，经过联机调试，证明该套电液执行机构能够实现阀门快速关闭的要求，且在关阀瞬间有缓冲，实现了设计意图，也是该科研项目的创新点之一。经过两年的科研攻关，研制开发生产的 DN1200 三偏心硬密封高温蝶阀样机，各项性能指标经过检测，均达到合同要求。随着炼油装置趋于大型化发展，对三偏心蝶阀的需求也越来越大；同时，三偏心蝶阀在电力、化纤、水利等行业的需求也很大，因此，具有广阔的前景。该项目获 2009 年度中国石油科技进步奖一等奖。

2010 年

大型蒸馏装置高轻收深总拔低能耗成套技术

该项目以决定大型蒸馏装置总体水平的三大要素（轻油收率、深拔水平和能量消耗）为核心，以目的产品清晰分割、轻油收率最大化、安全长周期运行条件下减压深度拔出及能量消耗节约为目标，通过对典型原油试验研究及先进的工程技术的集成，开发形成成套综合技术。通过典型原油深拔条件实验，形成系列典型原油不同深拔程度下的馏分油以及重油的性质数据及数据库；通过重油结焦评价试验，积累并系统地关联了系列典型原油不同深拔程度下的油膜温度与炉管中的停留时间关系数学模型，从而确定典型原油深拔操作时炉管的安全操作区域；对已知原油或混合原油，可模拟出该原油的常压重油在减压炉中的安全操作曲线，可为设计和生产确定安全的非结焦操作区域。该项目系统地提出提高轻质油收率、降低能量消耗及减压深拔的综合技术措施，在追求能耗降低和低碳排放的前提下通过关键技术集成，能够实现柴油与蜡油的清晰分割、蜡油与渣油的清晰分割和提高大型蒸馏装置的轻油收率与总拔出率的目的。该项目的创新着眼于整个蒸馏装置而不是局部，通过综合开发研究及先进技术集成，以提高大型蒸馏装置包括轻收、总拔及能耗等在内的装置整体技术水平。该项目具有自主知识产权。该技术已在中国石化广州分公司实现了工业应用，3 年多的工业应用表明，装置运行平稳，达到了或优于开发课题各项技术指标。应用企业还有中国石化齐鲁分公司、九江分公司、长岭分公司等。广州分公司常减压装置采用该技术，总拔出率提高 3%，按 2008 年加工量 713 万吨计，增加净利润 1.57 亿元。此外，装置对提高轻油收率和低能耗所产生的经济效益未包含在内，但对经济效益的贡献相当巨大。该项目获 2010 年度中国石化科技进步奖一等奖。

提高轻质油品收率的两段提升管催化裂化新技术

催化裂化（FCC）是国内外最主要的重油轻质化工艺过程，目前中国 FCC 加工能力超过 1.3 亿吨/年，轻质油收率每提高 1.0 个百分点，每年将增产 130 万吨轻质油品，相当于增加一个中小型油田。因此，FCC 技术进步对促进世界炼油技术发展和满足国家需求意义重大。

该项目基于化学反应工程理论，结合模拟计算和实验研究，经过 10 年攻关，取得了 FCC 技术的重大创新与突破。

（1）通过学科交叉创新性地将计算流体力学理论应用于 FCC 提升管反应器研究，结合新型装备研发定量揭示了 FCC 反应历程的本质。目前重油 FCC 反应深度不优化，存在轻质油品的严重过裂化；新鲜原料和循环油之间存在严重竞争吸附和对理想反应的严重阻滞；催化剂活性快速降低导致提升管内整体催化活性严重不足，干气等非理想热裂化产物急剧增多。建立了“有效抑制干气和焦炭生成的强化催化裂化”理论，该理论认为通过分段反应及段间引出轻质油品，每段引入再生催化剂及大剂油比操作、短反应时间运行等方法，可有效克服恶性竞争吸附和抑制轻质油品的过裂化，提高轻质油品收率并改善产品质量。

（2）创立了“分段反应、催化剂接力、短反应时间和大剂油比”为特征的催化裂化新工艺思路，发明了两段提升管催化裂化（TSR）新技术，该技术用“结构优化的两段提升管反应器”取代传统的单一提升管反应器，通过与再生器优化耦合，构成具有两路催化剂循环的新型反应再生结构。TSR 技术实现了新鲜原料和循环油分别在条件优化的提升管中进行反应，每段提升管引入再生剂进行催化剂接力，可提高剂油比和灵活控制单程转化深度，克服了常规 FCC 技术的固有弊端。

（3）基于创立的重油 FCC 集总反应动力学模型研究和 TSR 技术化学反应工程理论分析，优化了 TSR 技术的工艺条件，建立了 TSR 技术工艺包，形成 2 项技术秘密，8 套企业操作规范和 20 项操作标准。已有 12 套工业装置应用该技术，累计加工能力达 900 万吨/年。与现有技术相比，TSR 技术优势表现在：轻质油品收率提高 1.5~2.0 个百分点；干气和焦炭产率降低 1.5~2.0 个百分点；柴油十六烷值提高 3~7 个单位。

该项目研发过程中获授权发明专利 8 项，发表论文 90 多篇，其中 SCI、EI 收录 52 篇；获省部级一等奖 2 项，建立的高校—研究院—设计院—企业联合攻关体制加速了科研成果的产业化进程，极大地促进了炼油技术的进步。该项目获 2010 年度国家科技进步奖二等奖。

环烷基油深加工技术研究及产品开发应用

该项目围绕克拉玛依稠油的深度加工技术，完成了稠油组成特性、原油优选方法、品质控制以及稠油全加氢工艺和环烷基工艺用油产品开发。根据稠油凝固点低、环烷烃含量高的特点，按照做强做精做细的原则，选择了以高压加氢工艺为核心的稠油深加工技术路线。该路线的经济效益明显高于国内外常用的稠油轻质化路线。以稠油加氢技术为核心，结合国内电力、冰箱空调制冷压缩机、合成橡胶和制鞋行业对高档环烷基工艺用油的市场需求，开发出高档变压器油、直流输电换流变绝缘油、与 R22 制冷剂相匹配的全封闭冷冻机油和白色橡胶填充油、150BS 光亮油等高档环烷基工艺用油。总体技术居国内领先、达到国际先进水平。

（1）该研究以先进的加氢工艺为核心，通过工艺组合，对油品进行深度精制，在深度脱除芳烃的前提下，尽量保持高的环烷烃含量，制备的橡胶油颜色水白，芳烃含量指标 CA 值小于 1，环烷烃含量指标 CN 值不低于 50。同时脱除油品中的多环芳烃（PCA）满足小于 3% 的欧盟 Reach 法规的环保指标要求。

（2）成功解决了变压器油基础油的抗氧化抗

老化难题，做到了抗氧化安定性和抗析气性之间的平衡；研制出了直流输电所需特殊换流变压器油。

（3）解决了全封闭冷冻机油与R22制冷剂的互溶性问题和冷冻机油与压缩机同寿命难题；

（4）解决了大黏度稠油脱沥青油精制深度与产品收率的平衡；实现了全氢型大规模长周期生产150BS光亮油。

（5）完成了高含酸稠油加工防腐技术、确保了稠油炼油装置三年一修长周期运转。

该项目所研发的环烷基特种油，其性能达到或超过国际先进的瑞典尼纳斯公司和壳牌公司、美国太阳油公司同类油品的水平，主要表现在：①变压器油符合GB 2536—1990、IEC 60296（2003）、ASTMD 3487、BS 148等国内外先进标准，消除了进口油曾经出现的硫腐蚀问题。质量与进口油Nytro Lyra X和Diala DX相当，优于Nytro 10GBX和Nytro Libra X及BX和Diala MX；直流输电换流变绝缘油满足西变、沈变、ABB、西门子等公司的用油要求，优于国外同类产品；不加抗氧剂变压器油与进口油Nytro 3000相当。②白色橡胶油的芳烃和硫、氮含量低，环烷烃含量高，颜色水白，光热安定性和耐黄变性能良好。质量处于国际领先水平，优于国际先进的壳牌Shell371、Shellflex 6371UV和Nyflex 222B 、美国太阳油公司SUNPAR 2280。③冷冻机油与R22等绿色冷媒完全互溶性，不会出现分层问题。油品具有优良的热化学稳定性，消除了压缩机机件腐蚀和“镀铜”现象。Krp32全封闭冷冻机油、VG56空调压缩机专用冷冻机油达到美国太阳油公司3GS、4GS同类油的质量水平。④150BS光亮油是国内独家产品，黏度大、凝点低、抗氧化安定性优良，在颜色和抗氧化安定性方面优于进口的光亮油。

该项目开发的环烷基特色润滑油每年产销量约70万吨，打破了进口油的垄断，创直接经济效益10亿元/年以上，并为国家电网、合成橡胶等行业创间接效益15亿元。极大地提升了稠油加工经济效益。同时为中国的电力、冰箱空调制冷压缩机、合成橡胶和制鞋等众多行业提供了配套用油，替代进口油，有力地促进了国内相关行业的发展。该项目获2010年度中国石油科技进步奖一等奖。

低焦炭产率渣油催化裂化催化剂的研制与工业应用

该项目针对国内重油催化剂焦炭产率偏高，尤其是在掺炼高比例减压渣油时，焦炭产率已严重制约生产装置正常运行的问题，通过对催化裂化反应过程中催化剂生焦机理的研究，从FCC催化剂设计入手，开发了低焦炭产率渣油催化裂化催化剂，填补了中国石油在该催化剂类型上的空白。经固定流化床、ACE和小型提升管等多种装置评价表明，新开发的低焦炭产率渣油催化裂化催化剂均表现出优良的焦炭选择性和重油转化能力，与国内不同类型催化剂相比，低焦炭产率渣油催化裂化催化剂的焦炭、干气产率之和可降低0.5个百分点以上，总液收提高了0.5个百分点；经韩国GSC公司第三方测试表明，与GSC公司装置在用的BASF公司LC－5R催化剂相比，在转化率相近情况下，重油转化能力提高了1.4个百分点，汽油收率提高0.9个百分点，同时焦炭加干气产率下降、选择性提高。

在催化剂开发过程中，先后形成了4项创新技术，已申请专利4项。

（1）开发出低生焦超稳Y型分子筛，该分子筛具有低晶胞、适当的强酸中心、良好的稳定性和丰富的中大孔等特性，保证催化剂具有良好的焦炭选择性；

（2）开发出催化剂惰性基质材料的“活化”技术，并创造性地提出了惰性基质组分“活化”处理后的液固一体化使用技术，进而制备出了一种新型基质材料，改善了催化剂中基质的活性、孔结构；

（3）开发出催化剂复合元素改性技术，在提高催化剂抗重金属能力的同时，进一步改善了催化剂基质的活性和重油转化能力；

（4）开发出新的催化剂成胶工艺技术，在保证催化剂强度的基础上，使工业催化剂生产中耗酸量下降了70%以上，在降低生产成本的同时保护了环境。

低焦炭产率渣油催化裂化催化剂于2006年12

月首次在兰州石化催化剂厂进行工业转化（工业牌号 LEO－1000），截至 2009 年底共生产 LEO－1000 催化剂 4000 吨以上，产品均达到质量指标要求。

2007 年 8 月，LEO－1000 催化剂开始在长庆石化公司两段提升管催化裂化装置进行工业应用，截至 2008 年 8 月，LEO－1000 催化剂在装置上连续使用了 391 天，装置累计使用 LEO－1000 催化剂 2350 吨，加工催化原料 142.34 万吨，装置加工负荷达 88%，实现了催化裂化装置加工高比例减压渣油（65% 以上）的预期目标。终期标定结果与使用初期相比，装置焦炭、干气产率（含损失）下降了 1.20 百分点，油浆产率下降了 3.97 百分点，总液收提高了 5.18 百分点。在满足用户生产需求的同时，也为应用企业创造了巨大的效益。2008 年，LEO－1000 催化剂在大连西太平洋石化公司 280 万吨/年催化装置进行了工业应用，一直使用至今；2010 年 4 月，LEO－1000 催化剂在中国石化洛阳分公司开始工业应用。该项目获 2010 年度中国石油科技进步奖一等奖。

高空速碳二加氢催化剂的制备及工业应用

兰州石化的 24 万吨/年乙烯装置，采用了深度裂解技术，裂解气中乙炔含量高，碳二加氢部分运行负荷大，其空速远远超过国内同类装置。石化研究院开发的碳二加氢 LY－C2－02 催化剂，于 2003 年应用于兰州石化 24 万吨/年乙烯装置碳二加氢单元，在一段反应器 B 反应器进行了首次工业应用。应用结果表明，LY－C2－02 催化剂活性适中，催化剂的运行时间及除乙炔量达到进口国际主流催化剂 G－58C 的水平，尤其是催化剂选择性好，乙烯增量高于后者，为应用装置带来了可观的经济效益。使该催化剂成为国内唯一可在高空速装置替代 G－58C 的催化剂。

该项目采用特殊的载体成型方法，制备了具有双峰孔分布的催化剂载体，经计算发现，采用双孔催化剂后，扩散系数比单孔径增加 11.9%，实验发现，采用该方法制备的催化剂，其除炔活性有明显提高，催化剂能很好地适应高空速的运行要求。

开发了将多种活性组分共浸渍的方法，并提高了催化剂活性组分的分散效果，形成了钯—银组分的特定组合，减少了乙炔在催化剂表面的强吸附物种的数量，减少了乙炔的过度加氢，大幅度提高催化剂的选择性。

采用特定无机给电子体，对催化剂表面进行修饰，降低催化剂表面酸度，减少了碳正离子反应，大幅度降低催化剂表面的结焦，延长催化剂运转周期。

通过 LY－C2－02 催化剂工业试验，考核了其在一、二、三段的应用情况，LY－C2－02 催化剂在不同的工艺条件下都可以满足工业装置的需要。总体上表现反应温度比 G－58C 低 5℃～10℃，乙烯增量比德国南方化学 G－58C 高，操作温度比 G－58C 宽 5℃～10℃，催化剂再生性能好，运行稳定，整体运行水平与进口 G－58C 相当，完全能满足兰州石化高空速装置的要求，具备取代进口 G－58C 型催化剂的能力，对挖潜增效有积极意义。

LY－C2－02 在兰州石化 24 万吨/年乙烯工业装置的应用达到较高水平，是目前国内外唯一在高空速装置上可取代 G－58C 催化剂的品牌，保证了装置的“安稳长满优”运行，为装置创造良好的经济效益。该项目获 2010 年度中国石油科技进步奖一等奖。

SJ 级汽油机油及系列摩托车专用油的开发应用

该项目包括“SJ 汽油机油的研制”和“五羊—本田系列摩托车专用油开发及应用”两部分。

（1）SJ 汽油机油的研制。大连润滑油研发中心在完成国家“九五”重点科技攻关项目SH10W－40 汽油机油研制工作基础上，开展了 SJ10W－40 汽油机油的研究工作，同时可为 SJ10W－40 四冲程摩托车油的开发打下了基础。

该项目的技术创新点：①复合剂 RHY3061 是国内第一个 SJ10W－40 自主配方技术。解决了油品的高低温分散性、高温抗氧性的难题，达到了低磷要求，填补了高档汽油机油生产的空白。②在国内首家建立了用于评价高档汽油机油的凝胶试验、高温沉积物试验和过滤性试验三个试验室模拟试验。

RHY 3061 复合剂调和的油品顺利通过了大连出租车公司的延长换油期的行车试验和海南高温行车试验，为以后高档汽油机油的开发及使用打下了坚实的基础。并于2001年通过了天津内燃机研究所的四冲程摩托车油专有台架试验，达到了四冲程摩托车油的性能要求。

（2）五羊—本田系列摩托车专用油开发及应用。大连研发中心在原SJ10W－40汽油机油研发的基础上，着力于开发出应用于五羊—本田发动机专用润滑油，力求为中国石油创造出较好的经济效益和社会效益。

该项目的技术创新点：①通过提高抗磨剂的配方组成等技术手段，提高了五羊—本田摩托车专用油苛刻的高温抗磨损性能。②参照JASO－T903和SJ汽油机油标准制定了四冲程摩托车油、五羊—本田摩托车专用油企业标准。③通过改进配方的抗磨性和摩擦特性提高产品性能，使国产油首次通过了五羊—本田公司SJ10W－30（MA、MB）专用油苛刻的四个认证程序，成为五羊—本田摩托车专用油，打破了日系摩托车用日方推荐油的惯例。MA成为五羊—本田、新大洲本田的摩托车装机油和服务油，MB成为出口踏板车的装机油。

该项目具有良好的经济效益，并获2010年度中国石油科技进步奖一等奖。

炼油与化工运行系统研究与建设

炼油与化工运行系统（Manufacturing Execution System，MES）是《中国石油信息技术总体规划》中服务于炼油化工生产业务专业应用系统，其目标是利用实时信息监控从生产排产、生产执行到生产统计的整个生产过程，协助业务人员以最经济的方式管理和优化工厂的生产运行。

2003年，中国石油信息管理部委托规划总院组织完成了《中国石油炼油与化工运行系统的可行性研究》，形成了可行性研究报告与试点设计报告。可研报告结合国际最佳实践和行业经验，将中国石油炼化企业对MES的应用需求分解落实到11个应用模块：工厂基础信息管理、实时数据库、实时数据库应用、实验室信息管理系统、生产计划与排产、运行管理、物料移动管理、物料平衡、收率计算、生产统计、生产运行信息平台。

中国石油MES通过分批建设、分批上线的方式，实现了23家炼化企业和公司总部的上线应用，由点及面，搭建了统一的生产运行业务管理平台。自2005年底在大连石化公司应用以来，MES已经在企业全面应用，为企业精细化管理提供了有效手段，为生产受控和降本增效提供了有力的支持，带来了明显的经济效益。

炼油与化工运行系统的实施过程，是一次集成创新过程，也是一次引进、消化、吸收、再创新的过程。主要创新点包括：①梳理了企业现有生产流程和物料走向，搭建工厂模型，既符合以液体加工为主的炼油业务特征，也能满足塑料、橡胶、化纤等固体化工产品生产的业务需求。②以装置工艺指标实时数据为基础，通过计算指标偏差时间得出装置平稳率，实现了装置平稳率自动计算、多纬度对比和历史趋势查询功能，有助于平稳生产和考核。③采用先进的数据整定算法建立物料平衡模型，实现了企业全厂的日物料平衡；实现了基于统计平衡策略的统计平衡模型，集成了装置、罐区、物料移动、物料进出厂等各类生产数据，能够满足生产统计和成本核算的要求，全面提高了统计工作效率。④在实现各类生产报表的基础上，采用数据透视技术，实现了对各类生产数据灵活统计、分析和展示功能，有助于提升企业精细化管理水平。⑤基于SOA架构思想，采用Web服务、XML、SOAP等先进的分布式开发技术，辅以MD5加密算法和数据压缩技术，很好地解决了跨区域、跨平台、跨数据库的集成问题，实现地区公司与总部的数据有效集成，满足了业务精细化管理的需求；⑥应用微软最先进的VS2008和银光技术，以绚丽的图形与丰富的图表展示数据；与炼化生产业务相结合，创造符合业务习惯的个性化组件，以进度、仪表盘等图形方式，直观、生动地展示炼化板块整体生产运行情况。

经过5年多的实施，MES项目历经试点、推广和扩展3个大阶段。截至2009年底，共完成23家炼化企业的MES系统实施。由此在公司总部和23家炼化企业建成了统一的生产运行管理平台；实现了生产过程实时和管理“数出一源”，有效支持管理业务；加强了生产受控和量化考核，提高了产品质量，降低了成本，据初步估算，MES上线后每年能降低成本约2亿元；提高了生产管理效率和水平，规范了业务流程；及时发现和解决操作问题，实现节能降耗，减少浪费和损失；促进了基础设施升级改造，全方位带动了企业信息化水平的提高。

炼油与化工运行系统的应用，为优化资源配置、优化生产运行方案提供了良好的支持，取得了显著的效益。该项目获 2010 年度中国石油科技进步奖一等奖。

石油化工新技术

2006 年

20 万吨/年苯乙烯成套技术开发

随着国内对苯乙烯的需求量逐年增加和技术的不断进步，乙苯/苯乙烯装置正向大型化和特大型化的方向发展。在消化吸收国外技术的基础上，中国石化组织齐鲁石化、上海石油化工研究院、上海工程公司、华东理工大学、齐鲁石化工程公司，依托齐鲁石化 20 万吨/年乙苯/苯乙烯装置改造，从工艺技术、大型关键设备研制等方面进行苯乙烯成套技术及设备国产化攻关。

通过攻关，开发或采用了高转化率、高选择性的 GS-08M 型乙苯脱氢催化剂、新型轴径向流动反应器技术、脱氢尾气采用低温吸收工艺技术、低温精馏工艺技术、负压绝热闪蒸工艺技术以及新型急冷器，使齐鲁石化原有 6 万吨/年苯乙烯装置改扩建到 20 万吨/年，不仅提高了苯乙烯装置的生产能力，使装置达到经济规模，降低生产成本，提高产品竞争力，还解决了设备腐蚀和环境污染等问题，同时通过攻关，解决了装置大型化问题，形成了成套技术。

采用该技术的齐鲁石化 20 万吨/年苯乙烯生产装置，经过两年多的工业运转表明：该成套技术先进、可靠，催化剂性能、装置生产能力（苯乙烯产量达到了 25 吨/时的设计值）、产品质量等总体指标达到国外同类技术的先进水平，年增利税 4.8 亿元，经济效益和社会效益显著。该项目获 2006 年度中国石化科技进步奖一等奖。

20 万吨/年乙苯成套技术开发

随着国内对苯乙烯的需求量逐年增加和技术的不断进步，乙苯/苯乙烯装置正向大型化和特大型化的方向发展。在消化吸收国外技术的基础上，中国石化组织齐鲁石化、石油化工科学研究院、齐鲁石化工程公司、工程建设公司，依托齐鲁石化 20 万吨/年乙苯/苯乙烯装置改造，从工艺技术、大型关键设备研制等方面进行乙苯成套技术及设备国产化攻关。

通过攻关，采用液相分子筛催化烷基化工艺技术，彻底解决原装置环境污染和设备腐蚀问题，实现清洁化生产；通过调整循环物料的流量、进料位置和反应段数，可方便、灵活地降低原料苯的流量，从而降低能耗、减少投资；采用乙烯多段进料与中段循环技术，延缓催化剂结焦速度，降低了装置能耗等。

采用该技术的齐鲁石化 20 万吨/年乙苯生产装置，苯/乙烯分子比为 3.5。经过两年多的工业运转表明，液相循环烷基化工艺流程合理，装置运行平稳，操作方便，产品合格，属清洁生产工艺。设备材质为碳钢，国内可设计、制造，易于工业生产。装置产生的残油少，乙苯收率高，物耗能耗低。乙苯收率达到 99.5%，乙苯产品纯度达到 99.8% 以上，其中二甲苯含量 $\leq 50 \times 10^{-6}$，二乙苯含量 $\leq 10 \times 10^{-6}$，达到国际同类先进技术水平，年新增利税 2.1 亿元，经济效益和社会效益显著。该项目获 2006 年度中国石化科技进步奖一等奖。

30 万吨/年 PTA 装置增量 40 万吨/年技术开发

该项目在对上海石化 22.5 万吨/年 PTA 装置升级改造 30 万吨/年的基础上，通过自主创新开发了 40 万吨/年 PTA 国产化成套技术，并将装置生产能力扩改到 40 万吨/年，大幅降低了能耗、物耗。主要创新点：开发并长周期应用 PX 富氧氧化技术，在主工艺设备未增容的条件下实现了年增产 10 万吨产能和资源合理利用，降低了电力消耗；开发了氧化反应器、氧化反应冷凝系统扩容技术，开发了可提高醋酸脱水和反应尾气除沫效率的液膜传质反应脱水技术；氧化反应尾气采用高压吸收脱除有机物技术，回收了对二甲苯和醋酸甲酯并减少了废气外排；实现了大型真空过滤机、真空泵、大型釜式钛制蒸汽发生器/冷凝器、高压高温钛制换热器等关键设备的国产化设计、制造和应用；开发并应用了计算机先进控制（APC）。投入该技术以来装置运行平稳可靠，装置经济技术指标大幅提高：PX 单耗≤657 千克/吨 PTA、HAc 单耗≤50 千克/吨 PTA、氧化催化剂单耗≤0.033 千克/吨 PTA、综合能耗≤178 千克标油/吨PTA，产品质量合格，“三废”排放符合环保要求，经济效益显著。该项目获 2006 年度中国石化科技进步奖一等奖。

环丁砜抽提蒸馏分离苯、甲苯工业成套技术开发及应用

该技术是合资企业上海赛科 90 万吨/年乙烯工程 9 套主体装置中唯一采用的自主开发技术。该技术的成功应用，标志着中国石化自主开发的技术已应用于世界级规模的装置。

该技术以试验和过程模拟为基础，最大限度利用了环丁砜溶剂的高溶解性和高选择性的特点，抽提蒸馏效率高且操作稳定；首次设计了抽提蒸馏生产苯和甲苯的四塔工艺流程；提出了抽提蒸馏塔灵敏板温度控制方法，解决了控制问题，保证了产品的质量和高回收率；优化了抽提蒸馏塔的设计，采用适宜的内构件，提高了塔的分离效率和操作弹性。已申请 3 项中国专利。

2005 年 3 月，上海赛科 55 万吨/年芳烃抽提装置一次投料开车成功，并率先通过了考核和验收。考核结果表明，装置能力、产品质量、收率和公用工程消耗等指标全面达到或优于合同保证值，其中苯产品纯度 99.97wt%，甲苯产品纯度 99.91wt%，苯收率 99.52wt%，甲苯收率 98.86wt%。该成套技术具有投资省、能耗低、产品质量优和收率高的特点，整体技术达到了国际先进水平。与引进国外同类技术相比，采用自主技术节省一次性投资 2500 万元，苯产品收率提高了 1.3wt%，装置能耗物耗低，年增效益超过 1000 万元，经济效益显著。该项目获 2006 年度中国石化科技进步奖一等奖。

甲苯歧化与烷基转移成套技术开发及工业应用

甲苯歧化与烷基转移成套技术以 HAT－096 甲苯歧化与烷基转移催化剂为核心，采用进料气体分布器和结构优化的大型轴向流固定床反应器，使催化剂的优异性能得以充分发挥。采用热集成技术和高效板式换热器，优化分馏系统的工艺条件，大幅度降低了装置能耗。

使用该成套技术建成的镇海 100 万吨/年歧化装置，是国内正在运行的单系列处理量最大的装置，一直稳定运行。生产具有较大的灵活性和市场适应能力，可通过调整原料甲苯与碳九芳烃的比例来调节苯和二甲苯的产量；生产的混合二甲苯还优化了吸附分离装置的进料，增强了 PX 联合装置的生产能力，催化剂的转化率和选择性均超过了工业保证值。工业应用表明：甲苯和碳九芳烃的总转化率 47.8wt%，总选择性 93.3wt%，碳八芳烃选择性 75.4wt%；产品苯纯度高，冰点为 5.45℃；装置综合能耗为 43.7 千克标油/吨，均优于设计值。该装置的建成投产，使对二甲苯联合装置生产流程得到了优化，提高了整个装置的技术经济指标。年增利税 2.3 亿元，具有显著的经济效益。该项目获 2006 年度中国石化科技进步一等奖。

乙烯裂解炉管强化传热技术

裂解炉强化传热扭曲片管是一种管内带有扭曲片的精密整铸管。在裂解炉的辐射段加装扭曲片管后，使流体介质由原来的活塞流变成旋转流，使热阻大的边界层厚度减薄，增大炉管的总传热系数，从而降低炉管管壁的温度，达到强化传热、延长裂解炉运转周期的目的。在燕山使用表明：运转周期延长 50% 以上，处理量提高 7% 左右，其中 SRT－IV 型炉管操作周期达到 105 天，CBL－III 型炉的周期达到 99 天，CK－V 型炉的操作周期达到 86 天。

该项目开发了扭曲片管安装排列的设计模型，使用时不改变炉子结构，不影响炉子的正常操作。该技术已经获得中国专利、美国专利和法国专利。

到 2006 年底已有 19 台炉子使用了扭曲片，以燕山 6 万吨/年的 SRT－IV 型裂解炉为例，一年新增利税 1442 万元以上，其中利润 966 万元。该项目获 2006 年度中国石化科技进步奖一等奖。

驱油用石油磺酸盐研制与产业化

石油磺酸盐是三次采油化学驱中最主要的表面活性剂，因此有必要开展驱油用石油磺酸盐研制与产业化研究。

以相似相容理论为指导，开发出了宽馏分油、液相三氧化硫磺化、位差溢流多釜串联连续生产工艺石油磺酸盐制备技术，使石油磺酸盐生产的关键技术得到突破，研制出的石油磺酸盐适应于任何驱油体系，形成了国内外独有技术（国家发明专利号：03112092. X）。

已建成2000 吨/年生产规模间歇连续式生产装置各 1 套，并建成了 2 万吨/年国家高新技术产业化示范工程。工业驱油应用近 5000 吨，在低渗、蒸汽开发、稠油开采领域取得了非常显著的效果。该项目获 2006 年度中国石化科技进步奖一等奖。

RAX－2000A 型吸附剂的研制及工业应用

通过系统研究，突破了分子筛原粉合成、工业制备技术及工业应用技术等关键难点，开发出 RAX－2000A 型对二甲苯吸附剂，并获中国发明专利授权 5 件，具有自主知识产权。2004 年在齐鲁分公司烯烃厂 38 万吨/年对二甲苯吸附分离装置上进行首次工业应用，标定和近三年的工业运行结果表明，其吸附性能及稳定性均达到国际同类产品的先进水平，该技术已为企业创造经济效益 6000 万元以上，并使得中国石化成为全球第三家能提供该产品的专利商。该项目获 2006 年度中国石化科技进步奖一等奖。

高分子量抗盐聚丙烯酰胺工业化生产技术的研究开发与应用

高分子量抗盐聚丙烯酰胺是为了满足大庆油田三次采油技术的需求，用污水配制聚合物，效果等同于清水配制，同时可以降低聚合物注入成本，获得明显增油降水效果而开发的新产品。该研究的成功，不但使大庆炼化公司的聚合物产品有了升级换代的新技术，而且解决了大庆油田的污水排放问题，为大庆油田节约了大量的排污费，减少了清水消耗成本，意义重大。

该研究通过三段复合引发体系和绝热聚合热的控制与利用，有效增加了分子链的长度，即增加分子量来提高聚合物水溶液的黏度；在聚合反应中引入具有耐盐性的功能单体，以提高聚合物分子量的刚性来增加流体力学的尺寸，增加聚合物的抗盐能力。合成的高分子量抗盐聚丙烯酰胺在低浓度和高矿化度的水溶液中，仍然保持较高的增黏性，同时，该抗盐聚丙烯酰胺用污水配制的驱油效果等同于清水，各项质量指标符合油田驱油用抗盐聚丙烯酰胺的要求。研究中分析了不同聚合工艺的优缺点，研究了影响聚丙烯酰胺分子量、黏度、溶解性的各种因素，对超高分子量聚丙烯酰胺聚合机理、聚合反应引发体系以及聚合反应条件进行了深入研究，优化聚合反应条件，成功开发出高分子量抗盐聚丙烯酰胺合成技术。通过丙烯酰胺与抗盐单体聚合后水解工艺路线的研究，实现了 12 吨/釜的工业化大规模生产。克服了大块釜式聚合反应温度高，反应速度快、不易控制等问题，解决了以往聚丙烯酰胺生产过程中提高产品分子量，而溶解性差这一主要矛盾，能够工业化生产出分子量在 3000 万以上、溶解性良好的超高分子量抗盐聚丙烯酰胺产品。研究结果表明：高分子量抗盐聚合物合成技术是成功的，研究实现了预定的目标。从实验室内聚合反应研究、中试试验，到工业化试生产，最终实现大规模工业化生产。产品质量指标达到了大庆油田抗盐聚合物的要求，产量达到了设计值。高分子量抗盐聚丙烯酰胺产品在大庆油田三次采油领域得到了推广应用，取得了显著的增油降水效果。大庆油田在孔隙半径大、注入压力允许的井况下推广应用高分子量抗盐聚合物产品，增油降水效果显著。采用污水配制该产品的区块比清水配制普通聚合物区块平均提高采收率 2%。

该项目的研究成功，使炼化公司的聚丙烯酰胺产品有了升级换代的新技术，保持了聚丙烯酰胺在大庆油田市场的份额；解决了大庆油田的污水排放问题，为大庆油田节约了排污费，降低了清水消耗成本，取得了较好的社会效益和经济效益。该项目获 2006 年度国家科技进步奖二等奖。

2007 年

聚丙烯环管工艺改进及高性能产品开发

北京化工研究院发明了非对称加外给电子体新技术，结合不对称加氢技术，首次实现了 Z－N 催化剂体系下宽分布均聚聚丙烯等规度分布的控制，成功开发了均聚高速 BOPP 专用树脂。该技术具有独创性，已申请多项国内外专利。

该技术在镇海炼化 20 万吨/年聚丙烯生产装置应用，在国际上首次实现了双反应器不对称加外给电子体，生产出了大分子部分低等规、小分子部分高等规、可萃取物少、分子量分布宽的均聚高速 BOPP 专用树脂，改变了以往只有与乙烯共聚才能生产的高速 BOPP 产品。所开发的产品在10余家下游企业应用，拉膜稳定性好，在420米/分拉膜速度下，48 小时以上不破膜，产品杨氏模量高，雾度好，析出物少，不仅可用于芯层，也可用于表层，受到下游用户的广泛欢迎，取得了显著的社会和经济效益。该技术可为炼厂企业聚丙烯产品的多样化、高性能化、高附加值化提供技术支持，提高产品竞争能力。该项目获 2007 年度中国石化科技进步奖一等奖。

新一代增产丙烯催化裂解催化剂的开发

新一代增产丙烯催化裂解催化剂 DMMC－1 是石油化工科学研究院针对化工原料需求开发的以重油为原料、通过催化裂解过程多产化工原料的催化剂。该催化剂采用自主开发的高结晶度、高活性稳定性的新一代 ZSP 择形分子筛 ZSP－3，并首次将 β 分子筛引入催化裂化催化剂，研制的催化剂具有大孔结构、高比表面、高平衡活性等特点和很好的重油转化能力及促进丙烯生成的性能。工业运行结果表明，DMMC－1 重油裂化能力强，总液收略有增加，丙烯收率提高 2.43 个百分点。DMMC－1 的开发和应用使工业上已经处于领先地位的 DCC 技术得到进一步提升和发展。该项目获 2007 年度中国石化科技进步奖一等奖。

10 万吨/年苯胺成套技术研究开发和应用

南京化工公司通过“产学研”方式，历时 6 年开发了在工艺技术、装备、安全环保等方面与现有技术有明显区别的大型苯胺成套技术，形成了专利或专有技术，并建成了 10 万吨/年装置。主要创新包括研发集流化床专用分布器、伞型内构件、可控换热管束、阶梯催化剂回收多项新技术为一体、专用高速湍动硝基苯加氢制苯胺、单系列规模为 10 万吨/年的流化床反应器，开发了15 万吨/年硝化装置流场控制技术、多釜多点加料工艺，开发了中和水洗硝基苯的加压分离及配套的静态混合技术，并在国内首次采用 HSB 复配菌种对苯胺、硝基苯混合废水协同生化处理等。已申请专利 11 项，授权 2 项，形成专有技术 13 项。采用该成套技术建成的 10 万吨/年装置稳定运行 1 年多，同比规模节约投资 1.8 亿元，当年收回全部投资。已生产苯胺 102680 吨，产品 100% 达到优级品，并满足制造 MDI 生产厂对苯胺产品高标准质量要求。该项目获 2007 年度中国石化科技进步奖一等奖。

甲苯择形歧化技术研究与开发

由上海石油化工研究院研发的甲苯择形歧化技术，以甲苯为原料选择性歧化生产对二甲苯，在保持甲苯较高转化率的同时，对二甲苯选择性达 90% 以上，打破了热力学平衡，可以大幅度降低吸附分离和后续二甲苯异构化的负荷，是芳烃生产工艺中的一个重大改进。

该技术采用复合模板剂技术，合成 ZSM－5 分子筛催化剂，提高了对二甲苯选择性；研发了一种催化剂成型技术和表面有机硅改性技术，提高催化剂的反应活性；开发了轴向绝热固定床甲苯择形歧化反应器和临氢反应工艺，确定了反应温度、压力、氢烃比等最佳反应工艺条件。申请了国内外多项发明专利。

该技术于 2005 年底首次成功用于天津分公司13 万吨/年工业装置，甲苯转化率达 30.6%，对二甲苯选择性达 93.1%，装置运行平稳，产品质量稳定。2007 年 9 月，该技术又成功在扬子石化 60 万吨/年择形歧化工业装置实现应用，苯和二甲苯收率达到了 97%，催化剂总体性能优良，装置整体运行平稳。

该技术可与传统甲苯歧化装置组合优化，或将 ZSM－5 分子筛催化剂装填于传统甲苯歧化装置，可最大化地生产对二甲苯，有效提高芳烃装置的经济性和灵活性，经济和社会效益显著。该项目获 2007 年度中国石化科技进步奖一等奖。

2008 年

万吨级茂系氢化 SBS 成套技术开发及工业应用

巴陵石化开发的茂系氢化 SBS 成套工业技术，打破了国外少数大公司对该技术的垄断，属国内首创，具有完全自主知识产权，技术经济指标先进，达到国际先进水平。开发的 SEBS 产品已在包覆料、密封条、玩具及保健品等领域得到用户认可，市场前景好。“万吨级茂系氢化 SBS 成套技术开发”项目被列入国家“863”计划项目和中国石化“十条龙”攻关项目。其中万吨级茂系氢化SBS成套技术开发于2005年顺利通过了“863”计划项目专家组验收。2005年，巴陵石化启动了2万吨/年茂系氢化SBS装置一期工程建设工作。2006年3月，1万吨/年茂系氢化SBS装置建成并试车成功，随后在该装置上完成了线、星型2个系列共6个牌号SEBS产品的工业生产，累计产销SEBS系列产品万余吨，产品质量与国外同类产品相当。2007年10月，该项目全面完成攻关任务并顺利“出龙”。茂系氢化SBS技术、星型SEBS合成技术已获得中国专利，2万吨/年茂系氢化SBS成套技术工艺包及SBS新型聚合反应釜、50立方米加氢反应釜、SEBS系列牌号技术等已被登记为中国石化集团公司专有技术。共申请9项发明专利，其中5项已授权。1万吨/年SEBS新产品装置建成后，考核结果表明工艺流程合理，产品质量达到预期要求；至2008年4月已生产出SEBS产品10500吨，经过1年的试运行及工艺优化，SEBS装置运行平稳，达到境外同类装置的水平。以2006～2008年原材料平均价格测算，总成本约为18000元/吨，产品平均利润达4000元/吨以上。至2008年4月，已累计产销SEBS产品10500吨，实现销售收入26234.25万元，实现利润4428万元，上缴税收2453万元。该项目获2008年度中国石化科技进步奖一等奖。

单釜连续淤浆床合成环己酮肟工艺技术

环己酮肟是生产己内酰胺的关键中间体，工业上90%以上的己内酰胺都是经由环己酮肟来生产的。现有主要生产技术如HPO法等存在工艺流程复杂、腐蚀污染严重、生产成本高等问题。20世纪80年代后，以新型催化材料钛硅分子筛为催化剂，可实现环己酮与过氧化氢、氨反应，高选择性地一步直接制备环己酮肟，该工艺副产物几乎只有水，因而是一种环境友好的全新技术。该项目以石油化工科学研究院自主研制、具有空心结构的钛硅分子筛（HTS）为催化剂，采用单釜淤浆床连续反应——膜分离新工艺，开发成功环己酮氨肟化制备环己酮肟成套新技术，单釜反应获得与二釜串联工艺（意大利Enichem技术）相同的结果，在世界上首次实现了微孔膜过滤技术在石化大规模连续生产中的应用，并实现长周期稳定运转。该技术与国外技术同步实现工业化，并在添加含硅助剂抑制催化剂流失和催化剂再生技术方面独具特色，处于国际领先地位，大幅度延长了催化剂运转周期，使催化剂消耗显著降低。该项目已申请中国发明专利9件，获授权6件；申请国外发明专利2件（均已获美国专利授权）。巴陵分公司7万吨/年环己酮氨肟化工业装置于2003年8月取得一次开车成功，并实现了满负荷、长周期稳定运转。石家庄化纤也采用该技术建设了1条10万吨/年环己酮氨肟化生产线，将生产规模扩大至16万吨/年。采用该技术生产环己酮肟，经全流程核算，与原HPO工艺相比，生产成本下降432元/吨。从2003年8月开车至2008年4月，共生产环己酮肟24.9963万吨，新增利润为2.16亿元。该项目获2008年度中国石化科技进步奖一等奖。

乙烯淤浆聚合BCE催化剂的工业应用

BCE催化剂由北京化工研究院开发，可用于乙烯淤浆聚合制备高密度聚乙烯树脂。2007年3～4月，BCE催化剂在扬子石化7万吨/年淤浆法高密度聚乙烯生产装置上完成了工业应用试验，催化剂切换采用直接100%切换的方式，共进行了5000S（拉丝料）、7700F（高强膜）、4803T（PE80管材料）等HDPE牌号的生产。试验结果表明，BCE催化剂与国外同类催化剂相比，活性相当，氢调敏感性和共聚性能好，制备的树脂堆积密度高，粒径分布集中，细粉含量和生产串联牌号时低聚物的生成量显著减少，装置负荷提高10%以上，运行情况明显改善，能耗物耗降低，离心分离，干燥以及粉料输送运行平稳，有利于装置的长周期运行。产品性能优良，质量满足后加工用户的要求。BCE催化剂表现出的综合性能明显优于BCH、RZ催化剂，处于国际先进水平，各项指标明显超过合同要求。工业应用试验后扬子石化高密度聚乙烯生产装置一直使用BCE催化剂至今，在生产双峰管材料时，将使用进口催化剂的装置的安全生产周期从10天左右提高到了90天。BCE催化剂具有自主知识产权，已经申请了5项中国专利和2项国外专利，并获得多项授权。

BCE催化剂已在扬子石化高密度聚乙烯装置经使用近23吨，共计生产树脂约20万吨。BCE催化剂已在燕山分公司7万吨/年淤浆法高密度聚乙烯生产装置上工业应用，正在进行国内外市场的进一步推广。采用BCE催化剂后，装置的生产成本和检修成本明显降低，经济效益显著，同时也节约了进口催化剂的购买费用约3645万元。该项目获2008年度中国石化科技进步奖一等奖。

1万吨/（年·列）天然气制乙炔成套技术开发

四川维尼纶厂经过对引进的德国BASF公司天然气部分氧化制乙炔技术消化吸收、创新发展，形成了有自己特色的专利和专有技术（19项）。该成套技术开发项目的主要内容：①编制1万吨/（年·列）乙炔炉单炉工业化试验及部分氧化制乙炔工艺包。开展乙炔炉扩能调研和交流，进行万吨乙炔炉工艺设计、结构设计、研究报告编制、整体机械设计，开展乙炔炉的部件加工、安装，成功完成单炉试车，确定配套设备扩能方案，完成工艺包编制。②1万吨/（年·列）部分氧化制乙炔装置工业化试验。开展K190N系列配套扩能及乙炔炉系列的设计、施工，编制试车方案和安全预案，在乙炔装置建设万吨乙炔炉生产线，2007年6月26日，万吨乙炔炉以85%负荷一次开车成功，负荷逐步提升到105%，装置运行平稳。各项指标达到甚至优于设计值。万吨乙炔炉成套技术具有创新性，整体上达到了国际先进水平。混合器专利技术提高了天然气、氧气混合均匀度；自行设计乙炔炉刮炭操纵杆密封装置；采用多项专有技术，有效地防止早期着火；采用自动刮炭专利技术、新型预热炉技术、电除尘器技术、增加炭黑水压力等技术。万吨乙炔炉装置比0.75万吨/（年·列）的吨乙炔天然气消耗降低约100立方米/时，能耗降低4.4441吉焦/吨乙炔。参照四川维尼纶厂现有成本，如满负荷运行，单台乙炔炉年增加直接经济效益460万元，节省技术许可费2400万元人民币。该项目获2008年度中国石化科技进步奖一等奖。

大型固体粉粒料输送国产化技术的开发与工业应用

通过引进国外智力，建成满足稀、密相输送，输送距离100～500米，输送能力100吨/时的工业规模级、多功能组合的粉粒料输送和掺混试验装置。2005年通过了中国石化总部组织的验收。受到埃克松和道化学技术专家的高度评价。利用测试仪器，建立了聚乙烯、聚丙烯和PTA物性数据库；通过试验，完成了不同输送能力下的状态相图，开发了气固两相流压降计算的数学模型和软件，利用生产数据完成了数学模型的验证，探索出在不同输送能力、输送管径下，输送气量和压力经济的操作线；成功开发掺混料仓、淘析器、高效旋风分离器、水分离器等配套设备的国产化，形成输送能耗低、投资省的技术、经济方案。获发明专利1项、实用新型专利6项。专有技术包括粉粒料物性数据库、输送系统状态图、压降计算模型。整体技术具有自主运作权。2004年应用于上海石化40万吨/年PTA装置输送系统，2006年应用于扬子石化PTA长距离1100米、能力96吨/时输送系统，2007年应用于茂名石化LDPE装置的密相输送和脱气系统。扭转了中国石化粉粒料输送技术依赖国外的现状。与国外公司投标价相比，上海石化PTA、扬子石化PTA和茂名石化LDPE装置送风系统3套装置共降低装置投资费用2630万元；以茂名石化输送系统投产1年计算为例，在减少物耗、能耗，改善产品质量的同时多创效益2110万元。该项目获2008年度中国石化科技进步奖一等奖。

丙烯酸及酯国产化生产工艺技术

该项目在消化、吸收国内外丙烯酸及酯生产技术的基础上，采用先进、实用、可靠的丙烯两步氧化法制丙烯酸及丙烯酸与醇反应生成丙烯酸及酯的生产技术。其工艺技术路线成熟、流程简单、绝大部分设备国产化、生产安全稳定、自动化程度高、项目投资少、效益好；原材料消耗、动力消耗、产品指标等均达到国际先进水平。

中国石油东北炼化工程有限公司在消化、吸收国内外丙烯酸及酯生产技术的基础上，使用化工行业通用的工艺模拟软件对丙烯酸及酯装置各单元进行全流程模拟，建立了全装置计算机工艺模型。已完成5000吨/年丙烯酸，3万吨/年、4万吨/年、8万吨/年丙烯酸及酯工艺包设计。

该项目对丙烯酸及酯装置在国内的建设起到了极大的推动作用，在节省项目专利费和专有技术费（国内技术费仅为国外技术费的5%～10%）的同时，缩短了项目的设计周期和建设周期（技术交流及合同生效等时间）。降低项目的投资，提高装置的竞争力及对产品的市场占有率。若新建装置拟采用引进技术，也可将国产化技术作为投标方参与项目的招标，以促进项目的实施并降低项目的软件费用。

该项目的主要技术创新点：采用先进的丙烯两步法制丙烯酸的改进工艺，降低丙烯酸装置的生产成本；优化了丙烯酸生产中的自动控制系统设计，从而提高丙烯转化率、丙烯酸收率，降低生产成本；采用新型丙烯氧化生产丙烯酸的DCS控制方案，为装置的安全生产提供了保障；丙烯酸废气采用金属催化剂进行催化焚烧方法处理，节约能耗，改善排放气体；丙烯酸废水采用膜回收与共沸精馏方法，在处理废水的同时回收废水中的醋酸；丙烯酸生产装置中精制单元采用优化工艺；丙烯酸二聚物采用直接加热裂解的方式进行回收，提高丙烯酸收率。该项目已申请了10项国家专利，其中4项已取得授权。

该项目具有较高的推广价值，中国石油兰州石油化工公司8万吨/年丙烯酸及11.5万吨/年丙烯酸酯项目采用东北炼化工程有限公司开发编制的工艺包，即采用先进、实用、可靠的丙烯气相两步氧化法制丙烯酸工艺，以及连续酯化法生产丙烯酸甲/乙酯和丙烯酸丁酯的技术。装置已于2008年4月23日一次开车成功，2008年6月24日通过性能考核，各项目指标均达到设计要求。实现8万吨/年丙烯酸及11.5万吨/年丙烯酸酯国产化，属国内首例。该项目获2008年度中国石油科技进步奖一等奖。

乳聚丁苯橡胶成套技术开发

吉林石化公司于1982年引进日本JSR低温乳聚丁苯橡胶生产技术，建成8万吨/年丁苯橡胶生产装置，装置分A、B两条线，单线生产能力为4万吨/年，采用8台30立方米聚合釜串联的连续聚合方式，聚合温度为5℃～9℃，聚合转化率为62%±2%，反应时间为8.5小时，为“快速低转化率”生产工艺。

由于提高转化率不仅可提高单体的一次利用率，降低回收能耗，而且可以增加装置的生产能力并减少污水排放量，因此，吉林石化公司先后完成了“提高丁苯橡胶1500、1502聚合转化率的研究及其工业化技术开发”等技术开发工作，先后实现了“聚合时间10小时、聚合转化率70%”的丁苯橡胶1500、1502“快速高转化率”生产新技术的工业化。之后又适应产品环保无害化需求，完成了环保型丁苯橡胶1500E技术开发工业化，并以“快速高转化率”乳聚丁苯橡胶和环保型丁苯橡胶1500E生产新技术为核心，以多年来对日本JSR引进技术消化、吸收和再创新的成果为依托，全面整合吉林石化在乳聚丁苯橡胶研发和技术改造方面的成果，编制了20万吨/年乳聚丁苯橡胶成套技术工艺包，形成了具有自主知识产权的吉林石化“乳聚丁苯橡胶成套工艺技术”。

该项目技术开发的主要创新点：反应速度快，聚合转化率高；装置单线生产能力大，操作周期长；聚合采用分批加料工艺，技术先进；聚合反应引发体系效率高，消耗低；聚合反应采用高效pH值缓冲剂；将日本JSR的单槽和盐、稀酸的凝聚工艺，改进为两槽、高分子凝聚剂和浓硫酸的凝聚工艺，胶粒凝聚充分、粒度均匀，废胶量减少，并减少了后处理单元的运行故障；将日本JSR的单台大型脱水机改进为两台小型脱水机，可防止因单台脱水机的故障导致单条生产线的全面停车，从而保证了后处理系统生产的连续运行；环保型丁苯橡胶1500E产品定伸应力高。使用与国内同类产品不同的环保型终止剂和防老剂，产品具有不含亚硝胺和定伸应力高的特点；助剂全部实现了国产化，并解决了配制后溶液的稳定性和钾皂、脂肪酸、吊白块等助剂的大批量溶液配制，提高了助剂批次之间的稳定性，保证了胶乳内在质量的均一性；废水成分与原生产相同，单位重量产品废水量减少10%以上，废气量和废胶量均不会增加，且处理过程与原生产相同。

吉林石化公司通过技术开发，将目前国际上“快速低转化率”和“慢速高转化率”两种生产工艺的技术优势合二为一，形成了“聚合时间10小时、聚合转化率70%”的“快速高转化率”的吉林石化自有技术，已于2005年3月在丁苯橡胶装置A线实现工业化生产，又先后于2006年11月和2007年3月在丁苯橡胶装置C线和B线实现工业化生产。经过几年来的实践检验，证明了其技术的先进性、成熟性和可靠性。取得了显著的经济效益。该项目获2008年度中国石油科技进步奖一等奖。

乙烯裂解炉模拟优化系统软件开发及工业应用

该项研究从炼化一体化企业发展战略出发，应对目前国内各大乙烯厂最为关心的焦点问题：①乙烯原料复杂多变，增大了加工利用难度；②工业裂解炉操作缺乏有效的技术指导，裂解效率低下；③乙烯裂解收率低，能耗高、生产成本高。为解决上述问题，项目研究通过对石化企业可利用油气资源的调研，结合实验室原料裂解性能评价和测试分析，提出石化企业乙烯原料优化利用方案，实施炼油厂与化工厂之间的原料配置与互供，实现其原料的优化利用。在乙烯原料裂解性能研究上，历经13年，积累了大量的裂解性能研究数据和工业炉裂解产物分布标定数据，建立了中国西部乙烯原料裂解性能数据库。在此基础上，联合清华大学开发建立了乙烯工业裂解炉的数学模型，开发出EPSOS软件系统，并成功应用于兰州石化分公司24万吨/年乙烯装置上，实现了工业裂解炉的操作优化，有效地提高了乙烯产物收率，实现其效益最大化，推进了乙烯生产技术进步。

该项目研究提出的以乙烯全周期总平均收率最大为目标的优化模型，可根据不同裂解原料提出相应的优化操作方案，以得到最大的乙烯总产率，同时提高“三烯”收率。2007年8月，优化模拟软件系统在兰州石化分公司24万吨/年乙烯装置上投入运行，实现工业应用。乙烯装置实现优化操作后，乙烯收率提高0.72个百分点，丙烯收率降低0.27个百分点，丁二烯收率提高0.10个百分点，“三烯”总收率提高了0.55个百分点，相对值提高1.08%，应用效果显著。该项目获2008年度中国石油科技进步奖一等奖。

2009年

14万吨/年己内酰胺成套新技术开发

己内酰胺是重要的有机化工原料，工业上90%以上的己内酰胺经由环己酮肟来生产。传统技术主要为HPO、NO和HSO工艺，由DSM等国外公司掌握，存在工艺流程复杂、腐蚀污染严重、生产成本高等问题。中国己内酰胺生产长期依赖引进技术，供需矛盾突出，自给率仅35%。开发工艺简单、环境友好的技术是己内酰胺生产亟待解决的问题和技术进步方向。巴陵分公司1993年引进HPO生产工艺，消除瓶颈后，规模由5万吨/年扩至7万吨/年。采用新技术对装置进一步扩能改造，是提高企业竞争力、满足国内需求的根本出路。2002年，“14万吨/年己内酰胺成套新技术开发”被列入石化股份公司“十条龙”攻关计划，自主开发并集成了环己酮氨肟化、环己酮肟三级重排、磁稳定床加氢、己内酰胺精制等新工艺并形成14万吨/年己内酰胺成套新技术工艺包，形成了具有自主知识产权的己内酰胺生产成套新技术。2008年10月，该项目通过中国石化技术鉴定，专家一致认为：己内酰胺生产成套新技术在巴陵分公司成功实现了工业应用，与传统HPO法相比，工艺流程短、操作简便、装置投资少、生产成本低、单位产品“三废”排放少，社会效益和经济效益显著。开发并集成了环己酮氨肟化、环己酮肟三级重排、己内酰胺精制等新工艺，形成了己内酰胺生产成套新技术。申请中国发明专利23项（授权20项），申请国外发明专利2项（均获美国授权）。中国石化具有自主知识产权和自由运作权。采用该项目各项技术，在巴陵分公司建成1条己内酰胺生产线，实现装置产能扩大至14万吨/年，已稳定运转超过3年。此外，仪征化纤公司也采用该项目的核心技术建设了1条10万吨/年环己酮肟生产线。巴陵分公司采用该项目技术于2006~2008年累计生产己内酰胺21.22万吨，新增产值38.98亿元，新增利润2.32亿元。该项目获2009年度中国石化科技进步奖一等奖。

5万吨/年乙烯三聚制1-己烯成套技术开发

燕山石化自主开发了乙烯三聚制1-己烯催化剂及催化剂合成技术，工程开发阶段解决了反应器选型、反应系统控制、聚合物分离和防止聚合物堵挂等问题，形成了万吨级乙烯三聚制1-己烯成套技术，在燕山建成了5万吨/年乙烯三聚制1-己烯工业装置，通过调优，实现了装置的长周期稳定开车，生产的 1 – 己烯产品批量供应国内外用户，填补了国内 1 – 己烯产品生产的空白。经国内不同工艺、不同催化剂体系聚乙烯工业装置试应用，确认产品质量达到国外同类产品，可以替代进口。该项目整体技术达到国际先进水平。获得 5 项中国发明专利授权。在燕山建成 5 万吨/年工业装置，截至 2009 年 3 月，已经生产 1 – 己烯产品 21000 多吨，产品质量达到聚乙烯共聚单体质量要求，已经占领国内市场，并部分销往国外。1 – 己烯产品的销售已经创造了 3500 多万元经济效益，国内聚乙烯用户采购国产 1 – 己烯节约成本过亿元。该项目获 2009 年度中国石化科技进步奖一等奖。

双峰聚乙烯催化剂的工业应用

上海石化 25 万吨/年双峰聚乙烯装置是国内唯一一套采用环管与气相反应器结合工艺生产双峰聚乙烯产品的工业装置，每年进口催化剂费用在 7000 万元以上。历经 6 年研发，双峰聚乙烯催化剂 SLC – B（H）、SLC – B（L）实现了国产化。双峰催化剂不同于以往开发的 PE 催化剂，既要满足不同工艺的双反应器活性分配要求，又要有足够的强度适应环管聚合工艺，有良好的溶解和沉降速度满足装置高负荷操作要求。由于没有中试试验装置，增加了催化剂研发难度，项目组在 3L 聚合反应釜上完成催化剂的催化活性、氢调敏感性及颗粒形态的调整，确定了催化剂配方。经过多次工业试验，通过对催化剂配方的不断完善，催化剂工业应用取得成功，装置运行平稳，满足长周期运行要求。双峰催化剂的开发成功，使中国石化 PE 催化剂的研发上升到一个高度，为中国石化开发双峰产品提供了技术支持。双峰聚乙烯催化剂制备技术具有创新性，已申请 8 项发明专利并已经公开，其中 4 项获中国发明专利授权。随着双峰聚乙烯催化剂技术的开发成功，还将形成 2 ~ 4 项发明专利。上海石化工业生产装置已采用国产双峰聚乙烯催化剂逐步替代进口，至 2009 年底全部实现催化剂国产化目标。工业运行结果表明，催化剂各项性能指标与进口同类催化剂相当。产品质量满足下游用户的使用和加工要求。每吨聚乙烯产品降低催化剂成本 34 元，催化剂累计使用 17.341 吨，创造效益达 2303 万元。双峰催化剂的研发成功为中国石化自主开发多区反应器工艺提供了技术积累。该项目获 2009 年度中国石化科技进步奖一等奖。

分子筛气相法乙苯清洁生产成套技术

该项目立项时，针对国内采用的三氯化铝液相法乙苯技术存在的一系列问题，以及引进气相法乙苯清洁生产装置规模小、专利费用高的问题，开展了气相法乙苯清洁生产技术的研发，取得了分子筛催化剂、多段绝热烷基化反应工艺、大型反应器等关键技术的突破，实现了气相法乙苯生产技术的清洁化和大型化。开发的烷基化催化剂与进口催化剂相比，负荷提高 7%，寿命提高 50%，耐水性提高 2.2 倍；开发的烷基转移催化剂与进口催化剂相比，负荷提高 22%，寿命提高 50%；开发的多段绝热、段间原料冷激式固定床烷基化反应工艺及反应器，气体分布和混合均匀，反应条件温和，优化了反应工艺，明显抑制了乙烯聚合等副反应的发生；通过工艺系统优化及集成，简化了流程，提高了产品质量，降低了物耗能耗。开发的气相法乙苯清洁生产成套技术工业应用表明，装置投资低，乙苯产品纯度达到 99.8wt%，超过国外同类技术；热能回收率 >95%，苯和乙烯单耗低于同类引进装置，原料适应性强、反应处理能力大，综合技术指标属国际先进水平，部分指标达到国际领先水平。该项目获授权发明专利 8 项，形成了催化剂、反应工艺、反应器等关键技术的完整专利保护体系。该成套技术已成功用于丹化集团三氯化铝法乙苯装置的技术改造、盘锦乙烯公司引进的气相法乙苯装置的技术改造和常州东昊化工公司 16 万吨/年气相法乙苯生产装置建设（国内最大同类技术装置）。近 3 年累计为企业新增利润 5.8 亿元，节支 1.1 亿元。该项目的开发成功打破了美国 Exxon Mobil 公司独家垄断的局面，有力推动了中国石油化工行业乙苯生产的技术进步，具有重大的经济效益和社会效益。该项目获 2009 年度中国石化科技进步奖一等奖。

13 万吨/年丙烯腈装置工业化成套技术开发

为实现规模竞争优势及形成拥有自主知识产权的大型成套丙烯腈技术，该项目对中国石化丙烯腈国产化所形成的专利技术加以集成创新，以年产 13

万吨丙烯腈装置成套技术国产化工艺包所采用的具有自主知识产权的7项技术（SANC系列高效催化剂、提高丙烯腈精制回收率技术等）为依据，将上海石化原6万吨/年丙烯腈装置改造成了13万吨/年大型丙烯腈装置。大型装置开车一次成功，装置运行平稳，产能达13万吨/年以上，产品达优级品标准；物耗、能耗明显下降，有毒有害物排放明显减少，综合技术经济指标达到国际先进水平。填补了中国丙烯腈大型化装置成套技术的空白，实现了中国石化具有自主知识产权技术的集成创新，申请了国内外专利30余项。该项目成果已推广应用到齐鲁石化丙烯腈装置“4”改“8”项目。该项目获2009年度中国石化科技进步奖一等奖。

8000吨/年碳五加氢石油树脂工业化技术开发

8000吨/年碳五加氢石油树脂装置是由兰州石化公司（原兰化公司）自行开发、设计、建设的国内第一套拥有自主知识产权的碳五加氢石油树脂装置。装置开车初期，生产不稳定，检维修周期短，产品质量达不到设计指标要求。在中国石油的扶持下，公司技术人员经过三年多的生产实践积累和摸索研究，开发了碳五馏分的热聚合技术、碳五石油树脂阳离子聚合技术、碳五石油树脂后处理技术、碳五石油树脂关键设备的防腐攻关技术，进行了碳五石油树脂结构与性能评价、粗碳五石油树脂加氢工艺研究、8000吨/年碳五加氢石油树脂关键技术攻关改造。通过这些工艺技术攻关和改造，产品质量稳步提高。在此基础上，对该技术进行总结优化再开发，形成了一套先进的、稳定的、经济的、拥有自主知识产权的技术工艺包，填补了国内空白。

8000吨/年碳五加氢石油树脂装置在经过近几年的技术创新攻关和技术改造后，运行平稳经济，产品质量达到指标要求，使用性能满足用户需求，产量达到1100千克/时。目前，0~2号色产品产率达到100%；产品能耗优于1760千克标油/吨的设计值，达到950千克标油/吨；产品物耗优于2.86吨原料/吨的设计值，达到2.5吨原料/吨；装置运行周期超过2年；产品售价由改造前的1万元/吨提高到1.6万元/吨；软化点由改造前的70℃~130℃稳定在目前的100℃~110℃。生产实践证明，该工艺技术先进可靠，已经形成了完整、可靠、国内领先、国际知名的成套工艺技术。该项目获2009年度中国石油科技进步奖一等奖。

乙烯经环氧乙烷制备乙二醇成套技术

该技术由“专用物性和热力学数据库”、“流程模拟技术”和“模拟计算软件”组成，其数据库的完整性和适应程度已达到世界先进水平，全流程模拟（国外专利商为分段模拟、人工衔接）和参与模拟组分数15个（国外为13个）的情况下即进行流程模拟的难度、效率和精确性上已超过世界先进水平；该技术可用于乙二醇等装置全过程的生产工艺技术开发和优化，是全新乙二醇工艺流程的设计基础，可作为老装置扩能改造的依据。

该项目的主要创新点：①全流程使用了15个组分，增加了对产品质量至关重要的醛组分，并掌握了其在全流程中的分布，比国外更为先进。②形成了工程公司具有自主知识产权的环氧乙烷/乙二醇生产物系的热力学数据库。③采用全流程模拟技术，与采用分段模拟的方法相比，减少了工艺软件包设计中的人为干预，加快了设计速度。建立了新型全流程、闭环式环氧乙烷/乙二醇装置工业化模型，达到世界先进水平。④开发了核心设备环氧乙烷和乙二醇反应器的工业型设计专用软件。⑤环氧乙烷反应器专用软件是反应、传热和热虹吸的组合，比国外专利商只有反应和传热的方式更为准确。⑥开发并在工程中应用了非常规脱水塔预蒸发器和脱水塔进料预热器，解决了乙二醇扩能改造的关键技术难题。

该项目在国内首次不引进国外技术，实现了乙二醇装置的国产化，同时为使用国产催化剂提供了强有力的理论依据和技术保证，为国产催化剂的推广应用作出重大贡献。同时节省外汇和装置总投资，缩短工艺包设计周期，对促进中国石化工业的发展具有十分重要的意义和作用。该项目获2009年度中国石油科技进步奖一等奖。

2010年

PE100聚乙烯管材树脂和燃气管材专用料技术开发

该项目针对国内PE100管材树脂和燃气管专用料的发展不能满足市场需要，燃气管材料为进口料所垄断的情况，从研究结构—性能关系及结构表征入手，提出影响燃气管材料核心性能的关键结构因素，完成了高性能 PE100 管材料分子结构设计。在扬子和燕山两套三井淤浆工艺装置上确定了合理的工艺参数，包括两釜负荷比、氢气/乙烯比以及共聚单体加入量等，首次采用共聚性能优良、低聚物生成量少的国产 BCE 催化剂，解决了专用料生产装置管线易堵、生产负荷低及长周期运行困难等三井工艺特有的难题，得到的管材料具有适宜的双峰分子量分布和共聚组成，兼有耐久性、刚性、韧性及加工性等多种特性，达到了管材料蠕变破坏强度、耐快速裂纹扩展性与耐慢速裂纹增长性等核心性能之间的综合平衡，实现了高性能 PE100 管材料的工业化、长周期稳定生产。通过配方研究，成功地开发出综合性能优良的 PE100 级燃气管专用料，并建成 2 套 2 万吨/年混配料生产线，形成了三井工艺 PE100 专用料成套技术。产品通过了国内外权威机构的 PE100 等级认证，性能指标完全符合国家给水管和燃气管指标要求，并首次实现了国产 PE100 管材料在燃气领域的应用。申请了中国发明专利和中国石化专有技术各 1 项，成果具有自由运作权。截至 2009 年 12 月，累计生产 PE100 管材料 8.7 万吨。产品全部投放市场，用户反映良好；产品在吉林省白城市，广东中山市、珠海市，山东临沂市 4 项燃气工程中成功应用，取得了良好的示范效果。截至 2009 年 12 月，实现销售收入 136695 万元，新增利税 9125 万元。2010 年 1～9 月，扬子和燕山又共计生产和销售 PE100 管材料 4.09 万吨。该项目获 2010 年度中国石化科技进步奖一等奖。

15 万吨/年碳五分离装置工业化成套技术开发

在 2.5 万吨/年碳五分离装置技术的基础上，结合历次改扩建和脱瓶颈以及近几年的技术进步，开发了 15 万吨/年碳五分离成套技术工艺包，并以此为依据新建了 15 万吨/年碳五分离装置，该装置于 2009 年 10 月 25 日装置投料开车，一次开车成功，产出全部合格产品，装置技术经济指标达到设计要求，标志 15 万吨/年碳五分离装置工业化成套技术开发取得成功。项目的主要工作内容：①在 15 万吨/年碳五分离工艺包的基础上，继续优化工艺流程和能量平衡、控制方案及工艺控制条件。②改进环戊二烯热二聚技术，提高环戊二烯的选择性，确定优化的二聚反应工艺条件。③进行新型阻聚剂的开发和应用。④进行水解抑制剂的研究和应用。⑤进行管式反应器的工程放大设计和工业应用。⑥进行放大工程关键工艺设备的研究。⑦进行环保和安全方案的研究。在原有技术的基础上，进行了创新、改进和提高，建立了碳五双烯烃聚合动力学模型，开发了水解抑制剂、新型阻聚剂系统，并优化了换热网络，申请发明专利 7 项，其中获得授权 6 项，形成了拥有自主知识产权的碳五分离技术。项目于 2009 年 11 月在上海石化一次开车成功，装置运行稳定，产品质量合格。研究成果和工程化成果都在装置上成功应用，效果明显，技术达到国际先进水平。为中国石化大型碳五分离成套技术的工业化推广应用提供了技术支撑。新建的碳五分离装置，产能、产品质量达到设计要求，新增产值 86786.4 万元/年，新增利润 10468.3 万元/年。碳五装置的建成对乙烯副产的碳五馏分利用起到了示范作用，具有广泛的社会效益。该项目获 2010 年度中国石化科技进步奖一等奖。

聚乙烯管材专用树脂和抗冲聚丙烯基础研究及工业应用

该项目是中国石化作为依托单位的国家“973”项目，由大学、科学院的学者和中国石化共同完成。针对聚烯烃分子结构特点，选择最具代表性的聚乙烯管材料（无规共聚物）和抗冲聚丙烯（多相共聚）进行了深入的基础理论研究。通过建立模拟半结晶材料中高分子构象的无规—有向行走非格子模型及对国内外聚乙烯管材料微观结构的全面表征和分析，研究了聚乙烯链结构及加工工艺条件与最终材料性能之间关系，提出了满足高性能 PE100 管材的分子链结构特征，从而提出了 PE100 树脂制备技术的新理论。通过对抗冲聚丙烯复杂链结构和多重相形貌的分析表征以及理论模拟计算，提出了高刚高韧抗冲聚丙烯应具备的相形貌特征及关键控制参数，从而提出了抗冲聚丙烯制备技术的新理论，属原创性知识创新和技术创新成果。首次提出高性能 PE100 树脂中应含超高分子量均聚物，给出了其含量和分子量的控制范围，通过理论模型计算出了共聚单体含量的最佳值；提出高抗冲聚丙烯树脂应为四相结构，提出了控制相结构的关键结构参数。在该理论的指导下，开发并生产性能超过进口产品、刚韧平衡的聚乙烯管材树脂4903T；开发了高刚高韧抗冲聚丙烯树脂，并进行了中试及工艺验证；对上海石化等三个中国石化PE管材树脂生产企业提高产品性能进行了指导。成果可应用于双峰聚乙烯及共聚聚乙烯的生产，提升聚乙烯生产技术水平；抗冲聚丙烯的成果可提升抗冲聚丙烯的刚韧性能水平及市场竞争力；理论成果在开发高性能PE管材树脂及抗冲聚丙烯新工艺方面有重要的应用价值。该项目获2010年度中国石化科技进步奖一等奖。

化工装置节水减排成套技术开发

该项目是“十条龙”攻关项目。通过燕山、天津、茂名、齐鲁4家企业与石油化工科学研究院、北京化工研究院2个科研单位的协同攻关，针对大型石化装置用水工艺特点，开发了化工外排污水适度处理回用循环水、双膜法深度处理回用锅炉、蒸汽凝液回收等42项节水减排技术和系列水处理药剂，形成了化工装置节水减排成套技术。其中燕山分公司开发了高硬度碱度水质高浓缩倍数的循环水处理工艺、再生水回用循环水等12项节水减排技术；天津分公司开发了污水生物增效、曝气生物滤池与微（超）滤、反渗透组合的双膜法深度处理脱盐工艺，高效缓蚀阻垢剂等12项节水减排技术；茂名分公司开发了内循环曝气生物滤池与水质稳定相结合的污水适度处理回用循环水技术，建设了国内外首套1000吨/时规模的适度处理回用装置，并采用工程菌—曝气生物滤池技术实现了高含盐碱渣污水的达标处理等11项节水减排技术；齐鲁分公司开发锰砂—活性炭吸附—精密过滤—专用树脂混合床处理氯碱厂蒸汽凝液、电絮凝—超滤—反渗透双膜法处理热电循环水系统排污水和反渗透装置浓水回用锅炉的组合工艺，研制了高硬度碱度高浓缩倍数运行的高效水处理剂，并完成了加酸—过滤—电吸附处理乙烯污水的中试技术等7项节水减排技术。创新点：达标污水适度处理回用工艺、双膜法高含盐达标污水脱盐工艺、高硬度碱度高浓缩倍数运行的水处理剂配方、化工污水生物增效处理技术、化工节水减排工程技术。申请专利24项（发明专利23项、实用型专利1项）。开发的技术已分别在北京燕山分公司、茂名分公司、齐鲁分公司、天津分公司的化工装置得到了全面推广应用。实施后，茂名节水1235万吨/年，天津减排污水427万吨/年，燕山吨乙烯取水降低到9.67吨，齐鲁浓缩倍数达到5.49，4个企业共节水3045万吨/年，减排污水1459万吨/年，生产吨乙烯取水降低约40%；新水价按4.1元（税后）计，共节省开支12484.5万元。该项目获2010年度中国石化科技进步奖一等奖。

散装硫黄储存与消防关键技术

川东天然气净化厂硫黄产量巨大，设计正常产量为8500吨/日，最大产量为10800吨/日，最大年产量超过300万吨，属世界级规模。开发了大型圆形料场储存散装硫黄及自动堆料和取料系统、皮带输送系统、变频拖动自动定位牵引系统、快速精确计量和装车系统，系统自动化程度高，可实现无人值守全天候运行。创新性地提出散装硫黄储存、输送、装卸过程中安全消防的整体性技术方案，研制出了适用于大空间散装成型硫黄料场的粉尘防爆型水雾消防炮。首次采用了喷雾抑尘、湿式除尘器及“散料抑尘落料管”等除尘组合工艺技术，提出并应用了防静电、防雷、通风、烟雾监测、粉尘浓度监测、硫黄温度监测、硫化氢监测、火灾报警等一系列控制可燃物、消除点火源的技术措施，提高了大规模硫黄储存过程中的消防安全水平，提高了系统整体安全性。首次对硫黄的火灾危险性进行系统的实验研究，确定了不同状态硫黄的火灾危险性类别，研究结论已被国家规范《石油化工企业设计防火规范》2008版修订过程中采纳，中国石化行业标准《固体硫黄储存输送设计规范》正在编制中。该项目作为中国硫黄工业一项研究，在国内外尚无先例，研究成果为国内外首创，总体技术达到了国际先进水平。申请发明专利2项；申请实用新型专利1项，授权1项。该技术研究成果指导川东普光天然气净化厂完成工程设计并顺利投产，生产出合格硫黄。全封闭作业有效控制储存、取料和装料过程中的粉尘外泄，周边环境没有污染，社会效益突出；计量精度高使损耗减少，自动化程度高，每班操作人员由300人减至20人，有效降低了生产和储存成本，技术应用取得成功。该项目获2010年度中国石化科技进步奖一等奖。

20 万吨/年醋酸成套工业化技术开发

该项目采用国内自有先进技术，不仅打破了国外的技术垄断，大大降低技术转让费，更重要的是成功实现碳一化学品及其下游产品的工艺技术和工程转化过程，为中国醋酸工业和化学工业的发展、煤资源的洁净利用和煤化工的发展作出了贡献。

醋酸合成首次采用了西南化工研究设计院的“甲醇低压液相羰基合成醋酸反应方法”专利技术。该技术与同类装置相比不仅产量可提高 15%～20%，而且具有以下优点：①原料路线多样化，可利用煤、天然气和重质油为原料，特别适用于煤化工。②转化率和选择性高，产品醋酸质量好，因副产物少，故“三废”排放很少，减少了回收设备及环保设施的投资。③催化剂系统稳定，催化剂用量少活性高，反应条件较缓和，反应压力较低，减少了设备的投资。设备选材适当，设备的腐蚀问题可解决。④工艺流程组织合理，装置布置紧凑。采用 DCS 控制，操作稳定可靠。⑤原料价格便宜，产品收率高，动力消耗低。产品成本低于其他任何一种生产方法。

该工程高纯度一氧化碳原料气的制备采用上海化工设计院有限公司开发的部分氧化还原法和组合净化精制装置的专有技术“高纯一氧化碳制备工艺技术”，该制备工艺具有流程简单、生产控制容易、基建投资省、操作费用低等特点，可为羰基合成醋酸提供可靠而经济的气源。在工程设计过程中还自行开发设计了生产高浓度一氧化碳原料气的关键设备——高浓度一氧化碳造气炉，并被国家知识产权局批准为实用新型专利技术。此外，工艺专业在设计过程中还将国内的多项专利技术及技术成果综合运用到了工艺生产过程中。如汽化后一系列气体净化工艺都采用成熟可靠的技术，包括栲胶法预脱硫化氢、NHD 法脱高浓度硫氧化碳、催化脱氧及脱氯等。其中 NHD 法脱高浓度硫氧化碳在国内外均属首创。该气体净化工艺具有操作平稳、净化度高、生产安全、污染物排放量少等特点，可确保一氧化碳原料气的质量，满足醋酸生产的需要。

该项目自行设计的新型节能造气炉内径为 2740 毫米，总高约为 19 米，属于国际首创。它是由炉体、炉体水冷夹套、炉底装置、封闭式自动加焦装置及封闭式自动卸灰装置、自动回转新型炉篦、炉底汽化剂进口及炉上部粗原料气出口等部分组成。通过运行证明，该造气炉运行安全稳定，操作管理方便，其主要生产指标均达到设计要求，且粗原料气中夹带飞灰少，并可副产一定量的蒸汽，清洁又节能，与其他现有设备相比，具有明显的优势。

该项目入选建国 60 周年百项经典工程，获 2010 年度中国石油科技进步奖一等奖。

西北石油局、西北油田分公司

西北石油局、西北油田分公司是中国石化国内上游主要产能接替阵地，油田主体位于阿克苏地区、巴音郭勒自治州境内，部分区域分布在和田地区境内。总部机关设在自治区首府乌鲁木齐市，并在巴音郭楞蒙古自治州轮台县建立了前线指挥基地，现有正式职工3859人。目前，西北油田分公司在塔里木盆地拥有油气远景资源量137.04亿吨油当量，三级地质储量29.64亿吨油当量。面对非均质性极强、无成熟经验可借鉴的碳酸盐岩缝洞型油气藏，西北石油人开拓进取、自主创新，发展完善了一系列古生界海相碳酸盐岩缝洞型油气藏勘探开发技术，并于2010年获得国家科技进步一等奖，标志着我国海相碳酸盐岩缝洞型油藏勘探开发技术处于国际领先水平。“十一五”期间，油田进入快速发展阶段，原油产量每年以近60万吨速度快速递增，累计生产原油2968万吨、天然气42亿立方米，累计实现产值824.25亿元、实现利润424.27亿元。快速发展的塔河油田为中国石化国内上游业务发展作出了积极贡献。

展望未来，西北石油局、西北油田分公司将按照中国石化的总体部署，抓住机遇，加快发展，为建设国际一流能源化工公司、促进新疆经济跨越式发展和长治久安作出新的更大贡献！

刘中云在采油三厂分队调研

西北石油局局长、西北油田分公司总经理刘中云在基层与员工交流

发扬奥运精神，情系灾区人民

老一辈石油人沙参2井工作场所

中国石油辽河油田公司

在陆海交汇的中国版图上，在渤海之滨的辽河入海口，湿地风光旖旎，世界第一大芦苇荡碧波万顷，绵延百里的红海滩连天接地，油田、稻田、苇田与现代化城市交相辉映，井架、平原、滩海与蜿蜒的河流交织成画，形成了极具特色的油田景观，演绎着共建生态文明、共享和谐家园的时代乐章，这就是稠油、高凝油生产基地——辽河油田。

辽河油田是中国石油天然气集团公司的骨干企业，资源领域分布在辽宁省、内蒙古自治区13个市（地）、35个县（旗），投入开发36个油气田，从事勘探开发、工程技术、工程建设、装备制造、燃气利用、矿区服务、多种经营等业务，用工总量11万余人，业务范围遍及10余个国家和20个省、市和自治区。年生产原油1000万吨，天然气8亿立方米。

40年激情燃烧的创业历史，记录着辽河石油人的奋斗足迹。1967年，振聋发聩的勘探炮声回响在辽阔的南大荒，辽河会战的大幕从此拉开；1970年，万余名石油尖兵从祖国的四面八方汇聚辽河，在“我为祖国献石油”的嘹亮战歌中，“三二二”油田名字从此写进共和国的记忆；1980年，国家正式向国内外公布辽河油田建成，轰鸣的钻机奏响了辽河油田的发展强音；1986年，原油产量突破1000万吨大关；1995年，年产原油1552.3万吨，载入历史史册。40多年来，辽河油田始终秉承“爱国、创业、求实、奉献”的企业精神和“奉献能源、创造和谐”的企业宗旨，切实履行经济、政治、社会三大责任，累计生产原油4亿多吨，天然气800多亿立方米，实现利税2000多亿元，连续26年保持在千万吨以上稳产，为发展中国石油、振兴地方经济、保障国家能源安全作出了重要贡献。“全国五一劳动奖状”、“全国先进基层党组织”、“中央企业先进单位”、“全国精神文明建设先进单位”等荣誉称号，见证了辽河油田拼搏奋进的辉煌历程。

进入21世纪，按照中国石油建设综合性国际能源公司的总体部署，辽河油田坚持以科学发展为主题，以转变发展方式为主线，以和谐稳定为主旨，把油气勘探开发作为生存之基、发展之

本、效益之源，突破了辽河坳陷的勘探禁区，打破了深层潜山的沉寂，不断取得滩海勘探的重大发现。坚持“科技兴油”战略，中深层稠油蒸汽吞吐、SAGD、水平井等开发配套技术保持国际领先水平，累计获省部级以上成果88项，其中国家科技进步二等奖2项。坚持相关业务齐头并进、协调发展，形成了相互支撑、优势互补的良好局面。稠油热采设备、钻机、顶驱以及海洋石油装备等产品形成地区经济发展的一道“亮丽风景”，参建的西气东输、陕京管线等国家重点工程打响了“辽河品牌”。始终把安全生产和节能减排放在首要位置，全力打造安全发展型、资源节约型、环境友好型企业，在绿色与人文中描绘了一幅工业生产与自然环境和谐相伴的锦绣画卷。把天然气发展作为成长性、战略性工程，大力发展城市燃气业务，努力打造新的效益增长极，“气化辽宁”的蓝图正在辽沈大地全面铺开。坚持“围绕中心抓党建、抓好党建促发展”，把党的工作全面有机融入生产经营管理各环节，贯穿改革发展稳定全过程，致力“打造辽河新形象、提升油田软实力、实现事业新发展”，各级党组织团结带领广大干部职工万众一心、众志成城，经受了一次次重大考验，战胜了一个个困难挑战，谱写了一曲曲凯歌。

辉煌历程岁月如歌，镌刻了辽河人的奋斗与忠诚；科学发展蓝图如画，寄托了辽河人的梦想与荣光。站在“十二五”发展的新起点，辽河油田高扬“我为祖国献石油”的主旋律，正朝着全面建设“千万吨产量规模、千亿元经济规模”的国有骨干企业阔步前进！

中原石油勘探局

中原油田基本情况

中原油田主要勘探开发区域包括东濮凹陷、川东北普光气田和内蒙探区，本部位于河南省濮阳市。截至2010年底，所属单位66个，用工总量8.7万人，职工家属24万人。资产总额681.7亿元。累计生产原油1.29亿吨、天然气387亿立方米。2010年生产油气当量858万吨，加工原油87.4万吨。

东濮凹陷地跨河南、山东2省6市12个县区，面积5300平方千米。全国第三次油气资源评价，石油资源量12.37亿吨、天然气资源量3675亿立方米。累计探明石油地质储量5.85亿吨、天然气地质储量1354.78亿立方米。目前，每年新增探明石油地质储量800万吨左右，具有较长时期保持年产300万吨油气当量的能力。普光气田是海相高酸性气田,具有“四高一深”的特点，即储量丰度高、气藏压力高、硫化氢含量高、二氧化碳含量高、气藏埋藏深。面积1116平方千米，天然气资源量8916亿立方米，探明地质储量4122亿立方米。2005年被划为中原油田开发建设，2010年建成了年产100亿立方米天然气产能的大气田，建成了世界规模的净化厂和国家应急救援川东北基地，实现了我国高酸性气田开发建设的重大突破。内蒙探区拥有探矿权区块21个，面积3.56万平方千米，总资源量近6亿吨。白音查干和查干凹陷探明石油地质储量1871万吨，建成11万吨原油年生产能力。

中国石油管道建设项目经理部

Pipeline Construction Administration Department

中国石油管道建设项目经理部（Pipeline Construction Administration Department）于2007年2月15日由中国石油天然气股份有限公司批准成立，总部设在北京。按照中国石油“建管分离”和统一组织领导、统一工作方法、统一工作标准、统一工作程序的要求，管道建设项目经理部代表中国石油对新建国内油气长输管道项目实施专业化集中统一运作与组织管理，包括项目前期准备、项目建设和项目投产全过程的组织实施。

加快战略通道和骨干管网建设，是中国石油集团公司建设综合性国际能源公司的重要组成部分。管道建设项目经理部负责组织实施我国四大油气通道中的三个通道以及国内油气骨干管网的建设任务，西气东输二线管道工程、涩北—西宁—兰州天然气管道复线工程、山东天然气管网工程、兰州—郑州—长沙成品油管道工程、中俄原油管道漠河—大庆段工程、兰州—成都原油管道工程等，设计总里程超过4万千米，覆盖全国30个省（区、市）。

管道建设项目经理部严格按照“建管分离”新体制新机制的管理要求，坚持在中国石油同一面大旗下集中各方力量，统筹协调配置各种资源，统一组织实施管道建设任务。坚持工程项目建设与专业化团队建设、项目群建设管理与体系流程建设、项目组织实施与党风廉政建设、队伍组织建设与作风建设“四个同步推进”。内部推行一级管理，开展EPC建设组织模式，实施物资集中采购，资金集中管理，各种资源统一调配，实现了项目群建设管理团队的精干高效。管道建设项目经理部在设计、施工和设备材料等建设资源异常紧张的条件下，抓好不同项目的有效平衡和合理分布，优先保证重点项目资源投入，科学把握项目群建设节奏，努力把中国石油天然气集团公司保战略、破瓶颈、补短板的重要决策落到实处，更好地履行中国能源大动脉通道建设的责任和使命，为中国石油建设综合性国际能源公司、为保障国家能源安全作出贡献。

西气东输二线管道工程（西段）EPC总承包协议书签字仪式

管道建设者在天山隧道施工中

西气东输二线工程示意图

高大的挖沟机履带下垫着巨大的钢板，仍然深陷泥淖中，西二线东段建设施工非常艰难

漠大线施工

中国石油大庆石化公司

"大乙烯"谱写科学发展新篇章

大庆石化120万吨/年乙烯改扩建工程（简称"大乙烯工程"），是国家振兴东北老工业基地战略的重点工程，是中国石油贯彻科学发展观，优化东北地区油气资源配置，推进炼化业务布局和结构调整的重要举措。

总投资129.5亿元的大乙烯工程于2009年9月全面开工建设，占地面积75.32公顷，全部工程计划于2012年6月30日建成中交。

工程是在大庆石化现有60万吨/年乙烯及配套装置的基础上，并线建设60万吨/年乙烯等生产装置及辅助公用工程设施。大乙烯工程共有76个子项，其中生产装置9项，公用工程及辅助设施67项。生产装置包括：60万吨/年乙烯装置、25万吨/年全密度聚乙烯装置、30万吨/年全密度聚乙烯装置、50万吨/年裂解汽油加氢装置、40万吨/年芳烃抽提装置、15万吨/年丁二烯抽提装置、12万吨/年MTBE装置、8万吨/年顺丁橡胶装置、20万吨/年丁辛醇装置。

项目投产后，将充分利用龙江地区交通便利、资源丰富的地域优势、大庆油田裂解原料丰富的资源优势和国内市场石化产品需求旺盛的市场优势，进一步优化产品结构，增产乙烯、丙烯、聚乙烯、聚丙烯、裂解碳四、苯、甲苯、裂解焦油等产品。届时，大庆石化乙烯产量可达到120万吨/年，同时，可为下游发展相关产业及加工业提供丰富原料，对大庆石化实现可持续发展具有重要意义。

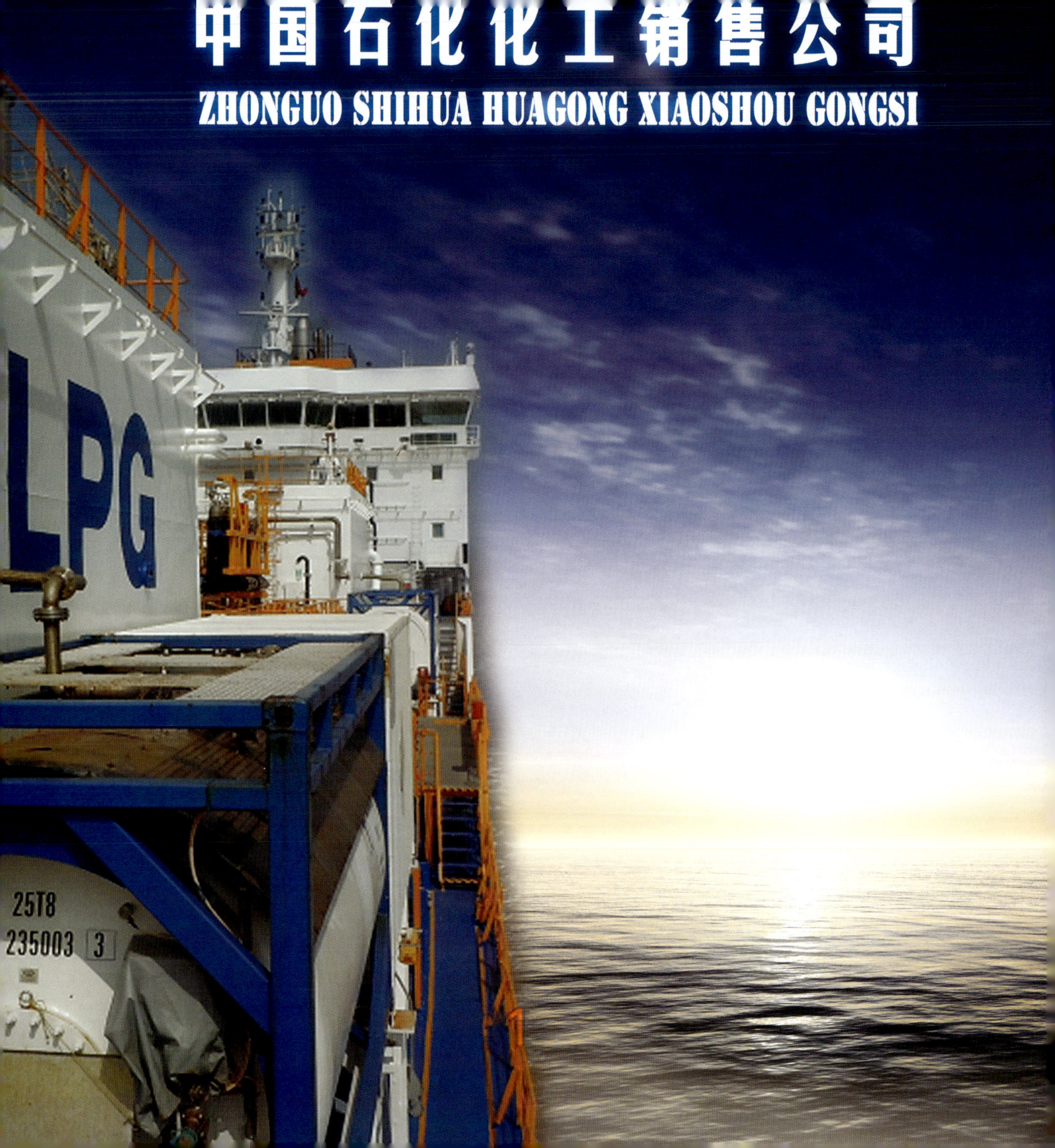
中国石化化工销售公司
ZHONGUO SHIHUA HUAGONG XIAOSHOU GONGSI
LPG
25T8
235003 3

公司简介

中国石油化工股份有限公司化工销售分公司（以下简称化工销售分公司）于2005年5月10日正式挂牌成立，是中国石化的下属分公司，负责中国石化所属企业生产的石化产品的资源统筹、市场营销、产品销售、物流、客户服务以及中国石化所属企业生产所需相关化工原料的采购和供应工作。

化工销售分公司是目前国内大型的内外贸一体化的石化产品专业经营公司，年经营化工产品逾2200万吨，主要经营产品包括：合成树脂、合成橡胶、合成纤维原料和聚合物、合成纤维以及有机化工原料等。

化工销售分公司本部位于北京，在北京、上海、广州和武汉分别设立了华北、华东、华南和华中分公司等四个区域分公司，在其所辖区域内，负责与相关企业的产销衔接、产品销售、市场开拓和客户服务等，各区域分公司在国内主要目标市场设立了多个代表处，并在产品消费集中地设立了中转仓库，以贴近市场，快捷服务客户。

为发挥内外贸一体化运作的优势，2009年2月中国石化整合了其化工产品进出口业务体系，成立了化工销售有限公司，与化工销售分公司合署办公，负责化工产品的进出口业务。

化工销售分公司目前已建成具有国内领先水平的信息化管理平台，形成了以ERP系统为核心，客户关系管理系统（CRM）、物流信息系统（LIS）、数据仓储系统（BW）以及IC电子提货卡等系统紧密集成的三大业务支撑体系，搭建了商务、物流和经营管理平台，对公司的业务运行和经营管理提供了全方位的支持。为了更好地为客户提供服务，公司充分利用CRM系统（网址：http://www.chemicals.sinopec.com）功能，开发了可与客户实时沟通交流的信息平台，客户不仅可以在线填写需求、反馈信息、提出建议，而且可以对销售订单、资金往来和货款余额等关键信息进行实时查询，实现了与客户的信息共享和沟通互动。

化工销售分公司建有较为完善的物流服务体系，与国内多家领先的物流服务商建立了长期合作关系，并在国内主要目标市场建立了一批中转仓库，可为客户提供方便、快捷的物流配送服务。公司以LIS物流信息管理系统为平台，通过与ERP、CRM、 IC卡、TMIS（铁路）、GPS（公路）等系统的数据集成，对物流业务的日常运行、运输设施的运行状态进行自动跟踪与监控，实现了物流全过程的动态管理。物流过程简捷、高效，极大地满足了客户的需求。

中国石油克拉玛依石化公司
ZHONG GUO SHI YOU KE LA MA YI SHI HUA GONG SI

克拉玛依石化公司是伴随着克拉玛依油田的开发于1959年创建的。公司经过50多年的发展，加工规模达到500万吨/年，并正在完善配套建设600万吨/年加工能力。目前，公司高档润滑油生产能力60万吨/年，重交通道路沥青生产能力100万吨/年，成为了集炼油化工为一体、产品特色突出、具有较强市场竞争力的综合型炼化企业。公司现有主体装置41套，固定资产原值60亿元。自备热电厂发汽能力为520吨/时，发电能力24兆瓦/时。炼油化工研究院拥有科研人员196名，科研仪器及设备先进齐全，具备较强的稠油加工及润滑油和沥青科研实力。

公司前身是克拉玛依炼油厂，1997年更名为克拉玛依石化厂，2000年根据中国石油集团公司的总体部署进行了重组改制，2001年更名为中国石油克拉玛依石化公司，成为中国石油股份公司直属的地区分公司。

上世纪80年代以来，公司围绕加工新疆油田稠油，始终坚持以技术进步和科技创新为抓手，实现了劣质稠油向特色产品的转化，并通过不断做精做强特色，有效提升了企业核心竞争能力和盈利能力。近些年来，公司先后开发投产了数十个质量标准达到国际国内先进水平的新产品，进一步丰富和完善了特色产品系列。高压直流输电变压器油产品质量标准达到了国际上著名的变压器油生产商瑞士尼纳斯公司的先进水平，并通过了西门子、ABB等跨国变压器制造商的评定和认证，是国内超高压输电工程的指定产品。目前，我公司已成为国际大型的变压器油生产企业之一，产品占据国内60%以上市场份额，深受电力行业的喜爱。BS光亮油产品质量标准达到国际先进水平，打破了国外产品在国内长期垄断的局面。中高档橡胶油占据国内70%以上市场份额。开发投产的新型环保轮胎橡胶油符合欧盟环保法规，取得了进入国际轮胎橡胶市场的通行证，改变了国内环保轮胎橡胶油长期依赖高价进口的局面，使轮胎及橡胶行业成功突破了贸易保护技术壁垒。冷冻机油产品在国内具有极高的声誉，市场占有率达85%，同时依托自主开发的先进生产工艺，产品品质不断提高，实现了冷冻机油新产品向新日本石油、爱默生等外资企业的稳定销售。高等级重交通道路沥青2007年获得国家交通产品认证证书，年生产能力达到100万吨，生产量占中国石油沥青生产总量的25%，是西北地区大型生产基地，为西部多省区指定沥青产品，已铺设了80余条高速公路，占西北地区30%以上市场份额，承担了新疆地区100%的沥青供应。

公司目前可生产各类石油化工产品160多种，主导产品40余种，28种产品获省、部优产品称号。L-DRA/A46冷冻机油等5种产品荣获国家银质奖。环烷基橡胶油产品被中国质量协会评为“全国用户满意产品”，重交通道路沥青被自治区评为“新疆名牌产品”，环烷基油系列产品获得集团公司“中国石油优质产品”称号。

公司连续17年保持了新疆维吾尔自治区“文明单位”荣誉称号。先后荣获全国“守合同、重信用企业”、“中国企业诚信经营示范单位”、集团公司“质量管理卓越企业”等荣誉称号，荣获新疆维吾尔自治区颁发的“开发建设新疆”奖状，全国“五一劳动奖状”。被自治区列为“循环经济试点单位”和“自治区级环境友好企业”，并荣获自治区“项目环境保护三同时先进企业”荣誉称号。同时被集团公司评为2007、2008年安全生产先进单位及2006—2010年环保先进单位，被自治区评为2006—2010年安全生产先进单位。

协作 创造 奉献

厂区一隅

首车成品油发运

10万吨级码头

中国石油广西石化公司

中国石油天然气股份有限公司广西石化分公司（简称中国石油广西石化公司）坐落在素有北部湾天然良港之称的广西壮族自治区钦州港；是中国石油于2005年9月为深入落实国家西部大开发战略，优化炼油化工产业布局，建设中国石油广西石化1000万吨/年炼油工程而设立的地区公司。

该炼油项目定位于"大规模、短流程、燃料型"，秉承"采用世界先进技术、引入国际领先设计、严格工程施工标准、建设世界一流炼厂"的理念，致力于建设"国内领先，世界一流"现代化炼厂。项目包括1000万吨/年常减压蒸馏、350万吨/年重油催化裂化、220万吨/年蜡油加氢裂化、220万吨/年连续重整、240万吨/年柴油加氢精制、60万吨/年气体分馏、120万吨/年汽油精制、20万吨/年聚丙烯、1万吨/年硫黄回收等十余套主体生产装置，以及公用工程、罐区、码头及码头库区、铁路专用线、钦州—南宁成品油管线、100万立方米原油商业储备库等配套工程，总加工方案采用全加氢型工艺流程，主要工艺技术分别从美国UOP及DOW化学等公司引进。

项目设计采用联合工程设计模式JEC（Joint Engineering Consortium），既保证了炼厂的先进性，又培养和锻炼了中国石油自己的设计队伍；工程建设采用联合工程管理模式IPMT（Integrated Project Management Team），实现了安全、质量、进度、投资的全面受控；首次开厂采用联合开工管理模式ICMT（Integrated Commissioning Management Team），既发挥了中国石油的整体优势，又整合了相关各方的资源，实现了一次开厂成功；生产运行采用矩阵式生产运行模式SPOM（Specialized & Programmed Operational Matrix），实现了500人安全、平稳运行千万吨炼厂。

项目于2006年6月21日获得环评批复；于2007年2月12日获得正式核准；于2007年11月8日破土动工，经过30个月的施工建设，于2010年5月30日全面建成中交并进入生产准备阶段，于2010年9月开厂一次成功；生产的油品质量全部达到欧Ⅲ标准，部分达到欧Ⅳ标准；污水排放全部达到国家一级标准，清洁生产达到世界一流水平。

项目的建成投产，对优化中国石油炼油化工业务布局、提升国际竞争力，改善广西壮族自治区产业结构、促进区域经济发展，满足西南地区成品油市场需求，保障国家能源供应安全具有重要意义。

环境友好型炼厂

中国石油四川石化有限责任公司

中国石油四川石化有限责任公司是由中国石油天然气股份有限公司和成都石油化工有限责任公司共同投资兴建的西南地区大型石化企业，设计生产能力为80万吨/年乙烯、1000万吨/年炼油。该公司位于四川省成都彭州市工业园区，预计总投资375亿元，双方股比结构为75%:25%。装置分布划分为炼油、化工、公用工程三个部分，总占地6000亩。四川石化项目预计于2012年建成投产。

四川石化本着“大规模、差别化、低成本、高效益”的原则，生产线性低密度聚乙烯、聚丙烯、乙二醇、丁醇、辛醇、顺丁橡胶、汽油、柴油等十个系列产品，其中柴油全部满足欧Ⅳ标准，汽油产品在欧Ⅲ标准基础上，部分达到了欧Ⅳ指标。主要服务西南地区，辐射国内外市场。

四川石化公司定员1400人，下设总经理（党委）办公室、生产运行处、财务处、人事处（党委组织部）、质量安全环保处、技术发展处、审计法规处、机动设备处、党群工作（企业文化）处9个机关处室，商务部、工程部、行政部3个公司直属单位和10个生产部。其中1-6部主要负责主体炼油、化工装置；仓储运输部主要负责四川石化公司原料、产成品仓储运输及国家100万立方米原油储备库；公用工程部承担公司炼油化工生产用脱盐水、电、蒸汽、压缩空气、循环水的供给和污水的处理和利用；设备维修部负责设备技术管理和质量监督检查，配合机动设备处做好设备管理，对社会维修队伍的检维修进度、质量进行检查验收；生产监测部负责公司

大宗进厂物料、转厂产品及公司出厂产品质量的分析、抽检及原油评价工作。公司还和美国空气化工产品公司共同投资建设气体合资公司，主要生产氧气、氮气、合成气、氢气等满足生产需要。

四川石化公司将秉承中国石油“奉献能源，创造和谐”的企业宗旨和“爱国、创业、求实、奉献”的企业精神，积极承担经济责任、政治责任、社会责任，围绕“科学发展，构建和谐”两大主题，实现“将四川石化建设成为结构优化、技术先进、装备精良、生态友好、组织精干、管理规范的典范式炼化一体化企业”的发展目标。推行组织结构扁平化的组织管理模式，建立“公司—装置集合”两级组织管理机构；在人员配备和队伍建设上走复合型、专家化的道路；为优化经济结构、转变增长方式，在突出强化工程建设现代化管理的同时，通过推行组织结构扁平化，采取高度集中统一的管理体制，实现核心业务集约化运营；通过推进全公司信息化和制度化建设，实现生产经营流程化控制；通过整合社会资源、开放市场空间、优选专业力量、制订服务标准，实行非核心业务综合一体化外包；通过改革传统福利分配方式，依托社会资源，实行员工福利货币化。

四川石化公司竭诚欢迎德才兼备、专业基础知识扎实、综合素质优秀的莘莘学子加盟。公司将提供一流的工作、生活和学习环境，提供施展才华的空间和实现人生理想的舞台，共创美好未来。

扬子石化—巴斯夫有限责任公司
BASF-YPC Company Limited

扬子石化—巴斯夫有限责任公司是中国石化和巴斯夫于2000年以50:50的股比共同出资建立的合资企业，首期总投资为29亿美元。该生产基地位于江苏省南京市，于2001年9月28日破土动工。扬子石化—巴斯夫有限责任公司的蒸汽裂解装置和9个下游装置于2005年6月成功投入商业生产。这些装置彼此连接，以有效的方式利用产品、副产品和能源，从而实现节约成本、减小对于环境的影响，以支持公司可持续发展的目标。该基地为迅速发展的中国市场生产各种高品质化学品和聚合物。该基地还拥有一个燃气发电站以及长江支流上的一个国际码头，以保证能源供应以及物流优化。

为进一步发挥扬巴乙烯项目优势，延伸产品链、加大精细化工产品的生产，中国石化和巴斯夫决策共同投资建设扬巴二期项目。二期项目总投资约14亿美元，采用先进的技术为中国市场提供下游专用化学品，主要服务于建筑、电子、制药、汽车和化工制造等行业。2009年9月开始工程建设，2011年8月起陆续投入运行。

中国石油锦州石化公司

中国石油锦州石化公司是中国石油天然气股份有限公司直属企业。其前身始建于1938年，是一个具有70年历史的集“炼油、化工、添加剂”为一体的石油化工联合企业。公司拥有85套炼油化工生产装置，原油加工能力为750万吨／年，可生产90多种炼油化工产品，其中93号汽油、石油焦、煅烧焦、异丙醇等20多种产品出口，远销美国、俄罗斯和日本及东南亚等国际市场。

锦州石化公司20世纪50年代初成功炼制出人造石油，为新中国合成石油工业奠定了基础，在我国的炼油工业史上留下辉煌的一页；1966年成功生产出合成顺丁橡胶，填补了中国合成顺丁橡胶历史上的空白，为我国的合成顺丁橡胶发展作出了贡献；

改革开放三十年来，锦州石化人紧紧抓住科学发展的大好时机，严格按照现代企业制度的要求规范管理，生产管理面向市场，形成了品牌优势。坚持内涵发展与外延扩大再生产并举，在原油深度加工、综合利用方面走出了一条规模化、经济化、特色化的发展道路，率先成为环渤海地区可同时加工重质、含酸、含硫原油的炼化企业。初步形成了以天然原油加工优质高档车用燃料油，以轻油液化气为原料生产芳烃、溶剂油、异丙醇、正丙醇、环丁砜、偏二甲苯、顺丁橡胶、聚丙烯及各种润滑油添加剂产品，以渣油深加工生产石油焦、针状焦、煅烧焦等油头化尾、深度加工、综合利用的优化生产格局，一次、二次加工能力，重油深加工能力显著提高，抗风险能力明显增强。

锦州石化公司一贯重视产品质量和科研开发工作，严格按照国际标准组织生产，先后通过了中国方圆标志认证中心GB/T19001—2000质量体系认证、GB/T28001—2001职业健康和安全体系认证、GB/T24001—2004环境管理体系认证。成功开发了异丙醇、稀土橡胶、石油针状焦和十几个品种的润滑油添加剂等新产品和生产技术，并在高酸值、高含氮重质油的炼制技术，特种溶剂的合成技术以及润滑油添加剂的研发等科研领域处于国内领先水平。

在不断传承和创新企业文化理念的今天，锦州石化人牢牢把握“科学发展”和“构建和谐”两大主题，以“精品、责任、执行”六字方针为指导，以团结奋进、求真务实、开拓创新的伟大实践去努力实现生产与生活和谐、发展与环境和谐、企业与社会和谐。

中国石油国内EPC总承包

——在这里率先实践

宁夏石化500万吨/年炼油改造工程是国家国债专项油品质量升级项目，是中国石油“十一五”重点建设项目，也是炼化板块“十二五”开局当年投产的一个炼化项目。该项目的建设投产关系中国石油西部石油战略部署，更是中国石油作为国家国有骨干企业，支持西部大开发的重要举措。

打造优质工程、绿色工程、和谐工程、阳光工程，在集团公司的积极倡导下，EPC总承包成为工程建设的创新之选。2009年12月22日，宁夏石化公司与中国石油工程建设公司缔结合同，以甲乙双方的诚信约定和敢于创新的勇气，以适应、开放、包容的态度，开始了从设计、采购到施工由工程公司总承包的EPC合作。

项目开工后，业主宁夏石化公司勇于协调、创造条件、加强监督，总承包商工程建设公司靠前管理、指挥若定，中油一建、二建和七建等参建单位紧密协作，前期地下工程和土建工作进展高效。为确保2011年6月30日公用工程中交和8月30日总体工程中交目标实现，宁夏石化公司和工程建设公司不断加大协调配合的力度，准确把握施工节奏，倒排进度，并在18个参建单位中开展了热火朝天的劳动竞赛。

2011年6月30日，500万吨/年炼油工程建设正点迎来公用工程从建设转入生产运行的中间交接，正式转入联动试车运行。常压装置、MTBE装置、气体分馏装置以及三联合装置也完成建设，进行了中交。

按照2011年6月项目公用工程中交、8月生产装置全部中交的目标，500万吨/年炼油工程将努力实现又好又快建设。清华毕业、扎根宁夏20多年的宁夏石化公司总经理雍瑞生介绍，项目建成投产后，每年可为社会提供汽油167万吨，柴油229万吨。不仅为西部石油安全提供一道有力保障，也将为中国石油助力西部区域经济发展，为宁夏地区经济社会发展提供强劲动力。

中石油东北炼化工程有限公司

中石油东北炼化工程有限公司隶属于中国石油天然气集团公司，是以技术为先导，以设计为龙头，集科技研发、设计咨询、工程施工、项目管理、工程监理、设备制造、无损检测等多功能于一体，具有工程总承包综合能力的大型国际工程公司。

东北工程组建四年来，公司业绩遍及国内20多个省、市、自治区和新加坡、马来西亚、利比亚、土库曼斯坦、沙特阿拉伯、阿尔及利亚、俄罗斯等国外十几个国家和地区，相继建成化工、石油化工、炼油、电力、煤炭、水利、环保、医药、公用工程等行业领域大型装置和建筑工程 800余项。公司先后荣获中国建筑鲁班奖5项、国家建筑工程金银质奖30余项。2009年公司承建的中海壳牌南海石化80万吨/年乙烯装置、参建的独山子石化1000万吨/年炼油100万吨/年乙烯工程获“新中国成立60周年百项经典暨精品工程”荣誉称号。阿尔及利亚阿德拉尔炼油厂工程获得全国境外工程鲁班奖。

现有员工12830人，拥有高级专业技术人才近两千人，享受国务院特殊津贴技术专家8人，教授级高工32人，省部级设计大师16人，省部级以上监理大师1人，一、二级建造师和结构师等国家注册人员近200人。取得项目管理资质并有丰富经验的项目管理人员 500 多名。公司组建了徐龙杰焊接工作室、何天伦电调工作室、于德胜金属结构工作室、刘延虎起重工作室等四个技能专家工作室。

公司拥有雄厚的科研实力，承担了多项大型炼油化工装置的设计、咨询、科技攻关任务，荣获省部级以上科技进步奖12项、优秀工程设计奖15项、优秀工程咨询成果奖16项、工法7项，省部级工法38项。公司拥有的主要代表项目有：顺丁橡胶装置、11.5万吨/年乙烯国产化装置、100万吨/年延迟焦化装置、5万吨/年异丙醇装置等。拥有60万吨/年乙烯装置、30万吨/年高密度聚乙烯装置等几十项设计开发成果。拥有合成氨“三项”催化剂的研究及使用、年产11.5万吨乙烯装置设计、ECSS工程化学模拟系统、丙烯酸及酯国产化生产工艺技术、液蜡分离单体烃工艺、蒸馏—减黏热联合节能优化组合工艺、煤系针状焦、三氯乙烯、大型压力容器燃气法整体热处理方法及装置、2000立方米丙烯球罐整体搬迁等技术。

公司拥有众多荣誉：中国诚信单位、创鲁班奖工程特别荣誉企业、全国优秀施工企业、全国用户满意企业、中国建筑业领先企业、全国守合同重信用企业、质量服务信誉AAA级品牌、全国诚信经营信誉十佳企业、全国工程建设管理先进单位、全国质量效益型先进施工企业、全国先进工程建设监理单位、中国建设监理创新发展20年工程监理先进企业等。

中石油东北炼化工程有限公司努力实现“将东北工程打造成具有较强工程技术转化能力，以炼油、化工工程建设为主，PMC、环境工程和信息工程建设为辅，炼化一体化、国内外一体化，具有国际竞争能力的EPC总承包商”的发展目标，为实现中国石油天然气集团公司建设综合性国际能源公司的发展战略和全面振兴东北老工业基地作出贡献。

中石油东北炼化工程有限公司第一届职工代表大会
全国劳
神华包头煤制烯烃项目
甲醇制烯烃、烯烃分离、聚乙烯、聚丙烯装置联合中交暨项目

中油吉林化建工程有限公司

中油吉林化建工程有限公司（简称吉林化建）组建于1950年，原为化工部第一建设公司，是中国较早从事化工、石油化工建设的大型综合类总承包企业。

1991年，吉林化建划归吉化集团公司管理；2000年11月20日，改制为股份公司；2003年7月31日，公司股票成功上市；2007年8月18日，吉林化建管理权由吉化集团公司划归至中石油东北炼化工程有限公司；2009年11月19日，按照中油集团公司总体部署经重大资产重组后退市。

吉林化建经过60多年的发展，逐步形成了科学的企业管理体制和先进的企业文化。20世纪80年代，公司率先推行全面质量管理，取得全国质量管理奖；90年代，获得ISO9000质量体系标准认证，取得了QHSE管理体系认证，并逐步推行卓越绩效管理模式，2005年被评为“全国实施卓越绩效模式先进企业”，2007年荣获全国质量奖提名奖。

吉林化建现有员工8070人，现有专业技术与管理人员2430人。吉林化建拥有一批熟悉国际项目管理模式、具有良好外语沟通能力的优秀涉外管理人员和具有总承包项目管理经验的项目管理人才，其中国际项目经理认证（PMP与IPMP）40人，一级注册建造师117人，二级注册建造师52人。拥有全国技术能手、行业技术能手等一大批高技能作业人才。

吉林化建拥有较强的施工总承包能力和先进的施工技术，拥有大型设备吊装、大型传动设备安装调试、大型压力容器制造与安装、工业与建筑智能化系统安装调试等16个方面的技术优势，并创造了省部级以上工法7项，省部级工法48项。业务涉足化工、石油、机电、冶金、轻工、医药、电力、电子、房建、市政等十几个行业领域，工程业务遍及国内20多个省市、自治区和国外新加坡、美国关岛、马来西亚、土库曼斯坦、卡塔尔、沙特、利比亚、阿尔及利亚、苏丹、乍得、俄罗斯、阿联酋等十几个国家和地区，相继建成各类大型生产装置700余套。所建工程先后荣获省部级优质工程奖91项，省部级以上优质工程奖16项；中国建设工程鲁班奖4项，被中国建筑业协会授予创鲁班奖工程特别荣誉企业。

吉林化建多次荣获全国用户满意企业、全国守合同重信用企业、全国推行全面质量管理30周年优秀企业、全国质量奖提名奖、全国五一劳动奖状等荣誉。

“十一五”期间，吉林化建累计完成主营业务收入139亿元，上缴税金总额4.5亿元，

实现利润1.1亿元，完成了石油化工、炼油等领域生产装置及建筑工程任务260余项，均实现一次开车成功。

面对挑战与机遇并存的“十二五”，吉林化建将继续发扬优良传统和优秀作风，努力向着建成“国际知名、国内一流、中油站排头”的化工石油工程施工总承包企业目标迈进，为中国的化工石油建设作出更大的贡献。

中原石油勘探局工程建

普光气田天然气净化厂

中原石油勘探局工程建设总公司(简称中原油建)是从事各类压力管道、石油化工装置、设备安装、电气自动化等工程施工，及压力容器设计与制造的国有大型企业。公司资产总额100979.71万元,其中:固定资产原值24412.61万元,净值14776.19万元,流动资产84490.38万元.企业注册资金11426万元。

公司具有化工石油工程施工总承包壹级、市政公用工程施工总承包壹级、公路工程施工总承包贰级、房屋建筑工程施工总承包叁级、通信工程总承包三级等总承包施工资质；具有管道工程专业承包壹级、防腐保温工程专业承包壹级、送变电工程专业承包贰级、钢结构工程专业承包贰级、消防设施工程专业承包贰级等专业承包资质；同时具有锅炉安装维修二级证，GA1甲、GB1、GB2、GC1、GD1级压力管道安装许可证和长输油气管道带压封堵甲级、管道现场防腐蚀作业甲级证，A1、A2、A3级压力容器制造及球罐现场组焊证，ASME U建造资质（压力容器设计制造），承装（修、试）电力设施许可证，防雷工程专业设计和施工资质证等。施工区域分布在全国20多个省（区）和沙特、苏丹、阿尔及利亚、伊朗、哈萨克斯坦等国际市场。

先后承建吐哈油田丘陵120×10^4N m^3/d天然气处理装置、春晓气田陆上终端工程、塔河油田三号联合站、川气东送管道工程及普光气田产能建设、青岛大炼油配套工程、曹妃甸原油码头及配套工程、西气东输二线平泰

沙特拉比格炼厂工程

塔河油田三号联合站

春晓气田陆上终端工程

青岛大炼油配套工程

松南气田集气处理站

西气东输二线平泰支干线管道工程

中国石油勘探开发研究院廊坊分院天然气

中国石油勘探开发研究院廊坊分院天然气地质研究所是全国性天然气地质勘探综合研究机构，成立于1985年。通过全所科研人员的不懈努力，在国家和集团公司及六大气区的重大科研攻关研究中取得了一系列重大研究成果，逐步形成了自身的专业技术特色，已成为中国石油天然气股份有限公司天然气勘探决策支持、气区勘探生产服务、天然气地质勘探理论研究、天然气地质实验及研究的主要生力军，为中国天然气地质研究和勘探事业作出了突出的贡献。截至目前共计荣获省部级以上、局级奖励190多项。

朝气蓬勃的天然气地质所全体员工

地质研究所

奋发有为的天然气地质所领导班子

>> 地质基础研究

天然气地质所拥有国内领先、国际一流的中国石油集团公司天然气成藏与开发重点实验室和中石油气质检测中心，具有天然气气源对比、气源岩评价、天然气成藏模拟、储层评价、盖层评价和天然气资源评价与气质评价等一系列国际领先的特色技术，为中国天然气的大发展提供了理论和技术支持。

天然气地质所承担的国家油气重大项目“中国大型气田形成条件、富集规律及目标评价”通过国家“十一五”验收

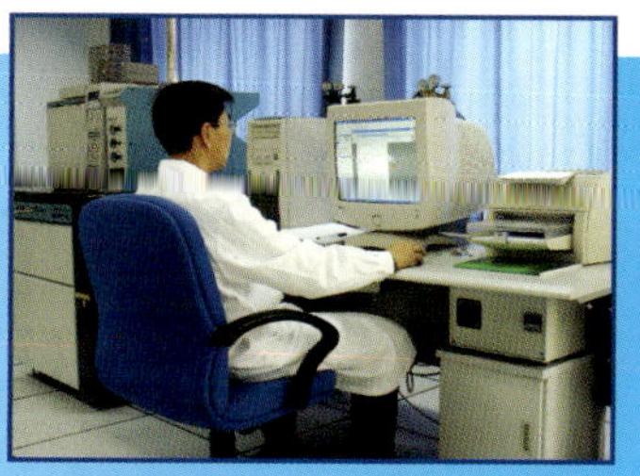
天然气成藏与开发重点实验室科研人员在进行天然气碳氢同位素分析

气质检测中心科研人员在进行现场气质检测

天然气地质所勘探决策支持研究成果

科研人员在研究天然气勘探规划

科研人员在研讨全国储量分布形势

>> 勘探决策支持

天然气地质研究所已经形成了长远规划—年度计划—预探部署—评价部署—储量管理一体化的决策支撑体系，建立了全面的数据库和图形库系统，是中国石油天然气股份有限公司上游油气勘探与评价较为系统的支撑单位之一。

>> 地质综合研究

天然气地质研究所立足重点气区进行攻关研究，深入四川、鄂尔多斯、塔里木、松辽、柴达木、准噶尔和渤海湾等主要气区现场，狠抓基础工作和实物工作量，科研紧密结合生产、服务生产，提出了一批风险探井和有利目标及天然气勘探的潜在领域，为中国天然气的大发展提供了有力保障。

科研人员西南油气田进行现场工作

科研人员在野外勘查

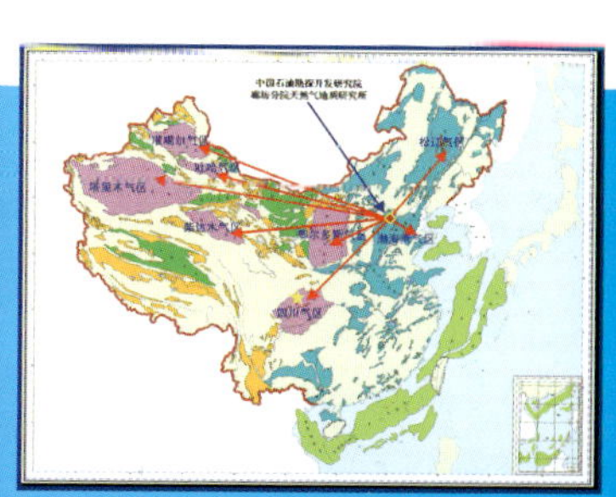
天然气地质所现场服务示意图

北京石油化工工程公司

北京石油化工工程公司是延长石油集团在京子公司，目前拥有近千名工程技术人员，下设十个职能部门、四个设计事业部（炼油、化工、储运、系统）、两家分公司和三家专业公司，计划到2013年末规模达到2000人。公司拥有化工、石化、医药行业工程设计、工程咨询甲级资质和工程总承包、项目管理等相关资质，拥有一、二、三类压力容器设计和分析设计资质以及GA、GB、GC类压力管道设计资质，通过了ISO9001质量体系、ISO14001环境管理体系和职业健康安全管理体系认证，并拥有从事境外石油化工医药项目工程总承包、项目管理及劳务合作资格证书。公司在北京奥运媒体村拥有3万余平方米的现代化办公大楼。

北京石油化工工程公司主要从事工程咨询、工程设计、工程承包、项目管理、信息技术等相关业务，业务范围涵盖炼油、石油化工、天然气化工、煤化工等领域。近几年来，通过持续快速引进技术人才，公司目前已经拥有千万吨大炼油、百万吨乙烯、煤炭深度转化等全厂性工程及常减压、催化、加氢、重整、焦化、芳烃、聚乙烯、聚丙烯、苯乙烯、煤气化、天然气转化、甲醇、丁辛醇、制氢、煤焦油加工、油气储运、LNG等相关化工领域的关键工艺装置的可研编制、工程设计、工程承包及项目管理等综合能力。近五年来完成了近两百余项工程设计项目，全程参与完成了神华包头煤制烯烃项目的项目管理，目前正全面组织实施包括投资230亿元的延长石油延安油气煤综合利用项目在内的多个重大项目和科技攻关项目，是国内少有的同时拥有炼油、石油化工、天然气化工、煤化工、油气储运等相关领域工程技术力量的工程公司。

北京石油化工工程公司于2010年7月重组加入延长石油集团，重组后的北京石油化工工程公司的管理机制更加科学合理，分配体系更具竞争力，企业文化更加多元化，技术实力更加雄厚，市场空间更加广阔。为持续推动公司发展，北京石油化工工程公司于2011年相继出资成立了延长石油凯洛格（北京）技术有限公司、延长石油（北京）项目管理有限公司和延长石油（北京）信息技术有限公司。在不断发展壮大企业同时，根据集团公司的部署及要求，公司计划力争在2014年登陆资本市场，以增强企业持续发展能力，使北京石油化工工程公司发展成为具有较强竞争力的一流工程公司。

延长石油（北京）项目管理有限公司

延长石油（北京）项目管理有限公司是工程建设中从事项目管理的专业化公司，由从事过扬巴石化、中海壳牌乙烯、中石化福建炼化一体化、上海赛科乙烯、神华包头煤制烯烃等国家重大项目的部分优秀项目管理人员组成，是延长石油集团在工程项目规划、工程建设管理、试车、投料、生产运营的专业化管理团队，提供在工程建设行业中各类石

油化工专业技术服务和技术支持。在完成延长石油集团项目的同时，将竭诚为集团外的项目业主提供项目建设方案的技术优化；项目风险的优化；编制总体设计、基础设计，工程统一规定；长周期设备材料采购；项目实施执行计划与实施方案；现场的施工管理；项目各级投资估算；各类招标与评标工作等与项目管理相关服务。我们的服务理念是：代表业主、服务业主，优化资源、提升价值，整体策划、集成管理，项目全生命周期规划、项目风险预测与监控。

延长石油（北京）信息技术有限公司

延长石油（北京）信息技术有限公司是从事企业信息化建设的专业化公司，是延长石油集团信息化规划、建设（设计和实施）、运维的主力军，是流程行业和工程建设行业信息技术服务的专业提供商，将竭诚为客户提供信息技术整体解决方案和相关服务。主要包括IT规划与咨询，ERP及相关应用，MES及相关应用，PCS及工业自动化，IT基础设施，楼宇自动化，IT运维，EIMS规划设计、数据挖掘、整合与优化，工程项目管理及相关应用，OA，设计集成系统，IT项目监理等。

延长石油凯洛格（北京）技术有限公司成立仪式

延长石油凯洛格（北京）技术有限公司是由北京石油化工工程公司与美国KBR公司（Kellogg Brown & Root，凯洛格布朗路特）共同出资组建。作为KBR在中国的合资公司，延长石油凯洛格（北京）技术有限公司将引进以“VCC悬浮床加氢裂化技术”、“先进催化裂化制烯烃（ACO）工艺”和“TRIG循环流化床煤气化技术”等为代表的多项先进技术，并将依托延长石油集团及KBR集团的强大实力和全球业务网络，在中国乃至全球范围内推广劣质重油加氢、渣油加氢、煤焦油加氢、轻油流化床催化制烯烃、先进煤气化技术、煤炭深度转化及其他石油化工、天然气化工、煤化工等领域的重大技术的工程化开发和工业化应用，从而开辟一条更为便捷的天然气及煤炭高效转化与石油化工深度结合的工业化路线，为中国乃至全球的能源化工工业可持续发展作出贡献。

欢迎业内人士交流指导

真诚感谢各界朋友对我们的关注和帮助，竭诚欢迎到北京石油化工工程公司开展交流、指导工作！了解更多信息请登录：

公司网站：http://www.bpdi.com.cn，
邮　　箱：business@bpdi.com.cn
公司地址：北京市朝阳区媒体村天居园7号楼
邮　　编：100107
电　　话：010－84275050
传　　真：010－84289838

大庆油田工程建设有限公司

大庆油田工程建设有限公司是一家隶属于中国石油大庆油田的大型综合性建筑企业，具有 EPC/PMC 总承包和项目管理能力，能够完成项目设计、采办、施工和开车全过程管理。公司拥有工程设计综合甲级资质，化工石油工程施工总承包特级资质。公司下属油田设计院、油建公司等 14 个成员单位，注册资本18.08亿元。

公司现有员工21184人，其中管理和专业技术人员8047人，中高级以上职称3221人，享受政府特殊津贴专家1人，中国石油高级技术专家2人、技能专家5人，中国石油跨世纪学术、技术带头人3人，具有注册一、二级建筑师，岩土工程师，一级建造师，造价工程师，注册会计师等执业资格人员911人。公司拥有固定资产原值59.8亿元，净值32.6亿元，以550吨履带吊车、回拖力500吨的水平定向穿越机为代表的施工设备35364台套，以中国石油天然气集团公司地面工程技术试验基地为代表的实验室及现场试验基地14个。

业务范围涉及工程咨询、工程勘察、工程设计、油气田地面建设、炼油化工建设、储罐建设、建筑施工、路桥建设、建材产品预制、工程检测、专业技术培训等领域。

公司经过50余年的技术发展，形成了多项具有自主知识产权的核心技术，在高寒地区“三高”原油的集输处理、聚合物注入与采出液处理等方面积累了丰富的经验；在数字化管道勘察设计与施工、数字化油田、长距离油气混输、大型油库及金属储罐设计与施工、油田化学剂、油田气深冷处理技术等方面处于国内领先水平。工程施工方面拥有6项省部级以上工法，52项省部级工法，拥有十大核心技术系列及40项技术专长。施工领域遍布国内23个省、自治区、直辖市，并先后进入了巴基斯坦、孟加拉、哈萨克斯坦、土库曼斯坦、蒙古、伊拉克等国家和地区。

公司累计完成规划设计16457项，取得科研成果2598项，获得国家奖励47项。公司还先后荣获国家质量管理奖、中国质量信誉保证企业、中国工程建设社会信用AAA级企业、全国优秀施工企业、全国工程建设质量管理优秀企业、全国实施用户满意工程先进单位、全国建筑业企业工程总承包先进企业、黑龙江省“五一”劳动奖状和全国“五一”劳动奖状等荣誉。

沈大高速公路

施工的南三接卸俄罗斯原油工程吨吊车

550吨吊车

冀东南堡油田1号陆上终端地面工程

管道纵贯大兴安岭

大连国家石油储备基地总承包项目罐群

公司地址：大庆市让胡路区昆仑大街75号　　邮政编码：163453　　联系电话：0459-5959027

中油辽河工程有限公司

公司总经理助理
兼公司总经理　郭野愚

党委书记　马景源

公司简介

中油辽河工程有限公司（英文缩写LPE）是国家甲级勘察设计单位，中国石油天然气集团公司高稠油、凝析油气田地面工艺技术指导性设计单位，稠油、高凝油主力设计单位，是具有研发、咨询、勘察、设计和工程总承包全功能的工程公司。

LPE始建于1970年，现有员工813人，其中全国工程勘察设计大师1人，中国石油集团公司优秀勘察设计师和技术专家9人，教授级高工、高级职称157人，拥有国家各类工程师注册资格人员近200人。具有勘察、设计和工程总承包等21个甲级、12个乙级资质。拥有Ⅰ、Ⅱ、Ⅲ类压力容器设计资格和GA、GB、GC类压力管道设计资格证及项目安全预评价、危险化学品专项评价资质。业务范围遍及石油天然气、建筑、化工石化、医药、市政公用工程、电力、电子通信、广电、城市规划、工程勘察等8个行业32个专业领域。

LPE为辽河油田发展和中国石油工程建设作出了重要贡献。先后完成了辽河油田1500万/年吨原油生产能力的地面工程建设和以西气东输管道、大连中石油国际储备库为代表的国家重点项目的设计和总承包工作。形成了具有国际先进水平的稠油、超稠油和高凝油集输处理等八大技术优势，获得省部级以上技术创新、优秀设计奖等17项，省部级成果98项。

进入“十二五”，公司将以科学发展观为统领，坚持“市场开发、科学管理、技术创新、人才培养、企业文化”发展战略，不断增强技术竞争力，做大做强总承包业务，努力建设成为国际一流的工程公司。

中国石油西气东输管道(销售)公司

黄泽俊 总经理

秦刚 书记

中国石油西气东输管道（销售）公司是中国石油天然气股份有限公司直属的地区公司，负责西气东输管道工程建设、生产运营管理和天然气市场开发与销售等业务。

公司随着西气东输工程的建设发展不断成长壮大。2000年3月8日，西气东输工程项目经理部成立。2001年4月22日，更名为西气东输管道分公司。2003年9月27日，西气东输销售分公司成立。

西气东输管道分公司和销售分公司实行一套机构、两个牌子管理。公司采用一级管理体制，扁平化的机构设置。目前，公司在上海设有16个职能部门，下设3个附属单位，管道沿线设有18个地区管理处（分公司）、2个工程项目部、1个计量测试中心。截至2011年8月底，公司共有员工3527人。

目前，公司运营管理2条干线（西气东输一线和西气东输二线东段）、4条支干线（常州—长兴、定远—合肥、南京—芜湖、枣阳—襄樊支干线）、6条联络线（冀宁联络线、淮武联络线、西二线中卫—靖边联络线、樟树－湘潭联络线、襄樊清管站至忠武线襄樊计量站联络线、黄陂联络压气站至淮武线联络线）、15条支线和长宁线、兰银线，管道总长度10335千米；1座地下储气库、1个计量检定中心；132座站场。管线途经17个省（市）自治区，供气范围覆盖华东、华中、西北东部广大地区，并向华北地区转供天然气，初步形成了塔里木、柴达木、长庆、川渝四大气区联网供气格局。

西气东输一线是以新疆塔里木气田为主供气源，以长江三角洲地区为主要目标市场。管道干线西起新疆塔里木轮南，东至上海白鹤镇，全长3843.5千米。管道直径1016毫米，系统压力10兆帕，设计输量120亿立方米/年。通过实施增输工程，目前管道全线输气能力已达到170亿立方米/年。

西气东输二线主供气源为中亚天然气，管道西起新疆霍尔果斯口岸，总体走向为由西向东、由北向南，东至浙江、上海，南至广东、广西，线路总长约8600千米，管径1219毫米，东段设计压力10兆帕，设计输量300亿立方米/年。公司负责运营管理位于甘肃、宁夏两省交界处的CA000管线桩以东的线路（含相关干线、支干线和支线）和站场及配套储气库。

西气东输自正式投入运行以来，在集团公司党组、股份公司管理层的正确领导和亲切关怀下，在工程建设、生产运行、市场销售同步进行的繁重任务面前，紧紧围绕确保管道安全平稳高效运营这一中心，坚定不移地抓好管道运营和市场销售主营业务，持续深化经营管理，不断加强党建和精神文明建设，圆满完成了各项业绩指标。截至目前，西气东输销售及分输用户已发展到162家。“十一五”期间，公司累计实现管输商品气量809.77亿立方米，天然气销售量771.43亿立方米，较好地履行了政治责任、社会责任和经济责任，为促进天然气工业和地方经济发展，调整能源结构、改善生态环境、提高人民生活质量作出了贡献。公司先后荣获全国“五一劳动奖状”、首届“国家环境友好工程”、“国家开发建设项目水土保持示范工程”和“新中国成立六十周年百项经典暨精品工程”称号。西气东输管道工程通过国家验收。“西气东输工程技术及应用”项目荣获2010年度国家科技进步一等奖。

『公司简介』

中国石油北京销售公司

中国石油天然气股份有限公司北京销售分公司是根据中国石油天然气股份有限公司《关于华北销售分公司管理体制调整有关问题的通知》（石油人事〔2009〕372号）精神，于2009年12月2日，由原华北销售分公司机关及相关附属机构与原所属北京销售分公司实施整合后组建而成的，负责中国石油在北京市的网络开发和成品油销售业务。截至2010年年底，北京销售公司资产总额30.68亿元，拥有加油站178座，橇装供油设施151座，年销售成品油200多万吨，非油业务收入突破1亿元大关，资产型油库2座，库容3.4万立方米。

“十二五”开局之年，公司谋划了新的发展蓝图，提出了到2015年和2020年的发展规划，明确了打造“国际水准首都销售企业”的发展定位，即：力争通过10年的发展，销售收入和盈利能力持续稳定增长，吨油利润等主要经济指标位居销售企业前列。在实力、效率、管理、形象、服务、精神面貌和影响力等方面，在销售公司争创一流，与首都销售企业的地位相匹配。

在坚持集团公司企业文化“四统一”基础之上，在贯彻落实销售公司企业文化的前提下，经过基层充分调研，公司科学研究，我们提出了符合北京销售公司实际的企业文化内容。公司愿景：打造国际水准首都销售企业；公司使命：履行三大责任，为客户、员工和合作伙伴提供实现美好梦想的平台；公司价值观：打造首都品质；首都销售企业印象：规范、大气、开放、活力；员工价值观：用诚实劳动创造健康丰富的人生；员工行为准则：培养首都素质；精细化管理生存法则：管理务求精雕细刻，经营务求精打细算，服务务求精诚所至，技术务求精益求精。这些企业文化正逐步深入人心，成为广大干部员工自觉践行的核心理念。

经过十余年的发展积累，北京销售公司培养造就了一支综合素质较高、市场经验丰富的综合管理队伍、网络开发建设队伍和成品油营销队伍，并逐渐成长为首都成品油市场的生力军和主力军。立足新起点，面临新机遇、新挑战和新任务，整合后的北京销售公司将在集团公司、股份公司和销售公司的领导下，大力发扬大庆精神和铁人精神，认真履行经济、政治和社会三大责任，立足首都市场，紧紧围绕提高市场份额这一中心任务，充分调动广大干部员工的积极性和创造性，创新体制机制，完善储运设施，优化网络布局，具有扩大市场规模，提高营销质量，大力控本降费，构建和谐企业，努力建设具有国际水准的销售企业！

第四篇

能源政策法规

中华人民共和国节约能源法

中华人民共和国主席令

第 77 号

《中华人民共和国节约能源法》已由中华人民共和国第十届全国人民代表大会常务委员会第二十次会议于 2007 年 10 月 28 日修订通过，现将修订后的《中华人民共和国节约能源法》公布，自 2008 年 4 月 1 日起施行。

中华人民共和国主席　胡锦涛

2007 年 10 月 28 日

中华人民共和国节约能源法

（1997 年 11 月 1 日第八届全国人民代表大会常务委员会第二十八次会议通过，2007 年 10 月 28 日第十届全国人民代表大会常务委员会第三十次会议修订）

第一章　总　则

第一条　为了推动全社会节约能源，提高能源利用效率，保护和改善环境，促进经济社会全面协调可持续发展，制定本法。

第二条　本法所称能源，是指煤炭、石油、天然气、生物质能和电力、热力以及其他直接或者通过加工、转换而取得有用能的各种资源。

第三条　本法所称节约能源（以下简称节能），是指加强用能管理，采取技术上可行、经济上合理以及环境和社会可以承受的措施，从能源生产到消费的各个环节，降低消耗、减少损失和污染物排放、制止浪费，有效、合理地利用能源。

第四条　节约资源是我国的基本国策。国家实施节约与开发并举、把节约放在首位的能源发展战略。

第五条　国务院和县级以上地方各级人民政府应当将节能工作纳入国民经济和社会发展规划、年度计划，并组织编制和实施节能中长期专项规划、年度节能计划。

国务院和县级以上地方各级人民政府每年向本级人民代表大会或者其常务委员会报告节能工作。

第六条　国家实行节能目标责任制和节能考核评价制度，将节能目标完成情况作为对地方人民政府及其负责人考核评价的内容。

省、自治区、直辖市人民政府每年向国务院报告节能目标责任的履行情况。

第七条　国家实行有利于节能和环境保护的产业政策，限制发展高耗能、高污染行业，发展节能环保型产业。

国务院和省、自治区、直辖市人民政府应当加强节能工作，合理调整产业结构、企业结构、产品结构和能源消费结构，推动企业降低单位产值能耗和单位产品能耗，淘汰落后的生产能力，改进能源的开发、加工、转换、输送、储存和供应，提高能源利用效率。

国家鼓励、支持开发和利用新能源、可再生能源。

第八条　国家鼓励、支持节能科学技术的研究、开发、示范和推广，促进节能技术创新与进步。

国家开展节能宣传和教育，将节能知识纳入国民教育和培训体系，普及节能科学知识，增强全民的节能意识，提倡节约型的消费方式。

第九条　任何单位和个人都应当依法履行节能义务，有权检举浪费能源的行为。

新闻媒体应当宣传节能法律、法规和政策，

发挥舆论监督作用。

第十条 国务院管理节能工作的部门主管全国的节能监督管理工作。国务院有关部门在各自的职责范围内负责节能监督管理工作，并接受国务院管理节能工作的部门的指导。

县级以上地方各级人民政府管理节能工作的部门负责本行政区域内的节能监督管理工作。县级以上地方各级人民政府有关部门在各自的职责范围内负责节能监督管理工作，并接受同级管理节能工作的部门的指导。

第二章 节能管理

第十一条 国务院和县级以上地方各级人民政府应当加强对节能工作的领导，部署、协调、监督、检查、推动节能工作。

第十二条 县级以上人民政府管理节能工作的部门和有关部门应当在各自的职责范围内，加强对节能法律、法规和节能标准执行情况的监督检查，依法查处违法用能行为。

履行节能监督管理职责不得向监督管理对象收取费用。

第十三条 国务院标准化主管部门和国务院有关部门依法组织制定并适时修订有关节能的国家标准、行业标准，建立健全节能标准体系。

国务院标准化主管部门会同国务院管理节能工作的部门和国务院有关部门制定强制性的用能产品、设备能源效率标准和生产过程中耗能高的产品的单位产品能耗限额标准。

国家鼓励企业制定严于国家标准、行业标准的企业节能标准。

省、自治区、直辖市制定严于强制性国家标准、行业标准的地方节能标准，由省、自治区、直辖市人民政府报经国务院批准；本法另有规定的除外。

第十四条 建筑节能的国家标准、行业标准由国务院建设主管部门组织制定，并依照法定程序发布。

省、自治区、直辖市人民政府建设主管部门可以根据本地实际情况，制定严于国家标准或者行业标准的地方建筑节能标准，并报国务院标准化主管部门和国务院建设主管部门备案。

第十五条 国家实行固定资产投资项目节能评估和审查制度。不符合强制性节能标准的项目，依法负责项目审批或者核准的机关不得批准或者核准建设；建设单位不得开工建设；已经建成的，不得投入生产、使用。具体办法由国务院管理节能工作的部门会同国务院有关部门制定。

第十六条 国家对落后的耗能过高的用能产品、设备和生产工艺实行淘汰制度。淘汰的用能产品、设备、生产工艺的目录和实施办法，由国务院管理节能工作的部门会同国务院有关部门制定并公布。

生产过程中耗能高的产品的生产单位，应当执行单位产品能耗限额标准。对超过单位产品能耗限额标准用能的生产单位，由管理节能工作的部门按照国务院规定的权限责令限期治理。

对高耗能的特种设备，按照国务院的规定实行节能审查和监管。

第十七条 禁止生产、进口、销售国家明令淘汰或者不符合强制性能源效率标准的用能产品、设备；禁止使用国家明令淘汰的用能设备、生产工艺。

第十八条 国家对家用电器等使用面广、耗能量大的用能产品，实行能源效率标识管理。实行能源效率标识管理的产品目录和实施办法，由国务院管理节能工作的部门会同国务院产品质量监督部门制定并公布。

第十九条 生产者和进口商应当对列入国家能源效率标识管理产品目录的用能产品标注能源效率标识，在产品包装物上或者说明书中予以说明，并按照规定报国务院产品质量监督部门和国务院管理节能工作的部门共同授权的机构备案。

生产者和进口商应当对其标注的能源效率标识及相关信息的准确性负责。禁止销售应当标注而未标注能源效率标识的产品。

禁止伪造、冒用能源效率标识或者利用能源效率标识进行虚假宣传。

第二十条 用能产品的生产者、销售者，可以根据自愿原则，按照国家有关节能产品认证的规定，向经国务院认证认可监督管理部门认可的从事节能产品认证的机构提出节能产品认证申请；

经认证合格后，取得节能产品认证证书，可以在用能产品或者其包装物上使用节能产品认证标志。

禁止使用伪造的节能产品认证标志或者冒用节能产品认证标志。

第二十一条　县级以上各级人民政府统计部门应当会同同级有关部门，建立健全能源统计制度，完善能源统计指标体系，改进和规范能源统计方法，确保能源统计数据真实、完整。

国务院统计部门会同国务院管理节能工作的部门，定期向社会公布各省、自治区、直辖市以及主要耗能行业的能源消费和节能情况等信息。

第二十二条　国家鼓励节能服务机构的发展，支持节能服务机构开展节能咨询、设计、评估、检测、审计、认证等服务。

国家支持节能服务机构开展节能知识宣传和节能技术培训，提供节能信息、节能示范和其他公益性节能服务。

第二十三条　国家鼓励行业协会在行业节能规划、节能标准的制定和实施、节能技术推广、能源消费统计、节能宣传培训和信息咨询等方面发挥作用。

第三章　合理使用与节约能源

第一节　一般规定

第二十四条　用能单位应当按照合理用能的原则，加强节能管理，制定并实施节能计划和节能技术措施，降低能源消耗。

第二十五条　用能单位应当建立节能目标责任制，对节能工作取得成绩的集体、个人给予奖励。

第二十六条　用能单位应当定期开展节能教育和岗位节能培训。

第二十七条　用能单位应当加强能源计量管理，按照规定配备和使用经依法检定合格的能源计量器具。

用能单位应当建立能源消费统计和能源利用状况分析制度，对各类能源的消费实行分类计量和统计，并确保能源消费统计数据真实、完整。

第二十八条　能源生产经营单位不得向本单位职工无偿提供能源。任何单位不得对能源消费实行包费制。

第二节　工业节能

第二十九条　国务院和省、自治区、直辖市人民政府推进能源资源优化开发利用和合理配置，推进有利于节能的行业结构调整，优化用能结构和企业布局。

第三十条　国务院管理节能工作的部门会同国务院有关部门制定电力、钢铁、有色金属、建材、石油加工、化工、煤炭等主要耗能行业的节能技术政策，推动企业节能技术改造。

第三十一条　国家鼓励工业企业采用高效、节能的电动机、锅炉、窑炉、风机、泵类等设备，采用热电联产、余热余压利用、洁净煤以及先进的用能监测和控制等技术。

第三十二条　电网企业应当按照国务院有关部门制定的节能发电调度管理的规定，安排清洁、高效和符合规定的热电联产、利用余热余压发电的机组以及其他符合资源综合利用规定的发电机组与电网并网运行，上网电价执行国家有关规定。

第三十三条　禁止新建不符合国家规定的燃煤发电机组、燃油发电机组和燃煤热电机组。

第三节　建筑节能

第三十四条　国务院建设主管部门负责全国建筑节能的监督管理工作。

县级以上地方各级人民政府建设主管部门负责本行政区域内建筑节能的监督管理工作。

县级以上地方各级人民政府建设主管部门会同同级管理节能工作的部门编制本行政区域内的建筑节能规划。建筑节能规划应当包括既有建筑节能改造计划。

第三十五条　建筑工程的建设、设计、施工和监理单位应当遵守建筑节能标准。

不符合建筑节能标准的建筑工程，建设主管部门不得批准开工建设；已经开工建设的，应当责令停止施工、限期改正；已经建成的，不得销售或者使用。

建设主管部门应当加强对在建建筑工程执行建筑节能标准情况的监督检查。

第三十六条　房地产开发企业在销售房屋时，应当向购买人明示所售房屋的节能措施、保温工程保修期等信息，在房屋买卖合同、质量保证书和使用说明书中载明，并对其真实性、准确性负责。

第三十七条 使用空调采暖、制冷的公共建筑应当实行室内温度控制制度。具体办法由国务院建设主管部门制定。

第三十八条 国家采取措施，对实行集中供热的建筑分步骤实行供热分户计量、按照用热量收费的制度。新建建筑或者对既有建筑进行节能改造，应当按照规定安装用热计量装置、室内温度调控装置和供热系统调控装置。具体办法由国务院建设主管部门会同国务院有关部门制定。

第三十九条 县级以上地方各级人民政府有关部门应当加强城市节约用电管理，严格控制公用设施和大型建筑物装饰性景观照明的能耗。

第四十条 国家鼓励在新建建筑和既有建筑节能改造中使用新型墙体材料等节能建筑材料和节能设备，安装和使用太阳能等可再生能源利用系统。

第四节　交通运输节能

第四十一条 国务院有关交通运输主管部门按照各自的职责负责全国交通运输相关领域的节能监督管理工作。

国务院有关交通运输主管部门会同国务院管理节能工作的部门分别制定相关领域的节能规划。

第四十二条 国务院及其有关部门指导、促进各种交通运输方式协调发展和有效衔接，优化交通运输结构，建设节能型综合交通运输体系。

第四十三条 县级以上地方各级人民政府应当优先发展公共交通，加大对公共交通的投入，完善公共交通服务体系，鼓励利用公共交通工具出行；鼓励使用非机动交通工具出行。

第四十四条 国务院有关交通运输主管部门应当加强交通运输组织管理，引导道路、水路、航空运输企业提高运输组织化程度和集约化水平，提高能源利用效率。

第四十五条 国家鼓励开发、生产、使用节能环保型汽车、摩托车、铁路机车车辆、船舶和其他交通运输工具，实行老旧交通运输工具的报废、更新制度。

国家鼓励开发和推广应用交通运输工具使用的清洁燃料、石油替代燃料。

第四十六条 国务院有关部门制定交通运输营运车船的燃料消耗量限值标准；不符合标准的，不得用于营运。

国务院有关交通运输主管部门应当加强对交通运输营运车船燃料消耗检测的监督管理。

第五节　公共机构节能

第四十七条 公共机构应当厉行节约，杜绝浪费，带头使用节能产品、设备，提高能源利用效率。

本法所称公共机构，是指全部或者部分使用财政性资金的国家机关、事业单位和团体组织。

第四十八条 国务院和县级以上地方各级人民政府管理机关事务工作的机构会同同级有关部门制定和组织实施本级公共机构节能规划。公共机构节能规划应当包括公共机构既有建筑节能改造计划。

第四十九条 公共机构应当制定年度节能目标和实施方案，加强能源消费计量和监测管理，向本级人民政府管理机关事务工作的机构报送上年度的能源消费状况报告。

国务院和县级以上地方各级人民政府管理机关事务工作的机构会同同级有关部门按照管理权限，制定本级公共机构的能源消耗定额，财政部门根据该定额制定能源消耗支出标准。

第五十条 公共机构应当加强本单位用能系统管理，保证用能系统的运行符合国家相关标准。

公共机构应当按照规定进行能源审计，并根据能源审计结果采取提高能源利用效率的措施。

第五十一条 公共机构采购用能产品、设备，应当优先采购列入节能产品、设备政府采购名录中的产品、设备。禁止采购国家明令淘汰的用能产品、设备。

节能产品、设备政府采购名录由省级以上人民政府的政府采购监督管理部门会同同级有关部门制定并公布。

第六节　重点用能单位节能

第五十二条 国家加强对重点用能单位的节能管理。

下列用能单位为重点用能单位：

（一）年综合能源消费总量一万吨标准煤以上的用能单位；

（二）国务院有关部门或者省、自治区、直辖市人民政府管理节能工作的部门指定的年综合能源消费总量五千吨以上不满一万吨标准煤的用能单位。

重点用能单位节能管理办法，由国务院管理节能工作的部门会同国务院有关部门制定。

第五十三条　重点用能单位应当每年向管理节能工作的部门报送上年度的能源利用状况报告。能源利用状况包括能源消费情况、能源利用效率、节能目标完成情况和节能效益分析、节能措施等内容。

第五十四条　管理节能工作的部门应当对重点用能单位报送的能源利用状况报告进行审查。对节能管理制度不健全、节能措施不落实、能源利用效率低的重点用能单位，管理节能工作的部门应当开展现场调查，组织实施用能设备能源效率检测，责令实施能源审计，并提出书面整改要求，限期整改。

第五十五条　重点用能单位应当设立能源管理岗位，在具有节能专业知识、实际经验以及中级以上技术职称的人员中聘任能源管理负责人，并报管理节能工作的部门和有关部门备案。

能源管理负责人负责组织对本单位用能状况进行分析、评价，组织编写本单位能源利用状况报告，提出本单位节能工作的改进措施并组织实施。

能源管理负责人应当接受节能培训。

第四章　节能技术进步

第五十六条　国务院管理节能工作的部门会同国务院科技主管部门发布节能技术政策大纲，指导节能技术研究、开发和推广应用。

第五十七条　县级以上各级人民政府应当把节能技术研究开发作为政府科技投入的重点领域，支持科研单位和企业开展节能技术应用研究，制定节能标准，开发节能共性和关键技术，促进节能技术创新与成果转化。

第五十八条　国务院管理节能工作的部门会同国务院有关部门制定并公布节能技术、节能产品的推广目录，引导用能单位和个人使用先进的节能技术、节能产品。

国务院管理节能工作的部门会同国务院有关部门组织实施重大节能科研项目、节能示范项目、重点节能工程。

第五十九条　县级以上各级人民政府应当按照因地制宜、多能互补、综合利用、讲求效益的原则，加强农业和农村节能工作，增加对农业和农村节能技术、节能产品推广应用的资金投入。

农业、科技等有关主管部门应当支持、推广在农业生产、农产品加工储运等方面应用节能技术和节能产品，鼓励更新和淘汰高耗能的农业机械和渔业船舶。

国家鼓励、支持在农村大力发展沼气，推广生物质能、太阳能和风能等可再生能源利用技术，按照科学规划、有序开发的原则发展小型水力发电，推广节能型的农村住宅和炉灶等，鼓励利用非耕地种植能源植物，大力发展薪炭林等能源林。

第五章　激励措施

第六十条　中央财政和省级地方财政安排节能专项资金，支持节能技术研究开发、节能技术和产品的示范与推广、重点节能工程的实施、节能宣传培训、信息服务和表彰奖励等。

第六十一条　国家对生产、使用列入本法第五十八条规定的推广目录的需要支持的节能技术、节能产品，实行税收优惠等扶持政策。

国家通过财政补贴支持节能照明器具等节能产品的推广和使用。

第六十二条　国家实行有利于节约能源资源的税收政策，健全能源矿产资源有偿使用制度，促进能源资源的节约及其开采利用水平的提高。

第六十三条　国家运用税收等政策，鼓励先进节能技术、设备的进口，控制在生产过程中耗能高、污染重的产品的出口。

第六十四条　政府采购监督管理部门会同有关部门制定节能产品、设备政府采购名录，应当优先列入取得节能产品认证证书的产品、设备。

第六十五条　国家引导金融机构增加对节能项目的信贷支持，为符合条件的节能技术研究开发、节能产品生产以及节能技术改造等项目提供优惠贷款。

国家推动和引导社会有关方面加大对节能的

资金投入，加快节能技术改造。

第六十六条 国家实行有利于节能的价格政策，引导用能单位和个人节能。

国家运用财税、价格等政策，支持推广电力需求侧管理、合同能源管理、节能自愿协议等节能办法。

国家实行峰谷分时电价、季节性电价、可中断负荷电价制度，鼓励电力用户合理调整用电负荷；对钢铁、有色金属、建材、化工和其他主要耗能行业的企业，分淘汰、限制、允许和鼓励类实行差别电价政策。

第六十七条 各级人民政府对在节能管理、节能科学技术研究和推广应用中有显著成绩以及检举严重浪费能源行为的单位和个人，给予表彰和奖励。

第六章 法律责任

第六十八条 负责审批或者核准固定资产投资项目的机关违反本法规定，对不符合强制性节能标准的项目予以批准或者核准建设的，对直接负责的主管人员和其他直接责任人员依法给予处分。

固定资产投资项目建设单位开工建设不符合强制性节能标准的项目或者将该项目投入生产、使用的，由管理节能工作的部门责令停止建设或者停止生产、使用，限期改造；不能改造或者逾期不改造的生产性项目，由管理节能工作的部门报请本级人民政府按照国务院规定的权限责令关闭。

第六十九条 生产、进口、销售国家明令淘汰的用能产品、设备的，使用伪造的节能产品认证标志或者冒用节能产品认证标志的，依照《中华人民共和国产品质量法》的规定处罚。

第七十条 生产、进口、销售不符合强制性能源效率标准的用能产品、设备的，由产品质量监督部门责令停止生产、进口、销售，没收违法生产、进口、销售的用能产品、设备和违法所得，并处违法所得一倍以上五倍以下罚款；情节严重的，由工商行政管理部门吊销营业执照。

第七十一条 使用国家明令淘汰的用能设备或者生产工艺的，由管理节能工作的部门责令停止使用，没收国家明令淘汰的用能设备；情节严重的，可以由管理节能工作的部门提出意见，报请本级人民政府按照国务院规定的权限责令停业整顿或者关闭。

第七十二条 生产单位超过单位产品能耗限额标准用能，情节严重，经限期治理逾期不治理或者没有达到治理要求的，可以由管理节能工作的部门提出意见，报请本级人民政府按照国务院规定的权限责令停业整顿或者关闭。

第七十三条 违反本法规定，应当标注能源效率标识而未标注的，由产品质量监督部门责令改正，处三万元以上五万元以下罚款。

违反本法规定，未办理能源效率标识备案，或者使用的能源效率标识不符合规定的，由产品质量监督部门责令限期改正；逾期不改正的，处一万元以上三万元以下罚款。

伪造、冒用能源效率标识或者利用能源效率标识进行虚假宣传的，由产品质量监督部门责令改正，处五万元以上十万元以下罚款；情节严重的，由工商行政管理部门吊销营业执照。

第七十四条 用能单位未按照规定配备、使用能源计量器具的，由产品质量监督部门责令限期改正；逾期不改正的，处一万元以上五万元以下罚款。

第七十五条 瞒报、伪造、篡改能源统计资料或者编造虚假能源统计数据的，依照《中华人民共和国统计法》的规定处罚。

第七十六条 从事节能咨询、设计、评估、检测、审计、认证等服务的机构提供虚假信息的，由管理节能工作的部门责令改正，没收违法所得，并处五万元以上十万元以下罚款。

第七十七条 违反本法规定，无偿向本单位职工提供能源或者对能源消费实行包费制的，由管理节能工作的部门责令限期改正；逾期不改正的，处五万元以上二十万元以下罚款。

第七十八条 电网企业未按照本法规定安排符合规定的热电联产和利用余热余压发电的机组与电网并网运行，或者未执行国家有关上网电价规定的，由国家电力监管机构责令改正；造成发电企业经济损失的，依法承担赔偿责任。

第七十九条　建设单位违反建筑节能标准的，由建设主管部门责令改正，处二十万元以上五十万元以下罚款。

设计单位、施工单位、监理单位违反建筑节能标准的，由建设主管部门责令改正，处十万元以上五十万元以下罚款；情节严重的，由颁发资质证书的部门降低资质等级或者吊销资质证书；造成损失的，依法承担赔偿责任。

第八十条　房地产开发企业违反本法规定，在销售房屋时未向购买人明示所售房屋的节能措施、保温工程保修期等信息的，由建设主管部门责令限期改正，逾期不改正的，处三万元以上五万元以下罚款；对以上信息作虚假宣传的，由建设主管部门责令改正，处五万元以上二十万元以下罚款。

第八十一条　公共机构采购用能产品、设备，未优先采购列入节能产品、设备政府采购名录中的产品、设备，或者采购国家明令淘汰的用能产品、设备的，由政府采购监督管理部门给予警告，可以并处罚款；对直接负责的主管人员和其他直接责任人员依法给予处分，并予通报。

第八十二条　重点用能单位未按照本法规定报送能源利用状况报告或者报告内容不实的，由管理节能工作的部门责令限期改正；逾期不改正的，处一万元以上五万元以下罚款。

第八十三条　重点用能单位无正当理由拒不落实本法第五十四条规定的整改要求或者整改没有达到要求的，由管理节能工作的部门处十万元以上三十万元以下罚款。

第八十四条　重点用能单位未按照本法规定设立能源管理岗位，聘任能源管理负责人，并报管理节能工作的部门和有关部门备案的，由管理节能工作的部门责令改正；拒不改正的，处一万元以上三万元以下罚款。

第八十五条　违反本法规定，构成犯罪的，依法追究刑事责任。

第八十六条　国家工作人员在节能管理工作中滥用职权、玩忽职守、徇私舞弊，构成犯罪的，依法追究刑事责任；尚不构成犯罪的，依法给予处分。

第七章　附　则

第八十七条　本法自 2008 年 4 月 1 日起施行。

中华人民共和国可再生能源法

中华人民共和国主席令

第 33 号

《中华人民共和国可再生能源法》已由中华人民共和国第十届全国人民代表大会常务委员会第十四次会议于 2005 年 2 月 28 日通过，现予公布，自 2006 年 1 月 1 日起施行。

中华人民共和国主席　胡锦涛

2005 年 2 月 28 日

中华人民共和国可再生能源法

（2005 年 2 月 28 日第十届全国人民代表大会常务委员会第十四次会议通过）

第一章　总则

第一条　为了促进可再生能源的开发利用，增加能源供应，改善能源结构，保障能源安全，保护环境，实现经济社会的可持续发展，制定本法。

第二条　本法所称可再生能源，是指风能、太阳能、水能、生物质能、地热能、海洋能等非化石能源。

水力发电对本法的适用，由国务院能源主管部门规定，报国务院批准。

通过低效率炉灶直接燃烧方式利用秸秆、薪柴、粪便等，不适用本法。

第三条　本法适用于中华人民共和国领域和管辖的其他海域。

第四条　国家将可再生能源的开发利用列为能源发展的优先领域，通过制定可再生能源开发利用总量目标和采取相应措施，推动可再生能源市场的建立和发展。

国家鼓励各种所有制经济主体参与可再生能源的开发利用，依法保护可再生能源开发利用者的合法权益。

第五条　国务院能源主管部门对全国可再生能源的开发利用实施统一管理。国务院有关部门在各自的职责范围内负责有关的可再生能源开发利用管理工作。

县级以上地方人民政府管理能源工作的部门负责本行政区域内可再生能源开发利用的管理工作。县级以上地方人民政府有关部门在各自的职责范围内负责有关的可再生能源开发利用管理工作。

第二章　资源调查与发展规划

第六条　国务院能源主管部门负责组织和协调全国可再生能源资源的调查，并会同国务院有关部门组织制定资源调查的技术规范。

国务院有关部门在各自的职责范围内负责相关可再生能源资源的调查，调查结果报国务院能源主管部门汇总。

可再生能源资源的调查结果应当公布；但是，国家规定需要保密的内容除外。

第七条　国务院能源主管部门根据全国能源需求与可再生能源资源实际状况，制定全国可再生能源开发利用中长期总量目标，报国务院批准后执行，并予公布。

国务院能源主管部门根据前款规定的总量目标和省、自治区、直辖市经济发展与可再生能源资源实际状况，会同省、自治区、直辖市人民政府确定各行政区域可再生能源开发利用中长期目标，并予公布。

第八条　国务院能源主管部门根据全国可再生能源开发利用中长期总量目标，会同国务院有关部门，编制全国可再生能源开发利用规划，报国务院批准后实施。

省、自治区、直辖市人民政府管理能源工作的部门根据本行政区域可再生能源开发利用中长期目标，会同本级人民政府有关部门编制本行政区域可再生能源开发利用规划，报本级人民政府批准后实施。

经批准的规划应当公布；但是，国家规定需要保密的内容除外。

经批准的规划需要修改的，须经原批准机关批准。

第九条 编制可再生能源开发利用规划，应当征求有关单位、专家和公众的意见，进行科学论证。

第三章 产业指导与技术支持

第十条 国务院能源主管部门根据全国可再生能源开发利用规划，制定、公布可再生能源产业发展指导目录。

第十一条 国务院标准化行政主管部门应当制定、公布国家可再生能源电力的并网技术标准和其他需要在全国范围内统一技术要求的有关可再生能源技术和产品的国家标准。

对前款规定的国家标准中未作规定的技术要求，国务院有关部门可以制定相关的行业标准，并报国务院标准化行政主管部门备案。

第十二条 国家将可再生能源开发利用的科学技术研究和产业化发展列为科技发展与高技术产业发展的优先领域，纳入国家科技发展规划和高技术产业发展规划，并安排资金支持可再生能源开发利用的科学技术研究、应用示范和产业化发展，促进可再生能源开发利用的技术进步，降低可再生能源产品的生产成本，提高产品质量。

国务院教育行政部门应当将可再生能源知识和技术纳入普通教育、职业教育课程。

第四章 推广与应用

第十三条 国家鼓励和支持可再生能源并网发电。

建设可再生能源并网发电项目，应当依照法律和国务院的规定取得行政许可或者报送备案。

建设应当取得行政许可的可再生能源并网发电项目，有多人申请同一项目许可的，应当依法通过招标确定被许可人。

第十四条 电网企业应当与依法取得行政许可或者报送备案的可再生能源发电企业签订并网协议，全额收购其电网覆盖范围内可再生能源并网发电项目的上网电量，并为可再生能源发电提供上网服务。

第十五条 国家扶持在电网未覆盖的地区建设可再生能源独立电力系统，为当地生产和生活提供电力服务。

第十六条 国家鼓励清洁、高效地开发利用生物质燃料，鼓励发展能源作物。

利用生物质资源生产的燃气和热力，符合城市燃气管网、热力管网的入网技术标准的，经营燃气管网、热力管网的企业应当接收其入网。

国家鼓励生产和利用生物液体燃料。石油销售企业应当按照国务院能源主管部门或者省级人民政府的规定，将符合国家标准的生物液体燃料纳入其燃料销售体系。

第十七条 国家鼓励单位和个人安装和使用太阳能热水系统、太阳能供热采暖和制冷系统、太阳能光伏发电系统等太阳能利用系统。

国务院建设行政主管部门会同国务院有关部门制定太阳能利用系统与建筑结合的技术经济政策和技术规范。

房地产开发企业应当根据前款规定的技术规范，在建筑物的设计和施工中，为太阳能利用提供必备条件。

对已建成的建筑物，住户可以在不影响其质量与安全的前提下安装符合技术规范和产品标准的太阳能利用系统；但是，当事人另有约定的除外。

第十八条 国家鼓励和支持农村地区的可再生能源开发利用。

县级以上地方人民政府管理能源工作的部门会同有关部门，根据当地经济社会发展、生态保护和卫生综合治理需要等实际情况，制定农村地区可再生能源发展规划，因地制宜地推广应用沼气等生物质资源转化、户用太阳能、小型风能、小型水能等技术。

县级以上人民政府应当对农村地区的可再生能源利用项目提供财政支持。

第五章　价格管理与费用分摊

第十九条　可再生能源发电项目的上网电价，由国务院价格主管部门根据不同类型可再生能源发电的特点和不同地区的情况，按照有利于促进可再生能源开发利用和经济合理的原则确定，并根据可再生能源开发利用技术的发展适时调整。上网电价应当公布。

依照本法第十三条第三款规定实行招标的可再生能源发电项目的上网电价，按照中标确定的价格执行；但是，不得高于依照前款规定确定的同类可再生能源发电项目的上网电价水平。

第二十条　电网企业依照本法第十九条规定确定的上网电价收购可再生能源电量所发生的费用，高于按照常规能源发电平均上网电价计算所发生费用之间的差额，附加在销售电价中分摊。具体办法由国务院价格主管部门制定。

第二十一条　电网企业为收购可再生能源电量而支付的合理的接网费用以及其他合理的相关费用，可以计入电网企业输电成本，并从销售电价中回收。

第二十二条　国家投资或者补贴建设的公共可再生能源独立电力系统的销售电价，执行同一地区分类销售电价，其合理的运行和管理费用超出销售电价的部分，依照本法第二十条规定的办法分摊。

第二十三条　进入城市管网的可再生能源热力和燃气的价格，按照有利于促进可再生能源开发利用和经济合理的原则，根据价格管理权限确定。

第六章　经济激励与监督措施

第二十四条　国家财政设立可再生能源发展专项资金，用于支持以下活动：

（一）可再生能源开发利用的科学技术研究、标准制定和示范工程；

（二）农村、牧区生活用能的可再生能源利用项目；

（三）偏远地区和海岛可再生能源独立电力系统建设；

（四）可再生能源的资源勘察、评价和相关信息系统建设；

（五）促进可再生能源开发利用设备的本地化生产。

第二十五条　对列入国家可再生能源产业发展指导目录、符合信贷条件的可再生能源开发利用项目，金融机构可以提供有财政贴息的优惠贷款。

第二十六条　国家对列入可再生能源产业发展指导目录的项目给予税收优惠。具体办法由国务院规定。

第二十七条　电力企业应当真实、完整地记载和保存可再生能源发电的有关资料，并接受电力监管机构的检查和监督。

电力监管机构进行检查时，应当依照规定的程序进行，并为被检查单位保守商业秘密和其他秘密。

第七章　法律责任

第二十八条　国务院能源主管部门和县级以上地方人民政府管理能源工作的部门和其他有关部门在可再生能源开发利用监督管理工作中，违反本法规定，有下列行为之一的，由本级人民政府或者上级人民政府有关部门责令改正，对负有责任的主管人员和其他直接责任人员依法给予行政处分；构成犯罪的，依法追究刑事责任：

（一）不依法作出行政许可决定的；

（二）发现违法行为不予查处的；

（三）有不依法履行监督管理职责的其他行为的。

第二十九条　违反本法第十四条规定，电网企业未全额收购可再生能源电量，造成可再生能源发电企业经济损失的，应当承担赔偿责任，并由国家电力监管机构责令限期改正；拒不改正的，处以可再生能源发电企业经济损失额一倍以下的罚款。

第三十条　违反本法第十六条第二款规定，经营燃气管网、热力管网的企业不准许符合入网技术标准的燃气、热力入网，造成燃气、热力生产企业经济损失的，应当承担赔偿责任，并由省级人民政府管理能源工作的部门责令限期改正；拒不改正的，处以燃气、热力生产企业经济损失额一倍以下的罚款。

第三十一条　违反本法第十六条第三款规定，石油销售企业未按照规定将符合国家标准的生物液体燃料纳入其燃料销售体系，造成生物液体燃料生产企业经济损失的，应当承担赔偿责任，并由国务院能源主管部门或者省级人民政府管理能源工作的部门责令限期改正；拒不改正的，处以生物液体燃料生产企业经济损失额一倍以下的罚款。

第八章　附　则

第三十二条　本法中下列用语的含义：

（一）生物质能，是指利用自然界的植物、粪便以及城乡有机废物转化成的能源。

（二）可再生能源独立电力系统，是指不与电网连接的单独运行的可再生能源电力系统。

（三）能源作物，是指经专门种植，用以提供能源原料的草本和木本植物。

（四）生物液体燃料，是指利用生物质资源生产的甲醇、乙醇和生物柴油等液体燃料。

第三十三条　本法自 2006 年 1 月 1 日起施行。

国务院修改《对外合作开采陆上石油资源条例》

中华人民共和国国务院令

第 606 号

《国务院关于修改〈中华人民共和国对外合作开采陆上石油资源条例〉的决定》已经 2011 年 9 月 21 日国务院第 173 次常务会议通过，现予公布，自 2011 年 11 月 1 日起施行。

总理　温家宝

2011 年 9 月 30 日

国务院关于修改《中华人民共和国对外合作开采陆上石油资源条例》的决定

国务院决定对《中华人民共和国对外合作开采陆上石油资源条例》作如下修改：

第十一条修改为："对外合作开采陆上石油资源，应当依法纳税。"

本决定自 2011 年 11 月 1 日起施行。1990 年 1 月 15 日经国务院批准财政部发布，1995 年 7 月 28 日财政部、税务总局修订的《中外合作开采陆上石油资源缴纳矿区使用费暂行规定》同时废止。

自本决定施行之日起，中外合作开采陆上石油资源的企业依法缴纳资源税，不再缴纳矿区使用费。但是，本决定施行前已依法订立的中外合作开采陆上石油资源的合同，在已约定的合同有效期内，继续依照当时国家有关规定缴纳矿区使用费，不缴纳资源税；合同期满后，依法缴纳资源税。

《中华人民共和国对外合作开采陆上石油资源条例》根据本决定作相应的修改，重新公布。

中华人民共和国对外合作开采陆上石油资源条例

（1993 年 10 月 7 日中华人民共和国国务院令第 131 号发布；根据 2001 年 9 月 23 日《国务院关于修改〈中华人民共和国对外合作开采陆上石油资源条例〉的决定》第一次修订；根据 2007 年 9 月 18 日《国务院关于修改〈中华人民共和国对外合作开采陆上石油资源条例〉的决定》第二次修订；根据 2011 年 9 月 30 日《国务院关于修改〈中华人民共和国对外合作开采陆上石油资源条例〉的决定》第三次修订）

第一章　总　则

第一条　为保障石油工业的发展，促进国际经济合作和技术交流，制定本条例。

第二条　在中华人民共和国境内从事中外合作开采陆上石油资源活动，必须遵守本条例。

第三条　中华人民共和国境内的石油资源属于中华人民共和国国家所有。

第四条　中国政府依法保护参加合作开采陆上石油资源的外国企业的合作开采活动及其投资、利润和其他合法权益。

在中华人民共和国境内从事中外合作开采陆上石油资源活动，必须遵守中华人民共和国的有关法律、法规和规章，并接受中国政府有关机关的监督管理。

第五条　国家对参加合作开采陆上石油资源的外国企业的投资和收益不实行征收。在特殊情况下，根据社会公共利益的需要，可以对外国企业在合作开采中应得石油的一部分或者全部，依照法律程序实行征收，并给予相应的补偿。

第六条　国务院指定的部门负责在国务院批

准的合作区域内，划分合作区块，确定合作方式，组织制定有关规划和政策，审批对外合作油（气）田总体开发方案。

第七条　中国石油天然气集团公司、中国石油化工集团公司（以下简称中方石油公司）负责对外合作开采陆上石油资源的经营业务；负责与外国企业谈判、签订、执行合作开采陆上石油资源的合同；在国务院批准的对外合作开采陆上石油资源的区域内享有与外国企业合作进行石油勘探、开发、生产的专营权。

第八条　中方石油公司在国务院批准的对外合作开采陆上石油资源的区域内，按划分的合作区块，通过招标或者谈判，与外国企业签订合作开采陆上石油资源合同。该合同经中华人民共和国商务部批准后，方为成立。

中方石油公司也可以在国务院批准的合作开采陆上石油资源的区域内，与外国企业签订除前款规定以外的其他合作合同。该合同必须向中华人民共和国商务部备案。

第九条　对外合作区块公布后，除中方石油公司与外国企业进行合作开采陆上石油资源活动外，其他企业不得进入该区块内进行石油勘察活动，也不得与外国企业签订在该区块内进行石油开采的经济技术合作协议。

对外合作区块公布前，已进入该区块进行石油勘察（尚处于区域评价勘察阶段）的企业，在中方石油公司与外国企业签订合同后，应当撤出。该企业所取得的勘察资料，由中方石油公司负责销售，以适当补偿其投资。该区块发现有商业开采价值的油（气）田后，从该区块撤出的企业可以通过投资方式参与开发。

国务院指定的部门应当根据合同的签订和执行情况，定期对所确定的对外合作区块进行调整。

第十条　对外合作开采陆上石油资源，应当遵循兼顾中央与地方利益的原则，通过吸收油（气）田所在地的资金对有商业开采价值的油（气）田的开发进行投资等方式，适当照顾地方利益。

有关地方人民政府应当依法保护合作区域内正常的生产经营活动，并在土地使用、道路通行、生活服务等方面给予有效协助。

第十一条　对外合作开采陆上石油资源，应当依法纳税。

第十二条　为执行合同所进口的设备和材料，按照国家有关规定给予减税、免税或者给予税收方面的其他优惠。具体办法由财政部会同海关总署制定。

第二章　外国合同者的权利和义务

第十三条　中方石油公司与外国企业合作开采陆上石油资源必须订立合同，除法律、法规另有规定或者合同另有约定外，应当由签订合同的外国企业（以下简称外国合同者）单独投资进行勘探，负责勘探作业，并承担勘探风险；发现有商业开采价值的油（气）田后，由外国合同者与中方石油公司共同投资合作开发；外国合同者并应承担开发作业和生产作业，直至中方石油公司按照合同约定接替生产作业为止。

第十四条　外国合同者可以按照合同约定，从生产的石油中回收其投资和费用，并取得报酬。

第十五条　外国合同者根据国家有关规定和合同约定，可以将其应得的石油和购买的石油运往国外，也可以依法将其回收的投资、利润和其他合法收益汇往国外。

外国合同者在中华人民共和国境内销售其应得的石油，一般由中方石油公司收购，也可以采取合同双方约定的其他方式销售，但是不得违反国家有关在中华人民共和国境内销售石油产品的规定。

第十六条　外国合同者开立外汇账户和办理其他外汇事宜，应当遵守《中华人民共和国外汇管理条例》和国家有关外汇管理的其他规定。

外国合同者的投资，应当采用美元或者其他可自由兑换货币。

第十七条　外国合同者应当依法在中华人民共和国境内设立分公司、子公司或者代表机构。

前款机构的设立地点由外国合同者与中方石油公司协商确定。

第十八条　外国合同者在执行合同的过程中，应当及时地、准确地向中方石油公司报告石油作业情况，完整地、准确地取得各项石油作业的数据、记录、样品、凭证和其他原始资料，并按规定向中方石油公司提交资料和样品以及技术、经济、财会、行政方面的各种报告。

第十九条 外国合同者执行合同，除租用第三方的设备外，按照计划和预算所购置和建造的全部资产，在其投资按照合同约定得到补偿或者该油（气）田生产期期满后，所有权属于中方石油公司。在合同期内，外国合同者可以按照合同约定使用这些资产。

第三章 石油作业

第二十条 作业者必须根据国家有关开采石油资源的规定，制订油（气）田总体开发方案，并经国务院指定的部门批准后，实施开发作业和生产作业。

第二十一条 石油合同可以约定石油作业所需的人员，作业者可以优先录用中国公民。

第二十二条 作业者和承包者在实施石油作业中，应当遵守国家有关环境保护和安全作业方面的法律、法规和标准，并按照国际惯例进行作业，保护农田、水产、森林资源和其他自然资源，防止对大气、海洋、河流、湖泊、地下水和陆地其他环境的污染和损害。

第二十三条 在实施石油作业中使用土地的，应当依照《中华人民共和国土地管理法》和国家其他有关规定办理。

第二十四条 本条例第十八条规定的各项石油作业的数据、记录、样品、凭证和其他原始资料，所有权属于中方石油公司。

前款所列数据、记录、样品、凭证和其他原始资料的使用、转让、赠与、交换、出售、发表以及运出、传送到中华人民共和国境外，必须按照国家有关规定执行。

第四章 争议的解决

第二十五条 合作开采陆上石油资源合同的当事人因执行合同发生争议时，应当通过协商或者调解解决；不愿协商、调解，或者协商、调解不成的，可以根据合同中的仲裁条款或者事后达成的书面仲裁协议，提交中国仲裁机构或者其他仲裁机构仲裁。

当事人未在合同中订立仲裁条款，事后又没有达成书面仲裁协议的，可以向中国人民法院起诉。

第五章 法律责任

第二十六条 违反本条例规定，有下列行为之一的，由国务院指定的部门依据职权责令限期改正，给予警告；在限期内不改正的，可以责令其停止实施石油作业；构成犯罪的，依法追究刑事责任。

（一）违反本条例第九条第一款规定，擅自进入对外合作区块进行石油勘察活动或者与外国企业签订在对外合作区块内进行石油开采合作协议的；

（二）违反本条例第十八条规定，在执行合同的过程中，未向中方石油公司及时、准确地报告石油作业情况的，未按规定向中方石油公司提交资料和样品以及技术、经济、财会、行政方面的各种报告的；

（三）违反本条例第二十条规定，油（气）田总体开发方案未经批准，擅自实施开发作业和生产作业的；

（四）违反本条例第二十四条第二款规定，擅自使用石油作业的数据、记录、样品、凭证和其他原始资料或者将其转让、赠与、交换、出售、发表以及运出、传送到中华人民共和国境外的。

第二十七条 违反本条例第十一条、第十六条、第二十二条、第二十三条规定的，由国家有关主管部门依照有关法律、法规的规定予以处罚；构成犯罪的，依法追究刑事责任。

第六章 附 则

第二十八条 本条例下列用语的含义：

（一）“石油”是指蕴藏在地下的、正在采出的和已经采出的原油和天然气。

（二）“陆上石油资源”是指蕴藏在陆地全境（包括海滩、岛屿及向外延伸至5米水深处的海域）的范围内的地下石油资源。

（三）“开采”是指石油的勘探、开发、生产和销售及其有关的活动。

（四）“石油作业”是指为执行合同而进行的勘探、开发和生产作业及其有关的活动。

（五）“勘探作业”是指用地质、地球物理、地球化学和包括钻探井等各种方法寻找储藏石油圈闭所做的全部工作，以及在已发现石油的圈闭上为确定它有无商业价值所做的钻评价井、可行性研究和编制油（气）田的总体开发方案等全部工作。

（六）“开发作业”是指自油（气）田总体开发方案被批准之日起，为实现石油生产所进行的设计、建造、安装、钻井工程等及其相应的研究工作，包括商业性生产开始之前的生产活动。

（七）“生产作业”是指一个油（气）田从开始商业性生产之日起，为生产石油所进行的全部作业以及与其有关的活动。

第二十九条　本条例第四条、第十一条、第十二条、第十五条、第十六条、第十七条、第二十一条的规定，适用于外国承包者。

第三十条　对外合作开采煤层气资源由中联煤层气有限责任公司、国务院指定的其他公司实施专营，并参照本条例执行。

第三十一条　本条例自公布之日起施行。

国务院修改《对外合作开采海洋石油资源条例》

中华人民共和国国务院令

第 607 号

《国务院关于修改〈中华人民共和国对外合作开采海洋石油资源条例〉的决定》已经 2011 年 9 月 21 日国务院第 173 次常务会议通过，现予公布，自 2011 年 11 月 1 日起施行。

总理　温家宝

2011 年 9 月 30 日

国务院关于修改《中华人民共和国对外合作开采海洋石油资源条例》的决定

国务院决定对《中华人民共和国对外合作开采海洋石油资源条例》作如下修改：

第十条修改为："参与合作开采海洋石油资源的中国企业、外国企业，都应当依法纳税。"

本决定自 2011 年 11 月 1 日起施行。1989 年 1 月 1 日经国务院批准财政部发布的《开采海洋石油资源缴纳矿区使用费的规定》同时废止。

自本决定施行之日起，中外合作开采海洋石油资源的中国企业和外国企业依法缴纳资源税，不再缴纳矿区使用费。但是，本决定施行前已依法订立的中外合作开采海洋石油资源的合同，在已约定的合同有效期内，继续依照当时国家有关规定缴纳矿区使用费，不缴纳资源税；合同期满后，依法缴纳资源税。

此外，对条文的个别文字作了修改。

《中华人民共和国对外合作开采海洋石油资源条例》根据本决定作相应的修改，重新公布。

中华人民共和国对外合作开采海洋石油资源条例

（1982 年 1 月 30 日国务院发布根据 2001 年 9 月 23 日《国务院关于修改〈中华人民共和国对外合作开采海洋石油资源条例〉的决定》第一次修订根据 2011 年 1 月 8 日《国务院关于废止和修改部分行政法规的决定》第二次修订根据 2011 年 9 月 30 日《国务院关于修改〈中华人民共和国对外合作开采海洋石油资源条例〉的决定》第三次修订）

第一章　总　则

第一条　为促进国民经济的发展，扩大国际经济技术合作，在维护国家主权和经济利益的前提下允许外国企业参与合作开采中华人民共和国海洋石油资源，特制定本条例。

第二条　中华人民共和国的内海、领海、大陆架以及其他属于中华人民共和国海洋资源管辖海域的石油资源，都属于中华人民共和国国家所有。

在前款海域内，为开采石油而设置的建筑物、构筑物、作业船舶，以及相应的陆岸油（气）集输终端和基地，都受中华人民共和国管辖。

第三条　中国政府依法保护参与合作开采海洋石油资源的外国企业的投资、应得利润和其他合法权益，依法保护外国企业的合作开采活动。

在本条例范围内，合作开采海洋石油资源的一切活动，都应当遵守中华人民共和国的法律、法令和国家的有关规定；参与实施石油作业的企业和个人，都应当受中国法律的约束，接受中国政府有关主管部门的检查、监督。

第四条　国家对参加合作开采海洋石油资源

的外国企业的投资和收益不实行征收。在特殊情况下，根据社会公共利益的需要，可以对外国企业在合作开采中应得石油的一部分或者全部，依照法律程序实行征收，并给予相应的补偿。

第五条　国务院指定的部门依据国家确定的合作海区、面积，决定合作方式，划分合作区块；依据国家规定制定同外国企业合作开采海洋石油资源的规划；制定对外合作开采海洋石油资源的业务政策和审批海上油（气）田的总体开发方案。

第六条　中华人民共和国对外合作开采海洋石油资源的业务，由中国海洋石油总公司全面负责。

中国海洋石油总公司是具有法人资格的国家公司，享有在对外合作海区内进行石油勘探、开发、生产和销售的专营权。

中国海洋石油总公司根据工作需要，可以设立地区公司、专业公司、驻外代表机构，执行总公司交付的任务。

第七条　中国海洋石油总公司就对外合作开采石油的海区、面积、区块，通过组织招标，采取签订石油合同方式，同外国企业合作开采石油资源。

前款石油合同，经中华人民共和国商务部批准，即为有效。

中国海洋石油总公司采取其他方式运用外国企业的技术和资金合作开采石油资源所签订的文件，也应当经中华人民共和国商务部批准。

第二章　石油合同各方的权利和义务

第八条　中国海洋石油总公司通过订立石油合同同外国企业合作开采海洋石油资源，除法律、行政法规另有规定或者石油合同另有约定外，应当由石油合同中的外国企业一方（以下称外国合同者）投资进行勘探，负责勘探作业，并承担全部勘探风险；发现商业性油（气）田后，由外国合同者同中国海洋石油总公司双方投资合作开发，外国合同者并应负责开发作业和生产作业，直至中国海洋石油总公司按照石油合同规定在条件具备的情况下接替生产作业。外国合同者可以按照石油合同规定，从生产的石油中回收其投资和费用，并取得报酬。

第九条　外国合同者可以将其应得的石油和购买的石油运往国外，也可以依法将其回收的投资、利润和其他正当收益汇往国外。

第十条　参与合作开采海洋石油资源的中国企业、外国企业，都应当依法纳税。

第十一条　为执行石油合同所进口的设备和材料，按照国家规定给予减税、免税，或者给予税收方面的其他优惠。

第十二条　外国合同者开立外汇账户和办理其他外汇事宜，应当遵守《中华人民共和国外汇管理条例》和国家有关外汇管理的其他规定。

第十三条　石油合同可以约定石油作业所需的人员，作业者可以优先录用中国公民。

第十四条　外国合同者在执行石油合同从事开发、生产作业过程中，必须及时地、准确地向中国海洋石油总公司报告石油作业情况；完整地、准确地取得各项石油作业的数据、记录、样品、凭证和其他原始资料，并定期向中国海洋石油总公司提交必要的资料和样品以及技术、经济、财会、行政方面的各种报告。

第十五条　外国合同者为执行石油合同从事开发、生产作业，应当在中华人民共和国境内设立分支机构或者代表机构，并依法履行登记手续。

前款机构的住所地应当同中国海洋石油总公司共同商量确定。

第十六条　本条例第三条、第九条、第十条、第十一条、第十五条的规定，对向石油作业提供服务的外国承包者，类推适用。

第三章　石油作业

第十七条　作业者必须根据本条例和国家有关开采石油资源的规定，参照国际惯例，制定油（气）田总体开发方案和实施生产作业，以达到尽可能高的石油采收率。

第十八条　外国合同者为执行石油合同从事开发、生产作业，应当使用中华人民共和国境内现有的基地；如需设立新基地，必须位于中华人民共和国境内。

前款新基地的具体地点，以及在特殊情况下需要采取的其他措施，都必须经中国海洋石油总公司书面同意。

第十九条 中国海洋石油总公司有权派人参加外国作业者为执行石油合同而进行的总体设计和工程设计。

第二十条 外国合同者为执行石油合同，除租用第三方的设备外，按计划和预算所购置和建造的全部资产，当外国合同者的投资按照规定得到补偿后，其所有权属于中国海洋石油总公司，在合同期内，外国合同者仍然可以依据合同的规定使用这些资产。

第二十一条 为执行石油合同所取得的各项石油作业的数据、记录、样品、凭证和其他原始资料，其所有权属于中国海洋石油总公司。

前款数据、记录、样品、凭证和其他原始资料的使用和转让、赠与、交换、出售、公开发表以及运出、传送出中华人民共和国，都必须按照国家有关规定执行。

第二十二条 作业者和承包者在实施石油作业中，应当遵守中华人民共和国有关环境保护和安全方面的法律规定，并参照国际惯例进行作业，保护渔业资源和其他自然资源，防止对大气、海洋、河流、湖泊和陆地等环境的污染和损害。

第二十三条 石油合同区产出的石油，应当在中华人民共和国登陆，也可以在海上油（气）外输计量点运出。如需在中华人民共和国以外的地点登陆，必须经国务院指定的部门批准。

第四章　附　则

第二十四条 在合作开采海洋石油资源活动中，外国企业和中国企业间发生的争执，应当通过友好协商解决。通过协商不能解决的，由中华人民共和国仲裁机构进行调解、仲裁，也可以由合同双方协议在其他仲裁机构仲裁。

第二十五条 作业者、承包者违反本条例规定实施石油作业的，由国务院指定的部门依据职权责令限期改正，给予警告；在限期内不改正的，可以责令其停止实施石油作业。由此造成的一切经济损失，由责任方承担。

第二十六条 本条例所用的术语，其定义如下：

（一）“石油”是指蕴藏在地下的、正在采出的和已经采出的原油和天然气。

（二）“开采”是泛指石油的勘探、开发、生产和销售及其有关的活动。

（三）“石油合同”是指中国海洋石油总公司同外国企业为合作开采中华人民共和国海洋石油资源，依法订立的包括石油勘探、开发和生产的合同。

（四）“合同区”是指在石油合同中为合作开采石油资源以地理坐标圈定的海域面积。

（五）“石油作业”是指为执行石油合同而进行的勘探、开发和生产作业及其有关的活动。

（六）“勘探作业”是指用地质、地球物理、地球化学和包括钻勘探井等各种方法寻找储藏石油的圈闭所做的全部工作，以及在已发现石油的圈闭上为确定它有无商业价值所做的钻评价井、可行性研究和编制油（气）田的总体开发方案等全部工作。

（七）“开发作业”是指从国务院指定的部门批准油（气）田的总体开发方案之日起，为实现石油生产所进行的设计、建造、安装、钻井工程等及其相应的研究工作，并包括商业性生产开始之前的生产活动。

（八）“生产作业”是指一个油（气）田从开始商业性生产之日起，为生产石油所进行的全部作业以及与其有关的活动，诸如采出、注入、增产、处理、贮运和提取等作业。

（九）“外国合同者”是指同中国海洋石油总公司签订石油合同的外国企业。外国企业可以是公司，也可以是公司集团。

（十）“作业者”是指按照石油合同的规定负责实施作业的实体。

（十一）“承包者”是指向作业者提供服务的实体。

第二十七条 本条例自公布之日起施行。

中华人民共和国石油天然气管道保护法

中华人民共和国主席令

（第 30 号）

《中华人民共和国石油天然气管道保护法》已由中华人民共和国第十一届全国人民代表大会常务委员会第十五次会议于 2010 年 6 月 25 日通过，现予公布，自 2010 年 10 月 1 日起施行。

中华人民共和国主席　胡锦涛

2010 年 6 月 25 日

中华人民共和国石油天然气管道保护法

（2010 年 6 月 25 日第十一届全国人民代表大会常务委员会第十五次会议通过）

第一章　总　则

第一条　为了保护石油、天然气管道，保障石油、天然气输送安全，维护国家能源安全和公共安全，制定本法。

第二条　中华人民共和国境内输送石油、天然气的管道的保护，适用本法。

城镇燃气管道和炼油、化工等企业厂区内管道的保护，不适用本法。

第三条　本法所称石油包括原油和成品油，所称天然气包括天然气、煤层气和煤制气。

本法所称管道包括管道及管道附属设施。

第四条　国务院能源主管部门依照本法规定主管全国管道保护工作，负责组织编制并实施全国管道发展规划，统筹协调全国管道发展规划与其他专项规划的衔接，协调跨省、自治区、直辖市管道保护的重大问题。国务院其他有关部门依照有关法律、行政法规的规定，在各自职责范围内负责管道保护的相关工作。

第五条　省、自治区、直辖市人民政府能源主管部门和设区的市级、县级人民政府指定的部门，依照本法规定主管本行政区域的管道保护工作，协调处理本行政区域管道保护的重大问题，指导、监督有关单位履行管道保护义务，依法查处危害管道安全的违法行为。县级以上地方人民政府其他有关部门依照有关法律、行政法规的规定，在各自职责范围内负责管道保护的相关工作。

省、自治区、直辖市人民政府能源主管部门和设区的市级、县级人民政府指定的部门，统称县级以上地方人民政府主管管道保护工作的部门。

第六条　县级以上地方人民政府应当加强对本行政区域管道保护工作的领导，督促、检查有关部门依法履行管道保护职责，组织排除管道的重大外部安全隐患。

第七条　管道企业应当遵守本法和有关规划、建设、安全生产、质量监督、环境保护等法律、行政法规，执行国家技术规范的强制性要求，建立、健全本企业有关管道保护的规章制度和操作规程并组织实施，宣传管道安全与保护知识，履行管道保护义务，接受人民政府及其有关部门依法实施的监督，保障管道安全运行。

第八条　任何单位和个人不得实施危害管道安全的行为。

对危害管道安全的行为，任何单位和个人有权向县级以上地方人民政府主管管道保护工作的部门或者其他有关部门举报。接到举报的部门应当在职责范围内及时处理。

第九条　国家鼓励和促进管道保护新技术的研究开发和推广应用。

第二章　管道规划与建设

第十条　管道的规划、建设应当符合管道保护的要求，遵循安全、环保、节约用地和经济合理的原则。

第十一条 国务院能源主管部门根据国民经济和社会发展的需要组织编制全国管道发展规划。组织编制全国管道发展规划应当征求国务院有关部门以及有关省、自治区、直辖市人民政府的意见。

全国管道发展规划应当符合国家能源规划，并与土地利用总体规划、城乡规划以及矿产资源、环境保护、水利、铁路、公路、航道、港口、电信等规划相协调。

第十二条 管道企业应当根据全国管道发展规划编制管道建设规划，并将管道建设规划确定的管道建设选线方案报送拟建管道所在地县级以上地方人民政府城乡规划主管部门审核；经审核符合城乡规划的，应当依法纳入当地城乡规划。

纳入城乡规划的管道建设用地，不得擅自改变用途。

第十三条 管道建设的选线应当避开地震活动断层和容易发生洪灾、地质灾害的区域，与建筑物、构筑物、铁路、公路、航道、港口、市政设施、军事设施、电缆、光缆等保持本法和有关法律、行政法规以及国家技术规范的强制性要求规定的保护距离。

新建管道通过的区域受地理条件限制，不能满足前款规定的管道保护要求的，管道企业应当提出防护方案，经管道保护方面的专家评审论证，并经管道所在地县级以上地方人民政府主管管道保护工作的部门批准后，方可建设。

管道建设项目应当依法进行环境影响评价。

第十四条 管道建设使用土地，依照《中华人民共和国土地管理法》等法律、行政法规的规定执行。

依法建设的管道通过集体所有的土地或者他人取得使用权的国有土地，影响土地使用的，管道企业应当按照管道建设时土地的用途给予补偿。

第十五条 依照法律和国务院的规定，取得行政许可或者已报送备案并符合开工条件的管道项目的建设，任何单位和个人不得阻碍。

第十六条 管道建设应当遵守法律、行政法规有关建设工程质量管理的规定。

管道企业应当依照有关法律、行政法规的规定，选择具备相应资质的勘察、设计、施工、工程监理单位进行管道建设。

管道的安全保护设施应当与管道主体工程同时设计、同时施工、同时投入使用。

管道建设使用的管道产品及其附件的质量，应当符合国家技术规范的强制性要求。

第十七条 穿跨越水利工程、防洪设施、河道、航道、铁路、公路、港口、电力设施、通信设施、市政设施的管道的建设，应当遵守本法和有关法律、行政法规，执行国家技术规范的强制性要求。

第十八条 管道企业应当按照国家技术规范的强制性要求在管道沿线设置管道标志。管道标志毁损或者安全警示不清的，管道企业应当及时修复或者更新。

第十九条 管道建成后应当按照国家有关规定进行竣工验收。竣工验收应当审查管道是否符合本法规定的管道保护要求，经验收合格方可正式交付使用。

第二十条 管道企业应当自管道竣工验收合格之日起六十日内，将竣工测量图报管道所在地县级以上地方人民政府主管管道保护工作的部门备案；县级以上地方人民政府主管管道保护工作的部门应当将管道企业报送的管道竣工测量图分送本级人民政府规划、建设、国土资源、铁路、交通、水利、公安、安全生产监督管理等部门和有关军事机关。

第二十一条 地方各级人民政府编制、调整土地利用总体规划和城乡规划，需要管道改建、搬迁或者增加防护设施的，应当与管道企业协商确定补偿方案。

第三章 管道运行中的保护

第二十二条 管道企业应当建立、健全管道巡护制度，配备专门人员对管道线路进行日常巡护。管道巡护人员发现危害管道安全的情形或者隐患，应当按照规定及时处理和报告。

第二十三条 管道企业应当定期对管道进行检测、维修，确保其处于良好状态；对管道安全风险较大的区段和场所应当进行重点监测，采取有效措施防止管道事故的发生。

对不符合安全使用条件的管道，管道企业应当及时更新、改造或者停止使用。

第二十四条 管道企业应当配备管道保护所必需的人员和技术装备，研究开发和使用先进适用的管道保护技术，保证管道保护所必需的经费投入，并对在管道保护中做出突出贡献的单位和个人给予奖励。

第二十五条 管道企业发现管道存在安全隐患，应当及时排除。对管道存在的外部安全隐患，管道企业自身排除确有困难的，应当向县级以上地方人民政府主管管道保护工作的部门报告。接到报告的主管管道保护工作的部门应当及时协调排除或者报请人民政府及时组织排除安全隐患。

第二十六条 管道企业依法取得使用权的土地，任何单位和个人不得侵占。

为合理利用土地，在保障管道安全的条件下，管道企业可以与有关单位、个人约定，同意有关单位、个人种植浅根农作物。但是，因管道巡护、检测、维修造成的农作物损失，除另有约定外，管道企业不予赔偿。

第二十七条 管道企业对管道进行巡护、检测、维修等作业，管道沿线的有关单位、个人应当给予必要的便利。

因管道巡护、检测、维修等作业给土地使用权人或者其他单位、个人造成损失的，管道企业应当依法给予赔偿。

第二十八条 禁止下列危害管道安全的行为：

（一）擅自开启、关闭管道阀门；

（二）采用移动、切割、打孔、砸撬、拆卸等手段损坏管道；

（三）移动、毁损、涂改管道标志；

（四）在埋地管道上方巡查便道上行驶重型车辆；

（五）在地面管道线路、架空管道线路和管桥上行走或者放置重物。

第二十九条 禁止在本法第五十八条第一项所列管道附属设施的上方架设电力线路、通信线路或者在储气库构造区域范围内进行工程挖掘、工程钻探、采矿。

第三十条 在管道线路中心线两侧各五米地域范围内，禁止下列危害管道安全的行为：

（一）种植乔木、灌木、藤类、芦苇、竹子或者其他根系深达管道埋设部位可能损坏管道防腐层的深根植物；

（二）取土、采石、用火、堆放重物、排放腐蚀性物质、使用机械工具进行挖掘施工；

（三）挖塘、修渠、修晒场、修建水产养殖场、建温室、建家畜棚圈、建房以及修建其他建筑物、构筑物。

第三十一条 在管道线路中心线两侧和本法第五十八条第一项所列管道附属设施周边修建下列建筑物、构筑物的，建筑物、构筑物与管道线路和管道附属设施的距离应当符合国家技术规范的强制性要求：

（一）居民小区、学校、医院、娱乐场所、车站、商场等人口密集的建筑物；

（二）变电站、加油站、加气站、储油罐、储气罐等易燃易爆物品的生产、经营、存储场所。

前款规定的国家技术规范的强制性要求，应当按照保障管道及建筑物、构筑物安全和节约用地的原则确定。

第三十二条 在穿越河流的管道线路中心线两侧各五百米地域范围内，禁止抛锚、拖锚、挖砂、挖泥、采石、水下爆破。但是，在保障管道安全的条件下，为防洪和航道通畅而进行的养护疏浚作业除外。

第三十三条 在管道专用隧道中心线两侧各一千米地域范围内，除本条第二款规定的情形外，禁止采石、采矿、爆破。

在前款规定的地域范围内，因修建铁路、公路、水利工程等公共工程，确需实施采石、爆破作业的，应当经管道所在地县级人民政府主管管道保护工作的部门批准，并采取必要的安全防护措施，方可实施。

第三十四条 未经管道企业同意，其他单位不得使用管道专用伴行道路、管道水工防护设施、管道专用隧道等管道附属设施。

第三十五条 进行下列施工作业，施工单位应当向管道所在地县级人民政府主管管道保护工作的部门提出申请：

（一）穿跨越管道的施工作业；

（二）在管道线路中心线两侧各五米至五十米和本法第五十八条第一项所列管道附属设施周边一百米地域范围内，新建、改建、扩建铁路、公路、河渠，架设电力线路，埋设地下电缆、光缆，设置安全接地体、避雷接地体；

（三）在管道线路中心线两侧各二百米和本法第五十八条第一项所列管道附属设施周边五百米地域范围内，进行爆破、地震法勘探或者工程挖掘、工程钻探、采矿。

县级人民政府主管管道保护工作的部门接到申请后，应当组织施工单位与管道企业协商确定施工作业方案，并签订安全防护协议；协商不成的，主管管道保护工作的部门应当组织进行安全评审，作出是否批准作业的决定。

第三十六条 申请进行本法第三十三条第二款、第三十五条规定的施工作业，应当符合下列条件：

（一）具有符合管道安全和公共安全要求的施工作业方案；

（二）已制定事故应急预案；

（三）施工作业人员具备管道保护知识；

（四）具有保障安全施工作业的设备、设施。

第三十七条 进行本法第三十三条第二款、第三十五条规定的施工作业，应当在开工七日前书面通知管道企业。管道企业应当指派专门人员到现场进行管道保护安全指导。

第三十八条 管道企业在紧急情况下进行管道抢修作业，可以先行使用他人土地或者设施，但应当及时告知土地或者设施的所有权人或者使用权人。给土地或者设施的所有权人或者使用权人造成损失的，管道企业应当依法给予赔偿。

第三十九条 管道企业应当制定本企业管道事故应急预案，并报管道所在地县级人民政府主管管道保护工作的部门备案；配备抢险救援人员和设备，并定期进行管道事故应急救援演练。

发生管道事故，管道企业应当立即启动本企业管道事故应急预案，按照规定及时通报可能受到事故危害的单位和居民，采取有效措施消除或者减轻事故危害，并依照有关事故调查处理的法律、行政法规的规定，向事故发生地县级人民政府主管管道保护工作的部门、安全生产监督管理部门和其他有关部门报告。

接到报告的主管管道保护工作的部门应当按照规定及时上报事故情况，并根据管道事故的实际情况组织采取事故处置措施或者报请人民政府及时启动本行政区域管道事故应急预案，组织进行事故应急处置与救援。

第四十条 管道泄漏的石油和因管道抢修排放的石油造成环境污染的，管道企业应当及时治理。因第三人的行为致使管道泄漏造成环境污染的，管道企业有权向第三人追偿治理费用。

环境污染损害的赔偿责任，适用《中华人民共和国侵权责任法》和防治环境污染的法律的有关规定。

第四十一条 管道泄漏的石油和因管道抢修排放的石油，由管道企业回收、处理，任何单位和个人不得侵占、盗窃、哄抢。

第四十二条 管道停止运行、封存、报废的，管道企业应当采取必要的安全防护措施，并报县级以上地方人民政府主管管道保护工作的部门备案。

第四十三条 管道重点保护部位，需要由中国人民武装警察部队负责守卫的，依照《中华人民共和国人民武装警察法》和国务院、中央军事委员会的有关规定执行。

第四章 管道建设工程与其他建设工程相遇关系的处理

第四十四条 管道建设工程与其他建设工程的相遇关系，依照法律的规定处理；法律没有规定的，由建设工程双方按照下列原则协商处理，并为对方提供必要的便利：

（一）后开工的建设工程服从先开工或者已建成的建设工程；

（二）同时开工的建设工程，后批准的建设工程服从先批准的建设工程。

依照前款规定，后开工或者后批准的建设工程，应当符合先开工、已建成或者先批准的建设工程的安全防护要求；需要先开工、已建成或者先批准的建设工程改建、搬迁或者增加防护设施的，后开工或者后批准的建设工程一方应当承担由此增加的费用。

管道建设工程与其他建设工程相遇的，建设工程双方应当协商确定施工作业方案并签订安全防护协议，指派专门人员现场监督、指导对方施工。

第四十五条　经依法批准的管道建设工程，需要通过正在建设的其他建设工程的，其他工程建设单位应当按照管道建设工程的需要，预留管道通道或者预建管道通过设施，管道企业应当承担由此增加的费用。

经依法批准的其他建设工程，需要通过正在建设的管道建设工程的，管道建设单位应当按照其他建设工程的需要，预留通道或者预建相关设施，其他工程建设单位应当承担由此增加的费用。

第四十六条　管道建设工程通过矿产资源开采区域的，管道企业应当与矿产资源开采企业协商确定管道的安全防护方案，需要矿产资源开采企业按照管道安全防护要求预建防护设施或者采取其他防护措施的，管道企业应当承担由此增加的费用。

矿产资源开采企业未按照约定预建防护设施或者采取其他防护措施，造成地面塌陷、裂缝、沉降等地质灾害，致使管道需要改建、搬迁或者采取其他防护措施的，矿产资源开采企业应当承担由此增加的费用。

第四十七条　铁路、公路等建设工程修建防洪、分流等水工防护设施，可能影响管道保护的，应当事先通知管道企业并注意保护下游已建成的管道水工防护设施。

建设工程修建防洪、分流等水工防护设施，使下游已建成的管道水工防护设施的功能受到影响，需要新建、改建、扩建管道水工防护设施的，工程建设单位应当承担由此增加的费用。

第四十八条　县级以上地方人民政府水行政主管部门制定防洪、泄洪方案应当兼顾管道的保护。

需要在管道通过的区域泄洪的，县级以上地方人民政府水行政主管部门应当在泄洪方案确定后，及时将泄洪量和泄洪时间通知本级人民政府主管管道保护工作的部门和管道企业或者向社会公告。主管管道保护工作的部门和管道企业应当对管道采取防洪保护措施。

第四十九条　管道与航道相遇，确需在航道中修建管道防护设施的，应当进行通航标准技术论证，并经航道主管部门批准。管道防护设施完工后，应经航道主管部门验收。

进行前款规定的施工作业，应当在批准的施工区域内设置航标，航标的设置和维护费用由管道企业承担。

第五章　法律责任

第五十条　管道企业有下列行为之一的，由县级以上地方人民政府主管管道保护工作的部门责令限期改正；逾期不改正的，处二万元以上十万元以下的罚款；对直接负责的主管人员和其他直接责任人员给予处分：

（一）未依照本法规定对管道进行巡护、检测和维修的；

（二）对不符合安全使用条件的管道未及时更新、改造或者停止使用的；

（三）未依照本法规定设置、修复或者更新有关管道标志的；

（四）未依照本法规定将管道竣工测量图报人民政府主管管道保护工作的部门备案的；

（五）未制定本企业管道事故应急预案，或者未将本企业管道事故应急预案报人民政府主管管道保护工作的部门备案的；

（六）发生管道事故，未采取有效措施消除或者减轻事故危害的；

（七）未对停止运行、封存、报废的管道采取必要的安全防护措施的。

管道企业违反本法规定的行为同时违反建设工程质量管理、安全生产、消防等其他法律的，依照其他法律的规定处罚。

管道企业给他人合法权益造成损害的，依法承担民事责任。

第五十一条　采用移动、切割、打孔、砸撬、拆卸等手段损坏管道或者盗窃、哄抢管道输送、泄漏、排放的石油、天然气，尚不构成犯罪的，依法给予治安管理处罚。

第五十二条 违反本法第二十九条、第三十条、第三十二条或者第三十三条第一款的规定，实施危害管道安全行为的，由县级以上地方人民政府主管管道保护工作的部门责令停止违法行为；情节较重的，对单位处一万元以上十万元以下的罚款，对个人处二百元以上二千元以下的罚款；对违法修建的建筑物、构筑物或者其他设施限期拆除；逾期未拆除的，由县级以上地方人民政府主管管道保护工作的部门组织拆除，所需费用由违法行为人承担。

第五十三条 未经依法批准，进行本法第三十三条第二款或者第三十五条规定的施工作业的，由县级以上地方人民政府主管管道保护工作的部门责令停止违法行为；情节较重的，处一万元以上五万元以下的罚款；对违法修建的危害管道安全的建筑物、构筑物或者其他设施限期拆除；逾期未拆除的，由县级以上地方人民政府主管管道保护工作的部门组织拆除，所需费用由违法行为人承担。

第五十四条 违反本法规定，有下列行为之一的，由县级以上地方人民政府主管管道保护工作的部门责令改正；情节严重的，处二百元以上一千元以下的罚款：

（一）擅自开启、关闭管道阀门的；

（二）移动、毁损、涂改管道标志的；

（三）在埋地管道上方巡查便道上行驶重型车辆的；

（四）在地面管道线路、架空管道线路和管桥上行走或者放置重物的；

（五）阻碍依法进行的管道建设的。

第五十五条 违反本法规定，实施危害管道安全的行为，给管道企业造成损害的，依法承担民事责任。

第五十六条 县级以上地方人民政府及其主管管道保护工作的部门或者其他有关部门，违反本法规定，对应当组织排除的管道外部安全隐患不及时组织排除，发现危害管道安全的行为或者接到对危害管道安全行为的举报后不依法予以查处，或者有其他不依照本法规定履行职责的行为的，由其上级机关责令改正，对直接负责的主管人员和其他直接责任人员依法给予处分。

第五十七条 违反本法规定，构成犯罪的，依法追究刑事责任。

第六章 附 则

第五十八条 本法所称管道附属设施包括：

（一）管道的加压站、加热站、计量站、集油站、集气站、输油站、输气站、配气站、处理场、清管站、阀室、阀井、放空设施、油库、储气库、装卸栈桥、装卸场；

（二）管道的水工防护设施、防风设施、防雷设施、抗震设施、通信设施、安全监控设施、电力设施、管堤、管桥以及管道专用涵洞、隧道等穿跨越设施；

（三）管道的阴极保护站、阴极保护测试桩、阳极地床、杂散电流排流站等防腐设施；

（四）管道穿越铁路、公路的检漏装置；

（五）管道的其他附属设施。

第五十九条 本法施行前在管道保护距离内已建成的人口密集场所和易燃易爆物品的生产、经营、存储场所，应当由所在地人民政府根据当地的实际情况，有计划、分步骤地进行搬迁、清理或者采取必要的防护措施。需要已建成的管道改建、搬迁或者采取必要的防护措施的，应当与管道企业协商确定补偿方案。

第六十条 国务院可以根据海上石油、天然气管道的具体情况，制定海上石油、天然气管道保护的特别规定。

第六十一条 本法自 2010 年 10 月 1 日起施行。

第五篇

大事纪要

2006 年

1 月

1 日 《中华人民共和国可再生能源法》正式实施。

●根据入世承诺，自 2006 年 1 月 1 日起，中国将开始免征乙烯的进口关税，并将二氯乙烷和氯乙烯的进口关税分别下调至 1% ~5%。

2 日 中国石化集团西南成品油管线全线贯通，并实现投油试运行一次成功。西南成品油管线全长 1740 千米，总投资 35 亿元，是目前国内最长、工艺技术最复杂、地形地貌特殊、施工难度最大的成品油长输管道，也是国内第一条采用调控中心集中远程控制投油试运的成品油管道。

9 日 全国科学技术大会开幕。

●中国石油宣布对吉林化工 A 股流通股股份的要约收购即日生效。在此之前，中国石油已经发布关于锦州石化、辽河油田要约完成的公告。

10 日 中国石化天津炼化项目 100 万吨/年乙烯及配套工程项目获得国务院核准。该项目包括乙烯工程、炼油改造工程和配套热电改造工程等。

11 日 国务院常务会议审议并原则通过《炼油工业中长期发展专项规划》、《乙烯工业中长期发展专项规划》等。

16 日 川渝地区天然气长输管道项目——罗家寨、渡河口净化气集输管道工程动工，管道全长约 117 千米，设计输气量为 1250 立方米/年。

18 日 重庆燃气集团公司头塘大型天然气储配站一期工程正式投产运行。该工程总投资 8.17 亿元，其中天然气储配站总投资 2.3 亿元，设计供气能力达 3.29 立方米/年。

19 日 烟台万华聚氨酯公司承担的“16 万吨/年MD 制造技术开发”项目通过技术鉴定和验收。该项目整体技术达国际先进水平。

23 日 中国和沙特政府签署了《关于石油、天然气和矿产领域开展合作的议定书》等 5 个合作文件。

24 日 《能源法》起草组成立。国家发改委主任、国家能源办主任马凯担任组长。

28 日 黄岛国家石油储备基地开工。同时，中国国家石油储备中心已开始组建。

29 日 总投资 43 亿美元，由壳牌（50%）、中国海油（45%）和广东省（5%）共同合资的广东惠州大亚湾石化联合体装置产出合格乙烯和丙烯。该装置设计产能为 80 万吨/年乙烯和 43 万吨/年丙烯，每年约生产 230 万吨石化产品。

●中国海油服务有限公司与伊朗北方钻井公司、缅甸大宇国际公司和澳大利亚伍德塞德能源公司签署了总价约 8000 万美元的钻井作业合同。

30 日 国家发改委表示，中国在建和拟建煤制油项目产能已达 1600 万吨，计划投入的资金额达 150 亿美元。煤炭生产商神华集团有限责任公司正在内蒙古建设国内第一家煤炭液化工厂，该项目投资额为 245 亿元人民币。

2 月

1 日 中国海油以 3.88 亿元收购了上海星城石油公司 83.2% 股份，包括 20 家加油站和 1 座 1.66 万立方米的油库。

8 日 中国石油化工股份有限公司与中国远洋运输（集团）总公司在北京正式签署进口原油运输和油品供应合作长期协议。根据协议，中远公司年内为中国石化运输进口石油 600 万吨，以后扩展到 3000 万吨。同时，双方还签署了在燃料油市场加强合作的协议。

●美国《化学周刊》公布了2005年度亚洲化工公司50强，中国石化以160亿美元销售额由上年第五跃居榜首，首次打破了由日本化工公司长期主导该项排名的格局。

13日 中国石化及澳门天然气有限公司联合竞投澳门南光燃气公司天然气输入工程获成功。

●中国首台配套能力为64万吨/年乙烯的大型裂解气压缩机组在沈阳鼓风集团研制成功。

14日 天津临港工业区与思多而特运输集团就合作开发临港工业区码头、构建世界一流的化工石油物流航运体系等项目举行签约仪式。该项目计划一期投资1亿美元，分别建设1座1万吨和1座5万吨的液体化工品码头。

15日 中国石油化工股份有限公司召开董事会，审议并批准了以现金要约的方式，收购齐鲁石化、扬子石化、中原油气、石油大明4家A股上市子公司全部流通股和非流通股的相关事宜。

16日 中国石化广州石化年产80万吨乙烯改扩建工程项目获得国家发改委批准。

18日 中国石油化工股份有限公司与意大利Pressindustria公司签订了普通丁基/卤化丁基橡胶技术的独占使用权和独占技术转让权的商务合同。

●中国海洋石油有限公司与赤道几内亚能矿部、赤道几内亚国家石油公司签署了关于赤道几内亚S区块的产品分成合同。

20日 第六次中国—欧盟能源合作大会在沪召开。

22日 国内首家拥有完全自主知识产权的煤合成油示范厂在山西潞安开建。该厂可生产柴油、石脑油、LPG等。

23日 中国与巴基斯坦签署了《中巴能源领域合作框架协议》等13项协议。

25日 中国石化自行设计、建设和管理的浙江舟山册子岛30万吨级码头实现靠船投油，其投产将使甬沪宁管网年整体输送能力达4000万。

27日 中国石油大庆炼化分公司与林源炼油厂实现重组整合，整合后被纳入中国石油大庆炼化分公司统一管理。

●由中国石油天然气股份有限公司与成都石油化工有限公司合作建设的四川80万吨/年乙烯工程项目在成都举行奠基仪式，该项目工程总投资约210亿元。

3月

1日 山东省济南、枣庄、济宁、泰安、聊城、临沂、菏泽七市开始封闭使用车用乙醇汽油。

2日 中国石油和法国道达尔就合作开发位于鄂尔多斯盆地、探明地质储量为1000亿立方米的苏里格南天然气区块签署了协议。

11日 由中国石油投资建设、容量为19万立方米的成品油储存油库的改造工程在兰州建成并投入使用。

14日 自即日起，国家再度暂停车用汽油及航空汽油、石脑油的出口增值税退税政策。

16日 由中国石化和中化集团对半合资的中石化中化成品油销售有限公司成立。

17日 总投资200多亿元的中国石化镇海炼化100万吨/年乙烯项目获国家批准。

21日 俄罗斯总统普京访华期间，中俄共签署3份油气合作文件：《中国石油天然气集团公司和俄罗斯石油公司关于在中国、俄罗斯成立合资企业深化石油合作的基本原则协议》、《中国石油天然气集团公司和俄罗斯管道运输公司会谈纪要》、《中国石油天然气集团公司和俄罗斯天然气工业股份公司关于从俄罗斯向中国供应天然气的谅解备忘录》。

23日 总投资超过13亿元的天津港30万吨级原油码头工程正式开工。

25日 财政部制定并下发执行《石油特别收益金征收管理办法》。要求凡是在中华人民共和国陆地领域和所辖海域独立开采并销售原油的企业以及在上述领域以合资、合作等方式开采并销售原油的其他企业，均按规定缴纳石油特别收益金。

●由青岛港务局与中国石化共同投资设立的青岛实华原油码头有限公司正式成立。

●中国石油位于重庆市开县高桥镇的天然气预探井罗家2井发生天然气泄露事故。

28日 中国石油抚顺石化公司80万吨/年乙

烯扩建工程项目得到国家批准。

●阿联酋乌姆盖万酋长国政府、哈伊马角酋长国天然气委员会和中国中化集团就乌姆盖万海上气田开发事项达成一致，并签署了《天然气销售协议》。

29 日　总投资约 40 亿元的西气东输管道重要配套工程——江苏金坛西气东输地下储气库项目竣工。

30 日　天津石化从美国 DOW 化学公司引进 100 万吨/年乙烯项目、环氧乙烷/乙二醇装置技术合同在北京签字。

31 日　中国石油和化学工业协会与国家统计局共同公布 2005 年度中国石油和化工百强企业名单。中国石油天然气集团公司、中国石油化工集团公司、中国中化集团公司、中国海洋石油总公司、中国化工集团公司位列百强企业前五名。

●中国同哈萨克斯坦合作、总投资达 3.2478 亿美元的广西北海铁山港 12 万立方米液化石油气冷冻储存库项目与铁山港石油及石油化工产品港口码头项目正式开工建设。

●总投资 1.84 亿元的安徽安庆—合肥成品油管线开始铺设。该管线全长 174 千米，设计运输量 120 万吨/年，全线采用密闭顺序输送工艺。

1 月

3 日　中国石化在川东北地区发现了迄今为止中国规模最大、丰度最高的特大型整装海相气田——普光气田。累计探明可采储量为 2510.75 亿立方米，技术可采储量为 1883.04 亿立方米。

4 日　中国化工集团公司已完成对澳大利亚最大乙烯生产商及唯一聚乙烯生产商凯诺斯控股有限公司 100% 的股权收购。

●中国万吨级甲醇制低碳烯烃工业化试验装置一次开车成功，第一阶段试验实现甲醇转化率大于 99.9%，乙烯加丙烯选择性高达 78%。

6 日　中国石油吉林石化公司总投资 29.3 亿元、70 万吨/年乙烯改扩建工程投产。

13 日　BP 在江苏省太仓市的中国工业润滑油专用调配厂奠基。初期投资 2200 万美元。

17 日　中国石化与日本三井化学对半合资的中国石化高桥三井化学公司在沪成立。

●中国石油化工集团作为总承包商，与巴西国家石油公司在里约热内卢签署了巴西天然气管线建设合同。合同金额约为 2.4 亿美元。

19 日　涩宁兰输气管道工程在竣工 4 年多后在兰州通过国家级竣工验收。该管道起于青海柴达木盆地，经西宁到达兰州，全长 931.27 千米，概算总投资 22.27 亿元。

●总投资 46 亿元、国内最大的山西兰化科技创业公司 100 万吨/年二甲醚项目启动。

20 日　中国海洋石油有限公司在中国南海东部海域的惠州 21－1 气田成功投产。该气田日产天然气 5400 万立方英尺。

●中国海洋石油有限公司以 22.68 亿美元完成对尼日利亚 OML130 油田海上石油勘探许可证 45% 的权益收购。

23 日　青岛港 30 万吨级原油码头三期开工。

27 日　首次中国—石油输出国组织（欧佩克）能源圆桌会议在维也纳举行。

●中国石化上海石化和英国 BOC 集团对半合资成立上海石化比欧西气体有限责任公司。公司注册资本 3200 万美元，将新建 1 套氧气产量为 1400 吨/日的大型空分装置。

●中油国际工程公司与壳牌公司签署了《关于中油国际工程有限责任公司与壳牌国际勘探开发公司井筒服务谅解备忘录》和《井筒技术服务合作框架协议》。

30 日　国家财政部为应对成品油价格变化所产生的影响，制定完成总计约 500 亿元的《关于对部分弱势群体和公益性行业给予适当补贴的方案》，其中对林、渔、城市公交、乡村客运、出租车的补贴实施由中央财政一揽子拨付、各地自行制定分配的方案。

●总投资 32.3 亿元、由 BP 公司（85%）和珠海富华集团（15%）合资成立的珠海碧辟化工有限公司 90 万吨/年 PTA 二期扩建项目已获国家发改委批准。该项目将于 2007 年底建成，投产后总产能将达 140 万吨/年。

5月

2日 中国石化扬子石化140万吨/年芳烃改扩建工程投产。

4日 中国海洋石油总公司最大自营气田东方1－1气田二期项目成功投产。该气田可日产天然气1.87亿立方英尺。

8日 中国石化与荷兰阿克—克瓦纳联合EPC总承包、造价为7.5亿美元的沙特SABIC聚烯烃项目开工，预计2008年初建成。

9日 中国海洋石油有限公司在肯尼亚签署了6个石油区块产品分成合同，总面积达115343平方千米。

12日 国内第一家民营煤炭企业投资建设的内蒙古伊泰集团煤制油项目一期工程正式开工。该工程投资21亿元，生产规模为16万吨/年，主要产品为柴油、石脑油和液化气。

16日 总投资3.9亿元的海南炼化30万吨级原油码头投运，综合通过能力达1800万吨/年，可接卸5万～7.5万吨级油轮。

●由鄂尔多斯荣成能源化工公司投资10亿元的100万吨/年甲醇项目开工，项目一期可年产甲醇20万吨。

22日 商务部公告从即日起对原产于美国和日本的进口邻苯二酚征收4%～46.81%不等的反倾销税，期限5年。

25日 中哈原油管道正式对华输油。

26日 中国首个LNG项目——总投资290亿元的广东深圳大鹏LNG项目顺利建成并投入运行。

27日 总投资10.8亿元，首次采用国内汽化技术，利用高硫、高灰熔点的恶劣无烟煤生产10万吨/年欧Ⅲ标准汽油的示范工程在山西晋城奠基。

28日 中国石化天津一体化原油储运配套工程管道建设开工，将新建自天津港南疆油库至北京燕山石化全长230千米原油管道、60万立方米南疆油库和80万立方米大港中转油库等。

●中国石化广州石化千万吨级炼油改扩建工程加氢联合装置建成中交，该装置包括150万吨/年加氢裂化、210万吨/年加氢处理、200万吨/年柴油加氢精制和100万吨/年航煤加氢。

30日 石家庄—太原成品油管道工程在山西阳泉开建。工程投资6亿元、全长316千米、设计输送能力430万吨/年。

31日 中国石化鲁皖成品油管道首次顺序输送汽柴油成功。

●中国第一艘作业水深可达122米、总投资额逾10亿元的自升悬臂式钻井船——“海洋石油941”交付使用。

6月

1日 中国石油天然气集团公司发布2005年度环境保护公报，这是国内石油公司向公众发布的第一份环保公报。

3日 中海石油（中国）有限公司与中国进出口银行签署一项总额128亿元人民币的贷款协议，主要用于满足公司在尼日利亚持续的资本需求和其他项目的一般资本开支需求。

6日 中国石化燕山石化与信达资产管理、东方资产管理公司签署总价33.03亿元的股权转让协议。中国石化将获得东方石化全部股权及其所拥有的北京化二58.1%股份。

7日 中国海油与英国BG集团签署了合作勘探总面积为2.58万平方千米的南海西部海域3个深水区块的石油产品分成及物探协议。

9日 中国建设项目环境保护的最高奖项——“国家环境友好工程”奖在北京人民大会堂隆重颁发。西气东输管道工程居首批10项获奖工程首位，新疆油田公司石西油田开发建设工程名列其中。

10日 中国石化在巴西承建的总价约2.4亿美元、全长1200千米的巴西卡塞内天然气管道开工。

12日 由大连船舶重工集团有限公司承建的美国诺贝尔钻井公司大卫比尔德深水钻井平台建造项目正式启动。此钻井平台投资超过4.25亿美元，水深3050米，是国内建造的最深的自定位式深海浮动钻井平台。

14 日 国家“十一五”重点工程——中国石油乌鲁木齐石化公司 100 万吨/年芳烃建设项目通过国家发改委批准。该项目总投资 40 亿元，将成为国际单套生产规模最大的对二甲苯装置。

18 日 北京环城成品油管道开工建设，这是国内第一条环城输油管线。管道工程总长度 183 千米。

20 日 国家财政部发布《可再生能源发展专项资金管理暂行办法》，支持石油替代产品的发展。

●黑龙江省黑河市与俄罗斯阿穆尔州共同出资 [illegible] 亿元，在阿穆尔州建设 1 座炼油厂。炼油厂包括 1 套年加工能力为 500 万吨原油的常压分馏装置以及其他附属设施。

●秋明 BP 公司将向中国石化出售旗下的骨干企业乌德穆尔特石油公司，收购价格约 30 亿美元。这是中国公司第一次成功收购俄罗斯能源企业。

21 日 中国石化与伊朗就在伊朗北部区块勘探油气签署协议。

24 日 中国规模最大的 PTA 装置在珠海启动。该装置年产能力将达到 90 万吨，也是世界上最大的单套 PTA 装置。

●天津石化 100 万吨/年乙烯及配套项目开工。该项目总投资将达 201 亿元，包括乙烯工程、炼油改造工程和配套热电改造工程三部分，计划于 2009 年建成。

28 日 中国第一个进口液化天然气项目在广东投产，总投资 290 亿元。

●由中科院山西煤化所联合内蒙古伊泰集团、神华集团、山西潞安矿业公司等六单位合资成立中科合成油技术有限公司，注册资本 5 亿元。

●投资 5.9 亿元，采用改进的国产化第二代环管法先进工艺技术的中国石化茂名石化 30 万吨/年聚丙烯装置建成开车。

30 日 《2006 世界能源统计》和《中国能源统计年鉴 2005》发布。据统计，中国能源消费增速减至 9.5%，原油需求量仅增长 3%。以目前开采速度计算，全球石油和天然气储量可分别供生产 40 年和 65 年。

7 月

2 日 中国石油广西 1000 万吨炼油工程通过了安全预评价。该项目计划总投资 130 亿元，年计划加工苏丹原油 1000 万吨。

●中国石油天然气股份有限公司石油化工研究院成立。

●茂名石化年产量为 35 万吨的高密度聚乙烯装置投产。

●位于广西钦州港的天盛油气码头正式投产。该码头总投资 [illegible] 亿元，其中液化气系统投资 [illegible] 亿元。

5 日 总投资为 3.5 亿元的新奥集团北海涠洲岛液化天然气工程投产。

10 日 中国石化和巴斯夫签订总投资 5 亿美元的南京一体化石化生产基地拓展协议。

11 日 财政部发布合资合作油企石油特别收益金补充规定，凡在中国陆地领域和所辖海域开采的石油，无论是否在中国境内销售，均应缴纳石油特别收益金。中外合作油田按规定上缴国家的石油增值税、矿区使用费、国家留成油不征收石油特别收益金。

●神华宁煤集团与壳牌公司联合研究“煤炭间接液化项目”签署协议，双方将投资 60 亿美元在银川建 1 座日产 7 万桶油品及化工品的 CTL 工厂。

14 日 中信资源宣布将以 9740 万美元从科威特国家石油公司手中收购 1 个石油储量为 3919 万桶的印尼油田的 51% 股权。

17 日 国家发改委通过了《煤层气（煤炭瓦斯）开发利用“十一五规划”》。

●新疆克拉玛依—乌鲁木齐的天然气管道全线竣工。该管线全长 285 千米，总投资 6 亿元，年输气量约为 10 亿立方米。

18 日 由中国石化上海高桥分公司生产的 2500 吨欧Ⅳ标准超低硫柴油销往香港，这是内地首批超低硫柴油销往香港。

19 日 中国石油天然气集团公司通过其全资子公司——中油国际投资 5 亿美元购买了俄罗斯

石油公司上市发行股票 6622 多万股，价格为每股 7.55 美元。

21 日　国家发改委核准了由中国石油等多家中外企业合资建设上海洋山石油储运一期工程，工程设计年吞吐量 750 万吨。

22 日　商务部公布对原产于日本、中国台湾的进口 PBT 树脂征收 6.24%～17.31% 的反倾销税，期限为 5 年。

24 日　《财富》（中文版）2006 年度“中国上市公司 100 强”最新排名公布，中国石化、中国石油再列前二名。

●中国石化华北石油局承钻的亚洲第一深井成功钻至设计井深 8408 米。

●广东省、中国石油化工集团公司与科威特国家石油公司联合开展“中科合资广东炼油项目”的前期工作，广州南沙作为项目厂址。该项目的规模为年炼油 1300 万～1500 万吨，总投资额达 50 亿美元。

26 日　中国长江航运集团公司与中国石化签订进口原油长期运输协议。

27 日　美国《化学周刊》推出了 2005 年度亚洲化工公司 30 强排名，中国石化一举成为亚洲最大的化学公司。

●中华煤气与山西省政府签订开发煤层气资源的框架协议，项目总投资 1 亿美元。这是港资投向内地煤层气资源的第一个项目，也是迄今为止规模最大的煤层气投资项目。

28 日　由中国石化和日本三井化学对半合资近 10 亿元的 12 万吨/年双酚 A 项目在上海石化区破土动工。

29 日　中国石油天然气股份有限公司宣布，通过中哈管道进口的哈萨克斯坦原油已于当日 17 时抵达中国石油独山子石化分公司原油罐区，这标志着中国首条跨国原油管道全线贯通，正式进入商业运营阶段。

30 日　国家发改委发布加强煤化工项目建设管理通知，将停批 300 万吨/年煤制油、100 万吨/年甲醇和二甲醚、60 万吨/年煤质烯烃以下规模的项目建设。

8月

1 日　中国石化与伊朗国家石油公司就对伊朗的 Shazand 炼厂扩能至 500 万吨/年签署价值 21.68 亿欧元的合同。

7 日　中国石化开始利用中国“勘探－3”号海洋钻井平台在俄罗斯远东萨哈林三号油气开发项目区钻探油气。

8 日　中国海洋石油总公司与赫斯基签订了 10 个产品分成合同，其中 3 个为深水合同。

9 日　中国海油与天津市政府在京签署开发天津滨海高新技术产业园区的合作框架协议。

15 日　中国石化与印度石油公司对半出资 8 亿美元获哥伦比亚一油田 50% 的权益。

●由中国海油与加拿大 Husky 能源公司联合作业的中国南海珠江口盆地实施的 LW3－1－1 井获得超过 1000 亿立方米的天然气资源重大发现。

18 日　上海石油交易所正式开业。这是中国首家石油现货交易所。

●总投资 264 亿元的中国石油抚顺石化 1150 万吨/年炼油和 100 万吨/年乙烯扩能项目动工。

●巴斯夫和亨斯迈（70% 的股份）与中国石化高桥分公司等 3 家中方企业（30% 的股份）合资 10 亿美元的中国最大一体化异氰酸酯项目在上海投产，可产 24 万吨/年 MDI 和 16 万吨/年 TDI。

22 日　10 万吨/年丁苯橡胶装置在中国石化高桥分公司全线开车成功。

23 日　中国石油将通过中油勘探开发有限公司，出资约 27.35 亿美元收购集团公司在哈萨克斯坦石油公司（PK 公司）中所拥有的全部 67% 股权。

25 日　世界首套万吨级 DMTO 工业化装置试验在陕西取得成功。

27 日　BP 获得中国航空油料集团公司 59 万吨的航油采购中的 3 万吨航油合约，首次进入中国航油市场。

29 日　国内首家生物酶法合成生物柴油 5 万吨产业化工程在秦皇岛启动。

30 日　中国石油天然气勘探开发公司和乌兹

别克斯坦国家油气公司、俄罗斯卢克公司、马来西亚国家石油公司及韩国国家石油公司共同组成的咸海财团，与乌国政府正式签署咸海水域油气勘探开发项目产品分成协议。

●国内最大的商业石油仓储基地的建设工程在上海洋山港正式开工。该项目的总投资约为6.32亿元人民币。

31日 “2006中国化工企业500强”揭晓。中国石化镇海炼油化工股份有限公司居榜首。

9月

2日 “2006中国企业500强”排名揭晓。中国石化、国家电网和中国石油名列前三强。

3日 中国生物制药有限公司与陕西省政府共同投资50亿元在陕西榆林市建立国内首个煤制烯烃工业项目。

10日 全长1250千米的兰成渝输油管道经改扩建后正式运行。

12日 总投资15亿元、国内单套产能最大的中海油建滔化工有限公司60万吨/年甲醇装置在海南投产，精甲醇纯度达99.9%。

●中国海洋石油基地集团公司与四川攀枝花市签订了攀西地区麻风树生物柴油产业发展项目合同。该项目计划投资额23.47亿元。

13日 中国海洋石油总公司同英国天然气集团公司正式签署了64/11、53/16区块石油合同及41/06物探协议。

14日 中国科技部与美国能源部续签了《中美化石能源合作议定书》框架下的电力系统、石油与天然气、能源与环境污染、气候科学领域等4个附件，合作期限将延至2010年。

●德国巴斯夫与中国石化在柏林签署了南京一体化石化生产基地扩建计划中开展技术和商业可行性研究合作协议。

20日 总投资81亿元的中国石化茂名乙烯100万吨/年改扩建工程全面建成投产。

●中国石油化工集团公司完成浙江镇海中国首座战略石油储备基地建设任务。

25日 广州石化千万吨炼油改扩建工程的6套新建装置全部实现一次投料开车成功，这标志着广州石化已经具备了1300万吨/年的一次加工能力。

28日 中国石化海南800万吨/年炼油项目120万吨/年加氢裂化装置开车成功，至此国内单系列规模最大的炼油项目正式建成投产。

29日 中海石油化学股份有限公司在香港正式挂牌上市。

30日 中国石油集团钻井工程研究院在北京成立。

10月

6日 中国能源战略中心在中国石油大学（北京）成立，其下设能源经济与信息预测、能源国际政治等7个研究机构。

●第八次中俄两国能源合作分委会在莫斯科举行。其间，中国石油与俄罗斯石油公司签订了《东方能源有限责任公司创建协议》，共同在俄境内参与石油天然气的勘探开发。

10日 中国海洋石油总公司分别于苏伊士、道达尔和壳牌东方贸易公司签订了液化天然气现货贸易主合同。

11日 中国海洋石油总公司宣布，位于渤海海域歧口17－2东项目投产，可日产原油2400万桶。

●国家商务部宣布2007年原油非国营贸易进口配额为1668万吨，较上年增加15%。

17日 中国石化与埃及石油部就进一步加强在石油领域的合作在京签署了合作谅解备忘录。

18日 中国第一个用木薯作原料、年产40万吨的燃料乙醇项目在广西开工。项目实施方为中粮集团，计划投资额将达到数百亿元。

20日 乌鲁木齐至兰州的全长1800多千米、输送能力1000万吨/年的中国石油西部成品油管道投产运行。

22日 埃及石油部与中国石油化工股份有限公司签署石油和天然气合作协议。根据协议，双方将创建一家合资的搭建石油钻塔的专业公司——中国石化—塔尔公司。

23 日　中国海洋石油总公司与中国化工建设总公司进行重组，后者整体并入中国海油。

25 日　香港泰山集团投资 20 亿元、总储存能力为 180 万立方米的泰山南沙石油仓储项目一期工程投入商业运营。

26 日　兰州—银川输气管道工程启动。该管道将连通涩宁兰和西气东输两条输气管道，并使青海、塔里木、长庆三大西部主力气田连通起来。

●中国海洋石油总公司位于渤海海域的曹妃甸 11－6/12－1 南堡油田群成功投产。

28 日　中国和印尼签署了《关于能源和矿产资源领域合作的谅解备忘录》以及一份价值 35.6 亿～42.6 亿美元的能源投资协议，协议包括 6 个投资项目。

●中国政府批准的第一个大型石化合资项目扬巴一体化工程通过国家验收。该项目总投资 29 亿美元，由中国石化和德国巴斯夫公司各投资 50%。

29 日　申能集团（55% 的股份）和中海石油天然气及发电有限公司（45% 的股份）合资组建上海液化天然气有限责任公司。

●中国海洋石油总公司宣布，位于南海西部海域的自营油田涠洲 6－1 投产。

11 月

1 日　中国再度调整了部分资源性产品的进出口税率，原油出口税率升至 5%，成品油、合成氨进口税率降至 3% 以下。

2 日　国家投资 20 亿元的中央地质勘察基金启动，标志着国家免费勘测矿产资源将成为历史。

3 日　中国首套应用国内自主知识产权的万吨级 MTO 试验装置在山西晋城开建。

5 日　香港阿诺玛国际集团有限公司与江苏如东洋口港经济开发区签订合作协议。双方决定投资 1.8 亿美元，建设仓储量为 120 万立方米的油库及配套项目。

6 日　总投资达 220 亿元人民币的中国石化镇海炼化年产 100 万吨乙烯项目开工。江苏 LNG 项目的配套工程建设项目——如东燃气电厂项目正式签约。该项目由太平洋油气有限公司、中国石油共同投资建设，总投资 90 亿元，一期工程总装机容量为 240 万千瓦。

9 日　中俄两国签署《中华人民共和国国防科学技术工业委员会和俄罗斯联邦原子能署和平利用核能中企合作的谅解备忘录》、《中国石油化工集团公司和俄罗斯石油公司战略合作框架协议》以及《中国石油天然气股份有限公司与俄罗斯石油国际有限公司设立合资公司合同》等 17 份文件。

10 日　财政部、国家税务总局等五部委联合出台生物能源与生物化工行业的四大财税政策，重点扶持中国生物能源业发展。

12 日　首届世界重油大会在京召开。

13 日　中国石化和俄罗斯石油公司签署了将俄乌德穆尔特石油公司股份转让给双方合资公司的协议，俄罗斯石油公司和中国石化分别占有合资公司 51% 和 49% 的股权。

16 日　中国海洋石油总公司与越南石油公司签订合作协议，共同开发在两国水域内的北部湾油气资源。

21 日　中国石油化工股份有限公司和西北大学在西安签订“中国南方中上扬子大陆构造与海相油气前景”项目合同。中国石化将重点支持这一项目的研究，以期在海相油气资源勘测方面取得突破。

22 日　全国储量规模最大的天然气田——苏里格气田正式投入开发。苏里格气田已探明储量 5336 亿立方米。

23 日　国内最大的大连港油品码头公司 120 万立方米原油保税仓库建成投用。

●中信资源公司以 9740 万美元收购了探明储量为 705 万桶的印尼东部奥塞油田 51% 的股份。

25 日　中国和巴基斯坦签订 18 项合作协议，其中包括《振华石油控股有限公司和巴基斯坦石油资源部关于授予巴斯卡和东巴哈瓦普尔区块勘探许可证的协议》、《中国化学工程集团公司与巴基斯坦安格鲁化学公司关于聚氯乙烯（PVC）联合装置项目合同》。

29 日　“2006 年中国生物柴油行业发展与技术研讨会”在京举行。

30 日　国家科技部正式发布《“十一五”国

际科技合作实施纲要》，其中清洁能源领域的合作重点包括清洁煤技术、油气开采和综合利用技术，以中国为主实施风能、太阳能、生物质能等可再生能源国际合作计划等。

●总投资29亿元的河北曹妃甸原油码头及配套工程项目获国家发改委核准建设。

12月

6日　商务部发布《成品油市场管理办法》和《原油市场管理办法》，将对外开放国内原油、成品油批发经营权。

7日　中国石化与新疆维吾尔自治区政府签署合作框架协议，双方将加强在煤炭、油页岩、煤层气等领域的开发合作。

10日　总投资30亿元、全长1143千米、年输量1200万吨的中国石化珠三角成品油管道投入试运行。

11日　根据加入WTO承诺，中国全面开放化肥业批发、零售市场，取消对化肥生产企业的优惠政策。相关化肥进出口贸易继续实行国营贸易进口管理，执行进口关税配额等政策。

12日　中国石化镇海炼化新建150万吨/年加氢裂化装置建成投产，原油综合加工能力由1850万吨/年增至2000万吨/年。

13日　中国海洋石油总公司与海南省政府签署战略合作框架协议，将在天然气利用石油化工等6个领域开展合作。

14日　国家发改委连续发出通知以加强国内生物燃料乙醇项目建设管理与核准工作，要求立即暂停核准和备案玉米加工项目，其他原料的燃料乙醇项目核准和建设一律要报国家审定。

●长庆油田公司长北天然气处理厂实现向陕京二线供气。长北气田天然气项目由中国石油和壳牌联合开发，总投资6.2亿美元。

15日　澳门天然气有限公司与中国石油化工股份有限公司在澳门设立的合资公司——中天能源控股有限公司与澳门特别行政区政府签订了为期15年的《澳门特别行政区天然气输入及传输公共服务批给公证合同》。

16日　中国、印度、日本、韩国和美国五国能源部长会议在北京举行。会议主要围绕能源安全和战略石油储备、能源结构多样化和替代能源、投资和能源市场、国际合作的主要挑战和优先领域、节能和提高能效等五个专题展开讨论并发表了《联合声明》。

●由四川天一科技、中国石化燕山分公司、SEI等共同开发的回收炼厂乙烯成套工业化技术通过了专家组鉴定。该技术属国内首创，整体技术达到国际先进水平。

●西气东输与忠武输气管道联络线——淮武支线试运投产。管线全长475千米，设计输气能力15亿立方米/年。

17日　由138家民营石油成品油经营企业组成的“中国商业联合会石油流通委员会”在京揭牌成立。

18日　国务院国资委发布《关于推进国有资本调整和国有企业重组的指导意见》，首次明确将石油石化、煤炭、民航、军工、电网、电力电信、航运等七大行业由国有经济控制。

●国内首个俄罗斯原油加工基地——中国石油辽阳石化的550万吨/年炼油项目建成投产。

21日　中国石油集团与哈萨克斯坦国家石油和天然气公司签署《关于中哈原油管道二期工程建设的基本原则协议》。

22日　中国石油天然气勘探开发公司在乌兹别克斯坦注册的“中国石油国际（乌兹别克斯坦）有限责任公司”正式获得乌兹别克斯坦油气总公司颁发的《油气勘探作业许可证》。

●中国石化无锡石油分公司宣布，从2007年1月1日起，旗下的33家加油站将归属中国石化与壳牌组建的合资公司——中国石化壳牌（江苏）石油销售有限公司经营管理。

28日　中国石化胜利油田分公司在黄河入海口发现一处新的海上油气田——新北油田。油气田预计原油探明储量688.3万吨、天然气储量4.82亿立方米。

29日　总投资153亿元的广西钦州1000万吨/年炼油项目启动。

31日　神华包头煤化工项目60万吨/年煤制烯烃项目获国家发改委核准。

2007 年

1 月

2 日 中国化工集团公司正式入股青岛民营企业广源发集团，组建了青岛安邦石化有限公司。

11 日 中国在大庆外围盆地勘探获重大突破，首次在 3000 米以下发现高产工业油流。是继海拉尔盆地之后大庆油田勘探史上的又一次重大发现。

14 日 中国石化上海海洋石油局“发现号”物探船首次进入北极极寒区，67 天完成北冰洋海域 2 个工业区 6617.5 千米的二维地震作业。

15 日 国家发改委发布《“十一五”资源综合利用指导意见》。

●最高人民法院、最高人民检察院联合发布了《关于办理盗窃油气、破坏油气设备等刑事案件具体应用法律若干问题的解释》。

22 日 上海 LNG 项目一期工程正式开工。总投资约 70 亿元，建设 3 座 16.5 万立方米的 LNG 储罐。

26 日 国家主席胡锦涛在中国石油集团吉林燃料乙醇有限责任公司考察时强调，要发挥科研力量，走“非粮”生产燃料乙醇路线，积极发展新能源。

28 日 中国拥有自主知识产权的 500 吨/年反式异戊橡胶（TPI）装置在青岛试产成功。

2 月

5 日 国家发改委正式核准中国石化镇海炼化算山码头新增年吞吐能力 750 万吨的扩建项目和中化集团公司的中化兴中舟山岙山 30 万吨级原油码头工程新建项目。

8 日 首批以“SINOPEC”作为商标的润滑油产品正式下线，销往加拿大、菲律宾等国。今后在海外市场销售的中国石化润滑油将全部采用“SINOPEC”商标。

12 日 国家发改委正式核准中国石油广西石化千万吨炼油项目，同意由中国石油独资在广西钦州建设该项目。

25 日 中国石化、福建省、埃克森美孚沙特阿美签署了福建炼油乙烯合资项目合同、福建成品油营销合资项目合同。

27 日 中共中央、国务院在北京隆重举行国家科学技术奖励大会。由中国石油化工股份有限公司南方勘探开发分公司等单位完成的“海相深层碳酸盐岩天然气成藏机理、勘探技术与普光大气田的发现”重大科研课题，以其重大理论创新、技术创新和勘探实践，获得了国家科技进步一等奖。

●国家发改委公布 2006 年全国石油化工行业累计实现利润达 4345 亿元，同比增长 17.9%。

28 日 中国石油发布 2006 年度企业社会责任报告，为国内企业首部社会责任报告。

●美国《化学周刊》公布 2006 年度亚洲化学公司 50 强排名。中国石化、中国石油、中国台湾台塑集团等 7 家中国公司入围。中国石化以化工产品销售额超过 200 亿美元位居榜首，中国石油以 90 亿美元列第 6 位。

3 月

1 日 国务院西部开发办发布《西部大开发“十一五”规划》，将能源和化工作为西部发展的特色优势产业。强调要适当扩大油气资源当地转化和加工增值，抓好国家石油储备基地、大型炼化项目建设，并大力发展可再生资源。

●中国石油天然气股份有限公司和壳牌中国勘探与生产有限公司联合宣布，双方共同开发的长北天然气田已经正式开始商业生产，并向外输送天然气。

6日　杭甬（杭州—宁波）输气管道工程钱塘江穿越成功。工程穿越长度为2454米，管径813毫米。

8日　上海石油交易所将正式推出甲苯、苯乙烯和二甘醇中远期交易品种。上海石油交易所的交易品种从单一的燃料油交易拓展到石化商品领域。

13日　中国石油化工集团公司启动部分石油局（分公司）整合重组和中国石化勘探分公司组建工作，按照“油公司”、石油工程公司以及油田基地系统“分开运作、分开核算、分开考核”的原则进行整合重组。

●蓝星石油有限公司大庆分公司新建的50万吨/年催化裂解（DCC）联合装置正式投入生产运行。这是目前中国最大的一套DCC联合装置，总投资近7亿元。

14日　中国石化与华润创业签署油气业务合作框架协议，中国石化收购华润创业在香港的所有加油（气）站共20座，汽油、柴油及航煤、燃料油等燃油业务。

17日　目前国内生产规模最大、工艺技术最先进、投资14亿元的25万吨/年高压聚乙烯装置在茂名石化投料开车。

18日　中国石油天然气股份有限公司北京油气调控中心正式揭牌。

20日　中国石化西南石油局、西南油气分公司在四川德阳市开钻亚洲陆上第一深井——川科1井。该井设计井深8875米，总投资约3亿元。

23日　中国石化扬子石化和BP对半合资的50万吨/年醋酸项目在南京开建。

27日　中国石油化工集团公司与厄瓜多尔国家石油公司签署了石油开发项目谅解备忘录。中国石化联合巴西国家石油公司和智利国家石油公司共同开发厄瓜多尔最大油田——ITT项目。

28日　国土资源部对中国石油天然气集团公司、中国石油化工集团公司、中国海洋石油总公司和地方油气公司所属油气田的储量进行了初步统计。结果表明，截至2006年底，全国石油剩余经济可采储量20.43亿吨，天然气剩余经济可采储量24490亿立方米。

●中国石油化工集团公司上海石油化工研究院基础有机原料技术开发工程化基地在上海化学工业区开工。基地一期投资3.4亿元，是中国石化自成立以来投资规模最大的科研基地项目。

29日　中国海洋石油总公司第一个LNG项目——珠海天然气液化项目建设合同于3月29日在天津签订。项目年天然气处理能力为2亿标准立方米，平均日处理天然气约60万标准立方米，液化天然气生产能力约为360吨/日。

31日　中国石油集团海洋工程有限公司成立后建造的第一艘滚装船——“中油海631”船交船仪式在山东乳山举行。这一新型船舶装备将进一步提升公司海上工程作业服务能力。

4月

2日　总投资约147亿元的武汉80万吨/年乙烯项目获国家发改委批准。

6日　中国石油西南油气田公司代表中国石油分别与四川省凉山州、攀枝花市签订了合作开发麻风树生物质能源产业的框架协议。中国石油将在两地建麻风树良种繁育基地1100亩、示范林种植基地18万亩。

7日　由中国石油和化学工业协会、国家统计局比照国际通行方式核定的《2006年中国石油和化工行业经营业绩前百家企业经济评价》公布。中国石化居首，中国石油、中化集团公司位列第2、3名。

9日　中国石化川气东送工程获国务院核准被列入国家“十一五”重大工程。该工程总投资632亿元，包括普光气田勘探开发及气体处理项目、全长1702千米的从普光气田到上海的长输管线项目。

10日　中国石化2006年度公司业绩在香港公布，全年实现主营业务收入10445.8亿元，同比增长30.7%。

12 日　中国石化在全国率先推出满足欧Ⅳ排放标准的优质低硫柴油，在北京市公交系统车辆首批投用。

13 日　中国石化和中粮集团有限公司签订《关于发展中国生物质能源及生物化工的战略合作协议书》，决定共同发展生物质能源及生物化工。

14 日　中国海洋石油总公司对外公布中国近海 2009 年第一批共 17 个区块供外国公司进行合作开发，这些区块全部位于中国南海，总计 42020.6 平方千米。

15 日　在中原油田户部寨气田部 17 - 1 井井场，国家“863”项目——“深层低渗透油藏压裂改造工艺与应用技术研究”首口压裂井试验成功。

●神华集团有限责任公司鄂尔多斯煤制天然气项目开工，该项目年产天然气 20 亿立方米，将主要供应京津塘地区；副产品为硫黄、粗酚、石脑油、焦油、液氨等，预计 2012 年建成投产。

●大庆油田设计院经过多年技术创新和科研攻关，自主研发以 15 万立方米双盘浮顶油罐为主的大型浮顶油罐技术。

16 日　为应对全球不断增长的柴油需求，巴斯夫公司开发并工业应用催化裂化装置增产柴油的专有 HDXtra 催化剂。该催化剂可使炼厂 FCC 装置轻循环油（LCO）收率最大化，从而提高柴油收率。

●镇海炼化公司汽油质量升级项目——150 万吨/年催化汽油吸附脱硫（S - Zorb）装置开始动工兴建。

17 日　中国石化江西成品油管道正式开建。该管道途经九江、南昌等 9 个市县，全长 240 千米。

●沈阳化工研究院并入中国中化集团公司，成为后者的全资子企业；中国化工供销（集团）总公司并入中国海洋石油总公司，成为中国海油的全资子企业。

18 日　中国石化宁波技术研究院正式成立。

●由中国石化镇海炼化与利安德（中国）控股公司投资的宁波镇海炼化利安德化学有限公司在京揭牌。合资公司将建设当时世界最大的环氧丙烷（28.5 万吨/年）/苯乙烯（62 万吨/年）生产装置。

19 日　安徽省和中国石化签署了战略合作协议，在安庆石化实施 800 万吨/年炼油综合加工能力的炼化一体化项目，把安徽省建设成为全国重要的石油化工生产基地。项目投资近 200 亿元，其中中国石化投资近 100 亿元，地方配套投资 100 亿元。

●中国石化与华润（集团）有限公司、华润创业有限公司签署香港油气和内地城市燃气项目股权转让协议。根据协议，中国石化在香港地区拥有 2 座油库和 34 座油气站。

●由中国海油控股的海洋石油工程股份公司投建的、亚洲最大的海洋石油工程基地——海油工程青岛制造场地三期项目在青岛海西湾奠基。

20 日　中国石化西南石油局、西南油气分公司、石油工程西南公司成立暨揭牌仪式在成都举行。

30 日　国家发改委发布《化纤工业“十一五”发展指导意见》。

5 月

1 日　国内首套 120 万吨/年 S - Zorb 催化汽油脱硫装置在燕山石化建成。

3 日　中国石油天然气集团公司在渤海湾滩海地区发现储量规模达 10 亿吨的大油田——冀东南堡油田。

18 日　中国海洋石油总公司位于南海西部海域的自营油田涠洲 11 - 1 油田已经成功投产。

22 日　浙江舟山岙山国家石油储备基地一期工程通过国家验收并举行投运典礼。

30 日　总投资超过 100 亿元的中国石化安庆石化 800 万吨/年炼油项目全面启动。

31 日　天津石化 100 万吨/年乙烯及配套项目工程总体设计方案获中国石化批复。项目总投资 268.5 亿元，将建炼油、乙烯和热电工程 3 个部分，2009 年 9 月投料试车。

●投资 74 亿元的如东洋口港 LNG 项目首期年处理量 350 万吨的天然气工程获国家发改委批准建设，2011 年建成投产，届时接收能力为 1000 万吨/年。

●总投资28.7亿元的中国石油辽阳石化公司80万吨/年PTA改造项目建成投运。

6月

1日 总长647千米、天津大港—山东枣庄的中国石化成品油管道进入试输油阶段。

●中国海洋石油总公司获得柬埔寨海域F区块的石油勘探开采权。

5日 设计规模为320万立方米的黄岛国家石油储备基地第一阶段工程竣工验收。

●国土资源部在中国南海北部成功钻获天然气水合物实物样品，中国成为继美、日、印之后世界第4个采到天然气水合物实验样品的国家。

●总投资22.85亿元的中国石油集团海洋工程有限公司青岛海工建造基地举行奠基仪式。

6日 陕西延长石油集团杨庄河大型炼化项目开工建设，项目总投资61.13亿元。

●中国石化的润滑油在新加坡正式下线，实现了在新加坡的本土化生产。

7日 国家发改委核准了中国石油大庆石化120万吨/年乙烯改扩建项目。

8日 国内最大的柴油加氢精制装置——中国石化上海石化330万吨/年柴油加氢精制装置投入运行，并产出符合欧Ⅲ排放标准的精制柴油。

9日 中国海洋石油总公司投资20多亿元、以天然气为原料的甲醇项目在海南东方市开建。

●全长200千米、设计输量2000万吨/年的中国石化曹妃甸—天津原油管道工程全面开建。

12日 中国石化福建炼化、埃克森美孚和沙特阿美三方合资的福建联合石油化工有限公司正式挂牌运营。

21日 国内首条数字化管理工程——全长1242千米的西气东输冀宁管道工程全部竣工。

27日 中国石化在四川德阳发现大型天然气田。

●中国石油宣布成功获得加拿大阿尔伯塔省总面积约258.6平方千米的11块油砂田开采权。沥青含量将达200万桶。

28日 中国石油化工股份有限公司与华润（集团）有限公司、华润创业有限公司在香港举行油气业务的交接仪式，至此中国石化已获得华润集团和华润创业在香港的所有成品油行销业务。

●内蒙古长庆气田—乌海—临河天然气输气管道工程暨黄河穿越工程正式开工。管线全长约421千米。

30日 中国石化上海石化330万吨/年柴油加氢装置顺利投产。产出合格的符合欧Ⅲ排放标准的精制柴油。

7月

1日 相当于欧III标准的国家机动车污染物排放标准（简称国III标准）开始在全国实施。

6日 中国石化连续重整催化剂在台湾中油公司成功中标，实现了重整催化剂出口零的突破。

●辽宁省朝阳市九佛堂地区探明一个B+C级储量10亿吨的油页岩矿。该矿的17处见矿点中，有5处可用火柴直接点燃，火焰高达15厘米。

7日 中国石油华北油田与山西能源产业集团就合资开发山西沁水煤田煤层气签署合作协议。

10日 横跨湖州、杭州、绍兴、宁波，总投资逾25亿元、总长332千米的湖杭甬天然气管道正式全线贯通。其中湖杭段设计年输气量18亿立方米，杭甬段设计年输气量35亿立方米。

●“中国石油股份公司远程实时监测诊断管理中心”在辽阳石化公司挂牌成立。

12日 中国石化股份公司工程部、中国石化集团炼化工程有限公司（集团公司工程企业管理部）成立。

●美国《财富》杂志公布最新全球500强排名，共有包括3家台湾公司和1家香港公司在内的30家中国企业入围。中国石化由上年的23位升至第17位，继续居入选中国公司首位。中国石油升至第24位。中国海油首次入选，名列第469位。

17日 中国石油天然气集团公司与土库曼斯坦签署了中土天然气购销协议和土库曼斯坦阿姆

河右岸天然气产品分成合同。根据协议，在未来30年内，土库曼斯坦将通过规划实施的中亚天然气管道，向中国每年出口300亿立方米的天然气。

18日 中国石油化工集团公司、中国海洋石油总公司与广东省政府签订大然气业务合作框架协议，三方将共同推动组建广东省天然气管网公司，负责广东省省级大然气主干管网的建设、运营和管理。

21日 黑龙江省政府与中国石油签订全面合作战略框架协议，内容包括加强大庆“百年油田”建设，有效发展炼油化工，适当增加原油加工量，使大庆天然气满足黑龙江市场需求等。

25日 大连石油交易所正式开业。这是继上海石油交易所后国内第二家主要交易石油现货的场内机构。经营的主要范围是燃料油、沥青和化工产品。

28日 由中煤能源、中国石化、申能集团、中国银泰投资公司和内蒙古满世煤炭集团联合建设的年产300万吨二甲醚项目签约仪式在内蒙古举行。

31日 由壳牌投资兴建的世界级的润滑油新厂在珠海奠基。该厂建成后将承担壳牌和统一两个品牌的生产任务，产量各占50%。

●燕山石化1000万吨/年炼油改造工程一次开车成功，产出首批符合欧Ⅲ排放标准的清洁汽柴油，成为国内首家可产该标准汽柴油的千万吨级炼油基地。

●总投资10亿元的中国石油铁岭原油商业储备库开建。工程包括8个10万立方米储罐及配套项项目。

●经国家科技部批准，提高石油采收率国家重点实验室落户中国石油勘探开发研究院。

8月

1日 SEI在国家建设部颁布的2006年全国工程勘察设计企业百强和2007年全国工程总承包百强中均名列首位。另外，SEI还在美国ENR权威杂志公布的2006年全球最大的工程设计公司150强中列第44位。

●由中国海洋石油总公司和中国科学院长春应用化学研究所共同出资建设的二氧化碳可降解塑料项目在海南东方市动工。

2日 总投资18亿元，年产30万吨醋酸、10万吨醋酸乙酯项目在山东枣庄市兖矿集团开工。

3日 中国石化海南炼化欧Ⅳ标准车用柴油投放香港。

7日 中国海洋石油总公司与新加坡石油有限公司已就26/18区块签订产品分成合同，这是双方的首度合作。

9日 中国石化与湖南省就中国石化在岳阳地区炼油化工的发展、在湘成品油及天然气销售网络建设、与湖南省有关油气管道制造企业的战略合作、在湘发展替代燃料等方面签订更深层次的合作协议。

10日 中国石化召开2007年第二次临时股东大会，审议通过选举苏树林为第三届董事会董事的议案。在同日召开的第三届董事会第十三次会议上，苏树林当选为中国石化第三届董事会董事长。

●中国石油天然气集团公司在京召开中亚天然气合作项目座谈会。

13日 中国石油天然气集团公司与香港中国年代能源投资有限公司就合作开发生产松辽盆地两井区块石油资源签署产品分成合同。合同区块面积77.2平方千米，属于岩性圈闭的低孔、低渗油藏。

15日 由中国石油第七建设公司承建的塔里木石化公司年产80万吨尿素联合装置工程开工。这是目前国内最大的尿素生产装置。

16日 中煤能源集团公司与煤炭科学研究总院签署战略合作框架协议，重点加强能源及煤化工技术研发合作，提高技术自主创新水平，推进新型能源及煤化工相关技术向现实生产力的转化。

●由上海金煤化工新技术有限公司、上海金煤化工控股有限公司投资18亿元建设的年产20万吨乙二醇项目在内蒙古通辽市完工。这是全球第一套以褐煤为原料生产乙二醇的工业示范装置。

18日 兰郑长（兰州—郑州—长沙）成品油管道工程的试验段开工。兰郑长管道总长3179千米，由 1 条干线、2 条输入直线和 14 条分输支线组成，是目前中国最大的一条成品油管道工程。

28 日 壳牌（中国）北京研发中心正式投入运营。这是壳牌全球催化剂测试的第 4 个研发中心，前 3 个分别位于阿姆斯特丹、休斯敦和新加坡。

30 日 国家发改委制定的《天然气利用政策》正式实施。《天然气利用政策》将天然气利用领域分为四大类，即城市燃气、工业燃料、天然气发电和天然气化工；将天然气利用分为优先类、允许类、限制类和禁止类。

31 日 国家"十一五"规划重大项目——川气东送工程正式开工。

9 月

3 日 河南首条长距离成品油管道——洛郑驻管道投入全线运行。管道起点为洛阳石化总厂，途经 15 个市区县，全长 425 千米，设计输油量为 390 万吨/年。

4 日 国家发改委公布《可再生能源中长期发展规划》。该规划提出，要提高可再生能源在国内能源结构中的比重，2010 年达到 10%，2020 年达到 15% 左右。今后不再增加以粮食为原料的燃料乙醇产能，到 2020 年生物燃料乙醇年利用量将达 1000 万吨，生物柴油年利用量达 200 万吨。

●中国石油天然气管道局承建的西部管道兰州原油末站 15 万立方米储罐主体安装工程竣工。这是中国石油有史以来建设的最大容量原油储罐。

6 日 中国石化、福建省、沙特阿美及埃克森美孚于 2007 年 3 月成立的合资企业福建联合石油化工有限公司在北京与贷方银团签署了项目融资贷款文件。融资额大约为 300 亿人民币（大约 40 亿美元），是至今中外合资企业中规模最大的项目融资。

●天津乐金渤海化学有限公司 35 万吨/年氯乙烯工程竣工。该工程由天津渤海化工集团公司与韩国 LG 化学共同投资建设，投资总额为 3 亿美元。

●中海油田服务股份有限公司（COSL）与中国船级社（CCS）签署战略合作协议。

7 日 中国石油化工集团公司与湖北省宜昌市政府签订了《关于发展生物质能源的合作框架协议》。项目规模为年产 10 万吨燃料乙醇。

8 日 中国石油天然气集团公司与俄罗斯卢克石油公司在北京签署战略合作协议。

10 日 SINOPEC 润滑油产品正式在巴基斯坦上市销售。

●内蒙古博源联合化工有限公司 100 万吨/年天然气制甲醇项目在鄂尔多斯市正式投产。该项目是目前国内最大的天然气制甲醇项目，以世界级整装气田——苏里格气田为依托。

●美国私募股权基金公司百仕通集团向中国化工集团公司的全资子公司中国蓝星（集团）总公司进行战略投资，注资 6 亿美元认购蓝星集团 20% 的股份，另外 80% 的股份为中国化工集团公司持有。

●国家发改委决定在全国范围内开展中小型炼油企业调查工作。调查范围包括：中国石油天然气集团公司、中国石油化工集团公司和中国海洋石油总公司直属原油年加工能力 500 万吨以下（含 500 万吨）炼油企业以及托管的地方联营企业；中国化工集团公司、中华国际实业公司、中国兵器工业集团公司所属炼油企业；所有地方炼油企业。

12 日 中国第一个生物质燃料专业实验室——国家生物质燃料与燃烧技术实验室正式成立。

13 日 中国香港企业中连石化宣布，以 2.6 亿港元购入马达加斯加能源国际加油站有限公司及 Dolaway 集团公司全部权益。

16 日 全长 132 千米、管道设计输量 120 万吨/年的中国石化北京航煤管道正式投油成功。

18 日 国务院修改《中华人民共和国对外合作开采陆上石油资源条例》。

19 日 天津港集团与中国石化签署了合资组建天津港实华原油码头有限公司合同。该项目投资总额 13.79 亿元，经营天津港 30 万吨级原油码头原油的装卸、储存、中转、计量等业务，设计年吞吐能力为 1800 万吨。

20 日 国家发改委下发关于限制玉米乙醇等玉米深加工行业盲目扩张的紧张通知。对玉米深加工产业政策作出了从鼓励到严格限制的重大调整。未建项目一律停批停建，备案制改为核准制，并限制外商投资。

●中国石化和杜邦包装用塑料及工业用树脂部成立北京华美聚合物有限公司，在中国生产乙烯—醋酸乙烯共聚物树脂（EVA）。

24 日 中国最大的煤制二甲醚项目——鄂尔多斯 300 万吨/年二甲醚项目正式启动。

26 日 中联煤层气国家工程研究中心举行揭牌仪式。该中心由中联煤层气有限责任公司、中国石油化工股份有限公司、中国石油天然气股份有限公司等 6 家股东单位共同出资组建。

28 日 中国石化西北油田分公司庆祝塔河油田勘探开发 10 周年。10 年间，西北油田分公司在塔河地区相继发现 24 个油气田（藏），探明油气田（藏）20 余个，探明储量 7.69 亿吨当量，实现三级储量 23.4 亿吨；原油年产量从 39 万吨跃升到 500 万吨。

●中国海洋石油总公司下属的中海石油基地集团有限责任公司与美国空气化工产品公司合作在福建省莆田市投资建设的中国首个 LNG 冷能利用项目动工建设。项目总投资 3 亿元。

30 日 北方最大 LNG 项目——总投资超百亿元的中国石油大连 LNG 项目在大孤山破土动工。一期规模 300 万吨/年，年供气 42 亿立方米，二期扩建至 600 万吨/年，年供气 84 亿立方米。

●总投资约 170 亿元的国内首个以煤为原料生产聚丙烯的神华宁夏煤业集团 MTP 项目建设顺利，首套 25 万吨/年甲醇、21 万吨/年二甲醚装置建成试车。

●中国自主创新并优化设计的、国内目前单套产能最大的中国石化巴陵石化 4 万吨/年环氧树脂装置成功投产，日产环氧树脂产品 110 吨。

10 月

1 日 中国石化、BP 和安哥拉国家石油公司宣布，位于安哥拉海上 18 区块的大 Plutonio 项目正式投产。

16 日 中海石油化学股份有限公司控股的 60 万吨/年甲醇项目通过竣工验收，项目总概算 15.49 亿元，实际投资 11.71 亿元，节省费用 3.78 亿元。

17 日 中国石化勘探南方分公司在南方海相勘探又获新突破。该公司部署在鄂西—渝东龙驹坝构造的重点预探井——龙 8 井，在二叠系茅口—栖霞组进行酸压测试，日产天然气 17.63 万立方米，是目前在该区域二叠系获得的单井最高产量，这一新突破再一次拓宽了该地区的勘探领域。

19 日 中国石油咨询中心专家组在对吐哈油田三塘湖盆地勘探开发状况调研后认为，三塘湖盆地具备大油田发展的地质条件，三塘湖盆地的勘探突破拓展了全国石油发展的新领域，将对石油工业发展产生积极的促进作用。专家组认为，三塘湖油田无论从地质构造、原油性质，还是油田储量分布等方面都为实现大油田场面奠定了基础，三塘湖油田在石炭系勘探开发取得的成果填补了中国石油史上的空白。

20 日 中国石油天然气集团公司与珠海市签署在炼油、销售、天然气等领域开展全面合作的协议。

22 日 2006 年，新疆生产天然气 161 亿立方米，占全国总产量的 27%，已连续两年居全国各产气省区第一；全年向西气东输管道输气 99 亿立方米，保障了下游 1 亿多人的日常用气，成为全国天然气外输量最多省区。

●地处陕西省东北部的韩城市新近发现一个大面积的煤层气田，已探明地质储量达 50 亿立方米。该煤层气田的发现，是中国继山西省沁水煤层气田之后的又一重要发现。

23 日 中国石油与江苏盐城市在北京签订生物能源产业发展合作框架协议。根据协议，中国石油将在盐城投资 10 亿元建设燃料乙醇项目，一期工程总规模年产 20 万吨。这是中国石油制定新能源发展规划后的又一重要举措，也标志着盐城市推进燃料乙醇等生物能源项目获得重大进展。

●独山子石化公司环保项目——乙烯厂化工废水深度处理及回用装置举行中交仪式，它的建成投用将在保护环境、节能减排等方面起到重要作用。该项目投资3000多万元，2006年10月开工建设，是目前中国石化行业最大的工业废水深度处理及回用装置。

24日　新疆克拉玛依石化公司30万吨/年高压加氢装置试车成功。该装置的投产运行，标志着国内最大的环烷基润滑油生产基地建成。

●新加坡石油有限公司宣布，以2.23亿美元收购中国渤海湾海上油田和勘探运营权的交易业已完成。

●大港油田埕海一号人工井场海底输油管道登岛端最后一道内管焊口焊接完成，标志着大港油田第一条海底管道全线贯通，为大港埕海油田开发建设、原油输送打下了坚实基础。

25日　南堡油田勘探工作又取得新的重大进展，南堡油田新增储量通过国家评审，证实了南堡油田是一个特大型油田。三级油气地质储量达到11.8亿吨。

26日　中国石油第一个具有自主知识产权的1－己烯工业化试验项目落户大庆石化。项目总投资近7400万元。

●广州石化100万吨/年催化重整联合装置项目开工建设。

28日　由中国石油上海企业集团投资1.25亿美元建设的50万吨/年能生物柴油项目在江苏大丰港经济区奠基开建，首期工程规模为10万吨/年。

29日　吉林燃料乙醇有限公司年产5万吨乙酸乙酯装置生产出合格产品，成为国内第一家采用乙醇脱氢工艺生产乙酸乙酯的企业。

11月

1日　中国石化汽化技术中心在宁波技术研究院揭牌成立。

3日　伴随着西部管道鄯善原油首站原油泵的启动，哈萨克斯坦国原油首次输入西部管道主干线，这标志着国内第一条长距离输油管道正式引进国外油气资源。

6日　中国海洋石油总公司与挪威Aker Kvaerner MH公司签署深水半潜式钻井平台钻井设备包合同，该合同金额约为1.3亿美元。它标志着中国海洋石油总公司深水半潜式钻井平台进入实质性开发建设阶段。

●中国化学工程集团所属化学工业第二设计院EPC总承包的“唐山考伯斯开滦炭素化工有限公司30万吨/年焦油加工工程”正式开工。这一项目总投资3亿多元，由开滦精煤股份有限公司、澳大利亚考伯斯（KOPPERS）公司、唐山钢铁股份有限公司共同出资，引进世界先进的澳大利亚考伯斯焦油加工技术。

●中国石油与北京市昌平区人民政府及开发商签署土地开发协议，标志着中国石油所属的9家研发机构和企业正式落户位于昌平中关村科技园区的国家工程技术创新基地。

8日　中国石油天然气集团公司与哈萨克斯坦国家油气股份公司签署《关于中哈天然气管道建设和运营的基本原则协议》。

●巴西石油公司在里约热内卢宣布，其在巴西东南深海区域发现1处预计储量达50亿～80亿桶的特大油田。这一发现相当于巴西现有石油储量的50%以上，巴西有望借此成为世界主要石油出口国。

10日　中国石油炼化技术取得重大突破。一项完全拥有中国自主产权的先进技术——组分炼油技术，将打破目前石油炼化行业主要依赖欧美发达国家技术体系的被动局面，使国产石油炼化技术跨入世界先进水平，汽柴油质量达到欧IV排放标准。

12日　中国第一条LNG输气管道珠江段的盾构穿越管线一次置换投产成功。至此，广东LNG管线干线全线贯通。

13日　中海油气开发利用公司营口沥青项目举行开工典礼。至此，单体投入8.23亿元的重交沥青项目落户盖州仙人岛能源化工区。

15日　中国化工集团蓝星天津临港化工新材料基地在天津塘沽区临港工业区奠基。

16日　目前全球最先进的12000米超深井钻机在中国石油宝鸡石油机械厂成功下线出厂。

19日　隶属于中国石油勘探开发研究院的中国石油杭州地质研究院挂牌成立。

22日　中国海洋石油总公司宣布：公司主动

积极的勘探策略结出硕果，公司2007年已喜获10个油气新发现。公司的自营勘探更是大获丰收，在10个油气新发现中，有9个为自营发现。

24日 总投资500亿元的久泰能源集团大型煤化工项目正式落户曹妃甸工业区。该项目投产后将形成年产1000万吨甲醇、300万吨二甲醚和100万吨烯烃的生产能力。

27日 中国纺织工业设计院加入中国石油天然气集团公司，成为中国石油属下的全资子公司。

●国内首套具有自主知识产权的“CGDS－Ⅰ近钻头地质导向钻井系统”产品，顺利通过中国石油科技发展部组织的产品鉴定。

●自中国自主研发的第一部9000米交流（电）变频钻机，在准噶尔盆地成功钻探至设计目的层7380米。这是国产钻机在准噶尔盆地钻探的最深探井，也是中国石油最深的一口探井，标志着中国石油跻身世界超深井钻探队伍之列。

28日 安庆石化举行了10万吨/年乙苯—苯乙烯联合装置工程开工庆典活动，拉开了该工程开工建设的帷幕。

●陕西延长石油（集团）有限责任公司油气勘探公司在延安揭牌。

29日 天津100万吨/年乙烯及配套EPC工程230万吨/年延迟焦化装置及100万吨/年重整抽提装置开工仪式在一体化乙烯建设现场举行。

12月

3日 国家能源办正式对外公布《能源法》（征求意见稿），向社会各界征集修改、完善的意见和建议。

●中国石油承担的提高采收率国家重点实验室建设计划通过国家科技部社会发展科技司组织的可行性论证，标志着中国石油提高采收率国家重点实验室建设项目启动。

●镇海炼化分公司原油劣质化技术改造项目——Ⅱ焦化改造工程实现中交。至此，该装置的渣油处理量由100万吨/年提升为200万吨/年，为镇海炼化平衡渣油消耗、有效解决公司生产运行瓶颈、完善2000万吨/年原油加工能力发挥积极的作用，同时也将成为该公司新的效益增长点。

4日 由中国石油经济技术研究院牵头的“中国石油天然气可持续发展战略研究”重大科技专项启动。

●中国石油大学（华东）石油石化新型装备与技术工程研究中心获教育部批准立项。

●中国石油宝鸡石油机械有限责任公司为冀东南堡油田研制开发的中国首台人工岛7000米环形轨道移动钻机主模块通过验收委员会验收。

6日 国家能源领导小组国家能源专家咨询委员会在北京成立，委员会下设煤炭、电力与核能、油气、可再生能源、能源节约、能源经济6个专业委员会，由40名国内知名专家组成。

9日 中国与伊朗签订巨额石油开采合作协议，伊朗与中国石化共同开采亚达瓦兰油田。该油田的原油日产量预计为30万桶，中国石化投资20亿美元。

10日 大庆油田物探公司承担的中国石油重大科技攻关课题——深度域地震资料岩性解释技术研究取得了突破，填补了国内深度域地震解释技术的空白，推动了叠前深度偏移技术的发展。

12日 壳牌与鹤壁煤电责任有限公司就60万吨/年甲醇项目签署的技术许可合同已生效。这是壳牌在中国签署的第16份该类技术许可合同，日投煤量为2700吨，用于生产甲醇。

13日 中国海油节能减排检测中心正式成立。

18日 国家石油储备中心经国务院批准挂牌成立。国家石油储备中心是中国石油储备管理体系中的执行层，负责国家石油储备基地建设和管理，承担战略石油储备收储、轮换和动用任务，监测国内外石油市场供求变化。

●天津石化与法国液化空气（中国）投资有限公司正式签订了空分项目合资合同，标志着双方的合作进入了实质性的实施阶段。作为天津100万吨/年乙烯的重要配套项目之一的空分系统，它对于提升中国石化的核心竞争力和带动天津市乃至全国经济的发展都非常重要。该项目是法液空公司与中国石化的首次合作。

●国家“十一五”期间部署在中部地区的首个大型乙烯项目，总投资达146.7亿元的中国石化

80万吨/年乙烯工程在武汉开工。

19日 中国海洋石油总公司国内首座海上风力发电投入运营。

●中国第一个国家石油储备基地——镇海国家石油储备基地经过1年的试运行，通过了国家验收。

●吉林燃料乙醇有限公司与吉林大学生命科学院、吉林大学化学学院举行合作研究室揭牌仪式，正式签订生物化工技术合作协议。

20日 美国《石油情报周刊》公布2006年度世界最大50家石油公司综合排名，中国石油位列第7位，中国石化位列第29位。

21日 中国石油的首个生物能源开发生产示范基地正式落户四川省南充市。该生物能源基地包括“生物柴油”和“燃料乙醇”两个项目。

24日 有着百年历史、诞生中国陆上石油第一井的延长石油集团原油产量和加工量双双突破1000万吨，一举跨入国家千万吨级大油田的行列，成功创造了特低渗透地质条件下石油稳产高产的奇迹。

●根据美国《油气杂志》公布的最新炼油统计报告，2007年在全球炼油能力排名前25位的世界级大石油公司中，前4位依然与上年相同，即埃克森美孚公司、皇家荷兰壳牌公司、中国石油化工集团公司和英国BP公司。中国石油天然气集团公司依然排在第9位。

25日 武汉石化500万吨/年常减压装置建成中交。这套装置投产后将使该公司的综合配套能力达到650万吨/年，有效缓解华中地区成品油供不应求的状况。

●中国海洋石油总公司宣布，位于渤海海域的渤中34-1油田提前成功投产。目前，该油田共有7口井在产，可日产原油4800余桶。

●被列入国家“863”计划和中国石油天然气集团公司重大科研项目的亚洲首条连续油管生产线，在宝鸡石油钢管有限责任公司开工建设。

26日 中国国务院新闻办公室发表长达1.6万字的《中国的能源状况与政策》白皮书，介绍了中国能源发展现状、发展战略和目标、能源解决等政策措施。

●截至12月26日，塔里木油田2007年生产天然气153.69亿立方米，成为中国第一大天然气生产区，实现几代石油人在塔里木建设开发大油气田的梦想。

27日 中国石油渤海湾生产支持基地项目在河北唐山曹妃甸工业区开工建设。

●壳牌中国勘探与生产有限公司宣布获得山西省一个煤层气项目55%的参与权益，并将成为该项目的作业者。这是壳牌首次进入中国煤层气上游开发领域。

28日 中国石油集团安全环保技术研究院挂牌成立，标志着中国石油HSE工作有了新的更大的技术支撑和信息服务平台。

●50万吨/年煤制甲醇装置在山东兖矿投产。该装置是全球首套以高硫煤为原料的煤制甲醇装置，总投资22.17亿元。

●大庆石化公司总投资140亿元的120万吨/年乙烯改扩建工程奠基。

29日 由中国石油管道局承建的苏丹能矿部喀土穆炼厂12万立方米成品油库工程成功进油，从而最大限度地改善了苏丹能矿部成品油的储存现状。

31日 中国石化青岛大炼油工程中间交工仪式在大炼油装置区隆重举行。标志着青岛炼化工程由工程建设阶段转入投料试车阶段，大炼油工程建设速度和效率达到国际先进水平。

●上海赛科90万吨/年乙烯装置乙烯产量突破100万吨，成为国内首套年产量达到100万吨的乙烯装置。

年内 大庆油田公司共生产原油4169.8333万吨，开采天然气25.5018亿立方米，超额完成原油生产任务。

▲新疆克拉玛依油田2007年油气产量再创历史新高，全年生产原油1217万吨、天然气29亿立方米，同比分别净增25.4万吨和2000万立方米，原油产量连续27年持续稳定增长。

▲胜利油田2007年原油产量达到2758万吨，比上年增加16.5万吨，创9年来产量最高峰。2007年胜利油田新增探明石油地质储量超过1亿吨，这也是胜利油田连续第25年实现新增探明石

油地质储量超亿吨。

▲西南油气分公司2007年生产天然气27.3亿立方米，新增产5亿立方米，提交天然气三级地质储量2095亿立方米，探明储量547亿立方米，这也是西南油气分公司自1976年成立以来增储增产最多的一年。

▲塔河油田2007年探明石油地质储量达7.45亿吨，三级储量已达到17.3亿吨油当量，年新增探明石油地质储量8000万吨以上。原油产量由2000年的194万吨增加到2007年的536万吨，是中国石化增储上产最快的地区，成为中国石化第二大石油生产基地。

▲中国石油和化学工业2007年取得了良好的成绩：全年工业产值（现价）预计完成5.2万亿元，比上年增长21.8%；销售收入预计5.1万亿元，比上年增长22.5%；实现利润预计5300亿元，比上年增长21%；亏损企业亏损额预计下降60%；产品销售率预计98.6%，与上年基本持平；固定资产投资预计6350亿元，比上年增长34%；进出口贸易总额预计3100亿美元，比上年增长22%。

▲新疆2007年生产石油、天然气当量4494万吨，列中国第一，首次超过大庆油田。

▲近年来中国石油天然气集团公司坚持推进科技进步，以解决制约生产经营的重大瓶颈技术和具有自主知识产权的重大关键技术为重点，取得一大批高水平、具有自主知识产权的创新成果。中国石油集团2007年申请专利超过1400多件，获得授权专利首次超过1000件。

▲中国石化镇海炼化分公司2007年克服重重困难，全年共加工原油1861万吨，同比增加111万吨，原油加工量再创历史新高，继续位居国内炼油企业加工量首位。

2008 年

1 月

3 日　由泰安市岱峰管道工程有限公司等单位联合研发的 DDW－6000 型定向钻机在曹妃甸原油储运穿越工程中投入使用。该机型最大回拖力达 600 吨，是目前国产回拖力最大的定向钻机。

4 日　国家发改委已经正式核准了兰州—郑州—长沙成品油管道工程项目。该项目总投资 87.5 亿元。

●国内首套现代化甜高粱茎秆制乙醇生产装置在东台市建成并正式投产。该项目利用沿海滩涂种植甜高粱，可年产 3000 吨甜高粱茎秆制乙醇，是中国石油吉林燃料乙醇有限公司探索“非粮”生产燃料乙醇的示范项目。

8 日　中共中央、国务院召开 2007 年度国家科学技术奖励大会。闵恩泽院士获得 2007 年度国家最高科学技术奖。中国石化年产 20 万吨大规模 MDI 技术开发及产业化项目、巨型工程子午胎成套技术与设备开发项目荣获国家科技进步一等奖，11 个化工项目获国家技术发明二等奖。

●由大庆化工研究中心开发研制的聚丙烯球形催化剂工业试产成功，生产的 2 个批次 5.62 吨聚丙烯产品全部合格。聚丙烯球型催化剂长期依靠进口局面由此改变。

10 日　由中原油田辖属的钻井三公司承钻的国家“九五”重大科学工程项目——中国大陆科学钻探工程正式通过国家发改委和国土资源部组织的验收。

13 日　中国海洋石油总公司负责兴建的广东珠海—中山天然气输送管线工程，成功实现了磨刀门水道定向钻穿越导向孔对接成功，并创下了 2630 米长的海底管道对接成功的世界纪录。该管线对接的成功，标志着珠海、中山及澳门地区不久将得到更充足的天然气供应。

23 日　国家发改委发布公告，废止 436 项行业标准，其中属于石油和化学工业范畴的共有 60 项。

24 日　中国石油宝鸡石油机械公司自主研制开发的中国首台人工岛 7000 米环轨移动模块钻机，在冀东南堡油田 1 号人工岛顺利开钻。此举不仅是国内在世界高端钻机装备领域的又一重大技术突破，而且标志着南堡油田大规模高效开发正式拉开帷幕。

●一种新型的生物脱臭新技术在中国石化上海石化股份有限公司成功投入大规模工业化应用，并已获得国家专利。鉴定专家组认为，这项成果技术水平总体属国际先进。

2 月

1 日　武汉石化新建的 500 万吨/年常减压装置一次开车成功。它的建成投产将有效缓解华中地区成品油供不应求的状况。

●中国石化九江—南昌—樟树成品油管道贯通。该管线年设计输油量为 330 万吨，全长 240 千米，总投资近 6 亿元。

●总投资超过 100 亿元的中国石油大连液化天然气项目已正式获得国家发改委的核准。整个项目计划于 2012 年投产。

●青岛港原油码头三期工程——青岛港 30 万吨级原油码头首次靠船投产。作为青岛大炼油项目和国家石油战略储备配套工程，其在水深、泊位长度上都超过大连港的 30 万吨级原油码头，是目前中国最大的原油码头。

2 日　内地首条供澳门天然气管道——横琴—

澳门输气管道正式开通。该管道设计年输气量为2亿立方米。

●中国首个国家石油储备基地——镇海国家石油储备基地在经过1年的试运行后，通过国家验收。

4日 中国石油化工股份公司和沙特基础工业公司（萨比克）签署了成立一家合资公司的协议，双方各持股50%，将在天津建造1个总投资预计达17亿美元、年产100万吨乙烯衍生物的联合体（60万吨/年聚乙烯和40万吨/年乙二醇）。

20日 由华北装备制造事业部石油机械厂研制开发的DQ20Y1液压顶驱获得试验、使用成功。这是中国第一台适用于2000米钻机和修井机，并拥有自主知识产权的液压顶驱装置。

21日 中化集团公司500万吨/年重油深加工项目开工建设。该项目位于福建湄洲湾石化基地泉惠石化工业区，由中化集团公司投资建设，是其首个全资炼油厂。

22日 举世瞩目的西气东输二线工程分别在新疆鄯善、甘肃武威、宁夏吴忠、陕西定边四地同时举行开工仪式，标志着这一目前世界上最大的管道工程项目进入了全面实施阶段。西气东输二线工程途经14个省区市，全长9102千米。工程设计输气能力300亿立方米/年，总投资约1422亿元。

23日 中国化学工程集团公司与巴基斯坦泛亚炼油公司签署商务合同。这是中国企业首次在巴基斯坦签署炼油厂承建合同，合同金额为1.13亿美元，总工期18个月，日加工原油10万桶。

●中原油田井下特种作业处设计施工的LG－3井二氧化碳压裂煤层气井获得成功。这是中国首次在煤层气开发中应用二氧化碳压裂技术。这项技术由中原油田专业技术人员自主设计和施工，拥有完全自主知识产权，在国内处于领先水平。

25日 由中国石油集团钻井工程技术研究院江汉机械研究所研制的连续管作业机在大港油田顺利通过6口井8井次现场工业性试验考核，标志着中国首台具有自主知识产权的连续管作业机研制成功以及国家“863”计划重点课题“连续管技术与装备”取得重要阶段性成果。

26日 东北天然气管网与华北管网连通工程——永清—唐山—秦皇岛段输气管道工程在河北卢龙正式开工。永唐秦输气管道全长320.4千米，设计输气量为每年90亿立方米，工程总投资超过32亿元。

28日 中国石化天津100万吨乙烯/年及配套项目35万吨/年苯酚丙酮装置开工建设。至此，天津乙烯项目中乙烯工程8套生产装置、炼油工程11套装置已全部开工建设。

3月

3日 兰州石化公司石油化工研究院开发的LY－C2－02碳二后加氢催化剂在兰州石化公司石化厂24万吨/年乙烯装置碳二加氢单元工业化应用取得成功。

4日 被誉为塔河油田第一口千吨井的AD4油井，已累计生产原油10.02万吨。在不到1年时间里单井产量突破10万吨，在国内石油勘探发展历史中尚属罕见。

11日 中海油田服务第一条八缆物探船在上海船厂交付使用，这也是亚洲第一艘该缆数的船只。作为中海油田的重大装备之一，该船使公司大幅提升作业能力。

12日 由中国石油宝鸡石油机械公司研制的中国首台12000米特深井钻机，在四川省德阳市孝泉镇川科1井投入使用，标志着中国陆地和海洋深水油气田、大位移井及其他复杂油气田超深油气藏的勘探开发钻井水平已经提高到一个新层次。

13日 中国石油与江苏省在北京签署战略合作发展协议。根据协议，中国石油将建设西气东输二线的南昌—上海支干线嘉兴—甪直段和洛阳—徐州支干线、徐州—连云港—日照天然气管道、西气东输管道向宝钢直供天然气管道以及江苏LNG项目外输管道，进一步推进金坛和刘庄地下储气库建设，加快江苏LNG项目建设，扩大对江苏省的天然气和成品油供应。江苏省将全力支持中国石油上述项目建设，支持中国石油进入省内天然气管网和城市燃气项目建设和经营。

14日 吉林省政府与中国石油签订《吉林省

人民政府、中国石油天然气集团公司战略合作框架协议》。根据协议，中国石油将建设吉林石化1000万吨/年炼油、百万吨级乙烯、58万吨/年ABS，完成成品油质量升级。中国石油同意，由吉林石化提供化工原料，支持吉林省建设化工园区，发展接续和下游产业。吉林省同意在上述项目核准和建设中予以全力支持和配合。

16日　新奥集团与上海交大共同组建的清洁能源研究中心正式成立。这一研究中心将重点进行清洁替代能源——二甲醚的研究与应用。

21日　吉林石化聚乙烯厂高密度聚乙烯装置成功生产出合格的高密度聚乙烯PE100管材料JH-MGC100S产品。这是吉林石化针对高密度聚乙烯产品市场变化，加大自主创新工作力度，自行探索出来的一项新的生产工艺。这一成果填补了中国石油在双峰管材料产品上的空白。

23日　洛阳石化140万吨/年延迟焦化项目中交仪式在装置现场隆重举行。

24日　中国最大的原油储备库一期工程——10个10万立方米的原油储备罐在新疆鄯善县开工建设，这是中国在西部开建的第二个战略石油储备基地工程。

25日　2007年中国石油在4个勘探领域优选确立的9个物探攻关项目取得实质效果，初步形成复杂山地高陡构造采集处理技术系列、深层碳酸盐岩储层预测技术系列、低渗透储层含油气预测与识别技术系列、火成岩储层预测与含气识别技术系列4套技术系列。

●中国最大的煤基醇醚燃料与醇基生物燃料研发检测中心在太原煤化工研发基地成立。该中心的成立是山西省发展煤替代石油清洁能源生产的重要举措。中心将承担研究和解决醇醚燃料和生物燃料共性、关键技术的研究开发和检测任务，制定国内有关行业标准和国家标准，为全国相关行业发展提供技术支持。

26日　中国目前最大的凝析气田——新疆塔里木迪那2气田正式开发建设。气田累计探明天然气储量1752.18亿立方米，凝析油1338.9万吨。

27日　兰州石化公司年产10万吨丁苯橡胶装置化工投料开车，这标志着目前国内生产规模最大、完全依靠自有技术建成的丁苯橡胶装置投产。

28日　中国自主研发与设计的超大型油轮——中海30.8万载重吨超大型油船（VLCC）在广州中船南沙龙穴造船基地正式开工建设。

●沈阳新城石油机械厂利用磁悬浮技术原理，经过3年多时间的刻苦攻关，自主研制出“无杆数控往复式潜油电泵”并获得国家发明专利，通过在大庆、辽河等油田多口单井的运行实践证明，该产品各项技术指标均超过原采油设备性能，完全可以取代传统的采油机械。这将彻底更新替代世界上采油应用百年的“磕头机”。

30日　中国石油广西石化1000万吨/年炼油项目外输管道工程正式开工建设。该工程计划总投资为6.3亿元，设计年输油能力为500万吨。

31日　齐鲁石化公司胜利炼油厂新建8万吨/年硫黄回收装置顺利实现中交。

●经过一年多时间的潜心研制，江汉第四石油机械厂首台7000米钻机顺利下线并通过出厂验收。这标志着江汉油田在陆上深井钻机制造领域实现了零的突破，装备制造水平和实力迈上了一个新的台阶。

4月

1日　中国石化发布了50项上游勘探开发技术标准，这批标准于4月1日起在中国石化油田企业全面实施。这对于规范安全管理、统一技术要求、促进环境保护、降本增效将发挥重要作用。

2日　中国石油天然气集团公司和叙利亚石油矿产资源部签署《中叙合资建设炼厂合作协议》和《中叙石油领域合作框架协议》。协议的签署标志着中叙石油合作从上游进一步扩展到下游。

●中国海洋石油总公司召开中国化工建设总公司重组和气电集团、销售公司成立大会。中化建旗下各项业务分别划归中国海油旗下各子公司。

3日　海洋石油工程股份有限公司自主设计的亚洲最大的海上油气田平台导管架建造完工并成功装船，标志着该公司的拖拉能力由千吨级跃升到了万吨级。

●由中国自主设计、自行建造的第一艘液化天然气（LNG）运输船在沪东中华造船（集团）有限公司正式交付船东。

8 日 中国石油与俄罗斯 Rosneft 以及壳牌合作，共同投资 40 亿美元在天津建立合营炼油厂，年产成品油达 1000 万吨。

10 日 中国石油天然气集团公司与卡塔尔液化天然气公司和壳牌集团签署了长达 25 年的 LNG 销售和购买协议。根据协议，中国石油将在 25 年内每年从卡塔尔获得 300 万吨 LNG。

●中国海洋石油总公司与卡塔尔液化天然气公司签署了液化天然气购买框架协议。

11 日 武汉石化新建的 120 万吨/年延迟焦化装置实现中交，这是总部重点工程项目——武汉石化炼油改造项目一期新建 4 套装置中第 2 套实现中交的装置。它的建成投产，将进一步提高企业的深加工能力和经济效益。

12 日 中国石化与海南省人民政府签订了合作框架协议，正式启动中国迄今为止装置规模最大的海南百万吨级乙烯项目筹建工作。

●中国海油宣布，2008 年度，中国海域 4.5817 万平方千米面积内的 17 个区块对外国公司开放，展开合作共同探油。

15 日 中国石油天然气集团公司与香港盛业石油集团有限公司在北京签署《中华人民共和国塔里木盆地迪那 1 区块天然气开发和生产合同》。

●为从源头上解决中国最大的含油气盆地——塔里木盆地的油气勘探难题，中国石化与中国地质科学院携手，对“塔里木盆地及周缘的动态演化与油气资源前景”大型科研项目进行攻关。

16 日 国土资源部对社会公开发布的《2007 年中国国土资源公报》显示，2007 年，全国地质勘察投入进一步加大，新探明冀东南堡等 3 个亿吨级大油田、吉林长岭等 5 处 300 亿立方米大气田，地质找矿工作取得重大进展。

●扬子石化新建 10 万吨/年丁二烯装置投料试车，并产出合格产品。至此，扬子石化丁二烯产能达到 20.6 万吨/年，成为国内最大丁二烯生产商，也成为扬子石化的效益增长点。

●神华集团规模最大的、以炼焦废气为原料的 30 万吨/年焦炉煤气制甲醇项目在神华乌海煤焦化公司开工建设。

17 日 俄罗斯成功进行了油气领域钻探用聚能弹试验，这打破了美国多年来在世界市场上的垄断地位。

18 日 国家“十一五”LNG 项目发展规划的重点项目大连液化天然气项目开工仪式在辽宁省大连市接收站施工现场隆重举行，标志着中国石油第一个 LNG 项目建设正式启动。

20 日 中国一重与中国石油技术开发公司合作完成、具有自主知识产权的两台大型加氢反应器，在大连湾棉花岛码头被吊装上船，远销印度。这是中国大型加氢反应器首次出口，标志着中国大型加氢反应器的制造实力完全达到国际先进水平。

22 日 具有完全自主知识产权和技术专利的 50 万吨中温煤焦油轻质化项目，在神木县锦界工业园区试产成功，这项被认为是榆林版的“煤制油”重大产业项目，开创了煤化工产业发展新领域。

23 日 中国石油宣布，总投资约 6.8 亿元的中国石油 60 万立方米商业原油储备罐区项目在锦州港破土动工。

24 日 科威特石油公司称，2008 年拟向中国日均出口 10 万桶原油，力争三年内跻身中国进口原油的五大供应商之列。

25 日 由陕西延长石油集团投资 34 亿元、以节能及综合利用技术改造为重点的兴化大化工项目举行奠基仪式。这标志着延长石油在大力发展油气主体业务的同时，不断延伸产业链，积极发展油气煤盐化工一体化综合利用项目，着力打造并做大集团的化工专业板块。

26 日 延炼—西安成品油管输工程开工建设，这是延长石油集团第一条走出陕北、穿越关中，连接产销两地的地下大动脉。

28 日 代表当今世界钻井平台先进水平的第六代 3000 米深水半潜式钻井平台，在上海外高桥造船有限公司开工兴建。这是中国首次建造深水钻井特大型装备。

29 日 中国石油煤层气实验室快速解吸仪和煤异常热变模拟装置两台仪器获国家授予的 2007 年度实用新型专利证书。这是该实验室继 2005 年煤层气成藏模拟试验装置获得国家发明专利和实用新型专利之后，又一次获得国家专利。这标志着中国石油建成了目前国内最大、分析测试项目最全的综合性煤层气勘探开发实验室。

5 月

1 日 中国石油乌鲁木齐石化公司的 100 万吨/年对二甲苯芳烃联合装置项目正式开工，总投资 38.67 亿元。

●胜利油田重点预探井金平 1 井顺利完钻，创下了国内陆上油田位垂比最大纪录，标志着胜利油田大位移水平井钻井技术又有重大突破。

4 日 中国石化位于莆田秀屿港的福建 10 万吨级 LNG 专用码头外贸作业点日前通过口岸验收，可接靠进口天然气外籍船舶。该码头是福建省目前唯一、全国第二座允许专业化进口天然气的深水码头。

6 日 经中国石化石油化工科学研究院专家和巴陵石化己内酰胺事业部科研人员历时 5 年联合攻关，被列为国家“973”计划和中国石化攻关课题的“环己酮肟气相重排新工艺技术研究”，在攻克了肟的汽化工艺和催化剂等难关后，各项技术指标均达到开发合同要求的指标。这标志着己内酰胺成套新技术的后续开发又取得突破性的新进展，为更新更好地开发应用具有自主知识产权的己内酰胺成套新技术奠定了良好的基础。

●光纤视像仪器整机下井试验一次获得成功。该仪器是由胜利油田采油院修井完井中心研制完成的，标志着该项国际先进技术国产化进程取得重大突破，填补了国内该领域一项空白。

7 日 日本石油公司和中国石油天然气集团公司在东京签署把日本石油公司旗下产能为 11.5 万桶/日的大阪炼油厂转变成一家日中炼油合资公司的协议。

●扬子石化公司近日研发出一种新型塑料——过氧化物交联聚乙烯管材专用料，产品各项性能指标均达到国外同类产品水平，可取代进口产品。

●由西班牙专家梅塞德斯—巴莱尔领导的英国科研小组发明了一项将二氧化碳转化为天然气的技术。

8 日 天冠集团正式对外公布，中国纤维乙醇项目首条产业化生产线设备调试完毕，工艺路线全部打通，第一批纤维乙醇顺利产出。

9 日 全国石油天然气标准化技术委员会在京成立。

●天津石化聚酯部新品开发车间经过几个月的攻关，承担的中国石化总部科研项目“细旦中空爽滑涤纶短纤维的研制”取得突破性进展，1.56 分特单孔中空仿棉型细旦中空涤纶短纤维在新品开发装置上成功产出，且各项物理指标均达到项目规定的要求。天津石化由此成为国内第一家拥有 1.56 分特细旦中空涤纶短纤维开发、生产能力的供应商。

10 日 委内瑞拉与中国签署一项协议，双方将共建一家合资公司，负责在委内瑞拉奥里诺科石油带开采原油，为双方即将在中国筹建的一个日产油量为 40 万桶的新炼油厂提供原料。据委内瑞拉官方媒体报道称，中国与委内瑞拉签署的这宗能源大单，合同总金额高达 20 亿美元，约合人民币 140 亿元。

12 日 中国第五大天然气田——庆深气田接连传来好消息，升深平 1 井日产气超过 37 万立方米，产量是同区块直井的 3 倍以上，成为大庆油田水平井开发火山岩气藏取得新突破的标志井。

13 日 中国石化通过对引进技术的消化吸收、自主创新，已有 4 项研究开发成果获得国家知识产权局的专利授权，并应用于工业实践，另还有数项专利正在申请中。中国石化在世界顶尖的煤化工技术领域已经形成具有自主知识产权的专利及专有的核心技术。

●中国石油乌鲁木齐王家沟地区 50 万立方米油库扩建工程正式开工，此项工程的建成将使新疆成品油运输的瓶颈得到彻底解决。该项目是国内内陆地区最大的成品油商业储备库，将按照国内一流、国际先进的水平进行建设，单罐容量达5万立方米。

15日 中国石化投资数亿元打造的华东润滑油基地35万吨/年生产装置在上海投产，这是目前中国乃至亚洲最大、最先进的润滑油生产基地。

16日 作为中国第一个“非粮”燃料乙醇试点省份，广西正式实现封闭运行推广使用车用乙醇汽油，成为中国第十个乙醇汽油推广省份。

●陕西榆林神木锦界天元化工有限公司具有自主知识产权的25万吨/年中温煤焦油轻质化项目试产成功，并已产出合格油品，目前正在调试设备，有望实现煤焦油加氢生产燃料成品油，使中国煤制油技术再添新路线。

24日 中国石化青岛千万吨大炼油项目正式建成投产，所有装置投料试车一次成功。项目投产后，每月将为国内市场增加成品油供应近60万吨，将有效缓解当前成品油供应紧张的局面，降低中国高价成品油的进口量。

28日 国内第二套聚甲醛装置在天津滨海新区临港工业区的天津碱厂新厂区开工建设。

29日 国家发改委公布《国家重点节能技术推广目录（第一批）》。其中，8项技术来自石油石化、化工行业。

31日 中国石化昆明—大理成品油管道正式开工。项目概算投资5.23亿元。

6月

2日 中国石油与尼日尔政府签订了开发当地“阿加德姆石油勘探区块”的合作协议，公司预计3年内将投资50亿美元。

●中国石化东北油气分公司在位于松辽盆地南部一探井压裂试气中，获得日产11万立方米、日无阻流量30万立方米高产工业天然气流。这是继松南气田腰深1井区探明一个大型整装天然气田之后，中国石化在松南探区深部天然气勘探取得的又一重要突破。

3日 中国石化广东茂名石化公司一化工厂因裂解装置被雷电击中而发生爆炸，并引发了大火。当地消防员已于当晚10时将火扑灭。

5日 中国石油正式发布《2007环境保护公报》。《2007环境保护公报》对中国石油履行环保责任的实践和业绩进行了客观描述。报告分环境管理、环保投入、奥运宣传、环保宣传、矿区环境空气质量、污染排放、污染事故情况、ISO 14000管理体系、环境公益9个部分。中国石油所属20个企业、108个基层单位、100名个人作为环保先进被写入报告。这是中国石油第一次对环保先进集体和个人进行单独评选。

6日 全长35千米的西气东输山西煤层气管道打火开焊，这是中国第一条煤层气管道。

11日 中海石油化工股份有限公司与内蒙古包头市土右旗政府签订360万吨/年煤制甲醇项目协议。该项目投资总额约45亿元，注册资本约15亿元。

12日 BP公司在发表的该公司最新一期的《2008年度世界能源统计报告》中指出，全世界探明石油储量已达到1.238万亿桶。

●山东科技大学清洁能源研究中心的生物质热解生产燃料油技术取得重大突破，可成功地以木屑、秸秆、稻壳为原料生产液体燃料油，从而为新能源的利用开辟了一条新路。

16日 中国石化长炼—株洲成品油管道投入使用，总投资8.7亿元，全长274千米。年设计输油能力为600万吨。

18日 中美两国代表正式签署《中美能源环境十年合作框架》文件。该文件对中美未来经济合作具有重大影响，也将为全球可持续发展作出贡献。

21日 大连石化公司新建目前亚洲最大的220万吨/年连续重整装置开始向反应器引油，装置产出氢气等合格产品，标志这套装置一次开车成功。

24日 全国单厂规模最大的轮胎项目——延长石油集团2000万条/年子午轮胎项目在咸阳市启动建设。

25日 中国石油石油化工研究院大庆化工研究中心的重大工业试验项目——用于生产高档润滑油基础油的催化剂已生产出合格产品13吨，该催化剂将用在大庆石化公司20万吨/年润滑油基础油加氢异构脱蜡装置上。

29日 第19届世界石油大会在西班牙首都马德里开幕，各方关注高油价及可持续发展等问题。

30日 中国石油“炼化能量系统优化研究”重大科技专项日前在京启动，这是中国石油在节能领域设立的第一个重大科技专项。该专项将为中国石油节能减排和实现炼化“十一五”业务节能目标提供必要的技术保障。

●《普光气田大湾区块开发（优化）方案》通过中国石化专家组审查。优化后的方案与原有方案相比，部署开发井由25口减少到15口，钻井平台由13座减少到8座，减少钻采投资16.8亿元，设计建产能由33亿立方米/年增加到37亿立方米/年。新方案的特点是“少井高产”，借鉴国外同类气田先进开发技术经验，用“大井眼”、水平井替代原方案中的直井、小斜度定向井，同时充分利用已部署探井、评价井和井场，大大削减了开发投资。

●中亚天然气管道在乌兹别克斯坦南部城市布哈拉开工，这是中国首条从陆路引进境外天然气的跨国能源通道。中亚天然气管道西起土乌边境，穿越乌兹别克斯坦中部和哈萨克斯坦南部地区，在中国新疆霍尔果斯入境，将与同期建设的西气东输二线在新疆衔接并网供气，总长度超过1万千米，成为目前世界上距离最长、等级最高的油气输送管道。

●大连石化公司600万吨/年柴油加氢联合装置投产。该联合装置产出的柴油组分硫含量小于50×10^{-6}，比欧Ⅳ柴油含硫标准还低，大连石化一举成为目前国内最大清洁柴油生产厂。

7月

1日 中国石化海南炼化800万吨/年炼油项目通过国家竣工验收，标志着该项目结束试运行而转入正式商业运行。

2日 中国海洋石油有限公司宣布，中国海油位于中国南海的文昌油田群已成功试产。目前，这一油田群共有7口井在产，可日产原油14000余桶。

●独山子石化公司自行研制开发的“一种小口径管带压堵漏卡具”获国家知识产权局实用新型专利授权。

3日 海洋石油工程股份有限公司为荷兰Gusto公司建造起重能力达5000吨的吊机的建造合同在天津塘沽签订。这是海油工程公司承揽的首个国外吊机制造项目，也是海油工程公司首次进入海洋工程大型起重装备制造领域。

5日 锦州石化公司与中科院长春应用化学研究所合作开发的“稀土顺丁橡胶开发及工业化”项目，通过了由辽宁省科技厅组织的鉴定委员会的鉴定。

6日 海南洋浦30万吨级公用原油码头和500万平方米商业石油储备基地项目举行了签约仪式。这标志着洋浦商业石油储备基地项目进入实质性启动实施阶段。该项目建成后，洋浦将成为全国拥有30万吨级原油码头最多的临港工业基地。

7日 中国第一条环城输油管线——全长183千米的北京环城输油管线全线贯通运营。

8日 燕山石化乙烯装置过程控制项目通过中国石化总部验收。该项目是国内第一个应用国外先进控制技术，旨在提高乙烯装置生产运行平稳率、增加装置处理量和乙烯产量，提升市场竞争力的攻关项目。

14日 国家发改委表示，为鼓励和规范生物柴油产业发展，防止重复建设和投资浪费，批准中国石油南充炼油化工总厂6万吨/年、中国石化贵州分公司5万吨/年和中国海油海南6万吨/年3个小油桐生物柴油产业化示范项目。

●美国总统宣布解除在美国近海开采石油的行政禁令，并希望国会采取类似措施废除相关法律禁令，以应对国际油价不断攀升的局面。

15日 大庆油田在松辽盆地徐家围子成功完钻了5520米深的莺深2井，深度超过1999年打出的5500米深的葡深1井，创造了大庆油田开发建设49年来钻井施工深度的新纪录。

16日 中国石油已构筑陕京管道8个气源供气的保障体系，形成陕京一线、陕京二线和大港储气库群三管齐下向北京输送天然气的格局，为北京奥运会天然气稳定供应提供保障。

●中国海洋石油工程股份有限公司与韩国三星重工公司在天津签订印度 VED 海上安装项目合同，中海油工程公司首次进入印度市场。这将是中国大型工程船首次进入印度海域作业。

●中国石化勘探南方分公司部署在川东北探区清溪场构造上的一口天然气井，测试获日产天然气 106.775 万立方米，创川东北地区常规测试单层日产量纪录。

17 日 大庆油田调高了原油生产计划——未来 10 年内生产原油 4 亿吨，即年产量稳定在 4000 万吨。自 1959 年开发以来，大庆油田累计生产原油 19 亿多吨，占同期中国原油总产量的 40% 左右。1976～2002 年，大庆油田连续 27 年年生产原油 5000 万吨以上，被称为世界石油开发史上的奇迹。

18 日 中国科研人员历时半年自主开发的稀土异戊橡胶中试连续化生产技术在锦州石化公司研究院中试获得成功，并生产出优质产品。

20 日 中国警告美国石油巨头埃克森美孚公司终止有关其在越南离岸海域进行勘探的一项协议，并表示该协议可能危及公司今后在大陆的合同。

21 日 海洋石油工程股份有限公司投资的单吊起重能力居世界第一的海洋工程“大力士”——7500 吨起重浮吊船“蓝鲸”号正式起航，离开造船基地。这标志着该船将正式投入使用。

23 日 美国地质勘探局发表报告说，北极圈内可利用石油储量预计为 900 亿桶，可以满足全球近 3 年的石油需求量。

24 日 中海油田服务股份有限公司装备制造及临港作业支持（曹妃甸）基地正式开工奠基。

●大庆油田建设集团承建的山西晋城煤业集团西区煤层气东输管道工程提前半年竣工，并正式交付使用。这是中国首个集煤层气增压、长距离输送、配送于一体的综合施工项目，焊接管线 43.82 千米，开挖管沟 44.55 千米。

25 日 中国石油重点建设改造工程——大庆石化公司 120 万吨/年延迟焦化装置全面建成，并实现由施工单位向生产单位的中间交接。这套装置采用国内外先进的“一炉两塔”工艺流程，大型化焦炭塔直径达到 8.8 米，加热炉能力为 55 兆瓦，连续运转周期可达 700 天以上。

8 月

1 日 石家庄化纤公司已内酰胺造粒单元投料试车一次成功。这是国内目前唯一一套已内酰胺造粒设备。

4 日 由中国石油石化研究院自主研发的气相醛加氢催化剂在大庆石化公司化工二厂正式投入使用，这标志着该催化剂已成功替代进口。经集团公司鉴定，该国产气相醛加氢催化剂的综合指标已超过进口催化剂，达到了世界先进水平。

7 日 大连石化公司为 1000 万吨/年加工含硫原油技术改造项目配套的最后一套装置——360 万吨/年加氢裂化装置进油，一次开车成功，为该公司含硫油技术改造工程画上了圆满句号。

8 日 国家能源局在北京正式挂牌成立。

10 日 中原油田工程建设总公司研制的无热再生式长输管道专用干燥技术在西气东输、中国石化川气东送管道工程等国内外大口径天然气管道干燥施工中成功运用，填补了国内长输管道专用干燥技术空白，达到国内先进水平。

12 日 中国目前最大吨位的自走式钻机——3000 米车装钻机在河南南阳石油机械厂研制成功，这标志着中国在轻便钻井装备研制领域又有新突破。

●由中国石油大学（华东）完成的“以重质渣油为前驱体制备纳米孔结构材料及其循环应用特性的研究”项目，顺利通过山东省科技厅组织的鉴定。鉴定委员会一致认为，微波氯化锌法制备多孔炭与固体渗硼改质提高多孔炭抗氧化性属国内首创，整体技术居国际先进水平。

●大庆油田牡丹江页岩油中试先导基地建设项目开工。该项目是中国石油批准的首个油页岩示范项目，利用当地储量丰富的油页岩资源，年产页岩油将达到 3 万～5 万吨。这个项目对于进一步研究完善页岩油开采技术，开发利用新能源具有十分重要的意义。

●中国海洋石油有限公司发布公告称，公司在渤海湾钻获新的油气发现，经测试单井平均可日产原油1500桶、天然气22万立方英尺左右。

13日 中国石化曹妃甸30万吨级原油码头正式投产成功。

●由四川天一科技股份有限公司提供技术和工程设计的、处理气量为34万标准立方米/时的变压吸附气体分离（PSA）制氢装置一次试车成功。各项技术指标全部达到设计要求。这是目前世界上最大的PSA制氢工业装置。该制氢装置一次试车成功，标志着中国PSA技术已达世界先进水平。

●中国海油与上海交通大学在京举行共建深水工程技术研究中心和新能源工程技术研究中心协议签字及揭牌仪式。中国海油在推进产学研相结合的自主创新之路上迈出新步伐。

●胜利油田钻井工程技术公司泥浆公司承担的“钻井液处理剂用标准土的研制”项目，通过了中国石化的验收鉴定。专家组认为，该项目填补了国内空白，研究成果总体达到国际先进水平。

15日 新疆聚氯乙烯工程项目一期工程经过短短一年多的紧张建设，在新疆石河子天业化工园正式建成投产。该期工程完工后，新疆天业集团的聚氯乙烯年生产能力由30万吨提高到70万吨，在未来二、三期工程建成后，天业集团的年生产能力将达到150万吨。

17日 国内首套第二代重汽油选择性加氢装置在长岭炼厂完成首次工业试验。经过石油科学研究院与长岭炼厂的联合检测，该装置生产的汽油每千克硫含量低于10毫克，是目前国内普通汽油的1/50。这一试验的成功，标志着中国清洁汽油生产技术已经达到国际先进水平。

18日 华能呼伦贝尔公司180万吨/年煤制甲醇一期60万吨/年项目正式开工建设。

19日 中国石油管道局穿越分公司承担的中国海油福建LNG东西溪定向钻穿越回拖成功，创造了国内岩石穿越最长纪录（1690米），并首次在岩石地质中应用对接技术获得成功。

22日 目前国内规模最大、自动化程度最高、水下作业最深的自升式钻井平台“海洋石油942”在大连船舶重工海洋工程有限公司建成交工。

25日 厦门大学化学化工学院研发出一种可用于制备管径小而均匀的多壁碳纳米管的催化剂及相应碳纳米管制备新技术。专家认为，该技术属国内首创，达到国际先进水平，部分指标国际领先。

27日 中国石油地质勘探专业高级技术专家、勘探开发研究院总工程师陈树民担任首席科学家的项目“火山岩油气藏的形成机制与分布规律”通过科技部评审，获准国家“973”计划（即国家重点基础研究发展计划）立项。这是首个由企业牵头，企业专家作为首席科学家的国家“973”重大科学基础研究项目。

●双燃料发动机润滑油大连润滑油研发中心研制出能满足双燃料发动机长周期运行的配套用油——昆仑牌双燃料发动机油，填补了国际润滑油市场一项空白。

29日 中国石油天然气集团公司与土库曼斯坦签署了《中国石油天然气集团公司与土库曼斯坦国家天然气康采恩关于扩大天然气合作的框架协议》。根据协议，中土两国石油企业将在已有天然气合作的基础上，进一步加大合作开发力度，扩大对中国的天然气供应规模。

●[illegible]告》。这是中国石化首次向公众发布社会责任报告。

●甘肃省正在加大陇东油田的开发力度，在建设陇东石油化工能源基地的同时，规划到2015年在陇东地区实现原油年产量800万吨，相当于2008年中国第六大油田的生产能力。

30日 茂名石化2000万吨/年炼油改扩建工程获得国家发改委批准立项建设。这是继大连石化、镇海炼化之后国内第三个获批建设的2000万吨/年炼油项目，也被列为广东省新十大工程重点项目之一。

9月

1日 “2008中国企业500强”发布，中国石油化工集团公司以营业收入超过1.2万亿元的业绩，再次居综合榜榜首。国家电网公司、中国石油天然气集团公司分别名列综合榜第二名和第三名。

●中国石油大学（华东）研究出催化酯化脱酸工艺，解决了催化酯化脱酸存在的甲醇用量大、温度高、酯化率低的问题，达到国际领先水平。

3 日 美国政府 2008 年国际热电联产“能源之星”奖首次向美国以外的项目颁发，山东金能煤炭气化有限公司热电联产项目获得这一奖项。

4 日 经报请国务院同意，国家发改委发出通知，要求除神华集团公司煤直接液化项目和宁夏宁东煤间接液化项目外，一律停止实施其他煤制油项目。

●国家发改委公布《乙烯裂解炉和制氢转化炉施工技术规程》等 16 项石油化工行业标准，这批标准自 2008 年 7 月 1 日起实施。

5 日 总投资超过 6000 万元的中国石油股份公司重点科技项目——200 吨/年乙丙橡胶中试装置建设及产品开发，在吉林石化公司研究院全面启动。

●陕西延长石油集团榆林炼油厂 150 万吨/年常压改造项目建成投产。至此，榆林炼油厂加工能力由 180 万吨/年跃升为 330 万吨/年，跨入中型炼油厂行列。

6 日 据英国 BP 的一项最新统计，2007 年全球天然气消费量上涨了 3.1%，涨幅几乎是原油的 3 倍。由于天然气的二氧化碳排放量远低于原油和煤炭，在世界各国更加注重环保而核能、风能尚不能成为主流能源的情况下，天然气在各国正受到大力追捧。

9 日 陕西省东北部的吴堡县发现 1 座储量 160 亿立方米的特大煤层气田。

10 日 中国首套多功能海洋 3000 米钻修井机在宝鸡石油机械有限责任公司出厂。这是国内首次实现对这种钻修井机整个系统的独立自主设计研制，该公司拥有完全自主知识产权。标志着中国海洋石油钻采装备研制取得重大进展。

●中国石化宣布，由集团与一家日本公司合资打造的目前国内最大双酚 A 项目成功中交，标志着装置由工程建设阶段进入开工投产阶段。

11 日 挪威科学家宣布他们在提升石油提炼度方面取得了重大突破，他们把一种称为“灵水”的特殊海水注入低产量的石油中可以大大提升石油的提炼度，最多可以提高六成。专家们介绍称，该研究不仅能缓解当前世界上的能源需求逐渐增多的局面，而且还能极大地减轻消费者的经济负担。

12 日 四川 1000 万吨/年炼油项目正式获得国家发改委立项核准，这是国家实施西部大开发以点带面发展战略的又一重大工程。项目被列入了《国家炼油工业中长期发展专项规划》，符合国家产业政策和发展规划及成都市总体发展规划。

16 日 华东理工大学华昌聚合物有限公司宣布，一期总投资 2 亿人民币、占地 8.4 万平方米的华昌聚合物新基地正式落成，在上海化工区投入商业运行。作为国家技术转移中心首批项目之一，华昌聚合物新基地的建成投产，标志着产学研紧密结合取得的创新成果，开始走向市场。

●中国国土资源部广州海洋地质调查局承担的重大科技专项——“南海可燃冰富集规律与开采基础研究”项目，通过国家重大基础研究发展计划（“973”计划）组织的审查，这标志着中国对替代能源可燃冰的重大基础研究全面展开。

17 日 中国海洋石油天津海洋工程技术中心理化试验室获中国国家合格评定国家认可委员会（CNAS）《检测和校准试验能力》认可资格，已具备证书附件所列的检测服务能力。这意味着该实验室已成为目前中国海油唯一一家通过国家实验室认可的建设工程质量检测机构。

18 日 由中国石化在伊朗投资 20 亿美元的雅达瓦兰油田项目正式开工。

19 日 中国石油石化科学研究院新型裂解汽油加氢催化剂核心专利——一种全馏分裂解汽油双烯烃选择加氢方法，获得国家专利授权。

22 日 中海油田服务股份有限公司完成对挪威 Awilco Offshore ASA（Awilco）公司总值 171 亿元人民币的整体并购。这是中国能源产业迄今为止收购非油气资产 100% 股权中价值最高、最具技术含量和战略意义的海外并购。

23 日 中国醇醚燃料技术标准委员会正式宣

告成立。这是中国醇醚燃料行业第一个全国性官方标准制定机构。

25 日 由中国石油天然气集团公司所属中油资产管理有限公司、天津产权交易中心和芝加哥气候交易所三方出资设立的天津排放权交易所在天津举行揭牌仪式。这是全国第一家综合性排放权交易机构。

26 日 山东省海上安全生产应急救援中心在胜利油田海洋石油船舶中心揭牌成立。该机构将为山东省东营、潍坊、滨州海域的渔业生产、海洋石油勘探开发、港口建设等提供事故应急救援服务。

30 日 使用中国石油石油化工研究院自主开发催化剂和工艺技术的5000 吨/年乙烯齐聚制 1－己烯工业试验装置，在大庆石化公司开车成功。此次 1－己烯成功实现国产化，标志着中国石油的聚乙烯装置将改吃“国产粮”，不仅能促进中国石油的聚乙烯产品结构升级，每年还能为中国石油增加经济效益 30 多亿元人民币。

10 月

2 日 中国首个使用天然气加工 1，4－丁二醇产品的化工项目在新疆库尔勒美克化工工业园正式投产。

4 日 中国石油大学新能源研究中心正式成立。该中心主要针对天然气水合物、油页岩和油砂、代用天然气、生物质能、氢能和太阳能 5 个研究方向开展研究。

5 日 中原油田承担的国家科技重大专项“大型油气田及煤层气开发”中的两项重要课题——“高含硫气藏安全高效开发技术研究”和“四川盆地普光大型高含硫气田开发示范工程”通过了国家发改委、科技部、财政部三部委专家可行性论证，正式启动实施。

6 日 中国化工集团公司与美国百仕通集团的合资项目正式完成交割，中国化工集团公司的重要子企业中国蓝星（集团）总公司整体重组改制为中外合资股份有限公司，百仕通集团出资最高达 6 亿美元持有 20% 的公司股份。

●宝鸡石油机械有限公司“深水钻井隔水管系统技术研究”课题项目通过国家“十一五”“863”计划海洋技术领域专家组审批。这是宝鸡石油机械有限公司 5 年来承担的第 3 项国家级重大课题项目。

7 日 中国石化工程建设公司设计、茂名重力石化机械制造有限公司制造的大型炼油加热炉对流模块在福建炼油乙烯项目 70 万吨/年芳烃联合装置一次吊装就位，各项尺寸和制造精度完全符合设计要求。这次安装的 2 组 6 件大型对流模块是目前国内炼油加热炉工厂模块化设计制造的最大对流模块，标志着国内大型炼油装置加热炉工厂模块化设计和制造进入了一个新阶段。

8 日 中国化工集团公司全国第二大新材料产业化基地落户新津。这个由中国化工集团公司打造、最终将形成投资百亿元、销售超百亿元的“双百亿”的特大产业基地，规模仅次于该集团的天津滨海新区基地，居全国第二、西部第一。

●渤海装备中成机械制造公司自主研发的两套 7LZ172 ×7Y－ERT 预轮廓螺杆钻具在国内油田的现场使用取得成功，这是此类型螺杆钻具在国内首次使用。此项技术研发的成功，将带动国内螺杆钻具制造革命性及里程碑式发展。

●中国石油重大科技专项——西气东输二线工程关键技术研究取得重大进展。X80 高钢级钢管等 7 项成果[illegible]取得重大突破。

9 日 中国石油集团石油石化设备与材料专业标准化技术委员会在京成立。这个专业委员会的成立，标志着中国石油装备制造将进入一个崭新的发展阶段。

●中国首艘自主研制的可燃冰综合调查船“海洋六号”在武昌造船厂建成下水。

10 日 河南油田精蜡厂研究所承担的中国石化科技开发项目环保型橡胶填充油配方研制取得成功，并填补该产品的国内空白。

●中国石油抚顺石化公司 800 万吨/年常减压蒸馏装置举行中交仪式，标志着中国首套润滑油型常减压蒸馏装置历时 12 个月的工程建设，如期实现中交，进入开工试车阶段。

13 日 中国石油石油化工研究院的两项发明专利获国家专利授权。这两项专利成果分别是“一种柴油蜡晶成核分散剂及其合成方法”和“烷基铝氧烷在环戊二烯及其衍生物聚合反应中的应用”。

●中国海油与中国科学院海洋研究所海洋腐蚀与防护研究发展中心签署了合作框架协议，双方将就海洋石油开发中的腐蚀与防护问题开展合作，减少腐蚀对生产设备等海洋基础工程设施造成的破坏，防范因此产生的海洋污染。

●中海石油环保服务有限公司投资建造的亚洲顶级专业溢油回收船“海洋石油 251”在大亚湾水域投入使用。

14 日 国内首台 7000 米全配套低温橇装钻机驶出南阳二机石油装备（集团）有限公司，被运往俄罗斯油气田。该钻机是目前国内钻深最深的低温钻井装备，标志着中国低温钻机研发能力跃上了新台阶。

15 日 中国石油天然气集团公司与乌兹别克斯坦国家油气公司签署合作协议，合资开发该国名格布拉克油田。

●陕西煤业化工集团公司和中国长江三峡工程开发总公司共同承建的陕西蒲城 100 万吨/年二甲醚项目举行了开工仪式。这个项目总投资 79 亿元，预计建成后可实现年销售收入 44 亿元。

●新疆油田公司在已开发 28 年的百口泉油田在主控断裂带相继发现新的滚动勘探领域，发现近千万吨地质储量资源潜力。

●总投资 3.4 亿元的独山子 60 万立方米原油商业储备库正式投入使用，这是独山子首座现代化原油储备库，项目采用了目前国内外最先进可靠和大型化的双浮顶 10 万立方米油罐技术，它的远程控制系统、火灾报警系统、电视监控系统等也都达到了国内外一流技术，达到了中国石油“五个一流”的要求。

17 日 位于拜耳上海一体化基地的年产 35 万吨的 MDI 生产装置正式投入运行，这是目前全球最大的 MDI 生产设施。

22 日 中国石化“十条龙”攻关项目之一的“14 万吨/年己内酰胺成套新技术开发”项目，在巴陵石化通过中国石化组织的技术鉴定。这一达到国际领先水平，具有自主知识产权的成套新技术的“出龙”，标志着中国石化在己内酰胺生产领域具备了核心竞争力，成为全球知名的己内酰胺生产企业之一。

27 日 中国石油集团海洋工程有限公司在广州中船黄埔造船有限公司建造的中油海 262、282 船顺利交船。这标志着中国石油海洋石油勘探开发装备水平又迈上了新台阶。

28 日 中国石化“十二五”规划调研组对鄂尔多斯中长期油气勘探开发形成基本认识：“战略展开有储量，战略发现有重点，战略准备有序列，具备持续稳定增储上产的良好条件。”

●四川维尼纶厂 20 万吨/年合成氨装置顺利产出合格液氨，标志着合成氨装置实现了安全环保一次投料试车成功。它是中国石化普光气田首批 3 个天然气利用项目中第一个建成投产的项目，也是四川维尼纶厂综合、高效利用副产氢气和放空富余氮气，发展循环经济节能减排的重要项目。

30 日 国内首条螺旋钢管预精焊生产线在渤海装备钢管制造公司建成投产，填补了国内螺旋焊管机组预精焊工艺的空白，标志着中国螺旋焊管制造达到世界先进水平，为满足西气东输二线等国家重点管道工程建设用管需要奠定了基础。

11 月

3 日 中国石油集团钻井工程技术研究院煤层气与储库工程研究所研制的国内首台 ID－03M 界面检测仪，在中国石油化工集团公司部署的第一口储气井——江汉油田王储 1 井中成功应用，填补了国内外相关技术领域空白。

7 日 中海油田服务股份有限公司投资 220 亿元，在塘沽海洋高新技术开发区建设核心产业园区。

8 日 国内最长距离的天然气管道过江隧道——全长 2770 米的川气东送管道安庆长江隧道顺利贯通。这条隧道还在国内首次采用地压平衡法，实现了粉细砂层河流隧道的贯通。

10 日　中国石油于与哈萨克斯坦国家石油天然气股份公司签署《关于在天然气及天然气管道领域扩大合作的框架协议》。

11 日　中国石油规划到“十一五”末，建成“非粮”乙醇生产能力超过 200 万吨/年，达到全国的 40% 以上。

●中国和伊拉克双方在伊拉克石油部举行了隆重的艾哈代布油田合作开发合同签字仪式。根据合同约定，中伊双方合作开发总投资 30 亿美元，合同签字后，油田开发将正式开始，中伊双方将陆续投入人力物力财力进行实际开发，3 年内建成投产。艾哈代布油田位于巴格达东南 180 千米瓦西特省库特地区，地质储量 6 亿吨，建成后原油日产量 9 万桶，年产原油 450 万吨。

12 日　中海石油化学股份有限公司投资近 12 亿元的 80 万吨/年甲醇项目在海南省东方化工城破土动工。

13 日　中国石化“大型延迟焦化装置自动底/顶盖机技术”通过专家技术鉴定。专家鉴定意见认为，焦炭塔自动底/顶盖机整体技术达到了国际同类产品的先进水平，填补了国内空白，具有自由运作权，可替代进口，建议推广使用。

●兰州石化研发的液体橡胶产品成功应用到神舟七号载人飞船的逃逸系统，为神舟七号载人飞船圆满完成飞行任务作出贡献。

●中国海油在渤海海域的油气勘探又获进展，钻获新发现渤中 35－2 油田的自营预探井渤中 35－2－2 已成功完钻。

14 日　中国首座具有城市季节调峰功能的大型天然气地下储气库——陕京管道大张坨地下储气库及配套管线工程、大张坨地下储气库扩建工程在北京正式通过国家级验收。

16 日　中国石化苏州成品油管道暨苏州通桥油库投油一次成功。该项目总投资近 4 亿元。

17 日　中国石油天然气集团公司与哥斯达黎加国家石油公司在哥首都圣何塞，签署了《CNPC 与 RECOPE 炼厂合资公司协议》。这是 2007 年 6 月中哥建交以来中国石油进入中美洲的第一个油气合作项目。

●中国石油新疆油田承担的国家“973”项目“温室气体提高石油采收率的资源化利用及地下埋存”的第九课题“二氧化碳植物吸收减排的基础研究”获准开题。

21 日　贵州省最大的天然气储备调运中心——贵州燃气集团小河液化天然气接收汽化站竣工。

24 日　中国石油国际事业有限公司与壳牌集团签署 LNG 长期供应协议。根据协议，壳牌将在 20 年内每年向中国石油供应 200 万吨 LNG。

●中国石油制造的第一艘成品油轮，总载重 1.26 万吨的“辽油 129”号油轮成功下水。

25 日　中国化工集团公司所属兰州蓝星化工有限公司建设的年产 20 万吨精甲醇项目投产。

29 日　中国第一艘拥有自主知识产权的 30 万吨级超大型油轮“长江之珠”轮在青岛港 30 万吨级原油码头首航成功。

30 日　中国石油天然气集团公司与阿联酋国际石油投资公司签订了阿布扎比原油管线项目设计采购施工（EPC）总承包合同，项目总金额为 32.9 亿美元。这是目前中国石油在海外承揽的最大规模的工程建设总包项目。

●齐鲁石化研究院催化蒸馏制二甲醚取得重大突破，60 吨/年规模中试初步试验结果表明，各项技术指标均达到合同要求，标志着该院自主研发的新技术将在中国能源结构的调整、环境保护等方面发挥出重要的现实作用。

12 月

1 日　中国石油全球原油评价重点实验室落户独山子石化公司研究院。这个实验室将在现有 1000 多万元资产的基础上，首期再投资 1000 万元，以建设中国石油西北地区首家具有国际先进水平的原油评价实验室。

2 日　中国石油集团海洋工程有限公司 9 号自升式钻井平台签字交工仪式在大连港隆重举行，该平台是中国石油已拥有的作业水深最深的一座自升式海洋钻井平台。

4日 中国海油发布公告证实在华北渤海湾发现了最大的轻质原油储量。最新测试结果显示，锦州25-1油田储量约1亿吨，合7.33亿桶。公告称，中国海油在此油田上钻的一口勘探油井每天出油1000立方米；附近区域今后可能还有更多发现。

●福建炼油乙烯一体化项目青兰山中转油库4台15万立方米储罐建成中交。

●胜利油田坨-181井进行自动垂直钻井系统联合现场试验取得成功，标志着国家“863”项目“自动垂直钻井系统研制”实现重大突破。

5日 国家发改委、财政部、交通运输部和国家税务总局联合发布公告，就《成品油价税费改革方案》公开征求意见。

●总投资10多亿元的中煤集团30万吨/年甲醇项目开工典礼在山西省举行。

6日 中国石油广西石化公司10万吨级原油码头竣工，广西钦州港10万吨级航道通航。

8日 塔河油田稠油化学降黏技术攻关取得新成果，在西北油田分公司工程技术人员的努力下，“稠油新型井下高效混配器”研制成功。

9日 中国石化西北油田分公司2008年油气勘探取得重大进展，新增探明储量1.35亿吨油当量，自1997年来累计探明油气储量9.96亿吨油当量。

●中国石油勘探开发研究院与国际著名出版集团爱思唯尔联合宣布，创刊于1974年、由中国石油勘探开发研究院主办的《石油勘探与开发》期刊，成为爱思唯尔出版集团新的合作伙伴。随着英文版的面世，这份期刊全球发行正式开始。

10日 延长石油集团与延安市人民政府在延安签署重大项目建设协议，确定延长石油集团投资700多亿元在延安建设1000万吨/年原油产能、30亿立方米/年油田气产能、150万吨/年甲醇等10个重大项目。

●中国石油石油化工研究院与俄罗斯科学院西伯利亚分院鲍列斯科夫催化研究所，在北京签订“高效钒系PE催化剂的研发”项目合作开发合同。

●苏里格气田日产天然气突破2000万立方米，成为长庆油田目前日产量最高的气田。

11日 西气东输二线东段工程分别在河南洛阳、湖北随州、江西九江、广东广州四地开工。总投资930亿元。

●上海三瑞化学公司在生物柴油研制方面实现新突破：以木本油料作物为原料，采用固体碱催化合成技术，做到生物柴油炼制过程无污染。

12日 塔里木油田2008年油气产量当量突破2000万吨，成为中国第四个年产超过2000万吨的大油气田。

13日 中国石油广西石化千万吨/年炼油项目常减压装置及配套工程正式竣工。

14日 新疆准噶尔盆地克拉美丽气田超过1000亿立方米天然气探明储量通过国家储量委员会评审。这标志着准噶尔盆地第一个千亿立方米天然气田的发现被正式确认。

15日 中海壳牌南海石化项目80万吨/年乙烯装置获2008年度中国建设工程鲁班奖。该项目是目前国内新建已投产的最大乙烯装置之一，投产以来的安全性、运行连续稳定性等都达到国内同类装置一流水平，成为中国石化工程建设中的标志性工程之一。

17日 西南油气田公司成都天然气压缩机厂自主研制的RTY1000型大功率高转速天然气压缩机，在苏里格气田成功投入生产运行。经专家组验收和现场实验检验，这个机组各项性能参数达到设计要求，主要性能参数达到或超过进口同类设备水平，可替代进口产品。

19日 中国石油重大科技专项——“劣质重油轻质化关键技术研究”在北京通过论证，这标志着中国石油唯一的炼油重大科技专项正式启动。

22日 中国首个具有自主知识产权的煤基合成油示范项目在山西潞安矿业集团屯留循环经济园区正式出油，这标志着中国“煤制油”项目向着产业化生产又迈出了一大步。

23日 日本静冈大学一个研究小组日前开发出一种利用竹子高效制造生物乙醇的新技术，与其他可制造生物燃料的作物相比，竹子不和粮食作物争地；与树木相比，竹子的生长速度更快。

●由南阳二机石油装备（集团）有限公司研发生产的3000米车装钻机抵达科威特油气田。这是中国石油钻机首次出口科威特，在世界主要产油国市场实现了又一重大突破。

24日　中国石化位于浙江镇海岚山原油商业储备基地工程通过中交验收。该基地建有38座10万立方米储油罐，总储油量380万立方米。这是中国石化建成中交的第一个商业原油储备基地，也是国内公布的第一个通过中交验收的原油商业储备基地工程。

●中国石油天然气集团公司公布，位于新疆的中国原油储备库一期工程正式建成投产，来自哈萨克斯坦的原油开始注入10座10万立方米大罐。

26日　中国工程院发布《中国可再生能源发展战略研究》丛书，对2050年前中国可再生能源发展方向提出众多建议。

●中国海洋石油总公司与台湾中油公司在北京共同签署了《合作意向书》。

27日　中国海洋石油总公司与天津市在天津迎宾馆签署新能源产业基地和中海油销售公司天津分公司项目合作协议。

●乌鲁木齐王家沟50万立方米成品油商业储备库建成。该项目的投产，将大大提高新疆成品油的调节能力和储备能力。该项目采取全自动化工艺，成品油储备技术国内领先。

29日　四川维尼纶厂30万吨/年醋酸乙烯项目开工奠基仪式在重庆（长寿）化工园区举行，这标志着中国石化川气东送工程天然气利用重点项目全面进入开工建设阶段。

●上海交通大学的研究人员对外宣布，开发了活性干酶母固态发酵甜高粱秸秆碎料（SSF）以生产乙醇的技术。

31日　2008年中国能源消费总量28.5亿吨标煤，比上年增长4.0%；一次能源生产总量26亿吨标煤，比上年增长5.2%；进口原油1.7888亿吨，增长9.6%；进口成品油3885万吨，增加15%。

●位于鄂尔多斯盆地的长庆油田，生产油气当量首次突破3000万吨，达到3005.3万吨，标志着中国又诞生一个年产3000万吨级大油气田。至此，长庆油田跃升为目前中国仅次于大庆油田的第二大油气田。

年内　截至2008年底，中国石油在全球28个国家和地区共运作73个海外投资项目，近500支工程技术服务队伍在48个国家和地区施工作业。

▲中国石油天然气勘探开发公司披露，2008年，该公司海外原油作业产量突破6220万吨，天然气作业产量超过67亿立方米，再创历史新高。这意味着在全球金融危机的背景下，中国石油“走出去”步伐仍在加快。

▲截至2008年底，中国石油大庆油田生产原油4020万吨，生产天然气27.6亿多立方米，原油持续稳产目标首战告捷。

▲2008年，长庆油田生产天然气143亿立方米，比上年增加33亿立方米。

▲2008年，新疆生产原油2740万吨，比上年增长100万吨，已超越山东省，成为中国第二大原油生产省区。新疆油田2008年油气勘探形成3个亿吨级场面和5个亿吨级苗头。特别是天然气探明储量超过千亿立方米，油气并举格局初步形成。

▲2008年，中国石油天然气产量达617亿立方米，年均增加74亿立方米，年均增长幅度达到11%。

▲2008年，中国石化西北油田分公司生产原油600.13万吨，比上年度多产原油63.88万吨，生产天然气12.7亿立方米，完成年计划的121.11%，实现三级储量4.18亿吨油当量，完成年计划的137%，储量、产量均创西北油田历史新高。

▲2008年，中国石化已通过国土资源部评审新增石油探明储量2.98亿吨、可采储量4550万吨，新增天然气探明储量539亿立方米、可采储量308亿立方米。全年生产原油4180万吨，增加1.8%；生产天然气82.6亿立方米，增加3.3%。

▲2008年，中国石化原油产量为4200万吨，实现销售收入1.23万亿元人民币，利润为757亿

元人民币。全年天然气产量为 81 亿立方米。原油一次加工能力已达约 2 亿吨。

▲燕山石化公司 2008 年生产经营再创佳绩，全年原油加工量首次突破 1000 万吨，销售收入首次突破 600 亿元，达到 660 亿元。主要技术经济指标也实现历史性突破，炼油综合能耗同比下降 9.94 千克标油/吨，加工损失率同比下降近 50%，这两项指标相当于一年节约 15 万吨标油。乙烯燃动能耗同比降低 31.32 千克标油/吨，达到 617.18 千克标油/吨，接近世界先进水平。

▲截至 2008 年底，整合重组后的东北油气分公司在腰深 2 井和腰深 3 井取得重大突破，新增探明天然气储量 51.05 亿立方米，控制储量 406 亿立方米，预测储量 307 亿立方米。三级储量累计达 1200 亿立方米，其中探明储量 485 亿立方米，在松南长岭一个千亿立方米规模的大气田已见雏形。

▲2008 年，中国石化炼油综合配套能力突破 1.9 亿吨，高硫原油加工能力突破 6890 万吨，高酸原油加工能力突破 1000 万吨，全年累计加工原油量同比增长 4.34%，生产汽煤柴油量同比增长 9.03%，规模实力大幅度提高，竞争优势不断增强，炼油一次加工能力跃居世界第三位。

▲中国神华煤制油化工有限公司采用神华自主知识产权技术建设的世界首套煤直接液化百万吨级示范工程，第一次投煤试车成功并被列为国家重点战略工程。

▲2008 年，兰州石化公司加工原油 1001.89 万吨，完成计划的 100.19%。这是兰州石化原油加工量连续两年突破 1000 万吨，标志着这个公司已形成稳定的千万吨级炼油规模。

▲2008 年，《天然气能量的测定》国家标准发布，将于 2009 年 8 月 1 日起实施。这标志着在中国开展天然气能量计量将有标准可依，为中国天然气计量方式与国际惯例接轨提供了技术支持，在规范天然气能量的测定方法等方面具有积极意义。

2009 年

1 月

5 日 广州迪森能源集团独立研制的农林废弃物快速裂解制成生态油技术获得成功。

9 日 国家科学技术奖励大会在北京隆重召开，中国石油天然气集团公司共有 7 项科技成果获奖。勘探开发研究院“酸性火山岩测井解释理论、方法与应用”和“聚合物驱油工业化应用技术”科研项目获国家科学技术进步二等奖。中国石油石化院与兰州石化公司合作开发的原位晶化型重油高效转化催化裂化（FCC）催化剂及成套技术获得国家科技进步二等奖。中国海油的两项科研成果获国家科技进步二等奖，分别为“海洋石油测井系统（ELIS）研制与产业化”和“中国南海西部海域复杂构造安全快速钻井技术”。

●中国海油与道达尔正式签订液化天然气购销协议。根据该协议，道达尔将向中国海油每年供应上限为 100 万吨的液化天然气，合同期限至少为 15 年。

11 日 中科院长春应化所宣布，该所承担的二氧化碳共聚物及其产品产业化项目通过专家鉴定。该项目取得了 3 项世界第一：在国际上首次解决了二氧化碳共聚物的冷流难题；率先开发出具有生物可降解性能的高阻隔薄膜材料；获得全球首个二氧化碳共聚物医用可降解材料生产许可证。

12 日 中国石油化工集团公司和珠海振戎公司与伊朗续签了 2009 年度中国从伊朗进口原油的合同，进口数量每日约 40 万桶。

13 日 四川维尼纶厂“30 万吨/年天然气乙炔法制醋酸乙烯成套技术开发”科技攻关项目通过了专家评审鉴定并正式启动。

●全球领先的气体和设备生产商——空气化工产品公司在上海漕泾深冷设备制造厂为扬子石油化工有限公司建造的世界级规模的一氧化碳冷箱正式完工。这台冷箱也是目前空气产品公司在全球范围内为客户建造的最大规模一氧化碳冷箱。

17 日 中海油服新增自升式钻井平台，运营的海洋钻井平台将达到 23 条，海上钻井能力进一步提升。

20 日 中国海油投资建设的第一座成品油库——广东立沙油品储运项目举行机械完工庆典。

2 月

4 日 由中科院兰州化物所自主知识产权转化的离子液体催化剂合成三聚甲醛技术工业化试验，近日在世界上首次获得成功。它将为发展甲醇化工能源新技术奠定基础，并拓展中国煤化工发展新途径。

5 日 沈鼓集团自主研制的首台百万吨乙烯装置用裂解气压缩机成功完成三缸联动机械运转及性能试验。它的研制成功为中国重大技术装备国产化树立了新的里程碑。

6 日 美国国家工程院在华盛顿宣布，中国石化高级顾问、中国工程院院士曹湘洪当选美国国家工程院外籍院士。

●中国石油管道公司 EP 系列减阻剂获国家技术发明奖。EP 系列减阻剂的研发成功，是中国管道科学研究领域取得的重大突破。

7 日 西气东输二线东段工程开工仪式在深圳隆重举行。西气东输二线工程西起新疆霍尔果斯，途经 14 个省区市和香港特别行政区。设计年输气能力为 300 亿立方年，预计总投资 1422 亿元，其中东段工程干线全长 2472 千米，投资约 930 亿元。

8 日 由国土资源部组织的松潘—阿坝地区油气资源战略调查及评价项目已成功完钻红参 1 井。这是中国在高原地区首次实施的 7012 米超深井地质勘察。

11 日 中国海洋石油集团公司宣布，总投资达 2000 亿元的南海油气开发计划得到了国务院国资委批准，千亿南海造“新大庆”计划即将步入实施阶段。

●世界最大的乙烯生产联合体 Jam 石油化工联合体在伊朗南部的港口城市阿萨卢耶市投产。这个石油化工联合体将年产 132.1 万吨乙烯，可广泛用于工业和医药领域。

16 日 国务院审议通过了石化产业调整振兴规划。石化产业规划强调统筹重大项目布局，抓紧组织实施在建炼油、乙烯重大项目；停止审批单纯扩大产能的焦炭、电石等煤化工项目；抓紧落实成品油储备等。

●胜利采油院稠油所承担的项目“胜利油田薄层稠油油藏开采技术研究”通过中国石化科学技术奖励评定委员会的技术评定，鉴定为整体达到国际领先水平。

17 日 中国石油重点科研项目“两段提升管催化裂解多产丙烯兼顾轻油生产（TMP）技术”在京鉴定。鉴定委员会一致认为这一项目创新点突出，在多产丙烯并兼顾轻油收率和质量方面达到国际领先水平。

18 日 中国海油“300 米水深油田生产设施严重坏损修复技术”项目成果鉴定会在北京中国海油大厦举行。经来自国内多家单位的石油工程类专家鉴定，该项目已达国际先进水平。

●中俄“贷款换石油”谈判落下帷幕。中俄双方关于长期原油贸易、中俄输油管道建设运营以及贷款协议的达成，意味着中俄两国在能源领域的合作上升到一个新的水平，对于中国能源供应多元化及俄罗斯能源出口多元化均有积极意义。

19 日 中国科学院与 BP 公司共同投资的上海碧科清洁能源技术有限公司成立。

●中国石油化工集团公司与巴西国家石油公司签署协议；中国石化将从巴西进口 300 万～500 万吨原油。同时，中国石化、国家开发银行、巴西国家石油公司三方还签署了《关于加强石油贸易和融资合作的谅解备忘录》。

●墨西哥国家石油公司（Pemex）宣布，它在墨境内发现了全球储量最大的油田。据估算，该油田中蕴藏的石油储量高达 1390 亿桶。

23 日 中国海洋石油有限公司宣布，其合作伙伴哈斯基石油中国有限公司在中国南海深水区块荔湾 3－1 含气构造上钻探的第一口评价井已获得成功，进一步证实了这一中国海域深水天然气重大发现。

26 日 辽阳石化公司 140 万吨/年重整—歧化联合装置正式开工建设，标志着辽阳石化向着“大芳烃基地”目标迈出了决定性的一步。

●中国海油投资的海南精细化工（DCC）项目开工建设。该项目总投资约为 50 亿元。

28 日 中国石油国家油气重大专项（课题）和示范工程协调会在大庆油田召开。松辽盆地喇萨杏高含水油田提高采收率和大庆探区页岩油开采技术被列为国家重大专项示范工程。

●中国科学院与中国石油化工股份有限公司联合召开了“微藻生物柴油成套技术”项目启动会。

3 月

6 日 江苏 LNG 接收站项目储罐安装工程开工。这项工程是打破国外技术垄断，首次采用具有完全自主知识产权的板材，独立完成设计的中国石油第一批 LNG 储罐项目。

8 日 中国石油在甘肃省兰州市投资兴建的 180 万立方米的商业原油储备基地开工建设，加上兰州、玉门现有的石油加工能力，甘肃将成为中国西部石油储备生产基地。

9 日 中国海洋石油有限公司宣布，其拥有 45% 权益的尼日利亚 OML130 项目旗下的深水油田 Akpo 已成功投产。这是中国海油在国内外第一个投产的超深水油田。

14 日 中国石油“柴达木盆地油气勘探开发关键技术研究”重大科技专项取得两个方面重要进展，这些进展对青海油田的石油天然气勘探开发生产，以及建设高原千万吨级油气田起到了良好的支撑作用。

●伊朗宣布同中国签署了一项32亿美元的天然气协议。这项协议长达3年，中国将帮助伊朗开发该国南帕尔斯天然气田，该气田位于波斯湾海床下面，地质学家认为这里蕴藏着世界上储量最大的天然气。

16日 中海石油管道输气有限公司投资的海口—文昌输气管道工程开工建设。全长约88千米，最大输气规模7.57亿立方米。

18日 中国石油第一套加氢裂化先进控制系统试点项目通过独山子石化公司组织的专家小组验收。该项目的实施将使航煤收率提高33%，企业效益增长3%。

●埃克森美孚化工公司宣布在上海建立研发中心。这是其继美国、欧洲之后的全球第三大研发中心。该项目投资额将达7000万美元。

●“万吨级一氧化碳气相催化合成草酸酯和草酸酯催化加氢合成乙二醇成套工艺技术”在江苏省丹阳市通过中国科学院成果鉴定。这标志着中国在世界上率先实现了全套“煤制乙二醇”技术路线和工业化应用，在世界煤化工领域具有划时代意义。

19日 中国石化华东分公司、华东石油局非常规油气资源规划设计研究中心、实验中心和工程技术研究中心在南京成立，标志着中国石化集团公司非常规油气资源发展战略全面启动。

●中国海洋石油有限公司宣布番禺30-1气田已经成功投产，可日产气84.95万立方米。番禺30-1气田位于南海东部海域的珠江口盆地，距香港东南约240千米，气田范围内平均水深约200米。

●中国海洋石油有限公司所属渤中28-2南油田成功投产。

●经工业和信息化部、财政部批复，世界最新一代（第六代）深海半潜式钻井平台重大科研项目正式在中国立项。该平台设计作业水深3000米，钻井深度达到1万米。

●大连港宣布，将与中国石油等两家企业联合建立LNG码头，项目总投资26亿元，LNG将来自澳大利亚和卡塔尔两地。

20日 截至目前，塔里木油田已累计探明27个油气田，探明石油地质储量超过6.2亿吨，天然气地质储量1.06万亿吨。

●由胜利油田钻井工程技术公司承担的“生物酶可解堵钻井液体系的研究”通过了由中国石化科技开发部组织的技术成果鉴定。专家组认为，这一研究成果填补了国内生物酶技术在石油钻井领域应用的空白，已达到国际先进水平。

●中国石油长城钻探工程公司与辽河油田天意公司完成了DQ-30LHTY-Z直驱顶驱样机装配和各项调试试验工作。试验结果表明，各项技术指标达到设计要求。有关专家称，这是中国首台直驱顶部驱动钻井装置，标志着中国石油顶驱制造技术达到国际领先水平。目前，世界上只有少数国家能够制造这种高端顶驱装置。

●中油管道防腐工程有限责任公司攻克了聚乙烯三层结构（3PE）防腐工艺中的所有关键技术，该技术被国际上公认为目前最先进的管道外防腐涂装技术之一。

22日 截至8时，大庆油田已累计生产原油20亿吨，占全国同期陆上原油总产量的40%以上。同时，大庆油田多年来始终坚持自主创新，依据地质实际，梯次实施的注水开发、聚合物驱油配套以及三元复合驱油等主要技术均达到了世界领先水平，主力油田采收率突破50%，比国内同类油田高出10~15个百分点。

23日 内蒙古伊泰集团与中科院煤化研究所组建的中科合成油技术公司研发的煤间接液化工业示范项目，在内蒙古鄂尔多斯市准格尔旗开车试运行70多个小时后，第一桶煤间接液化油品于凌晨成功生产出。

24日 中国石油集团经济技术研究院的《2008年国内外油气行业发展报告》发布，2008年全球炼油业结构调整继续深入，产业集中度进一步提高，平均规模从1999年的539万吨/年扩大到653万吨/年。

●中国缅甸签署《关于建设中缅原油和天然气管道的政府协议》合作协议。

●中国石油化工集团公司所属上海白沙湾原

油商业储备基地工程及油库二期工程建成中交。上海白沙湾油库二期工程由 4 座 15 万立方米原油储罐组成。

27 日　中国海洋石油有限公司宣布，公司在渤海海域的自营勘探已钻获两个中型油气新发现。这两个新发现分别是渤中 2－1 和秦皇岛 29－2 油田。

29 日　中石油煤层气有限责任公司决定 2009、2010 年投资 15.81 亿元开发韩城煤层气项目，2009 年完成投资 10 亿元，达到日供气 20 万立方米的能力，另外煤层气下游综合利用项目也在筹建之中。

30 日　中国建成的亚洲最大的乙基胺单套装置日前成功产出产品，彻底改变中国乙基胺长期依赖进口受制的被动局面。

●兰州—郑州—长沙成品油管道兰州—郑州段按计划顺利投产。

31 日　配置了宝鸡石油机械公司自主研发的 675 吨大钩和水龙头的首台出口 9000 米钻机发运出厂。这标志着该公司自主研发和配套的钻机八大件，不仅得到国内用户的青睐，而且走向世界。

4 月

1 日　中国石化国际石油工程公司与科威特油田公司签署了为期 5 年价值 3.5 亿美元的 5 台钻机服务合同。这是中国石化目前获得的单笔金额最大的钻井合同。

●由吉林石化公司研究院和中科院成都有机化学有限公司共同开发的液相苯酚及碳酸二甲酯合成碳酸二苯酯（DPC）内循环反应器日前获国家发明专利。

2 日　中国石油化工集团从道达尔手中收购了加拿大阿尔伯达省“北方之光”油砂项目 10% 的股权。交易完成后，中国石化与道达尔在该项目中各持股 50%。“北方之光”项目面积近 184 平方千米，可采原油储量达 10 亿吨，总投资约 45 亿加元。

6 日　中国石化与埃尼集团（ENI）签署原油长期供应框架协议。

●扬子石化烯烃厂重大节水减排项目——SC－3凝液改造项目投入运行。

8 日　神华集团煤制天然气项目在内蒙古鄂尔多斯举行开工奠基仪式。该项目一期工程投资 140 亿元，年产合成天然气 20 亿立方米，产品主要供应京津唐地区。

11 日　“川气东送”管道一期工程成功投产。

12 日　中国第一套具有自主知识产权的超低压百万吨连续重整装置产出了合格产品，标志着广州石化 100 万吨/年催化重整联合装置提前实现了安全、环保、高标准、高水平投料试车一次成功。

15 日　胜利油田采油院防砂中心顺利完成了大港油田庄海 8Nm－H3K 大位移水平井的裸眼充填防砂技术试验。该井是目前国内油田水垂比最大的水平裸眼充填井，第一次采用了国内自主研发和设计施工的大位移裸眼砾石充填防砂技术。

16 日　中国石油天然气集团公司与哈萨克斯坦国家油气股份公司签署了《关于扩大石油天然气领域合作及 50 亿美元融资支持的框架协议》、《联合收购曼格什套油气公司的协议》。

20 日　由中国石化、广东省政府和中国海油合作建设的广东省天然气管网一期工程惠州干线正式开工。

21 日　中国石油大连液化天然气有限公司揭牌仪式在辽宁省大连市隆重举行。这家公司由中国石油天然气股份有限公司、大连港股份有限公司和大连建设投资公司共同出资组建，主要负责大连 LNG 项目的建设和运营。

●中国海油自主研制的首批 500 吨环保高芳橡胶油正式销往市场，中国海油成为国内首家环保高芳橡胶油生产供应商。这一产品的推广应用，有益于推动治理轮胎的“1 米污染”，改变了之前同类产品长期依赖进口的局面。

22 日　由青岛北海船舶重工有限责任公司为中国石油集团海洋工程有限公司新建的中油海 33 号、中油海 8 号两座海洋钻井平台顺利竣工。目前国内最大、装备最新的座底式海洋钻井平台——中油海 33 号平台投产后，可在渤海湾等浅水区域进行钻井作业，大大提高中国石油滩海地区的勘探开发能力。

23 日　中国石油发布2008年企业社会责任报告，同时发布中国石油（哈萨克斯坦）2008可持续发展报告。这是中国石油连续第三年发布企业社会责任报告，首次发布国别报告。

24 日　为加强石油工程业务研发力量，完善石油工程技术研发体系，中国石化决定组建中国石化集团石油工程技术研究院。

●中国自主研发设计的500万吨级炼油装置自动化控制系统，通过了大型石化装置分布式控制系统国产化应用攻关项目验收。国产控制系统在大型石化联合装置——中国石化武汉石化分公司炼油改造项目应用成功，为大型炼油装置及乙烯装置国产控制系统的应用打下了坚实的技术基础，对打破国外技术垄断，推进自主创新具有示范作用。

26 日　中海油新能源投资公司与同煤集团签订煤制天然气及煤炭资源开发利用合作意向书，共同合资设立一家煤制气工厂。项目计划投资300亿元，年产40亿标准立方米天然气。

27 日　国家能源局决定组织开展全国重点煤矿区煤层气抽采利用规模化建设工作，并计划在煤矿区优选一批具备煤层气规模化抽采利用条件的重点区域，采取相关激励扶持政策，强力推进煤层气抽采利用。

●独山子石化千万吨炼油百万吨乙烯工程裂解炉钢结构工程获2008年度中国建筑钢结构行业工程质量的最高荣誉——中国建筑钢结构优质工程“钢结构金奖”。

29 日　中国石化西南成品油管道、珠三角成品油管道及油库配套工程通过竣工验收，正式转入生产运行阶段。

●由中国海油海洋石油工程股份有限公司总承包的目前亚洲海上油气田最大平台导管架——番禺气田深水导管架成功下水并扶正，经水下机器人检测，各项指标满足技术规范要求，达到国际水平。这标志着海油工程在深水领域进行超大型海上导管架下水作业和安装方面又创造了新纪录。

30 日　中国石化元坝探区再获重大勘探成果。勘探南方分公司首次在元坝探区浅滩领域获得稳定高产工业气流，探区内重点预探井——元坝12井在海相长兴组滩相储层经酸化测试，喜获天然气日产量53.14万立方米。

5月

4 日　吉林石化公司70万吨/年乙烯装置能量系统优化示范工程项目启动。这是中国石油“炼化能量系统优化研究”重大科技专项，将实现乙烯综合能耗降低5%的目标。

6 日　中国石化重点科研项目“复杂地区近地表三维综合调查与精细速度建模技术研究”在北京通过总部鉴定，该项目由石油勘探开发研究院南京石油物探研究所和勘探南方分公司联合承担。

7 日　渤海钻探第一录井公司自主研制的德玛综合录井仪无线传感器，首次成功地将无线组网技术引入综合录井技术领域，实现综合录井仪传感器全部工程参数和有毒有害气体参数200米距离内的实时采集和安全可靠传输，填补国内外技术空白，达到国际领先水平。

●由中国石油大学（华东）化学化工学院完成的“重质油高效加工新技术（MPFCC）开发研究”项目通过了山东省科技厅组织的专家技术鉴定。鉴定委员会一致认为，该项研究成果技术先进，创新点突出，总体技术达到国际领先水平。

●宝鸡石油机械公司为海洋钻井平台中油海33号平台提供的钻井系统装备，在大港油田港东地区港深3号井场正式开钻投用。至此，宝鸡石油机械公司已为中国石油海洋工程公司累计提供了10套海洋钻井系统装备。

8 日　天津大学石油化工技术开发中心开发的木薯经过加工变成燃料乙醇的技术，已应用于中粮集团在广西北海建成的20万吨/年燃料乙醇项目中，成为国内第一个以木薯为原料的燃料乙醇项目，并通过了广西科技厅组织的技术鉴定。

12 日　中海石油化学股份有限公司三聚甲醛新合成工艺技术中试装置生产出合格的三聚甲醛，并一次投料试车成功。这是国际上首次使用离子液催化剂合成三聚甲醛工业化中间试验获得成功，同时也是国家科技部重点支持的非石油路线制备大宗含氧化合物技术开发工作取得的一项关键技术突破。

13 日 德国和中国科学家组成的研究团队宣布，他们开发出新的催化工艺，可用于使生物油组分经水相加氢直接制取烷烃和甲醇。该成果已发表在《Angewandte Chemie》杂志上，该工艺通过以碳为载体的贵金属组合无机酸进行一步催化反应。

18 日 中俄原油管道工程中国境内段开工仪式在黑龙江省漠河县兴安镇举行。

19 日 巴西国家石油公司与国家开发银行签署了 1 项为期 10 年的 100 亿美元双边贷款协议，这是自 2009 年 2 月以来，中国与第五个国家签订的类似贷款换取石油协议。

20 日 中国石油长庆油田陕西石油商业储备库项目在渭城区开工。标志着陕西省目前最大的石油储备基地开始建设。

21 日 世界银行执行董事会批准向山西煤层气开发与利用项目提供 8000 万美元贷款，帮助中国加强煤层气开发利用。

24 日 中国石化海上石油工程技术检测中心通过国家质检总局 A 级检测资质认证，成为迄今为止中国石化唯一获得国家 A 级检测资质认证的海上石油工程技术检测机构。

25 日 国家能源局发布《中国能源发展报告 2009》。这是目前国内最权威的能源发展报告。

●中国石化发布公告，董事会同意设立中国石化天然气有限责任公司。

27 日 中国石化生产营运指挥系统（一期）项目通过验收和科技成果鉴定。该项目按照“统一技术平台、统一数据库、统一信息源”的要求，建成了国内首个流程制造业大型集团级生产营运指挥系统。

28 日 美国和丹麦科学家公布研究成果称，北极圈内的未探明天然气储量约占全球未探明储量的 1/3，其中大部分分布在俄罗斯版图内。此外，北极圈内的未探明石油储量可能占全球未探明储量的 3% ～4%。

●秦皇岛—沈阳天然气管道工程在辽宁省兴城市开工建设。秦沈管道线路总长 475. 2 千米，直径 1016 毫米，规划最大输气量 80 亿立方米，计划于 2010 年 6 月 30 日投产。

30 日 永唐秦输气管道工程全线贯通。该管道工程西起河北省廊坊市永清县，止于秦皇岛市抚宁县，全长 312. 4 千米，管径 1016 毫米，设计年输气量 90 亿立方米。

6 月

1 日 中国在国际上率先采用超重力技术生产石油磺酸盐取得突破性进展。北京化工大学与胜利工程设计咨询有限责任公司共同开发的 1000 吨/年三次采油用石油磺酸盐超重力反应器强化新技术，已进入产业化生产前的最后工艺完善阶段。

●新日本石油公司正式开始在以首都圈为中心的地区大规模销售生物燃油。这也是日本生物燃油首次真正走向普及。对于几乎全部依赖进口能源的石油消费大国日本来说，这一举动意义重大。

2 日 中国海油位于渤海海域的自营油田秦皇岛 33 －1 已投产，该油田 2 口井可日产原油 2000 桶。

4 日 辽河油田稠油开采先导试验基地被正式授牌运行，成为中国石油首批正式挂牌运行的 20 个科研创新建设平台之一。

●历时 1 年多建设的 10 万吨/年丁苯橡胶装置正式投料开车。此套装置投产后，齐鲁石化合成橡胶年产量将达 30 万吨以上，总产量占到全国合成橡胶产量的 1/6，成为目前国内最大的合成橡胶生产基地。

5 日 中国石油宝鸡石油钢管有限责任公司与马来西亚 UMW 公司合资建设的中油宝世顺（秦皇岛）钢管有限公司开业典礼在秦皇岛经济开发区举行。

8 日 中国石化炼化工程板块在沙特第一个真正意义上的 EPC 工程沙特延布（YANSAB）聚烯烃项目顺利实现机械完工，聚丙烯装置已于 6 月 2 日顺利投产。该项目的成功交付，标志着中国石化炼化工程板块在组织大型 EPC 总承包项目建设方面迈出了重要一步。

10 日 克拉玛依石化公司润滑油厂总投资 2 亿多元的 60 万吨配套改扩建工程试车成功。自此，这套具有国际先进水平的润滑油调和装置将替代以往半自动化、半手工的生产装置，使润滑油厂进入全自动化生产。

12 日 中国石油江苏液化天然气项目获得国家商务部批准。该项目由中国石油天然气股份有限公司、江苏省国信资产管理集团有限公司与香港太平洋油气有限公司共同投资成立，三方分别持有 55%、10%、35% 的股权。

●国内首套 DCS 控制异戊橡胶模式装置在吉林石化公司研究院投入运行，为国家科技部科技支撑项目——异戊橡胶技术开发提供了研发平台。

14 日 吉林石化公司碳纤维厂正式揭牌，中国第一个碳纤维生产基地由此建成并投入生产。这标志着中国高性能碳纤维产业化实现新突破。

●中国首个国家非粮生物质能源工程技术研究中心在广西科学院正式挂牌。

16 日 中国石化汽车行业技术合作中心揭牌。该中心是中国第一个能源化工产业与汽车业的技术合作平台。

17 日 长庆科技工程公司自主研发的中国首台数字化橇装增压集成装置成功下线，填补了国内石油行业同类产品的技术空白。

●上海石油化工装备产业基地在金山区吕巷镇正式揭牌。中国机械工业集团投资 14 亿元的一个重型石化装备研制项目率先落户这一产业基地并举行奠基仪式。

18 日 陕京三线输气管道工程山西段打火开焊。至此，国家骨干管网安全供气的又一重要通道——中国石油陕京三线输气管道工程全线开工。

21 日 中国石油天然气股份有限公司发布公告，其子公司已完成收购新加坡石油公司 45.51% 的股份，并将对新加坡石油公司其余股票发出强制性有条件现金收购要约。

22 日 中国海油宣布惠州炼油项目正式投产，这标志着中国海油“有采无炼”的历史正式结束。惠州炼油项目是中海油独资兴建的首个大型炼厂，项目总投资 200 多亿元，以集中加工海洋高含酸重质原油为主，加工规模达1200 万吨/年，是目前国内单系列最大的炼油厂。

●中国石油国际事业有限公司与广州南沙开发区管委会在穗签订战略合作框架协议。中国石油将在广州南沙区黄阁小虎岛建设华南地区最大的成品油库和油品集散地。

23 日 中国海洋石油总公司与福建省政府签署《关于加快三都澳溪南半岛开发推进海峡西岸经济区建设的合作协议》，中国海油和福建省近期将投资 250 亿元人民币，加快开发溪南半岛。

●中国自主开发的重油催化裂化后反应系统关键装备技术通过了中国石油和化学工业协会组织的鉴定。该技术通过同时实现“三快”和“两高”，解决了重油催化裂化工艺后反应系统易结焦等世界性难题，使中国在这一领域走在了世界前列。该技术已推广应用于中国石油、中国石化 50 套催化裂化装置，经济效益显著。

24 日 中国石油化工集团公司宣布，中国石化集团国际石油勘探开发有限公司已与瑞士的 Addax 石油公司达成现金收购协议，以每股 52.80 加元的价格收购该公司全部股份。

25 日 中国海洋石油总公司计划在福建省新建 1 座库容为 500 万吨的原油储备基地。

26 日 国内首家油藏地球物理研究机构在中国石油东方地球物理公司成立，标志着中国地球物理勘探技术向油气田开发领域迈出重要一步。

27 日 中国石油天然气集团公司与乌兹别克斯坦国家油气公司签署了《关于扩大油气领域合作的协议》。

●国土资源部油气资源战略研究中心承担的“国家级油气资源数据库建设”项目，通过了由部信息中心组织的专家审查验收。该数据库包括 10 个专题数据库 12 个方面内容，涵盖全国 122 个含油气盆地、30 多个省（区、市）及海域、132 个石油（炼化）企业、1000 余个油气田及近几年油气进出口贸易等数据信息，内容丰富，数据准确，框架顺畅，填补了该部油气资源管理层面数据库的空白。

28 日 世界首座圆筒形超深水海洋钻探储油平台在江苏启东中远海洋工程基地建成并正式命

名，标志着中国海洋工程装备设计与建造能力已跻身世界先进水平。

29 日 黄岛、镇海两个国家石油储备基地有限公司正式交由中国石化管道公司管理，这是国家加强能源管理和专业化管理的具体体现。

30 日 在伊拉克首都巴格达举行的 8 个伊拉克大型油气田开发项目竞标中，中国石油天然气集团公司和英国石油公司的企业联合体赢得了位于伊拉克南部地区的鲁迈拉（Rumaila）油田的竞标。这是伊拉克 40 年来首次正式向外资开放油田开发。

7 月

1 日 中国石油和乌兹别克斯坦国家油气公司签署了《中国石油天然气集团公司与乌兹别克国家油气公司关于扩大油气领域合作的协议》、《中国石油天然气集团公司与乌兹别克国家油气公司关于联合勘探开发乌共和国明格布拉克油田合作原则协议第一号补充协议》、《中国石油天然气勘探开发公司与乌兹别克国家油气公司关于成立合资公司联合开发卡拉吉达—贡哈纳区块卡拉吉达构造的原则协议》，为双方进一步扩大石油天然气领域合作奠定了基础。

●巴斯夫公司已与中国海洋石油总公司签订了组建合资企业协议，将在广东省惠州大亚湾的石油化工园区建设丁苯胶乳装置。壳牌化学公司在大亚湾的石化联合企业将向该丁苯胶乳合资企业供应苯乙烯和丁二烯原料。

●中国化学工程集团公司承担设计和施工的巴基斯坦聚氯乙烯（PVC）联合化工一体化项目全面建成投产。该项目包括 20 万吨/年 EDC/VCM 和 10.5 万吨/年烧碱、5 万吨/年 PVC、60 兆瓦电厂和配套公用工程。

3 日 中海油服举行了 12 缆深水物探船“海洋石油 720”和深水工程勘察船“海洋石油 708”的建造合同签约仪式。

4 日 辽河石化公司自主研发的“辽河超稠油改质—蒸馏生产重交沥青技术”顺利通过鉴定。这项技术属国内首创，在稠油生产重交沥青领域达到国际先进水平。辽河石化公司是中国石油稠油加工基地和 200 万吨/年沥青生产基地。

5 日 中国首艘自主研制的 1200 吨浅水铺管船——海洋石油 202 正式交付海洋石油工程股份有限公司，标志着中国的铺管作业船从以使用进口二手船为主的时代，开始跨入自主建造的时代，并开辟了中国铺管船建造和海洋铺管作业的新纪元。

7 日 中国海洋石油有限公司东固液化天然气项目已经正式投产，项目生产的首船液化天然气已经成功出港。东固项目位于印度尼西亚的巴布亚岛，是该国的第三大液化天然气生产中心，由 3 个合同区组成，共包括 6 个海上气田。

9 日 中国石油集团下属辽阳石化分公司千万吨炼油项目开工建设，这是中国建设的第一个千万吨级全加工俄罗斯原油的基地。

10 日 中国石油集团“十一五”新产品开发重大装备国产化项目——PTA 装置离心机内转子在辽阳石化公司机械厂研制成功。

15 日 中美清洁能源联合研究中心成立，主要研究范围包括节能建筑、清洁煤、清洁能源汽车等领域。中美两国将共同投入 1500 万美元作为该中心的启动资金。

●目前国内单线产能最大的上海赛科石油化工有限责任公司 109 万吨/年乙烯装置成功扩产。

16 日 中国石化勘探南方分公司部署在川东北探区清溪场构造上的一口天然气井，测试获日产天然气 106.775 万立方米，创川东北地区常规测试单层日产量纪录。

●大庆油田设计院经过多年技术创新和科研攻关，独立自主攻克以 15 万立方米双盘浮顶油罐为主的大型浮顶油罐技术。大型浮顶油罐技术，特别是 15 万立方米油罐设计技术，是国内石油储备行业的前沿技术。

17 日 中国石化集团国际石油勘探开发有限公司与中国海油以 50:50 的比例成立的合资公司，已与马拉松石油公司下属的马拉松安哥拉 32 区块有限公司签署了销售与购买协议。合资公司将出资 13 亿美元，收购安哥拉 32 区块产品分成合同及联合作业协议项下 20% 的利益。

21 日 目前世界上最大的丁腈橡胶生产装置

在兰州石化公司建成中交。这套装置的建成，填补了国内空白，对中国石油和兰州石化的持续发展具有重大意义。

25 日 由中国石油工程建设公司“工厂化”整体 EPC 总承包的阿尔及利亚 500 万吨/年炼油厂项目，经过建设者的艰苦努力，实现一次投产成功，并顺利通过监理公司和业主验收。

27 日 首轮中美战略与经济对话在华盛顿举行。中国和美国草签了关于中美两国加强在气候变化、能源和环境方面合作的谅解备忘录。

28 日 国内首家生物质直燃发电工程技术研究中心揭牌仪式在山东省举行。

●中国海油能源发展股份有限公司与澳大利亚投资银行麦格理银行有限公司就 40 万吨/年煅后焦余热综合利用 CDM（清洁发展机制）项目举行签字仪式。这是中国在石化领域进行的为数不多的“碳交易”。

●中国海洋石油有限公司宣布，在中国渤海海域钻获一新的油气发现。新发现锦州 20－2 北构造位于辽东湾锦州 20－2 气田东北侧，距锦州 20－2 气田北高点约 4 千米。

30 日 美国 Terrabon 公司宣布，该公司的先进生物燃料研究设施成功生产出高辛烷值“绿色汽油”。这种汽油采用公司的 MixAlco 专利技术进行生物质预处理和发酵，该工艺过程可以产生有机盐类，然后转化成酮类，再转化成高辛烷值汽油。

31 日 中国石油天然气集团公司与伊朗国家石油公司就南阿扎德甘油田开发签署备忘录。根据备忘录约定，中国石油将购得伊朗国家石油公司在南阿扎德甘油田 70% 的股权，另提供 20% 的资金支持。中国石油将承担 90% 的油田开发投资。这是继中国石化亚德瓦兰油田、中国石油北阿扎德甘油田合同后，中方在伊朗取得的第三笔油田项目大单。

8 月

3 日 越南国有石油公司 Petrovietnam 已经决定建设该国目前最大的石化联合体。该联合体的投资将超过 100 亿美元，将包括 1 座炼油厂和 1 套化工装置。建设工作最早将在 2011 年开始，预计在 2014 年建成投产。

●中国石化引进日本日立公司年产 6 万吨/年 PBT 装置技术项目在仪征化纤公司举行隆重的签约仪式，这标志着仪征化纤公司 6 万吨/年 PBT 项目建设迈出了实质性的一步，也是其确立“存量调优、增量转型”的发展思路后建设的首个项目。

7 日 宝鸡石油机械公司自主研制的中国首部 1.2 万米钻机顺利完钻国内第一口海相超深科研探井——川科一井，完钻井深为 7560 米。这口井的完钻，把中国超深油气藏勘探开发水平提高到一个新层次，对于推动海相科技难题的解决以及地质科学探索具有重要意义。

10 日 中国石化宣布，目前中国最大的合资项目——中科石化正式落户湛江。该项目总投资逾 80 亿美元，计划 2013 年开始投产，生产能力为每天 30 万桶原油，另外还有 100 万吨/年的乙烯裂化能力。

●西南油气田成都天然气压缩机厂自主研制的 LK－35/2.5－3QZ 全罩型气体钻井用空气压缩机装置获国家发明专利。

11 日 全国能源工作会议为 2009～2011 年的石油和天然气产量提出了明确目标：这三年原油的目标产量分别是 1.92 亿吨、1.96 亿吨和 1.98 亿吨；这三年天然气的目标产量分别是 860 亿立方米、1050 亿立方米和 1200 亿立方米。

●中国石化特别研发的专用高等级沥青——“东海”沥青首次铺上北京长安街。

●美国 Univation 技术公司宣布，已在中国江苏省张家港市动工兴建聚乙烯催化剂厂。新厂将生产可用于各类线性低密度聚乙烯和高密度聚乙烯产品的 UCATJ 高效催化剂，主要为中国市场和其他新兴市场的聚乙烯装置提供技术支持。

12 日 中国石化国际石油勘探开发公司与台湾中油股份公司海外石油及投资公司签署澳大利亚海上勘探区块权益转让协议。这是中国石化与台湾中油首次一对一进行海外油气勘探合作。

●独山子石化公司研究院发明的“乙烯齐聚制备 α－烯烃的双核铁系催化剂组合物及其应用”

技术获得国家知识产权局的授权证书。

13 日 中国海洋石油有限公司宣布在渤海湾获得新发现秦皇岛 35－4 油田。秦皇岛 35－4 井可日产原油约 1700 桶，天然气 40 万立方英尺。

17 日 中国石油渝东南地区的首座铁路油库，在黔江正阳工业园区建成并正式运营，结束了该地区无规模成品油库的历史。

18 日 中国石油和埃克森美孚签署价值 410 亿美元的液化天然气供应协议。根据协议，埃克森美孚每年将从澳大利亚高更（Gorgon）气田向中国石油供应 225 万吨液化天然气。

●中国石油化工集团公司以总价 82.7 亿加元的价格成功收购总部位于瑞士的 Addax 石油公司。这是迄今为止中国公司进行海外资产收购最大的一笔成功交易。

19 日 中国石油炼化科研平台建设取得重要进展，首批建成投用的 3 个重点实验室和中试基地在石油化工研究院挂牌运行。这将进一步提升中国石油在炼化领域的自主研发水平。

21 日 中国石油天然气股份公司投资 2.4 亿元的重大科技专项——“柴达木盆地油气勘探开发关键技术研究”实施两年来获得重大成果，整体提升了青海油田勘探开发的科技水平，为油田增储上产发挥了重要的支撑和保障作用。

●陕西延长石油集团宣布在成都龙泉总投资 20 亿元，建立西南物流销售总部和西南中心油库及石油等精细化工产品物流基地项目。

24 日 国内首套无污染物排放的直接法环氧丙烷中试装置在天津建成。这套以丙烯和过氧化氢为原料直接合成环氧丙烷的 1500 吨/年中试装置，解决了国内现有氯醇法制环氧丙烷带来的废渣、废水排放问题，实现了环氧丙烷清洁生产。

27 日 中国第一座自升式海上采油平台——中国海油自安装采油平台在山东东营胜利油田油建公司桩西海工建造基地顺利下水，正式进入运行调试阶段。这座自升式采油平台总重量达 5500 吨，主体采用长 60 米、宽 35 米的箱体结构，具有原油生产处理、储存和外输等功能。

●中国石化股份公司科技开发项目“高拔出率劣质脱油沥青汽化喷嘴研制攻关”通过了总部鉴定。该技术具有创新性，喷嘴使用寿命长，整体性能达到国际同类产品的先进水平，经济效益和社会效益显著。

28 日 中国蓝星沈阳化工集团 50 万吨/年催化热裂解（CPP）制乙烯项目投产仪式在沈阳举行。该项目的成功投产，堪称世界乙烯工业生产的重大技术革命，将加速推进中国乙烯工业的技术进步，扩大乙烯原料来源，实现乙烯系列石化产品的多样化。

●陕西延长石油集团在位于延安市洛川县境内的延安石化厂隆重召开杨庄河炼化一期、吴起—延炼原油和延炼—西安成品油管线建成投运总结表彰大会，标志这三大省级重点项目提前建成投运，并建成覆盖陕北、穿越关中，连接采、炼、销三地的能源大动脉，基本实现油品输送管网化。

29 日 国内最大的 LNG 码头在大连竣工。这是中国石油建成的第一个 LNG 码头，也是中国北方第一个 LNG 码头，将成为中国海上油气战略通道的重要枢纽。

●中国石化胜利油田采油院在 KD642－P32 井进行水平井注蒸汽测试技术试验，该技术解决了一项世界性难题，填补了国内空白。

30 日 中国海洋石油总公司与卡塔尔石油公司在多哈签署了《卡塔尔海上 BC 区块勘探与产品分成协议》。

●辽阳石化公司新建 140 万吨/年重整歧化装置实现中交，进入生产准备阶段。

●国内首套润滑油型常减压装置——抚顺石化公司石油二厂 800 万吨/年常减压蒸馏装置，在 70% 负荷生产的前提下，轻油收率和能耗等指标创历史最高水平，达到国内先进水平。

31 日 中国石化对外宣布，国家重点工程——川气东送工程正式投入商业运营，该工程每年将为中国石化带来 200 亿元的销售收入，预计 9～10 年可实现赢利。

●中国寰球工程公司 EPC 总承包的四川石化 45 万吨/年聚丙烯装置开工。此套装置是目前国内单线生产能力最大、世界第二的聚丙烯装置。

●德国马普研究所的研究人员成功地开发出

一种固体催化剂，能使甲烷气体方便高效地转化成甲醇燃料，这项成果对有效利用天然气资源具有重要意义。

9月

1日 锦州石化公司60万吨/年连续重整装置提高石脑油切割点优化方案正式实施。这是中国石油重大科技专项——炼油厂能量系统优化示范工程在锦州石化进入实施阶段的第一个项目。

2日 经过近5个月的运行实践，以“多变量预估控制”为代表性特点的先进过程控制技术在川维厂醋酸乙烯装置精馏系统正式投运，标志着该厂首套装置实现由传统控制到先进控制的转型。

●胜利油田通过先进的技术手段在黄河入海口附近的青东凹陷，发现一处千万吨级新油田——桥东油田。近日，这一新发现已上报中国石化并通过专家组审核。

3日 宝钢股份UOE焊管生产单元1000吨X80抗大应变焊管试制成功，宝钢因此成为国内首家具备此类抗大应变焊管批量生产能力的钢铁企业。

4日 哥斯达黎加国家石油公司举行新闻发布会，正式宣布哥斯达黎加国家审计署批准哥国家石油公司与中国石油合资扩建哥斯达黎加加勒比沿岸莫印炼油厂项目。根据合同方案，中国石油和哥斯达黎加国家石油公司将共同出资组建一家新的合资公司，负责炼油厂的改扩建工程。该项目总投资将达到10亿美元，炼油厂改造后的生产能力将从日均2万桶左右提高到6万桶。

5日 2009年中国企业500强榜单发布，中国石油化工集团公司、中国石油天然气集团公司和国家电网公司排名前三位。

7日 中国海洋石油有限公司宣布，位于南海西部海域的乐东22－1气田顺利投产，可日产天然气3万立方英尺。

●国家发改委、工信部、海关总署、国家税务总局和国家能源局六部门联合发布了调整重大技术装备进口税收政策的通知。通知指出，自2009年7月1日起，对国内企业为生产国家支持发展的重大技术装备而进口的关键零部件及原材料，免征进口关税和进口环节增值税，同时取消相应整机和成套设备的进口免税政策。

8日 中国石化西南成品油管线二期工程——昆明—大理成品油管线建成投产。昆明—大理成品油管线总投资6.2亿元，设计输油量290万吨/年。

●辽河石油装备制造总公司独立设计的中国石油第一台1.5兆瓦风力发电机组总装下线，标志着辽河油田风电生产能力和研发水平跃上新台阶，中国石油成功进军风电领域。

●上午10时8分，中国石油山西煤层气处理中心开启了山西煤层气外输线通向西气东输主干线的最后一道阀门，山西煤层气顺利注入西气东输主干线，标志着中国煤层气进入了规模开发的新时代。

●由海洋石油工程股份有限公司承建的集上部模块设计、建造、安装、连接、调试为一体的必和必拓—阿帕奇海上浮式生产储卸油轮命名仪式在开发区海西湾举行。该船被命名为Pyrenees Venture号，它的建造交付，标志着中国已可以自主建造世界级标准的超大型海上浮式生产储卸油轮。

15日 上海石化年产60万吨芳烃改造项目建成投产。该项目在世界同类项目中建设周期最短、生产准备时间最少、打通全流程时间最短，向国庆60周年献上了一份厚礼。

●宝鸡石油机械有限责任公司与阿联酋国家钻井公司（NDC）签订了总金额约20.8亿元人民币的国际订单。这是迄今为止中国石油装备出口史上最大的一笔高端重型装备出口订单。

16日 天津百万吨乙烯装置建成中交。该项目是天津百万吨乙烯及配套项目工程的龙头工程，于2007年9月开工建设。

●中国与委内瑞拉签署一份投资协议。中国将在未来3年向委内瑞拉1个石油项目投资160亿美元，将这个项目的石油产出提升到每天90万桶。

20日 茂名石化投资6亿多元的新建180万吨/年蜡油加氢精制装置建成中交，标志该项目由建设阶段进入生产阶段。

21 日 中国西部大开发标志性工程——独山子石化百万吨乙烯一次投料试车成功。至此，独山子石化千万吨炼油百万吨乙烯工程全面建成投产，进入生产运营阶段。

23 日 新疆独山子国家石油储备基地开工兴建，标志着中国第二期石油储备基地建设全面展开。

●中国石油化工股份有限公司全资子公司——中国石化炼油销售有限公司的成立。

24 日 中国石油首条中高端石油专用管生产线在宝鸡石油钢管有限责任公司开工建设。两年后，这个公司将形成年产 20 万吨 N80、P110 钢级石油专用管的生产能力。

25 日 中国石油的 6 个油气管道项目，包括北疆天然气管道、宁夏银川原油管道、甘肃兰州原油管道和山东天然气管道先后开始实施。这意味着中国石油遍及全国的油气管道网正在形成。

27 日 中国科学院大连化学物理研究所与中国石油石油化工研究院合作开发，具有自主知识产权的润滑油基础油加氢异构脱蜡催化剂及成套技术，在中国石油大庆炼化分公司 20 万吨/年高压加氢装置上成功应用。

28 日 中国石化和巴斯夫正式启动合资企业扬子石化—巴斯夫有限责任公司二期项目建设。该项目将乙烯年产量由 60 万吨增加到 74 万吨，同时新建 10 套下游产品装置及扩建 3 套现有装置。

●中国石化首个高酸原油加工基地——青岛石化加工高酸原油适应性改造项目主体装置实现中交，正式从建设阶段全面转入生产准备阶段。

●辽阳石化公司 100 万吨/年加氢裂化和 3 万吨/年脱硫装置实现中交。加上前期中交的 200 万吨/年加氢精制装置，辽阳石化炼油改造工程已完成建设任务。

29 日 中国石化集团洛阳石油化工工程公司开发的“连续重整高效缠绕管式换热器研制与工业应用”项目通过中国石化总部组织的技术鉴定。

●天津石化 100 万吨/年乙烯及配套项目中环氧乙烷/乙二醇生产装置顺利实现中交，至此，天津乙烯项目中乙烯及其他 7 套下游生产装置、11 套炼油生产装置已全部实现中交，标志着天津乙烯项目由施工建设阶段全面转入生产准备阶段。

10月

5 日 国土资源部在重庆市綦江县启动了中国首个页岩气资源勘察项目，这标志着继美国和加拿大之后，中国正式开始这一新型能源页岩气资源的勘探开发。

7 日 自 1989 年塔里木石油大会战以来，经过 20 年勘探开发，目前塔里木油田已形成轮南、东河、塔中、哈得 4 个油田群，累计生产原油逾 7000 万吨，成功实现了中国陆上石油工业“稳定东部，发展西部”的宏伟战略。

8 日 苏里格气田 50 亿立方米/年产能建设工程获中国石油 2010 年度石油优质工程金奖。

9 日 中国石油兰州石化公司机械厂制造、直径达到 1000 毫米的油气长途运输管线高压球阀样机全部完成，各项指标均达到设计要求。这标志着中国大口径高压球阀生产开始迈上国产化道路，其市场供应也将从此打破国外产品“一统天下”的垄断局面。

●大庆石化公司总投资 140 亿元的 120 万吨/年乙烯改扩建工程举行了开工奠基仪式。该项目是国家发改委批准的国家“十一五”重点建设工程和中国石油的重点建设项目。项目建成后，大庆石化公司的乙烯年生产能力将由 60 万吨增加到 120 万吨，产能跃居全国同行业首位，成为国家最重要的乙烯生产供应基地之一。

●中国海油已收购山东东营市东营港，并投巨资建大型石油炼化项目和石油储备基地。

●中国石油在重庆投资 116 亿元建设 40.5 亿立方米天然气储气库。

10 日 在宝鸡石油机械公司泵业分厂，国内首台 F1－800 轻型泥浆泵在模拟工况下顺利完成 8 个小时的功能性试验和 100 个小时的可靠性试验，标志着研制生产取得成功。

●辽河石化公司自主研发的环保橡胶填充油环保指标已通过 BIU（德国生物致癌物研究所）、

SGS（瑞士通标标准技术服务有限公司）和TUV（德国技术监督协会）三家国际权威机构认证。这在全国尚属首例。

11日　中国石化重庆石油分公司与江津区政府签订战略合作框架协议，计划投资5亿元在该区建设1座库容为15万立方米、年下载量200万吨的西南成品油管线下载分输库。

12日　中国首创的具有自主知识产权的油田用废水处理剂及废弃物高值化应用新技术，在长春通过专家鉴定。

●天津100万吨/年乙烯及配套项目乙烯装置裂解气压缩机开车成功，标志着目前国内最大、首个拥有自主知识产权的百万吨级乙烯裂解气压缩机投入运转，使中国乙烯重大技术装备国产化水平跃上了新的台阶。

13日　中国石油天然气集团公司与俄罗斯石油公司签订备忘录，俄方将为合资的东方石化提供千万吨油源，双方还有望共同在中国建设300~500座的合资加油站。

●抚顺石化公司800万吨/年常减压蒸馏装置生产出合格产品，实现一次试车成功。该装置是抚顺石化“千万吨炼油、百万吨乙烯”工程的“龙头”装置，试车成功对于增强中国石油整体竞争力及拉动城市经济转型具有重要意义。

14日　美国《商业周刊》公布了与管理咨询公司科尔尼公司联合评选的“2009年度全球最佳企业40强”名单，中国海洋石油有限公司从全球2500家上市公司中脱颖而出，位居榜单第16位，并且是上榜的唯一一家中国企业。

●中国第一台国产全自动焊机现场推广应用成功，达到了每8分钟完成1道直径1219毫米×18焊口的设计能力。

15日　西北油田分公司部署在塔里木盆地西部麦盖提斜坡巴什托构造的开发评价井——BK8井，经开井测试，日产轻质原油60立方米。这是巴楚区块自2007年底重新启动开发评价以来，喜获高产的第四口新井，展现出巴楚区块良好的勘探开发前景。

16日　中缅油气管道、昆明千万吨炼厂的配套项目——中国石油昆明油库奠基典礼在云南昆明隆重举行。

18日　中国地质调查局副局长王学龙在广州正式向广州海洋地质调查局移交了“海洋六号”船舶适航证书。这标志着中国第一艘自主研制的可燃冰综合调查船正式入列，将使得中国海洋地质调查装备进入国际先进行列。

●大庆油田在其外围朝阳沟油田朝50区块微生物驱油的先导试验基础上，又开展了微生物驱油扩大试验。预计该试验可提高采收率3个百分点左右，整个试验过程累积增油可达6万吨。

20日　兰州石化公司研发的“三氯化铝/亲核试剂复合催化体系及其合成石油树脂中的应用”技术获得了国家知识产权局的授权证书。至此，兰州石化公司在这个领域制备技术系列申请的15项专利，已取得8项国家知识产权证书，形成了拥有自主知识产权的核心技术群。

22日　新疆能源八大重点项目同时开工。八大重点开建项目中，以石油天然气为原料的化工项目就占了3个，到2010年，新疆将形成125万吨/年乙烯、100万吨/年对二甲苯、420万吨/年尿素、180万吨/年聚氯乙烯的生产能力，建成国家最大的石油天然气生产、加工基地。

●宝鸡石油机械公司为中国石化生产的加强型9000米钻机在其钻机试验井场顺利起升。这是这个公司生产的第9台9000米钻机。至此，国产9000米钻机已在宝鸡石油机械公司逐步实现产业化。

25日　中国石化召开2009年度勘探例会总结会。2009年中国石化油气勘探取得1个重大突破、4个重大进展、4个新发现、5个新进展的成绩，使东部硬稳定资源基础得到进一步加强、西部增储上产步伐进一步加快、南方天然气发展形势进一步明朗，有力保证了中国石化资源战略的落实。

26日　中国石油化工集团公司与广东省人民政府、科威特石油公司签署谅解备忘录。根据谅解备忘录，三方将共同推进中科合资广东炼化一体化项目建设。项目总投资约600亿元，规划炼油能力1500万吨/年、乙烯生产能力100万吨/年，主要加工科威特原油。

27日　中国石油石油化工研究院研制的一种

聚丙烯合金及其制备方法，获得国家发明专利。

28 日　国土资源部中国地质调查局宣布，中国计划再花 10 年时间制定“可燃冰”相关规划、开展资源普查和开发研究。

●西气东输管道工程设计获“十佳感动中国工程设计”大奖，设计单位中国石油天然气管道工程有限公司获“十佳自主技术创新企业”大奖，管道工程有限公司总经理董旭获“十佳现代管理企业家”大奖。

●中国陆上最大的天然气对外合作项目“川东北天然气项目”的控制性工程——宣汉天然气处理厂正式开工建设。

30 日　位于山西省沁水县的亚洲最大压气站——西气东输管道增输工程沁水压气站正式投产。

11 月

3 日　中油燃料油公司大榭 130 万立方米油库暨宁波大榭 30 万吨级原油码头 10 月底已正式投产。宁波大榭 30 万吨级（水工兼靠 45 万吨级）原油码头的投产标志着宁波港拥有了中国最大吨位的原油码头。

4 日　中国与巴西最大的国有石油公司——巴西国家石油公司（Petroleo Brasileiro SA）签署了一份总金额高达 100 亿美元的贷款换石油协议。

●上海石化股份公司具有完全自主知识产权的年产 15 万吨碳五分离装置，在该公司打通全流程，产出合格产品。这标志着国内最大的碳五化学工业研发生产基地已在上海石化崛起，中国石化碳五化学产业总体已处于世界先进水平。

●中国石油化工股份有限公司旗下子公司中国石化联合石化（亚洲）有限公司与埃克森美孚旗下子公司埃索高地有限公司签署液化天然气长期供应框架协议，每年将从埃索高地运营的巴布亚新几内亚液化天然气项目进口 200 万吨液化天然气。

5 日　中国海油位于渤海湾的自营新油田旅大 27－2 已提前投产。目前，该油田共有 11 口井在产，可日产原油 1.1 万余桶。

7 日　中国企业新纪录（第十四批）公布了 2008～2009 年度国内企业 1370 项自主创新成果，中国海油创造的 39 项新纪录榜上有名，其中 1 项世界首创、1 项亚洲纪录，另有 4 项纪录为重点发布项目。

9 日　中国首套自主研发的、利用合成氨尾气生产液化天然气设备，在息烽县连续开机运行。这标志着由贵阳市公交总公司自主研发的“变废为宝、双向减排、替代能源”项目已研发成功。

●中国建筑业协会公布中国建设工程鲁班奖评选结果，工程建设公司苏丹喀土穆炼厂扩建工程获中国建设工程鲁班奖（境外工程）。大庆石化建设公司承建的 120 万吨/年延迟焦化装置技术改造项目，获得中国建设工程鲁班奖（国家优质工程）。

11 日　中国第一个集炼油、化工和成品油营销全面一体化的中外合资大型石油化工项目——福建炼油乙烯一体化合资项目举行投入商业运行仪式。这也是国内迄今为止一次性整体规划、实施投资最大的炼油化工项目。

●大庆建设集团油建公司承建的冀东南堡油田一号陆上终端地面工程，投产试运行一次成功。南堡联合站位于河北省滦南县南堡乡，是目前亚洲最大的油气处理厂，也是中国石油在建最大工程，是冀东南堡油田 1、2 号构造的油气处理中心。

●中国石油化工股份有限公司与连云港港口集团有限公司就合资建设和经营 30 万吨级原油码头正式签订协议。

13 日　宝鸡石油钢管有限责任公司凭借雄厚科研创新实力，被科学技术部、国务院国资委和中华全国总工会确定为国家创新型试点企业。

●中国海洋石油总公司与卡塔尔天然气运营有限公司（卡塔尔天然气公司）签订向中国增加液化天然气长期供应的谅解备忘录。

●中国石油抚顺石化公司 800 万吨/年常减压蒸馏装置投料试车一次成功。

14 日　天津将在南港工业区打造国家级石化产业基地。建设原油、成品油国家战略储备库和商业储备库，储备能力达到 2000 万吨。

●仪征化纤公司、南京化工公司、中国纺织科学研究院联合开发的300吨/年高性能聚乙烯纤维干法纺丝工业化成套技术，通过中国石化组织的技术鉴定。该项目被列为中国石化“十条龙”攻关项目。

15日 镇海炼化2300万吨/年炼油配套重点建设项目——150万吨/年催化汽油吸附脱硫装置建成中交，项目总投资约2.8亿元。

16日 中国石油开发的中国首座数字化规模化煤层气田示范工程在山西沁水盆地竣工投产。这是中国石油向综合性国际能源公司战略目标迈出的重要一步。建成后的煤层气田，将为推动山西省由能源大省、污染大省向环保大省转变发挥重要示范作用。

17日 中缅油气管道项目米坦格河跨越施工合同签字仪式在北京举行，国家四大能源战略通道之一的中缅原油和天然气管道项目进入全面实施阶段。

18日 中国石油哈尔滨石化公司60万吨/年连续重整—80万吨/年中压加氢改质联合装置日前一次开车成功，产品质量全部合格。

19日 青海油田公司涩北气田日产天然气1519万立方米，通过5条长输管道源源不断进行外输。至此，涩北气田累计建成天然气年产能84亿立方米。

24日 中国石化所属的国际事业公司与越南油气集团所属的越南石油总公司在河内签订原油和石油产品经营合作协议。

●在河南省社旗县泗河之下，西气东输二线东段21标段完成一次定向钻穿越。这标志着中国X80钢级直径1219毫米大口径管道首次定向钻穿越获得成功。

25日 国务院召开常务会议，决定到2020年中国非化石能源占一次能源消费的比重达到15%左右。

●中国石油与壳牌公司的合作开发项目——富顺—永川区块页岩气项目在成都启动，标志着中国首个页岩气合作开发项目正式进入实施阶段。

26日 开滦能源化工股份有限公司与唐山曹妃甸工业区管委会在曹妃甸工业区举行《曹妃甸60万吨/年焦油初加工及百万吨煤焦油深加工项目投资协议书》签字仪式。这标志着目前世界最大规模的焦油加工项目正式落户曹妃甸工业区。

27日 胜利采油院防砂中心研发的“分层挤压充填防砂管柱”技术获山东省专利一等奖。

28日 中国石化石油物探技术研究所在南京成立。

30日 宁波工程公司承建的镇海乙烯70万吨/年裂解汽油加氢装置、60万吨/年芳烃抽提装置实现中交，这是镇海乙烯继11万吨/年MTBE、4万吨/年1－丁烯装置后第二批主装置施工项目完成中交。

●中国石化珠三角成品油管道二期工程在广东梅州中村油库举行开工仪式。二期工程总长498千米，设计年输油量375万吨，工程总投资12亿元，预计在2010年底竣工。

12月

1日 茂名石化百万吨乙烯2#裂解装置2009年累计生产乙烯64万吨，提前1个月实现投产以来的首次年度达标，乙烯能耗比上年下降52.6千克标油/吨，在集团公司同类装置竞赛中排名第一。设计负荷为64万吨/年的2#裂解装置是中国首套国产乙烯装置，设备国产化率高达87.8%，于2006年9月投产。

2日 经过近两年的勘探，胜利油田胜利采油厂坨128区块的探明储量由114万吨跃升到上千万吨，一个千万吨级“原油大鳄”将浮出水面。

3日 中国石化西北油田分公司在中国第一个含油面积达3000多平方千米的碳酸盐岩整装大油田——塔河油田，探明石油地质储量已达10亿吨以上，截至11月17日，2009年的原油产量已达5794521吨，日产量达18400吨，完成年计划660万吨已成定局。这标志着中国石化西部能源接替战略取得重大进展。

●中国石油天然气管道局山东日照—东明的原油管道工程正式开工，2011年工程投运后，每年可为山东省的地炼企业输送原油上千万吨。

●天津石化100万吨/年乙烯及配套项目中的

130 万吨/年蜡油加氢装置顺利投料生产并顺利生产出合格产品。

●中国石化与沙特基础工业公司合资成立的中沙（天津）石化有限公司揭牌仪式上，中国石化宣布，天津百万吨乙烯项目设备国产化率在70%以上。

4 日 天津大港油田公司歧口凹陷预探取得重大突破。截至 2009 年底，该项目已取得第一次整体研究歧口富油气凹陷浅层构造等 4 项第一，形成 3 项技术系列，实现规模增储，为大港油田陆地稳产、滩海上产提供了重要的油气资源。歧口凹陷是渤海湾盆地主要的富油气凹陷之一，也是大港油田最重要的油气生产基地。其油气储量、产量均占油气总量的 70% 以上。

●一项具有完全自主知识产权、达到世界先进水平的煤化工关键技术取得了重大突破。中国工程院院士、清华大学教授金涌在人民大会堂举行的新闻发布会上表示，流化床甲醇制丙烯（FMTP）工业技术的开发成功，开拓了不以石油为原料的石油化工技术路径，实现了丙烯转化原料多样化和“对石油的部分替代”。这对突破中国资源瓶颈、推进国家能源结构调整具有十分重大的意义。

5 日 国家开发投资公司与中国石油化工集团公司合作备忘录签字仪式在北京举行。双方协商将共同在伊犁地区投资建设煤炭开采、炼焦及煤制烯烃项目。

●湖北省和武汉市政府与中国石化在北京签署战略合作协议。根据协议，总投资 179.5 亿元的武汉 80 万吨/年乙烯项目，将于 2010 年一季度全面开工建设。

●部署在东濮凹陷西部斜坡带的濮深 18 井，经过 20 多天的试油，获高产工业油气流，5 毫米油嘴自喷，日产原油稳定在 20 吨以上、天然气 5000 立方米。濮深 18 井的钻探成功，对东濮凹陷的洼陷带深层油气勘探具有极大的带动意义。

6 日 中国石化与江西省政府就江西九江石化炼化一体化项目在北京签署战略合作协议。根据协议内容，九江石化将形成 800 万～1000 万吨/年的炼油综合加工能力，使九江一跃成为中部地区重要的炼油化工生产基地。

8 日 中国石油炼化重大工业化试验万吨级重油梯级分离耦合萃余残渣造粒工业示范试验装置开车成功。这标志着中国石油在劣质重油加工技术开发方面取得重大突破性进展。

●经过宁波工程公司一年半时间的建设，镇海乙烯 16 万吨/年丁二烯抽提装置顺利实现了中交。该装置是宁波工程公司继乙烯低温罐、芳烃抽提装置、裂解汽油加氢装置中交后又一套按标准交出的工程项目。

9 日 华北管网天津—沧州原油管道正式投产，标志着中国石化“十一五”重点工程——华北管网工程建设取得圆满成功。同时，北起河北曹妃甸，南至浙江册子岛、大榭岛的中国石化东部原油管网实现全网互通，对中国石化资源优化配置将起到巨大推动作用。

●大庆石化自主研究开发的新技术“ABS600 纳米大粒径附聚胶乳”喜获成功，首批工业化生产的大粒径胶乳全部合格。这标志着大庆石化打破国外技术垄断，在合成树脂技术创新领域实现新飞跃，为中国石油赢得了国内领先国际一流的具有自主知识产权的大粒径附聚胶乳专有技术。

●中国海洋石油有限公司的合作伙伴哈斯基石油中国有限公司在南海东部海域钻获深水天然气。该井的完钻井深 3449 米，水深约 1145 米。测试井可日产天然气 5500 万立方英尺。

●中国石油宁夏石化公司 500 万吨/年炼油改扩建工程正式通过国家发改委核准，启动大规模建设。作为中国石油西部管道沿线炼化产业带重要构成部分，这个项目建成投产后，宁夏石化不但跃升宁夏工业企业之首，而且也将为西部石油供应提供有力保障。

●国内首套采用美国公司催化汽油吸附脱硫专利技术，生产硫含量低于 10×10^{-6} 的低硫清洁汽油生产装置——燕山石化 120 万吨/年催化汽油吸附脱硫装置通过中国石化组织的竣工验收。

10 日 大庆石化公司化工一厂乙烯和丙烯（双烯）收率累计达到 49.67%（乙烯收率 35.11%，丙烯收率 14.56%），创全国最佳。

11 日 茂名石化大乙烯 2009 年已生产乙烯

101 万吨，成为中国现有 16 家乙烯生产企业中第一家实际年产量超过百万吨的“领头羊”。

●大港油田采油工艺研究院自主研发的新型本源微生物复合营养驱油技术，获得国家发明专利。这项技术驱油效果比原来提高了近 6 成。

13 日　青海油田昆北断阶带勘探工作取得重大突破，累计新增三级石油地质储量 1 亿多吨，这是青海油田近 30 年来的最大发现。

14 日　中国—中亚天然气管道通气仪式在土库曼斯坦举行。国家主席胡锦涛同土库曼斯坦总统、哈萨克斯坦总统、乌兹别克斯坦总统共同出席通气仪式。管道单线长 1833 千米。

16 日　金陵石化公司“十五”两大重点工程——加工高硫原油总体改造工程与化肥原料“煤代油”工程各项技术经济指标均达到设计标准，顺利通过国家验收。

●截至 2009 年 11 月底，广西石化千万吨炼油项目累计完成投资 141 亿元，占总投资的 93.2%，为正式投产奠定坚实基础。

17 日　中国海洋石油总公司已与英国天然气国际有限公司（BG 集团）就中国南海一区块签订了石油产品分成合同。

●中国石油重点工程——兰州石化 550 万吨/年常减压蒸馏装置技术改造工程，提前 1 个月实现中交目标。

18 日　国家环保部公布了 2009 年度《国家先进污染防治示范技术名录》和《国家鼓励发展的环境保护技术目录》。

●中国石油集团测井有限公司自主研发的“多极子阵列声波测井仪”获集团公司 2009 年度科技进步一等奖。至此，中国石油已形成“三电两声一核磁”成像测井系列，与国际著名石油公司斯伦贝谢、哈里伯顿和阿特拉斯并列世界四大成像测井系统研发和制造企业。

●内蒙古汇能煤制合成天然气项目获得国家发改委核准。这是国家发改委核准的第一个民营企业投资的煤制天然气项目，也是继大唐内蒙古克什克腾旗 40 亿立方米/年煤制天然气项目之后，国家发改委正式核准的第二个大规模煤制天然气项目。

19 日　中国石油 2009 年重大开发试验新疆油田火驱项目在克拉玛依红浅 1 井区举行投产成功仪式。

●鲁皖二期西线成品油管道石家庄—邯郸段一次投油成功。鲁皖二期西线成品油管道全长 905 千米，采用常温密闭顺序输送工艺，设计年输量为 170 万吨。

●巴陵石化与西安航空发动机集团有限公司扶桑机电技术有限公司合作，对羟胺循环气体压缩机的“心脏”——转子进行国产化改造并取得成功，产品性能达到国际同类产品先进水平，填补了国内同类压缩机转子国产化的空白。

21 日　中国石化天津乙烯项目千万吨炼油工程打通工艺流程，生产出合格产品，为天津乙烯项目顺利建成投产、保证天津地区成品油按时升级奠定了基础。

●中国海洋石油总公司与福建省联合开发的海西宁德工业区在福建宁德三都澳溪南半岛正式开工建设。该工业区规划面积约 228 平方千米，近期将重点实施 1000 万吨原油储备、260 万吨/年 LNG 接收站及管网工程等项目建设。

●延长石油集团在科技创新中，坚持以科技攻关和服务生产两大任务为中心，加快科技成果转化应用，促进了企业实现跨越式发展，三年迈出三大步：2007 年迈入国家级千万吨级大油田，2008 年实现销售收入 600 亿元，2009 年将突破 800 亿元。

22 日　胜利油田“二元复合高效驱油提高采收率技术”和“胜利油区复杂结构井钻井技术开发与应用”，两项科研成果获得 2009 年国家科技进步二等奖。

●巴陵石化合成橡胶事业部开发的溶剂型黏合剂专用 SBS 新牌号 TPE YH－168，综合技术处于国内领先，并达到国际同类新牌号的先进水平，可替代进口。

23 日　中国石油工程建设公司潜心研发近 1 年时间的“20 万立方米原油储罐的设计与建造技术”科研项目，通过技术专家的鉴定与验收。

24 日　中国海洋石油总公司与委内瑞拉国有委内瑞拉国家石油公司（PDVSA）签署一项有关

在这个南美洲国家里共同勘探石油和天然气的协议。

●长庆油田苏里格气田日产天然气达到3000万立方米，标志着苏里格已成为中国年产能上百亿立方米的大气田。

●柴达木盆地台南气田日产天然气1071万立方米，其中水平井产量达50%，而且水平井在全部产能中也占到50%。台南气田已成为中国首个以水平井为主的整装气田。

25日 吉林油田长岭气田正式建成投产，形成10亿立方米/年天然气综合配套生产能力。这是中国建成的首个集天然气开采、二氧化碳埋存驱油的一体化项目。

26日 神华煤制烯烃项目180万吨/年甲醇装置，以及气分、净化装置建成中交，标志着煤制烯烃化工区域的全面建成，工艺生产装置联运试车全面启动，项目由施工向生产转移。

27日 中海石油化学股份有限公司华鹿山西煤炭化工有限公司揭牌。该公司将在山西建设60万吨/年合成氨、100万吨/年大颗粒尿素项目。

28日 中国石化宣布，镇海炼化100万吨/年乙烯工程胜利建成。该项目投资235亿元，由10套主装置和公用工程系统组成。建成投产后，镇海炼化将具备2300万吨/年的炼油能力和100万吨/年的乙烯产能。

29日 中国石油天然气股份有限公司收购加拿大两个油砂项目的协议获加政府批准。这两个油砂项目的最高日产油量为50万桶。

●甘肃省兰州市永登县库容量为300万立方米的兰州国家石油储备基地开工建设，这是中国西部又一座大型国家石油储备基地。

31日 中国石化催化剂分公司与美国瓦莱罗公司（Valero）签订了1800吨催化裂化催化剂的供货合同，与美国太阳石油公司（Sunoco）签订了1000吨催化裂化催化剂的供货合同。国产炼油催化剂首次成功批量进入美国本土市场。

●中国石油管道公司首台大功率国产化泵机组试运行成功。

年内 中国石油和化学工业协会数据显示，2009年中国生产天然气830亿立方米，与2008年相比增长7.7%。2009年中国天然气表观消费量为874.5亿立方米，同比增长11.5%。与国内产量相比，国内天然气供需缺口达40多亿立方米。

▲根据中国石油和化学工业协会提供的数据，2009年全国原油实际加工量3.9亿吨，开工负荷80%，而地方炼油企业2009年开工负荷不足40%。目前，中国已形成13个千万吨级炼油基地，国内炼油能力1000万吨/年以上的炼油厂原油加工能力已占总加工能力的近50%。

▲工信部官方网站公布的2009年石油和化工行业经济运行情况显示，2009年中国石油和化工行业利润为5000亿元左右，下降约3%；而石油天然气开采行业实现利润1686.52亿元，同比下降60.7%。

▲据海关统计，2009年中国累计进口原油2.04亿吨，年度进口规模首次突破2亿吨，比上年增长13.9%；价值892.6亿美元，下降31%；进口平均价格为每吨438美元，下跌39.4%。

▲截至2009年12月，中国石油已在海外29个国家运作81个项目。海外作业规模持续扩大，原油年生产能力达到7000万吨，天然气年生产能力达到100亿立方米，分别同比增长12.5%和近50%。

▲中国石化上游板块实现东稳西增。胜利油田2009年生产原油2791万吨，连续10年保持稳定增长，连续13年保持储采平衡。西部上产步伐进一步加快：西北油田分公司2009年生产原油660万吨，同比增长60万吨，生产天然气13.1亿立方米，全面完成2009年度勘探开发任务，完成勘探开发投资1467亿元。

▲2009年，中国石化海外份额油产量达到1279万吨，占集团原油总产量的23%。中国石化勘探开发扩展到全球21个国家，巨资收购瑞士Addax公司后，使海外油气产量增长获得重要支撑。

▲2009年，中国海洋石油有限公司油气净产量达到227.7百万桶油当量，同比增长17.2%，增幅位居同业公司前列。

▲2009年，中国最大的石油生产基地大庆油田继续实现稳产高产。全年生产原油4000.0299万

吨，生产天然气30.0398亿立方米。

▲2009年，中国石化胜利油田全年新增探明储量1.04亿吨；生产原油2783.5万吨，同比增加9.5万吨；生产天然气7亿立方米。节能减排任务指标全面完成。在国际油价低迷的情况下，实现企业增加值640亿元，税费227亿元，经济指标完成情况和经济效益好于预期。

▲2009年，中国石油长庆油田公司生产油气当量跨越3000万吨，成为中国第二大油气田，该公司提出到2015年将建成5000万吨级现代化大油气田。

▲2009年，位于渤海海域的白营油气田锦州25－1南、曹妃甸18－2已经提前投产。此外，渤中13－1、渤中34－1北等两个油田也已于年内按期投产。

▲中国最大天然气产区——中国石油塔里木油田2009年勘探获得“大丰收”，连续4年实现油气勘探大突破，全年油气产量继续保持在2000万吨以上。

▲2009年，塔河油田在托甫台地区发现了1个1亿吨级稀油油藏，打开了塔里木盆地勘探开发新的大场面。

▲2009年，中国十大沥青厂的沥青总产量达到737.5万吨，比上年增长71%，刷新了历史纪录。其中，中国石油所属沥青厂的产量占有48%的份额，中国石化占29%，中国海油占23%。

▲2009年，中国石油炼化业务在原油加工量、化工商品量分别增长12.5%、38.5%的情况下，炼油吨油能耗率降低13.5%，水耗率降低30.5%，化工吨产品能耗率下降19.2%，水耗率降低23.6%；COD排放下降17.5%，石油类排放下降38.1%。炼化板块累计节能307.45万吨标煤，节水1.44亿吨，提前1年实现中国石油下达的“十一五”节能减排目标。

2010 年

1 月

5 日 中国石化宣布，中国石化镇海岚山原油商业储备基地工程已通过中交验收，这也是中国石化建成的第一个大型原油商业储备基地。

6 日 国家能源局举行授牌仪式，这标志着首批 16 个国家能源研发（实验）中心正式成立。16 个研发中心涉及核电、风电、高效发输电以及设备材料等能源重点行业和领域，对建立中国能源科技支撑体系，满足创新型国家和能源结构优化升级的战略需要以及能源技术装备的市场需求意义深远。

8 日 中国石油集团公司财税政策研究中心在中国石油经济技术研究院揭牌。这是中国石油集团公司适应国家税制改革、重组改制和国际化经营的需要，也是强化集团公司财税政策研究工作的一项重要举措。

●中国石油股份公司首个炼化重大科技专项“1－己烯工业化试验及成套技术开发”取得突破性进展。集团公司科技管理部会同炼油与化工公司在北京组织 2 万吨/年 1－己烯成套技术工艺包审查会。专家组一致认为，具有完全自主知识产权的 1－己烯成套工艺技术已达到国内领先、国际先进水平。

●中科院成都生物研究所在成都的万吨级甘薯燃料乙醇产业化示范项目至 2010 年初已完成 5 批次鲜薯的燃料乙醇发酵试验，各项指标均远远高于现有生产水平。

●由川庆物探公司历时 3 年研发，一套具有完全自主知识产权、专门对付世界级山地油气勘探难题的 GeoMountain 一体化软件系统在四川诞生。这套软件已在塔里木盆地、四川盆地、鄂尔多斯盆地试用，在山地物探采集、处理、解释等方面起到重要技术保障作用。

10 日 新疆油田克拉美丽气田二期工程成功投产，日增天然气 50 万立方米，该气田每天向乌鲁木齐供气超过 140 万立方米。

11 日 2009 年度国家科学技术奖在北京人民大会堂隆重揭晓。中国石油 9 项科技成果获奖，中国石化 11 项科技成果获奖。此次共有 289 个通用项目获奖，其中化学化工类项目 58 个，占获奖项目总数的 20% 以上。共有 9 个化学类项目摘得国家自然科学奖，16 个化工类项目获得国家技术发明奖，33 个化工类项目获得国家科技进步奖。这意味着中国化工行业在原始创新与自主创新方面取得明显进展，化工行业的集成创新能力稳步提升。

●辽阳石化公司为核心区的辽阳芳烃基地被国家科技部正式认定为“国家芳烃及精细化工高新技术产业化基地”。

12 日 中国石油渤海钻探工程有限公司被正式认定为国家级高新技术企业。这标志着渤海钻探公司依靠科技创新，转变发展方式，实现历史跨越，成为中国石油目前规模最大的国家级高新技术企业。

●按照陕西省委、省政府的统一部署，陕西省三大科研院所——西北化工研究院、省石油化工研究设计院、省轻工业研究院被正式并入陕西延长石油集团。

13 日 长庆油田自主研发、国内首创的无基础游梁式抽油机 T 型底座获国家知识产权局颁发的实用新型专利证书，填补了国内石油行业同类产品的技术空白。

15 日 中国石油集团测井有限公司自主研制的 EILog 快速与成像测井系统年内作为标准配置装

备全面推广应用。

16 日　中国国内目前规模最大的百万吨乙烯单套装置——天津石化 100 万吨/年乙烯装置一次开车成功，生产出合格产品。至此，中国石化天津百万吨乙烯及配套项目全面建成投产。

17 日　中国石油尼罗河公司位于苏丹红海盆地 15 区块的海上勘探钻井作业正式启动。这口名为 Tokar－1 井的探井是中国石油海外勘探的首口海上钻井作业井。

18 日　宝鸡石油机械有限责任公司自行研制生产的新型 SL170 水龙头顺利下线。至此，该公司已形成了载荷从 170 吨到 900 吨钻井游吊系统设备的无缝覆盖，极大地提高了国产钻机的自我配套能力。

●中国石化安庆分公司 800 万吨/年炼化一体化项目开工建设。该项目的开工标志着中国中部又一大型炼油化工一体化项目和油、煤、气及生物质资源开发并举的综合型国家石油化工基地进入建设阶段。

●第六届中国国际专利与名牌博览会评奖结果揭晓，渤海装备制造巨龙钢管公司的“X80 钢弯管及其弯制工艺”和“X80 钢所制管件及其制造工艺”两项发明专利获中国国际专利金奖。

19 日　胜利油田钻井院承担的中国石化重点攻关课题“长水平段水平井钻井技术研究”项目顺利通过了中国石化科技开发部组织的技术成果验收及鉴定。

20 日　由中国海洋石油总公司投资兴建的年产 6 万吨生物柴油产业化示范项目在海南投产。这是海南首个建成投产的生物柴油项目，也是国家发改委批准的首批国家级生物柴油产业化示范项目中最早投产的一个。

●西气东输靖边联络站开始向北京等地输送天然气。这标志着西气东输二线（西段）工程全面正式投入运营。

21 日　胜利油田采油院承担的国家“863”项目“特超稠油解聚降黏开采关键技术研究”顺利通过国家科技部验收。该技术对于提高稠油产量和油藏采收率提供了新的技术支持，对全国石油行业增产稳产具有十分重要的意义。

22 日　中国石化石油勘探开发研究院海外科研生产机构正式成立。该院为实现中国石化上游海外发展迈出了实质性的步伐。

●中国石油化工股份有限公司与连云港港口集团有限公司就合资建设和经营 30 万吨级原油码头正式签订协议。

23 日　国家质检总局批准湛江检验检疫局石油实验室筹建国家石油和生物能源检测重点实验室，这将为粤西乃至华南地区石化产业发展提供强有力的技术支撑。

25 日　辽阳石化公司开发的低凝点柴油获得重大突破，顺利生产出符合国家标准的－30#柴油，成为中国石油首家生产此牌号民用柴油的企业。

●石油勘探开发研究院无锡石油地质研究所完成的南方海相烃源转化过程与生气潜力研究通过中国石化科技开发部组织鉴定委员会的技术鉴定。

26 日　中国环境保护部部长周生贤表示，2009 年中国化学需氧量和二氧化硫排放量继续保持双下降态势。其中，二氧化硫“十一五”减排目标已提前 1 年实现。

●中国石油勘探开发研究院廊坊分院 2009 年天然气科研成果喜获丰收，4 项技术填补国内空白，形成具有国内领先、国际先进水平的实验新技术。

●华北石油局井下作业公司 201 压裂队施工的塔河油田 TK475CH2 井、Z41 井分别创造了“单井压裂入井液最多”和“压裂施工压力最高”两项集团公司石油工程纪录。

27 日　国务院办公厅日前下发通知，根据第十一届全国人民代表大会第一次会议审议批准的国务院机构改革方案和《国务院关于议事协调机构设置的通知》（国发〔2008〕13 号）精神，为加强能源战略决策和统筹协调，国务院决定成立国家能源委员会，国务院总理温家宝出任主任。

●国务院总理温家宝主持召开国务院常务会议，讨论并原则通过《国家环境保护“十一五”规划中期评估报告》。

●中国石油天然气股份有限公司宣布，以中国石油为首，包括道达尔勘探生产伊拉克公司、马来西亚石油公司和伊拉克南方石油公司在内的联合作业体与伊拉克签署为期20年的《哈法亚油田开发生产服务合同》。根据该合同，中国石油担任作业者，中国石油、道达尔、马来西亚石油和伊拉克南方石油公司将分别拥有37.5%、18.75%、18.75%和25%的权益。

●中国石油石化研究院研发的“采用分离工艺制取聚烯烃用异戊烷溶剂的方法”获得国家发明专利。

28日 国内首只具有自主知识产权的SPT537G型螺旋形布齿三牙轮钻头在宝石机械成都装备制造公司研制成功。该型钻头为国内同行业中率先采用螺旋形布齿技术的新产品。

●中国石油重大技术攻关项目、吉林石化公司研发的具有自主知识产权的“汽车仪表板表皮专用ABS树脂”获得突破性进展。中国石油专家组鉴定认为，各项性能达到了国内领先、国际先进水平。此项研发成果获得吉林省科技进步一等奖。

29日 东方地球物理公司自主研制的ES109地震数据采集记录系统通过鉴定和验收，标志着中国具有自主知识产权的大型地震采集仪器研发取得重大突破。至此，东方物探成为全球第三个具备生产这种仪器能力的综合性地球物理公司，改变该仪器多年来主要依赖进口的局面。

2月

1日 中国石油为专利权人的“超高分子量聚丙烯酰胺合成工艺技术中的水解方法”获得第十一届中国专利奖金奖。

●辽阳石化公司为核心区的辽阳芳烃及化纤原料基地在被国家科技部认定为“国家芳烃及精细化工高新技术产业化基地”后，又被国家工业和信息化部批准为“国家新型工业化产业示范基地”，成为全国62个示范基地之一。

4日 中国石油经济技术研究院在北京发布了《2009年国内外油气行业发展报告》。这个报告力求揭示过去一年国际金融危机对全球油气行业产生的影响，以完整可靠的信息和专业性的分析，客观评说年度国内外油气行业的主要特点。

5日 胜利勘察设计研究院海洋工程设计所一项针对浅海油田海底管道立管固定的安全隐患治理研究课题——“水下灌浆定型式海底管道立管固定装置”获得国家发明专利。

●广西石化1000万吨/年炼油工程成品油罐区项目中交签字仪式在广西石化业主大楼举行。标志着中国石油千万吨炼油项目投产关键性工程——成品油罐区项目顺利竣工交付使用。

6日 中海油田服务股份有限公司承担的国家“十一五”期间的“863”计划重点项目“油气层钻井中途测试仪工程化集成及应用”项目，顺利通过了国家科技部“863”计划海洋技术领域专家组的验收。

8日 中国石油决定在天津滨海新区投资9.8亿元建设100万立方米商业原油储备库项目。中国石油下属的商业储备油分公司与天津开发区管委会就该项目建设签署了投资合作协议。

●兖矿集团自主研发完成的“高温流化床费托合成技术”科技成果通过中国石油和化学工业协会技术组织的鉴定，鉴定认为相关技术指标达到国际先进水平。

9日 中国海洋石油有限公司宣布，南海深水油气勘探再获重大进展，其合作伙伴哈斯基石油中国有限公司在29/26区块再发现一个新的天然气田——流花29-1。在钻杆测试中，该井可日产天然气5700万立方英尺。中国海油有权获得该商业发现最多51%的权益。

●长庆油田建设工程处2009年申报的“模块化施工技术研究与应用”获中国石油技术创新一等奖。

10日 吉林石化研究院开展的，以二氧化碳为原料的天然气—二氧化碳重整制合成气技术开发取得了成功，为破解该难题提供了技术上的新思路。

12日 在中国政府和加拿大政府批准中国石油收购加拿大油砂资产项目后，中石油国际投资有限公司与加拿大阿萨巴斯卡油砂公司在加拿大卡尔加里正式签署相关文件并完成项目交割。

21 日　大庆炼化公司申报的“超高分子量聚丙烯酰胺合成工艺技术中的水解方法”获得第十一届中国专利奖金奖，这也是中国石油唯一一个获此殊荣的奖项。

22 日　中国石油目前正在建设三大原油评价重点实验室。实验室投用后，除完成本公司的原油评价外，每年还将完成中国石油 20 个新增原油品种的全面评价和 30 个已有原油品种的全面更新评价任务。

23 日　中国石油天然气集团公司总经理蒋洁敏主持召开 2010 年第一次常务会议，审议并原则通过中国石油新能源业务发展规划和生物能源业务发展规划。

24 日　国家发展与改革委员会在京召开西气东输管道工程竣工验收会议，西气东输管道工程正式通过国家验收。截至 2009 年底，该天然气管道下游分输用户达 124 家，累计输送天然气 659 亿立方米。

●中国石油天然气集团公司在位于塔里木油田的英买区块内发现了高产天然气流。发现井具有日产 6 万立方米天然气的能力。

●由中海石油管道输气有限公司投资 3.6 亿元建设的海口—文昌输气管道工程成功投产，这将进一步推进建设海南环岛管道一张网战略目标的实现。

●中国石油测井公司华北事业部研制的光纤陀螺连续测斜仪，已先后在华北油田苏 73－12X 等 4 口井进行测井试验，均取得优质测井资料。国内首次应用光纤传感器在套管井连续测量井斜与方位倾斜方向取得成功，充分验证了这种仪器的优良性能。

26 日　由中国海油投资、中国自行建造的深水半潜式钻井平台“海洋石油 981”在上海外高桥造船有限公司顺利出坞。该平台最大作业水深 3050 米，钻井深度可达 10000 米，建成后几乎可以在世界所有深水油气田作业，此举标志着中海油深水勘探战略正式启动。

29 日　中国海洋石油有限公司宣布，旗下的两个自营油田已经成功投产，分别为南海西部海域的涠洲 11－1 东和渤海海域的渤中 3－2 油田。

3 月

2 日　仪征化纤公司开发生产的高速自由端纺纱专用短纤原料填补了国内空白，提升了公司在纤维市场应用与推广方面的竞争力和影响力。

●胜利油田采油院压裂酸化与天然气所承担的“山西和顺区块煤层气压裂改造技术研究”在南京顺利通过中国石化华东分公司专家组的验收。这是中国石化首个煤层气压裂改造技术研究项目，填补了中国石化在此领域的空白。

5 日　由中国石化南京工程公司承建的催化剂南京分公司 2000 吨/年 S－Zorb 脱硫吸附剂装置实现高标准中交。

●吉林石化自行开发的 JHY－05 催化剂通过专家鉴定验收。经侧线试验和工业应用试验结果表明，JHY－05 分子筛催化剂可完全替代进口，从而实现了苯酚装置异丙苯单元催化剂全部国产化。

●福建省福炼一体化工程配套成品油管道一期工程北线投油成功，这是福建省首条输油管道。

8 日　由兖矿集团自主研发完成的“高温流化床费托合成技术”科技成果近日通过中国石油和化学工业协会技术组织的鉴定。鉴定认为相关技术指标达到国际先进水平。

10 日　中国首台自主研发的海洋铺管绞车在宝鸡石油机械公司完成调试验收。海洋铺管绞车是宝鸡石油机械公司专门为铺管船实施海洋水下石油、天然气管道铺设而研发生产的关键设备之一。

●由中海油田服务股份有限公司承担的国家“十一五”期间的“863”计划重点项目“油气层钻井中途测试仪工程化集成及应用”，日前通过了国家科技部“863”计划海洋技术领域专家组验收。该项目的成功验收，表明中国已具备制造拥有自主知识产权的第三代泵抽式电缆地层测试仪并应用于海上油田的能力。

12 日　塔里木油田部署在克深地区的克深 7 井浮重 500 吨的套管安全下到 7087 米井深，所下套管 656 根全部为国产套管，创造了 273.05 毫米技术套管下深、浮重两项全国纪录。

13 日 在中国石油和化工自动化应用协会召开的科技成果鉴定会上，由辽河油田沈阳采油厂开发完成的“油田开发信息集成与应用”软件被鉴定委员会评定为达到国际先进水平。

15 日 国家发改委能源研究所组织有关机构和专家编写的《能源及可再生能源项目融资指导手册》在京发布。

●胜利油田重点预探井高平 1 井顺利完钻，一举创下技术套管水平段最长、陆上油田位垂比最大两项国内新纪录，标志着胜利油田大位移水平井钻井配套技术取得重大突破。

●中国地质学会组织开展了十大地质科技进展与十大地质找矿成果评选，评选产生了 2009 年度十大地质科技进展与十大地质找矿成果。

●辽河石油装备制造总公司已交付“垂直起升门式结构井架”系列钻机 18 部，其关键技术“垂直起升门式结构井架”获得美国专利授权，一改国内使用大庆 I、II 型老式钻机塔型井架结构 40 多年的历史。

●中国石油石化研究院对外宣布，其自主研发的裂解汽油加氢 LY－9802 催化剂在福建联合石化公司 50 万吨/年裂解汽油二段加氢装置完成工业标定，且工艺参数稳定，加氢产品合格，满足了工业装置要求。这标志着中国石油裂解汽油加氢催化剂的整体技术达到了国际先进水平，具备了与国外同类催化剂竞争的实力。

17 日 统计数据显示，中国南海石油地质储量约为 230 亿～300 亿吨，占全国油气总资源量的 1/3，属于世界四大海洋油气聚集中心之一，素有“第二个波斯湾”之称，其中 70% 蕴藏于深海区域。中国海油表示，将在未来 20 年内投资 2000 亿元加大开发南海油气资源的力度，力争建成一个“深海大庆”。

●中国石化在总部召开石油工程管理部成立会，标志着中国石化对上游板块的调整进一步到位，石油工程管理专业化进一步加强。

18 日 工业和信息化部举办的《中国工业经济运行 2010 春季报告》发布。2010 年前两个月，石油和化学工业增加值同比增长 17.6%，其中化学工业增长 27.3%。预计 2010 年上述两项增加值将分别增长 12% 和 17% 左右。此外，原油产量接近 2 亿吨，乙烯产量 1300 万吨，化肥产量 6700 万吨左右，分别增长 6%、22% 和 1.5% 左右。

●大庆油田明确了页岩油、煤层气、地热等非常规资源的勘探开发目标，非常规能源建设加快了步伐，这为大庆油田“稳油增气”可提供强力保证。

●中国石油积极推进煤层气业务发展，日生产煤层气 61 万立方米，2010 年已生产煤层气 4380 万立方米。

●全球最大的低温煤焦油轻质化项目——陕西煤业化工集团榆林锦界天元化工有限公司 50 万吨/年低温煤焦油催化加氢制取高品质燃料油项目，正式投料试车。

19 日 中国石油联合壳牌公司以 35 亿澳元成功签署收购澳大利亚箭牌能源公司股权的协议。

●中国石油天然气管道通信电力工程总公司生产的型号为 LW1000 的“光纤管道安全预警系统”产品，被中国石油集团公司认定为 2009 年度自主创新重要产品。

22 日 辽河油田累计探明石油地质储量 24 亿吨、天然气储量 2000 多亿立方米；累计生产原油 3.8 亿吨、天然气 800 多亿立方米，原油年产千万吨以上高产稳产进入第 25 个年头，成为国家能源建设重要生产基地。

23 日 由大庆油田有限责任公司、哈尔滨工业大学和大庆石油学院共同承担的项目“油田含油污水深度处理与资源化利用”通过了省科技厅组织的专家鉴定。经鉴定，该项研究成果整体水平达到了国际领先水平，研究成果对大庆油田高含水后期开发和可持续发展具有深远意义。

24 日 中国海油未来 5 年将在中山再投资 200 亿元建设嘉明电厂扩建工程、神湾电厂、天然气区域性管网建设等一批项目。

●中船集团公司宣布，公司又向市场推出了具有完全自主知识产权的 LNG 系列船舶，标志着中国成为继欧洲少数国家和韩国、日本之后，能够自主研发、自主设计 LNG 船的国家，中国向世界一流造船强国的目标又迈进了一步。

25 日 大连石化公司承担试验的中国石油催化裂化汽油加氢改质技术工业化试验取得成功。

26 日 中国石油天然气股份有限公司发布2009 年度《可持续发展报告》。

●中国石化重点工程——日仪原油管道及配套工程全面开工。日仪原油管道及配套工程由国家发改委批准兴建。它包括 30 万吨级原油码头工程、原油库区工程和输油管道工程。

●胜利油田物探院“陆相断陷盆地复杂油气藏地震响应定量模式及应用”项目获 2009 年度中国石化科技进步一等奖。这一项目在复杂油气藏地震精细模型定量研究应用方面达到国际领先水平。

27 日 中国石油天然气集团公司宣布，东方地球物理公司与美国 ION 公司在京成立英洛瓦物探装备有限责任公司，东方地球物理公司持有合资公司 51% 的股份。

29 日 中国石化宣布，中国石化国家“十一五”规划重大项目——川气东送工程建成投产。

●中国海洋石油有限公司宣布，南海西部海域的涠洲 11－1 东和渤海海域的渤中 3－2 两个自营油田成功投产。

●东方物探深海导航技术研究课题组完成了“拖缆勘探导航数据处理系统算法研究”及“拖缆二维实时导航定位算法研究”等项目，深海导航技术研究取得实质性进展。

30 日 中国石化科技开发部组织有关专家对普光气田特种管材焊接工艺评定开发进行了鉴定。专家组认定，该技术的研究成功，填补了国内抗硫管道焊接技术空白，整体技术水平达到国际先进水平。

●齐鲁石化炼油厂新建 600 万吨/年常减压装置经过一年多的施工建设，实现开车一次成功，并顺利产出合格产品。

4 月

2 日 中国科学院山西煤炭化学研究所杜明仙等人发明的加氢催化剂及其制备工艺和应用技术，开创了国内碳九馏分油工业应用的先例，攻克了石化企业综合利用重馏分油的难题。该专利获得第 11 届中国专利奖优秀奖。

5 日 中国石油百万立方米商业原油储备库项目，在天津滨海新区南港工业区动工建设。

7 日 由山东省科学院激光研究所承担的“光纤高温高压井筒测试技术”课题近日通过科技部验收。这一课题在国内首次自主研制出了可在温度 220℃和压力 100 兆帕下长期使用的固定式高精度光纤压力传感器。标志着中国光纤测井技术已经打破欧美国家的技术垄断，将为中国油气井的开采发挥重要作用。

●由胜利采油院压裂酸化与天然气所承担的“提高重复压裂效果研究”项目顺利通过专家组验收。专家组一致认为该项研究成果整体达到国际先进水平。

8 日 大庆石化塑料厂聚丙烯装置一次切换成功，成功试生产透明专用新产品 T40B，当天生产高质量树脂产品 43 吨，经检测，各项化验指标均达到技术要求。这个新产品填补国内聚丙烯生产领域的空白，具有良好的经济效益和社会效益。

●中国石油天然气集团川庆钻探工程有限公司在广汉建成的油气田抢险灭火救援中心被授予“国家油气田广汉救援基地”和“中国石油井控应急救援响应中心”称号。

9 日 国土资源部向社会公开发布《2009 年中国国土资源公报》。该公报指出，2009 年中国石油新增探明地质储量达 11.2 亿吨，是建国以来第 7 次也是连续第 4 个年度探明地质储量超过 10 亿吨。

10 日 镇海百万吨乙烯工程重点国产化攻关项目——目前世界上最大的丙烯制冷压缩机正式投入带物料运行。各项数据显示，机组主要技术指标达到国际同类机组先进水平。这表明，大型丙烯制冷压缩机国产化攻关取得成功，乙烯装备国产化取得突破性进展。

11 日 中国船舶燃料有限责任公司正在将珠海市桂山岛原有的 5 万吨级多点系泊码头改造建设为 1 座 10 万吨级（结构 15 万吨级）栈桥式码头，工程近期通过能力 190 万吨，远期 400 万～600万吨。

建成后将是华南沿海最大的专业成品油码头。

12 日　广东惠州总投资 41 亿元人民币的 500 万立方米的国家战略石油储备基地动工，这是国家战略石油储备基地二期其中一个基地。

13 日　中国石油“十一五”重点科技攻关项目“柴油加氢精制催化剂（CK－2）开发与工业试验”项目近日在大港石化公司通过专家鉴定验收。

●据报道，近几年一直处于油气产量上升轨道的渤海油田在 2009 年又创产量历史新高，一举突破 2000 万立方米，全年共生产原油和天然气 2013 万立方米油当量。这是渤海油田继 2004 年油气产量突破 1000 万立方米、2008 年突破 1600 万立方米之后，迈上的又一个新台阶，不仅凸显了渤海油田成为中国北方重要能源生产基地的地位，也为中国海油实现 5000 万吨目标、建设“海上大庆”奠定了雄厚的产量基础。

●壳牌与中国石油独山子石化公司对外宣布，由壳牌全球解决方案国际公司授权转让的高真空减压蒸馏专利技术，已在独山子石化的扩能改造工程中获得全面成功。

●仪化公司研究开发的“细旦涤纶中空纤维”项目通过了中国石化的技术鉴定。仪化开发生产的系列细旦涤纶中空纤维，形成了具有自由运作权的生产技术，实现了产品工业化稳定生产，申请了国家发明专利 1 项，整体技术达到国内领先水平。

14 日　青岛伊科思新材料股份有限公司稀土戊丁橡胶（CBIR）生产新技术及产业化开发项目，通过了青岛市科学技术局组织的专家鉴定，认为该项目填补了国内空白。

15 日　镇海炼化催化汽油脱硫装置工况经 3 个多月的优化，工况明显改善，汽油辛烷值损失降低，精制汽油平均硫含量低于 20 毫克/千克，标志着镇海炼化催化汽油脱硫装置工况达到同类型装置领先水平。

●兰州石化乙烯厂成功生产 4000 吨 35 千伏电缆绝缘料 2240H 新产品。这是国内首次在全密度聚乙烯装置上成功开发电缆绝缘料产品。

16 日　来自美国美中能源中心的数据显示，中国煤制油产业已经领跑世界，有 6 个项目已经投产或即将投产，发展速度远远超过世界其他国家和地区。

●中国海洋石油总公司日前在京组织召开了“南海文昌油田建设工程技术——南海首个超百米水深级海上油田工程建设技术”成果鉴定会，鉴定组一致认为，该成果研究开发和重大工程应用在国内尚属首次，具有国际先进水平，其中直立裙桩新型导管架结构、抗强台风永久性不解脱内转塔式单点系泊系统在国际同期同类工程中尚未见应用；该项目技术创新点突出，同意通过鉴定。

18 日　四川油气田钻井勘探老区威远构造取得重大突破，川西钻探公司 40646 队历经 4 个月，成功完钻国内第一口页岩气专层井——威 201 井。

●塔里木油田塔中勘探重点探井中古 26 井获日产原油 256.8 立方米、天然气 19500 立方米的工业油气流，成为塔中地区又一口碳酸盐岩高产探井。

19 日　中国海洋石油有限公司宣布，公司在渤海东部海域新发现蓬莱 9－1 油气田。

●亚洲最大管道泄漏检测及安全预警环道实验室通过验收。管道泄漏检测及安全预警环道实验室是中国石油天然气集团公司油气储运重点实验室，全长 2.5 千米，管径 168 毫米，设计压力 2.5 兆帕，以水和空气作为实验工质，污染小，有较强的模拟生产管道能力。

●中国石油长庆油田公司将投资 200 多亿元，在靖边县北部建设 120 亿立方米的国内最大的地下天然气储气库。

●由中科院长春应化所与中国石油天然气股份有限公司合力攻关的国家“863”计划课题“高乙烯基聚丁二烯橡胶制备关键技术研究”通过了专家验收。

●河南省又一大型煤层气勘探和开发利用项目在获嘉县正式开工建设。项目总投资近 20 亿元，建成后年产能将达 5 亿立方米。

21 日　中国自主研制的 20 万吨级聚丙烯双螺杆挤压造粒机组在燕山石化公司一次开车成功。

机组试运行结果表明，各项指标满足生产要求。作为乙烯关键设备，大型双螺杆挤压造粒机组实现国产化尚属首次。

●大庆测试技术服务分公司科研人员在喇15－丙26井顺利实现5000米测井电缆2兆/秒速率的图像传输。此项技术试验的重大突破，标志着大庆油田测井电缆高速遥测传输技术处于国内领先水平。

23日 由中国石化石油工程技术研究院大陆架公司研发的抗高温、高压，耐腐蚀特种尾管固井工具，获得甲方和工程作业方高度赞扬，打破了国外同类技术在这一地区的垄断。中国石化科技部组织的鉴定委员会一致认为：该研究成果整体达到国际先进水平，特种尾管固井工具填补了国内空白。

●由中国石油管道局设计院主编的《石油天然气管道工程建设项目设计文件编制标准》通过国家标准审查委员会审查。

26日 中国石化东北油气分公司在梨树断陷部署的十屋井区11井喜获工业油气流，日产天然气27048立方米、轻质原油4.98立方米。这是该地区继2009年8月十屋8井获重大发现后，在老区新区带上勘探的又一新发现，标志着一个整装可动用中型油田——七棵树油田呼之欲出。

●国内唯一氯磺化聚乙烯（CSM）装置在吉林石化电石厂实现溶剂替代，实现技术升级，实现低碳、环保、产量翻番的目标。

●中国海油南海西部油田海南码头项目转让签约仪式在海口举行。根据协议，中国海油受让原海口市辖下的马村港区3.5万吨码头及该港区正在扩建的10万吨泊位码头，由其建立中海油南海西部油田海南码头。

27日 中国石化与新加坡胜科集团下属胜科海事PPL船厂在新加坡举行“勘探六号”自升式钻井平台下水仪式。“勘探六号”自升式钻井平台是当今世界上在建和投产平台中技术较为成熟的型号之一，由中国石化根据其实施海洋油气发展战略要求而投资设计，由新加坡胜科集团胜科海事PPL船厂建造。

28日 北京化工研究院燕山分院、北京化工研究院燕山树脂所揭牌成立。至此，中国石化直属研究院10个分院都已按计划挂牌成立，集团公司科技体制机制改革顺利推进。

29日 由中国石油大学（华东）石油工程学院课题组与中国石化胜利油田分公司共同开发的水平井多平面压裂与返排技术通过了省级鉴定，研究成果整体达到国际先进水平。

30日 由中国石油集团测井有限公司测井仪器厂在国内首次研制成功的新型耐高温中子发生器，填补了国内同类产品空白。该中子发生器性能稳定可靠，在150℃条件下高压负载能力提升1倍，寿命长且产额稳定。

5月

1日 胜利油田油气勘探再传喜讯：位于滨海地区埕东北坡的埕东11井，采用6毫米油嘴放喷求产24小时，获得日产52.13立方米的高产工业油流。

5日 长庆油田勘探开发“五朵金花”结硕果。2010年初以来，勘探开发研究院紧紧围绕油田公司5000万吨发展目标，深化地质理论研究，加强技术攻关，坚持超前研究、一体化部署的工作思路，进一步加强苏里格、高桥、姬塬、陇东地区整装规模储量区块的目标评价研究，大打勘探进攻仗，大力推进储量增长高峰期工程。

●由南京工程公司设备工程分公司承建的金陵分公司烷基苯厂加氢精制—分子筛脱蜡节能减排改扩建工程高标准中交。

6日 高桥石化丁苯橡胶装置采取一系列措施，使废胶率由1.2%下降至0.74%，比日本工艺包指标1%还低0.26个百分点，达到了国际先进水平。

7日 中国石油和化学工业联合会揭牌仪式在中国化工大厦广场举行。中国石油和化学工业协会正式更名为中国石油和化学工业联合会。

●中国海洋石油总公司表示，中国近海2010年第一批将推出13个区块可供外国公司进行合作，总面积4.17万平方千米。

10日 国内第一根X100钢级、直径1219毫米、壁厚15.3毫米螺旋埋弧焊接钢管，在宝鸡石油钢管有限责任公司研制成功并顺利通过成品检验。这标志着该公司继攻克西气东输二线高钢级、大口径、大壁厚螺旋焊管批量生产难关后，又在更高钢级长距离油气输送管的生产技术上取得了新突破。

●中国石油石化研究院两项科研成果获得国家发明专利授权，分别是复合介孔分子筛加氢裂化催化剂及其制备和应用、乙烯齐聚催化剂的制备及应用。

●延长石油集团总投资20余亿元的榆炼180万吨/年催化裂化装置以及定靖原油管道输送复线工程，在陕西省靖边县开工建设。

11日　中国石化天津百万吨乙烯千万吨炼油项目投入运行仪式在天津滨海新区举行。

●中国石化天津原油商业储备基地工程在天津滨海新区正式开工。基地规划库容320万立方米，建成后将进一步满足以京津冀为核心的华北地区不断增长的石油资源需求，保障国家石油安全。

●天华化工机械及自动化研究设计院研制的炼油厂废水脱氨氮装置——热泵闪蒸汽提脱氨装置在长岭分公司投入运行。经处理的废水氨氮含量仅为4毫克/升，远低于国家一级排放标准（15毫克/升），这标志着中国炼油厂废水脱氨氮技术获得突破。

13日　国务院办公厅转发了环境保护部、国家发改委和科技部等9个部委联合发布的《关于推进大气污染联防联控工作改善区域空气质量的指导意见》（简称《指导意见》）。《指导意见》指出，大气污染联防联控的重点污染物是二氧化硫、氮氧化物等。重点行业中，石化行业在列。

●全球首台双节套装直立无绷绳车装煤层气钻机在南阳二机集团研制成功。

●中国石化2009年度优质工程评审工作结束，齐鲁10万吨/年丁苯项目作为21个项目之一，获得集团公司2009年度优质工程奖。

14日　西安石油大学成立“非常规天然气资源研究中心”。西安石油大学地处致密砂岩气、页岩气、煤层气均很丰富的鄂尔多斯盆地附近，在非常规天然气方面已形成一定研究基础和优势。

15日　台湾见龙机构投资的16万吨/年可发性聚苯乙烯（EPS）项目14日正式在新疆克拉玛依破土动工，这是台湾企业首次在西北地区投资EPS项目，总投资额达2亿元人民币。

●珠江钢管有限公司、武汉钢铁（集团）公司共同研制完成的“深海管线用直缝埋弧焊钢管”科技成果鉴定会举行。该项成果填补了国内空白，打破了西方国家对此项技术的垄断，实物质量达到国际先进水平。

16日　中国科学家经过多年努力，终于攻克了从本体聚合法直接生产聚甲基丙烯酸甲酯（PMMA）突变型塑料光纤的技术难关，掌握了批量连续化生产塑料光纤技术，打破了日本公司在国际上的垄断地位。

17日　中国石油天然气股份有限公司宣布，中国石油和荷兰皇家壳牌集团已与卡塔尔石油公司就卡塔尔一天然气区块签署勘探与产量分成协议。

●中国石化组建天然气工程项目管理部（简称天然气项目部）。

18日　中国石油发布《中国石油2009年度社会责任报告》。

●扬子石化对2#乙烯装置10万吨/年大型裂解炉的燃烧过程进行系统优化，大大提高了裂解炉热效率。该项技术不仅获得国家发明专利，而且作为“大型乙烯装置优化运行技术和工业应用”中的子项目，在2010年1月获国家科技进步二等奖。

●宝鸡石油钢管有限责任公司在西安市泾河工业园，举行国内首条高端石油专用管生产线开工典礼，由此拉开了这个公司年产30万吨高等级石油专用管生产基地的建设序幕。

●中原油田研制出高分辨率自然伽马仪。截至2010年5月，该仪器已成功应用2口井，测井资料合格率100%，解释符合率85%以上，达到国内先进水平。

19日　中国石油天然气集团公司宣布，根据中国石油和壳牌达成的协议，中国石油获得壳牌全资子公司壳牌叙利亚油气开发公司35%的权益。

●由胜利油田采油院承担的“高含水期油井防偏磨延长免修期技术研究”项目通过中国石化

专家组鉴定，项目技术达到国际领先水平。

●由陕西煤业化工集团、中科院大连化物所和中国石化洛阳石油化工工程公司联合开发、具有中国自主知识产权的新一代 DMTO－Ⅱ工业化技术取得重大突破。

20 日 经国土资源部批准，山西省晋城煤业集团（晋煤集团）获得山西成庄和寺河（东区）区块煤层气采矿许可证，成为首个从国土资源部获得采气权的煤炭企业。

22 日 目前国内最大的 26.7 万吨级大连 LNG 码头工程主体竣工。标志着国家“十一五”发展规划重点项目——大连液化天然气项目建设已取得重大进展。

24 日 “中国石化总部基础设施平台”和“中国石化化工生产计划与效益测算系统”两个项目顺利通过总部组织的科技成果鉴定。

●国内第一套柴油在线调和装置在大连石化公司正式投用。这套装置采用国际先进的油品在线调和及移动自动化系统。

25 日 第二轮中美战略与经济对话在北京举行。其间，中美双方签署《美国国务院和中国国家能源局关于中美页岩气资源工作行动计划》，美方运用在开发非常规天然气方面的经验，在符合中国有关法律法规的前提下，就页岩气资源评价、勘探开发技术及相关政策方面与中方开展合作。

●北京大学中国低碳发展研究中心成立，它将隶属于北京大学的非赢利性学术研究机构。

26 日 中国石化石油工程技术研究院针对中国石化西部、南方及海外油气勘探工程技术难题，取得一系列重大成果，形成了以深井超深井钻井技术为核心的特色优势技术系列。这些技术处于国内领先地位，有的打破了国外对该技术的长期垄断，有的达到世界领先水平。

●宝鸡石油机械公司研制成功中国首根海洋钻井隔水管。这根海洋钻井隔水管装置样机，是宝鸡石油机械公司承担的国家“863”计划“深水钻井隔水管系统技术研究”课题的主体部件。此产品的研制成功，对于打破国外垄断，推进高端石油装备国产化具有重要意义。

●中科院长春应用化学研究所与中国石油天然气股份有限公司合作，经过 3 年多的艰苦拼搏，以自主研发的磷酸酯类给电子体聚丙烯催化剂，制备出高性能共聚聚丙烯合金。该聚丙烯合金具有很宽范围的模量和高冲击强度，性能达到国外同类产品水平。

28 日 中国石油天然气股份有限公司钻井工程技术研究院揭牌仪式在北京举行。

●由中国海洋石油工程股份有限公司和江苏熔盛重工共同打造的亚洲第一艘 3000 米深水铺管起重船“海洋石油 201”，从熔盛重工海洋工程基地顺利出坞。这是继 2010 年 2 月底深水半潜式钻井平台“海洋石油 981”在上海外高桥船厂下水后，中国又一艘可以从事深海采油作业的旗舰下水。

●吉林石化公司加快科技创新步伐，利用装置大检修的契机，对万吨级异丁烯和高活性聚异丁烯装置进行工艺调优和技术改造，使异丁烯产品纯度达到 99.98%，高活性聚异丁烯端基含量 85% 以上，与国际先进水平相当。

●中国石油集团石油管工程技术研究院在古城西安揭牌。

●中国石油石化研究院两项科研成果“聚丙烯用无卤膨胀型阻燃剂和烃类蒸汽转化催化剂及其制备方法”获得国家发明专利授权。

31 日 神华包头煤制烯烃项目石化装置联合中交暨项目建成庆典仪式在内蒙古包头市举行，标志着中国已全面建成世界首个煤制烯烃项目。

●大庆石化公司的国家重点建设项目 120 万吨/年柴油加氢装置全面建成。这一装置是大庆石化质量升级工程和环境保护工程。

6 月

1 日 新疆正式将原油、天然气资源税由从量计征改为从价计征，税率定在 5%。由此拉开了全国资源税费改革的大幕。

●渤化集团天津渤化石化有限公司揭牌成立，拉开了 60 万吨/年丙烷制丙烯项目的建设帷幕。该项目是国内首套、世界单套规模最大的丙烯生产装置。

●国内第一个二氧化碳捕集与封存（CCS）工业化示范项目，在内蒙古自治区鄂尔多斯市的神华集团煤直接液化现场开工。

3 日 中缅石油天然气管道工程正式开工建设。中缅原油管道初步设计每年可向国内输送2200万吨原油，相当于每日运输40多万桶，天然气管道年输气120亿立方米。为中国油气进口在西南方向上开辟了一条重要的陆上通道。

●中国内河第一艘LNG船舶在武汉成功试航，实现了内河航运清洁能源船舶零的突破。

●中国石油化工集团公司宣布，川西深层发现千亿立方米大气田，新场气田须家河组二段气藏新增探明储量1211.20亿立方米已通过国家审定。

●河南油田测井公司承担的中国石化重点科研项目——测井微机解释系统项目，日前顺利通过集团公司科技成果鉴定。专家组经鉴定认为，该技术成果总体达到国际先进水平，数据自动解编等部分成果达到国际领先水平。

●中国最长单臂吊环在宝鸡石油机械公司研制成功。

4 日 由大庆石化公司自主研发的R2101加氢反应器成功投入吊装使用，填补了中国石油此项技术的空白，标志着大庆石化公司装备制造能力取得重大突破。

●由中国石化抚顺石油化工研究院等单位共同研究开发的顺酐酯化、加氢生产1，4－丁二醇催化剂研制及工业应用项目，在北京通过中国石化组织的技术鉴定。

5 日 川东北高含硫区块合作开发项目重要节点宣汉天然气净化厂工程正式开工。

●中国石化燃料油销售有限公司揭牌仪式在北京国家会议中心举行。

8 日 中国石化勘探南方分公司成立页岩气勘探项目管理部，这是中国石化系统内首个专门的页岩气勘探项目部。

●中国华能公司新疆准东能源开发有限公司华能准东40亿标准立方米/年煤制天然气项目奠基仪式隆重举行。

●福建腾龙芳烃（漳州）有限公司80万吨/年对二甲苯项目芳烃联合装置在福建漳州古雷半岛正式动工，标志着海西古雷石化经济产业区的重点项目建设正式启动。

9 日 大庆炼化公司建设世界级聚丙烯生产基地、走特色精品之路的又一里程碑工程——大庆炼化二期年产30万吨聚丙烯项目奠基。

10 日 由中国石化抚顺石油化工研究院、洛阳工程公司和洛阳石化分公司联合攻关开发的5万吨/年沸腾床渣油加氢技术工艺包，在北京顺利通过中国石化的技术评议。

●获得过中国石化石油化工科学研究院2010年科技成果一等奖的“含双孔结构Y型分子筛复合材料的催化裂化催化剂研究开发”项目，通过了总部科技部主持的鉴定，得到专家们的高度评价。

●辽河油田油气试采公司在长停井曙3－13－7C井上进行小井眼大通径复合机械防砂工艺现场应用实验，下泵投产后取得日产液13.2立方米、日产油9.2吨的显著效果，此项技术填补国内空白。

11 日 中国石油天然气集团公司与青海省政府在西宁签订了相关合作协议。将在“十二五”期间投资230亿元以上，加快青海油气勘探开发，力争早日建成高原千万吨级大油气田。

12 日 目前国内最大规模的燃煤烟气二氧化碳捕集纯化项目进入单机试运行阶段。这一具有国际领先地位的节能减排项目投产后，每年将为胜利油田减少二氧化碳排放量3万吨。

●中国首套2000型海洋酸化压裂橇装设备举行交接仪式。它的研制成功填补了中国在海洋酸化压裂橇装设备研制方面的空白，特别是为海洋压裂设备国产化提供了强有力支撑。

13 日 中国石油集团钻井工程技术研究院北京石油机械厂研制的顶驱下套管装置，在四川门西某气井套管回接过程中获得成功应用，填补了中国石油在该领域的空白。

15 日 中国石油与台湾中油签署了《CNPC与CPC合作谅解备忘录》。

●延长集团为了实现油气煤盐的综合利用，规划建设靖边化工综合利用园区。园区项目集成了国内外 14 项先进技术工艺，被联合国确定为清洁煤技术示范和推广项目。

●湖南长岭炼油化工一体化工程长岭炼油厂油品质量升级改造工程——170 万吨/年渣油加氢处理装置正式开工。

●由钻井院研制的海底管道漏磁检测仪填补了油田海底管道检测技术的空白。

17 日　由宝鸡石油机械有限责任公司研发的新产品 9000 米交流变频电驱动顶驱装置，顺利完成各项载荷试验和功能试验。这标志着该顶驱装置在该公司研制成功。

●镇海炼化分公司处理催化汽油吸附脱硫（S－Zorb）装置再生烟气获得成功。经环保部门检测远优于国家排放标准，成为国内首家成功处理 S－Zorb装置再生烟气的企业。

18 日　国家发改委发布《关于规范煤制天然气产业发展有关事项的通知》指出，在国家出台明确的产业政策之前，煤制天然气及配套项目由国家发改委统一核准。各级地方政府应加强项目管理，不得擅自核准煤制天然气项目。

●在重庆市中国石化重点探井兴隆 1 井 4600 米深处的强大天然气流沿着测试管汇涌出放喷口，这是中国石化在重庆境内钻获的首口高产天然气井。

●中国石化集团新星石油公司与冰岛绿源公司签订框架协议，将合资组建地热能源开发公司。

19 日　胜利油田钻井院研发的具有完全自主知识产权的捷联式自动垂直钻井系统在宣页 1 井现场工程化试验获得成功。该次试验成功再次验证了捷联式自动垂直钻井系统在高陡构造、大倾角地层防斜打快的巨大优势，为该系统的工程化应用奠定了基础，也标志着这一具有国际一流水准的复杂钻井技术日渐成熟。

20 日　由宝鸡石油钢管有限责任公司自主研发的 X100 钢级螺旋埋弧焊接钢管用焊丝，顺利通过了生产试验，各项性能指标均达到设计标准。这标志着中国已有效解决了超高强度管线钢生产中等强匹配的难题。

21 日　由中国石化石油化工科学研究院牵头的高酸原油全馏分催化脱酸和裂化一体化成套技术项目工业应用试验获得成功。该成套技术为世界首创，解决了高酸原油直接加工的世界级难题。

22 日　中国工程院院士、大庆油田科学技术委员会副主任王德民获国际石油工程师学会“提高采收率开拓奖”。这是继王德民院士 2009 年获何梁何利基金最高奖项“科学与技术成就奖”后，再次为大庆油田赢得科技界的至高荣誉。

23 日　青海中浩天然气化工有限公司年产 60 万吨甲醇项目于 6 月初在格尔木试车生产成功，标志着格尔木地区已拥有年产 100 万吨甲醇的能力，是目前亚洲利用天然气制造甲醇的最大基地。

25 日　辽河油田总机械厂自主研制的系列热采井口配套装备，获得授权发明专利和实用新型专利 13 项，整体达到国际领先水平。

●由复旦大学完成的马来酸二甲酯加氢制 1，4－丁二醇和四氢呋喃催化剂开发项目，通过教育部组织的成果鉴定。

●上海石化研究院自主研发的甲醇制烯烃（S－MTO）技术，打破了国外公司的技术垄断，加快了 S－MTO 工业化技术开发及应用进程。应用该技术不仅可以生产乙烯，而且为生产丙烯做好了技术准备。

28 日　由渤海装备中成装备分公司与青海油田合作开发的 MR3000DC 电动修井机现场试验成功。

●苏里格气田累计生产天然气突破 200 亿立方米，达到 200.003 亿立方米，标志着苏里格气田“5＋1”合作开发模式取得显著成效。

29 日　中国石化首个年储存能力 20 万吨、总投资达 6000 万元的扬子石化不锈钢环氧乙烷贮运站在南京化工园建成投用。该储运站开中国石化之先河，率先采用不锈钢高温高压储罐设计，有效避免了环氧乙烷产品的聚合，保证产品质量。

●由南通中远船务建造的世界首艘带自航能力的自升式海洋平台——“瑞美蒂”号成功交付。

30 日　吉林石化公司国产第三套丙烯腈装置两条生产线先后开车成功，至此该公司丙烯腈产能翻番达到 42.4 万吨/年，成为全国最大丙烯腈生产基地。

●中国具有自主知识产权的新一代甲醇制烯

烃（DMTO－Ⅱ）技术，日前通过了由中国石油和化学工业联合会组织的成果鉴定。专家认为其“装置规模和技术指标均处于国际领先水平”。

●全球单系列规模最大的年产 100 万吨对二甲苯芳烃联合装置，在乌鲁木齐石化公司建成中交，标志着这个公司大芳烃项目建设从施工阶段转入试车开工阶段。

7 月

1 日　《中国资源综合利用技术政策大纲》发布，并于发布之日起施行。

5 日　由西南化工研究设计院开发的“焦炉气甲烷化制合成天然气”技术成果通过四川省科技厅组织的专家鉴定，这标志着中国焦炉气甲烷化制合成天然气关键技术已获重大突破，并具备工业化条件。

10 日　川庆井下作业公司自主研发、生产的水平井裸眼分段改造工具的成功应用，标志着水平段分层改造工艺结束了国外垄断的历史，实现了这一工具生产的国产化目标。

12 日　胜利油田牵头承担的“胜利油田特高含水期提高采收率技术”和“胜利油田薄互层低渗透油田开发示范工程”两个项目先后通过“十二五”国家科技重大专项论证。

15 日　由中国石化华东分公司在山西省乡宁县部署的一口煤层气参数井延 1 井，日产气量突破 2000 立方米。这标志着中国石化在非常规资源煤层气勘探领域取得了重大突破。

16 日　胜利油建建成中国石化系统内第一座自升式移动平台，这标志着胜利油田及中国石化施工企业在自升式平台建造领域取得了重大突破，将为胜利油田渤海湾海区海上油田开发建设提供强力支撑。

●18 时 50 分，大连新港 1 艘 30 万吨级的外籍油轮在附加添加剂时，引起陆地输油管线爆炸，继而引发大火和原油泄漏。经过 10 多个小时的扑救，大连新港输油管道爆炸现场储油罐的所有阀门全部关闭，火势扑灭。

17 日　“青藏高原基础地质调查成果集成和综合研究”项目通过了 30 多位院士、专家的成果评审，青藏高原地质研究达到历史新水平，取得了一批令世界地质领域瞩目的原创性成果。

20 日　山东省首届企业重大创新成果奖名单揭晓，胜利油田油水井带压作业技术获山东省重大创新成果奖。

●中国海油规划在黄河三角洲建设生产能力近 3000 万吨/年的大炼化和 100 万吨/年乙烯项目。中国海油已完成东营港经济开发区中海油物流园区一期工程立项。

21 日　国产第二代斜井钻机——ZJ20DBX 钻机顺利通过 50 千米道路移运试验，所有试验数据符合设计要求，标志着钻机在宝鸡石油机械公司研制成功。

●天华化工机械及自动化研究设计院、中国石化天津石化分公司共同承担的中国石化科技攻关项目——大型裂解炉用燃烧器工业应用试验，在北京通过中国石化组织的技术鉴定。专家评价这项成果整体技术达到国际先进水平，节能环保效益显著，填补了国内乙烯大型裂解炉用底部燃烧系统的空白。

23 日　国家能源局在人民大会堂举行了 2009 年度国家能源科技进步奖颁奖，这是中国能源领域首次设立国家级科技进步大奖。第二批国家能源研发（实验）中心命名和国家 700℃超超临界燃煤发电技术创新联盟启动仪式。

24 日　辽阳石化环氧乙烷改造项目一次开车成功，顺利产出合格产品。至此，辽阳石化环氧乙烷年产能达到 10 万吨，成为目前东北地区最大的环氧乙烷生产基地。

26 日　中国第一口页岩气井——位于四川威远气田的威 201 井，在蜀南气矿顺利完井。新的研究成果表明，蜀南地区页岩气资源量高达上万亿立方米。

●塔里木油田部署在克深地区的克深 7 井钻至井深 7816 米，再次刷新中国石油集团公司陆上钻探最深纪录。塔里木油田超深井钻探配套技术跻身世界前列。

27 日　中国第一台 15 万吨/年乙烯裂解炉——镇海炼化乙烯裂解装置 11#裂解炉，开始接收石脑油，正式投料运行。这台目前国内单台裂解能力最大的裂解炉成功投运，标志中国乙烯生产技术迈上新的台阶。

28日 中国石化科学技术研究中心在昌平区举行奠基仪式。中国石化科学技术研究中心是中国石化集团公司为加强专业化管理，发挥资源优势，加快科技创新，全面推进企业科学发展而建设的重点工程项目之一。

●中国石油抚顺石化公司240万吨/年焦化联合装置顺利实现中交。这标志着焦化联合装置进入最关键的生产开工准备阶段，为推进“千万吨炼油百万吨乙烯”大型炼化生产基地建设起到重要作用。

●扬子石化新建的芳烃合成气装置产出合格产品，标志着目前全球最大单套合成气深冷分离装置投料开车一次成功。

29日 世界上首只拥有自主知识产权的仿生石油钻头在元坝103井须家河组岩层试验成功。

30日 高桥石化“连续法制备聚醚多元醇”方法获得了国家知识产权局颁发的发明专利证书。该项发明应用多金属氰化络合物作为聚合催化剂，以连续法制备低不饱和度聚醚多元醇。

8月

1日 由渤海钻探井下作业公司与烟台杰瑞公司合作开发的50.8毫米“大管径，高强度，超长度”连续油管，在塔里木油田新垦7井下深6010米进行拖动替酸作业获得圆满成功，创造大管径连续油管下深的世界纪录。

3日 预计到2015年，中国石油运营的油气管道总里程将达到10万千米。经过40年建设，中国石油已基本形成横跨东西、纵贯南北、覆盖全国、连通海外的国内油气骨干管网。

●西南化工研究设计院开发的具有中国自主知识产权的“低质煤层气非贵金属耐硫脱氧催化剂与工艺”技术成果，已通过四川省科技厅组织的专家鉴定。该组合技术突破了煤层气安全利用的技术瓶颈，填补了国内外煤层气催化脱氧技术的空白。

●由中国科学院上海技术物理研究所研制的机载天然气管道泄漏监测红外激光雷达在山东搭载试飞成功，标志着中国第一台机载天然气管道泄漏监测设备问世。

4日 由山东石油工程技术研究院德州大陆架公司研制的旋转尾管悬挂器在胜利油田CB11NC－1井进行的固井施工中获得圆满成功，这表明中国高端固井工具研制又取得一个历史性突破。

9日 广东惠州大亚湾华瀛石油化工有限公司总投资53.9亿元人民币，设计年生产能力达1000万吨的燃料油调和配送中心项目正式动工建设。该项目是广东省重点项目，建成投产后将成为中国最大燃料油调和配送中心。

●庆华集团在新疆投资建设的煤制天然气项目已获国家发改委核准。该项目成为新疆首个，也是2010年煤制天然气政策收紧后第一个获批的项目。

●大庆石化公司机械厂经过近一年的技术攻关，成功破解UOP高通量换热器制造难题。标志着这个厂国产高效换热器跨入国内先进行列，成为中国石油首家掌握此设备制造核心技术的生产厂家。

●中国海洋石油有限公司宣布位于渤海海域的油田渤中19－4（浅层）已成功投产。

10日 在国家能源局举行的第二批国家能源研发（实验）中心授牌仪式上，石油化工科学研究院申报的国家能源石油炼制技术研发中心正式获得授牌，这标志着中国石化成为唯一一家以石油炼制技术为研究对象的国家级研发中心。

●中国石化胜利采油院稠油所科研人员研制的“火烧驱油三维物理模拟装置”获国家知识产权局国家发明专利授权。该装置的研制成功完善了油田现有稠油热采的手段，填补了一项国内空白。

11日 巴陵石化“五改七建一配套”特色化工项目之一的12万吨/年苯乙烯装置开工仪式举行，标志着苯乙烯项目由筹备阶段进入开工建设阶段。

●抚顺石化研究院开发的硫化型FF－46/

FC－50催化剂在镇海炼化分公司240万吨/年加氢裂化装置应用成功。这是FF－46/FC－50催化剂在加氢裂化装置上的第一次工业应用。

●中国石油集团公司在北京宣告，“水平井裸眼分段压裂酸化工具及其配套技术”自主研发并生产成功。这标志着中国石油集团自主研制高端工具及其技术获得重大突破。

14日 青海油田工程建设公司在西气东输二线嘉峪关、酒泉、张掖、金昌、武威五市供气支线工程中，成功运用了一项针对直径219毫米以下小口径管道焊接的“RMD＋细丝半自动向下焊”工艺。在国内长输管道和场站建设中尚属首次，标志着中国长输管道和油田场站在小口径管道焊接工艺上取得了新的突破。

15日 吐哈油田工程技术研究院经过半年努力，成功研发的3种规格气举工具测试合格，填补了国内大尺寸气举工具技术空白。

16日 大连港新30万吨级原油码头投入使用。这是目前国内最大原油码头，填补了中国接卸ULCC超级油轮的空白。

●大港油田废弃泥浆钻井液与井下作业废液无害化处理工程在大港原油运销公司联合试运行。这是目前中国石油“两废”无害化治理规模最大的环保项目。

●吉林石化公司重点改造项目——乙二醇装置联产环氧乙烷项目顺利生产出合格产品。至此，吉林石化公司环氧乙烷年生产能力达到11万吨，成为目前东北最大环氧乙烷产业基地。

17日 由中国石油渤海装备有限公司研发的预轮廓螺杆钻具日前通过集团公司鉴定。这项技术是近些年来螺杆钻具制造技术中具有革命性及里程碑式的先进技术，同时填补国内空白，并达到国内领先和国际先进水平。

●辽阳石化公司聚乙烯装置生产出720吨合格的L1060P氯化聚乙烯专用料，标志这一牌号氯化聚乙烯专用料开发取得实质性进展并成功实现工业化生产。

●渤海钻探钻井四公司30602队承钻的山西煤层气首个多分支水平井组郑平02－1井组完井。这是渤海钻探凭借自身技术实力施工的首个多分支水平井组，由此打破了国外对煤层气多分支水平井钻探技术的垄断。

18日 中国海油在长江三角洲地区的一级成品油库——南通华盛成品油库近日改扩建工程竣工，这使得油库总罐容达到25万立方米，年中转成品油能力提升到100万吨，年中转各类液体化学品能力达到100万吨。

●中国石油青海油田公司投资近3亿元在拉萨建设液化天然气工程。

19日 中国石化首座LNG加气站在贵阳二戈寨运营。

●西南化工研究设计院自主开发的乙烯脱氧催化剂在中国石油化工股份有限公司茂名石油化工公司32000立方米/时干气提浓回收装置上一次开车成功，经过30天的连续运行，装置脱氧指标达到技术要求。

23日 北部湾乃至西南地区重要的石油储备基地——广西中石油国际事业有限公司钦州原油储备库420万立方米油库正式注油投入试运行。

25日 胜利采油院研制的连续空心杆无油管采油技术在临盘采油厂LNQIX5井现场试验获得成功。连续空心杆用于无油管采油方式在国内尚没有先例。

27日 巴陵石化环己酮事业部在国内首创环己烷—水萃取回收技术，处理环己酮生产过程中的废水，具有低能耗、高回收率等特点。

28日 新疆油田井下作业公司和准东采油厂共同完成了准南煤田ZN－01井煤层气压裂施工，实现技术新突破。

9月

1日 中国石化西北油田分公司天然气连续10年超产，累计产量达65.04亿立方米，累计实现销售41.96亿立方米，油田自用发电量达9.29亿千瓦·时。

6日 国内首套、国际领先的顶部驱动钻井装置软扭矩控制系统在中国石油钻井工程技术研究院北京石油机械厂研制成功。

7日 中国石油首个以天然气为原料的国产化

大型合成氨工艺包通过专家评审，率先在这一领域取得技术性突破，并有望在未来两年用于大型氮肥项目建设，实现中国化肥工业从工艺技术到装备制造能力的国产化。

●兰州石化应用软测量技术在国内首创的丁苯橡胶单体转化率在线检测技术研究和工业应用取得预期效果，达到国内领先和国际先进水平。

●广西首个以木薯等原料代替石油加工化合物项目动工，填补了国内空白。

8 日 中国石油位于广西钦州的1000万吨/年炼油项目正式投产，这是中国西南地区也是中国石油在西南地区的首个大型炼油厂。中国石油钦州炼油厂的投产，不单单是改变了西南地区长期以来无大型炼油厂的历史，也预示着中国炼油工业布局趋于合理。

●第19届全国发明展览会在西安隆重开幕。长庆机械制造总厂生产制造的数字化无基础抽油机在此次发明展览会上亮相，受到各方关注。

9 日 国土资源部一项公益性行业科研项目在吉林省启动，由国土资源部油气中心牵头，吉林省地矿局、吉林大学和中国石油大学（北京）联手，以吉林省储量丰富的油页岩资源为基础，以“东北地区油页岩科学研究基地研究”项目为载体，共同打造东北地区油页岩科学研究基地。

●由华北石油荣盛机械制造有限公司自主研发的F28－140高抗硫、超高压防喷器组和FX35－10.5/21旋转防喷器，分别通过中国石化科技成果鉴定。这两项科技成果达到国外同类产品先进水平，标志着国产防喷器研制工作又有了新的突破。

10 日 中缅油气管道工程中国境内段在云南省安宁市开工。同时，作为中缅原油管道配套建设项目，云南省1000万吨/年炼油项目在安宁市草铺镇奠基。中缅管道全长2380千米，工程总投资25.4亿美元。

●经过500多天紧张施工，吉林石化公司160万吨/年柴油加氢装置通过工程验收，实现顺利竣工。这套装置投产后，吉林石化公司高品质柴油生产能力将达到280万吨/年。

●《中国石油石化工程建设年鉴》（2006～2010卷）编委会首次会议召开。《中国石油石化工程建设年鉴》是一部全面记录国内三大石油石化公司、中化集团公司和重点民营石油石化企业在石油石化工程建设方面发展情况的编年书，是国内第一部跨集团综合反映中国石油石化工程建设的专业年鉴。

●四川盆地威201井在下古生界寒武系黑色页岩段喜获井口测试日产能1.08万立方米工业气流，中国第一口页岩气井“吐气”。

●大庆油田采油工程研究院首创分层注水井高效智能测调配套工艺技术，经3985口井施工及5795井次测调，注水井测调效率和测试精度效果良好，能满足油田注水开发需要，填补国内技术空白。

中国石油化工股份有限公司建设运营的山东液化天然气项目正式开工建设。山东液化天然气项目是国家“十一五”液化天然气规划的重点项目，也是中国石化正式实施的第一个液化天然气项目。

13 日 渤海装备中成机械公司自行研制的5000米潜油电泵，在中国石化西北分公司塔河油田10113CH井下至5029.8米，成功投产，创世界泵挂深度新纪录。

●由中原油田勘探开发科学研究院历时5年，参与完成的“十一五”国家科技支撑计划项目“复杂油气田高效开发技术研究”，顺利通过国家科技部专家组验收。

●柴达木盆地油气勘探开发关键技术研究是中国石油重大科技项目，于2007年6月正式启动，旨在推进柴达木盆地勘探开发理论与技术创新，攻关制约油气勘探开发等方面的诸多难题。经过各参研单位历时3年的共同努力获得突破，数项科研成果达到国际水平。

15 日 江苏金桐表面活性剂有限公司年产20万吨烷基苯项目在南京化工园奠基。该项目建成后，将使南京烷基苯生产能力达到50万吨/年，成为亚洲第一大烷基苯基地。

●由九江石化、石油化工科学研究院、宁波工程公司共同承担的中国石化科技开发项目“高软化点脱油沥青汽化工业试验”通过总部专家组验收。

●中国海洋石油总公司与山西省政府签署战略合作框架协议。中国海油计划在未来 5 年内投资 500 亿～1000 亿元，建设年产 100 亿立方米/年煤制天然气项目。一期 40 亿立方米/年煤制天然气项目落户大同市。

●由中国石油集团测井有限公司自主研制的新型 HAL 阵列侧向测井仪，在吐哈油田 3 口井上完成为期 15 天的现场试验，获得优良的测井资料，标志着国产新一代侧向成像测井仪的研制进入推广应用阶段。

●贵州黔北地区已被纳入国家页岩气先导试验区，将与国土资源部合作开展资源战略调查。

16 日 中国石油天然气集团公司山西沁水盆地煤层气已累计销售 2.4 亿立方米，实现了国内第一个煤层气大规模的管网传输。

●大港油田新建天然气地下储气库群方案设计通过中国石油股份公司论证，进入工程建设阶段。这将为京津地区天然气稳定供应提供新保障。

●中国石化洛阳石化 260 万吨/年柴油加氢装置建成。历时 4 年的洛阳石化油品质量升级改造项目也全面建成。

17 日 中国石油具有自主知识产权的膨胀式尾管悬挂器在哈萨克斯坦实验成功。这是面向海外市场的首次商业应用，打破了国外公司垄断，标志着中国石油膨胀管技术获得重要突破。

●吉林石化研究院拥有自主知识产权的环保阻燃 ABS 产业化技术、新型环保型终止剂工业化试验、三羟甲基丙烷生产残液综合利用产业化三个项目，在吉林市获得一等奖。

19 日 由中交一航第三工程公司承建的大连 LNG 项目码头工程竣工，比计划提前 30 天，成为中国石油第一个全面建成的 LNG 码头。使中国石油拥有了目前接卸能力最大、码头最长、技术领先、安全环保受控、投资控制有效的 LNG 码头，使中国石油建设海上油气战略通道的构想变为现实。

20 日 中国海洋石油总公司与北京市昌平区签署战略合作框架协议，双方将在科技创新等领域加强合作，中国海油的能源研发机构将落户昌平区“未来科技城”。

●中国华电集团公司在陕北能源化工基地榆横煤化学工业区拟建设全球首套煤制芳烃中试装置和工业化项目，从而开辟生产芳烃的全新技术路线。

21 日 中俄天津 1300 万吨/年炼油项目奠基仪式在天津滨海新区南港工业区举行。

●中国石油集团济柴动力总厂 JC15、26/32 发动机建设项目正式开工。这两项具有完全自主知识产权的新型发动机产品，填补了国内市场空白，打破了同类产品长期依靠进口的被动局面。

●西南石油局井下作业公司酸化压裂队，对元坝 9 井成功进行了大型加砂压裂改造，施工井深达 4110 米，创造了页岩气井加砂压裂施工井深最深的全国纪录，同时，该井也是川东北页岩气井首次进行加砂压裂作业。

●中国石化塔河分公司 350 万吨/年重质原油改质项目开车一次成功，这标志着塔河分公司原油加工能力达 500 万吨/年，迈入新疆大型炼油企业行列。

23 日 抚顺石化“千万吨炼油、百万吨乙烯”炼油结构调整技术改造工程 240 万吨/年焦化加氢联合装置投料开车一次成功，顺利产出合格液化气、汽油、煤油、柴油、蜡油和优质石油焦等产品。

25 日 大庆石化公司 120 万吨/年加氢精制装置实现开车投料一次成功，并产出合格产品。

26 日 吉林石化年产 60 万吨气体分馏装置生产出合格的丙烯产品，标志着该公司千万吨炼油扩建工程第二套主体装置实现一次开车成功。

●中国石化先导试验项目——35 兆帕高压喷射钻井技术在新疆 TH12233 井和 TP308X 井现场试验获重大突破。

●中国石油涩宁兰复线东段工程生产调度权在北京和兰州两地顺利交接。至此，涩宁兰复线管道工程全线建成并投入运营。

27 日 在俄罗斯总统梅德韦杰夫访华期间，俄罗斯与中国签署了一系列经济及战略合作协议。两国签署的协议中包括多个能源领域的协议。涉及原油运输、天然气供应、煤炭、电力、节能、可再生能源与核能等。

●中俄原油管道竣工投产，这条管道对加强中俄两国的能源合作具有重要意义。

●厦门石油交易中心举行揭牌仪式，一个立足海峡西岸经济区、辐射全国的石油现货交易平台正式投入运行。

29 日　中国石油天然气集团公司正式发布质量方针和质量目标。质量方针为“诚实守信，精益求精”，质量目标是“零事故、零缺陷，国内领先、国际一流”。

●高桥石化化工一部环保填充油橡胶工业试验获得成功，填补了国内在该领域的空缺，为开拓市场提供了有力支持。

●经过半年努力，兰州石化公司完成了国产四乙基铅生产100#航空汽油的工业试生产。

●9 月中旬，胜利油田钻井院研制的高频扭转冲击破岩工具在胜利油田高 890－24 井进行了井下试验获得成功。该工具试验井段 2517～2620 米，井下工作时间 14 小时，平均机械钻速提高 72.78%，打破国外技术垄断，填补了国内技术空白。

10 月

1 日　《石油天然气管道保护法》开始实施。这是中国第一部保护特定设施的专门法律，为油气输送安全、能源安全和公共安全提供了法律保障。

4 日　中国海油天津研发产业基地建设项目开工仪式在滨海新区海洋高新区举行，标志着中国海洋石油总公司重要的北方基地正式开工建设。

7 日　胜利油田钻井院承担的，国家“十一五”重大项目课题——天然气水合物钻探取芯关键技术现场试验在埕岛海域成功地进行了现场取样试验。可燃冰钻探取芯技术的突破，揭开国内可燃冰商业开发的帷幕。

8 日　由中国石化石油化工科学研究院开发、催化剂长岭分公司生产的 RHT（渣油加氢处理）系列催化剂，在台湾中油公司工业应用后，装置运行良好，各项指标均达到或超过合同要求。

9 日　西部钻探克拉玛依钻井工艺研究院自主研发的 MPD 精细控压钻井技术，在新疆准噶尔盆地西部隆起红车断裂带沙门 011 井试验成功，填补了国内空白。

10 日　中国石化首套 2.7 万吨/年碳八抽提苯乙烯装置建设项目在燕山石化开工。

11 日　北京化工研究院三次采油助剂研发中心结合三次采油采出液含聚合物的现状，研发新的非聚醚型聚合物。

12 日　联合国下属的欧洲经济委员会发布《煤层气无害处理与利用最佳实用指南》文件，以引导产煤国合理处理、有效开发利用煤层气，减少煤层气爆炸引发的井下事故。

14 日　中国中化集团公司在秘鲁的分公司获得了 5 个位于秘鲁亚马孙中部和北部地区的油气区块的勘探和钻井权。

●天津港 30 万吨级原油码头通过天津市交通运输和港口管理局组织的竣工验收，正式交付使用。

●上海石化 4#芳烃联合装置开车投产一年来创造了中国石化同类装置 3 项纪录，以综合能耗 536.37 千克标油/吨、对二甲苯收率 48.06%、装置损失率 0.33% 的佳绩，确定了行业领先地位。

●国内首条 1200 米连续管线管，在青海涩北气田安全平稳运行 20 天后，经严格测试，各项性能指标均符合设计要求。这标志着具有国际先进水平的国产连续管线管进入推广应用阶段。

15 日　由胜利采油院开发的“整体压裂方案优化设计系统”，通过了国家版权局的审核，获得软件著作权登记。

16 日　洛阳石化新建 260 万吨/年柴油加氢装置生产出合格产品，装置开车一次成功，标志着历时 5 年的油品质量升级改造工程全面告捷。

●中国石油渤海钻探井下技术服务公司在超深探井滨深 18 井首次采用每 1.58 克/立方米大比重泥浆完成注灰封层，并测试合格。这标志着公司运用大比重泥浆注灰技术日臻成熟。

17 日　南京大学能源科学研究院揭牌，该研究院院长由中国科学院院士、中国石油学会理事长贾承造担任。

18 日 今日为中国石油化工股份有限公司上市 10 周年纪念日。上市 10 年来，中国石化累计向国家上缴税费 7400 多亿元，向社会捐赠超过 22 亿元，向广大投资者累计分红 1040 亿元。

●由中国科学院兰州化物所精细石油化工中间体国家工程研究中心研发的“废弃食用油制备生物柴油的技术”，获得了国家发明专利。利用该技术可制成代替石化柴油的再生性柴油燃料。

●大港石化公司 10 万吨/年聚丙烯装置试车投产一次成功，生产出聚丙烯颗粒，结束了大港石化 45 年来只有炼油装置没有化工装置的历史。

●由中科院长春应用化学研究所合成橡胶组自主研发的新型聚丙烯催化剂，分别获得美国专利和中国专利授权。

●抚顺石化公司洗涤剂化工厂烷基苯装置消缺改造工程投产。这标志着抚顺石化已从亚洲最大的表面活性剂原料生产基地，一跃成为世界级表面活性剂原料生产基地。

19 日 高桥石化化工一部环保填充油橡胶工业试验获得成功，填补国内在该领域的空白。

20 日 广东珠海 LNG 项目一期工程开工仪式在珠海举行。珠海 LNG 项目分一、二两期工程，总设计规模为 700 万吨/年。

●中国海洋石油有限公司位于渤海海域两个新油田成功投产。

21 日 由中国石化胜利油田钻井院海洋所研发的一种用于管道内取能的发电装置通过中国国家知识产权局的授权，获得了国家发明专利。

●渤海装备公司为中海油南海荔湾海底项目研制的 X70 级直径 765.2 毫米 ×31.8 毫米、X65 级直径 762 毫米 ×30.2 毫米海底管线用直缝埋弧焊管投入千吨级试制。2001 年以来，该公司已累计为陕京一线、陕京二线、陕京三线、西气东输一线、二线、中俄管线等国家能源骨干管网工程供应各型钢管 200 余万吨。

22 日 燕山石化开发的聚丙烯热灌装瓶专用料生产技术顺利通过中国石化课题鉴定。此项技术填补了国内热灌装瓶用聚丙烯生产的空白。

26 日 继 2009 年 12 月中亚天然气管道 A 线成功投产后，中亚天然气管道 B 线绕行乌兹别克斯坦加兹里气田段，成功完成天然气置换，实现全线投产。比原计划提前两个月实现中亚管道双线通气的目标。

●中国石化将在贵州省投资 815 亿元，重点发展现代煤化工产业，开展油气勘探开发，建设成品油管道和销售网络。其中，织金“煤电化一体化”基地计划分二期建设，总投资 520 亿元。

●中国首座深水半潜式钻井平台“中海油服先锋”在山东省烟台市芝罘岛海域正式交付使用。

27 日 甘肃庆阳石化公司 300 万吨/年炼油新厂建成投产。

30 日 国内首个功能齐全、有 29 套大型炼油化工装置内外操作模式的仿真培训系统在大庆石化培训中心正式投用。

11 月

2 日 洛阳石化焦化装置实现了 18 小时生焦，创造国内最短生焦周期纪录，装置运行步入国内同类先进行列。

3 日 中国石油原油日加工量首次突破 40 万吨，创历史新高。

●中国石化管道公司研制的 3G 防腐胶带在江阴市盾强科技有限公司制造成功，经过工业化应用实验后效果良好，这标志着管道公司管道有了防腐“利器”。

4 日 长岭—长春—吉林天然气输气管道一次投产成功，“气化吉林”工程取得重要进展。

5 日 “863”计划海洋技术领域渤海油田聚合物驱提高采收率技术研究重点项目通过验收。

6 日 中国运行时间最长的南北原油大动脉——鲁宁管道淮河东岸管道改造工程顺利完工。

7 日 吉林大学地球科学学院与国土资源部油气中心共同建设的“油页岩实验中心”近日在长春举行挂牌仪式。该中心的成立填补了中国油页岩综合实验研究机构方面的空白。

9 日 漠大线开始输送俄罗斯原油。这是继 2009 年 12 月中国—中亚天然气管道成功实现通气后投产的又一条进口原油管道，标志着由西北中哈原油管道、中亚天然气管道，东北中俄原油管道，西南中缅原油、天然气管道与海上航运通道构成的中国油气四大战略通道格局在“十一五”期间基本形成。中国进入多元化油气进口新时代。

●大庆油田自主设计与施工的首口采用深层侧钻水平井技术创出裸眼段国内最长等多项技术指标。

10 日　吉林石化公司1000万吨/年炼油扩建项目6套主体装置及其配套工程全部一次开车成功。标志着吉林石化公司原油加工能力由750万吨/年提高到1000万吨/年，跨入千万吨级炼化企业行列。

●国内首套环保型芳烃橡胶填充油工业示范装置在济南炼化一次开车成功，生产出合格产品，填补了国内环保型芳烃橡胶填充油工业化生产的空白。

11 日　由中国石化和长江航运集团合资拥有、装载4000吨乙烯的“鹏顺”号首航成功，结束了中国只能靠“请船”运输乙烯的历史，开始自主船运乙烯。

12 日　中国石化技术套管应用干法固井技术获成功。

●重庆气矿2010年累计生产天然气60.08亿立方米，再一次稳居全国气矿榜首。

13 日　中海油新能源投资有限责任公司在海南省东方市建设的四更风电（一期）项目，年产量为6万吨的国家级生物柴油项目相继投产，中国海油由此成为中国第一个具有完整生物柴油产业链的大型国有能源企业。

●投资60多亿元的川东北天然气万源项目开发建设正式启动。

●全国第12届专利奖颁奖大会上，中国石化石油化工科学研究院为专利权人的“含铂、锡的多金属重整催化剂及其制备与应用”获得中国专利金奖。

14 日　中国石油设计井深最深、施工难度最大和井下温度最高的第一口超7000米的水平井——哈拉哈塘水平901井，在塔里木盆地成功完钻。

●由中国海油总投资83亿元的海南精细化工项目在海南东方市工业园区动工。项目建成后，预计年销售额将达150亿元。

15 日　国家重大科技专项“深水海底管道屈曲试验研究”通过验收。

●中原油田测井公司自主研发的直径为50毫米的固井质量扇区成像测井仪在教学井试验成功，填补了中国石化开窗侧钻井固井质量扇区成像测井空白，达到国内领先水平。

16 日　国家开发银行提供资金70亿元人民币支持新疆克拉玛依打造“世界石油城”。

●中国石油集团土库曼斯坦阿姆河天然气项目已通过中亚天然气管道向西气东输二线安全、平稳供气30亿立方米，提前完成2010年全年供气任务。

17 日　国际能源署在北京发布《2010世界能源展望》，指出2009年中国超过美国成为世界第一大能源消费国，2035年中国能源需求将占全球能源总需求的1/5。

●中国首部系统指导商用车润滑产品使用的《商用车润滑导则》正式发布，填补了中国在指导商用车生产和维修技术人员、商用车用户正确选用润滑油没有科学依据的空白。

18 日　由长城钻探工程公司测井技术研究院自主研发、具有自主知识产权的LEAP800－A测井系统，通过中国石油集团在京组织的科技成果鉴定。

19 日　国务院总理温家宝在国务院第129次常务会议上签署《中华人民共和国国务院令》第583号令，通过了《城镇燃气管理条例》，自2011年3月1日起施行。

●由中国石油石化研究院、兰州石化公司、华南化工销售公司共同开发的高熔指高刚聚丙烯专用料J901G，在兰州石化公司成功实现工业化生产。

●中国石化管道工程公司顺利完成管径为813毫米的输油管道封堵作业试验。此举不仅为该公司油气管道的改造施工提供了经验，而且为备战曹津线原油管道封堵工程、确保首次成功实施大口径管道的封堵作业奠定了基础。

●随着进油阀门的开启，来自克拉玛依的原

油顺利进入王家沟油库 14 号新建油罐。至此，中国石油重点项目——王家沟油库 45 万立方米原油储罐建设工程已有 5 座新建储油罐顺利进油。这标志着新疆油田公司原油集输储运能力再上新台阶。

20 日　独山子石化千万吨炼油百万吨乙烯项目投产、平稳运行一年来，新产品开发卓有成效，产品质量达到国内同类装置先进水平。

21 日　由武警水电三峡工程指挥部承担建设的黄岛国家石油储备地下水封洞库工程，在青岛市黄岛区举行开工仪式，这标志着国家石油储备库二期工程正式进入施工阶段。

22 日　吉林油田公司松原采气厂天然气产量突破 10 亿立方米。这标志着吉林油田油气结构得到进一步优化，“油气并举”战略成为现实。

●华北油田公司重大科技专项——沁水盆地高阶煤煤层气勘探开发关键技术，在华浦 1－38 井应用，使日产气量提高到 4800 立方米。这表明华北油田已经在高阶煤煤层气勘探开发关键技术上取得突破，并在实践应用上取得成功。

●巴陵石化化工化纤有限公司新建 6 万吨/年锦纶切片聚合装置开车生产出合格成品，标志这一具有国内先进水平的锦纶切片聚合装置开车一次成功。

●中国石油炼化企业生产调度软件研发成功。这一系统的成功研发，对科学有效指挥调度炼化企业生产、不断提高炼化企业生产调度系统现代化管理水平、加快信息化和工业化融合具有重要意义。

23 日　国家发展和改革委员会副主任解振华在北京表示，2009 年单位国内生产总值能耗下降 3.61%，“十一五”前四年单位国内生产总值能耗下降 15.61%，“十一五”期间减少二氧化碳排放近 15 亿吨。

●格尔木炼油厂成功调和生产出了第一批合格的 97# 国Ⅲ汽油，质量合格率达 100%，结束了青海油田不能生产 97# 国Ⅲ标准汽油的历史。

●汉中至安康输气管道工程在汉滨区河西镇汪台村隆重开工。概算投资 7.2 亿元，计划于 2011 年 7 月建成投运。

●中国海洋石油总公司开始在中国南部的海南省建造一个新的炼油厂。新建炼油厂预计将在 2012 年 12 月投产，所使用的原油将来自中国南海。计划在 2013 年 4 月前开始生产乙烯产品。

24 日　中国石油成功竞标古巴炼油厂项目，合同额达 60 亿美元。

●长庆油田采气二厂洲平 21－19 井试气后获得无阻流量 62.22 万立方米高产工业气流，子洲气田成为长庆油田又一增储上产重点区块。

●青海昆北油田探明储量通过国家有关部门审查，探明储量再加上控制和预测储量，这里已形成亿吨级储量规模。

25 日　塔里木油田放空气回收与利用工程（CDM）已成功注册为联合国清洁发展机制项目，获得长达 8 年的碳减排交易许可。这是中国第一例针对放空天然气回收实施的清洁发展机制项目，预计通过国际碳减排交易，总创效超过 3 亿元人民币。

●经过 4 年艰苦努力，作为中国石油五大应急体系之一的管道应急抢维修体系建设初见成效。管道公司已建成所辖油气管道范围的抢维修体系，初步覆盖东北、华北、华东、西北、西南和华中地区，可为 1.4673 万千米管道保驾护航。

26 日　洛阳石化聚酯短纤维装置生产的新一批 1800 吨超有光纤维下线，产品优级品率达到 95% 以上。这已是洛阳石化 2010 年以来第 6 次在常规生产线上成功转产超有光纤维，也标志着洛阳石化超有光纤维生产技术趋于成熟。

●全国工商联石油业商会在北京呼吁，建立以中国石油、中国石化、中国海油等国有公司为主，国内民营中小石油石化企业及外资石油企业积极参与，有序、和谐、共赢、竞争的多元化石油供应体系。

27 日　千吨级混合碳四催化裂解制丙烯工业化技术试验装置在陕西通过了中国石油和化学工业联合会组织的 72 小时现场运行考核。

29 日　中国石化石油工程技术研究院承担的“863”计划重大项目“超深井钻井技术”告捷。这一课题分解为 7 个子课题，在钻井设备、泥浆等方面都取得了新成果。旋冲钻井技术成果是这个课题背景下的一大亮点。

●甬台温成品油长输管道（瑞安段）及配套油库——瑞安滨海油库正式开工建设。

●亚洲非常规油气高峰论坛在北京举行。国家安全监管总局信息研究院院长黄盛初表示，中国煤层气（煤矿瓦斯）抽采量逐年增加，“十二五”规划目标为年产200亿立方米。

30日　到11月30日，辽河油田2010年完钻各类水平井858口，投产845口，连续5年水平井数量位居集团公司所属油气企业第一。同时，辽河油田水平井技术工艺不断取得突破，利用水平井开发4～8米的薄层边际储量突破稠油开采单层厚度下限，实现薄层稠油经济有效开发，显现出水平井开发薄层稠油的巨大优势。

●英国能源咨询公司Wood Mackenzie公布的调查数据显示，2010年1～10月中国企业在海外收购石油和天然气资源的投资高达246亿美元，在全球此类交易中所占的比例高达20%，与2年前相比激增近5倍。

12月

1日　中国石油燃料乙醇研发中心在吉林石化研究院成立。此举适应了燃料乙醇生产基地建设需要，为形成科研、生产一体化发展大格局奠定了基础。

●新疆塔里木克拉2号气田西气东输项目供气已整整6年，累计东输天然气740多亿立方米，使中国东部地区煤炭消耗量减少5400万吨，相当于减少污染有害排放360万吨，为国家“十一五”节能减排指标顺利完成作出重大贡献。

●截至12月1日，中国石油西气东输金坛储气库已累计注气3.4598亿立方米，采气2.2122亿立方米。2010年共集中采气6次，为管道沿线检修和迎峰度夏、冬季用气高峰的用气发挥了积极作用。

2日　江汉油田第一口页岩气探井建111井在下侏罗统东岳庙页岩段经大型压裂点火成功，获得工业气流。这是江汉油田页岩气勘探取得的重大成果。

●第12届普氏年度全球能源奖评选结果在纽约揭晓，作为唯一一家被提名的中国能源企业，中国海洋石油有限公司（中海油）获全球能源大奖最高奖项“年度最佳能源企业”。同时，中国海油还获普氏“年度最佳能源生产商”称号。

●中国石化与雪佛龙公司达成一项协议，将参股印度尼西亚东加里曼丹省60余亿美元的Gendalo－Gehem深水天然气项目。

●锦州石化公司130万吨/年加氢裂化装置实现开车投料一次成功，并生产出合格产品。柴油各项指标符合国Ⅳ标准，航煤可满足军用和民用航空要求。

●上海石化科研开发项目——新型聚合物回收中压旋风分离器正式投入运行。这一新型旋风分离器的研制成功，不仅消除了装置安全生产隐患，消除了困扰装置多年的生产瓶颈，而且为上海石化该类设备的国产化增添了技术储备。

●随着长庆油田50亿立方米/年处理能力的苏里格第四天然气处理厂建成，这家油田公司以321亿立方米/年的天然气总处理能力，成为中国重要的天然气处理基地。

3日　商务部、国家发改委、国土资源部、能源局发出通知，同意中国石油天然气集团公司、中国石油化工集团公司、河南省煤层气开发利用有限公司三家公司，在国务院批准的区域内与外国企业开展合作开采煤层气资源的试点工作。

●经过近5个月的工作，冀东油田海管海床综合治理工作于11月底圆满结束，成功消除海底管线因悬空造成的安全隐患，创造中国石油大悬空大跨度不停产海底管线治理作业的先例。

4日　抚顺石化重油催化装置MIP（多产异构烷烃的催化裂化）技术改造圆满结束。改造后，能耗降低15～16个单位，年增效7000万～9000万元，有力推动了抚顺石化产品升级和绿色发展。

5日　国土资源部在京召开专家评审会，《全国油气资源战略选区调查与评价项目总报告》通过评审验收。

●科技部组织专家在北京对油气资源与探测国家重点实验室进行验收。专家组认为，该实验室围绕油气资源与探测的国际前沿和制约国内油气勘探的重大理论和技术难题开展研究，符合国家油气资源与探测的发展趋势和需求。

●备受瞩目的西气东输二线东段中卫至黄陂干线提前投产，从土库曼斯坦跨越千山万水的“西气”正式向两湖地区分输。

●镇海炼化经过与化工销售公司、北京化工研究院合作研发，试生产出3种牌号的聚丙烯高熔融指数纤维料，为赢得国内聚烯烃高端市场奠定了基础。

6日 中国石油大连石化公司节能减排再创佳绩，2010年1～10月累计炼油综合能耗完成63.61千克标油/吨，同比降低15%；单因能耗完成8.29千克标油/（吨·因数），同比降低7.5%，在中国石油炼油企业中处于领先水平。

●鄂尔多斯盆地又传捷报，长庆采油八厂生产开发再创历史新高，2010年产原油突破100万吨，达到100.18万吨，预计全年产量可达到108万吨，仅用5年时间实现了跨越百万吨的梦想，是长庆油田发展速度最快、原油产量上升幅度最大、突破百万吨用时最少的单位，标志着长庆油田又一百万吨级采油厂诞生。

7日 经专家组现场评估和中华环保联合会审定，中国石化上海石化股份公司被授予“中华环境友好企业”称号，成为上海市首家获此殊荣的化工企业。

●上海石化塑料事业部继2010年上半年成功开发丙烯/1－丁烯无规共聚工业化产品填补国内空白之后，近日又完成该产品工艺包核心要素——产品PFD数据模型的建立。

●渤海石油装备制造有限公司第一机械厂渤海能克钻杆生产线扩能技改项目全面投入运行，并生产出第一批高质量钻杆。至此，渤海装备公司10个重点项目全部竣工投产，同时3个新项目正式启动。这对于进一步推动公司高新产品开发、产品技术升级和产业布局优化，实现持续有效发展具有重要意义。

8日 中原油田内蒙古探区稠油热采先导试验项目获得成功。

●中国石油集团济柴动力总厂与中国石油润滑油公司合作暨联合实验室揭牌仪式在大连举行，标志着中国石油装备制造业与润滑油业务深度合作进入新阶段。

●中国延长石油（泰国）有限公司、延长橡胶（泰国）有限公司揭牌仪式在泰国首都曼谷举行。泰国拥有丰富的天然气资源，从2007年起，延长石油集团成功中标泰国L31/50区块，正在进行勘探工作。参与泰国油气勘探是该集团开拓国际市场所迈出的坚实一步。

●巴陵石化年产6万吨特种锂系聚合物装置开工建设。

9日 中国海洋石油总公司宣布，已与澳大利亚能源公司签署协议，中国海油将投资5000万澳元（约合3.26亿元人民币）获得澳煤层气项目探矿权。这是中国海油首次在海外开展非常规天然气资源勘探，并将有助于提高中国天然气供应的保障能力。

●海南省中海油新能源投资有限责任公司投资建设的6万吨/年国家级生物柴油示范项目所产的首批生物柴油，已在该省12家中国石化旗下的加油站试销售。这是国内唯一进入车用领域的生物柴油产品，海南将成为国内首个封闭销售生物柴油的省份。

●由中国自主研发的高精度勘探技术——远海区低功耗全向性磁日变观测系统，在南海北部深海海域成功通过海上试验。这标志着中国在突破深海油气磁日变高精度勘探技术瓶颈方面取得了新进展。

10日 大庆油田首口平行断层大井斜井顺利完工。这预示着大庆油田对断层附近剩余油的开采进入一个全新阶段。

●在中国石油2010年度油气勘探年会上，新疆油田车排子凸起预探获股份公司重大发现一等奖。

●中国海油集团宣布，中海油首个陆地风电项目——内蒙古化德风电厂49.5万千瓦风电项目CDM交易在联合国CDM（清洁发展机制）执行委员会注册成功。

12日 中国石化与新疆维吾尔自治区政府在北京签署战略合作框架协议，进一步推动中国石化在新疆的油气勘探开发、出疆天然气管道、煤制天然气等煤化工项目、炼油化工、油品销售和网络等方面的建设。

●大港油田2010年港西三区污水聚合物驱工业化试验取得明显成效，现场各项注入指标均达到方案设计要求，对应受益油井见效率达到40%以上，累计增油7.1万吨。此项试验是中国石油和大港油田历史上规模最大的污水聚合物驱矿场试验。

●中国海油粤东LNG项目举行奠基仪式。该项目由LNG接收站、接收码头和输气干线三部分工程组成，总投资约103亿元人民币，项目一期工程建成后，将具备年处理200万吨LNG的能力。

●中国石油长庆油田公司第七采油厂在甘肃环县北部地区探明1座储量超过1亿吨的整装大油田，每口油井平均日产2.6~3吨。

13日　大庆油田钻探钻井二公司15152队、30920队双双突破年进尺10万米大关，又一次震撼了世界。1966年，钢铁1205队、尖刀1202队双双创出年进尺10万米的辉煌业绩，超过了当时的美国王牌钻井队和苏联功勋钻井队，44年后，大庆油田再创“双10万米”纪录。

●吉林石化加大科技创新步伐，在合成橡胶、合成树脂、特色精细化工、碳纤维、环保与生物工程五大重点研发领域取得明显成效，既延长了产业链，又提高了产品附加值。仅“十一五”期间，就有16项成果在公司内部实现产业化，累计增创效益8.8亿元。

●中国石油化工集团公司有关负责人表示，该公司千万吨级炼油装置国产化率已超过95%，百万吨级乙烯装置国产化率已超过80%，有力促进了石油化工产品结构调整和技术升级，打破了国外厂商对高技术、高附加值石油化工材料的垄断。

14日　由中国石油天然气管道局防腐公司独立研制的切削式预留段处理设备填补了国内空白，并获得国家专利。该设备已进入实用推广阶段。

●元坝123井在6871~7003.56米井段进行密闭取芯获得成功，创国内海相地层密闭取芯井深最深纪录。在井深7000米左右的地层进行密闭取芯，在川东北属首次，在国内也尚属首次。

15日　在“十一五”收官之年，抚顺石化公司通过持续优化调整，产业优势更加明显，企业各项工作取得阶段性成果。截至11月底，这个公司有43项主要经济技术指标386次刷新历史纪录，44套装置能耗大幅度下降，创历史最好成绩。

●中国第一个高含碳气田中国石油吉林油田公司长岭气田全面建成投产。该气田的建成投产，使吉林油田天然气年产量猛增到16亿立方米，与2005年相比增长6倍。

●中国石化集团公司部署了川西地区新一轮勘探方案，开钻探井16口，实施三维地震1000平方千米，实施多波多分量勘探140平方千米。川西气田正加大勘探力度，迈入立体勘探、整体勘探新时期。

●国家能源局相关负责人说，“十一五”期间，中国可再生能源呈跳跃式发展，到2010年底，计入沼气、太阳能热利用等非商品可再生能源，中国可再生能源年利用量总计3亿吨标煤，占当年能源消费总量的9.6%。

16日　截至2010年11月底，天津石化原油加工量突破1000万吨，提前1个月完成生产计划。大炼油装置平稳运行的同时，降本增效优势显现，11月吨油完全费用173.94元，创2010年以来新低。

●中国石油重大科技专项万吨级乙烯三聚合成1-己烯成套技术，在大庆石化通过中国石油股份公司专家组验收。这项成套技术填补了中国石油1-己烯工业化生产技术空白，核心技术达到国际先进水平。这项成套技术也是中国石油化工业务首次实现从试验室研究到工业化转化的成套工艺技术，对炼化企业新技术开发和推广应用具有里程碑意义。

●一种具有中国自主知识产权的FHUDS-5柴油超深度加氢脱硫催化剂，由中国石化抚顺石油化工研究院开发成功并顺利通过中国石化组织的技术评议。新产品使炼油企业生产清洁柴油时可以“量体裁衣”地选择最合适的催化剂，具有十分广阔的应用前景。

17日　中国石油和化学工业联合会加入国际

化工协会联合会（ICCA）签字仪式在人民大会堂举行。

●中国石化发布消息：截至 12 月 17 日，中国石化 2010 年累计加工原油 2.0015 亿吨。这是中国石化年度原油加工量首次突破 2 亿吨大关。

●经山东省科技厅组织的专家鉴定，由中国石化胜利油田采油院完成的“胜利油田疏松砂岩油藏防砂关键技术研究及应用”已达到国际领先水平。

18 日　安徽省中安联合煤业化工有限公司揭牌仪式暨煤化一体化项目开工典礼在淮南市隆重举行。

19 日　截至 12 月 19 日，中国石化 2010 年原油管道运输量近 1.5 亿吨，加工原油的 3/4 以上实现了管道运输。其中，管道储运公司输送量超过 1 亿吨，各油田、炼化企业管道输送量近 5000 万吨。

●来自俄罗斯的原油顺利输抵中国大庆末站，中俄原油管道投油全线贯通，实现一次试投运成功。2011 年 1 月 1 日将转入正式投产运营。该管道设计年输油量 1500 万吨，最大年输送量可达 3000 万吨。

20 日　华东成品油管网调控中心及苏南成品油管道正式投用，华东地区“资源统一运作、设施统一管理、物流统一优化、配送统一组织”的储运格局逐步形成。

21 日　国家发改委公布，批准中国石化收购哥伦比亚 Hupecol LLC 所拥有的油气资产，同时批准中国石化收购巴西石油公司两个区块 20% 权益项目。中国石化在南美的布局取得了初步成功。

●辽河石油装备制造总公司研发的“折叠式垂直升降钻机底座”技术收到美国专利局授权的专利证书。经美国专利局检索审批，确认该技术为世界首创。该项技术成功获得美国专利授权，不仅显示了辽河油田的科技竞争实力，也为该产品顺利进入欧美市场提供了知识产权保护。

●青岛董家口港区油品期货交割库项目启动仪式在董家口港区举行，该项目建成后将成为中国首家原油期货交割库，而之前需要在新加坡完成的原油期货交割可在青岛实现。业内人士认为这将提高中国在原油定价方面的话语权。

●中哈能源合作又一重大项目——中哈天然气管道二期工程（别伊涅乌—奇姆肯特天然气管道）在位于哈萨克斯坦阿克纠宾州的巴卓伊压气站隆重举行开工仪式。

●中国将投资约 38 亿元在惠州新建 500 万立方米国家战略石油储备基地。该基地采取地下水封洞库，规模为 500 万立方米。该基地建成后将主要储存中东和非洲安哥拉低凝点原油。

22 日　胜利油田钻井院承担的“胜利滩浅海无污染钻完井液技术”顺利通过山东省成果鉴定，成果整体达到国际领先水平。

●由胜利采油院完成的“特超稠油开采新技术研究与应用”项目顺利通过山东省科技厅验收，整体达到国际领先水平。

●中国石油与壳牌石油公司合作的第一口页岩气井——阳 101 井顺利开钻。四川富顺区块页岩气合作开发项目步入新阶段。

●中国石油（南港）100 万立方米原油商业储备库，经过近 10 个月的紧张建设，具备了储油投产条件，通过验收并宣布竣工。这是天津滨海新区南港工业区实现“当年签约落地、当年开工建设、当年竣工投产”的第一个重大项目。

●中国石化开发的环氧丙烷/苯乙烯单体（PO/SM）废气催化氧化处理成套技术已在镇海炼化 PO/SM 废气处理装置实现工业应用。该技术与国外处理工艺相比，不仅投资大幅降低，还减少了催化剂的换剂成本。

23 日　中国石油化工研究院研发的中国石油首个具有完全自主知识产权的 PSP－01 球形聚丙烯催化剂，12 月上旬在抚顺石化公司 10 万吨/年聚丙烯装置完成工业生产试验，并成功开发出 2 个牌号的专用料，标志着集团公司已经掌握聚丙烯催化剂这一核心技术，中国石油催化剂制备技术实现新突破。

●中国石油煤层气有限责任公司在河南煤业化工集团安阳和焦作矿区优选 3 口井进行先期技术服务，初战告捷。煤龙 1 井、煤新 1 井和煤九 1 井的钻井和压裂工程全部完成，进入排采阶段。

●由中国石油辽河工程有限公司承担的国家科技重大专项的子项目煤层气田地面工艺与集输

技术课题研究“十一五”目标已经实现。其中，煤层气集输工艺技术初步成果，相关设备、材料的优选和改进研究顺利完成。

●由中国石化投资建设的茂名200万吨/年原油商储基地雄姿展现。承担这一中国石化储运重点工程和茂名市加快发展重大项目的广东茂化建集团，只用不到一年时间就完成了原油商储基地主体工程建设，平均每座超大型12.5万立方米油罐的施工期只有68天，创造国内同类型工程施工新纪录。

●中国石化勘探南方分公司已在四川省东北部元坝区9井自流井探明日产量达1.15万立方米的页岩气。这是中国石化首次日产过万立方米页岩气。

24日 中国石油物探测井新产品发布会上，GeoEast－Lightning地震建模与成像系统和LEAP800测井系统精彩亮相。这两项填补国内空白的技术成果，标志着中国石油在物探和测井领域分别掌握世界一流技术，对提升工程技术核心竞争力和加快油气勘探业务发展具有深远意义。

●中国石油新疆独山子石化打造世界级规模现代化企业，全面建成投产了投资300亿元的1000万吨/年炼油、100万吨/年乙烯项目，把一个充满生机与活力的世界级规模现代化企业带入了跨越式发展的新阶段。

●中国石化胜利油田“十一五”期间探明储量5亿吨，超规划8000万吨。

25日 陕京三线北京段实现贯通。来自中亚的进口天然气和长庆气田天然气将沿着管道送至北京，北京天然气每天供应能力将增加1000万立方米。

26日 湛江港新建30万吨级油码头工程暨300#码头技改工程举行试投产仪式。这标志着湛江港拥有了华南最大的2座30万吨级陆岸式油码头和1座15万吨级煤炭专业码头，这是继2008年建成30万吨级人工航道以来，湛江港口建设发展史上的一个新的里程碑。

27日 目前世界单系列规模最大的100万吨/年芳烃联合装置在乌鲁木齐石化公司投料试车一次成功，并生产出合格产品。百万吨芳烃项目工程是“十一五”期间中国石油对在疆石油企业实行差异化战略布局的重点工程和对新疆跨越式发展重大支持项目，也是乌鲁木齐石化公司加快转变发展方式、调整优化产品结构的关键性项目。

28日 中国石油环境保护和节能减排效果显著。5年间累计投入61亿元，实施污染减排项目273个，相继启动减排“十大工程”和节能“十大工程”，提前完成国务院国资委下达的“十一五”二氧化硫、COD的考核任务和节能目标任务。这一系列成绩的取得，折射出中国石油对环境保护与节能减排工作的力度不断加大。

●中国石化新闻发言人黄文生表示，“十一五”期间，中国石化发挥集团化、一体化优势，推动海外业务持续快速发展，境外销售收入已占总销售收入的27.3%，境外资产比例占总资产的31.3%。

●荆门石化原油加工量首次突破500万吨关口，创建厂40年来历史新高。荆门石化是集燃料油、润滑油、化工生产于一体的特大型综合石油化工企业，是目前中部地区最大的润滑油基础油、特种石蜡生产基地。

●中哈原油管道阿拉山口计量站主控室仪表显示，中哈原油管道2010年输油达到1000万吨。这是这条能源管道正式商业运行以来，首次达到设计输油能力。

29日 据《中国石油报》报道，“十一五”期间，西气东输管道工程的发展，可谓一年一个变化。管道布局从一条主干线到管网纵横相连，途经的省市自治区由10个变成14个，运营里程从4188千米增至8959千米，输气能力从90亿立方米增至170亿立方米，天然气销量从43亿立方米增至202亿立方米。一系列数据见证了其快速成长的发展轨迹。

●新疆克拉玛依砾岩油藏二次开发效果显著，累计增油140万吨，2005～2009年递减率由11.3%降至4.4%，有效减缓了砾岩油藏老区自然递减。

●大港油田勘探开发研究院按照“重构地下认识体系、重建井网结构、重组地面工艺流程”开发理念，开展了老油田二次开发研究，初步形成了复杂断块油田二次开发配套技术系列，为二次开发工程全面展开做好了充分准备。

●据《国土报》报道，美国诺布尔能源公司（Noble Energy Inc.）宣布，在以色列海法市海岸附近发现近10年来世界最大的天然气田，蕴藏量超过1530亿立方米。据估计，这个天然气田价值大约为950亿美元（约合6289亿元人民币）。

●国内首个LNG冷能低温橡胶粉碎项目在莆田秀屿区开工。该项目由中海油能源发展股份有限公司投建，总投资5亿元，建成后年处理废旧轮胎10万吨，是国内首条LNG冷能间接利用的示范生产线。

30日 中国石化苏南成品油管道正式投用。该成品油管道的投用，标志着中国石化在长三角地区的现代成品油物流体系已基本建成，中国石化成品油管道总长度由此突破了8000千米。

●国土资源部广州海洋地质调查局完成的《南海北坡神狐海域可燃冰钻探成果报告》通过终审。该报告显示，中国科研人员已在神狐海域钻探目标区内圈定11个可燃冰矿体，评价可燃冰气体储量约194亿立方米。

31日 中国海洋石油总公司对外宣布，公司所属海域油气年产量突破5000万吨，相当于建成一个“海上大庆油田”。中国海油“海上大庆油田”的建成表明，中国海域已成为陆上油气开发最重要、最现实的接替区，标志着中国能源开发步入“海洋时代”。

●未来5年，柴达木循环经济试验区将重点建设“一区多园”，构建以盐湖化工为核心的“六大产业”循环经济主导产业发展体系，全力打造柴达木盐湖化工、大型钾肥和石油天然气化工基地，探索资源型、生态脆弱型地区可持续发展新途径。

●继1997年、2005年中石油陕京一线、陕京二线相继建成投产后，陕京三线也正式投产。陕京三线全长896千米，西起陕西榆林首站，东至北京良乡分输站，途经陕西省、山西省、河北省与北京市，穿越太行山、吕梁山、黄河、汾河等山川河流，穿越高速公路11次，铁路13次，管道管径是1016毫米，设计年输量为150亿立方米。

●燕山石化公司自主研制开发生产的4个三元无规共聚聚丙烯新产品，经检测产品性能优良、热封温度低，达到国外同类产品水平。该系列产品的成功问世，打破了国外公司长期垄断的局面，完全可以替代进口。

●截至12月31日，中国最大的石油生产基地——大庆油田2010年生产原油4000.0319万吨、天然气29.9035亿立方米。至此，大庆石油积极转变发展方式，克服诸多世界性难题，在“十一五”期间实现原油4000万吨以上持续稳产，“十一五”期间累计生产原油2.05亿吨，天然气137.08亿立方米。

第六篇

统计资料

表1 2006～2010年世界500强中炼油和化工公司前50名 亿美元

年度排名					公司名称	所属国家或地区	2010年				
2010	2009	2008	2007	2006			营业收入	净利润	总资产	股东权益	员工人数/人
1	1	2	2	2	壳牌	荷兰	2851.29	125.18	2921.81	1364.31	101000
2	2	1	1	1	埃克森美孚	美国	2846.50	192.8	2333.23	1105.69	102700
3	3	3	3	3	BP	英国	2461.38	165.78	2359.68	1016.13	80300
4	7	7	7	7	中国石化集团	中国	1875.18	57.56	1887.93	635.07	633383
5	8	8	8	10	中国石油集团	中国	1654.97	102.73	3253.84	1859.46	1649992
6	4	4	4	4	雪佛龙	美国	1635.27	104.83	1646.21	919.14	64132
7	5	5	6	6	道达尔	法国	1558.87	117.41	1833.13	754.07	96387
8	6	6	5	5	康菲	美国	1395.15	48.58	1525.88	624.67	30000
9	[illegible]	[illegible]	[illegible]	[illegible]	[illegible]	[illegible]	[illegible]	[illegible]	[illegible]	[illegible]	78417
10	12	12	12	16	巴西石油	巴西	918.69	155.04	2002.70	940.58	76919
11	10	—	—	9	委内瑞拉国家石油	委内瑞拉	911.82	16.08	1371.61	628.52	83457
12	13	11	13	13	挪威国家石油	挪威	731.00	29.12	974.68	343.43	29000
13	14	13	14	17	巴斯夫	德国	704.60	19.59	735.64	250.77	104779
14	11	10	11	12	瓦莱罗能源	美国	700.35	–19.82	356.29	147.25	20920
15	15	15	18	20	鲁克石油	俄罗斯	680.25	70.11	790.19	559.91	143000
16	16	14	17	18	SK	韩国	643.96	2.11	633.61	61.18	31680
17	18	17	19	22	马来西亚国家石油	马来西亚	625.77	116.49	1260.38	745.1	40992
18	17	16	15	15	莱普索YPF	西班牙	585.71	21.67	833.43	286.28	41014
19	21	19	22	23	印度石油	印度	542.88	22.58	296.72	116.87	36307
20	20	20	21	21	JX控股	日本	514.05	4.66	442.00	99.57	13855
21	19	18	16	14	马拉松石油	美国	494.03	14.63	470.52	219.1	28855
22	22	22	25	30	泰国国家石油	泰国	462.20	17.35	331.11	128.77	7952
23	23	21	20	19	陶氏化学	美国	449.45	6.48	659.37	205.55	52195
[illegible]	[illegible]	[illegible]	[illegible]	[illegible]	[illegible]	[illegible]	[illegible]	[illegible]	[illegible]	[illegible]	[illegible]
[illegible]	[illegible]	[illegible]	[illegible]	[illegible]	[illegible]	[illegible]	[illegible]	[illegible]	[illegible]	[illegible]	[illegible]
26	27	25	36	38	俄罗斯石油	俄罗斯	346.95	65.14	832.32	448.31	158884
27	30	27	26	28	日矿控股	日本	315.12	3.21	221.31	66.97	10873
28	25	50	35	37	利安德巴塞尔工业[1]	美国	308.29	–28.65	277.61	–89.76	14800
29	24	24	24	25	太阳石油	美国	296.30	–3.29	118.95	25.57	11200
30	28	29	28	29	赫斯	美国	295.69	7.40	294.65	133.84	13300
31	34	31	30	27	出光兴产	日本	285.60	0.64	265.06	38.49	8330
32	29	28	33	32	沙特基础工业公司	沙特	274.81	24.2	791.52	288.64	33000
33	37	30	27	26	杜邦	美国	273.28	17.55	381.85	72.15	58000
34	42	38	34	31	三菱化学	日本	270.88	1.38	359.14	72.1	53907
35	32	32	50	—	GS控股[2]	韩国	270.66	3.83	219.31	35.01	21800
36	40	33	38	39	巴拉特石油	印度	265.96	3.44	137.62	31.51	14678
37	33	—	—	—	TNK—BP	俄罗斯	256.96	51.75	280.41	194.34	50000
38	35	37	32	33	西班牙石油集团	西班牙	255.26	5.21	148.47	75.88	11703
39	31	35	31	34	奥地利石油天然气集团	奥地利	249.04	7.95	307.29	116.2	34676

续表

年度排名					公司名称	所属国家或地区	2010 年				
2010	2009	2008	2007	2006			营业收入	净利润	总资产	股东权益	员工人数/人
40	44	34	40	40	印度斯坦石油	印度	238.81	3.11	126.90	27.35	11291
41	41	36	37	33	科斯莫石油	日本	230.68	1.16	176.02	31.71	7795
42	48	—	—	—	Suncor 能源	加拿大	223.27	10.04	665.45	325.46	12978
43	36	47	44	—	PKN Orlen 集团	波兰	217.97	4.20	171.85	66.55	22535
44	39				昭和壳牌石油	日本	216.12	-6.16	125.99	25.09	5440
45	43	39	39	—	台湾中油	中国	202.53	11.4	202.61	79.26	14931
46	—	45	43	43	阿克苏诺贝尔	荷兰	193.11	3.96	270.91	111.56	57060
47	47	43	46	—	台塑石化	中国	192.04	11.87	140.42	72.87	6275
48	49	46	—	—	墨菲石油	美国	191.38	8.38	127.56	73.46	5815
49	—	41	—	—	赢创工业	德国	181.75	3.34	271.30	67.84	38681
50	—	—	49	44	住友化学	日本	174.58	1.59	255.18	64.39	27828

①2007 年 7 月由利安德与巴塞尔合并成立，2007 年和 2006 年为利安德排名。

②GS 控股为原 S－Oil 公司。

资料来源：美国《财富》杂志。

表 2　2010 年世界主要国家原油加工能力　　万吨/年

国家/地区	炼油厂/座	年加工能力							
		加工总量	减压蒸馏	焦化	热加工	催化裂化	催化重整	加氢裂化	加氢处理
亚太地区	165	124375				15392	9245	6204	47147
中国[①]	54	34030		858	0	2940	765	925	2543
日本	30	23649		679	110	4935	3566	908	23573
印度	21	20002		933	512	2517	222	828	1178
韩国	6	13608		105	0	1060	1146	1528	5852
新加坡	3	6785		0	1120	400	630	647	3321
中国台湾	4	6550		281	0	1090	495	125	3161
印尼	8	5059		179	324	507	400	499	110
澳大利亚	7	3786		0	0	1175	735	92	2536
西欧地区	101	73136				11295	9420	5912	47072
德国	15	12088		582	1361	1746	1745	1012	9463
意大利	17	11686		248	2465	1608	1239	1516	5860
法国	13	9219		0	806	1960	1255	359	6262
英国	10	8831		355	588	2224	1460	180	5934
西班牙	9	6358		336	821	957	846	658	3871
荷兰	6	6043		228	511	517	647	989	3887
比利时	4	3702		0	165	665	454	0	3243
东欧地区	89	51844				4385	6340	1652	20087
俄罗斯	40	27155		467	2104	1654	3207	285	10204
乌克兰	6	4399		122	95	351	622	36	1481

续表

国家/地区	炼油厂/座	年加工能力							
		加工总量	减压蒸馏	焦化	热加工	催化裂化	催化重整	加氢裂化	加氢处理
土耳其	6	3571		0	130	145	282	269	1246
中东地区	44	36227				1788	2840	2984	9621
沙特阿拉伯	7	10400		0	760	518	831	669	2319
伊朗	9	7255		0	1599	175	708	683	861
科威特	3	4680		396	0	180	200	578	2767
阿联酋	5	3866		0	0	172	111	155	746
伊拉克	9	3188		0	0	0	378	371	1372
非洲地区	45	16098				1046	1973	309	3943
埃及	9	3631		216	0	0	268	168	977
北美地区	152	106556				32883	17966	9362	76707
美国	129	89346		13608	187	28589	15239	8344	66093
加拿大	17	9510		314	705	2392	1526	1019	6262
墨西哥	6	7700		1051	0	1903	1201	0	4352
南美地区	66	32912				6555	1728	662	8950
巴西	13	9541		634	54	2526	105	0	1337
委内瑞拉	5	6411		797	0	1159	213	0	1832
阿根廷	10	3135		502	211	706	244	85	825
世界总计	662	441148				73345	49511	27085	213527

①中国不含台湾地区。

表 3 2010 年主要国家炼油能力[①]排名

万吨/年

名 次	国家和地区	炼厂数/座	常压蒸馏	焦化	热加工	催化裂化	催化重整	加氢裂化	加氢处理	润滑油
1	美国	129	89346	13608	187	28589	15239	8344	66093	1068
2	中国[②]	54	34030	858	0	2940	765	925	2543	95
3	俄罗斯	40	27155	467	2104	1654	3207	285	10204	439
4	日本	30	23649	679	110	4935	3566	908	23573	201
5	印度	21	20002	933	512	2517	222	828	1178	44
6	韩国	6	13608	105	0	1060	1146	1528	5852	245
7	德国	15	12088	582	1361	1746	1745	1012	9463	75
8	意大利	17	11686	248	2465	1608	1239	1516	5860	127
9	沙特阿拉伯	7	10400	0	760	518	831	669	2319	0
10	巴西	13	9541	634	54	2526	105	0	1337	106
11	加拿大	17	9510	314	705	2392	1526	1019	6262	16
12	法国	13	9219	0	806	1960	1255	359	6262	193
13	英国	10	8831	355	588	2224	1460	180	5934	127
14	墨西哥	6	7700	1051	0	1903	1201	0	4352	88
15	伊朗	9	7255	0	1599	175	708	683	861	104
16	新加坡	3	6785	0	1120	400	630	647	3321	241
17	中国台湾	4	6550	281	0	1090	495	125	3161	81

续表

名　次	国家和地区	炼厂数/座	常压蒸馏	焦化	热加工	催化裂化	催化重整	加氢裂化	加氢处理	润滑油
18	委内瑞拉	5	6411	797	0	1159	213	0	1832	64
19	西班牙	9	6358	336	821	957	846	658	3871	51
20	荷兰	6	6043	228	511	517	647	989	3887	61
21	印度尼西亚	8	5039	179	324	507	400	499	110	0
22	科威特	3	4680	396	0	180	200	570	2767	0
23	乌克兰	6	4399	122	95	351	622	36	1481	3
24	阿联酋	5	3866	0	0	172	111	155	746	0
25	澳大利亚	7	3786	0	0	1175	735	92	2536	0
26	比利时	4	3702	0	165	665	454	0	3243	0
27	埃及	9	3631	216	0	0	268	168	977	24
28	土耳其	6	3571	0	130	145	282	269	1246	31
29	伊拉克	9	3188	0	0	0	378	371	1372	50
30	阿根廷	10	3135	502	211	706	244	85	825	39

①由桶/日历日折合为吨/年的换算系数：常压蒸馏 50，焦化和热加工 55，催化裂化 50，催化重整 43，加氢裂化 50，加氢处理 47，润滑油 53。

②据统计，2009 年底中国常压蒸馏能力已达 5.10 亿吨/年。

资料来源：美国《油气杂志》2010 年 12 月 6 日。

表 4　2010 年世界炼油能力地区构成情况

万吨/年

地　区	炼厂数/座	常压蒸馏		催化裂化	催化重整	加氢裂化	加氢处理
		能力	占世界的比重/%				
非洲	45	16098	3.65	1046	1973	309	3943
亚太	165	124375	28.19	15392	9245	6204	47147
东欧及前苏联	89	51844	11.75	4385	6340	1652	20087
中东	44	36227	8.21	1788	2840	2984	9621
北美	152	106556	24.15	32883	17966	9362	76707
南美	66	32912	7.46	6555	1728	662	8950
西欧	101	73136	16.58	11295	9420	5912	47072
世界合计	662	441148	100.00	73345	49511	27085	213527

资料来源：美国《油气杂志》2010 年 12 月 6 日。

表 5　世界原油加工能力①最大的 25 家石油公司排名

万吨/年

排　名					公司名称	2010 年加工能力
2010	2009	2008	2007	2006		
1	1	1	1	1	埃克森美孚公司（美国）	28915
2	2	2	2	2	英荷壳牌集团公司	22546
3	3	3	3	3	中国石化②	19855
4	4	4	4	4	英国石油公司（BP 公司）	16625
5	5	5	6	5	康菲公司（美国）	13891
6	10	12	11	11	雪佛龙公司③（美国）	13778
7	6	6	6	6	委内瑞拉国家石油公司	13390

续表

排名					公司名称	2010 年加工能力
2010	2009	2008	2007	2006		
8	6	8	8	6	瓦莱罗能源公司（美国）	13083
9	8	9	9	9	中国石油②	13075
10	9	6	5	8	道达尔公司（法国）	12256
11	11	10	10	10	沙特阿美石油公司	12165
12	12	11	12	12	巴西国家石油公司	9985
13	13	13	13	13	墨西哥国家石油公司	8515
14	14	14	14	14	伊朗国家石油公司	7255
15	15	15	17	17	新日本石油公司	7116
16	16	16	15	—	俄罗斯石油公司	6465
17	17	17	[illegible]	15	卢克石油公司（俄）	6085
18	18	20	21	21	马拉松石油公司（美国）	5940
19	19	18	18	18	莱普索 - YPF 公司（西班牙/阿根廷）	5525
20	20	19	19	19	科威特国家石油公司	5425
21	21	21	20	20	印尼国家石油公司	4965
22	22	22	22	22	阿吉普石油公司（意大利）	4520
23	23	23	23	23	太阳石油公司（美国）	4125
24	24	25	25	24	SK 公司（韩国）	4085
25	25	24	24	—	Flint Hills 资源公司（加拿大）	4083

①包括各公司在其合资企业中的份额能力。

②2009 年底中国石化和中国石油炼油能力分别达 2.21 亿吨/年和 1.44 亿吨/年。

③包括其在加德士公司中拥有的份额能力。

资料来源：美国《油气杂志》2010 年 12 月 6 日。

表 6　世界炼油能力超过 2000 万吨/年的大炼厂排名

万吨/年

排名					所属公司名称	炼油厂所在地	2010 年加工能力
2010	2009	2008	2007	2006			
1	1	1	1	1	帕拉瓜纳炼油中心	委内瑞拉法尔孔	4700
2	2	2	2	2	SK 公司	韩国蔚山	4085
3	3	3	4	4	GS 加德士公司	韩国丽水	3750
4	4	4	3	3	信任工业有限公司	印度贾姆纳加尔	3300
5	5	5	5	5	埃克森美孚炼制与供应公司	新加坡裕廊/亚逸查湾岛	3025
6	6	—	—	—	信任工业有限公司	印度贾姆纳加尔	2900
7	8	9	9	9	韩国双龙精油（S - Oil）公司	韩国釜山	2825
8	7	6	6	6	埃克森美孚炼制与供应公司	美国得州贝敦	2803
9	9	7	7	7	沙特阿美石油公司	沙特拉斯坦努拉	2750
10	10	8	8	8	台塑石化股份有限公司	中国台湾麦寮	2700
11	11	10	10	10	埃克森美孚炼制与供应公司	美国路州巴吞鲁日	2518
12	12	11	11	11	Hovensa 股份公司	维尔京群岛圣克鲁瓦	2500
13	13	14	14	14	科威特国家石油公司	科威特艾哈迈迪港	2330
14	14	13	13	12	壳牌东方石油有限公司	新加坡布库姆岛	2310

续表

排名					所属公司名称	炼油厂所在地	2010年加工能力
2010	2009	2008	2007	2006			
15	15	12	17	13	BP公司	美国得州得克萨斯城	2256
16	16	15	15	16	Citgo石油公司	美国路州莱克查尔斯	2200
17	17				马拉松石油公司	美国路州Garyville	2180
18	18	16	16	17	壳牌石油公司	荷兰佩尔尼斯	2020
19	19	17	18	18	中国石化	中国浙江镇海	2015
20	20	18	19	19	沙特阿美石油公司	沙特拉比格	2000
21	21	19	20	20	沙特阿美—美孚	沙特延布	2000

资料来源：美国《油气杂志》2010年12月6日。

表7　世界原油加工能力和炼厂平均规模变化情况

年份＼指标	炼厂数量	原油加工能力/（亿吨/年）	炼厂平均规模/（万吨/年）
2010	662	441148	666
2009	661	436117	660
2008	655	428018	653
2007	657	426543	649
2006	658	425897	647

表8　世界炼油工业主要工艺装置结构“十一五”期间变化情况

装置名称＼指标	加工能力/（万吨/年）			所占比例/%		
	2006	2010	增幅/%	2006	2010	增长百分点
常压蒸馏	425897	441148	3.58	100.00	100.00	0.00
催化裂化	71842	73345	2.09	16.87	16.63	-0.24
催化重整	48885	49511	1.28	11.48	11.22	-0.26
加氢裂化	23436	27085	15.57	5.50	6.14	0.64
加氢处理	203438	213527	4.96	47.77	48.40	0.64
焦化	24140	25354	5.03	5.67	5.75	0.08
其他热加工	20791	21062	1.30	4.88	4.77	-0.11
烷基化	8315	8887	6.87	1.95	2.01	0.06
异构化	7239	6997	-3.35	1.70	1.59	-0.11
含氧化合物	820	832	1.45	0.19	0.19	0.00
润滑油	4121	4189	1.65	0.97	0.95	-0.02
沥青	10663	10660	-0.03	2.50	2.42	-0.09

表9　2006/2010年世界主要国家乙烯生产能力排名及增幅　　万吨/年

排名	国家/地区	2010年产能	2006年产能	增幅/%
1	美国	2759.3	2877.3	-4.1
2	中国	1297.8	698.8	85.7
3	沙特阿拉伯	1195.5	685.5	74.4
4	日本	726.5	726.5	0.0

续表

排　名	国家/地区	2010 年产能	2006 年产能	增幅/%
5	德国	574.3	555.7	3.3
6	韩国	563.0	544.0	3.5
7	加拿大	553.1	553.1	0.0
8	伊朗	473.4	121.4	290.0
9	中国台湾	400.6	242.1	65.5
10	荷兰	396.5	396.5	0.0
11	巴西	350.0	343.5	1.9
12	俄罗斯	349.0	367.0	-4.9
13	法国	337.3	337.3	0.0
14	印度	331.5	251.5	31.8
15	[illegible]	[illegible]	[illegible]	[illegible]
16	英国	285.5	285.5	0.0
17	新加坡	278.0	194.0	43.3
18	卡塔尔	252.0	103.0	144.7
19	比利时	246.0	218.0	12.8
20	意大利	217.0	217.0	0.0
21	马来西亚	172.3	164.9	4.5
22	科威特	165.0	80.0	106.3
23	西班牙	143.0	143.0	0.0
24	墨西哥	138.4	138.4	0.0
25	罗马尼亚	84.4	84.4	0.0
26	阿根廷	83.8	83.9	-0.1
27	波兰	70.0	70.0	0.0
28	匈牙利	66.0	62.0	6.5
29	乌克兰	63.0	45.0	40.0
30	瑞典	62.5	62.5	0.0

[illegible]

表 10　2006/2010 年世界各地区乙烯产能及增幅

万吨/年

地　区	2010 年产能	2006 年产能	增幅/%
亚太地区	4263.1	3160.2	34.9
东欧及前苏联	797.1	846.2	-5.8
中东、非洲	2335.7	1236.7	88.9
北美	3450.8	3568.77	-3.3
南美	508.4	501.9	1.3
西欧	2490.4	2443.8	1.9
世界合计	13845.5	11757.5	17.8

资料来源：美国《油气杂志》2006 年 7 月 16 日、2011 年 7 月 4 日。

表 11　2006/2010 年世界最大的乙烯生产商①　万吨/年

排　名	公　司	2006 年	2010 年	增幅/%
1	陶氏化学公司	1037.0	1052.9	1.5
2	沙特基础工业公司	718.2	1027.4	43.1
3	埃克森美孚公司	832.7	855.1	2.7
4	中国石化	407.5	727.5	78.5
5	壳牌集团	682.1	594.7	-12.8
6	雪佛龙菲利普斯化学公司	370.1	535.2	44.6
7	利安德巴塞尔公司	488.0	520.0	6.6
8	伊朗国家石化公司	—	473.4	—
9	英力士（Ineos）	509.1	428.6	-15.8
10	道达尔公司	332.7	347.2	4.4

资料来源：美国《油气杂志》2006 年 7 月 16 日、2011 年 7 月 4 日。

表 12　中国“十一五”期间原油产量及增幅　万吨/年

企　业	2005 年	2010 年	增幅/%
中国石油	10594.8	10556	-0.37
大庆油田	4495.1	4000	-11.01
辽河油田	1242.02	1000	-19.49
华北油田	435.1	426	-2.09
大港油田	509.95	478	-6.27
吉林油田	550.57	600	8.98
新疆油田	1165.37	1089	-6.55
长庆油田	940.00	1825	94.15
玉门油田	77.01	41	-46.76
青海油田	221.49	186	-16.02
四川油田	13.81	13	-5.87
冀东油田	125.02	173	38.38
塔里木油田	600.06	554	-7.68
吐哈油田	209.84	163	-22.32
浙江油田	0.03	1	100.00
海南石油勘探公司	10.07	17	68.82
中国石化	3927.07	4256	5.96
胜利油田	2694.54	2734	1.46
中原油田	320.01	273	-14.69

续表

企　业	2005 年	2010 年	增幅/%
河南油田	187.15	227	21.29
江汉油田	95.61	96.5	0.93
江苏油田	164.70	171	3.82
西北分公司	420.01	700	66.66
东北分公司	4.72	22.5	376.69
华北分公司	10.00	12.5	25.00
华东分公司	18.00	15.0	-16.67
西南分公司	0.80	2.5	212.50
中南分公司	0.90		
南方勘探开发分公司	3.03		
上海海洋	7.60	2.5	-67.11
中国海油	2789.47	4168	50.47
埕北	23.45		
渤中	142.58		
绥中	330.42		
锦州	68.42		
歧口	44.18		
旅大	157.88		
南堡	8.96		
秦皇岛	161.47		
蓬莱	113.68		
曹妃甸	[illegible]		
惠州	237.97		
西江	364.21		
陆丰	102.32		
流花	104.80		
番禺	344.39		
涠洲	119.75		
东方	0.95		
崖城	9.33		
文昌	197.13		
平湖	25.58		
其他	849.3	1320	55.42
全国	18135	20300	11.85

资料来源：2005 年数据来自中国石油天然气集团公司、中国石油化工集团公司、中国海洋石油总公司。2010 年数据来自石化统计提要 2010。中国石油 2010 年数据为计划完成数据。

表 13 中国“十一五”期间天然气产量及增幅

立方米

企 业	2005 年	2010 年	增幅/%
中国石油	366.7	722.48	97.7
大庆油田	24.4	29.89	22.5
辽河油田	9.2	8.1	-12.92
华北油田	5.7	5.5	-3.51
大港油田	3.3	3.7	12.12
吉林油田	2.7	14.1	422.22
新疆油田	29	38	31.07
长庆油田	75.3	211.07	180.31
玉门油田	0.8	0.21	-73.75
青海油田	21.2	56.1	164.62
西南油田	118.3	153.62	29.86
冀东油田	0.8	4.32	440.0
塔里木油田	56.8	183.6	223.24
吐哈油田	15.3	12.15	-18.24
浙江油田			
南方勘探开发公司	1.7	1.84	8.24
四川局	2.2		
中国石化	62.9	125.07	98.9
胜利油田	8.8	5.15	-41.48
河南油田	1.0	0.59	-41.0
中原油田	16.6	5.66	-65.9
中原普光油田		41.4	100.0
江汉油田	1.2	1.6	33.33
江苏油田	0.6	0.56	-6.67
南方分公司	0.8		-100.0
西北分公司	5.2	15.8	203.85
西南分公司	21.0	26.5	26.19
华东分公司			
华北分公司	4.0	22.36	459.11
东北分公司	1.8	3.35	6.11
中南分公司			
南方勘探分公司		42.09	100.0

续表

企　业	2005 年	2010 年	增幅/%
上海海洋分公司	1.8	1.41	21.67
中国海油	50.89	92.13	625.43
其他	19.15	3.92	100.0
全国	500.0	942.19	88.44

资料来源：2005 年数据取自《石油化工统计年报》。2010 年数据，来自国土资源部《全国油气产储量通报》。

表 14　中国“十一五”期间主要炼油厂原油加工量及增幅　　万吨

公　司	企　业	2005 年	2010 年	增幅/%
中国石油	大庆石化	620.1	650	4.8
	大庆炼化	566.2	550	-2.9
	哈尔滨石化	270.2	330	22.1
	吉林石化（含前郭）	820.5	730	-11.0
	辽河石化	334.4	450	34.6
	辽阳石化	372.7	550	47.6
	鞍山炼厂	100	0	-100.0
	抚顺石化	960.2	950	-1.1
	锦州石化	649	680	4.8
	锦西石化	638	520	-18.5
	大连石化	1106.8	1720	55.4
	西太平洋石化	860.1	880	2.3
	克拉玛依石化	402.2	465	15.6
	乌鲁木齐石化	[illegible]	[illegible]	[illegible]
	独山子石化	418.8	850	103.0
	泽普石化	42.5	40	-5.9
	格尔木炼厂	95	120	26.3
	玉门石化	240	230	-4.2
	兰州石化	882.9	1100	24.6
	长庆石化	200.3	500	149.6
	宁夏石化	139.8	150	7.3
	庆阳石化	92.8	150	61.6
	华北石化	283.6	460	62.2
	呼和浩特石化	107.7	110	2.1
	大港石化	362.1	400	10.5
	南充炼油厂	74.1	100	35.0
	广西石化		400	100.0
	合计	11061.4	13600	23.0

续表

公　司	企　业	2005 年	2010 年	增幅/%
中国石化	胜利油田分公司	142	172	21.3
	石家庄炼化股份公司	362	420	16.0
	上海石化股份公司	949	1052	10.9
	扬子石化股份公司	78[illegible]	761	-2.[illegible]
	镇海炼化股份公司	1710	2085	21.9
	福建炼化有限公司	348	1139	227.2
	河南油田分公司	59	59	0.0
	中原油田分公司	74	87	18.1
	北海分公司	54	12	-77.1
	北京燕山分公司	797	1100	38.0
	塔化分公司		251	100.0
	西安分公司	81	169	108.7
	天津分公司	467	1149	146.1
	沧州分公司	295	221	-25.2
	上海高桥分公司	1007	1067	6.0
	金陵分公司	1074	1364	27.0
	安庆分公司	414	477	15.1
	九江分公司	365	468	28.3
	济南分公司	408	407	-0.2
	齐鲁分公司	1003	1049	4.6
	洛阳分公司	458	712	55.5
	武汉分公司	396	498	25.8
	荆门分公司	395	504	27.6
	长岭分公司	415	397	-4.3
	广州分公司	669	1177	75.9
	茂名分公司	1268	1386	9.3
	江苏石油勘探局	28		-100.0
	新星石油公司	41		-100.0
	清江石化公司	90	80	-11.3
	杭州炼油厂	64	75	17.4
	青岛石化厂	198	351	77.3
	巴陵石化公司	172	183	6.5
	湛江东兴公司	293	485	65.7
	合计	14879	21296	43.13
中国海油			1339	100
其他		3517	63200	79.71
全国累计		29457	42276	43.45

资料来源：中国石油、中国石化 2005、2010 年统计年报。

表 15　中国“十一五”期间原油加工量和主要产品产量及增幅

万吨

类　别	2005 年					2010 年					全国总量
	全国总量	中国石油	中国石化	中国海油	其他	全国总量	中国石油	中国石化	中国海油	其他	增幅/%
原油加工量	29457.1	11061.4	14879.5		3516.7	42286.8	13668.6	21296.6	2825.9	4495.6	43.55
气煤柴润合计	17997.0	7589.7	9134.14		1273.2	25593	8715	12680.7	684	3513	42.21
汽　油	5405.3	2418.7	2511.5			7677	2640	3639	116	1282	42.03
煤　油	988.6	354.3	662.9			1714	362	1242	105	5	73.38
柴　油	11061.6	4663.9	5822.34			15888	5543	7656	463	2226	43.63
润滑油	541.5	152.9	137.4			314	170.3	143.7			-42.01
燃料油	2416.7	551.2	794.3		1071.2	2115	591.5	411.7	474.7	637.5	-12.48

资料来源：石化统计提要 2010。2010 年数据取自中国石化经济技术研究院《中国石油石化市场数据统计与分析》。

表 16　中国“十一五”期间主要乙烯生产企业产量及增幅

万吨

企业 \ 年份	2005 年	2010 年	增幅/%
中国石油	204.5	362	77.07
大庆石化	55.6	54.4	-2.16
兰州石化	24.6	69.5	182.78
辽阳石化	14.6	18.2	24.77
盘锦	15.7		-100.00
抚顺石化	16.8	16.7	-0.13
独山子石化	26.1	119.3	356.46
吉林石化	51.1	83.4	63.19
中国石化	549.5	919	62.27
燕山石化	81.2	84.2	3.72
上海石化	96.2	97.3	1.10
齐鲁石化	82.5	85.6	3.73
扬子石化	77.6	67.8	-12.61
广州石化	21.4	22.5	5.32
茂名石化	34.8	98.1	181.80
天津石化	20.7	23.8	14.95
中原石化	19.2	21.2	10.66
赛科公司	64.0	129.4	102.19
扬巴公司	34.1	53.6	57.07
东方石化	17.8	13	-26.60
福建炼化		84.4	100.00
中沙（天津）石化		85.5	100.00
镇海炼化		52.6	100.00
中国海油		84.8	100
其他		51.7	100
全国总量	755	1417	87.90

资料来源：乙烯行业协会。

表 17　中国“十一五”期间主要丙烯生产企业产量及增幅

万吨

企业＼年份	2005 年	2010 年	增幅/%
中国石油	91.0	163.0	79.18
大庆石化	24.4	22.6	-7.56
兰州石化	11.0	32.9	199.34
辽阳石化	7.6	9.4	23.99
盘锦	5.9		-100.00
抚顺石化	6.3	6.7	5.78
独山子石化	11.7	52.1	346.40
吉林石化	24.1	39.3	63.00
中国石化	265.1	435.0	64.09
燕山石化	39.1	39.4	0.81
上海石化	46.7	46.9	0.43
齐鲁石化	38.1	38.5	0.94
扬子石化	37.2	31.5	-15.39
广州石化	9.6	10.1	4.59
茂名石化	15.4	48.1	211.81
天津石化	9.5	10.7	11.95
中原石化	8.1	8.7	7.93
赛科公司	33.5	61.1	82.27
扬巴公司	19.0	28.8	51.33
东方石化	8.8	0.85	-90.34
福建炼化		43.3	100.00
中沙（天津）石化		41.5	100.00
镇海炼化		25.6	100.00
中国海油		39.7	100.00
其他		25.1	100.00
全国总量	356.1	662.7	86.12

资料来源：乙烯行业协会。

表 18　中国“十一五”期间已建油气管道概况

原油管道						
公　司	管道名称	起止点	投产时间	长度/千米	设计输量/（万吨/年）或（亿立方米/年）	备注
中国石油	中哈线	哈萨克阿特劳—中国阿拉山口	2006.5	1240	1000	
	中俄线	俄罗斯科沃罗季诺—中国大庆	2011.1	1000	1500	
	中缅线	缅甸马德岛—中国云南瑞丽	在建	771	2200	
	阿独线	阿拉山口—独山子	2006.7	246	1000	
	西部原油管道	鄯善—兰州	2006.9	1541	2000	
	日东线	日照—东明	在建	462	1000	
	石兰线	石空—兰州	2010.12	325	500	
	庆咸线	长庆—咸阳	2008.10	260	300	

续表

原油管道						
公　司	管道名称	起止点	投产时间	长度/千米	设计输量/（万吨/年）或（亿立方米/年）	备注
	西部管道	乌鲁木齐—兰州	2006.7	1858	1000	
	港枣线	大港—枣庄	2007.6	647	300	
	克乌复线	克拉玛依—乌鲁木齐	2009.11	298	240	
	兰郑长线	兰州—郑州—长沙	在建	2847	1500	兰郑段投产
	独乌线	独山子—乌鲁木齐	2008.10	330	500	改扩建管道
	忠武线	重庆忠县—武汉	2005.6	1347	30	含荆州—襄樊、潜江—湘潭、武汉—黄石三条支线
	陕京二线	榆林—北京	2008.12	918	120	
	陕京三线	陕西榆林—北京昌平	2011.1	820	150	
	冀宁联络线	安平—南京	2005.12	900	110	连接西气东输与陕京二线
	克乌线	克拉玛依—乌鲁木齐	2006.11	285	28	
	淮武联络线	淮阳—武汉	2007.12	475	15	连接西气东输与忠武线
	兰银线	兰州—银川	2007.7	413	35	
	长长吉线	吉林长岭—长春—吉林	2010.11	221	23	
	北内环线	四川渠县—广安—磨溪—成都	2008	329		
	四川南干线西段	泸州—成都	2008	341		
	永唐秦线	永清—唐山—秦皇岛	2009.5	312.4	90	
	山东管网干线	泰安—青岛	2010.12	1024	110	
	江如线	江都—如东	在建	264.3	135	
	大沈线	大连—沈阳	在建	423	80	
	西气东输二线	霍尔果斯—上海	2011.6	9102	300	
	中亚线	土库曼斯坦格达伊姆—霍尔果斯	2010.10	1833	300	中亚线A、B线并行，A线2009年12月投产
	涩宁兰复线	涩北—兰州	2009.12	945	33	
	秦沈线	秦皇岛—沈阳	2011.6	406	80	
中国石化	安济线	安平—济南	2006.5	255	30	
	宣宁线	济南—济宁	2006.1	227	8	
	川气东送	普光—上海	2010.3	2170	120	
	榆济线	榆林—济南		1045	30	即将投产

续表

原油管道						
公　司	管道名称	起止点	投产时间	长度/千米	设计输量/（万吨/年）或（亿立方米/年）	备注
	仪长线	仪征—长岭	2005.12	973	2700	
	甬沪宁线	宁波—南京	2004.5	666	2000	
	塘燕复线	天津港—燕山	2007.6	224	2000	
	曹津线	曹妃甸—天津	2008.10	195	2000	
	珠三角线	茂名—深圳	2006.11	1150	1200	
	洛驻线	洛阳—驻马店	2007.8	425	390	
	石太线	石家庄—太原	2007.12	290	340	
	江西管道	九江—樟树	2008.1	226	330	
	湖南管道	长岭—株洲	2008.6	260	600	
	鲁皖二期东线	青岛—济南	2008.6	375	600	
		济南—邯郸	2009.5	480	590	
	鲁皖二期西线	邯郸—石家庄	2009.12	210	170	
		郑州—汤阴	2010.1	215	210	
	西南线	茂名—昆明	2005.12	1740	1000	
	西南线二期	昆明—大理	2009.8	323	290	
	苏南线	南京—苏州	2010.12	393	800	
其他	延西线	延安—西安	2009.7	209	500	延长

表 19　中国“十一五”期间新建大型原油码头

公　司	港　口	吨位/万吨	吞吐能力/（万吨/年）	投产时间	备注
中国石化	册子岛原油码头	30	2000	2006.3	
	洋浦原油码头	30	1800	2006.3	
	算山原油码头	25	3000	2007.3	2 个泊位
	华德原油码头	30	2700	2007.3	合资，2 个泊位
	涠洲岛原油码头	30	2000	2007.6	
	黄岛三期原油码头	30	1800	2008.1	
	曹妃甸原油码头	30	2000	2008.8	
	天津原油码头	30	2000	2008.10	
	青兰山原油码头	30	2000	2009.2	福建炼化
	日照原油码头	30	2000	2010.7	
中国石油	钦州港原油码头	10	1000	2008.12	
	大连新港原油码头	30	1900	2010.1	
	营口仙人岛	30	1800	2009.3	
其他	中海炼化原油码头	30	2000	2008.8	中国海油
	岙山原油码头二期	30	2000	2009.6	中国中化集团公司

数据来源：中国石化、中国石油。

表 20　中国“十一五”期间对外签约的主要合作项目（出资 10 亿元以上的项目）

项目名称（区块号）	中方公司	合作伙伴（出售方）	签约时间
收购尼日利亚海上 OML130 区块 45% 权益	中国海油	尼日利亚南大西洋石油有限公司（SAPETRO）	2006. 1
获得安哥拉 17 区块 27. 5%、18 区块 40% 以及 15 区块 20% 股权	中国石化	安哥拉国家石油公司	2006. 6
收购俄罗斯 Udmurtneft（UDM）公司 47. 5% 股份	中国石化	英国 TNK－BP 公司	2006. 7
收购 Omimex de Colombia 公司 25% 股份	中国石化	美国 Omimex Resources 公司子公司 Omimex de Colombia	2006. 8
土库曼斯坦阿姆河右岸天然气产品分成合同	中国石油	土库曼斯坦天然气国家康采恩	2007. 7
俄罗斯东西伯利亚地区上伊恰尔和西乔区块勘探项目	中国石油	俄罗斯石油公司	2007. 7
伊朗亚达瓦兰油田开发项目	中国石化	伊朗国家石油公司	2007. 12
伊朗 Yadavaran 油田开发协议	中国石化	印度 ONGC Videsh 公司、伊朗国家石油公司	2007. 12
收购澳洲 AED 公司 60% 资产	中国石化	澳洲 AED 公司	2008. 4
开发奥里诺科重油带胡宁 4 区块成立合资公司的框架协议	中国石油	委内瑞拉国家石油公司	2008. 5
中国石油与土库曼斯坦国家天然气康采恩关于扩大天然气合作的框架协议	中国石油	库曼斯坦国家天然气康采恩	2008. 8
中国与哈萨克斯坦天然气及天然气管道领域扩大合作的框架协议	中国石油	哈萨克斯坦国家石油天然气公司	2008. 10
伊拉克艾哈代布油田开发服务合同	中国石油	伊拉克北方石油公司	2008. 11
伊拉克鲁迈拉油田开发服务合同	中国石油	BP 公司、伊拉克南方石油公司	2009. 6
收购瑞士 Addax 公司（尼日利亚、加蓬、伊拉克）	中国石化	瑞士 Addax 公司	2009. 8
联合开发乌里赫套气田的框架协议	中国石油	哈萨克斯坦国家油气公司	2009. 10
伊拉克哈法亚油田开发生产服务合同	中国石油	道达尔公司、马来西亚国家石油公司、伊拉克南方石油公司	2010. 1
收购加拿大麦肯河和道沃油砂项目	中国石油	加拿大阿萨巴斯卡油砂公司	2010. 2
收购 Bridas 公司 50% 的股权	中国海油	Bridas	2010. 3
卡塔尔 D 区块天然气勘探与产量分成协议	中国石油	壳牌、卡塔尔石油公司	2010. 5
Missan 油田开发协议	中国海油	土耳其国家石油公司	2010. 5
收购壳牌子公司壳牌叙利亚油气开发公司 35% 权益	中国石油	壳牌公司	2010. 5
收购加拿大 Syncrude 合资公司 9. 03% 股权	中国石化	美国康菲公司	2010. 6
收购澳大利亚箭牌能源公司 100% 股权	中国石油	澳大利亚箭牌能源公司	2010. 8
收购泛美能源公司 30% 权益	中国海油	BP 公司	2010. 10
收购美国鹰滩页岩油气项目 33. 3% 权益	中国海油	美国切萨皮克公司	2010. 11
胡宁 4 项目合资经营协议	中国石油	委内瑞拉能源与石油部	2010. 12
收购巴西油气资源 40% 股权	中国石化	西班牙瑞普索尔巴西公司	2010. 12

表 21　2006～2010 年中国石化海外工程业务数据统计

指标＼年份	2006	2007	2008	2009	2010	2010 年/2009 年/%
进入国家数目/个	29	31	33	35	35	0.0
合同数目/个	203	301	331	355	448	26.2
合同额/亿美元	27.4	37.8	60.2	79	94.8	20.0
新签合同额/亿美元	14.03	19.3	26.1	28.1	28.23	0.5
完成合同额/亿美元	7.21	12.1	18.8	24.3	26.36	8.5
海外队伍/支	193	205	247	322	382	18.6
中方员工/人	2524	3157	4827	5522	6315	14.4
外籍员工/人		7084	12011	11434	12449	8.9

数据来源：中国石化集团公司 2010 年年报。

第七篇

企业之窗

中国石油所属单位

【中国石油海外勘探开发公司】 中国石油海外勘探开发公司是中国石油负责海外石油天然气勘探开发、炼油化工、管道运营业务归口管理的专业公司。多年来，中国石油海外勘探开发公司积极参与国际竞争，大力开展国际化经营，公司规模和实力不断增强。培养和锻炼了一支从事国际油气业务的高素质员工队伍；创新和发展了一大批有效开发海外复杂油气田的先进实用技术；积累和丰富了一整套不同规模、不同合作模式的海外项目的运作管理经验；建立和完善了一系列适合国际油气业务的制度流程体系。

中国石油海外勘探开发公司在中亚—俄罗斯、中东、非洲、美洲和亚太5个海外油气合作区，建成了勘探开发、管道运输、炼油化工与销售上中下游一体化的完整石油产业链。公司从一个国际石油市场默默无闻的跟进者，快速成长为世界大中型油气项目开发作业者，成为国际知名石油公司信赖的优选合作伙伴。公司始终秉承“奉献能源、创造和谐”的宗旨，致力于自然、社会和人类的和谐发展，严格采用健康、安全、环保的国际化标准和管理系统，积极支持资源国社会发展，履行社会责任，注重实施当地员工培训和发展计划，在为资源国经济发展提供能源支持的同时积极履行社会责任，树立了中国石油良好的国际品牌形象。

【中国石油玉门油田分公司】 中国石油玉门油田分公司位于河西走廊的祁连山北麓，东连万里长城的西端雄关——嘉峪关和历史名城酒泉，西通敦煌、新疆等地。油田开发于1939年，是中国第一个天然石油基地。

油田现有职工14000多人，固定资产原值105亿元，净值41亿元，主要从事勘探开发、炼油化工、工程技术服务、矿区服务等业务。先后投入开发老君庙、鸭儿峡、石油沟、白杨河、单北、青西、酒东7个油田。目前在酒泉、民乐、潮水、武威、雅布赖、南祁连等8个盆地内共有17个矿权区块，探矿权面积42798平方千米，总资源量约7.65亿吨；炼油化工伴随油田开发也具有悠久的发展历史，目前有生产装置14套，综合配套加工能力250万吨/年；工程技术及服务水平在长期的生产服务中逐步提高，具有较强的井下作业、电力供应能力。当前，玉门油田正处于转变发展方式、提高发展质量、推动持续稳定有效发展的关键时期和重要时期。油田将在集团公司和股份公司的正确领导下，牢牢把握科学发展和构建和谐两大主题，做大油气主营业务，做优炼油化工业务，做强工程技术服务业务，做实矿区服务业务，努力实现“油气产量重上100万吨/年和建设百年油田”的“双百目标”，推动油田全面、协调、可持续发展。

【中国石油西气东输管道（销售）公司】 中国石油西气东输管道（销售）公司是中国石油天然气股份有限公司直属的地区公司，负责西气东输管道工程建设、生产运营管理和天然气市场开发与销售等业务。

公司随着西气东输工程的建设发展不断成长壮大。2000年3月8日，西气东输工程项目经理部成立。2001年4月22日，更名为西气东输管道分公司。2003年9月27日，西气东输销售分公司成立。

西气东输管道分公司和销售分公司实行一套机构、两个牌子管理。公司采用一级管理体制、扁平化的机构设置。目前，公司在上海设有16个职能部门，下设3个附属单位，管道沿线设有18个地区管理处（分公司）、2个工程项目部、1个国家级计量测试中心。截至2011年8月底，公司共有员工 3527 人。

目前，公司运营管理 2 条干线（西气东输一线和西气东输二线东段）、4 条支干线（常州—长兴、定远—合肥、南京—芜湖、枣阳—襄樊支干线）、6 条联络线（冀宁联络线、淮武联络线、西二线中卫—靖边联络线、樟树—湘潭联络线、襄樊清管站—淮武线襄樊计量站联络线、黄陂联络压气站—淮武线联络线）、15 条支线和长宁线、兰银线，管道总长度 10335 千米，1 座地下储气库、1 个计量检定中心，132 座站场。管线途经 17 个省（市）自治区，供气范围覆盖华东、华中、西北东部广大地区，并向华北地区转供天然气，初步形成了塔里木、柴达木、长庆、川渝四大气区联网供气格局。

西气东输一线是以新疆塔里木气田为主供气源，以长江三角洲地区为主要目标市场。管道干线西起新疆塔里木轮南，东至上海白鹤镇，全长 3843.5 千米。管道直径 1016 毫米，系统压力 10 兆帕，设计输量 120 亿立方米/年。通过实施增输工程，目前管道全线输气能力已达到 170 亿立方米/年。

西气东输二线主供气源为中亚天然气，管道西起新疆霍尔果斯口岸，总体走向为由西向东、由北向南，东至浙江、上海，南至广东、广西，线路总长约 8600 千米，管径 1219 毫米，东段设计压力 10 兆帕，设计输量 300 亿立方米/年。公司负责运营管理位于甘肃、宁夏两省交界处的 CA000 管线桩以东的线路（含相关干线、支干线和支线）和站场及配套储气库。

西气东输自正式投入运行以来，在集团公司党组、股份公司管理层的正确领导和亲切关怀下，在工程建设、生产运行、市场销售同步进行的较大压力和繁重任务面前，紧紧围绕确保管道安全平稳高效运营这一中心，坚定不移地抓好管道运营和市场销售主营业务，持续深化经营管理，不断加强党建和精神文明建设，圆满完成了各项业绩指标。截至 2011 年 8 月底，西气东输销售及分输用户已发展到 162 家。“十一五”期间，公司累计实现管输商品气量 809.77 亿立方米，天然气销售量 771.43 亿立方米，较好地履行了政治责任、社会责任和经济责任，为促进天然气工业和地方经济发展，调整能源结构、改善生态环境、提高人民生活质量作出了贡献。公司先后获全国“五一劳动奖状”，首届“国家环境友好工程”、“国家开发建设项目水土保持示范工程”和“新中国成立六十周年百项经典暨精品工程”荣誉。西气东输管道工程通过国家验收。“西气东输工程技术及应用”项目获 2010 年度国家科技进步一等奖。

【中国石油工程建设公司】 中国石油工程建设公司（英文缩写 CPECC）成立于 1980 年，隶属于中国石油天然气集团公司，是集团公司专门从事石油工程设计、制造、施工和工程总承包的专业公司，现已发展成为中国石油在国内外石油工程建设领域最具代表性的企业。

CPECC 建设功能完善，技术力量雄厚，拥有一大批熟悉国际惯例、技术水平高、管理经验丰富的专业技术和管理人才，具备设计、采购、制造、施工、项目管理承包等工程建设全过程业务链的服务资质能力。多年来，公司始终坚持“诚信，创新，服务，共赢”的经营理念，先后在 50 多个国家和地区完成了一大批油气集输、油气处理、长输管道、海洋工程、石油炼制、石油化工、油气储库、电站、道路桥梁、民用建筑等大型项目的前期咨询、勘察测量、设计、采购、施工、制造、监理、试运投产和运行维修等各项服务和项目总承包业务，均实现了项目投产一次成功，实现了质量与安全的统一，创造了建设所需的和谐环境，赢得了业主、项目所在地政府和公众的高度赞扬和信任。

“十一五”以来，CPECC 累计获中国建设工程鲁班奖 2 项；石油优质工程金奖 2 项，银奖 5 项；3 项工程入选国家“百项经典建设工程”；创造了 10 多项中国企业新纪录。连续 18 年被美国《工程新闻记录》（ENR）评选为全球最大 225 家国际工程承包商之一，2011 年位列第 27 名，成为目前亚洲区最大的国际石油工程总承包商。

【中国石油寰球工程公司】 中国石油寰球工程公司隶属于中国石油天然气集团公司，是以技术为先导，以设计为龙头，集咨询、研发、设计、采购、施工管理、设备制造、开车指导等多功能于一体的，具有项目管理承包和工程总承包综合能力的国际工程公司，是智力密集、技术密集的科技型国有骨干企业。

50 多年来，先后完成了 2000 多项跨行业的国内外大中型项目的咨询、设计、施工和总承包建设任务，在大型乙烯、大型炼油、大型聚丙烯、大型 LNG 和大型化肥等 15 类装置上具备总承包能力并拥有丰富业绩。业务遍及全国 30 个省、市、自治区，以及东南亚、西欧、美洲、中东的近 20 个国家和地区，是国内同行中国际化程度较高、项目运营国家较多的企业，也是率先进入沙特、新加坡、加拿大、意大利等炼化工程建设高端市场的公司。

公司以北京总部为核心，构建了完整的 EPC 业务链，形成了覆盖华北、华东、华南、西北、东北的五大区域运营中心以及建安业务中心；在海外，初步形成中东、亚太、美洲三大海外运营中心。

公司现有员工 9875 人，高层次技术人才阵容强大，高级技术专家、专业带头人 225 人，高级技能专家 9 人，高级别国家注册执业资格人员 1471 人，98%的专业技术人员具备用英文，按美、欧、日本标准和中国国标进行设计和建设的工作能力，教授级高级工程师 165 名，高级工程师 1103 名，在欧、美、日等国工程公司工作和培养两年以上的人员 120 多名，具有硕士（含双学士）和博士学位的人员 652 名，有丰富经验的高级项目管理人员 236 多名，国际化人才 960 人。

拥有雄厚的科研实力，承担了多项大型化工装置的科技攻关任务，获得国家授权专利 62 项，已受理专利 23 项；国家级工法 3 项，省部级工法 14 项；有 60 项具有竞争优势的专有技术，10 余项自行开发或正在开发的具有市场价值的工艺创新技术，38 项自行开发的计算机软件。获国际和国家级、省部级发明奖、科技进步奖、优秀工程设计奖等奖项 491 项，主编和参编国家标准规范 33 项、行业标准规范 47 项、中国石油天然气集团公司企业标准 9 项、协会标准规范 8 项，为大型化工装置的国产化及以高新技术带动国际工程承包和机电产品出口奠定了坚实基础。

建立了系统的、与国际接轨的总承包项目管理体系和项目运作管理模式，建立了 ISO 9001 质量保证体系、ISO 14000 环境管理体系和 OHSAS 18000 职业健康安全管理体系并通过认证；拥有工程设计综合甲级资质，可承担所有行业工程项目的设计任务；形成了“一个平台、三大系统”的信息化体系，拥有国际先进水平的网络硬件系统、工程应用软件系统、工程项目管理集成系统和各种数据库；组织和参与行业技术中心的建设，国家和行业的若干工程技术标准规范的编制及管理机构均设在公司。

凭借先进的技术、丰富的工程业绩和良好的企业资信，寰球公司被评为国庆 60 周年全国勘察设计行业“十佳工程承包企业”，获得首批“AAA 级信用企业”和北京市“高新技术企业”称号，并连续 12 年被评为 ENR 全球最大的 225 家国际工程承包商和全球最大的 200 家国际设计公司，是连续 12 年同时进入上述排行榜的唯一一家中国公司。

【中国石油勘探开发研究院廊坊分院天然气地质研究所】　中国石油勘探开发研究院廊坊分院天然气地质研究所是全国性天然气地质勘探综合研究机构，成立于 1985 年。通过全所科研人员的不懈努力，在集团公司六大气区的重大科研攻关研究中取得了一系列重大研究成果，逐步形成了专业技术特色，已成为中国石油天然气股份有限公司天然气勘探决策支持、气区勘探生产服务、天然气地质勘探理论研究、天然气地质实验及研究的主要生力军，为中国天然气地质研究和勘探事业作出了突出的贡献。截至目前共获国家级、省部级、局级奖励 190 多项。

【中国石油勘探开发研究院采油采气装备研究所】　中国石油勘探开发研究院采油采气装备研究所（原石油机械研究所）始建于 20 世纪 70 年代中期，是以油气开采装备与工具的技术研发、技术支持、技术服务及宏观战略决策研究为主要任务的科研机构，正逐步成为国际先进、国内一流的井筒控制技术研发中心。

经过多年的研究和攻关，逐步形成了以膨胀管技术、水平井分段完井与控制技术等为核心的特色技术与装备，并相继在油田推广应用。同时开展了新一代分层注水技术、智能完进技术、仿生工程技术、应用膨胀筛管防砂技术等一批前沿技术的研究，并取得阶段性突破。

主要产品及技术服务应用：膨胀管技术在11家油田施工600多口井，应用规模和施工成功率处于国内领先水平，获国家专利20多项，制定标准3项。可提供直井、斜井、水平井各种规格及非标套管补贴和堵水技术服务。

遇油/遇水自膨胀封隔器，遇油膨胀材料耐温指标达180℃，膨胀率达到3～4倍，遇水膨胀材料耐温指标达150℃，膨胀率达到5～6倍。已在水平井分段完井、找水堵水、水泥固进密封加固、复杂结构井完井和分段改造等多个领域、多个油田得到了成功应用。

水平井多功能完井管柱，具有长期封隔各层段的能力，能够控制各层段进出流体，对水平井各个层段实施找水、堵水、分采、改造等技术措施。

【中国石油西南油气田分公司安全环保与技术监督研究院】 中国石油西南油气田分公司安全环保与技术监督研究院成立于2008年8月21日，承担着中国石油西南油气田安全环保技术支持、监督服务、技术研发中心的功能。所属计量检测中心（国家石油天然气大流量计量站成都分站、石油工业天然气流量计量站、中国石油天然气股份有限公司天然气流量计量站）是国际上技术先进、装备完善的天然气大流量实流检测技术机构，拥有天然气流量原级、次级以及移动式三套国际水平标准装置；工程质量监督站具有四川省建委授权的“四川省建设工程质量安全监督总站石油分站”、集团公司石油天然气工程质量监督总站授权的“石油天然气川渝工程质量监督”执法资质；长输管道检测评价中心拥有CNAS实验室、CNAS检查机构及质检总局压力管道检验许可证书三项国家级资质，在在役输气管道检测评价和管道完整性管理工作领域处于领先水平；HSE研究评价中心通过了国家计量认证，取得了“工程项目环境影响评价甲级证书”、“安全评价资质证书”和“水土保持方案编制资质证书”等资质；有450余人次获得注册安全工程师、执业环评工程师、职业安全评价师、质量内审员、环境影响评价资格证、计量器具检定证、压力管道检验师、压力容器检验师、质量监督工程师、无损检测资格证、安全资格证、中国石油计量主考员、股份公司项目经理资质认证等执业资质；获多项国家、集团公司、股份公司级科技进步成果奖。目前，该院拥有国际一流的天然气流量计实流检测能力，国内一流的石油天然气工程环境评价、安全评价、工程建设质量监督技术能力。能为社会各界提供环境影响评价、安全评价、管道及特种设备检测评价、天然气计量检测、工程质量监督、HSE监督等方面的优质服务。

【中国石油东北炼化工程有限公司】 中国石油东北炼化工程有限公司隶属于中国石油天然气集团公司，是以技术为先导，以设计为龙头，集科技研发、设计咨询、工程施工、项目管理、工程监理、设备制造、无损检测等多功能于一体，具有工程总承包综合能力的大型国际工程公司。

公司组建四年来，业务遍及国内20多个省、市、自治区和新加坡、马来西亚、利比亚、土库曼斯坦、沙特阿拉伯、阿尔及利亚、俄罗斯等十几个国家和地区，相继建成化工、石油化工、炼油、电力、煤炭、水利、环保、医药、公用工程等领域大型装置和建筑工程800余项。公司先后获中国建筑鲁班奖5项、国家级建筑工程金银质奖30余项。2009年公司承建的中海壳牌南海石化80万吨/年乙烯装置、参建的独山子石化1000万吨/年炼油100万吨/年乙烯工程获“新中国成立60周年百项经典暨精品工程”荣誉称号。阿尔及利亚阿德拉尔炼油厂工程获得全国首批境外工程鲁班奖。

公司现有员工12830人，拥有高级专业技术人才近2000人，享受国务院特殊津贴技术专家8人，教授级高工32人，省部级设计大师16人，国家级监理大师1人，一、二级建造师，一、二级结构师等国家注册人员近200人。取得项目管理资质并有丰富经验的项目管理人员500多名。公司组建了徐龙杰焊接工作室、何天伦电调工作室、于德胜金属结构工作室、刘延虎起重工作室4个技能专家工作室。

公司拥有雄厚的科研实力，承担了多项大型炼油化工装置的设计、咨询、科技攻关任务，获国家级科技进步奖12项、国家级优秀工程设计奖15项、国家级优秀工程咨询成果奖16项、国家级工法7项、省部级工法38项。公司主要代表项目有：国内第一套顺丁橡胶装置、第一套11.5万吨/年乙烯国产化装置、第一套100万吨/年延迟焦化装置，国内独家5万吨/年异丙醇装置等。拥有60万吨/年乙烯装置、30万吨/年高密度聚乙烯装置等几十项设计开发成果。拥有合成氨“三项”催化剂的研究及使用、年产11.5万吨乙烯装置设计、ECSS工程化学模拟系统、丙烯酸及酯国产化生产工艺技术、液蜡分离单体烃工艺、蒸馏—减黏热联合节能优化组合工艺、煤系针状焦、三氯乙烯、大型压力容器燃气法整体热处理方法及装置、2000立方米丙烯球罐整体搬迁等专利和专有技术。

公司拥有众多国家级荣誉：中国诚信单位、创鲁班奖工程特别荣誉企业、全国最佳施工企业、全国优秀施工企业、全国用户满意企业、中国建筑业领先企业、全国守合同重信用企业、中国企业最佳形象AAA级、质量服务信誉AAA级品牌、全国诚信经营信誉十佳企业、全国工程建设管理先进单位、全国质量效益型先进施工企业、中国建筑施工综合实力百强企业、全国先进工程建设监理单位、中国建设监理创新发展20年工程监理先进企业。

中国石油东北炼化工程有限公司努力实现“将东北工程打造成具有较强工程技术转化能力，以炼油、化工工程建设为主，PMC、环境工程和信息工程建设为辅，炼化一体化、国内外一体化，具有国际竞争能力的EPC总承包商”的发展目标，为实现中国石油天然气集团公司建设综合性国际能源公司的发展战略和全面振兴东北老工业基地作出贡献。

【中国石油大庆油田工程有限公司】 中国石油大庆油田工程有限公司（大庆油田建设设计研究院）成立于1960年4月，伴随着大庆油田的开发建设，现已发展成为主营业务包括工程咨询、工程勘察、工程设计、工程总承包、工程开发研究和科技产品生产的国家级高新技术企业、石油行业指导性设计院、全国勘察设计行业综合实力百强单位。

“十一五”是公司发展速度最快、综合实力提升最快的五年。这五年，公司坚持走设计科研紧密结合的道路，统筹兼顾各项业务全面发展，取得了令人振奋的工作成果和经营业绩，为公司可持续发展奠定了坚实的基础。

服务油田的水平不断提高。“十一五”期间，设计建成原油产能1581万吨/年、天然气产能13.6亿立方米/年，完成油田地面工程投资约381.3亿元；承担科研项目和研究工作187项，取得科研成果172项。规模应用了一系列高效低耗的工艺技术和设备，取得显著效果，满足了新时期油田开发的需要。通过实施优化简化，节省地面建设投资近32亿元，节约年运行费用3.5亿元；通过采取节能措施，节约标煤127万吨，节约生产成本14.4亿元；三次采油配套工艺在油田全面推广应用，“低压三元—高压两元”简化配注工艺节省投资30%，两段脱水工艺实现了原油达标外输；水质综合达标率稳定保持在85%以上，实现了油田水质治理的初步目标。

大庆油田工程有限公司将秉持“大庆院永远让您放心”的企业承诺，真诚地为顾客提供优质服务，努力做到设计一项工程、留下一个精品，开展一项研究、筑牢一项技术，为大庆油田原油持续稳产提供技术保障。

【中国石油大庆油田工程建设有限公司】 中国石油大庆油田工程建设有限公司是一家隶属于中国石油大庆油田的大型综合性建筑企业，具有EPC/PMC总承包和项目管理能力，能够完成项目设计、采办、施工和开车全过程管理。公司拥有工程设计综合甲级资质，化工石油工程施工总承包特级资质。公司下属油田设计院、油建公司等14个成员单位，注册资本18.08亿元。公司现有员工21184人，其中管理和专业技术人员8047人，中高级以上职称3221人，享受国务院政府特殊津贴专家1人，中国石油高级技术专家2人、技能专家5人，中国石油跨世纪学术、技术带头人3人，具有注册一、二级建筑师，岩土工程师，一级建造师，造价工程师，注册会计师等执业资格人员911人。公司拥有固定资产原值59.8亿元，净值32.6亿元，以550吨履带吊车、回拖力500吨的水平定向穿越机为代表的施工设备35364台（套），以中国石油天然气集团公司地面工程技术试验基地为代表的实验室及现场试验基地14个。业务范围涉及工程咨询、工程勘察、工程设计、油气田地面建设、炼油化工储罐建设、建筑施工、路桥建设、建材产品预制、工程检测、专业技术培训等领域。公司经过50余年的技术发展，形成了多项具有自主知识产权的核心技术，在高寒地区“三高”原油的集输处理、聚合物注入与采出液处理等方面积累了丰富的经验；在数字化管道勘察设计与施工、数字化油田、长距离油气混输、大型油库及金属储罐设计与施工、油田化学剂、油田气深冷处理技术等方面处于国内领先水平。在工程施工方面拥有6项国家级工法，52项省部级工法，拥有十大核心技术系列及40项技术专长。施工领域遍布国内23个省、自治区、直辖市，并先后进入了巴基斯坦、孟加拉、哈萨克斯坦、土库曼斯坦、蒙古、伊拉克等国家和地区。公司自1992年起一直位于“中国勘察设计综合实力百强单位”前列；并入选“ENR全球承包商225强”和“中国承包商60强”。累计完成规划设计16457项，取得科研成果2598项，获得国家级奖励47项。其中，大庆油田稳产5000万吨工程设计获得国家工程设计的最高奖项“全国最佳工程设计特奖”；大庆油田开发50年建设工程设计获“十佳感动中国工程设计大奖”、“十佳自主技术创新企业大奖”。公司还先后获国家质量管理奖、中国质量信誉保证企业、中国工程建设社会信用AAA级企业、全国优秀施工企业、全国工程建设质量管理优秀企业、全国实施用户满意工程先进单位、全国建筑业企业工程总承包先进企业、中国最具影响力企业、黑龙江省“五一”劳动奖状和全国“五一”劳动奖状等荣誉。

【中国石油辽河工程有限公司】 中国石油辽河工程有限公司（LPE）是国家甲级勘察设计单位，中国勘察设计综合实力和工程总承包百强单位，中国石油天然气集团公司高稠油、凝析油气田地面工艺技术指导性设计单位，稠油、高凝油主力设计单位，是具有研发、咨询、勘察、设计和工程总承包全功能的工程公司。

LPE始建于1970年，现有员工813人，其中全国工程勘察设计大师1人，中国石油集团公司优秀勘察设计师和技术专家9人，教授级高工、高级职称157人，拥有国家各类工程师注册资格人员近200人。具有勘察、设计和工程总承包等21个甲级、12个乙级资质。拥有Ⅰ、Ⅱ、Ⅲ类压力容器设计资格和GA、GB、GC类压力管道设计资格证及项目安全预评价、危险化学品专项评价资质。业务范围遍及石油天然气、建筑、化工石化医药、市政公用工程、电力、电子通信、广电、城市规划、工程勘察等8个行业32个专业领域。

LPE为辽河油田发展和中国石油工程建设作出了重要贡献。先后完成了辽河油田1500万吨/年原油生产能力的地面工程建设和以西气东输管道、大连中石油国际储备库为代表的国家重点项目的设计和总承包工作。形成了具有国际先进水平的稠油、超稠油和高凝油集输处理等八大技术优势，获得国家级技术创新、优秀设计奖等17项，省部级成果98项。拥有专利技术45项、专有技术58项。

进入“十二五”时期，公司将以科学发展观为统领，坚持“市场开发、科学管理、技术创新、人才培养、企业文化”发展战略，不断增强技术竞争力，做大做强总承包业务，努力建设成为国际一流的工程公司。

【中国石油第六建设公司】 中国石油第六建设公司是中国石油天然气集团公司下属企业中国寰球工程公司的全资子公司，是国家大型骨干施工企业，成立于1968年，总部位于桂林市。

公司是国家化工石油工程施工总承包一级企业，具备管道工程、海洋石油工程、电力工程、对外承包工程等多项资质，同时承建多套完整的大型化工、炼油、乙烯等石油化工、油气储运设施、海洋石油平台等工程，年施工能力60亿元以上。拥有Ⅰ级锅炉安装、压力管道安装资质，通过了ISO 9000质量管理体系认证和ISO 14001、GB/T 28001、HSE管理体系认证。拥有专利和专有技术、国家级和省部级工法16项，科技成果100多项。

公司是国内承建LNG接收站和乙烯裂解装置最多的施工企业，自主研发了大型LNG接收站成套安装技术，先后攻克了国产Ni9钢板焊接、LNG储罐气顶升等技术难题，LNG储罐自动立焊技术攻关完成工厂试验。大型LNG低温储罐安装施工工法被评为石油工程建设工法和国家一级工法。先后承建国内20多个省、市、自治区和苏丹、沙特、阿尔及利亚等12个国家的1000多项石油化工工程，均实现一次投产成功，承建的50多套装置均为国内或亚洲最大的同类装置，100多项工程获国家优质工程、国家优秀吊装工程、国家优秀焊接工程、中国企业新纪录、全国用户满意工程等荣誉，工程质量得到社会各界的广泛认可。多次被评为全国优秀施工企业、全国先进施工企业、全国用户满意施工企业、中国企业形象最佳单位、全国文明单位、全国模范职工之家，是第一批国家高技能人才培养（企业）示范基地。

公司吊装能力和焊接技术处于国内领先的地位。拥有国内石油化工行业吊装能力最大的起重设备，吊装能力4800吨，吊装高度160米。同时拥有750吨、400吨、250吨等履带式、汽车式起重机40多台，先后吊装上千吨的特大型塔器10多台。具有铝镁合金、钛合金、镍合金等有色金属焊接能力；拥有管道自动焊、储罐和球罐自动焊、下向焊等10多种焊接技术，多次在全国工程建设系统焊工职业技能竞赛上获得第一名。

【中国石油吉林化建工程有限公司】　中国石油吉林化建工程有限公司（简称吉林化建）组建于1950年，原为化工部第一建设公司，是中国最早从事化工、石油化工建设的大型综合类总承包企业，被誉为“中国化工建设第一军”，是中国化工建筑业企业中拥有资质最高、类别最多、综合实力最强的企业之一。

1991年，吉林化建划归吉化集团公司管理；2000年11月20日，改制为股份公司；2003年7月31日，公司成功上市；2007年8月18日，吉林化建管理权由吉化集团公司划归至中石油东北炼化工程有限公司；2009年11月19日，按照中油集团公司总体部署经重大资产重组后退市。

吉林化建经过60多年的发展，逐步形成了科学的企业管理体制和先进的企业文化。20世纪80年代，公司率先推行全面质量管理，最早在同行业中取得全国质量管理奖；90年代，在同行业中首批获得ISO 9000质量体系标准认证，取得了QHSE管理体系认证，并逐步推行卓越绩效管理模式，2005年被评为“全国实施卓越绩效模式先进企业”，2007年获全国质量奖提名奖。

吉林化建现有员工8070人，现有专业技术与管理人员2430人。吉林化建拥有一批熟悉国际项目管理模式、具有良好外语沟通能力的优秀涉外管理人员和具有总承包项目管理经验的项目管理人才，其中国际项目经理认证（PMP与IPMP）40人，一级注册建造师117人，二级注册建造师52人。拥有全国技术能手、行业技术能手等一大批高技能作业人才。

吉林化建拥有较强的施工总承包能力和先进的施工技术，拥有大型设备吊装、大型传动设备安装调试、大型压力容器制造与安装、工业与建筑智能化系统安装调试等16个方面的技术优势，并创造了国家级工法7项，省部级工法37项，拥有专利技术12项。业务涉足化工、石油、机电、冶金、轻工、医药、电力、电子、房建、市政等十几个行业领域，工程业务遍及国内20多个省市、自治区和新加坡、美国关岛、马来西亚、土库曼斯坦、卡塔尔、沙特、利比亚、阿尔及利亚、苏丹、乍得、俄罗斯、阿联酋等十几个国家和地区，相继建成各类大型生产装置700余套。所建工程先后荣获省部级优质工程奖91项，国家级优质工程奖16项，中国建设工程鲁班奖4项，被中国建筑业协会授予创鲁班奖工程特别荣誉企业。

吉林化建还创造了11项中国施工企业新纪录，多次获全国用户满意企业、全国守合同重信用企业、全国推行全面质量管理30周年优秀企业、全国质量奖提名奖、全国“五一”劳动奖状等诸多国家级荣誉。

“十一五”期间，吉林化建累计完成主营业务收入139亿元，上缴税金总额4.5亿元，实现利润1.1亿元，完成了石油化工、炼油等领域生产装置及建筑工程任务260余项，均实现一次开车成功。

"十二五"，吉林化建将继续发扬优良传统和优秀作风，努力建成"国际知名、国内一流、中油站排头"的化工石油工程施工总承包企业目标，为中国的化工石油建设作出更大的贡献。

【中国石油天然气管道工程有限公司】 中国石油天然气管道工程有限公司（CPPE）是在原中国石油天然气管道勘察设计院基础上，重组了原中油管道建设有限责任公司、东北管道设计研究院等单位成立的。具有建设部颁发的设计综合甲级资质，是以长输管道工程、油气田地面工程、大型油气库工程、滩海油气田开发工程、海洋油气开发陆上终端工程、公用工程、市政工程等领域的咨询、勘察、设计、储运技术研究、项目管理及工程总承包为主营业务的跨国经营的工程公司。公司总部设在河北省廊坊市，下设东北、珠海、上海、新疆4个国内分公司，及中亚、西亚2个海外分支机构。

CPPE创建于20世纪70年代，已承担了国内80%以上的长输管道工程勘察设计。成功勘察设计了输送各种介质的大口径管道5万多千米，各类大型储罐库3000万立方米，10多项大型天然气处理厂和大型油气田产能建设工程。在苏丹、哈萨克斯坦、乌兹别克、俄罗斯、利比亚、印度、泰国、缅甸、巴基斯坦、科威特、伊拉克、莫桑比克、马来西亚、肯尼亚、突尼斯、乌兹别克斯坦、乍得、尼日尔等国设计和建设了各类管道总长近2万千米。此外，还承担了国内多项陆上和滩海油气田开发工程、海洋油气开发陆上终端工程、石油化工工程、城镇建设规划及建筑、市政工程、供配电工程、通信工程等领域的咨询、勘察、设计工作。

截至2011年3月，CPPE连续14年入围全国工程勘察设计企业营业收入百强排名；并于2003～2007年连续5年入围国际承包商ENR 225强；自2004年起连续7年入围国际咨询商ENR 200强；连续7年入围中国工程设计企业60强，2010年排名第10位；连续7年入围全国工程项目管理收入百强排名；连续8年入围全国工程总承包营业额百强排名；2007年在工程造价咨询业务营业收入百名排序中名列第17名；2006年以来连续5年被美国《工程新闻记录》杂志和《中国建筑时报》联合评为"年度中国最具国际拓展力工程设计企业"；2007年和2010年被评为"最具成长性的工程设计企业"。

CPPE以"追求建设顾客满意的工程"为目标，秉承"求实、创新、协作、奉献"的经营宗旨，向顾客提供安全、可靠、先进、适用的油气储运、油气田地面集输、海洋石油管道等工程领域的技术服务和其他优质服务。

【中国石油宁夏石化公司】 中国石油宁夏石化公司坐落在宁夏回族自治区首府银川市西夏工业区，始建于1985年。目前，公司拥有2套大型化肥生产装置和1套复合肥生产装置，以及150万吨/年常压、60万吨/年催化、3万吨/年聚丙烯等炼油化工装置，可年产尿素130万吨、复合肥40万吨，加工原油160万吨，固定资产总值70亿元，年销售收入近百亿元，是全国最大的百万吨尿素生产企业之一。公司化肥产品遍及全国20多个省、市、自治区并打入国际市场，汽柴油、液化气和聚丙烯等产品也占据了宁夏及周边90%以上的市场份额。

多年来，宁夏石化公司秉承"奉献能源，创造和谐"的企业宗旨，以及"诚信、创新、业绩、和谐、安全"的经营管理理念，以人为本，科学发展，不断强化基础工作，提升管理水平，创造了良好的经营业绩。企业建成投产以来，化肥业务累计生产尿素1395万吨，实现利税21.5亿元；炼油业务2005～2008年4年间加工原油588万吨，上缴税金超过10亿元，有力地支持了全国农业生产和宁夏回族自治区的经济建设。公司先后获得全国"五一"劳动奖状、全国花园式工厂、全国民族团结进步先进集体等多项荣誉。

随着资源整合、炼化一体化发展战略的确立实施，2011年，公司500万吨/年炼油改造工程和第三套天然气化肥两大项目将建成投产，企业年销售收入和上缴税金大幅提高，综合实力进一步增强，宁夏石化公司将更好地履行政治责任、经济责任和社会责任，为中国石油建设综合性国际能源公司和宁夏地方经济发展作出新的更大贡献。

【中国石油锦州石化公司】 中国石油锦州石化公司是中国石油天然气股份有限公司直属企业。其前身始建于1938年，是一个具有70年历史的集炼油、化工、添加剂为一体的石油化工联合企业。公司拥有85套炼油化工生产装置，原油加工能力为750万吨/年，可生产90多种炼油化工产品，其中93#汽油、石油焦、煅烧焦、异丙醇等20多种产品出口，远销美国、俄罗斯和日本等东南亚国际市场。

锦州石化公司20世纪50年代初成功炼制出新中国第一滴人造石油，首开煤炼油先河，为新中国合成石油工业奠定了基础，在中国的炼油工业史上留下辉煌的一页；1966年成功生产出中国第一块合成顺丁橡胶，填补了中国合成顺丁橡胶历史上的空白，为国内合成顺丁橡胶发展作出了贡献。

改革开放30年来，锦州石化人紧紧抓住科学发展的大好时机，严格按照现代企业制度的要求规范管理，生产管理面向市场，形成了品牌优势。坚持内涵发展与外延扩大再生产并举，在原油深度加工、综合利用方面走出了一条规模化、经济化、特色化的发展道路，率先成为环渤海地区可同时加工重质、含酸、含硫原油的炼化企业。初步形成了以天然原油加工优质高档车用燃料油，以轻油液化气为原料生产芳烃、溶剂油、异丙醇、正丙醇、环丁砜、偏三甲苯、顺丁橡胶、聚丙烯及各种润滑油添加剂产品，以渣油深加工生产石油焦、针状焦、煅烧焦等“油头化尾”、深度加工、综合利用的优化生产格局，一次、二次加工能力更趋合理，重油深加工能力显著提高，抗风险能力明显增强。

锦州石化公司一贯重视产品质量和科研开发工作，严格按照国际标准组织生产，先后通过了中国方圆标志认证中心GB/T 19001—2000质量体系认证、GB/T 28001—2001职业健康和安全体系认证、GB/T 24001—2004环境管理体系认证。成功开发了异丙醇、稀土橡胶、石油针状焦和十几个品种的润滑油添加剂等新产品和生产技术，并在高酸值、高含氮重质油的炼制技术、特种溶剂的合成技术以及润滑油添加剂的研发等科研领域处于国内领先水平。

在不断传承和创新企业文化理念的今天，锦州石化人牢牢把握“科学发展”和“构建和谐”两大主题，以“精品、责任、执行”六字方针为指导，以团结奋进、求真务实、开拓创新的伟大实践去努力实现生产与生活和谐、发展与环境和谐、企业与社会和谐。

【中国石油广西石化分公司】 中国石油天然气股份有限公司广西石化分公司（简称中国石油广西石化公司）坐落在广西壮族自治区钦州港。是中国石油于2005年9月为深入落实国家西部大开发战略，优化炼油化工产业布局，建设中国石油广西石化1000万吨/年炼油工程而设立的地区公司。

该炼油项目包括1000万吨/年常减压蒸馏、350万吨/年重油催化裂化、220万吨/年蜡油加氢裂化、220万吨/年连续重整、240万吨/年柴油加氢精制、60万吨/年气体分馏、120万吨/年汽油精制、20万吨/年聚丙烯、1万吨/年硫黄回收等10余套主体生产装置，以及公用工程、罐区、码头及码头库区、铁路专用线、钦州—南宁成品油管线、100万立方米原油商业储备库等配套工程，总加工方案采用全加氢型工艺流程，主要工艺技术分别从美国UOP及DOW化学等公司引进。

项目设计采用联合工程设计模式（JEC），既保证了炼厂的先进性，又培养和锻炼了中国石油自己的设计队伍，工程建设采用联合工程管理模式（IPMT），实现了安全、质量、进度、投资的全面受控；首次开厂采用联合开工管理模式（ICMT），既发挥了中国石油的整体优势，又整合了相关各方的资源，实现了一次开厂成功；生产运行采用矩阵式生产运行模式（SPOM），实现了500人安全、平稳运行千万吨炼厂。

项目于2006年6月21日获得原国家环保总局的环评批复；于2007年2月12日获得国家发展和改革委员会的正式核准；于2007年11月8日破土动工，经过30个月的施工建设，于2010年5月30日全面建成中交并进入生产准备阶段；于2010年9月开厂一次成功；生产的油品质量全部达到欧Ⅲ标准，部分达到欧Ⅳ标准；污水排放全部达到国家一级标准，清洁生产达到世界一流水平。

项目的建成投产，对优化中国石油炼油化工业务布局，提升国际竞争力；对改善广西壮族自治区产业结构，促进区域经济发展；对满足西南地区成品油市场需求，保障国家能源供应安全具有重要意义。

【中国石油四川石化有限责任公司】 中国石油四川石化有限责任公司（简称四川石化公司）是由中国石油天然气股份有限公司和成都石油化工有限责任公司共同投资兴建的西南地区第一家大型石化企业，设计生产能力为80万吨/年乙烯、1000万吨/年炼油。该公司位于四川省成都彭州市工业园区，预计总投资375亿元，双方股比结构为75:25。装置分布划分为炼油、化工、公用工程3个部分，总占地6000亩。四川石化项目预计于2012年建成投产。

四川石化公司作为西南地区第一个大型石化项目，本着“大规模、差别化、低成本、高效益”的原则，生产线性低密度聚乙烯、聚丙烯、乙二醇、丁醇、辛醇、顺丁橡胶、汽油、柴油等10个系列产品，其中柴油全部满足欧Ⅳ标准，汽油产品在欧Ⅲ标准基础上，部分达到了欧Ⅳ指标。主要服务西南地区，辐射国内外市场。

四川石化公司定员1400人，下设总经理（党委）办公室、生产运行处、财务处、人事处（党委组织部）、质量安全环保处、技术发展处、审计法规处、机动设备处、党群工作（企业文化）处9个机关处室，商务部、工程部、行政部3个公司直属单位和10个生产部。其中1~6部主要负责主体炼油、化工装置；仓储运输部主要负责四川石化公司原料、产品仓储运输及国家100万立方米原油储备库管理；公用工程部承担公司炼油化工生产用脱盐水、电、蒸汽、压缩空气、循环水的供给和污水的处理和利用；设备维修部负责设备技术管理和质量监督检查，配合机动设备处做好设备管理，对社会维修队伍的检维修进度、质量进行检查验收；生产监测部负责公司大宗进厂物料、转厂产品及公司出厂产品质量的分析、抽检及原油评价工作。公司还和美国空气化工产品公司共同投资建设气体合资公司，主要生产氧气、氮气、合成气、氢气等。

四川石化公司将秉承中国石油“奉献能源，创造和谐”的企业宗旨和“爱国、创业、求实、奉献”的企业精神，积极承担经济责任、政治责任、社会责任，围绕“科学发展，构建和谐”两大主题，实现“将四川石化建设成为结构优化、技术先进、装备精良、生态友好、组织精干、管理规范的典范式炼化一体化企业”的发展目标。

四川石化公司竭诚欢迎德才兼备、专业基础知识扎实、综合素质优秀的莘莘学子加盟。公司将提供一流的工作、生活和学习环境，提供施展才华的空间和实现人生理想的舞台，共创美好未来。

【中国石油克拉玛依石化公司】 中国石油克拉玛依石化公司是伴随着新中国第一个大油田——克拉玛依油田的开发于1959年创建的。在自治区党委、自治区人民政府的大力关心、帮助和支持下，公司经过50多年的发展，加工规模达到500万吨/年，并正在完善配套建设600万吨/年加工能力。目前，公司高档润滑油生产能力60万吨/年，重交通道路沥青生产能力100万吨/年，成为了集炼油化工为一体、产品特色突出、具有较强市场竞争力的综合型炼化企业。公司现有主体装置41套，固定资产原值60亿元。自备热电厂发汽能力为520吨/时，发电能力24兆瓦。炼油化工研究院拥有科研人员196名，科研仪器及设备先进齐全，具备较强的稠油加工及润滑油和沥青科研实力。

公司前身是克拉玛依炼油厂，1997年更名为克拉玛依石化厂，2000年根据中国石油集团公司的总体部署进行了重组改制，2001年更名为中国石油克拉玛依石化公司，成为中国石油股份公司直属的地区分公司。

20世纪80年代以来，公司围绕加工新疆油田稠油，始终坚持以技术进步和科技创新为抓手，实现了劣质稠油向特色产品的转化，并通过不断做精做强特色，有效提升了企业核心竞争能力和赢利能力。近些年来，公司先后开发投产了数十个质量标准达到国际国内先进水平的新产品，进一步丰富和完善了特色产品系列。高压直流输电变压器油产品质量标准达到了国际上著名的变压器油生产商瑞士尼纳斯公司的先进水平，并通过了西门子、ABB 等跨国变压器制造商的评定和认证，是国内超高压输电工程的指定独家产品。目前，公司已成为国际上最大的变压器油生产企业之一，产品占据国内 60% 以上市场份额，深受电力行业用户的喜爱。BS 光亮油产品质量标准达到国际先进水平，打破了国外产品在国内长期垄断的局面。中高档橡胶油占据国内 70% 以上市场份额。开发投产的新型环保轮胎橡胶油符合欧盟环保法规，取得了进入国际轮胎橡胶市场的通行证，改变了国内环保轮胎橡胶油长期依赖高价进口的局面，使轮胎及橡胶行业成功突破了贸易保护技术壁垒。冷冻机油产品在国内具有极高的声誉，市场占有率达 85%，同时依托自主开发的先进生产工艺，产品品质不断提高，实现了冷冻机油新产品向新日本石油、爱默生等外资企业的稳定销售。高等级重交通道路沥青 2007 年首批获得国家交通产品认证证书，年生产能力达到 100 万吨，生产量占中国石油沥青生产总量的 25%，是西北地区最大的生产基地，为西部多省区指定首选沥青产品，已铺设了 80 余条高速公路，占西北地区 30% 以上市场份额，承担了新疆地区 100% 的沥青供应。

公司可生产各类石油化工产品 160 多种，主导产品 10 余种，28 种产品获省、部优产品称号。L-DRA/A46 冷冻机油等 7 种产品获国家银质奖，环烷基橡胶油产品被中国质量协会评为全国用户满意产品，重交通道路沥青被自治区评为新疆名牌产品，环烷基油系列产品获得集团公司中国石油优质产品称号。

公司连续 17 年保持了新疆维吾尔自治区文明单位荣誉称号。先后获全国守合同、重信用企业、中国企业诚信经营示范单位、集团公司质量管理卓越企业等荣誉称号，获新疆维吾尔自治区颁发的开发建设新疆奖状，获全国“五一”劳动奖状。被评为自治区 30 强工业企业（集团），被自治区列为首批循环经济试点单位和自治区级环境友好企业，并获自治区项目环境保护“三同时”先进企业荣誉称号。同时被集团公司评为 2007、2008 年安全生产先进单位及 2006～2010 年环保先进单位，被自治区评为 2006～2010 年安全生产先进单位。

【中国石油天然气股份有限公司北京销售分公司】　中国石油天然气股份有限公司北京销售分公司（简称北京销售公司）是根据中国石油天然气股份有限公司《关于华北销售分公司管理体制调整有关问题的通知》（石油人事〔2009〕372 号）精神，于 2009 年 12 月 2 日，由原华北销售分公司机关及相关附属机构与原所属北京销售公司实施整合后组建而成的，负责中国石油在北京市的网络开发和成品油销售业务。截至 2010 年底，北京销售公司资产总额 30.68 亿元，拥有加油站 178 座，橇装供油设施 151 座，年销售成品油 200 多万吨，非油业务收入突破 1 亿元大关，资产型油库 2 座，库容 3.4 万立方米。

按照集团公司销售企业组织机构设置规范和“组织扁平化、管理垂直化、业务专业化和发展一体化”思路，经股份油人字〔2010〕28 号文件批复，北京销售公司采用“7C”专业线管理模式，“7”即 7 条专业线，“C”即综合支持系统。

“十二五”开局之年，公司谋划了新的发展蓝图，提出了到 2015 年和 2020 年的发展规划，明确了打造“国际水准首都销售企业”的发展定位，即：力争通过 10 年的发展，销售收入和赢利能力持续稳定增长，吨油利润等主要经济指标位居销售企业前列，在实力、效率、管理、形象、服务、精神面貌和影响力等方面，在销售公司争创一流，与首都销售企业的地位相匹配。

【中国石油江苏液化天然气有限公司】　中国石油江苏液化天然气有限公司由中国石油、香港太平洋油气、江苏国信集团投资组建，分别持股 55%、35%、10%，注册资本 26.5 亿元，成立于 2009 年 6 月。公司负责建设运营的江苏 LNG 接收站位于如东县距海岸 14 千米的西太阳沙海域，是中国石油第一个 LNG 接收站。一期工程总投资 63 亿元，建设规模 350 万吨/年，主要包括人工岛、接收站、码头栈桥、跨海外输管道四部分，投产后具备天然气管道外输和 LNG 槽车装车外运功能，接收站工程于 2008 年 1 月正式开工建设，计划

2011 年 4 月接第一船 LNG，开始系统预冷和投产试车；二期规划增至 650 万吨/年，增加海上槽船转驳外运功能，计划 2013 年 12 月建成投产；远期规模达到 1000 万吨/年。

工程自 2005 年启动以来，坚持“建设一项精品工程，总结一套成熟经验，集成一套自有技术，培养和储备一批 LNG 专业人才，实现一次投产试车成功”指导思想，创新建设模式，大力开展技术创新和设计优化，按期建成了业界专家誉为“世界上建设难度最大的 LNG 接收站”，实现了国内第一个“自主设计、自主采办、自主施工、自主管理”LNG 接收站的目标。以利用大型数学、物理模型进行抗震液化试验为代表的，被业界誉为迄今国内最充分、试验规模最大的海洋工程前期研究填补了多项国内空白；人工岛一次吹填成功，刷新世界无遮掩外海吹填成功率纪录；全球首次采用三岔液压挤扩技术进行储罐超密集群桩施工并创造了多项纪录；牵头组织完成以 Ni9 钢和低温保冷材料为代表的主要材料国产化研究并率先应用，成为国内国产化率最高的 LNG 接收站，促进自主知识产权水平提升；以购买路权方式与政府合作建设世界最长天然气跨海外输管线桥，开创世界先例，规避了跨海管道建设和运营各类风险，保护海洋环境，避免了数亿元海洋养殖业损失，建设投资、运营维护难度和成本降低；世界第二长的 LNG 卸载钢栈桥和接卸能力最大的 LNG 码头、船岸衔接管道、取海水等工程建设方案全面优化，解决了大量技术难题，大幅降低了建设投资和运营成本。

江苏 LNG 接收站建成投产，必将为打造“绿色、国际、可持续”的中国石油，更好地落实国家能源战略，优化长三角能源消费结构，减少环境污染，推动地区经济可持续发展，造福地区人民作出更多更大贡献。

中国石化所属单位

【中原石油勘探局】 中原石油勘探局本部位于河南省濮阳市。主要勘探开发区域包括东濮凹陷、川东北普光气田和内蒙探区。截至2010年底，所属单位66个，用工总量8.7万人，职工家属24万人，资产总额681.7亿元，累计生产原油1.29亿吨、天然气387亿立方米。2010年生产油气当量858万吨，加工原油87.4万吨。

东濮凹陷地跨河南、山东两省6个市12个县区，面积5300平方千米。全国第三次油气资源评价，石油资源量12.37亿吨、天然气资源量3675亿立方米。累计探明石油地质储量5.85亿吨、天然气地质储量1354.78亿立方米。目前，每年新增探明石油地质储量800万吨左右，具有较长时期保持年产300万吨油气当量的能力。普光气田是国内规模最大、丰度最高的海相高酸性气田，具有“四高一深”的特点，即储量丰度高、气藏压力高、硫化氢含量高、二氧化碳含量高、气藏埋藏深。面积1116平方千米，天然气资源量8916亿立方米，探明地质储量4122亿立方米，2005年划为中原油田开发建设，2010年建成了年产100亿立方米天然气产能的大气田，建成了世界第二、亚洲第一大净化厂和国家应急救援川东北基地，实现了国内高酸性气田开发建设的重大突破。内蒙探区拥有探矿权区块21个，面积3.56万平方千米，总资源量近6亿吨。白音查干和查干凹陷探明石油地质储量1871万吨，建成11万吨原油年生产能力。

【中国石化西北油田分公司】 中国石化西北油田分公司是中国石化国内上游主要产能接替阵地，油田主体位于阿克苏地区、巴音郭楞自治州境内，部分区域分布在和田地区境内。总部机关设在自治区首府乌鲁木齐市，并在巴音郭楞蒙古自治州轮台县建立了前线指挥基地，现有正式职工3859人。目前，西北油田分公司在塔里木盆地拥有油气远景资源量137.04亿吨油当量，三级地质储量29.64亿吨油当量。面对非均质性极强、无成熟经验可借鉴的碳酸盐岩缝洞型油气藏，西北石油人开拓进取，自主创新，发展完善了一系列古生界海相碳酸盐岩缝洞型油气藏勘探开发技术，并于2010年获得国家科技进步一等奖，标志着中国海相碳酸盐岩缝洞型油藏勘探开发技术处于国际领先水平。“十一五”期间，油田进入快速发展阶段，原油产量每年以近60万吨速度快速递增，累计生产原油2968万吨、天然气42亿立方米，累计实现产值824.25亿元、利润424.27亿元。快速发展的塔河油田已成为中国石化第二大油田，并跻身中国陆上十大油田之列，为中国石化上游业务发展起到了支柱作用。

【中国石化集团国际石油工程公司】 中国石化集团国际石油工程公司成立于2003年底，为中国石油化工集团公司的直属全资子公司。中国石化集团赋予国际石油工程公司两个主要职能，一是统一管理、协调、组织油田企业实施海外石油工程业务，把中国石化海外石油工程业务做大做强；二是作为中国石化对外服务窗口，从事国际石油工程生产经营活动，承担经营责任。

自成立以来，国际石油工程公司积极组织油田企业大力实施“走出去”战略，把更多的队伍带出国门，海外石油工程业务开始步入快速发展时期，逐步实现规模化规范化经营，国际竞争力不断增强，赢利能力和抗风险能力不断提升。巴西天然气管线项目、阿尔及利亚水管线项目、沙特物探和钻井项目、科威特钻修井项目、厄瓜多尔钻修井和物探项目等工程项目的顺利实施，不仅树立了中国石化的良好形象，也为项目所在国经济发展和石油公司的增储上产作出了重大贡献。

2010 年底，中国石化上游海外石油工程服务队伍在非洲、中东、中亚、美洲、南亚和东南亚的 35 个国家和地区执行 448 个石油工程技术服务合同，合同额 94.8 万美元，海外石油工程服务队伍 382 支。

作为中国石化石油工程队伍对外服务窗口，国际石油工程公司将充分发挥中国石化集团的整体优势和石油工程技术综合配套优势，致力于提供优质服务，不断提升品牌形象，与海内外同行合作并进，共谋世界石油工业发展。

【中国石化抚顺石油化工研究院】 中国石化抚顺石油化工研究院（简称抚研院）是中国石油化工股份有限公司直属的大型综合性科研开发机构，成立于 1953 年，是国内最早从事石油炼制研究的科研单位。

抚研院以石油炼制和石油化工应用技术研究与开发为主，同时开展应用基础研究和高新技术研究。主要从事加氢裂化催化剂及工艺技术开发、馏分油及蜡类产品加氢精制催化剂及工艺技术开发、临氢降凝催化剂及工艺技术开发、渣油加氢处理催化剂及工艺技术开发、半再生固定床催化重整催化剂及工艺技术开发、生物工程和精细化工技术开发、石化企业和油田“三废”（废水、废气、废渣）治理技术开发、石油沥青和特种蜡产品生产技术开发以及科研装备、环保设备的研制开发等。

该院有各类技术人员 500 多人，其中工程院院士 1 人，高级研究人员 260 余人，设有博士后工作站、研究生工作站。拥有中小型炼油及化工试验装置 300 余套，其中具有当今世界先进水平的加氢试验装置 60 多套，各类大型分析测试仪器 570 余台。

目前，抚研院已取得科技成果 300 多项，其中获部（省）级以上成果奖 250 余项，国家科技进步奖和发明奖 20 项。申请国内外专利 2234 件，获国内外专利权 1153 件。该院的科技成果转化率一直保持在 80% 以上，为石油石化企业创造了巨大的经济和社会效益。

【中原石油勘探局工程建设总公司】 中原石油勘探局工程建设总公司的前身是中原石油勘探局油田建设公司，位于黄河之滨的中华龙乡河南省濮阳市。是一家融工程建设、产品生产为一体的综合性国有大型企业，成立于 1966 年 5 月，曾先后参加过大庆、胜利、江汉、中原、吐哈、塔里木、普光、内蒙大牛地等油田的开发建设，具有近 40 多年的历史。公司秉承“自强不息，企业百年”的企业理念，持续改进，追求卓越，争创国际一流施工企业，全力打造“中原油建”品牌。

“十一五”期间，公司施工能力和资质得到跨越式发展。2010 年 5 月，公司顺利取得 GA1 甲级、GB1 级、GB2 级、GC1 级、GD1 级压力管道安装及长输油气管道带压封堵甲级、管道现场防腐蚀作业甲级专项资质，成为中国石化所属企业中唯一取得压力管道安装资质项目最全、级别最高的单位。

【中国石油化工股份有限公司北京燕山分公司】 中国石油化工股份有限公司北京燕山分公司（简称燕山分公司）始建于 1967 年，成立于 1970 年，是中国建厂最早、规模最大的现代石油化工联合企业之一。目前原油加工能力 1000 万吨/年，乙烯生产能力 71 万吨/年，可生产 94 个品种、431 个牌号的石油化工产品，是中国最大的合成橡胶、合成树脂、苯酚丙酮和高品质成品油生产基地之一。

20 世纪 60 年代，公司建成一座现代化炼油厂（即东方红炼油厂），结束了北京地区不生产石油产品的历史，奠定了燕山分公司的坚实根基。1970 年 7 月 20 日，国务院批准成立北京石油化工总厂，一个初具规模的石油化工联合企业开始形成。70 年代，为加快石化工业发展速度，中国引进第一套 30 万吨/年乙烯及其配套装置，在燕山分公司按期建成并一次开车成功，创出国内建设大型引进装置的成功范例，树立起中国现代石化工业的里程碑。80 年代，公司陆续建成一系列配套装置和公用、民用设施，走出了一条系统优化、内涵发展的道路。90 年代，公司历时 28 个月将 30 万吨/年乙烯装置改扩建到 45 万吨/年，闯出了一条依托现有装置、通过技术改造加快企业发展的新路。进入 21 世纪，燕山分公司率先完成乙烯第二轮改造，装置设计能力由 45 万吨/年扩建到 71

万吨/年，为石化工业的快速发展做了有益探索。2007 年，燕山分公司完成 1000 万吨/年炼油系统改造，成为中国第一家生产欧Ⅳ标准高品质成品油的千万吨炼油基地。

燕山分公司坚持持续健康发展，先后获中国能源绿色企业 50 佳、全国节能减排十大功勋企业、国家职业卫生示范企业、全国企业文化示范基地、全国五一劳动奖状、中华环境友好企业等荣誉。

【扬子石化—巴斯夫有限责任公司】 扬子石化—巴斯夫有限责任公司是中国石化和巴斯夫于 2000 年以 50∶50 的股比共同出资建立的合资企业，首期总投资为 29 亿美元。该生产基地位于江苏省南京市，于 2001 年 9 月 28 日破土动工。扬子石化—巴斯夫有限责任公司的蒸汽裂解装置和 9 个下游装置于 2005 年 6 月成功投入商业生产。这些装置彼此连接，以最有效的方式利用产品、副产品和能源，从而实现节约成本、对环境的影响最小化，以支持公司可持续发展的目标。该公司为迅速发展的中国市场生产各种高品质化学品和聚合物，并拥有 1 个燃气发电站以及长江支流上的 1 个国际码头，以保证能源供应以及物流最优化。

为进一步发挥扬巴乙烯项目优势，延伸产品链、加大精细化工产品的生产，中国石化和巴斯夫决策共同投资建设扬巴二期项目。二期项目总投资约 14 亿美元，采用最先进的技术为中国市场提供下游专用化学品，主要服务于建筑、电子、制药、汽车和化工制造等行业。2009 年 9 月开始工程建设，预计 2011 年底陆续投入运行。

【中国石油化工股份有限公司化工销售分公司】 中国石油化工股份有限公司化工销售分公司（简称化工销售分公司）于 2005 年 5 月 10 日正式挂牌成立，是中国石化的下属分公司，负责中国石化所属企业生产的石化产品的资源统筹、市场营销、产品销售、物流、客户服务以及中国石化所属企业生产所需相关化工原料的采购和供应工作。

化工销售分公司是目前国内最大的内外贸一体化的石化产品专业经营公司，年经营化工产品逾 2200 万吨，主要经营产品包括合成树脂、合成橡胶、合成纤维原料和聚合物、合成纤维以及有机化工原料等。

化工销售分公司本部位于北京，在北京、上海、广州和武汉分别设立了华北、华东、华南和华中分公司 4 个区域分公司，在其所辖区域内，负责与相关企业的产销衔接、产品销售、市场开拓和客户服务等，各区域分公司在国内主要目标市场设立了多个代表处，并在产品消费集中地设立了中转仓库，以贴近市场，快捷服务客户。

为发挥内外贸一体化运作的优势，2009 年 2 月，中国石化整合了其化工产品进出口业务体系，成立了化工销售有限公司，与化工销售分公司合署办公，负责化工产品的进出口业务。

化工销售分公司目前已建成具有国内领先水平的信息化管理平台，形成了以 ERP 系统为核心，客户关系管理系统（CRM）、物流信息系统（LIS）、数据仓储系统（BW）以及 IC 电子提货卡等系统紧密集成的三大业务支撑体系，搭建了商务、物流和经营管理平台，对公司的业务运行和经营管理提供了全方位的支持。为了更好地为客户提供服务，公司充分利用 CRM 系统（网址：http：//www. chemicals. sinopec. com）功能，开发了可与客户实时沟通交流的信息平台，客户不仅可以在线填写需求、反馈信息、提出建议，而且可以对销售订单、资金往来和货款余额等关键信息进行实时查询，实现了与客户的信息共享和沟通互动。

化工销售分公司建有较为完善的物流服务体系，与国内多家领先的物流服务商建立了长期合作关系，并在国内主要目标市场建立了一批中转仓库，可为客户提供方便、快捷的物流配送服务。公司以 LIS 物流信息管理系统为平台，通过与 ERP、CRM、IC 卡、TMIS（铁路）、GPS（公路）等系统的数据集成，对物流业务的日常运行、运输设施的运行状态进行自动跟踪与监控，实现了物流全过程的动态管理。物流过程简捷、高效，最大限度地满足了客户的需求。

中国海油所属单位

【中海能源发展监督监理技术公司】 中海能源发展监督监理技术公司是中海油能源发展有限责任公司下属的一家综合性技术服务公司。现有员工近1300多人，总资产15亿多元，总部设在中国天津塘沽，湛江、上海、深圳和国外都设有分公司和办事处。主要市场分布于中国渤海、东海、南海东部和南海西部等4个海域及东南亚、非洲、澳大利亚等地区的10余个国家。作为中国海洋石油系统内唯一一家能够提供油气田勘探开发所需要各类监督服务的公司，主营业务包括井下技术服务、油田工具及设备服务、海上工程施工与生活支持服务、钻完井环保服务等。

中国化工集团公司所属单位

【中国化工中蓝连海设计研究院】　中国化工中蓝连海设计研究院（简称连海院），原名化学工业部化工矿山设计研究院，成立于 1962 年 1 月，现隶属于中国化工集团公司。现有职工 669 人，各类注册工程师 336 人次。经过 50 年的发展，已成为技术力量雄厚，专业配备，融科研、勘察、工程咨询与设计、工程总承包、工程监理、招标代理为一体的综合性设计科研单位，为国家高新技术企业。

连海院具有国家工程勘察、工程设计、工程总承包、工程与造价咨询、工程监理、招标代理、环境污染治理专项设计及项目环境影响评价、安全评价等甲级资质。业务范围覆盖化工矿山、化工、石化、医药、建筑、冶金、电力、轻纺、市政公用、建材行业等众多领域。建院以来，完成了大批科研、勘察、设计、工程总承包等项目，其中大中型以上项目近 200 项。近年来承担设计或总承包完成了一批矿肥结合、钾资源开发以及化工、环保等有代表性的大型工程项目。具有选矿工艺、选矿药剂、环境工程等应用技术开发的雄厚实力，在胶磷矿选矿工艺和检测技术开发、钾系列化工工艺的开发方面，处于国内外领先地位，并拥有一系列专利、专有技术。获国家、省部级等科学技术进步奖，优秀工程勘察设计奖，工程咨询及其他成果奖 230 项。1997 年通过了 ISO 9001 质量管理体系认证，2009 年取得行业信誉“AAA”等级证书。

【长沙华星建设监理有限公司】　长沙华星建设监理有限公司成立于 1995 年，是建设部批准的最早一批国有甲级监理企业。公司先后被化工部、建设部、中国建设监理协会授予“八五”化工建设先进单位，全国建设监理工作先进单位，中国建设监理创新发展 20 年工程监理先进企业等荣誉称号，并被评为湖南省 AAA 级诚信监理企业。

公司于 1999 年取得质量管理体系认证证书，2009 年获得质量、环境、职业健康安全管理体系认证证书。现有员工 283 人，其中国家、省部级技术专家 4 人，建设部认定的 EPC（设计、采购、施工、开车）总承包项目经理 39 人，国家注册监理工程师、省部级监理工程师 206 人，69 人取得总监理工程师资格证书；36 人有无损检测资格证。有土建、化工、设备、管道、电气、仪表、给排水、防腐、井建、采矿、选矿、道路等 20 多个配套专业。拥有化工、石油工程，矿山工程，房屋建筑工程，市政公用工程等 4 项监理甲级资质和射线、超声波、磁粉、渗透等 4 项无损检测资质，开展相应类别建设工程的项目管理、技术咨询和特种设备无损检测等业务。可为业主提供工程监理、项目管理和无损检测服务。20 多年来，共承担工程监理和项目管理任务 600 多项，受委托项目的质量合格率 100%，优良率 90% 以上；其中近百项工程分别获得国家优质工程银质奖、中国建筑工程鲁班奖、化工行业优秀工程监理项目奖、湖南省建设工程芙蓉奖以及相关省市优质工程奖。

其他工程建设相关单位

【北京石油化工工程公司】 北京石油化工工程公司是延长石油集团在京子公司，目前拥有近千名工程技术人员，下设10个职能部门、4个设计事业部（炼油、化工、储运、系统）、2家分公司和3家专业公司，计划到2013年末规模达到2000人。公司拥有化工、石化、医药行业工程设计、工程咨询甲级资质和工程总承包、项目管理等相关资质，拥有一、二、三类压力容器设计和分析设计资质以及GA、GB、GC类压力管道设计资质，通过了ISO 9001质量体系、ISO 14001环境管理体系和职业健康安全管理体系认证，并拥有商务部颁发的从事境外石油化工医药项目工程总承包、项目管理及劳务合作资格证书。公司在北京奥运媒体村拥有3万余平方米的现代化办公大楼。

北京石油化工工程公司主要从事工程咨询、工程设计、工程承包、项目管理、信息技术等相关业务，业务范围涵盖炼油、石油化工、天然气化工、煤化工等领域。近几年来，通过持续快速引进技术人才，公司已经拥有千万吨大炼油、百万吨乙烯、煤炭深度转化等全厂性工程及常减压、催化、加氢、重整、焦化、芳烃、聚乙烯、聚丙烯、苯乙烯、天然气转化、甲醇、丁辛醇、制氢、煤焦油加工、油气储运、LNG等相关化工领域的关键工艺装置的可研编制、工程设计、工程承包及项目管理等综合能力。近5年来完成了近200余项工程设计项目，全程参与完成了神华包头煤制烯烃项目的项目管理，目前正全面组织实施包括投资230亿元的延长石油延安油气煤综合利用项目在内的多个重大项目和科技攻关项目，是国内少有的同时拥有炼油、石油化工、天然气化工、煤化工、油气储运等相关领域工程技术力量的工程公司。

北京石油化工工程公司于2010年7月重组加入延长石油集团，重组后的北京石油化工工程公司的管理机制更加科学合理，分配体系更具竞争力，企业文化更加多元化，技术实力更加雄厚，市场空间更加广阔。为持续推动公司发展，北京石油化工工程公司于2011年相继出资成立了延长石油凯洛格（北京）技术有限公司、延长石油（北京）项目管理有限公司和延长石油（北京）信息技术有限公司。

【北京海翔国际运输代理有限公司】 北京海翔国际运输代理有限公司成立于1994年，是一家专业提供高质量国际运输服务和物流解决方案的全球性的国际物流公司。总部设在北京，拥有覆盖欧洲、非洲、美洲、亚洲、大洋洲的完善的国际运输网络。公司紧随中国石油和中国石化在海外工程业务拓展的步伐，积极参与了中国在海外能源开发工程项目的大型项目的物资运输。公司自2001年以来一直服务于苏丹市场，也先后参与了阿尔及利亚、尼日尔、乍得、伊朗、伊拉克、尼日利亚、叙利亚、肯尼亚、利比亚、乌兹别克斯坦、土库曼斯坦、哈萨克斯坦等国家的各种上下游工程项目的空运、海运、铁路的运输，赢得了客户的积极肯定和支持。公司主要业务范围包括国际空运、海运、租船业务、包机业务、铁路运输、仓储等综合物流服务。

【北京拓川石化评价装置技术开发有限公司】 北京拓川石化评价装置技术开发公司是一家专门为石油、石化、化工、煤制油、高等院校以及能源、环保、医药等行业设计制造微反装置、小型评价装置、模式装置、中试装置，以及小型工业装置的专业公司。公司总部设在海淀区中关村科技园核心区的清华同方科技广场，工厂位于国家级北京义庄经济技术开发区，公司拥有1600多平方米的现代标准厂房，是北京市科学技术委员会批准成立的高新技术企业。

公司和美国 Chemtech Services 公司签署长期合作协议，确认双方在石油、石化、化工等领域的充分合作，为国内外用户提供超值的选择，公司建造的高档次试验装置可替代进口装置；同时为国外引进装置系统的扩充升级方面也是独树一帜。

公司拥有丰富的经验、成熟的技术和大量国外先进工艺的技术储备。拥有精通石油化工工艺、结构设计、计算机过程控制以及系统的集成等多方面人才，有长期从事试验装置设计、开发、建造、开工的专业技术团队。经过十多年来上百套装置的创新实践与改进，形成了公司突出的技术特点和核心竞争力，创造了国内 10 多个方面的领先纪录。目前，公司已成功开发 100 多套中、小型试验装置，而且运行情况都良好，有的装置取得科技成果。

【北京中企华资产评估有限责任公司】 北京中企华资产评估有限责任公司（简称中企华公司）系中央直属专职资产评估机构。现为中国资产评估协会、北京注册会计师协会、中国矿业权评估师协会常务理事单位，注册资本为 200 万元。

中企华公司是目前中国资产评估行业内唯一具备全部最高资质的评估机构，具有资产评估资格证书；从事证券期货相关业务评估资格证书；探矿权、采矿权评估资格证书；A 级土地评估机构注册证书（可在全国范围内从事土地评估业务）；房地产评估一级资质，在企业改制、重组、上市、合资、合作等经济行为的资产评估服务中具有丰富的经验。

中企华公司在行业中率先设立分公司且分支机构最多，在全国设立了 15 家分公司（含已批、待批）。总从业人数达到 1500 人。拥有各类注册评估师 350 人，注册资产评估师总人数在所有评估机构中排名第一。

中企华公司业务以资产评估为主，同时发展了审计、会计、咨询、房地产评估、工程造价、法律咨询及培训交流等相关业务，逐渐向集团化发展。其业务范围覆盖了全国 31 个省、市、自治区及境外 20 多个国家和地区，评估涉及的行业涵盖了国民经济各重要领域。据统计，中企华公司经营业绩连续 13 年（1997～2009 年）位居行业榜首，平均每年承办近 500 个项目，累计评估资产在 36 万亿元以上，成为国内资产评估行业的第一品牌。

【北京科尔康安全设备制造有限公司】 北京科尔康安全设备制造有限公司成立于 2007 年，是英国 Crowcon 在中国的全资子公司，以组装英国 Crowcon 公司的气体探测和报警仪器为主。公司通过 ISO 9000 质量体系认证；生产及检验设备齐全；产品全部具有国家级仪器仪表防爆认证和计量器具生产许可证；部分产品获得消防认证。公司现有员工 200 余名，其中技术人员 60 余名，具有很强的研发和生产能力。

英国 Crowcon 公司成立于 1970 年，专门生产气体探测仪器，是世界上最早和最主要的生产气体探测和报警仪器的公司之一。

Crowcon 的气体探测和报警仪器品种齐全，探测气体种类众多，不仅能够满足大多数气体检测要求，还能够为有特殊需求的客户提供有效经济的解决方案。

Crowcon 的产品遍布全球各地，北至北海油田，南至南美及澳洲的客户，如壳牌石油公司、英国北海采油公司、BP 化工集团、英国天然气公司，中国石油、中国石化、中国海油，宝钢等世界著名公司，多年来都在使用 Crowcon 产品。

Crowcon 的产品全部具有 ATEX 认证，部分产品拥有 UL 和 SIL2 认证以及欧盟 MED 海洋认证和 CCS 认证。Crowcon 的产品在中国已经取得了中华人民共和国进口计量器具型式批准。

【北京大和金属工业有限公司】 北京大和金属工业有限公司是由中国诚通金属集团公司与新加坡两家公司投资的中外合资企业，专业生产钢格栅板、围栏及钢结构系列及配套产品。公司现有员工 150 人，总投资 2100 万元，占地面积 1 万余平方米。公司成套引进国外先进的钢格栅板生产线及工艺技术，自动化程度高，加工能力强，年生产能力 8000 吨。

公司拥有完善的 CAD 设计系统，向用户提供精细产品设计图、工程安装图纸。并于 1998 年一次通过 ISO 9002：1994 国际质量体系认证。

公司产品以钢格板为基础的多元化取向。产品包括钢梯、踏步板、围栏、立柱、沟盖板、插接板、停车场、洗车房等一系列配套设施，还为顾客提供产品设计、规划、选型、制造加工、工程咨询等一系列服务。产品广泛应用于石油化工、电厂、水厂、污水处理厂、造船业、自走式停车场、市政工程、环卫工程等领域。

【中海发展股份有限公司油轮公司】 中海发展股份有限公司油轮公司（简称中海油运）是中国海运（集团）总公司的控股子公司——中海发展股份有限公司的分支机构，是中国海运麾下五大主营船队之一。中海油运成立于 1998 年 2 月 10 日，总部设在上海，广州设有分公司。

中海油运主要从事国内外原油和成品油水上运输，是中国水上石油运输特大型企业之一。截至 2010 年 10 月底，公司拥有和经营船舶 71 艘，总载重吨 634 万吨，主力船型为 VLCC、阿芙拉型、巴拿马型和灵便型，航线遍布全球 100 多个国家和地区，年石油运输量超过 7000 万吨。

2003 年以来，中海油运按照建设“世界级油轮船队”的发展目标，加快船队结构调整步伐，落实企业“十一五”发展规划，船队规模和企业综合实力显著增强。公司船队规模的国际排名已由 2003 年的第 32 位上升至目前的第 11 位。到 2011 年末，中海油运的船队运力规模将达到 800 万～850 万载重吨，其中，30 万吨级的 VLCC 将超过 14 艘。

中海油运凭借优秀的人才队伍，丰富的航运管理经验，先进的船舶管理方法；良好的服务信誉，在市场竞争中不断发展、壮大。在油运市场中树立了良好企业形象，得到国内外客户和社会各界的广泛认可。2005 年，公司获“中国货运业最佳船公司”金奖；1998 年以来，公司连续 7 次获“上海市文明单位”的荣誉称号；2008 年，公司获“全国精神文明建设工作先进单位”、全国“安全诚信公司”等荣誉称号。

当前，中海油运正坚持科学发展，诚信四海，追求卓越，不断开拓创新，向着“世界级油轮船队”的目标迈进。

【中国外运股份有限公司能源物流事业部】

中国外运股份有限公司成立于 2002 年 11 月，是由中国外运长航集团有限公司控股，在香港上市的股份公司。公司拥有品种齐全、结构均衡的战略资产，其中，自营码头吞吐能力达 3355 万吨；自营船舶 98 艘，运力规模达 36 万载重吨；集装箱场站 56 个，面积 188 万平方米；仓库 335 座，仓储面积 168 万平方米；营运车辆 2949 辆，载重吨位 36 万吨；铁路专用线路 8 条，形成了以海陆空货运体系为支撑、以战略资产为依托的一体化综合物流服务平台。

能源物流事业部作为中国外运的直属事业部，是从事能源设备运输的专业物流服务供应商。业务范围涉及国内外大型进出口工程承包项目的国际多式联运（包括公路运输、水路运输、铁路运输、航空运输），能够为客户提供全面、专业、个性化的能源物流解决方案，包括物流成本预算分析、道路勘察、报关清关、检验检疫、包装仓储、多式联运，并对各类复杂工程项目实施现场操作的全程管理、法律咨询、IT 系统跟踪等服务，确保货物安全、准时到达指定地点。

【空气化工产品中国（投资）有限公司】 空气化工产品中国（投资）有限公司（Air Products）在全球为工业制造、能源、科技和医疗护理等领域的客户提供独特的产品和生产方案，其中包括工业气体产品、特种和工艺气体、功能材料和相关设备及服务。自 1940 年成立以来，空气产品公司已在半导体材料、加氢炼制、家居保健服务、天然气液化、高级涂料和黏合剂等主要高增长市场上确立了领先地位。公司在创新的企业文化、完善的管理和对环境及安全的保护承诺方面得到了广泛的赞誉。空气产品公司拥有 18300 多名员工，业务遍及全球 40 多个国家，2010 年的销售额达 90 亿美元。

空气产品公司是首批进入中国大陆市场的跨国气体公司之一。于 1987 年在蛇口投资设立第一家企业以后，一直积极拓展在中国大陆的业务和投资，成为了本地市场领先的气体供应商，目前已在中国设立了超过 40 家公司，拥有超过 50 个生产基地，并在华南、华东、华北、东北以及中国中西部建立了稳固的市场地位并不断扩展新区域。该公司服务于多元化市场，包括食品加工、钢铁生产、玻璃生产、水处理、半导体、平板显示器、太阳能光伏、炼油、建筑以及涂料等行业。目前空气产品公司在中国总共有超过 2100 名员工，累计投资超过 15 亿美元，2010 年销售额超过 6 亿美元。

【金海能国际机电设备（北京）有限公司】 金海能国际机电设备（北京）有限公司成立于 2007 年。公司致力于技术创新、企业模式创新，将技术、资本与管理有机结合，充分发挥资源整合优势，为具备行业和区域优势的合作伙伴不断提供高性价比的液体空化节能减排技术及产品。

公司拥有 2 项发明专利、7 项实用新型专利。形成液体空化加热类产品“空化内能调温机”系列成熟产品。应用于油料混合领域的“空化均质机”、用于小分子液体制备的“小分子液体制备机”产品已投放市场。公司与中科院共同建立了国家级“液体空化技术联合研发中心”，形成高端研发能力。公司与军工企业合作，建立了联合实验中心及年产 3000 台成套产品的制造基地。

【日本株式会社商船三井北京代表处】 日本株式会社商船三井为世界知名的航运公司，为客户提供一体化的物流及多元化的海上运输服务，包括车辆、散杂货、石油、液化天然气、班轮运输等，业务遍及全球。总部设在日本东京，已在日本及德国注册为上市公司。

石油运输要求有一个安全、高效的世界运输系统。商船三井油轮船队包括巨型原油运输船（VLCC），其排水量超过 20 万吨，也拥有中小型油轮。此外，成品油轮运输轻油、重油、煤油、石脑油、喷气燃油、汽油等，还拥有运输甲醇的专用化学品船。油轮船队运输的另一重要货物是液化石油气。同时，商船三井还拥有世界最大规模的液化天然气运输船队。商船三井的油轮和液化天然气船队对以上这些重要的产品在全世界提供安全、可靠、无害于环境的运输。

对能源运输而言，先进的技术和彻底的安全措施是必不可少的。商船三井采取一切可能的措施来保证油轮船队安全运营，消除事故和溢油的隐患。例如，在培训中心，商船三井以数十年能源运输的经验为依托，向船员提供内容广泛的教育和培训。此外，不断进行安全技术升级，已全部实现双壳油轮。

【德国林德股份公司 VA 部北京代表处】 德国林德集团创建于 1879 年，目前总部设在德国慕尼黑。林德集团是世界领先的气体和工程公司，在全球 100 多个国家拥有大约 4.8 万名员工。在 2009 财政年度，集团销售总额达到 112 亿欧元。

林德集团是在世界气体行业中领先的公司。其产品用于能源、钢铁冶炼、化学工艺、焊接、食品加工、玻璃及电子领域。到目前为止，林德集团在中国就已有 50 多家气体合资或独资企业。

林德集团的工程公司在全球有大约 6000 名员工，是在石化、化工、能源、深冷等领域世界领先的成功的专利商。涉及的项目包括烯烃装置、天然气装置、空分装置以及氢气合成气装置。林德工程在德国、美国、印度和中国都有分支机构，其中包括林德工程（杭州）有限公司和林德工程（大连）有限公司。与其他工程公司不同，林德工程可以使用众多自有工艺和工程专有技术进行工业装置的计划、项目开发和交钥匙工程的施工。

林德工程在中国已有 100 多年的经验，在最近的 30 年已销售出 200 多套大型装置。

【必维国际检验集团】 必维国际检验集团（Bureau Veritas）成立于 1828 年，是全球知名的国际检验、认证集团。提供专业的检验，分析，审核，产品和设施（建筑、工业现场、设备、船舶等）认证及相关强制性或自愿性管理体系认证服务。必维国际检验集团是质量、健康与安全、环境（QHSE）和社会责任领域的全球领导者。

必维国际检验集团的使命是通过自有的行业参考标准或者外部标准来检验、验证和认证客户的财产、项目、产品或者管理体系，最终提交符合性报告或者证书。同时也提供相关的咨询和培训服务。

必维国际检验集团致力于通过风险管理和绩效优化来为客户创造价值。集团针对中小企业，大型跨国集团或者政府机构的需要，提供多种解决方案。因此，必维国际检验集团的服务涵盖了诸多市场，比如船舶制造，建筑工程，工业制造，能源与化工，消费品，运输与物流，以及服务业。

在中国，必维国际检验集团拥有 5000 名员工，通过遍布全国 30 多个城市的 50 个办公室与实验室，为超过 1 万个客户提供服务。其中不仅包括中国海油、中国石化、三峡电力公司等国有特大型企业，也包括阿尔斯通、法国核电集团、索尼、IBM、家乐福和欧莱雅等国际知名企业集团。

【汉胜工业设备（上海）有限公司】 汉胜工业设备（上海）有限公司成立于 2001 年，其母公司美国汉胜公司与世界著名的开利空调、奥的斯电梯、普惠飞机发动机、西科斯基飞机等同属世界 500 强的美国联合技术公司。汉胜工业（上海）负责集团内两大工业品牌——米顿罗与胜达因在中国及亚太地区的产品生产、销售与技术服务，同时也是两个品牌全球采购与产品研发的一个重要基地。

米顿罗于 1936 年发明世界上第一台计量泵，胜达因 HMD 公司于 1946 年发明世界上第一台无泄漏磁力泵。从此，它们在全世界范围内始终保持技术领先并成为行业应用的开拓先锋，产品广泛应用于石化、化工、石油/天然气、水处理、发电、纸浆造纸、制药、食品等行业。汉胜工业（上海）秉承米顿罗和胜达因的品牌优势与技术优势，以中国和亚太用户的需求为关注焦点，建立起完善的销售渠道、技术支持及售后服务体系，并以绝对的市场占有率成为中国与亚太地区各种工业过程流体输送设备的首选供应商之一。目前，米顿罗和胜达因各类产品在中国市场的安装使用已超过 30 万台。

【上海丽景国际货运代理有限公司】 上海丽景国际货运代理有限公司成立于 2004 年，公司注册资本为人民币 500 万元。公司具有一级国际货运代理资质，并在交通部注册了无船承运人资质，NVOCC 编号：MOC－NV03936。公司主要从事国际海上运输代理服务、国际公路运输代理服务，以及道路运输代理服务等。公司办公地点位于上海市著名的航运街——东大名路上，毗邻中远，中海等著名航运企业。公司与各大船公司都有良好合作关系，各大船公司为其提供了极强的物流资源。因此，除了能够承接一般普通货物的进出口业务以外，公司在重大项目货物、特殊规格的重大件物品的全程物流策划运作，出口世界各地危险品货物的运输，量身定制物流解决方案等方面富有经验。公司具备提供中国与世界各地之间的门到门物流服务，以保证每一批货物的及时出运、跟踪和抵达。国内，在大连，天津，青岛，广州，深圳以及西安等地都有合作网点；国外，公司有遍布全球的代理网络。随着国内经济结构的调整，公司战略重心也不断地向重大件以及危险品等特殊物流、项目物流方向转移。

近年公司通过与第三方合作成功为中国石油集团川庆钻探工程有限公司的巴基斯坦海外项目提供物流服务等，已经在行业内占有了一席之地。

【天津立林机械集团有限公司】 天津立林机械集团有限公司地处国家重要战略开发基地——滨海新区南部，紧靠津晋高速。东距天津港 18 千米，北距天津滨海国际机场 22 千米，拥有便利的交通和对外合作条件。

立林机械集团公司是生产石油、石化机械设备和工具的科技型民营企业，下辖立林石油、立林螺杆、立林钻头 3 个子公司。公司主要产品包括螺杆钻具、无磁钻具、牙轮钻头、地下抽油泵、扩孔器以及液压拆装工具、马达实验台等设备。厂区面积 100 万平方米。现有员工近 2000 人，其中工程技术人员百余名，是石油机械制造行业的科技型规模企业。

立林石油机械有限公司生产的螺杆钻具产品通过了美国石油协会颁发的 API 认证。液压拆装工具经过 4 次技术改造，工艺现已成熟。

立林钻头有限公司的牙轮钻头现已批量生产，并拥有广阔的市场前景。公司在发展中建成了以数控加工中心为主体的产品流水生产线，在现有钻头研制技术基础上先后取得多项专利。

立林机械有限公司生产的地面驱动螺杆抽油

泵，产品技术不断进步，现已销往中国石化系统各炼油厂等石油炼化单位，受到用户的一致好评。

立林机械集团公司已成为中国石油、中国石化、中国海油等石油机械设备战略供应厂商及网络供应成员。公司先后被评为“中国石油井口设备及化工设备十强企业”、“中国优秀民营科技企业”和“高新技术企业”。公司通过英国SGS雅斯利国际认证公司的ISO 9001：2000质量体系认证，并相继取得ISO 10012计量体系认证和完善计量检测体系合格证书和ISO 14001环境体系认证。

【大连圣力来监测技术有限公司】 大连圣力来监测技术有限公司是从事旋转机械状态监测及故障分析诊断的专业公司，拥有一支长年从事各类旋转机械状态监测技术研发及故障分析诊断的技术队伍，十几年来不断推出新产品，公司目前已成型的产品有：在线式机组监测站OMS、OMS9000、OMS9000CR；便携式组监测站PMS－3、PMS－4、PMS－5、PMS4－Net、PMS5－Net、PMS5－CR；基于网络的分布式远程在线状态监测及故障分析系统DMS、DMS9000、DMS9000R以及企业设备预知维修管理系统CBM9000等。

以上产品已在中国石油天然气股份有限公司大连石化分公司、抚顺石化分公司、沈阳鼓风机股份有限公司的试车台、兰州炼油厂机械分厂产品试车台、北京燕山石化炼油厂、哈尔滨炼油厂、大连西太平洋股份有限公司、山东华鲁恒升、青岛大炼油、中国石化北京设计院烟机组等单位投入工业使用，取得理想效果，多次解决工业现场的疑难问题，诊断出数起故障原因，曾避免了多次重大事故的发生，具有显著的经济效益和社会效益。

【久茂自动化（大连）有限公司】 德国久茂（JUMO）集团是工业传感器及自动化技术领域处于领先地位的全球制造商之一，全球共拥有23家子公司。1997年，久茂集团在中国大连设立了全资子公司——久茂自动化（大连）有限公司。秉承德国总公司60多年的丰富经验和优秀理念，JUMO中国一直为众多中国客户提供优质的产品及高效的服务，为其在测量与控制领域提供完备的解决方案。

久茂集团销售的主要产品为电化学水质分析仪表、压力仪表、温度开关和度盘式温度计、调节器、温度变送器、记录仪、可控硅调节器和温湿度传感器等产品。久茂产品主要应用于石油化工、清洁能源、环保工程、暖通空调、食品机械、医药卫生、电力及机车等领域。

久茂中国公司拥有世界先进水平的生产线，可生产高质量的工业用温度传感器、防爆温度传感器、双金属温度开关、抗震型温度传感器、压力变送器及温控器，更可根据用户的特殊要求制造。公司相继取得了国际ISO 9001：2008质量管理体系认证、ISO 17025测试实验室资质认证、MID欧洲计量仪表规范认证、Ex NEPSI防爆认证。

久茂中国公司在北京，上海，广州，青岛，成都，昆明，西安，兰州都设有销售办事处。可为各区域客户提供专业的售前、售后支持。

【唐山松下产业机器有限公司】 唐山松下产业机器有限公司是由日本松下集团和唐山开元集团共同投资的合资企业，成立于1994年。主要生产和销售Panasonic商标的电焊机、切割机、机器人及纯正部品等，产品出口美国、日本、韩国、印度及东南亚等国家和地区。

1996年以来，公司销售额连续保持中国电焊机行业第一，2010年公司营业额突破10亿元，被日本松下公司评价为在华最佳合资企业。

唐山松下在全国主要城市建立了49家代理店，构筑了完善的销售和服务网络。唐山松下设立有Panasonic（中国）焊接学校，为使用松下焊机和机器人的用户提供使用及维修方面的培训，还在华东、华南、华北等地区建立有焊接技术应用中心，为用户提供焊接施工解决方案。

多年来，松下焊机以高品质、高性能和高可靠性赢得了中国石油、中国石化、中国化工和中海油等用户的信任，使松下焊机在海洋石油平台、长输管道、储罐、球罐、炼油、乙烯、石油化工、煤化工、化肥工程、钢结构工程的国内外项目中得到了广泛的应用。

【淄博绿博燃气有限公司】 淄博绿博燃气有限公司在“十一五”期间，各项工作取得了较大成绩：五年间供气量增幅达106%，年均增幅为21.2%；净利润增幅为74%，年均增幅为14.8%；上缴税金增幅为212%，年均增幅为42.4%；国有资产增幅为313%，年均增幅为62.6%。这些成绩的取得是董事会和全体员工努力奋斗的结果。五年来，公司把观全局、看大势摆在了首位，牢牢把握了国家及本省、本市天然气市场的走势，在天然气市场气源紧缺的情况下，研究供求规律，在供求规律中寻找生机。在此基础上，因地制宜，因势利导，及时捕捉战机，迅速开拓市场，从而在气源紧缺的弱势环境中，开拓出强势的市场，为公司迅猛发展赢得了机会。成绩的取得与当地党委、政府的正确领导和相关管理机构大力支持密不可分，更与中国石油、中国石化两大公司的鼎力支持和悉心关照密不可分。新的五年计划已经开始，公司将秉承优良传统，发扬成绩，总结经验，继续前进。

【河南瑞华管业有限公司】 河南瑞华管业有限公司始建于1998年2月，位于长垣县南蒲工业区，毗邻213省道，占地10万平方米，注册资金5100万元，法人代表李景磊。现有员工600余人，其中高级工程师、工程师、技师50余人。产品材质为优质碳素结构钢、低合金高强度结构钢和合金结构钢。主要品种为结构用无缝钢管、输送流体用无缝钢管和平端石油套管及管线管等，现“159”生产线主产直径133～219毫米各种规格无缝钢管，“273”生产线主产直径219～325毫米各种规格无缝钢管，两条生产线年产能20万吨，按照用途可生产结构管、流体管、低中压锅炉管、气瓶管、石油裂化管等各种用途的无缝钢管。

公司销售网络覆盖北京、上海、天津、兰州、新疆、湖北约20个省、市、自治区；还出口到美国、丹麦、菲律宾、越南、朝鲜等国家，深受用户好评。公司是中原地区规模较大、产能较高、品种规格较全的无缝钢管专业生产厂家，是中国钢铁协会钢管分会和中国金属协会钢管学术委员会会员单位；是河南省名优质保企业、河南省重合同守信用企业、河南省诚信守法乡镇企业、A级纳税信用单位、河南省A级计量认证单位，获河南省高新技术产品证书和河南省高新技术企业证书。2008年12月被河南省发改委评为省级企业技术中心。被金融部门评为AAA级信用单位。2006年11月通过ISO 10012：2003计量体系认证，2007年通过ISO 9001国际质量体系认证。

河南瑞华管业有限公司在建年产100万吨大口径高性能特种不锈钢钢管，石油开采用油井管，高压锅炉管，油、气长距离输送用钢管，高压气瓶用无缝钢管项目，总投资10亿元，其中固定投资6.5亿元。目前项目已通过新乡市环保局环境评价审核及省发改委立项批准，并通过科技查新，工艺技术属国内首创。工程投产后，产能增加30万吨，销售增加值24亿元以上。每年可生产直径460～965毫米等各种规格无缝钢管100万吨，可实现销售收入80亿元以上，可上缴税金2亿元以上，安排就业人员450人。目前主要设备已初步加工完成。

【江苏熔盛重工有限公司】 江苏熔盛重工有限公司是以船舶和海洋装备制造为主营业务的大型工业企业，是江苏省“十一五”规划中的重点建设工程项目，也是国家发改委审核批准的大型国家级装备制造基地。同时，江苏熔盛重工也是国内领先的多元化重工产业集团——中国熔盛重工集团控股有限公司旗下造船和海洋工程业务的战略承担者和执行者。中国熔盛重工集团控股有限公司以服务于能源行业为核心，以动力和海工为新增长点，以高附加值技术含量为支撑，业务覆盖造船、海洋工程、动力工程、工程机械四大板块。2010年11月19日，中国熔盛重工在香港联交所主板正式上市。

江苏熔盛重工公司目前手持订单涵盖散货船、油船、集装箱船、海洋工程四大系列多种船型。其中为中国海油建造的“3000米水深铺管起重船”是中国第一个深水海洋工程项目，是国内自主进行详细设计和建造的第一艘具有自航能力且满足DP－3动力定位要求的深水铺管起重船，也是国家“863”重点科技攻关项目，在技术上填补多项国内空白，达到世界先进水平。

在完成“十一五”规划目标并确立国内领先水平的基础上，江苏熔盛重工公司将牢牢把握国际市场的发展规律和国家“十二五”规划对先进制造业的要求，以“创新、发展、国际一流”作为下一个五年的战略目标，以“产品领先，进军深海，绿色造船，数字化、信息化造船”为主要发展方针，将熔盛重工打造为一个世界级企业。

【江苏中圣高科技产业有限公司】 中圣公司是在新加坡上市的集团公司，在中国有3个下属控股子公司——江苏中圣高科技产业有限公司、江苏中圣机械制造有限公司和南京圣诺热管有限公司。集团总部位于风景优美、人文荟萃的六朝古都南京市。

江苏中圣高科技产业有限公司是以特种材料设备制造为基础，以节能、环保、降耗型产品研发为导向，提供工程化一条龙服务的国家火炬计划重点高新技术企业。

【江苏太平橡胶股份有限公司】 江苏太平橡胶股份有限公司位于江苏省丹阳市。公司主要生产疏浚胶管、输油胶管、橡胶护舷和其他橡胶制品。是中国橡胶工业协会会员、中国疏浚协会理事、中国水运协会会员、中国对外贸易经济合作企业协会常务理事，是江苏省高新技术企业。

江苏太平橡胶股份有限公司有多项产品获国家专利，通过了ISO 9001:2008质量体系认证，连续15年被评为计量合格单位，连续13年被评为重合同守信用企业，2009年被评为江苏省质量管理优秀企业，是AAA级信用企业。丹金牌疏浚胶管被评为江苏省名牌产品，丹金商标被评为江苏省著名商标。产品销量居国内第一位，在国际市场上也占有很大份额，每年自营出口约2000多万美元。

2008年研制成功的单骨架自浮、双骨架自浮输油管，已经通过了国际权威机构认证，进入批量生产阶段，为公司发展实现新的跨越，营造新的经济增长点。单骨架自浮输油胶管和双骨架自浮输油胶管是公司研制的专利产品，主要供海洋石油作业商，大、中、小型石油码头及炼油厂等用于石油开采、油罐与油库的连接、装卸石油（或柴油、汽油、动、植物油），也可用作岸壁输油设施，还可用来输送一些化学药品。双骨架自浮输油管属于国内输油软管的最新换代产品，填补了国内空白。

【江苏南通焯晟石油化工有限公司】 江苏南通焯晟石油化工有限公司位于江苏省南通如皋市长江镇（如皋港区）石化园区内，在长江主航道北岸，如皋港运河东侧，是一家以石油化工产品产、供、销为主营业务的民营大型石化企业。公司注册资本4.5亿元人民币。目前公司拥有150万吨/年重油深加工装置，主工艺为减压蒸馏和减黏裂化，原料油为国产海洋重质油，进口M100、直馏180燃料油等重质油，主要生产符合国家石化行业标准的4#、5#、6#燃料油和250#重油，以及少量化工轻油。拥有8万吨级油码头1座，该码头原设计为5万吨级，2006年获得交通部核准升级为8万吨级码头，码头总长418米，有4个泊位，外挡前沿水深14～19米，可同时停泊8万吨级的油轮和3000吨级的油轮各1艘，内挡可停泊500吨级以下的油轮多艘，年吞吐能力300万吨以上，是当前长江两岸单体能力最大、设备最为先进、消防和环保措施完善的码头之一。焯晟码头2006年5月实现了对外开放。拥有总容量为25.4万立方米油库，油库有各类油罐40座，总容量为25.4万立方米，目前除15万立方米为生产自用，其他均为代客储存中转。

公司获2008年南通民营企业500强排头兵称号，位列2010年全国危险品罐储企业排名第六名、2010年全国危险品仓储企业排名第十一名，是江苏省石油协会、江苏省石油化工工业协会、中国石油和石化工程研究会、中国五矿化工进出口商会会员单位。

【无锡开元石化设备有限公司】 无锡开元石化设备有限公司成立于2001年，位于无锡市锡山区东港镇工业园区，主要生产浮阀及塔盘、颗粒填料、液体分布器及分布管、塔内固定件及紧固件。

公司依托天津大学国家重点精馏实验室，北京、洛阳化工工程公司等科研院校，加大科研的投入，先后开发和引进精细复合浮阀及塔盘，槽盘式液体分布器，加强型矩鞍环等产品。这些产品广泛用于石油化工行业，在提高效率、降低成本、减少能耗、提高操作弹性和产品质量等方面成效显著，深得用户好评。

公司按照ISO 9001质量体系要求，建立了一套完善的行之有效的质量保准体系。公司为中国石油和石化工程研究会团体会员单位、中国石化集团公司一级供应网络企业定点供应商、中国化工集团公司一级供应网络企业定点供应商。

【西安宝德自动化股份有限公司】 西安宝德

自动化股份有限公司是首批登陆创业板的上市企业，股票代码：300023。公司位于西安市高新技术产业开发区，是国家批准认证的高新技术企业，专业从事石油、煤炭、新能源等自动化设备的研发、制造及系统成套。公司通过 ISO 9001、ISO 14001 及OHSAS 18001认证，产品获国家科技部、国家质检总局等五大部委颁发的国家重点新产品奖及 2007 年度西安市科技进步一等奖，并获多项国家专利。2005 年获得由世界著名德勤会计师事务所颁发的亚太地区技术增长最快 500 强企业称号。该公司为石油行业提供 3000～12000 米钻机的一体化电控系统、顶驱变频控制系统、海洋钻井平台电控系统、自动送钻控制系统、钻机电视监控系统。产品远销俄罗斯、美国、利比亚、哈萨克斯坦、埃及、阿曼等国家。

2004 年，宝德股份公司成功研制了中国首台 9000 米钻机交流变频电控系统和中国首台海洋变频修井机电控系统；2007 年成功研制的世界首台 12000 米陆地钻机交流变频电控系统被列入国家“十一五”规划、“863”计划重点课题项目，并入选“2007 年度中国十大科技进展新闻”；2009 年，中国首台 3000 米深水工程勘察船钻井电控系统在宝德股份公司诞生，标志着中国打破国外在海洋深水钻采领域的技术垄断，开启了宝德立足陆地，走向海洋的宏伟愿景。同年，宝德股份公司成功研制了首套国内钻机无线远程监控系统，该项目的成功下线，让宝德股份公司跨入国际石油钻机控制系统集成商的先进行列。目前，这套代表着中国钻机电控系统最高研发水平的项目已被中国石油化工集团公司使用。

【云南昆明钢制管有限公司】 云南昆钢制管有限公司是武钢集团昆明钢铁股份有限公司的全资子公司，于 2008 年 3 月由始建于 1962 年的昆钢凉亭轧钢厂更名后注册成立，注册资本 1.04 亿元，是具有独立法人资格的有限责任公司。

公司总部位于云南省玉溪市研和工业园区玉通高速公路旁，距昆明市 100 千米，邻近火车货运站，交通便利、物流畅通。公司总占地面积 660 亩；现有 6 条 ERW 焊管机组、3 条螺旋焊管机组，综合年生产能力 40 万吨。

公司是云南省最大的焊管生产厂家，焊管产品在云南省乃至西南地区都具有较大的市场影响力。公司按照 ISO 9000：2008 质量管理体系和特种设备安全技术规范《TSG D2001—2006 压力管道元件制造许可规则》建立了质量管理体系，并按相关要求配备了具有国内先进水平的生产和检测设备，能持续、稳定地提供优良产品。具备特种设备制造（压力管道元件）许可证 A1 级资质，已取得 ISO 9000 质量管理体系、GB/T 24000 环境管理体系、GB/T 28000 职业健康安全管理体系、GB/T 19022 测量管理体系和中国石油 HSE 认证证书，具有美国石油学会（API）的会标使用权。

公司主要产品为螺旋缝埋弧焊钢管和 ERW 直缝焊管，最高钢级可达 X80。公司生产的产品广泛用于流体输送、工程建筑、电力、机械及石油天然气输送等领域。多年来，公司产品凭着稳定的质量、良好的信誉，除销往国内市场外，还远销到东南亚及非洲、美国等国家和地区。

【陕西威能检验咨询有限公司】 陕西威能检验咨询有限公司是国内规模最大的专业从事石油天然气工业用管材及装备的监理公司。公司主要的监理范围包括石油天然气工业用管材，包括：油、套管，管线管，钻杆等；石油天然气用装备，如石油钻采设备及配件、矿场集输设备及配件等产品。作为首批获得中国石油驻厂监造资质的监造单位，陕西威能成功中标并中国石油管道建设项目经理部委托的中贵线、中缅油气管线（国内段）、兰成线等 8 条线路的管道防腐监造任务及轮南线、陕三线，锦郑线等 9 条线路的阀门监造任务。公司平均年监理项目近千项，其中管材监理数量超过 50 万吨，装备数量数千台（套）。公司检验服务的客户包括中国石油、中国海油、中国石化美孚石油公司等国内外知名企业。公司的监理业务分布在中国各大城市的管材及装备生产区域。具有 SGS 颁发的 ISO 9001：2008 国际质量体系认证、ISO 14001：22004 环境管理体系认证、OHSAS 18001：22007 职业健康安全管理体系认证、国家发改委和中国技术监督监理检疫总局颁发的设备监理单位乙级资质。同时，公司还是中国设备监理协会理事会员。

【江阴朗博特钻杆制造有限公司】 江阴朗博特钻杆制造有限公司是由江苏华超重工机械有限公司和香港科迅集团有限公司于2006年7月合资创建的，总投资1.5亿元，占地面积81250平方米，建筑面积30000平方米，专业生产石油钻杆、整体式加重钻杆、钻铤、方钻杆及油管等产品。目前年生产能力为钻杆3.8万吨，油管2万吨，加重钻杆、钻铤各5000支，方钻杆500支。

该公司拥有钻杆接头生产线、管体管端镦粗生产线、整体整体热处理生产线、接头和管体摩擦焊接生产线、钻铤加工和热处理生产线。其主要设备从美国引进，拥有磁粉探伤、漏磁探伤、超声波探伤等先进检测设备。钻杆管体全部从天钢钢管集团有限公司（TPCO）采购，钻铤、加重钻杆、方钻杆棒料从江阴兴澄特种钢铁有限公司和东北特钢集团采购。能制造API系列E75、X95、G105、S135钻杆、加重钻杆、短钻杆以及各种规格钻铤。

公司具有完善的质量管理体系，通过美国API5KP、API5CT、API7－1审核、ISO 9001：2000审核、ISO 14001审核、OHSAS 18000审核、俄罗斯GOST论证。

【河南盛荣特种钢业有限公司】 河南盛荣特种钢业有限公司成立于2008年，位于河南省济源市，占地面积13万平方米，固定资产9500万元，是年产10万吨热轧不锈钢复合板（卷）的规模化企业，可生产厚度2～50毫米，宽度500～3000毫米的各类型板材和卷材，产品主要用于石油、化工、核能、军事、造船、城建、交通、电力、机械制造等领域。工艺设备先进，技术力量雄厚，检测手段齐备，经营管理规范，2009年通过ISO 9001：2008质量体系认证，是中国石油和石化工程研究会和中国石油工程建设协会的团体会员单位。

2010年初根据产品市场前景，公司又投资12亿余元，在济源市玉泉科技业园新建1条年产10万吨冷轧鑫属复合薄板生产线，可生产超薄至0.10毫米，宽度1250毫米的各类复合卷材，该冷轧复合薄板的基材面可以镀锌或锌镍合金，提高了材料的耐腐蚀性能。产品主要用于建筑幕墙龙骨、电梯轿厢、轿车外壳、轻工机械、家电、栏杆、灯杆、炊具、厨具等，年产值可达20亿元，将成为省内最大的不锈钢复合材料生产企业。

【厦门科华恒盛股份有限公司】 厦门科华恒盛股份有限公司是一家以研究电力电子技术为核心的高科技企业、深交所上市企业（股票代码002335），在厦门、漳州、深圳、北京拥有7家全资子公司、3个电源研究中心、2个现代化电源生产基地和1个业界最先进的UPS及EMC检测中心。

该公司专注UPS自主研发21年，是“重点国家级火炬计划项目”的承担者，是科技部认定的UPS行业首家“国家级重点高新技术企业”，先后承担了20多项国家科研项目，获得30余项国家专利。公司拥有高端UPS电源产品数十个系列，功率覆盖0.5～1200千伏·安，还可按需定制端到端一体化电源解决方案，“KELONG”商标已被认定为中国驰名商标。

该公司UPS成功入围中国人民银行等国内知名企业的UPS设备选型，获军队装备物资采购、中国石油天然气管道、蓝星化工集团等供应商资格，并与华为等知名企业建立了战略合作伙伴关系，科华产品广泛应用于金融、保险、税务、通信、制造、政府、交通、国防等领域。也是中国本土最大的UPS研发生产企业之一。

科华恒盛在全国建立9个技术服务中心、40多个直属服务网点，拥有百余名专业服务工程师。2008年起，科华公司推出新型的3A服务，从传统的应急维修转变为以预防为主的维护和主动服务模式。这种厂商级的服务模式给科华带来了“UPS服务满意金奖”、“最佳服务满意奖”和“最佳服务承诺兑现奖”等殊荣。

【海工英派尔工程有限公司】 海工英派尔工程有限公司于2007年12月在青岛注册成立，注册资本1亿元，由海洋石油工程股份有限公司和青岛英派尔化学工程有限公司共同出资组建。公司具有化工石化医药行业甲级设计资质，石油天然气行业油气库甲级、油气处理加工乙级以及市政公用行业（热力、燃气、排水、环境卫生）乙级、建筑乙级设计资质和三类压力容器、各类压力管道长输管道设计资质，还具有工程咨询甲级资质，具备以设计为主导的工程总承包（EPC）能力。

目前，该公司共有从业人员 390 余名，其中具有高级职称的人员 94 名，具有国家一级注册建筑师、结构师、电气师、咨询师、公用设备工程师、造价师等共 71 名。同时聘请了 5 位知名专家和 5 位工程院院士作为公司的技术顾问。专业涉及 20 多个，配备齐全。

该公司在常减压、重交沥青、焦化、减黏、加氢、制氢、气体分馏和本体法聚丙烯、苯抽提、硫黄装置、油品、LNG 储运、原油、成品油、LNG 长输管道、地下水封洞库和橡胶等领域在国内领先，颇具特色，市场遍布全国 20 多个省市。

公司在海油工程总体发展战略框架下，秉承"诚信、创新、合作、共赢"的经营宗旨，发展成为国内 LNG、地下油气储存技术方面的领导者，成为中国海油的技术品牌和国际市场强有力的竞争者，成为在石化、橡胶、油气储运领域的竞争者，成为清洁能源领域的国内领先、国际先进的工程服务公司。

【中国船舶重工集团公司重庆长平机械厂】 中国船舶重工集团公司重庆长平机械厂是定点生产导航仪器仪表和专业生产喷砂、喷涂、除尘设备、涂装生产线的机电一体化军工企业。其导航主导产品曾多次用于重大科学试验和战备任务并受到嘉奖。建厂 30 多年来，工厂在军品民品生产领域成绩突出，具有很强的设计制造能力。

重庆长平机械厂秉承军工技术，成功研发了拥有自主知道产权的喷砂、喷涂、除尘 3 个系列产品，并且起草制定了《下式喷砂机》行业标准。其产品多次获得国优、省优、部优的奖励，有多项专利至今仍受到国家专利局的专利保护。同时，长平机械厂还获有《设备安装工程施工》资格证书，有资格和能力承建、安装各类喷房工程及喷涂自动化生产流水的工程。工厂开发设计的 CP73A、CP6528、CP6530、CP6525、CP45B、CP32A 等气动式高压无气喷涂机，在充分吸收国外先进技术的基础上，进行了大胆的自主创新，技术先进，性能可靠，获得多项专利，是重防腐产品及工程施工的首选高效喷涂装设备。

【四川中测流量科技有限公司】 四川中测流量科技有限公司（中国测试技术研究院）是国家计量机构和国家质量检验、测试与标准研究机构。全院拥有国际计量委员、中国工程院院士 1 名，国家级有突出贡献的中青年专家 4 名，享受政府特殊津贴专家 30 名等大批高技术人才。

该公司是中国测试技术研究院直属的经济实体，专业从事计量基标准研究、计量检定校准、工程测试、产品质检、测试仪器及 CNG 加气机、CNG 加（卸）气柱、CNG 加气机检定装置、科里奥利质量流量计、便携式孔板自动测量仪、车用防爆型燃气钢瓶电子标签动态管理系统、自动顺序充气控制柜、CNG 加气站 IC 卡卡机联动、网络管理系统开发和生产。

该公司拥有大批高素质的科研技术人员，拥有国内顶尖的通过 CNAL 认证的流量标定实验室，拥有多项自主知识产权，按照 ISO 9001 质量管理体系的要求进行质量控制和生产，为多家客户提供了产品及技术服务。

中石油江苏液化天然气有限公司

中石油江苏液化天然气有限公司由中国石油、香港太平洋油气、江苏国信集团投资组建，分别持股55%、35%、10%，注册资本26.5亿元，成立于2009年6月。公司负责建设运营的江苏LNG接收站位于如东县距海岸14千米的西太阳沙海域，一期工程总投资63亿元，建设规模350万吨/年，由人工岛、接收站、码头栈桥、跨海外输管道组成。接收站于2008年1月开工，2011年4月机械完工，投产后具备天然气管道外输和20万吨/年LNG槽车充装功能；二期规模增至650万吨/年，增加80万吨/年槽船转驳功能，槽车充装规模增至100万吨/年；远期达到1000万吨/年。

2011年5月24日，来自卡塔尔的Q-Flex型LNG船AL REKAYYAT轮半载14.5万立方米LNG到港，接收站开始系统预冷和投产试运行，6月9日一次试运成功，安全平稳，向西气东输管网供气；6月30日LNG槽车装车站顺利竣工投产，开始装车外运。

工程自2005年启动以来，坚持"建设一项精品工程，总结一套成熟经验，集成一套自有技术，培养和储备一批LNG专业人才，实现一次投产试车成功"指导思想，创新建设模式，大力开展技术创新和设计优化，实现了国内LNG接收站"自主设计、自主采办、自主施工、自主管理"目标。

项目利用以大型数学、物理模型进行抗震液化试验为代表的海洋工程前期研究填补了多项国内空白；人工岛一次吹填成功，无遮掩外海吹填仅有49%；采用三岔液压挤扩技术进行储罐超密集群桩施工，创造土木工程技术方面的佳绩；牵头组织完成以Ni9钢和低温保冷材料为代表的主要材料国产化研究并率先应用，率先实施LNG槽车装车撬国产化研制应用，大幅降低了工程投资和主要设备材料供货周期，提升了项目国产化和民族工业水平；以购买路权方式与政府合作建设天然气跨海外输管线桥，规避了跨海管道建设和运营各类风险，保护海洋环境，避免了数亿元海洋养殖业损失，降低了建设投资、运营维护难度和成本；长LNG卸载钢栈桥和LNG码头、船岸衔接管道、取海水等工程建设方案全面优化，解决了大量技术难题，大幅降低了建设投资和运营成本。

奉献能源，创造和谐，全面履行"经济、政治、社会"三大责任，江苏LNG接收站建成投产，必将为打造"绿色、国际、可持续"的中石油，更好落实国家能源战略，优化长三角地区能源消费结构，减少环境污染，推动经济可持续发展，造福地区人民作出更多更大贡献。

总 经 理：张成伟
公司地址：江苏省南通市崇川区崇川路88号
邮政编码：226001
电　　话：0513-88153329
传　　真：0513-80863888

西安宝德自动化股份有限公司
BODE ENERGY EQUIPMENT CO., LTD.

公司简介

西安宝德自动化股份有限公司是率先登陆创业板的上市企业，是国家高新技术企业及著名商标企业，承接了“十五”、“十一五”、“863”等国家重大科研攻关项目，专注于石油、煤炭、新能源等领域自动化系统的研发、制造和系统集成，为客户提供一体化解决方案。在电气节能，新能源装备、变频控制、定制电源等领域，为客户提供不断创新的优质产品和整体解决方案。

鸟瞰图

ZJ50DB房体内部图

数字化抽油机控制柜

5000米超低温极地钻机

中国外运股份有限公司能源物流事业部

中国外运股份有限公司是由中国外运长航集团控股，在香港上市的国有控股公司，是以海陆空货运体系为支撑、以战略资产为依托的一体化综合物流服务平台。

能源物流事业部作为中国外运股份有限公司的直属事业部，是专业从事能源行业工程设备运输的物流服务供应商。

业务范围涉及国内外大型进出口工程承包项目的国际多式联运（包括公路运输、水路运输、铁路运输、航空运输）。同时我们凭借中国外运长航集团50多年来的项目管理经验，能够为客户提供全面、专业、个性化的能源物流解决方案。包括物流成本预算分析、道路勘察、报关清关、检验检疫、包装仓储、多式联运，并对各类复杂工程项目实施现场操作的全程管理、法律咨询、IT系统跟踪等服务，确保货物安全、准时到达指定地点。

石油化工领域的主要业绩：

西气东输项目压缩机组运输

2009年至今，我公司已成功承运了中国石油物资公司的17套西气东输项目压缩机组。此次沿途运输道路通行难度大，设备宽度在4.7米，设备高度达到了4.35米.运输路线为天津港到最远站点新疆霍尔果斯，全程4800千米。

福建大炼油乙烯一体化项目运输

2008年1月28日，我公司承运福建大炼油乙烯一体化工程1400吨蜡油加氢反应器大连棉花岛滚装运输任务。

中国一重—四川彭州反应器运输

2010年8月开始操作的四川彭州石化项目，承运设备包括两台880吨反应器，四台660吨反应器,从大连驳运至乐山，再途经260千米陆运距离到达施工现场，运输方式涵盖工厂短倒、海运、江运、内陆200千米运输。

中石油管道局中缅油气管道工程项目（缅甸段）

中缅油气管道是第四大能源战略通道，它对保障我国能源安全有重大意义。中缅天然气管道缅甸境内段长793千米，中缅原油管道缅甸境内段长771千米。中缅油气管道的建设，对于推进中国能源供应多元化、促进缅甸经济社会发展、实现合作各方的互利共赢具有重要意义。我公司克服了时间紧、任务重、人员短缺等诸多困难，提前制定工作计划，精心组织，周密安排，与客户及各参建单位紧密沟通，顺利完成运输任务。”

无锡开元石化设备有限公司

Wuxi Kai Yuan PetroChemical Equipment Co, Ltd.

公|司|简|介

无锡开元石化设备有限公司成立于2001年，是生产浮阀及塔盘、颗粒填料、液体分布器及分布管，塔内固定件及紧固件的专业公司。

公司成立以来，坚持科技兴厂、创新发展宗旨，依托天津大学国家重点精馏实验室，北京、洛阳化工工程公司等科研院校，加大科研的投入，先后开发和引进精细复合浮阀及塔盘，槽盘式液体分布器，加强型矩鞍环等产品。这些产品广泛用于石油化工行业，在提高效率、降低成本、减少能耗、提高操作弹性和产品质量等方面成效显著，深得用户好评。

公司按照ISO9001标准要求，建立了一套完善的行之有效的质量保准体系。拥有一批先进的工装设备和一支积累了丰富生产经验的职工队伍，以产品得到用户的一致好评。公司为中国石油和石化工程研究会团体会员单位；中国石化集团公司一级供应网络企业定点供应商，网上代码:10071816；中国化工集团公司一级供应网络企业定点供应商。

公司位于中国经济、商业和制造业中心城市——无锡，S328省道横贯公司所在地无锡市锡山区东港镇工业园区，公司东临张家港港口、南临沪宁高速、西临G312国道、北临长江，锡澄高速，距各交通出口二十分钟路程，区位优势明显，交通发达。公司将继续以创新为动力，加大科技投入，坚持诚信服务，开发更多更好的产品，为石油化工行业的发展作更大的贡献。

高效浮阀的选择及简介

根据所处理物料的特性及分离要求，选用我公司的高效新型专利浮阀——细分浮阀。细分浮阀是结合目前广泛使用的条种浮阀的优点开发出来的新型高性能汽液传质塔盘，它具有以下优点：

操作过程中不脱落、不卡死。

塔板压降较低，变化更加平稳。与F1相比，压降小10%。

雾沫夹带量小。在相同的操作条件下，细分浮阀雾沫夹带量较F1浮阀小20%。

漏液量较小。与F1相比，其漏液量小15%～30%。

操作弹性更高。由于细分浮阀的雾沫夹带量与漏液量都较F1浮阀小，因而其操作弹性更大。

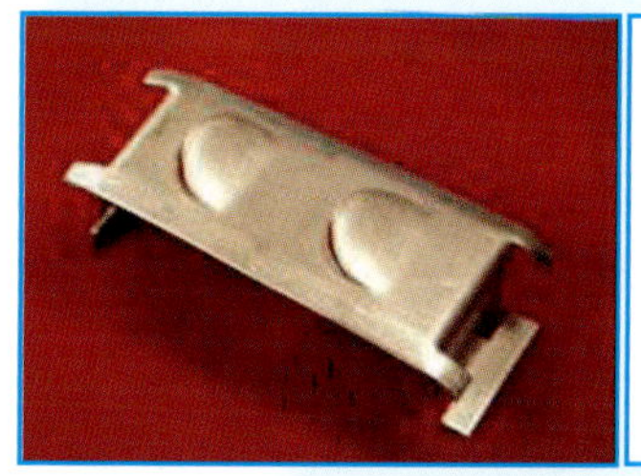

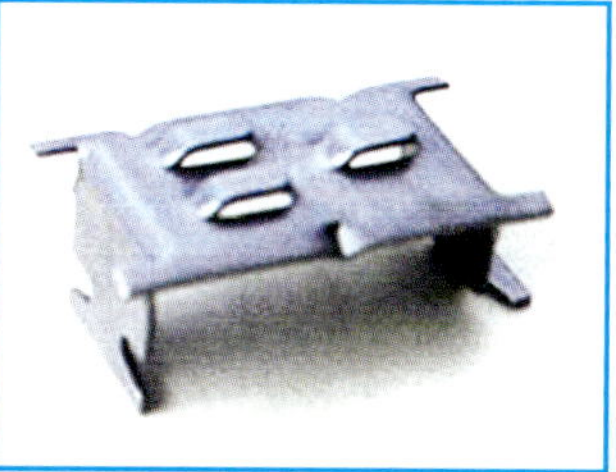

细分浮阀图

新型高效规整填料

设计采用天津大学研发的高效规整填料，该填料结构合理，使气液流路得到优化、传质效率提高；开孔率加大使通量提高、压降更低，比表面积得高使理论板数有所增加，抗堵塞能力更强。

相比同类普通的板波纹填料，新型高效填料具有：

1、通量大,压降小。在相同的喷淋密度下，新型高效填料的泛点气速比金属孔板波纹填料有明显提高，在同样的气速下压降明显低于金属孔板波纹填料，在相同条件下压力降低20%～30%。

2、效率高。在一定的喷淋密度和相同气速的条件下，新型高效填料的传质单元高度比金属孔板波纹填料高10%。

3、操作弹性大。新型高效填料与常见的孔板波纹填料进行了对比，新型高效填料的传质效率较金属孔板波纹填料高约10%，其通量比金属孔板波纹填料增大20% ，而其压降比金属孔板波纹填料降低30%，综合性能更优良。

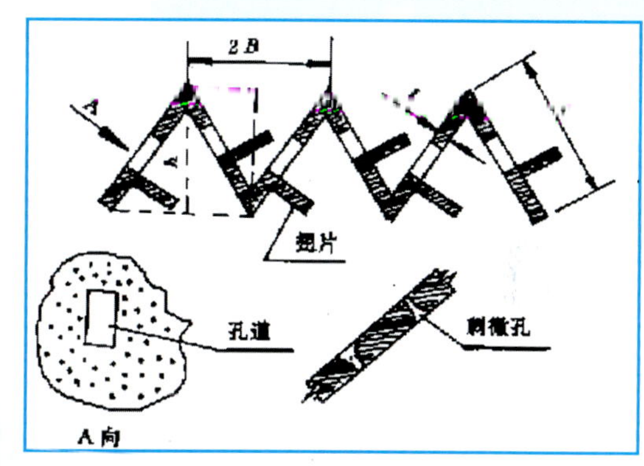

新型高效填料内的孔槽结构示意图

高弹性槽式液体分布器

液体分布器是填料塔中重要的部件，其性能直接影响填料性能的发挥。本设计在各段填料上部多处采用了新型抗堵塞的槽式液体分布器。其优点为塔内空间占用低，液体分布均匀，便于安装，现场焊接工作量较小，且不存在漏液隐患。天津大学的槽式液体分布器的结构特点为：在槽式液体分布器的支槽侧面开孔，使分布器的抗堵能力增强；采用特殊结构在低流速部位增加液体的流速以阻止聚合物的沉积；在支槽两侧设有挡液板，使液体分布由点分布变成线分布。

新型槽盘式气液分布器

天津大学研发的新型槽盘式气液分布器具有气体及液体分布更均匀、压降低、抗夹带、占位低、安装更方便等优点，同时适于进料、侧线采出及液体收集再分布等条件。配以导流式填料压圈可使新型槽盘式气液分布器液体分布效果更好。新型槽盘式气液分布器同时具有操作弹性更大、抗阻塞能力强的特点，这也有助于装置的长周期正常运行。

扁环

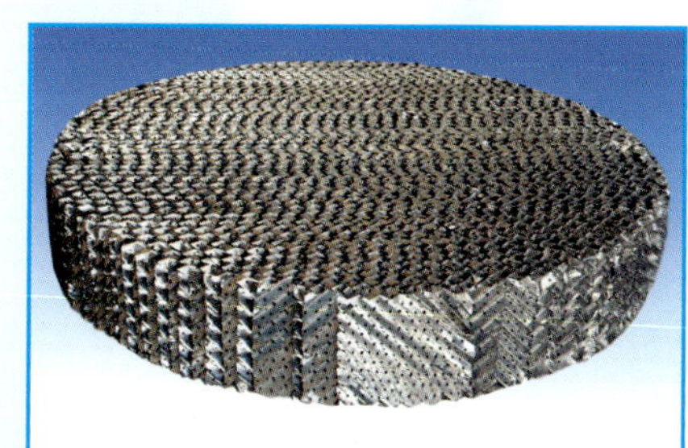

规整填料

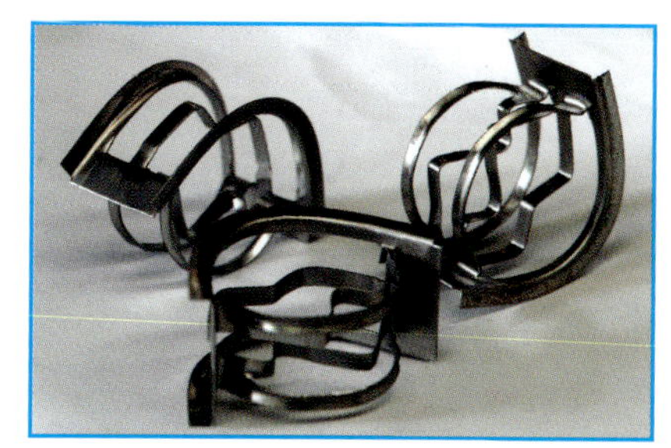

加强型矩鞍环

激情·超越

江苏熔盛重工有限公司

江苏熔盛重工有限公司是以船舶和海洋装备制造为主营业务的大型工业企业，是江苏省“十一五”规划中的重点建设工程项目，也是国家大型装备制造基地。

同时，江苏熔盛重工也是国内领先的多元化重工产业集团——中国熔盛重工集团控股有限公司旗下，造船和海洋工程业务的战略承担者和执行者。中国熔盛重工集团控股有限公司以服务于能源行业为核心，以动力和海工为新增长点，以高附加值技术含量为支撑，业务覆盖造船、海洋工程、动力工程、工程机械四大板块。2010年11月19日，中国熔盛重工在香港联交所主板正式上市。

江苏熔盛重工自成立以来，以“创新发展走向全球，卓越价值领先市场”为愿景，以振兴民族工业为己任，坚持实施多元化、规模化的产品结构战略，目前手持订单涵盖散货船、油船、集装箱船、海洋工程四大系列多种船型。其中为中海油建造的“3000米水深深水铺管起重船”是国内自主进行设计和建造的具有自航能力且满足DP-3动力定位要求的深水铺管起重船，也是国家“863”重点科技攻关项目，在技术上填补多项国内空白，达到世界先进水平。

在完成“十一五”规划目标并确立国内领先的基础上，熔盛重工将牢牢把握国际市场的发展规律和国家“十二五”规划对先进制造业的要求，以“创新、发展、国际一流”作为下一个五年的战略目标，以推动数字化、信息化造船为有效途径，将熔盛重工打造为一个世界领先企业。

以创新发展走向全球　以卓越价值领先市场

熔盛重工
RONGSHENG

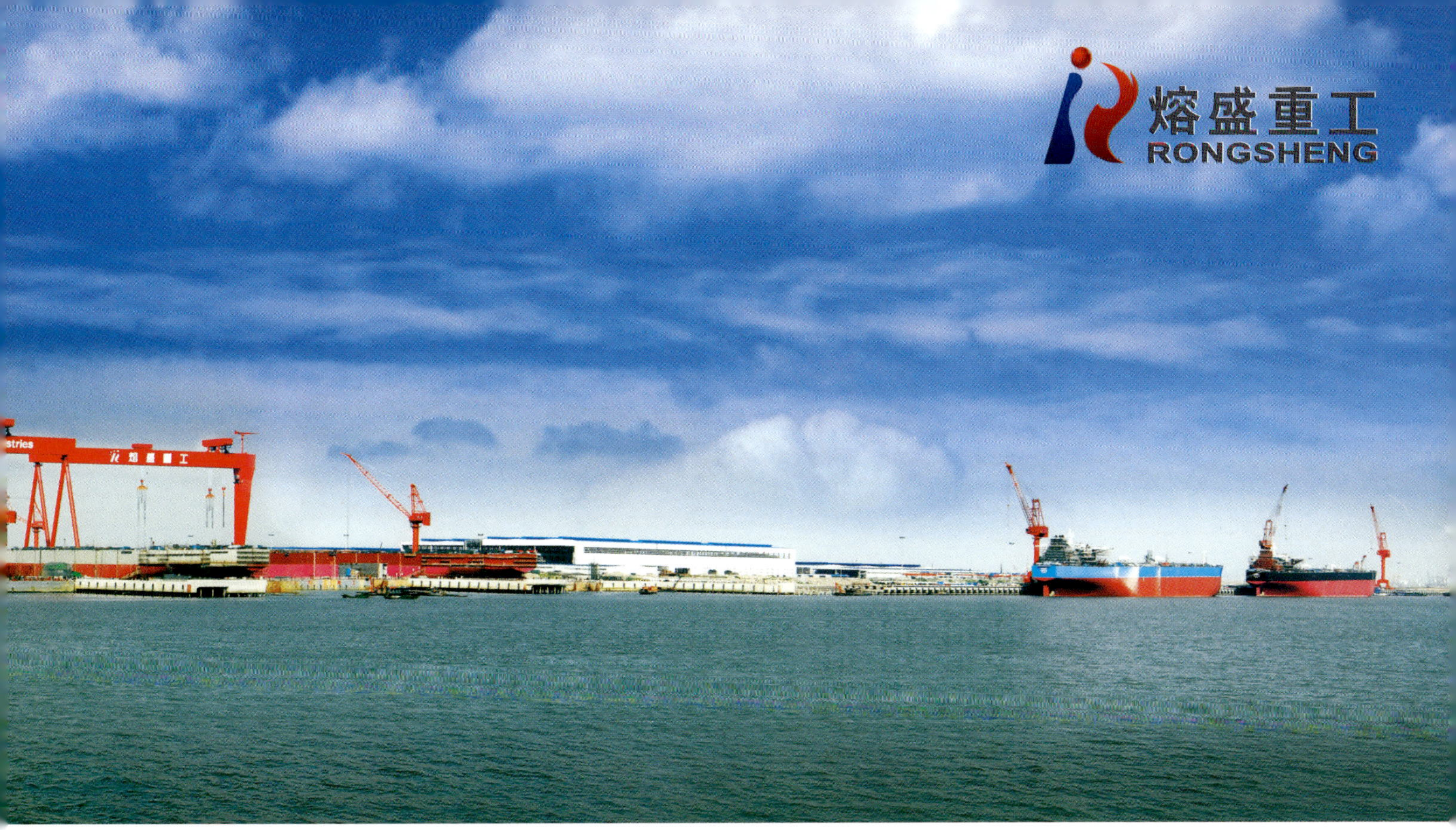

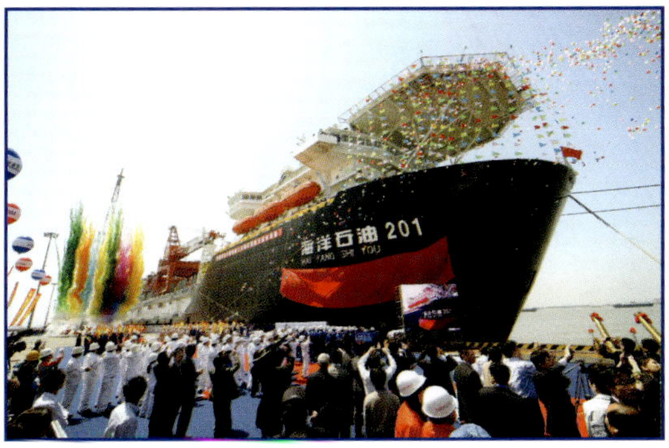

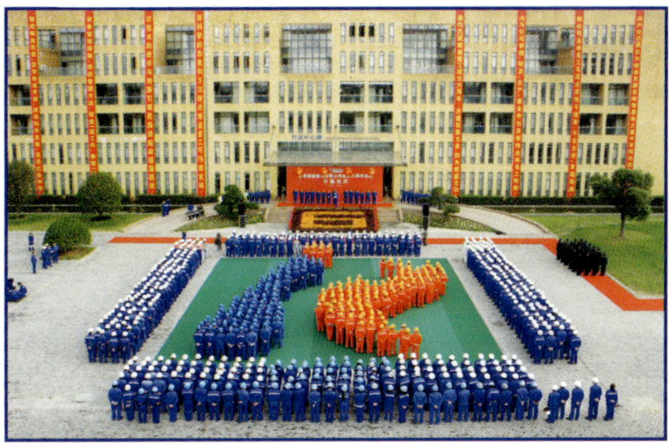

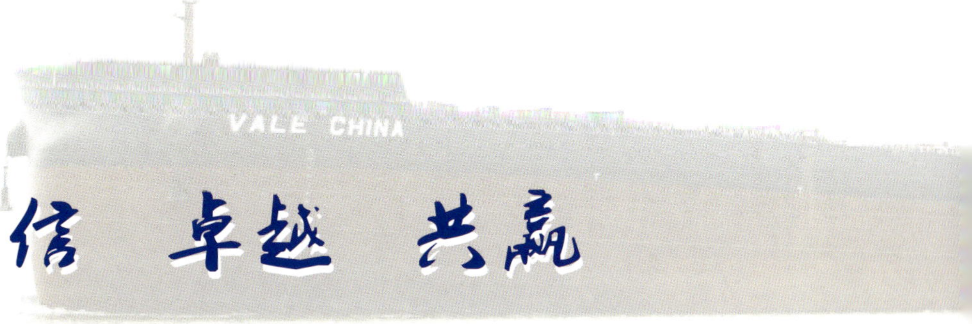

创新　诚信　卓越　共赢

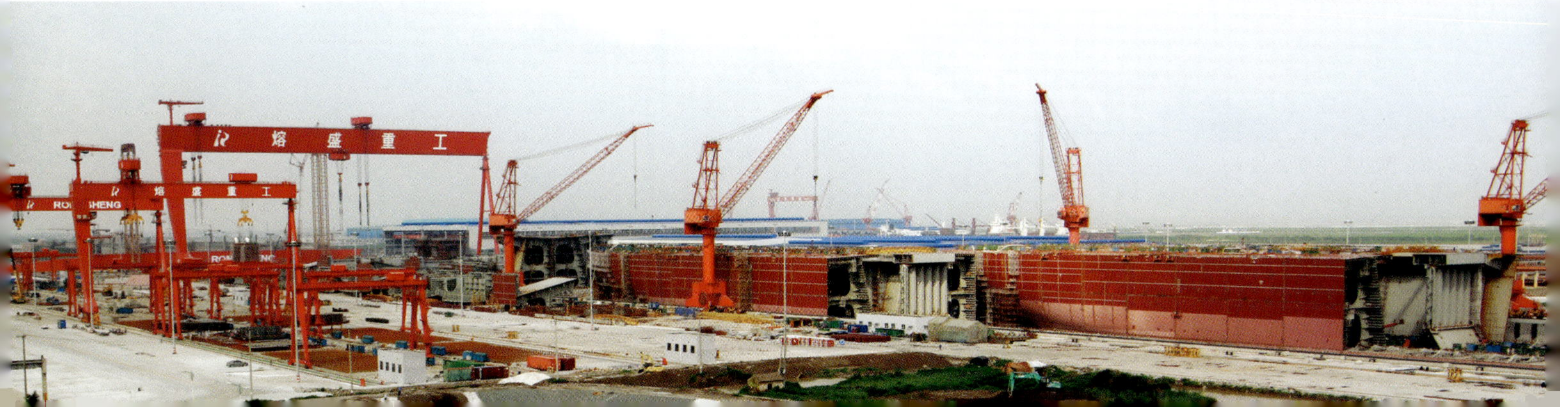

中国科学院是重大科研项目值得信赖的研发伙伴

金海能国际机电设备（北京）有限公司与中科院工程热物理研究所共同牵头合作组建了由多名研究员、博士、博士后专家及其他相关领域专家组成的国际级研发平台。

尖端武器是技术实力强大的体现

四大战略平台

研发平台：与中科院工程热物理研究所共同牵头合作组建了由多名研究员、博士、博士后专家及其他相关领域专家组成的研发平台。

设计平台：与获得德国红点奖、德国IF工业设计奖等多项国际工业设计奖项的工业设计机构建立了高端工业设计平台。

制造平台：与空军北京军械厂合作建立了年产量达3000台的规模化核心制造基地。

营销平台：组建了由国内资深市场营销领域专家组成的，与国际国内市场营销领域领军企业有着广泛合作和战略联盟的高度专业化的市场营销平台。

金海能国际机电设备（北京）有限公司是空化技术领域权威的领跑者

国际空化技术大事记

1998年：俄罗斯利用液体空化技术发明水下时速达370千米/时的"火箭鱼雷"（详见2002年《兵器知识》）

2007年：美国开发出450千瓦大型液体空化设备，用于生产生物柴油制备，单机年产50万吨生物柴油（美国钻石公司公布资料）

2008年：美国利用液体空化技术将鱼雷时速提高至500千米/时（详见2008年《北京日报》）

2010年：德国利用液体空化技术使鱼雷速度达到445千米/时（详见2010年《兵器知识》）

荣誉出品的空化热泵是国家节能减排新产业专业的代表产品

产品优势

高安全性：无任何加热元件，真正意义上的水电分离，无须进行国家强制认证。

高热效率：0～90℃区间电热转换效率高达95%以上。

清洁环保：无任何气体或液体排放，系统闭式循环，年补水量在1%～2%。

易于管理：安装简便，自动化操作，无须专业人员值守，移动方便。

液体空化技术在加热领域的广泛应用

液体空化加热技术的突出优势，使其在众多加热应用领域有着广泛的应用价值和替代价值：

防火安全要求高的领域

如加油站、化工仓库等有特殊安全要求的重要建筑设施的供暖供热。

无热源地区、燃料缺乏或运送困难的领域

如高速路服务区、野战部队营房、边防哨所、铁路沿线设施、城市边缘或偏远地区等建筑设施的供暖供热。

环保要求高的领域

如城市中心区、自然风景区、保护区、旅游区等建筑的供暖供热。

需移动或间歇式供热的领域

如不需全天使用的办公及公共场所，工业厂房、间断性加热工艺环节，野外勘探作业、野外军事指挥信息中心等设施的加热和供暖。

在加热设备中，空化技术的应用如同汽车发动机中涡轮增压技术的应用。

1.8L4缸 汽车发动机 + 涡轮增压Turbo = 2.4L6缸 汽车发动机

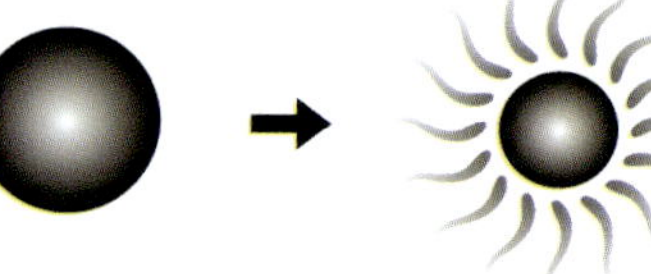

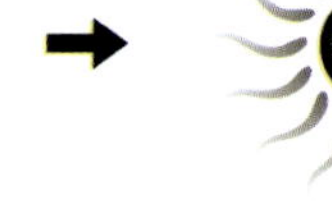

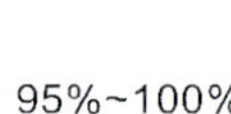

100% → 能量散失 → 空化反应 分子运动"水相燃烧" 释放分子化学能 → 95%~100% 能效输出

输入电机能量 + 空化反应中"水相燃烧"补充能量30% = 95%~100%高效热能输出

加油站供暖应用现场

油井加热热采应用现场

别墅应用现场

公司地址：北京市朝阳区北四环中路8号G座11层 联系人：李松 电话：010-84980722 手机：18901389592

空化热泵的实用优势

各种供热方式比较

直燃方式	产品原理	优点	缺点
油气类燃料	通过直接燃烧燃料产生热能	1．技术及设备成熟。2．燃烧值较高。 3．噪声低。	1．能源日益减少。2．存在安全隐患。3．系统极易结垢，降低使用效率。4．有排放，不环保。5．管理及维护成本高。6．加热自主性差。
煤、植物类燃料	通过直接燃烧燃料产生热能	1．技术及设备成熟。2．设备投资较少。 3．燃料取得相对容易。	1．不环保，使用受限。2．资源利用率低。3．有明火，存在安全隐患。4．需要水处理等辅助设施投资。
电能转换方式			
电锅炉、电热水器等	输入电能，通过加热元件，将电能转化为热能	1．技术及设备成熟。2．电热转换效率较高（60%~90%）。 3．主体设备购置成本较低。4．噪声低。5．无污染。	1．必须通过加热元件，存在漏电隐患。2．易结垢，综合投资成本高。3．使用效率随着使用期的延长而降低。4．管理及维护成本高。 5．预热时间长，加热自主性差。
外部热能搬运方式			
水源、地源、 空气源热泵	通过改变原有热源的集散条件，实现外部热能的搬运	1．热效率一般在100%~400%，相对节能。 2．噪声低。3．可实现冷、热两用。 4．无污染。	1．受当地资源和环境条件限制，使用有局限性。2．水源、地源热泵对地下水和地层结构有影响。3．投资大，工程及系统复杂。4．属于过渡性技术，国家不鼓励大面积推广。
太阳能	通过吸热材料，收集太阳能转化为热能	1．节能，减少了对化石能源和植物资源的消耗。2．环保，无噪声。3．普通太阳能产品购置成本较低。4．使用成本低。	1．受气候影响大，热转换率不高。2．使用寿命相对较短。 3．高效集热太阳能价格昂贵。4．存在因雷电引起的安全隐患。
液体空化产热方式	电能带动机械装置产生空化反应，导致液体分子键爆裂，瞬间释放分子键内能，直接转化为热能	1．产热原理先进，热效率理论上可达到或超过100%。2．安全环保，无任何加热元件，无排放。3．不易结垢，无须水处理设备。4．加热速度快，自主性强，使用寿命长。5．管理及维护成本低。	1．噪声≤60分贝。 2．受使用现场电力条件制约。 3．目前购置成本较电锅炉本身价格高。但系统综合投资成本较低。

空化热泵的技术参数

规格型号	功率（kw）	产热量（kw/h）	升温速度（℃/h/T）	流量（t/h）	工作压力（Mpa）	热效率（90℃以内）（%）	噪声（dB）	外形尺寸（mm）	毛重（kg）	供暖面积（㎡）
HNDR—15	15	14.25	12.26	1.5~3	0.35~0.5	95	≤60	1230×700×820	250	150~300
HNDR—22	22	20.9	17.97	2~4.5	0.35~0.5	95	≤60	1230×700×865	350	220~450
HNDR—30	30	28.5	24.51	3~6	0.35~0.5	95	≤60	1330×700×910	500	300~600
HNDR—45	45	42.75	36.77	4~10	0.35~0.5	95	≤60	1430×790×970	630	450~900

升温速度：指在保温条件下（每24小时散热量低于3℃），各型产品单机每小时可使一吨水升高的温度。如水量增大，则升温速度相应降低。
热效率：在国标保温桶条件下，液体加热至40℃以内，热效率已达106%；至90℃以内综合热效率达到90%。
供暖面积：设备供暖面积应根据不同机型的产热量及建筑设施单位热负荷指标进行确定。
表中供暖面积指建筑单位热负荷指标符合国家50~100W/㎡标准情况下的供暖面积范围。

空化热泵商品价格表

规格型号	供热管径/回水管径	万元／台
HNDR—15	DN20/DN25	7.5
HNDR—22	DN25/DN32	8.8
HNDR—30	DN25/DN32	10.5
HNDR—45	DN32/DN40	13.5

加热供暖使用费用比较

以北京地区为例，比较在120天一个供暖季、建筑单位热负荷指标50W/㎡、电费0.5元/千瓦时条件下，各类锅炉供热方式客户每平方米供暖费用情况：

燃煤锅炉	燃油锅炉	燃气锅炉	电锅炉	液体内能调温机
18~20	65	50	35	22~25

注：当建筑物能耗（单位热负荷指标）超过50W/㎡时，各类加热设备的供暖费用均会随之增大。

供热应用典型设计方案

单台设备通过分水器与多套建筑供暖系统连接，实现供暖。已在廊坊、石家庄、保定、行唐、邢台、叶县等加油站推广使用，客户已将产品列为新建加油站的标准供暖设备。

带水箱系统主要应用于多层或高层建筑等供暖。单台设备通过储水罐由分离器与多层建筑供暖及淋浴系统连接，实现供暖及洗浴。已在部分别墅及洗浴行业建立应用示范点。

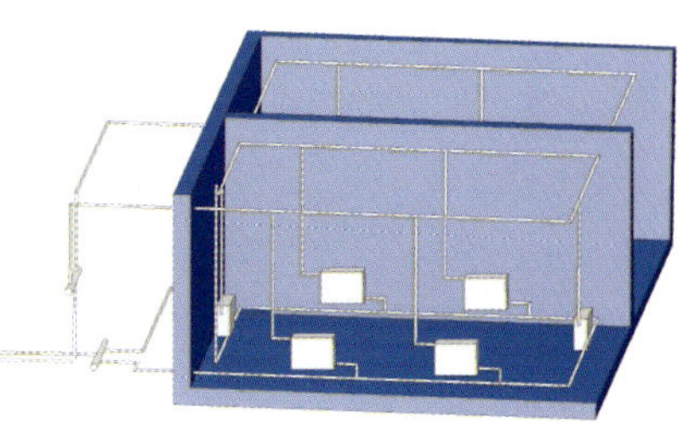

淄博绿博燃气有限公司

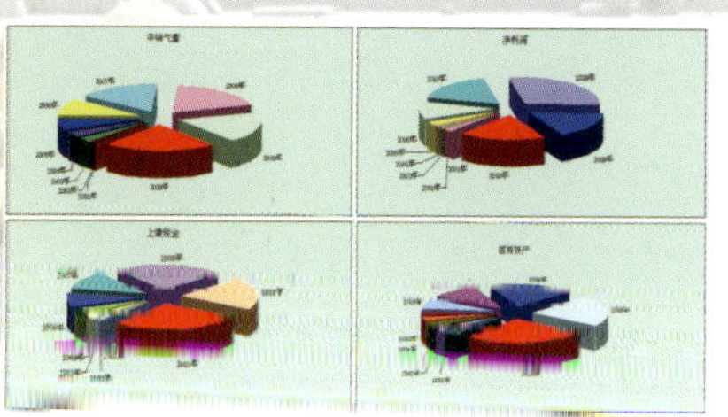

回眸“十一五”

“十一五”期间，淄博绿博燃气有限公司各项工作取得了较大成绩：五年间年供气量增幅达106%，年均增幅为21.2%；净利润增幅为74%，年均增幅为14.8%；上缴税金增幅为212%，年均增幅为42.4%；国有资产增幅为313%，年均增幅为62.6%。

这些成绩的取得是董事会和全体员工努力奋斗的结果。五年来，公司把观全局、着大势摆在了首位，牢牢把握了国家及本省、本市天然气市场的走势，在天然气市场气源紧缺的情况下，研究供求规律，在供求规律中寻找生机。在此基础上，因地制宜，因势利导，及时捕捉战机，迅速开拓市场，从而在气源紧缺的弱势环境中，开拓出强势的市场，为公司发展赢得了迅猛的发展机会；合抱之木始于毫末，九层之台起于累土。从点滴做起，扎扎实实做好每一项工作，是五年来每天都在循环、周而复始进行的一项劳动，正是这种重复的、枯燥的、认真的劳动才创造了令人喜悦的财富，才有了丰硕的成果；供气安全是公司须臾不可放松的第一要务。安全之弦终日绷得紧紧的并非就能保证不出问题，关键是要掌握“月晕而风，础润而雨”的科学分析方法，查端倪，寻征兆，把隐患消灭在萌芽之中方为上策，五年来我们正是坚持了这一点，才确实保证了安全。成绩的取得还与当地党委、政府的正确领导和相关管理机构大力支持密不可分，更与中国石油、中国石化两大公司的鼎力支持和悉心关照密不可分，没有两大公司的鼎力支持我们将无从取得如此快速的发展。

新的五年计划已经开始，我们将秉承优良传统，发扬成绩，总结经验，继续前进。

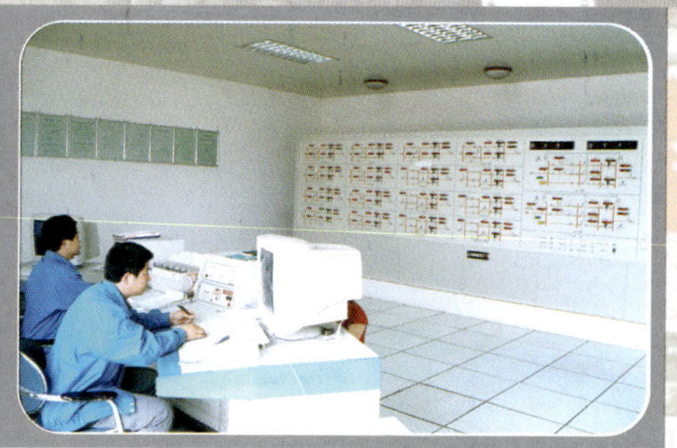

河南瑞华管业有限公司

河南瑞华管业有限公司始建于1998年2月，位于长垣县南蒲工业区，毗邻213省道，占地10万平方米，注册资金5100万元，法人代表李景磊。现有员工600余人，其中高级工程师、工程师、技师50余人。现有159、273两条生产线和一个精整车间，其中二辊曼氏斜轧穿孔机两台；二辊斜轧延伸机一台；150吨、200吨、300吨冷拔机各两台；219矫直机和273矫直机各一台；180和340涡流探伤机各一套及其他配套设备。产品材质为优质碳素结构钢、低合金高强度结构钢和合金结构钢。主要品种为结构用无缝钢管，输送流体用无缝钢管和平端石油套管及管线管等，两条生产线经过不断的技术革新和设备改造，产品规格不断扩大，质量不断提高，产能也不断增强，现159生产线主产Φ133—219mm各种规格无缝钢管，273生产线主产Φ219—325mm各种规格无缝钢管，两条生产线年产能20万吨，按照用途可生产结构管、流体管、低中压锅炉管、气瓶管、石油裂化管等各种用途的无缝钢管。

公司销售网络覆盖了北京、上海、天津、兰州、新疆、湖北约20个省市自治区；还出口到美国、丹麦、菲律宾、越南、朝鲜等国家，深受用户好评。河南瑞华管业有限公司是中原地区规模较大、产能较高、品种规格较全的无缝钢管专业生产厂家，是中国钢铁协会钢管分会和中国金属协会钢管学术委员会会员单位；

是河南省名优质保企业、河南省重合同守信用企业、河南省诚信守法乡镇企业、A级纳税信用单位、河南省A级计量认证单位、获河南省高新技术产品证书和河南省高新技术企业证书。2008年12月被评为省级企业技术中心。被金融部门评为AAA级信用单位。2006年11月通过ISO10012：2003计量体系认证，2007年通过ISO9001国际质量体系认证。

河南瑞华管业有限公司在建“年产100万吨大口径石化用、高性能特种不锈钢钢管、石油开采用油井管、高压锅炉管、油、气等长距离输送用钢管，高压气瓶用无缝钢管生产”项目，总投资100000万元，其中固定投资65000万元。目前项目已通过科技查新。本项目分两期完成：第一期计划2012年6月底完成，投产后可生产Φ460—965mm等各种规格无缝钢管70万吨，可实现销售收入56亿元人民币以上。二期工程再增加一座环型加热炉及3—4套扩管机组，预计2013年12月份完成，工程投产后，产能增加30万吨，销售增加值24亿元以上。两期总投资完成后，每年可生产Φ460—965mm等各种规格无缝钢管100万吨，可实现销售收入80亿元人民币以上，可上交税金4亿元以上，安排就业人员450人。目前主要设备已初步加工完成

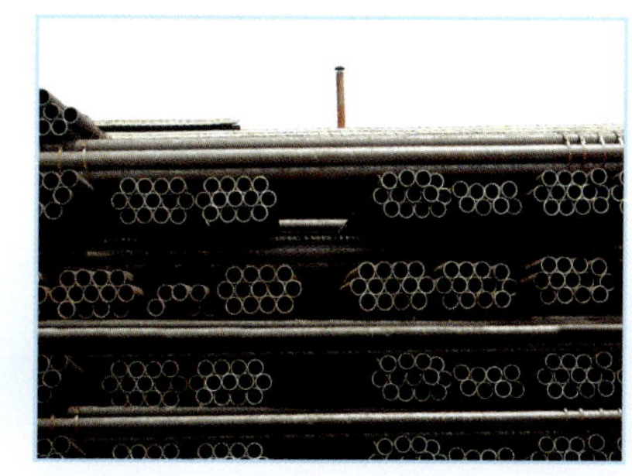